Handsignierte und nummerierte Sonderausgabe.
Dieses Exemplar trägt die Nummer

∗ 6253 ∗

MIRIAM SPIES – RUDI ESCH – ROBERT GÖRL – GABI DELGADO

DAS IST DAF

DEUTSCH AMERIKANISCHE FREUNDSCHAFT
DIE AUTORISIERTE BIOGRAFIE

MIT GASTBEITRÄGEN VON CHRIS BOHN, KATHLEEN EGGERT, FLAKE, RICHARD GLEIM, BOB GIDDENS, JERK GÖTTERWIND, PATRICK GOLDSTEIN, ULRICH GUTMAIR, JÄKI HILDISCH, ALFRED HILSBERG, WALTER HOLZBAUR, ANJA HUWE, OLIVER MARQUARDT, ANDREW MCGUINNESS, ANDREAS KÖGLOWITZ, JOOST RENDERS, SHEILA ROCK, ROCKO SCHAMONI, DIANA SCHÄDEL, TINA SCHNEKENBURGER, SABINE SCHWABROH, HOLLOW SKAI, OLAF SPRICK, KARSTEN STRACK, LINUS VOLKMANN UND MARTINA WEITH

MIT FOTOGRAFIEN VON AR/GEE GLEIM, GOSIA BUDIG, PETER COX, ED ERNST, THOMAS HEMPEL, ALFRED HILSBERG, ULF JACOB, CARMEN KNOEBEL, GEORGE NICOLAIDIS, SABINE REIF, SHEILA ROCK, ILSE RUPPERT, BERNHARD SCHAUB, SABINE SCHWABROH, CHE SEIBERT, GUNNAR TJADEN, GISBERT WEGENER, CLAUDIA WEINGART WOLFGANG WIGGERS UND ANDEREN

DAS IS

GUTEN ABEND, JUNGS UND MÄDCHEN! 10
UND DAS IST IHRE GESCHICHTE – THE NIGHT BEFORE X-MAS

ALLES IST GUT 28
EINE STIMME, EIN SCHLAGZEUG, EIN PAAR SEQUENZEN – DAS STUDIO – DIE AUFNAHMEN – DER ARP – DIE TEXTE – DER SOUND – DAS BERGFEST – DIE SACHE MIT VIRGIN – DIE LIVE-ÄSTHETIK – DIE ALLES IST GUT-TOUR – DIE PHILIPSHALLE – DIE TV-SHOWS – DER DAF-STYLE – DAS FEEDBACK

GOLD UND LIEBE 150
»WIR MACHEN JETZT DIE NÄCHSTE!« – DIE KURZE TOUR

FÜR IMMER 156
KEBAB-TRÄUME – DER DEUTSCHE SCHALLPLATTENPREIS

BROTHERS FROM A DIFFERENT MOTHER ... 164
DER SPLIT – MUSIKALISCH GETRENNTE WEGE – KOFFERPACKEN

1ST STEP TO HEAVEN 176
DIE REUNION – DER BAUERNHOF – DAS HARTMANN DIGITAL: DIGITAL IST DAS NEUE ANALOG – DIE (TOR)TOUR – THE GUN

DON'T YOU LIKE IT? SOLOAKTIVITÄTEN 210
ANDERE PROJEKTE VON GABI – ANDERE PROJEKTE VON ROBERT

ST DAF

FÜNFZEHN NEUE DAF LIEDER 228
DAS WIEDERSEHEN – FÜNFZEHN NEUE DAF LIEDER – DU BIST DAF – BEST OF KONZERTE

WIE ALLES ANFING 256
ROBERT: MÜNCHEN – ERSTKONTAKT – AUGSBURG – GRAZ – LONDON I GABI: CÓRDOBA – RUHRGEBIET – DÜSSELDORF – DER HOF – DIE MUSIK – »ÖSTERREICHER« – ANGEKOMMEN IN DÜSSELDORF I DAF: DAS ALTE REIN-RAUS-SPIEL – DIE BEGEGNUNG – DAS GRÜN IN – DER ERSTE GROSSE GIG – INTO THE FUTURE – GABI GEHT UND KOMMT WIEDER – EIN PRODUKT DER DEUTSCH-AMERIKANISCHEN FREUNDSCHAFT – GABI FLIRTET MIT MITTAGSPAUSE – DIE ERSTEN SYNTHESIZER – AB NACH ENGLAND

KEBABTRÄUME 316
DA WAREN ES NUR NOCH VIER – DER MARQUEE CLUB – DER DURCHBRUCH

DIE KLEINEN UND DIE BÖSEN 326
DA WAREN ES NUR NOCH DREI

FROM DAF TILL DAWN: DAF HEUTE 332

OUTTAKES 344

DISKOGRAFIE UND BIOGRAFIEN 354

BIS HIERHIN WAR ALLES

VORWORT VON MIRIAM SPIES

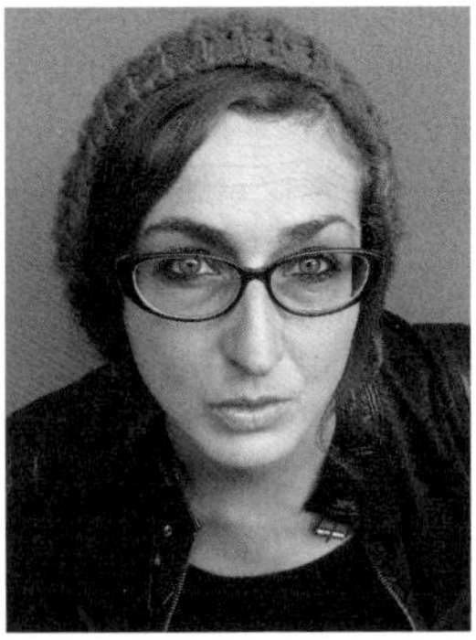

Es war der Sommer 2015, als Robert Görl mir bei einer Portion Bio-Pommes davon erzählte, dass er gerade an seiner Autobiografie schrieb. Eins kam zum anderen, und so dauerte es nicht lange, bis die Idee im Raum stand, man könne ja auch mal eine Band-Biografie über DAF schreiben, was ich in der Euphorie des Moments für eine ziemlich gute Sache hielt. Noch während dieses Essens schrieb ich eine SMS an Oliver Schwarzkopf, einen befreundeten Verleger, um ihm diese Idee zu unterbreiten. Es dauerte kaum fünf Minuten, bis dieser sein verbindliches Interesse zusicherte. Aus Gründen, die mir zwischenzeitlich äußerst rätselhaft erschienen, waren auch Gabi Delgado und Rudi Esch schnell von dieser Idee überzeugt. Mit Rudi hatte ich bereits zwei Jahre zuvor an dem im Suhrkamp Verlag erschienenen Buch *ELECTRI_CITY* gearbeitet, einem Buch über frühe elektronische Musik aus Düsseldorf. Daher kannte ich auch Robert. Und darum schien mir diese Zusammenarbeit beinahe logisch.

Wenige Wochen später fanden wir fünf sowie Ulrike Bauer, die Pressechefin des Schwarzkopf-Verlags, uns zu einem Abendessen im Hause Schwarzkopf ein, um den vertraglichen Rahmen abzustecken. Bei Sekt, Grappa und Häagen Dazs-Eis waren wir uns schnell einig. Bis hierhin war alles ziemlich einfach gewesen.

In den kommenden Monaten führten wir etliche Gespräche mit Freunden und Wegbegleitern von DAF und sammelten allerlei Material zusammen: Fotos, Eintrittskarten, Zeitungsartikel, Tourpläne, Briefwechsel, Verträge – eben Memorabilia aller Art. Jedes Fundstück war ein weiterer bunter Glassplitter für unser immer detailreicher werdendes DAF-Kaleidoskop. Rudi hob dabei wahre Schätze für unser Buch. Dennoch wurde mir schnell bewusst, was es bedeutete, dass es in den späten Siebzigern, frühen Achtzigern weder Smartphones noch inflationär genutztes Internet gab: Die Spuren, die DAF hinterlassen hatte, waren selten digitaler Natur, viele davon existierten ausschließlich in den Köpfen und Herzen Dabeigewesener oder auf deren Dachböden. Bei dem überschaubaren Material, das sich im Internet fand, fiel mir, je tiefer ich in die Materie eintauchte, auf, wie viele »alternative Fakten« dort über DAF kursierten. So las ich in einem Artikel aus jenen Tagen, dass Gabi Kurt Dahlke am Synthesizer ablöste; in einem anderen, dass DAF sich 1981 fünfköpfig ins Grün In zu-

EINFACH

rückzog; über den unverkennbaren Sound des Korg MS-20 und SQ-10, auf denen die legendären Sequenzen der *Alles Ist Gut* entstanden seien, und anderes Haarsträubendes. Erschwerend hinzu kommt, dass ich selbst 1982, also in dem Jahr, in dem DAF sich zum ersten Mal auflöste, geboren bin. Natürlich konnte ich viel lesen über das Konzert in der Philipshalle oder den Ratinger Hof, konnte mir Fotos anschauen und mir die Orte und Ereignisse von Zeitzeugen wieder und wieder schildern lassen – dabei gewesen bin ich dennoch nicht.

Aber das sollte nicht unser einziges Problem sein – vor allem nicht unser größtes. Im Sommer 2016 besuchten Rudi und ich erst Robert und anschließend Gabi, um mit ihnen jeweils vier Tage lang Interviews zu führen. Heraus kamen insgesamt rund 30 Stunden Interviewmaterial. Zugegeben: Wir hatten eine ziemlich gute Zeit, sowohl in Berlin als auch in Córdoba. Robert und Gabi hatten sich gut auf die Gespräche vorbereitet, jeder auf seine Art. Neben

allerlei Fakten bekamen wir auch sehr persönliche Geschichten zu hören, sehr lustige, sehr peinliche oder bizarre. Und die Life-Work-Balance bei diesen Treffen stimmte auch, um es mal so zu sagen. Aber schon bei diesen Gesprächen war ich so manches Mal arg darüber verwundert, wie weit die Erinnerung der beiden an manchen Stellen auseinanderging (dass die Haltung der beiden zu allen Bereichen von Leben und Kunst sehr weit auseinandergeht, ist noch mal etwas anderes und zudem vermutlich so etwas wie ein offenes Geheimnis). Zurück an meinem Schreibtisch, als ich in langen Nächten die Interviews transkribierte, bekam ich zunehmend den Eindruck, dass die beiden sich nicht nur unterschiedlich erinnerten, sondern schlicht nicht auf derselben Party waren. Wie um alles in der Welt sollte man aus zwei so unterschiedlichen Sichtweisen eine homogene DAF-Story machen? Das war der Moment, in dem ich mich dazu entschloss, die Interviews nicht nur als Grundlage für das Buch zu verwenden, sondern Robert und Gabi ihre Erinnerungen einfach selbst erzählen zu lassen – und Widersprüche offen stehen zu lassen. Warum sollte es dem Leser besser gehen als mir? Außerdem wäre es ohnehin nicht authentisch gewesen, Abweichungen so lange auszubügeln, bis daraus eine Geschichte entstanden wäre, die weder der Sicht von Robert noch der von Gabi entsprochen hätte.

Mit dieser Idee waren theoretisch auch alle einverstanden. Interessant wurde es dann allerdings, als den beiden die ersten Textentwürfe vorlagen. Dass beide eine unterschiedliche Version derselben Ereignisse zu Protokoll gegeben hatten, das wussten sie. Wie extrem unterschiedlich diese Versionen waren, war ihnen vermutlich nicht klar gewesen. Und so brach eine äußerst diskussionsintensive Phase des Buches an. Vielleicht sollte an dieser Stelle erwähnt werden, dass auch das restliche Team – also Rudi, Oliver Schwarzkopf, der sich sehr intensiv einbrachte und das Projekt geduldig durch alle Höhen und Tiefen begleitete, und ich – nicht gerade diskussionsscheu ist. Das Gute an einer fünfköpfigen Gruppe ist, dass es nahezu unerschöpfliche Allianzmöglichkeiten gibt. Und waren diese doch mal ausgeschöpft, blieb uns immer noch das gute alte »Alle gegen alle«-Spiel. Kurzum: Mehr als einmal stand das Buch auf der Kippe. Und nebenbei gesagt, nicht nur das Buch. Während dieser Zeit wurde ich Zeuge zweier der berüchtigten DAF-Auflösungen. Mittendrin statt nur dabei. Aber was soll ich sagen: Auch das ist eben DAF.

Meist standen am Ende dieser desaströs eskalativen Diskussionen allerdings in der Tat Lösungen. Lösungen, mit denen alle leben konnten. Und auch das ist typisch für DAF: Da wurden noch nie von einer Seite zähneknirschend Entscheidungen durchgewinkt. Ihr oberstes Prinzip war schon immer gewesen: ganz oder gar nicht. Beide müssen eine Entscheidung voll und ganz mittragen – sonst kommt sie nicht zustande. So war die letzte Phase eine, in der sowohl Robert als auch Gabi intensiv an dem Buch arbeiteten, wochenlang Texte durchgingen, korrigierten, Anmerkungen machten, Gegendarstellungen schrieben oder Ergänzungen vornahmen. Bis schließlich dieses Buch vorlag. Es mag hier und da widersprüchlich sein. Es weist mit Sicherheit Lücken auf. Es wird garantiert nicht jedem schmecken. Es wirft an der ein oder anderen Stelle mehr Fragen auf, als dass es Antworten gibt. Es ist vielleicht nicht gerade das, was sich so mancher von einer DAF-Biografie erhofft hat. Aber eins kann man mit Sicherheit sagen: Das ist DAF.

Miriam Spies

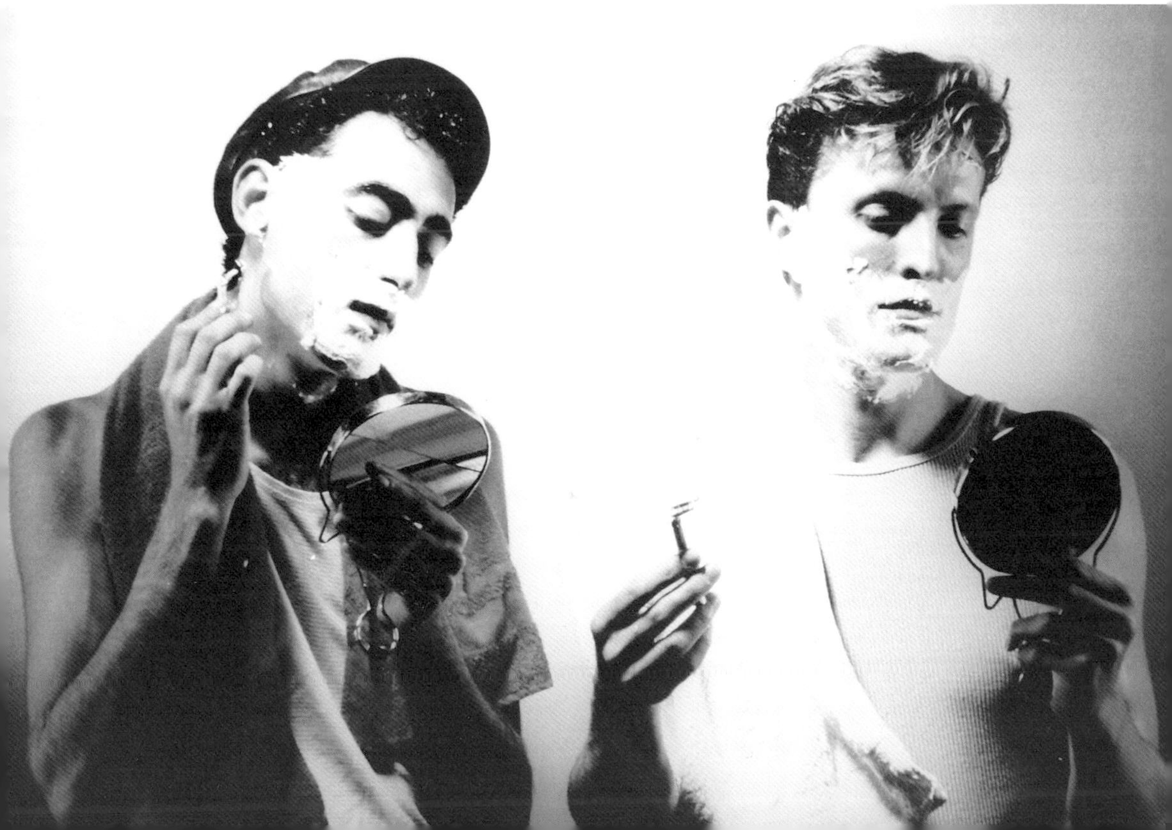

DAS NEUE TESTAMENT

VORWORT VON
RUDI ESCH

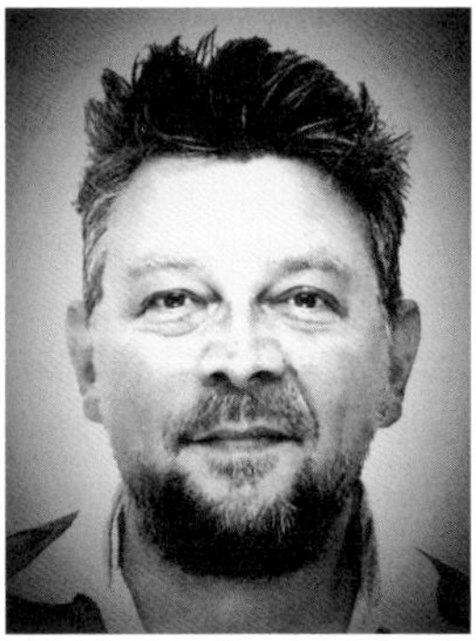

Es war der Sommer 1981, als Robert Görl und Gabi Delgado elektrisierende Fernsehauftritte und atemberaubende Liveshows für eine zart neu gewellte Republik absolvierten, die das Neue an der Welle einfach proklamierten, ohne es erklärt oder zuvor angekündigt zu haben. Hier folgte die konsequente methodische Umsetzung einer erarbeiteten Theorie. Einfache Authentizität und keine doppelten Böden. Hier wurde der Aufstand geprobt und auf die Bühne gebracht. Ein Aufbruch, der nicht demokratisch ist, der gefährlich aussieht und befähigt ist, die bestehenden Strukturen aus den Angeln zu heben. Eine populäre Bewegung, die »schön und jung und stark« sein will, um die Jugend bedingungslos in ihren Bann zu ziehen. Wer jung ist, lebt für den Moment – will sich verschwenden – und ist an Umsturz und der Unterwanderung konservativer Kräfte interessiert. Hier eilten Gabi und Robert behände zu Hilfe und brachten uns das Neue Testament des Punk basierend auf freigeistigen und anarchischen Strukturen. Angerührt aus einer Mischung aus Sex Pistols und Joseph Beuys, also aus »Do it yourself« und »Jeder Mensch ist ein Künstler«. Hier, in unserem besonderen Fall jedoch, aus destruktiven, bösen Sequenzerlinien und dadaistischen Wortschöpfungen, die jeden Geschichtslehrer nach Luft schnappen ließen. Und genau das gefiel daran. Aus kurzen, knappen und martialischen Worthülsen heraus forderten sie den Augenblick, die Wirklichkeit, die dekadente Verschwendung sowie den Griff nach den Sternen. Sie mischten Hitler mit Hintern und Hüften sowie Mussolini mit Jesus Christus und kamen damit davon im heißen Sommer '81. Einem Sommer, dem sie mehrfach den Grund zu schwitzen lieferten. Sie beanspruchten die Macht und machten dabei alles, »als wär's das letzte Mal«.

DAF waren nicht über Nacht erfolgreich geworden, sondern hatten einen langwierigen Gesundschrumpfungsprozess in England hinter sich, der sie nun auf den Olymp führen sollte. Robert und Gabi waren dabei immer den Befehlen gefolgt, die sie sich selbst gegeben hatten. Ihnen waren viele Fans gefolgt, und diese wollten ihre Helden nun gewinnen sehen, ganz wie in einer deutschen Sage. Nur war die Prinzessin hier selbst ein Prinz, und es gab ungewohnte neue Möglichkeiten. Der Räuber und der Prinz, oder wie ihre Fans sagten, der Robert und der Gabi, waren als

DES PUNK

Leitbild geeignet für einen Körperkult, den es noch gar nicht gab. Ihr Erscheinungsbild verzückte Jungs und Mädchen. Ihr Spiegelbild verführte sie zu selbstverliebten Posen. Diese neuen Bilder des lustbetonten Popstars, der gleichermaßen nimmt und gibt und zwischen den Geschlechtern nicht mehr zu unterscheiden hat. Das war für Fotografen ein ungewohntes, ein herausforderndes Motiv. Von Anton Corbijn bis Sheila Rock rissen sich von nun an alle um exklusive Fotosessions mit den beiden. Da ein Bild mehr sagt als tausend Worte, sind im Rückblick diese authentischen Aufnahmen der Band aus den frühen 80er-Jahren, als ein Aufbruch in ein neues Jahrzehnt noch etwas bedeutete, das große Vermächtnis von DAF. Für mich hat diese Band immer in Bildern existiert, und ich habe versucht, ihre Geschichte allein anhand von Fotos zu erzählen. Ich bin für dieses Buch in die großen Archive vieler namhafter und vieler einzigartiger Fotografen hinabgetaucht, und ich weiß, dass Robert und Gabi diesen Fotografen viel zu verdanken haben, da sie auch viel zu geben bereit waren. Ich möchte mich bei allen bedanken, die Fotos für dieses Buch zur Verfügung gestellt haben, sich als perfekte Gesprächspartner zeigten oder in anderer Form mitarbeiteten; vor allem aber bei Miri, Gabi, Robert und Oliver, mit denen ich dieses Buch habe aus der Taufe heben dürfen. *Thank you. Live long and prosper.*

Rudi Esch

GUTEN ABEND, JUNGS

UND DAS IST IHRE GESCHICHTE

Es war 1978, als sich zwei Menschen im Ratinger Hof begegneten. Sie wollten eine Band gründen. Sie wollten reich und berühmt werden. Sie gründeten eine Band. Sie wurden reich und berühmt. Sie stießen ihr Publikum vor den Kopf. Sie stießen ihre Plattenfirmen vor den Kopf. Sie waren schön und jung und stark. Sie lösten sich auf dem Höhepunkt ihrer Karriere auf. Und kamen, als keiner mehr damit rechnete, zurück. Sie legten die Grundsteine für EBM, House, Techno, Electro und Industrial. Sie hatten sich auf die Fahne geschrieben, die deutsche Kultur zu verstören. Sie haben bis heute unzählige Platten verkauft. Sie haben den Mussolini getanzt, den Jesus Christus und den Adolf Hitler. Sie haben den Deutschen Schallplattenpreis verliehen bekommen. Sie griffen nach den Sternen – und wurden selbst zu Stars. Sie nahmen sich, was sie wollten. Sie waren die erste deutsche Band, die es auf das Cover des *New Musical Express* geschafft hat. Sie wur-

Der Ratinger Hof – Keimzelle des Punk
FOTO: THOMAS HEMPEL

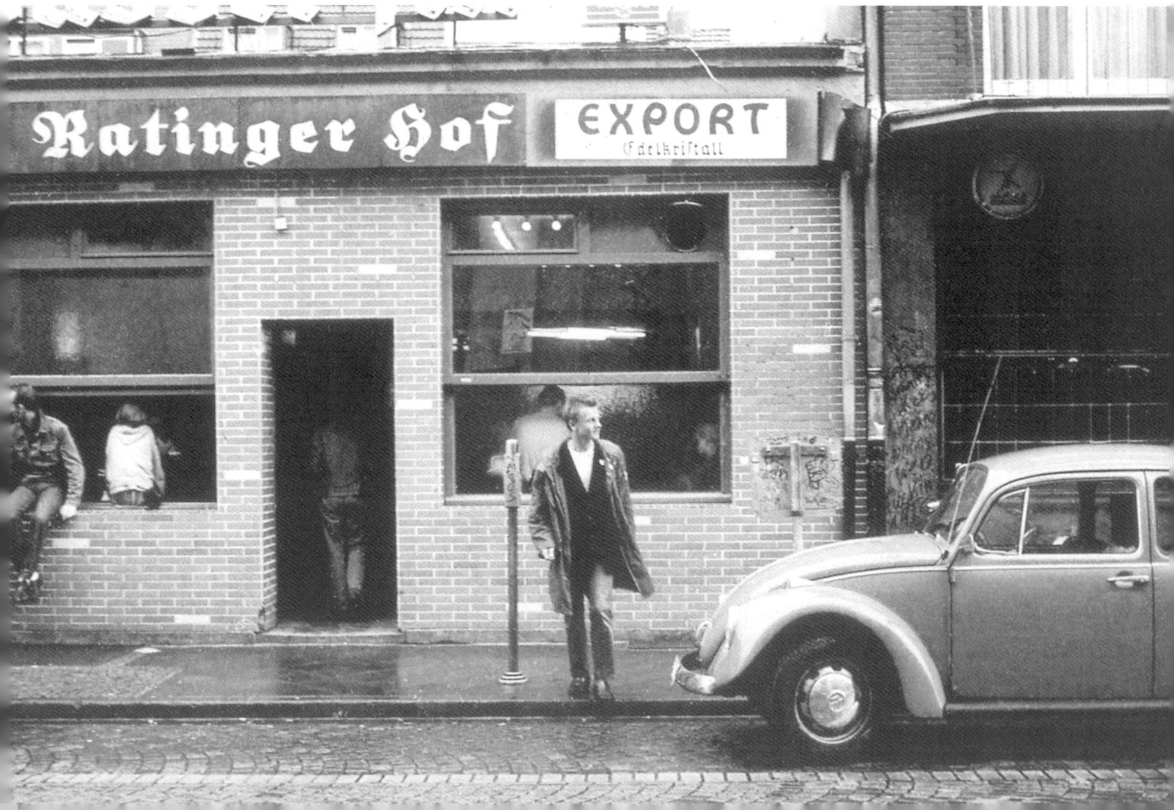

UND MÄDCHEN!

den oft kopiert. Und genauso oft missverstanden. Vor allem aber machten sie immer, was sie wollten. Sie nannten sich Deutsch Amerikanische Freundschaft. Und das ist ihre Geschichte.

THE NIGHT BEFORE X-MAS

Es ist der 23. Dezember 1980. Im Ratinger Hof in Düsseldorf stehen rund 400 Menschen dicht gedrängt vor der kleinen Bühne. Es ist heiß und stickig. Die beiden Hof-Kellner Max und Stefan haben sichtliche Mühe, sich mit ihren mit Altbier beladenen Tabletts durch die Massen zu kämpfen. Aber für Altbier interessiert sich ohnehin niemand, als die letzten Töne der holländischen Band Nasmak von der stehenden Kneipenluft geschluckt werden. Für Nasmak im Grunde auch nicht, denn die meisten Anwesenden sind wegen etwas anderem hier. In wenigen Minuten wird DAF die Bühne betreten. Es ist bereits ihr dritter Gig in der an der Ratinger Straße gelegenen Punkkneipe von Carmen Knoebel und nicht nur deshalb ein Heimspiel. Am Tresen dieses Ladens waren sich Robert Görl und Gabi Delgado 1978 zum ersten Mal begegnet. Ein erstes Treffen, bei dem sofort der Funke übergesprungen war. Hier hatten sie beschlossen, eine Band zu gründen. Hier hatten sie ihre erste Probe auf einem klapprigen, alten Pappschlagzeug und einem Stylophon. Und hier hatten sie am 7. Februar 1979 zum ersten Mal gemeinsam vor Publikum gespielt.

»Wir waren ja bei der EMI und haben denen unsere Sachen angeboten. Aber die meinten nur: ›Das ist keine Musik! Wenn ihr irgendwann mal richtige Musik macht, dann kommt noch mal vorbei.‹«
GABI DELGADO

Aber das, so scheint es, liegt jetzt unendlich lange zurück. Zumindest ist seitdem viel passiert. Für DAF. Nicht im Hof – hier scheint die Zeit stehen geblieben zu sein. Altbekannte Lederjacken lungern an ihren von unsichtbarer Hand zugewiesenen Plätzen, als hätten sie diese seit der Abreise von DAF vor einem Jahr nur verlassen, um oben neues Bier reinzuschütten oder unten von der Leber gefiltertes Bier abzulassen.

DAF hingegen, damals noch aus Robert Görl, Gabi Delgado, Michael Kemner, Chrislo Haas und Wolfgang Spelmans bestehend, hatte vor 15 Monaten die Koffer gepackt, den Ratinger Hof und Düsseldorf hinter sich gelassen und war mit wehenden Fahnen in Richtung England aufgebrochen, auf der Suche nach Ruhm, Reichtum und einem Plattendeal. Getreu dem Motto »Was

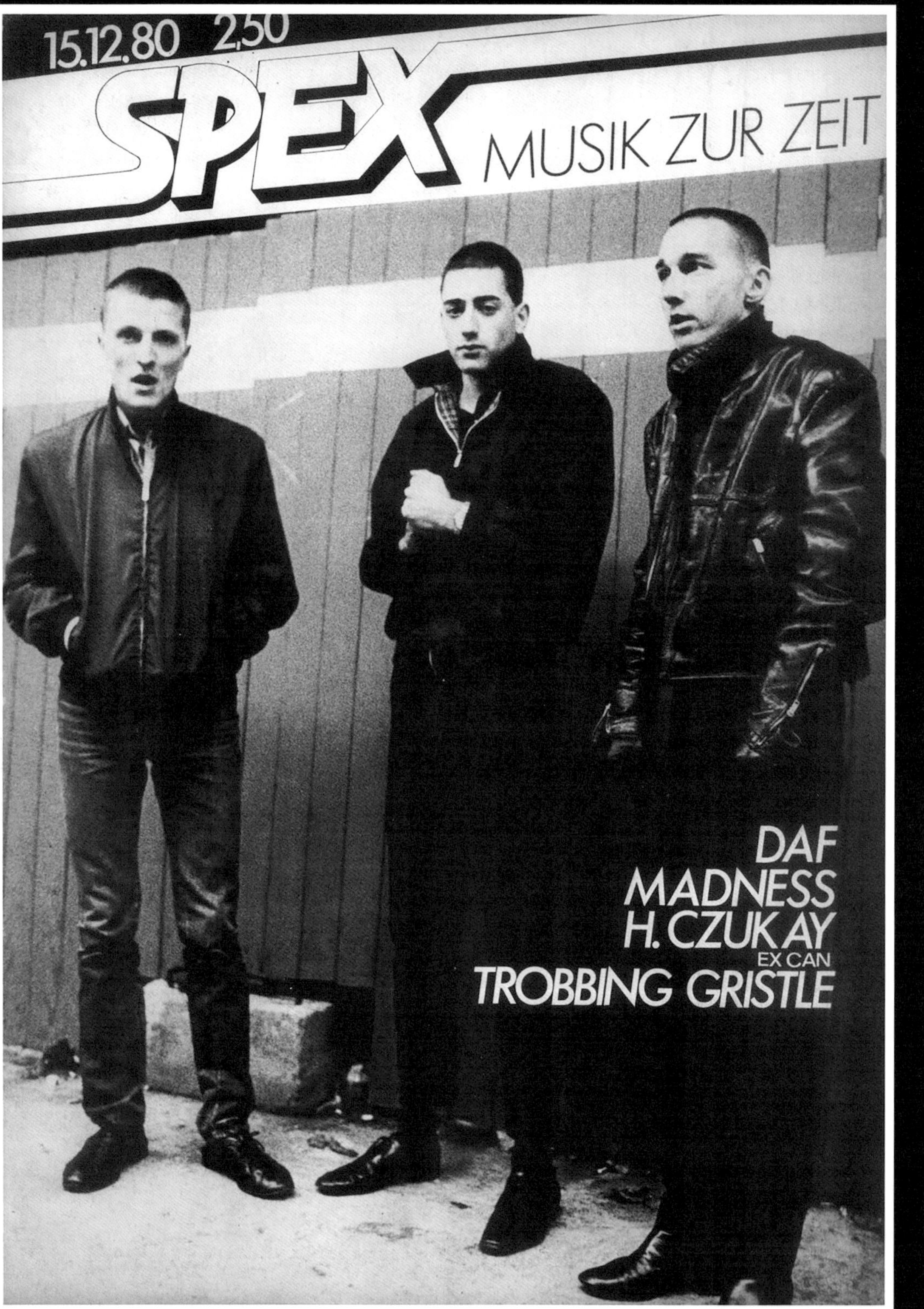
15.12.80 2,50
SPEX
MUSIK ZUR ZEIT
DAF
MADNESS
H. CZUKAY
EX CAN
TROBBING GRISTLE

Besseres als den Hof findest du überall« waren sie gemeinsam mit dem in Deutschland lebenden britischen Musikjournalisten Bob Giddens zunächst nach Rochdale und schließlich nach London gezogen, wo in diesen Tagen musikalische Goldgräberstimmung herrschte. Giddens hatte nach wie vor gute Kontakte zur englischen Musikszene und es schließlich geschafft, Aufnahmen in den Cargo Studios in Rochdale zu arrangieren. Auch ansonsten hatte sie der Aufenthalt auf der Insel ihrem Ziel deutlich nähergebracht. Sie hatten eine erste LP auf Daniel Millers Elektronik-Label Mute herausgebracht, die gemeinsam von DAF und Conny Plank produziert worden war, waren mit The Fall auf Tour gewesen und hatten als Support von Wire im legendären Londoner Electric Ballroom gespielt.

Entsprechend gespannt ist das Publikum, was dran ist an dem Hype. Und von einem Hype kann man allemal reden. Zieren die Herren Görl, Delgado und Spelmans doch das Cover der Dezemberausgabe des Szene-Magazins *Spex*.

Plattenkritik und Interview sind natürlich ebenfalls Teil dieser Ausgabe. Die englische Musikpresse hat es vorgemacht. Plötzlich sagt man DAF eine große Zukunft voraus, nennt sie in einem Atemzug mit Kraftwerk und Can und spricht schließlich von der »gegenwärtig wichtigsten kontinentalen Gruppe«. Das hatte im September 1979, als sie noch in Düsseldorf um die Häuser zogen, ganz anders ausgesehen. Gabi Delgado: »Wir waren ja bei der EMI und haben denen unsere Sachen angeboten. Aber die meinten nur: ›Das ist keine Musik! Wenn ihr irgendwann mal richtige Musik macht, dann kommt noch mal vorbei.‹«

Und da sind sie nun also wieder: zurück in Deutschland. Zurück im Hof. Die Show am Vorabend zu Weihnachten ist die achte innerhalb von zehn Tagen. Und die letzte, bevor sie sich nach Wolperath

Das erste Titelblatt in der vierten Ausgabe der ›SPEX‹ mit einem Foto von Bernhard Schaub

Robert und Gabi und Uhr
FOTOS: BERNHARD SCHAUB

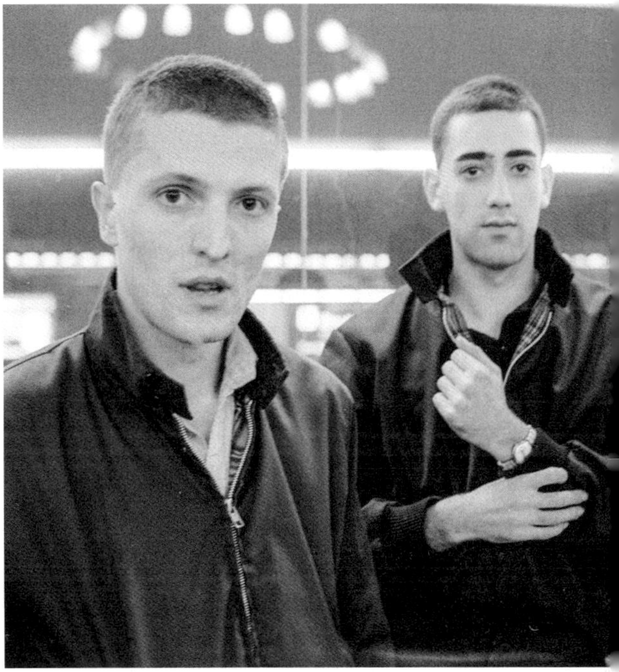

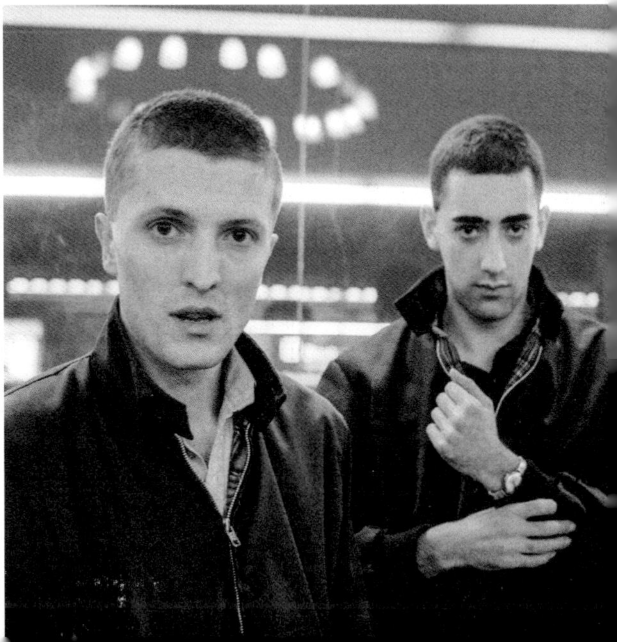

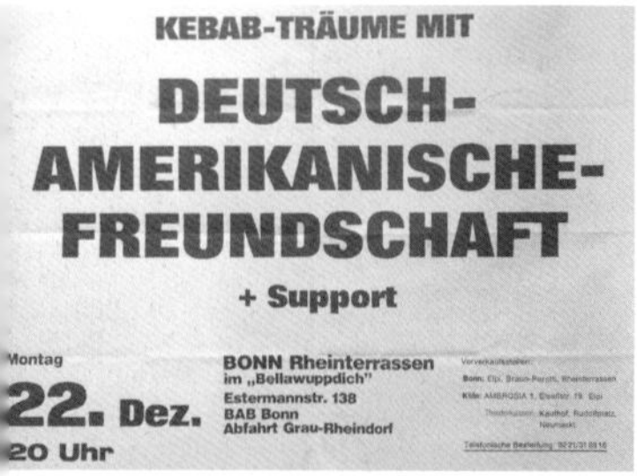

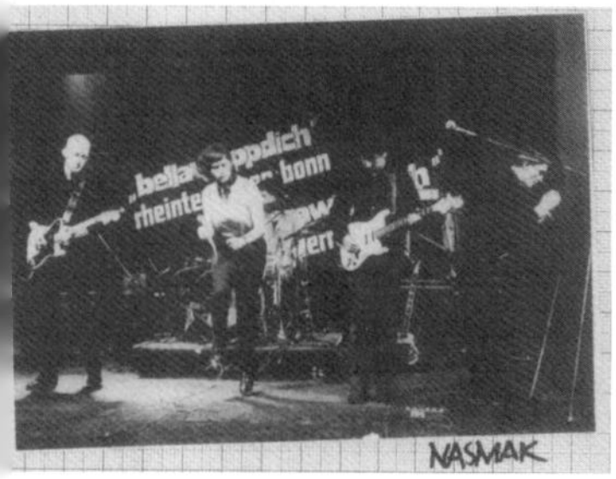

zurückziehen werden, um dort bei und mit Conny Plank an ihrem neuen Album mit dem bezeichnenden Titel *Alles Ist Gut* zu arbeiten.

Tags zuvor sind sie bereits in den Rheinterrassen, besser bekannt als »Saal Bellawuppdich«, in Bonn-Graurheindorf aufgetreten. Auch hier gab Nasmak die Vorband. Auch hier nur mit mäßiger Begeisterung des Publikums goutiert. Peter Bömmels schrieb in der Januar-Ausgabe der *Spex* über diesen Auftritt: »Aber nach 4 bis 5 Stücken hatte sich die Musik der Holländer allmählich ausgewuchtet. Die einzelnen Stücke wurden immer ähnlicher. Weder der vorsichtige Einsatz der Elektronik (Verzerrungen etc …) noch Truid's Gesang (trotz ihrer herzlichen Ausstrahlung) schafften auf die Dauer Spannung! Die Musik fuhr wie auf Schienen.«

So verwundert es kaum, dass auch DAF ein paar Stücke brauchte, bis sie dem Publikum die von ihren Vorgängern induzierte Lethargie aus den Gliedern geblasen hatte. Dann aber gab es kein Halten mehr. Die Fans sprangen und rempelten, schrien und schwitzten, und als die dreiköpfige Band ihre zwölf Nummern abgefeuert hatte, forderte das angefixte Publikum unisono eine Zugabe ein. Später würde man in der *Spex* über diesen Abend

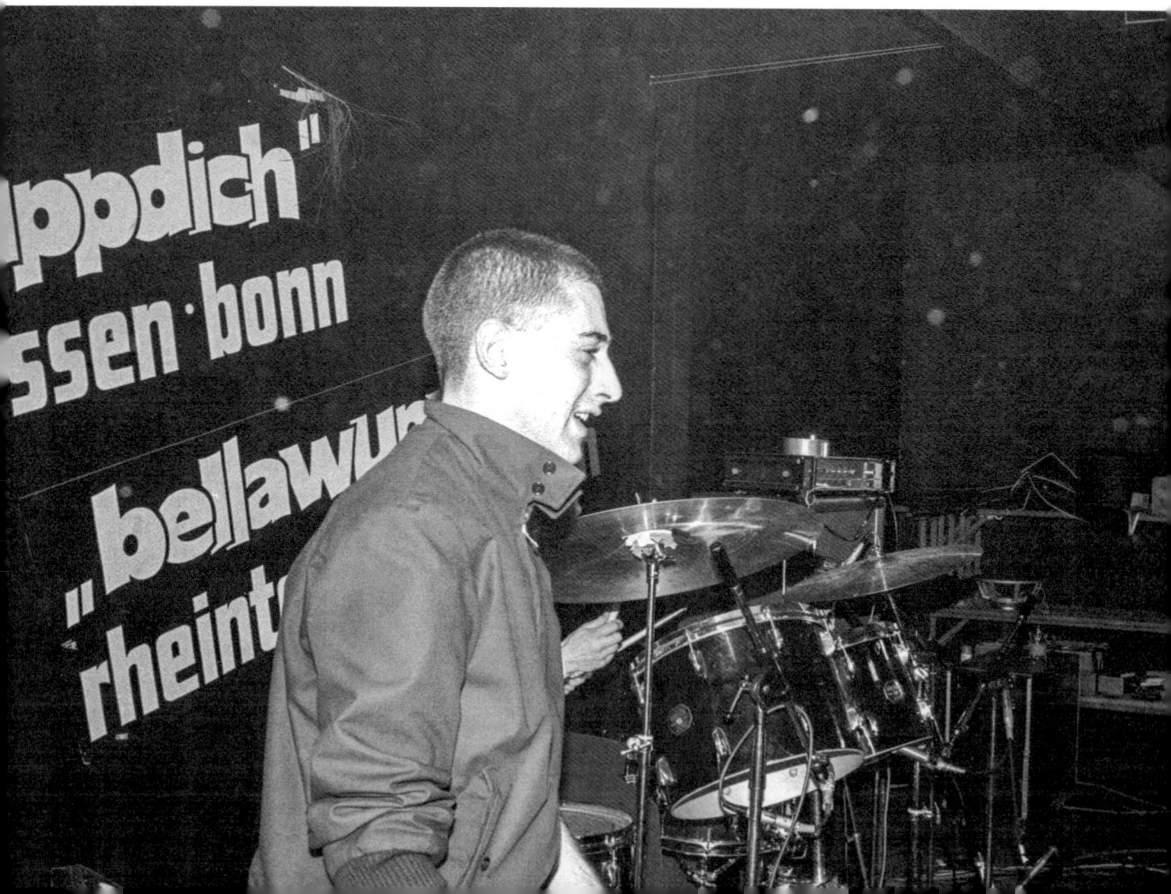

lesen können: »Ich habe DAF schon ein paarmal gesehen, aber noch nie so konzentriert und gelöst zugleich erlebt.« Randnotiz: Der gleichermaßen klangvolle wie scheinbar inhaltsbefreite Name »Bellawuppdich« ist angeblich eine Hommage des damaligen Besitzers an seine zwei Hunde, die da Bella und Wuppdich hießen. Seit den Siebzigern wurden hier Punk-, später dann überwiegend Neue Deutsche Welle-Konzerte veranstaltet, die vor allem Besucher aus dem Großraum Köln-Düsseldorf anzogen. Bekannt war der im Bonner Norden gelegene Laden in einschlägigen Kreisen allerdings bundesweit. In der Nachbarschaft war der Saal Bellawuppdich vor allem durch fulminanten Lärm (gerne auch in Nachtstunden), herumlungernde Punks, bellende Hunde und ein erhöhtes Müllaufkommen im näheren Umfeld bekannt, sodass man nur bedingt bedauerte, dass das Gebäude Ende der Achtziger abbrannte und durch eine endlich Ruhe versprechende Wohnanlage ersetzt wurde.

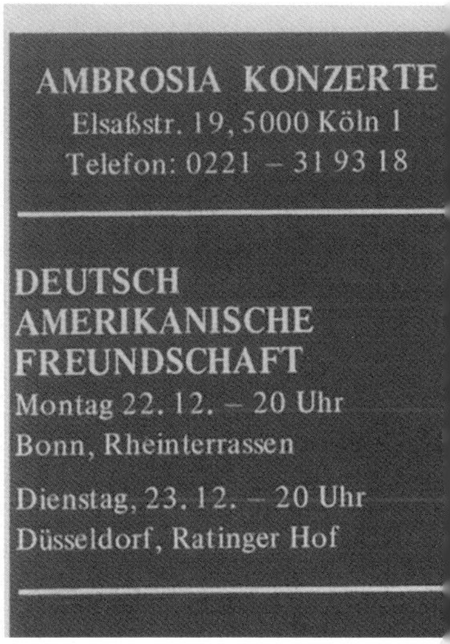

AMBROSIA KONZERTE
Elsaßstr. 19, 5000 Köln 1
Telefon: 0221 – 31 93 18

DEUTSCH AMERIKANISCHE FREUNDSCHAFT
Montag 22. 12. – 20 Uhr
Bonn, Rheinterrassen
Dienstag, 23. 12. – 20 Uhr
Düsseldorf, Ratinger Hof

Aber zurück in den Hof, zurück zum 23. Dezember. Denn wenn DAF auf der Bühne steht, gibt es kein Gestern und kein Morgen. Selbst vom Heute gibt es immer nur diesen kleinen, scheinbar von Raum und Zeit entkoppelten Zeitsplitter des Jetzt.

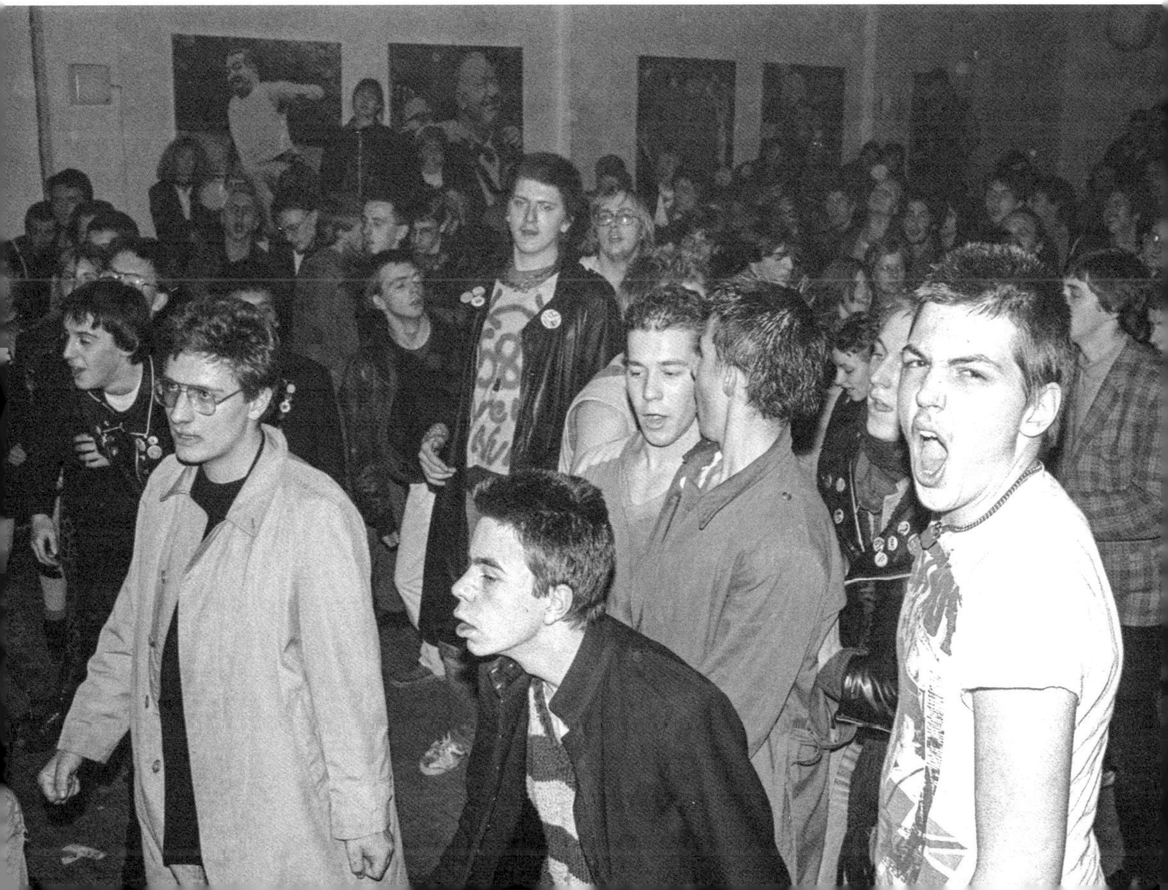

Live in den Rheinterrassen in Bonn
FOTO: BERNHARD SCHAUB

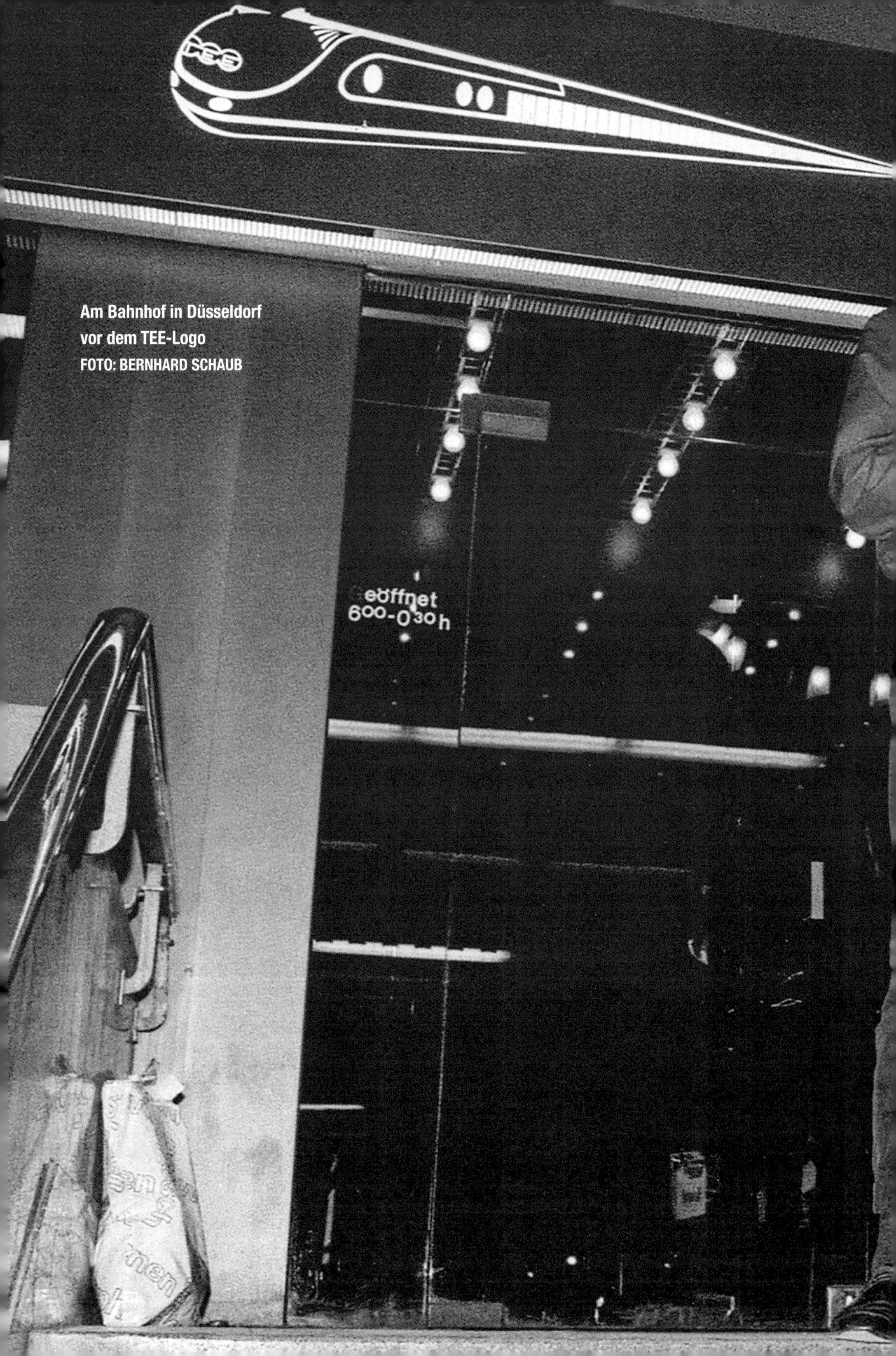

Am Bahnhof in Düsseldorf
vor dem TEE-Logo
FOTO: BERNHARD SCHAUB

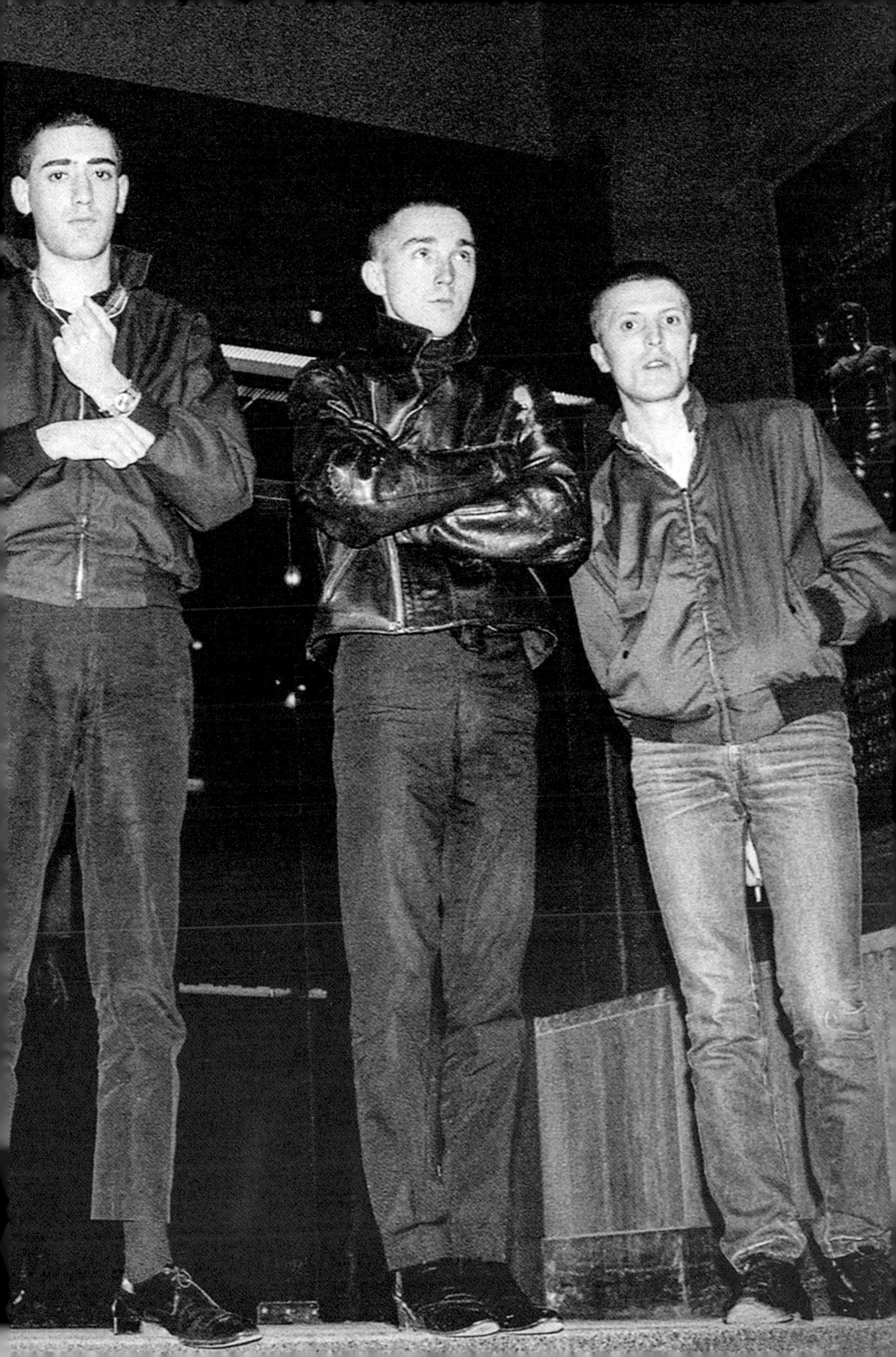

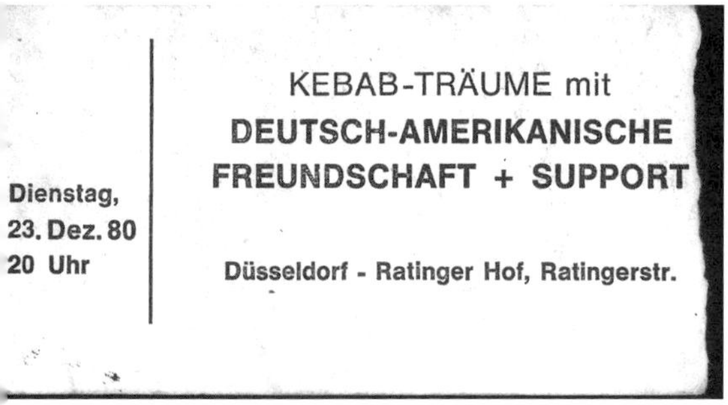
Dienstag,
23. Dez. 80
20 Uhr

KEBAB-TRÄUME mit
DEUTSCH-AMERIKANISCHE
FREUNDSCHAFT + SUPPORT

Düsseldorf - Ratinger Hof, Ratingerstr.

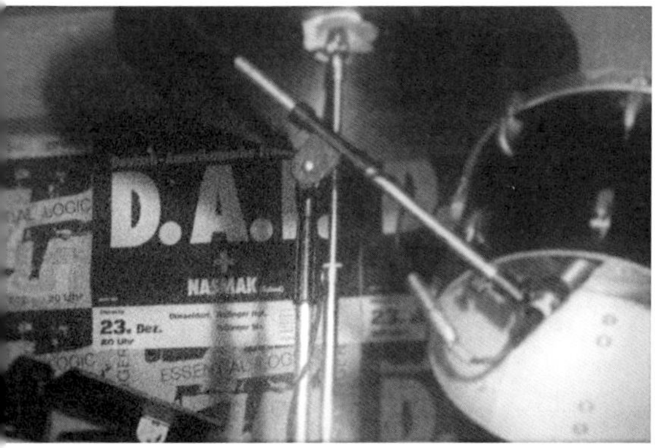

Den aber eimerweise und mit voller Wucht. Und das bekommt man vor allem bei Live-Auftritten zu spüren. Live, das kann DAF. Da sind sie kampferprobt. Schließlich haben sie sowohl in Deutschland als auch in England etliche Male auf der Bühne gestanden. Sie beherrschen das Spiel mit der Energie. Sie beherrschen das Spiel mit der Provokation. Und sie beherrschen das Spiel mit dem Publikum. Es liegt immer etwas Experimentelles und Neues in der knisternden Luft. Die Zuschauer halten den Atem an, wenn ihnen Songzeilen wie Geschosse um die Ohren fliegen. Der Refrain der *Kebabträume* ist zu einem Slogan für die ganze Post-Punk-Zeit geworden. Gabi wiederholt am Ende des Songs immer wieder stoisch:

»Wir sind die Türken von morgen / Wir sind die Türken von morgen / Deutschland, Deutschland, alles ist vorbei! / Deutschland, Deutschland, alles ist vorbei!«

Kebabträume und *Ich Und Die Wirklichkeit* zählen zu den ältesten DAF-Songs überhaupt. Sie gehörten von Anfang an zum Set und zu den ersten Stücken, die in den Cargo Studios aufgenommen wurden. Den Engländern gefielen die progressive Musik und die martialischen deutschen Texte, die sie zwar nicht verstanden, die ihnen aber als zu der Musik äußerst passend erschienen.

Die Spannung, die in der Luft liegt, entlädt sich augenblicklich, als Robert, Gabi und Wolfgang die Bühne betreten und Synthesizer-Gezwitscher das Stück *Co Co Pino* einläutet, ein Stück vom ersten Mute-Album *Die Kleinen und die Bösen*. Eine stakkatoartige Gitarre zerhackt die Synthesizer-Klänge, und Gabi schreit in den pogenden Mob: *»Co Co Pino / Co Co Pino / Chiquitita / Ay pepitita / O mein Kleines / O mein Kleines / O Schwesterchen / Mein Schatz und meine Liebe / Tanz mit mir / Ich brauch dich / Ich brauch dich heute Nacht bei mir / O chiquita / O mein Schatz / Amor / O mein Tier.«*

DAF spielt *Co Co Pino* gerne zu Beginn der Shows, sie wissen um seine Wirkung. Und die verfehlt es auch im Ratinger Hof nicht. Unterstützt von Roberts marschierendem Schlagzeugbeat bringt Gabi sich und das Publikum ordentlich in Fahrt. Er mischt spanische mit deutschen und englischen Vokabeln. Oder eben mit interessant klingenden Wortneuschöpfungen wie »Co Co Pino«, eine

Ticket und Poster vom DAF-Konzert im Ratinger Hof 1980
FOTO: ARCHIV RUDI ESCH

typische Gabi-Delgado-Kreation. Sie bedeutet nichts; der heutige Abend hingegen alles. Durch die im Vordergrund stehende Elektronik wirkt *Co Co Pino* elektrisierend neu und gibt den Geist der *Die Kleinen Und Die Bösen* perfekt wieder. In dieser Phase von DAF sind, gerade durch den Gitarristen Wolfgang Spelmans, noch Referenzen an Gang of Four zu hören, die ebenfalls die kreischende Gitarre von Andy Gill als markantes Stilmittel einsetzten. In Anlehnung an Gang of Four hatte man sich damals für die Cargo Studios in Nord-England entschieden, um den treibenden Beat der frisch gegründeten Band DAF dort aufzunehmen.

Gregor Pott schreibt in seinem Buch *Die heiligen Huren der Pop-pop-pop-Musik*: »Man braucht kein Untergangsfanatiker zu sein, um *Die Kleinen Und Die Bösen* für das Eindrucksvollste, Dichteste zu halten, was bisher von DAF auf Platte erschienen ist. Über Gesang und Geräuschen schwebt eine gelbe Wolke von Pesthauch und allerletztem Abendmahl. Doch die Kinder suchen sich aus den Abfällen, was sie für ihren Tanz brauchen.

Die Texte bieten keine elaborierten Verse. Sie sind hastig, knapp, präzise, sehr minimal. Wie Parolen, die der Koma Kid aus einem vorbeirauschenden Zugfenster in die Nacht schreit.«

Treibender noch als *Co Co Pino* ist der Basssequenzer von *Verschwende Deine Jugend*. Er gibt schon jetzt die Richtung für die kommenden Aufnahmen bei Conny Plank vor, da er neben Roberts Schlagzeug das einzige musikalische Stilmittel ist und der Song somit noch minimalisierter, radikaler und neuzeitlicher daherkommt. *»Schön und jung und stark / Schön und jung und stark / Du bist schön und jung und stark / Nimm dir was du willst / Nimm dir was du willst / Solang du nur noch kannst / Verschwende deine Jugend / Verschwende deine Jugend.«*

Verschwende Deine Jugend sollte sich zu einem festen Song im DAF-Kosmos etablieren. Ein Aufruf, der wie ein Motto über der Post-Punk-Generation schweben sollte. Wenn sich die Punks der späten Siebziger noch unter dem pessimistischen Slogan »No Future« zusammengefunden hatten, so schien es dieser Bewegung mehr um das Ausleben und das Verschwenderische zu gehen, das Gabi sein Leben lang als Maxime proklamieren wird.

Zeitgemäß waren nun tanzbare elektronische Klänge mit sehr plakativen, sloganartigen Texten.

Verschwende Deine Jugend war ein Paradebeispiel, genauso wie später *Der Mussolini*, die Single-Veröffentlichung aus dem Album *Alles Ist Gut* und der erste große Hit. Ein Song, der DAF einen hohen Bekanntheitsgrad verschaffen sollte. Deutsch zu singen war das Gebot der Stunde. Deutsch zu singen bedeutete

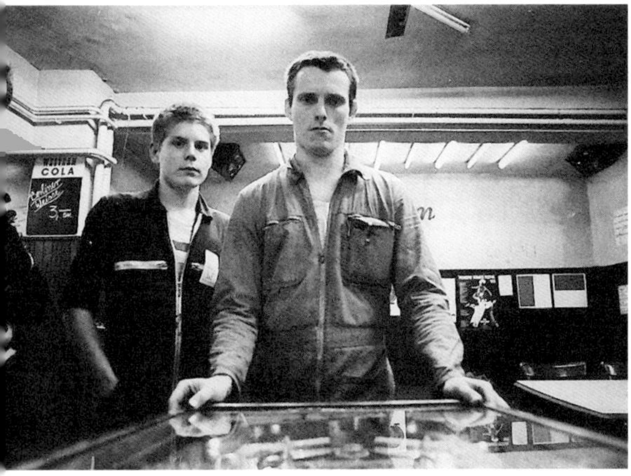

Dildo und Detlev flippern.
»Paul ist tot, kein Freispiel drin.«
FOTO: CHE SEIBERT

zuvor Schlager, aber nun war es aufregend und neu, was Bands wie Fehlfarben oder DAF hier texteten – und zwar gefühlte Lichtjahre, bevor es eine Neue Deutsche Welle gab.

Verschwende Deine Jugend sollte zum Credo einer ganzen Jugendbewegung werden. An jenem Abend ist er der zweite Song, der gespielt wird, und Gabi schmettert seine hedonistische Parole wie einen Pflasterstein ins sich verstanden fühlende Publikum. Nur den Fehlfarben ist ein ähnlich präzises Abbild der Atmosphäre im Ratinger Hof mit ihrem Song *Paul Ist Tot* gelungen; hier hatte Peter Hein treffend formuliert: *»Was ich kriegen will, das kriege ich nicht – und was ich haben kann, das gefällt mir nicht.«* Seit Paul tot war, sei kein einziges Freispiel mehr drin gewesen, was sich auf die Flipper-Automaten im Hof bezog, denen später eine besondere Bedeutung zugemessen werden sollte, genauso wie dem Fernseher, der immer »tot und stumm« in seiner Verankerung über der Tanzfläche thronte.

Als dritten Song spielt DAF einen echten Hammer, der stellvertretend für Gabi und Robert steht: *Der Räuber Und Der Prinz*. Ein Song, der zur wahren Hymne für die Band wurde. Bevor *Der Mussolini* überhaupt entstand, war dieses Lied schon seit über einem halben Jahr auf den Setlisten in Deutschland und England. Den Fans gefiel die unterschwellige Homoerotik, die diese Nummer ausstrahlte. Auch das gesamte Konzept, als Duo weiterzumachen, scheint dieser Song proklamatisch vorwegzunehmen. Die Elektronik klang hier neben dem bedrohlichen Bass eher wie ein Glockenspiel. Um das zu verbildlichen, mimte Robert später in dem Video zum Song, er würde tatsächlich ein Glockenspiel zum Einsatz bringen.

Auch an diesem Abend ist es ein schweißtreibendes Fest, der Band bei der Arbeit zuzuschauen. Schön, dass sie dieses Stück schon so früh im Programm haben; wahrscheinlich, um es als Zugabe wiederholen zu können. In diesen Tagen ist einfach noch nicht allzu viel Live-Material vorhanden. Man muss die Stücke mit Sorgfalt auswählen und einsetzen. Auch ändert sich der Stil der Deutsch Amerikanischen Freundschaft so schnell, dass man sich mit den lärmigen Stücken der früheren 5-Mann-Besetzung nicht mehr identifizieren kann. Der Weg hin zu einem konsequenten Elektronik-Duo ist bereits eingeschlagen, und Stücke wie dieses lassen erahnen, dass es keinen Weg mehr zurück gibt. Am Ende

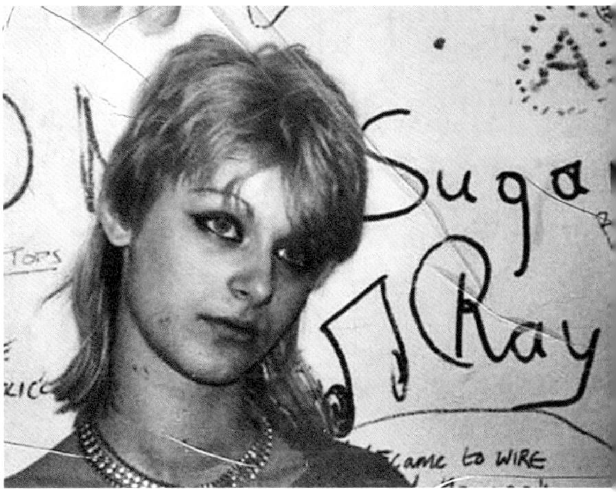

Unbekannte im Hof
vor Sugar Ray-Stencil
FOTO: GUNNAR TJADEN

sollte es nur einen Räuber und einen Prinzen geben: Robert und Gabi. Verbunden in einem Geflecht aus Slogans, Elektronik, Bewegung, Tanz, Schlagzeugspiel und homoerotischer Spannung.

Noch mal Gregor Pott: »Roberts Schlagwerkarbeit. Sehr industriell, hier geht's um Präzision, Genauigkeit, Handwerk. Wolfgang Spelmans schiebt seine hinterfotzigen Gitarrensounds in die Geräusche, die vom vorbereiteten Tape kommen. Die Art, wie er die Saiten seines Instruments traktiert. Er schlägt die Gitarre. Peitscht sie voran. Kein Mitleid. Sie ist das Werkzeug, er der Arbeiter. Klammert sich ran, lässt sie los, spielt weiter.

Kaum einen Sänger gesehen, der sich so auf der Bühne bewegt, wie Gabi es tut. Kraftvoll, losgelassen, sportsmännisch. Links und rechts, oben und unten. Und alles zur gleichen Zeit. Tanz.«

Das Publikum ist spätestens jetzt fasziniert in Beschlag genommen und spürt, dass hier eine neue Ära begonnen hat; es ist allen klar, dass sie ihre geliebte Ratinger Hof-Band nun nicht nur an England, sondern auch an die breitere Masse verlieren würde. Dieser Sound ist nicht mehr der Sound einiger eingeschworener Punks, sondern er will hinaus in die Welt der Clubs und Tanzflächen der frühen 80er-Jahre. Hinaus in die Clubs von Berlin, München oder Köln sowie New York, Liverpool, Manchester und immer wieder London. In den kommenden 18 Monaten sollte Robert und Gabi die Popmusikwelt offenstehen. Sie sollten sich aufschwingen zu Herrschern über die Tanzfläche, um ihre Fans in die Knie zu befehligen.

Es folgen nun die Songs aus dem aktuellen Album, Songs wie *Volkstanz (Wenn Die Bettelleute Tanzen)*, *Die Fesche Lola*, *Nachtarbeit* und *Osten Währt Am Längsten* sowie *El Basilon*. Am Ende des Sets stehen die beiden wichtigsten Nummern der Frühphase: *Kebabträume, Ich Und Die Wirklichkeit,* und dann ist die Show vorbei. Man erfrischt sich kurz hinter der Bühne, versorgt sich notdürftig mit einem Handtuch und hat es an diesem kalten Bastard eines Winterabends geschafft, den Hof auf tropische Temperaturen zu bringen. Schweißnass und sich einen Korridor durch die Masse bildend, erklimmt die Band die Bühne, um noch drei Zugaben abzufeuern. Dann sind alle bereit, sich für das neue Jahr zu verabreden. Das Jahr 1981.

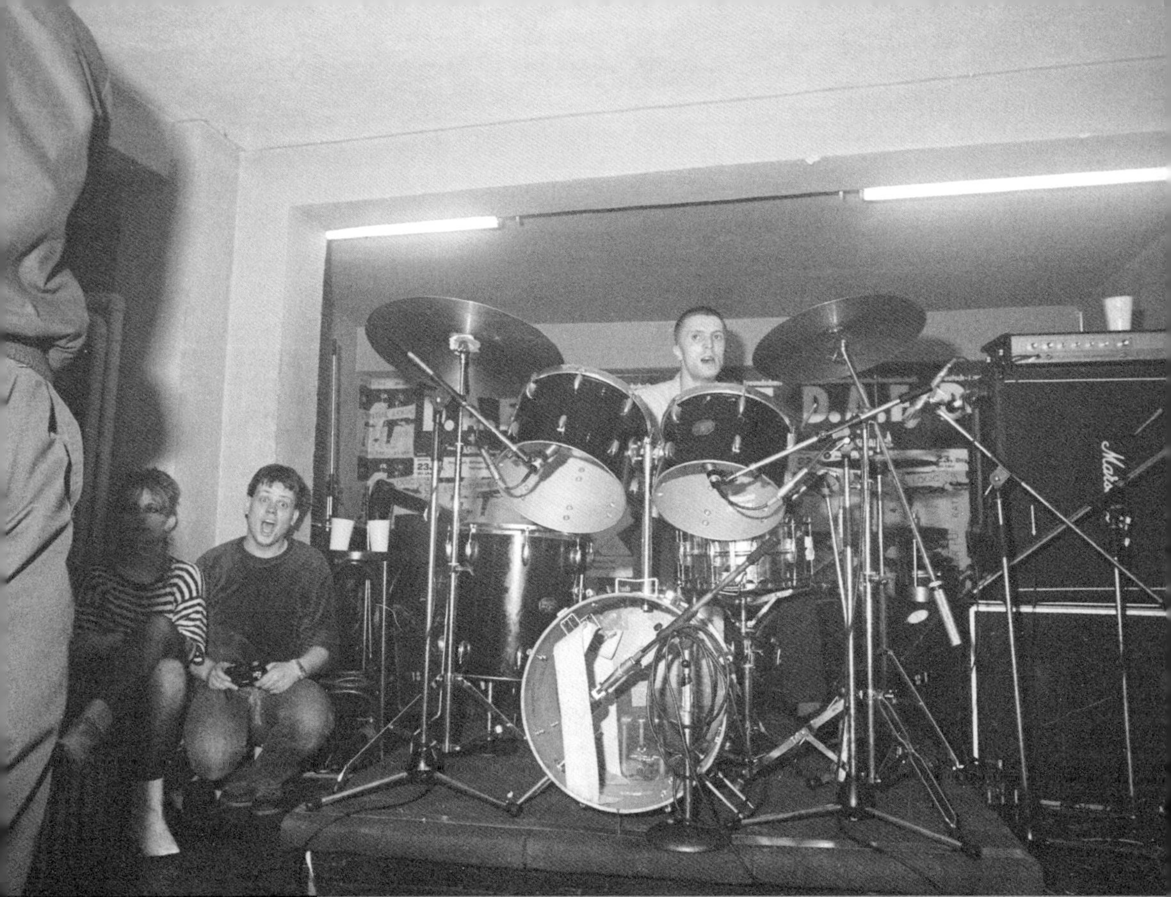

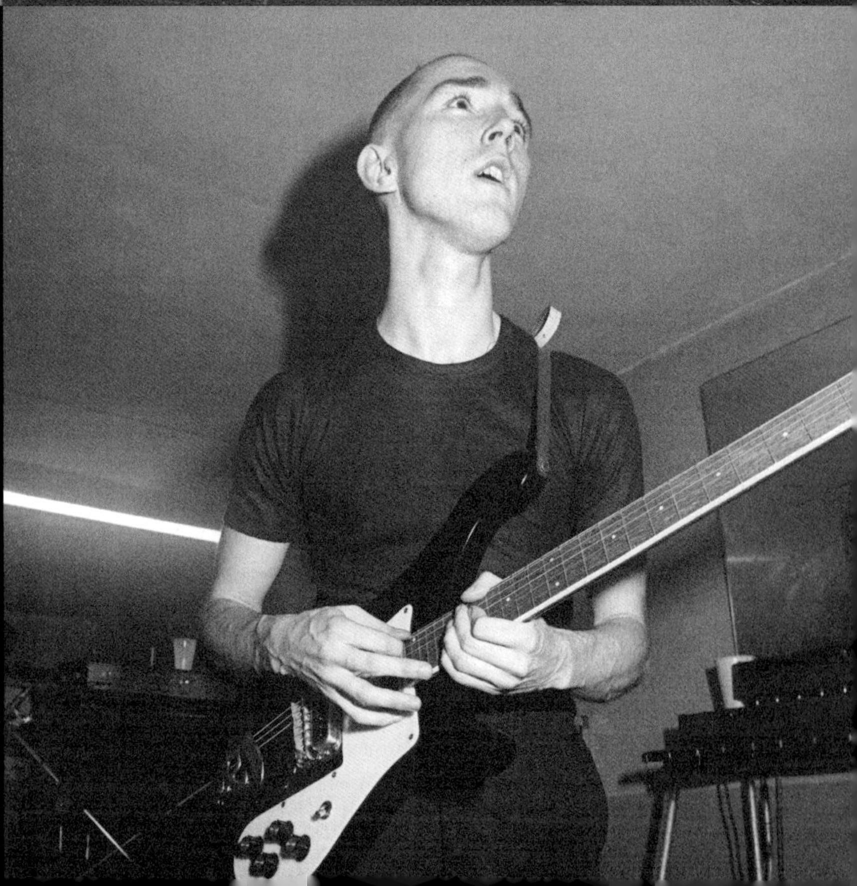

Der Abend vor Heilig-
abend 1980: DAF zu dritt
FOTOS: AR/GEE GLEIM

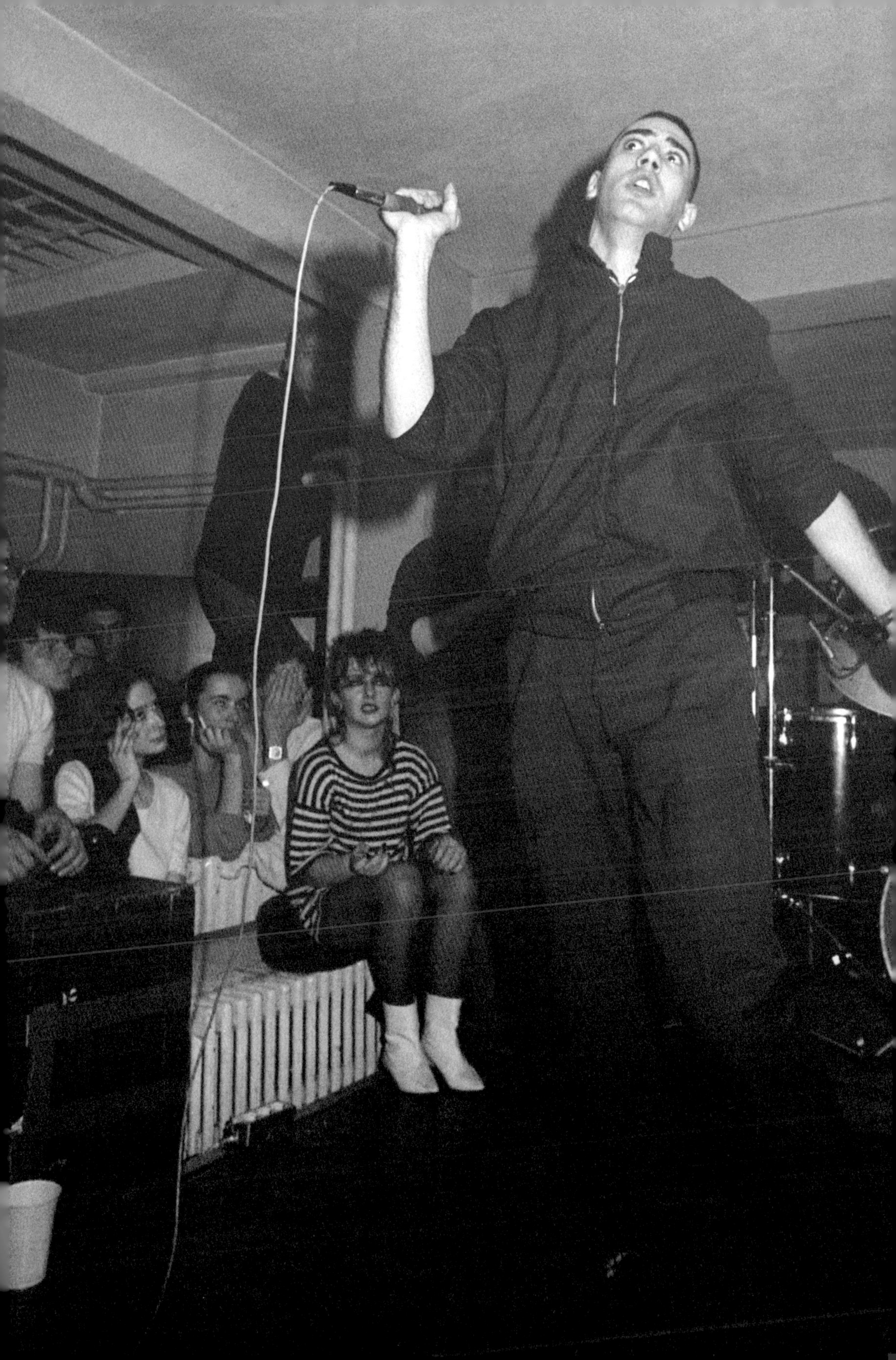

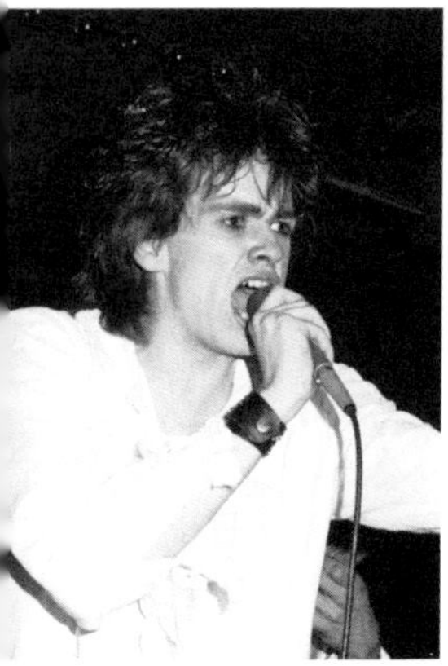

FOTO: AR/GEE GLEIM

ES KNALLTE, UND DIE OHREN KLINGELTEN

Gastbeitrag von Joost Renders

Eigentlich hatte ich DAF Ende 1980 eher aus den Augen verloren, das heißt, eigentlich hatte ich sie nie im Auge gehabt. Mit dem ersten Album *Ein Produkt der Deutsch-Amerikanischen Freundschaft* konnte ich gar nichts anfangen, da zog ich das ungefähr gleichzeitig erschienene Male-Album vor, keine Frage. Gabi war mir auch eher durch seine kurzzeitige Mitwirkung bei Mittagspause ein Begriff. Aber dass die einfach so nach London gegangen waren, hatte mich schon sehr beeindruckt, und nicht nur mich. Und dann kamen sie aus London wieder, und jeder wollte es sehen. Ich habe damals im Fanzine *Schmier* folgenden Konzertbericht geschrieben:

> *DAF und NASMAK im Hof*
> *Von Peter Pan*
> *Ich war ja mal gespannt auf DAF. Draußen habe ich erst mal ein paar Eindhoven-Punx getroffen. Der Hof war bis zum Bersten voll. Etliche kamen nicht mehr rein. NASMAK (Nachgeschmack) aus Eindhoven fingen an. Die EH-Punx mochten sie nicht. Mein Eindruck: alte Säcke-Künstler, aber guter Rhythmus. Haben schon 'ne LP draußen. Ich geh lieber raus, doll is das Ganze nich. Dann DAF. Donnerwetter, da war ja echt was los, Pogopogopogopogo – DAF hatten mit ihren Bändern ein Mordstempo drauf. Ich fands voll geil – obwohl ich den ollen Gabi für 'nen arroganten Sack halte, also DAF waren toll. PP*

Das war im Dezember 1980. Der Artikel erschien im Fanzine *Schmier* Anfang 1981 in der achten und letzten Ausgabe. Die »Bewertung« Gabis am Ende des Artikels ist natürlich aus heutiger Sicht gesehen ziemlich dämlich, aber damals wurde eben kräftig gehobelt, außerdem hat er auch nie zurückgenickt, wenn man ihm in der Straßenbahn cool zunickte, aber das lag wohl auch an seiner legendären Kurzsichtigkeit.

Gut 36 Jahre später ist mir dieses Konzert immer noch in starker Erinnerung. Dass allerdings Nasmak damals das Vorprogramm waren, hatte ich total vergessen, die habe ich später in Eindhoven noch ein paar Mal gesehen und schätzen gelernt, DAF allerdings habe ich bereits an diesem Dezemberabend sehr schätzen gelernt. Mehr noch, ich musste meine Meinung, dass sie »Künstlerkacke« wären, vollständig ändern. Allerdings war inzwischen die Kunde vorgedrungen, dass sich DAF in ihrer Zeit in London weg vom Künstler-Image in eine äußerst schlagkräftige Truppe verwandelt hatten, und da war ich natürlich neugierig.

Das Konzert schlug ein wie eine Bombe.

DAF, die da noch zu dritt waren, schafften es innerhalb kürzester Zeit, den Hof in das zu verwandeln, was manche heute Moshpit nennen. Kurz, es knallte, und die Ohren klingelten. So musste das auch sein! Es war rappelvoll, und es herrschte eine Stimmung wie schon seit Wire/999 Ende '78 nicht mehr. Massenpogo. Ich weiß auch nicht mehr, wie mir die Ehre zuteilwurde, auf diesem Foto von ar/gee gleim so ins Zentrum zu geraten.

Wahrscheinlich hatte ich auf dem Weg nach vorne zu einem Sprung angesetzt, anders kann ich mir meine »Größe« auf dem Foto nicht erklären. Bin ja nicht klein, aber soooo ...

Das war schon eines der sehr besonderen Konzerte unter den besonderen Konzerten dieser Zeit, und ich muss zugeben, dass mich das Synthie-Riff der feschen Lola seitdem nicht mehr losgelassen hat. Überhaupt war das ein Abend, der mich der Elektronik-Musik entscheidend näher brachte.

Ich habe DAF danach nur noch einmal gesehen, und das war der legendäre »Tag der Deutschen Einheit« 1981 in der Philipshalle. Über diesen denkwürdigen Gig ist endlos viel geschrieben worden und ich habe dem nichts hinzuzufügen.

Ratinger Hof 1980: Das Publikum in ungläubiger, jedoch vorweihnachtlicher Stimmung, der junge Joost Renders mit X gekennzeichnet
FOTO: AR/GEE GLEIM

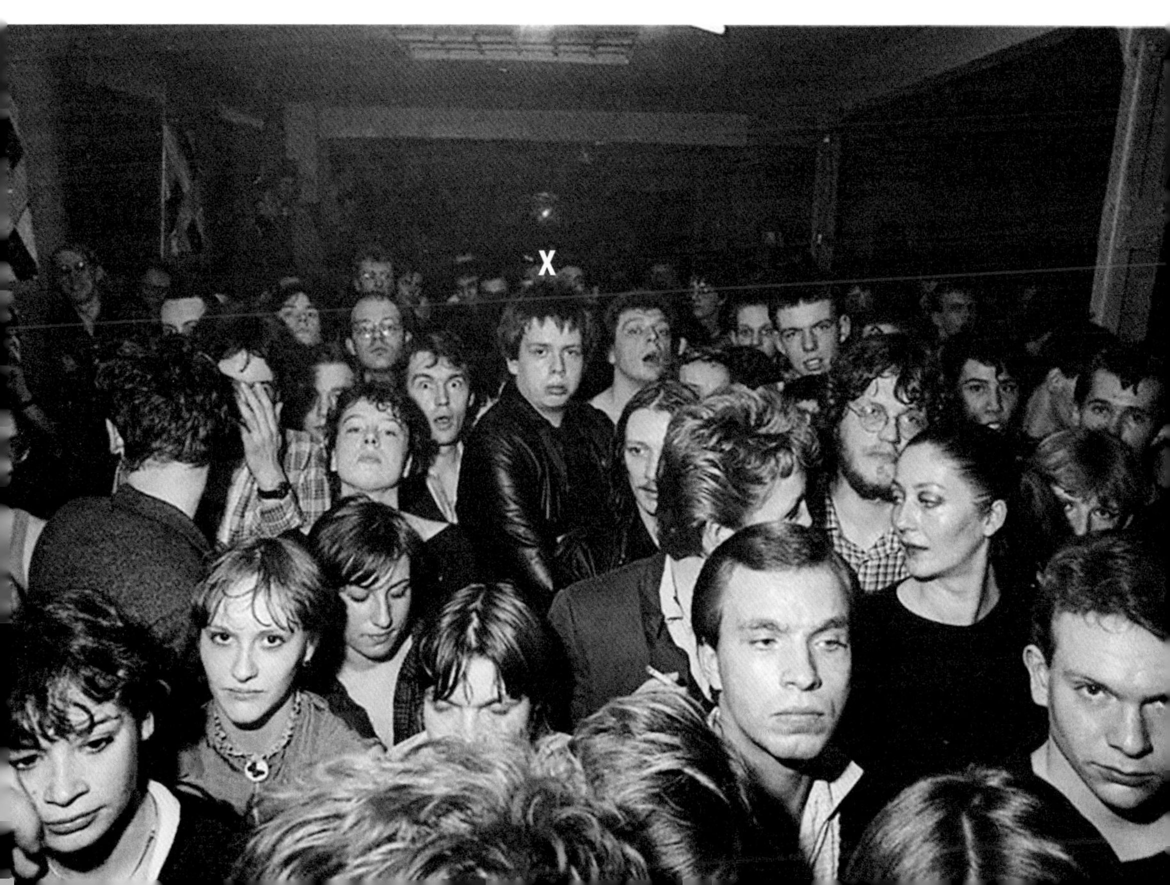

FÜR MANCHEN FOTOGRAFEN KONNTE DAS DURCHAUS BEDROHLICH SEIN

Gastbeitrag von ar/gee gleim

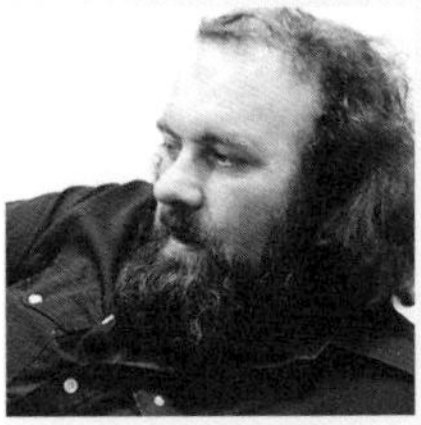

Die schon etwas ältere Generation hat das, was sich Ende der 70er-Jahre im Ratinger Hof tat, nicht oder erst sehr spät bemerkt. Was mich betrifft, kannte ich den Ratinger Hof noch als Refugium für einen Pennplatz suchende Hippies, die sich an einem Bier festhielten und auf verschlissenen Sofas zwischen unter Lichtmangel leidenden Palmen dahindösten. Das war kein Ort, an den es mich zog.

Als ich dann 1979 die neue deutsche Musik und all das, was sich da tat, bemerkte, stand ich dann doch wieder im Ratinger Hof. Ich stand da recht hilflos, fand die Leute eher langweilig und schaute und schaute und entdeckte nichts, was irgendwie neu oder besonders oder aufregend war. Die bunten Neonröhren und das Kahle der mit Spiegeln sortierten und mit Tags bemalten Wände alleine waren es nicht.

Das sollte sich schnell ändern, nämlich an dem Tag, an dem ich ein paar Leuten sagte, dass ich einen Film drehen wolle und eine Kamera brauche. Ich wurde sofort weitergereicht, und es dauerte keine zehn Minuten, um jemanden gefunden zu haben, der mir am nächsten Tag eine tolle Leica-Kamera lieh.

Und der Ratinger Hof hatte für mich sein Gesicht radikal gewandelt. Diese langweiligen Leute dort trugen Namen, die man kannte und die man schätzte. Das waren fast ausnahmslos Leute, die was machten. Sobald ich selbst was machte, war ich anerkannt und Teil einer aufregenden Party. Es war der »Hof«, in dem man sich traf, Neuigkeiten austauschte, Projekte anriss, um von dort in irgendwelche Keller und obskure private Räumlichkeiten zu verschwinden und Neues, Aufregendes zu machen.

Zwischen arrivierten und weniger arrivierten Künstlern der nahe liegenden Kunstakademie wuselten die kleinen Punks durch den Raum. Es gab weder einen Generationenkonflikt noch ein Naserümpfen zwischen diesen recht unterschiedlichen Bildungsniveaus. Jetzt im Nachhinein stelle ich fest, dass der Hof ein Ort selbstverständlicher Toleranz war. Das hätte damals niemand formuliert. Warum auch? Es handelte sich eben nicht um eine theoretische Forderung räsonierender Hippies.

Doch ich war nur integrierter Beobachter und gehörte nicht zu den Machern dieser Szene. Wie auch mit fast 40 Jahren auf dem Buckel? Ich fand das noch aufregend genug. Hier trafen sich Punks, Elektroniker und bildende Kunst und dann bald auch Werber. Laute Volksreden hielt nur Immendorf, der sich bemühte, junge hübsche Mädels um sich zu versammeln. Schirners »Werbung ist Kunst« scharte nicht ganz so geschlechtsspezifisch junge Leute um sich. Mein Augenmerk galt jedoch nicht diesen wenigen Aufmerksamkeitsheischenden, sondern dem, was sich da in der Gruppe der der Pubertät Entfliehenden tat, was sich hier vor allem musikalisch äußerte, karge Worte fand und das »Machen« personifizierte.

Der Befreiungsschlag, der den Namen »Beuys«, auch ein Kind seiner Zeit, trug, spielte dort sicher mit rein.

Die Leute, wie man es auf dem Foto sieht, sahen alle fast ganz »normal« aus. Punkfrisuren, Irokesen, eine bestimmte Sorte schwarzer Lederjacken, Badges, Stachelarmbänder,

Ketten etc. kamen erst später dazu. Daran glaubten zwar die Kids, doch das war eher die Vermarktung einer nicht mehr zu leugnenden Bewegung und bezeichnend für eine Endphase, welche durch die Umarmung durch die Medien beschleunigt wurde und bald zum Ende führte. Spätestens 1982 war alles vorbei. Geschichte war geschrieben.

Pogo nannte sich so ein Hahnenkampftanz mit heftigem Rempeln, bei dem sich die Punks schon mal am Boden wiederfanden, während die Meute weiter tobte. Doch da passierte kaum mal was Ernsthaftes, weil den Gestrauchelten sofort wieder auf die Beine geholfen wurde. Für manchen Fotografen konnte das durchaus bedrohlich sein, spielte sich das Getobe doch dort ab, wo auch der Fotograf zu stehen hatte. Vorne, unmittelbar vor der Bühne. Da stachen Ellenbogen zu, Stiefel trafen auf Waden, eine Rotte Rempelnder brachte den Fotografen, der seine Hände ja nicht frei hatte, sondern mit der Kamera beschäftigt war, diese schützen und dann doch noch Fotos machen musste, fast zum Umsinken. Ich trug Schuhe mit Stahlkappen und brachte ansonsten so viel Masse mit, dass mich so eine halbe Portion Punk nicht erschüttern konnte. Die meisten waren ja Hänflinge. Außerdem war das keine ernsthafte Aggression, sondern ein juveniles Kräftemessen, Austoben, Spaß und der körperliche Ausdruck von Lebensfreude.

(Erstmals publiziert am 18. Juni 2014 von Richard Gleim auf www.gnogongo.de)

Vor dem Konzert: Ratinger Hof, Dezember 1980 — FOTO: AR/GEE GLEIM

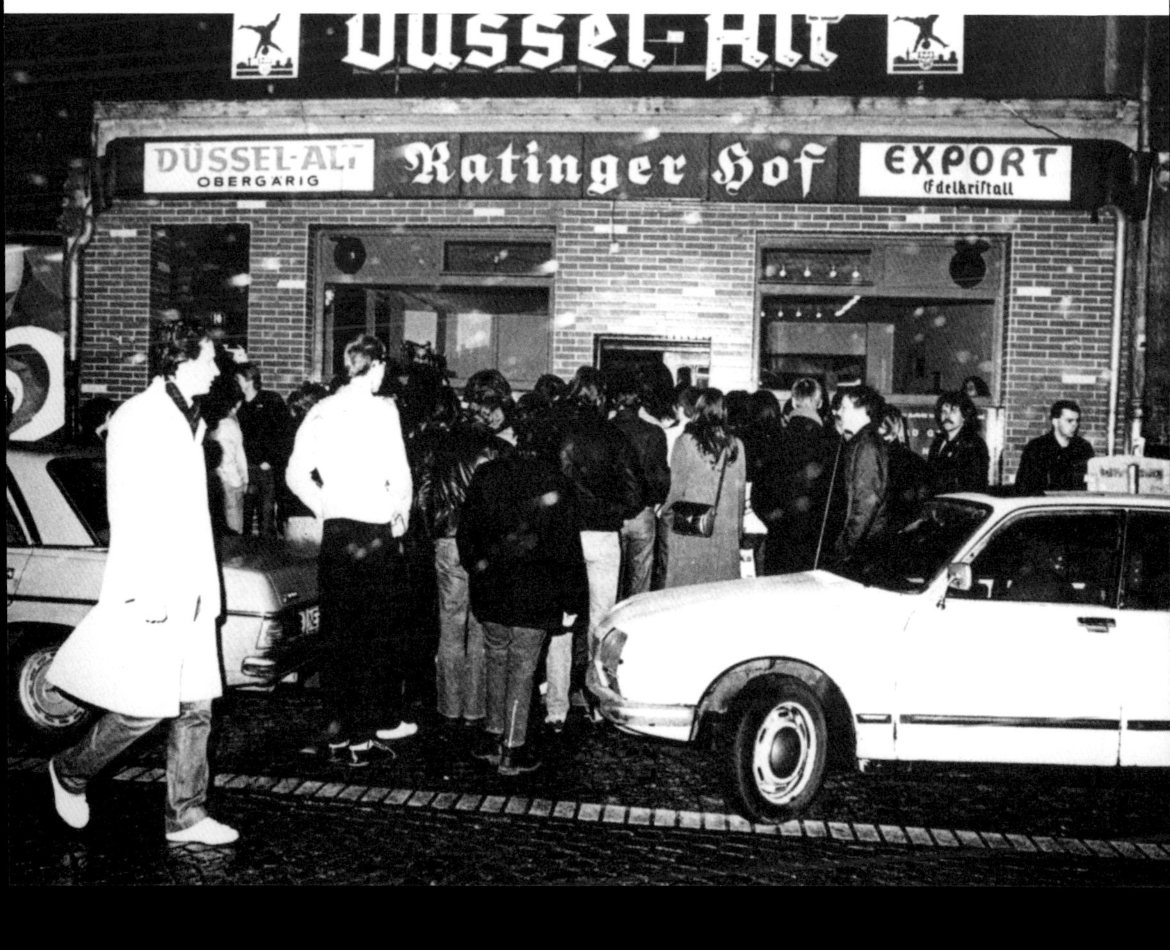

ALLES IST GUT

ALLES IST GUT
Virgin, April 1981

A1 Sato-Sato
2:49
A2 Der Mussolini
3:54
A3 Rote Lippen
2:42
A4 Mein Herz Macht Bum
4:28
A5 Der Räuber Und Der Prinz
3:29

B1 Ich Und Die Wirklichkeit
3:05
B2 Als Wär's Das Letzte Mal
3:23
B3 Verlier Nicht Den Kopf
3:17
B4 Alle Gegen Alle
3:56
B5 Alles Ist Gut
3:26

Produktion: Conny Plank
Fotos: Sheila Rock
Musik: Robert Görl
Text: Gabi Delgado

EINE STIMME, EIN SCHLAGZEUG, EIN PAAR SEQUENZEN

Klar, aus heutiger Sicht betrachtet klingt das Konzept beinahe konventionell: eine Stimme, ein Schlagzeug, ein paar Sequenzen. Und ab geht die Luzi. Aber im Januar 1981 brauchte man schon einen Produzenten wie Conny Plank, um hinter dieser Idee Potenzial zu wittern. Der Einsatz von analogen Synthesizern in der Musik war nicht neu. Es waren aber relativ kleine Kreise, die mit den Werken von Jean-Michel Jarre, Wendy Carlos, Tangerine Dream, Kluster und ähnlichen vertraut waren. Mit Kraftwerk, allerspätestens aber mit Donna Summers Hit *I Feel Love*, war der Synthie-Sound endgültig in den Charts und in den Hörgewohnheiten angekommen. Neu war allerdings die radikale Reduktion auf mit der Beharrlichkeit eines Uhrwerks durchtickernden Sequenzen, kombiniert mit einem harten, kraftvoll treibenden Schlagzeug und energetischem, sexuell aufgeladenem Gesang. Das klang unkonventionell und neu für damalige Ohren, war aber beides zur selben Zeit: eine Weiterentwicklung zu etwas völlig Neuem und ein Rückgriff auf etwas sehr Altes. Eine Weiterentwicklung einer konsequenten Minimalisierung der Musik, die sich schon im Punk von virtuosen Gitarrensoli und komplexen Songstrukturen verabschiedet hatte, auf der einen Seite – und ein Rückgriff auf das Wesentliche, auf den archaischen Kern, der Musik schon immer ausgemacht hat. Gabi Delgado: »Im Prinzip ist Musik als Allererstes Rhythmus und Gesang. Also einer macht Stimmen und einer haut irgendwo drauf. Das gab's schon immer. Das ist die Essenz von Musik.«

Es glich einer Befreiung von allem Überflüssigen und vor allem aber einer Befreiung von allem Regulativen. Hatte sich Punk nur von virtuosen Gitarrensoli getrennt, hatte DAF sich komplett von der Gitarre getrennt. Verweigerte sich Punk komplexen Songstrukturen, verweigerte sich DAF Songstrukturen ganz allgemein. Gabi Delgado: »Weg von der klassischen westlichen Harmonielehre. Also das wohltemperierte Klavier, Bach – weg davon! Es gibt viel mehr Töne als die paar weißen und schwarzen Tasten. Es gibt Tausende Frequenzen dazwischen. DAF war immer verstimmt. Das entspricht nicht der Bachschen Harmonielehre. Und was noch wichtiger ist, musikhistorisch: DAF verweigert sich der normalen Songstruktur. Refrain, Strophe, Refrain, Strophe, B-Part. A-Part, Fade. Bei DAF gibt's das nicht. DAF ist trackorientierte Musik. Das ist ein Musikband, das läuft. Das hat die Musik, wie sie heute ist, entscheidend mitbeeinflusst. Und im Prinzip ist alle Musik, die heute im Tanzbereich gemacht wird, Musik, die nach DAF-Regeln gemacht wird. Das gilt für 80 Prozent aller Disco-Tracks.«

Röbert Görl: »Sequenzen waren das heiße neue Ding, das war die Zukunft.«

DAF also als Negation aller geschriebenen und ungeschriebenen Gesetze des Songwritings, DAF also als Weiterführung des Punk mit anderen Mitteln. Das allerdings mehr ideologisch als musikalisch. Was sie aus dem Punk mitnahmen, war nicht die Musik, sondern die Attitüde von Verweigerung und Ablehnung, war das Harte und Energetische. Robert Görl: »Unsere Musik war ein ganz neues Ding. Dieser elektronische Punk war ja wirklich noch nicht so weit verbreitet. Du konntest an einer Hand alle abzählen, die weltweit in die Richtung überhaupt was machten. Harten, elektronischen Energie-Punk mit Sequenzen.«

Und noch zwei sich scheinbar unversöhnlich gegenüberstehende Pole brachte DAF in ihrer Musik zusammen und grenzte sich damit von parallel laufenden Strömungen ab: Andere mit Synthesizern und Sequenzern agierende Bands arbeiteten an einer vollständigen Ent-

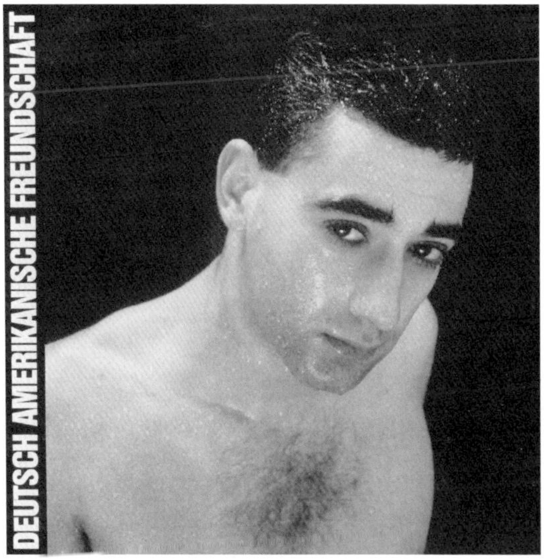

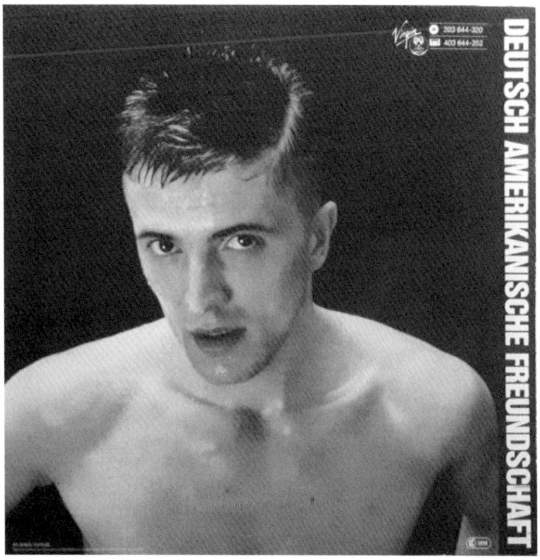

Das Cover der ›ALLES IST GUT‹-LP, front und back
FOTOS: SHEILA ROCK

»Kraftwerk hat die historische Chance verpasst. Die haben ja angefangen mit Autobahn, was ein trackorientiertes Stück war. Und dann haben sie doch Liedchen gemacht.«
GABI DELGADO

menschlichung der Musik, ersetzten alles humanoid Anmutende bis hin zu Stimme und Körper durch Maschinen. 1978 erschien das Album *Die Mensch-Maschine* von Kraftwerk mit dem bezeichnenden Stück *Die Roboter*. Da hieß es: *»Wir funktioniern automatik / jetzt wolln wir tanzen mechanik / wir sind die Roboter.«*

Randnotiz Gabi Delgado: »Kraftwerk hat die historische Chance verpasst. Die haben ja angefangen mit *Autobahn*, was ein trackorientiertes Stück war. Und dann haben sie doch Liedchen gemacht.«

Robert Görl: »Ich fand Kraftwerk zu steril. Ich wollte mit meiner Musik viel körperbetonter rüberkommen. Power-Sequenzen und auch richtig abstrakte Sequenzen – nicht so steril, wie Elektronik ja auch sein kann – und dazu ein muskulöser Beat.«

Bei DAF jedenfalls wurde nicht mechanisch getanzt, und man war auch weit davon entfernt, ein Roboter sein zu wollen. Ganz im Gegenteil: Das Körperliche, das Menschliche, das Unberechenbare war ein wesentlicher Bestandteil des DAF-Konzepts und machte einen großen Teil der freigesetzten Energie aus. Hier durfte nicht geschwitzt werden, hier musste geschwitzt werden. Entsprechend stimmig ist es auch, dass Robert bei den Live-Auftritten unbarmherzig auf ein Schlagzeug einprügelt – und nicht an einem Synthesizer rumdreht (was auch aus Machbarkeitsgründen nicht möglich gewesen wäre, aber dazu später mehr). Robert Görl: »An einem Synthesizer siehst du auch immer gleich aus wie so ein Tüftler. Das fanden wir nicht gut. Das kann man im Studio machen. Aber nicht auf der Bühne. Stell dir mal vor, ich hätte drauf bestanden: Ich möchte mich jetzt live als Synthesizer-Spieler präsentieren. Die ganze Körperlichkeit wäre nicht da. Stell dir vor, ich stehe da am MS-20 rum und das Schlagzeug macht mit voller Wucht ungtz-tscha, ungtz-tscha – vom Tape. Da hätten alle zu Recht gesagt: Das geht gar nicht! Deshalb: Das war schon alles gut durchdacht, es war richtig gedacht, den Leuten die Power mit den Muskeln zeigen, das macht die Leute an.«

Insofern bekam der in dieser Zeit entstandene Begriff der Electronic Body Music mit DAF eine ganz andere Dimension, als er in dem Kontext besaß, in dem er von Ralf Hütter erstmals öffentlich verwendet und geprägt worden war. Bei Kraftwerk bezog er sich primär auf die Tanzbarkeit der Musik, was eine Aufspaltung in körperlose, technokratische Verwaltung von Tönen und Rhythmen auf der Bühne und ein körperliches, tanzendes Publikum vor der Bühne bedeutete. Ralf Hütter definierte den Begriff in einem Radiointerview auf dem US-amerikanischen Sender WSKU am 19. Juni 1978 wie folgt: »[…] we have now composed some kind of ›electronic body music‹, because electronic music, basically like Tangerine Dream, has been mainly connected with ›brain music‹, where you sit back in your armchair and put on headphones, and fly off into space, some kind of cosmical consciousness type of music. Where we were always interested with Kraftwerk in including society and really environmental music, earth music, city music, and now we have done something which we call ›electronic body music‹, where we can, we have invented some influence, where you can stimulate electronic sounds with the movements of your body, by moving up your arms and legs, and your whole body.«

Bei DAF allerdings verschmolz beides auf der Bühne zu einem orgiastischen Ganzen: Electronic und Body. Maschinen und Muskeln. Präzision und Ekstase. Toughness und Roughness.

Robert Görl: »Wir wollten immer ein wenig Schmutz in unser Ding reinpacken.«

Es war 1977 gewesen, als Gabi Delgado in den Diskotheken des Ruhrgebiets einen Song entdeckt hatte, dessen Konzept ihn sofort überzeugte. Gabi Delgado: »Meine musikalische Initiation hatte ich, als ich zum ersten Mal Donna Summer gehört habe: *I Feel Love* – produziert von Giorgio Moroder. Da dachte ich wirklich: Das ist es! Hinten tuckert eine Sequenz. Vorne stöhnt jemand. Sex und Elektronik. Sollte ich irgendwann mal Musik machen, sollte das auch Sex und Elektronik sein. Das ist genau das Richtige. Jeder hat irgendwo Vorbilder. Das war mein Vorbild. Wobei ich damals schon gedacht hatte: Andere Elektronik, anderer Sex – aber ungefähr so.«

»Ich fand Kraftwerk zu steril. Ich wollte mit meiner Musik viel körperbetonter rüberkommen. Power-Sequenzen und auch richtig abstrakte Sequenzen – nicht so steril, wie Elektronik ja auch sein kann – und dazu ein muskulöser Beat.«
ROBERT GÖRL

Labels der ›ALLES IST GUT‹-LP, italienische Pressung

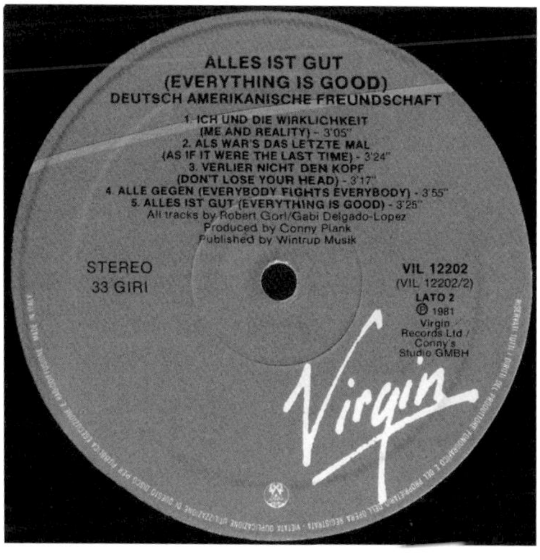

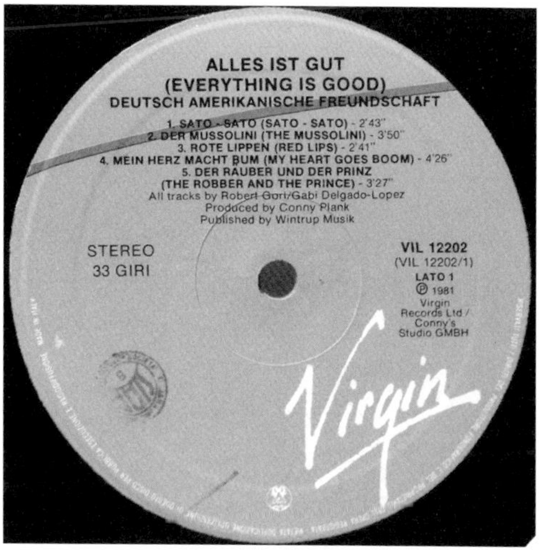

DAS STUDIO

Konrad Plank, dessen »Produced by Conny Plank« längst zum Gütesiegel und Erfolgsgaranten geworden und dessen Experimentierfreude und sein Händchen dafür, Schräges und Unkonventionelles marktkompatibel und massentauglich zu produzieren, allbekannt war, überzeugte diese Idee. Er hatte ein Jahr zuvor bereits mit der damals noch fünfköpfigen DAF-Formation die zweite Seite von *Die Kleinen Und Die Bösen* co-produziert (deren erste Seite aus einem Live-Mitschnitt eines Gigs im Electric Ballroom, London besteht) – und dabei Blut geleckt. Conny Plank hatte sich in den Kopf gesetzt, eine weitere, dieses Mal eine komplette Platte mit DAF zu machen. Er bot an, DAF sechs Wochen lang sein Studio zur Verfügung zu stellen – und hatte bereits Walter Holzbaur, Verleger des Wintrup Musikverlags, ins Boot geholt. Der Deal war quasi perfekt, noch bevor auch nur ein einziger Ton im Kasten war. Und auch DAF war mehr als interessiert an einer Zusammenarbeit mit Conny Plank.

Robert Görl: »Wenn dich ein großer, namhafter Producer möchte, weil er auf deine Musik steht, dann ist das schon eine gute Situation. Als wir Conny trafen, da wussten wir: Jetzt gehen alle Türen auf. Der hat einfach eine wahnsinnige Infrastruktur gehabt. Darum war dann ja auch gleich der Wintrup Musikverlag da. Und

Ein unscheinbares Keramikschild an der Außenfassade weist den Weg
FOTO: ARCHIV RUDI ESCH

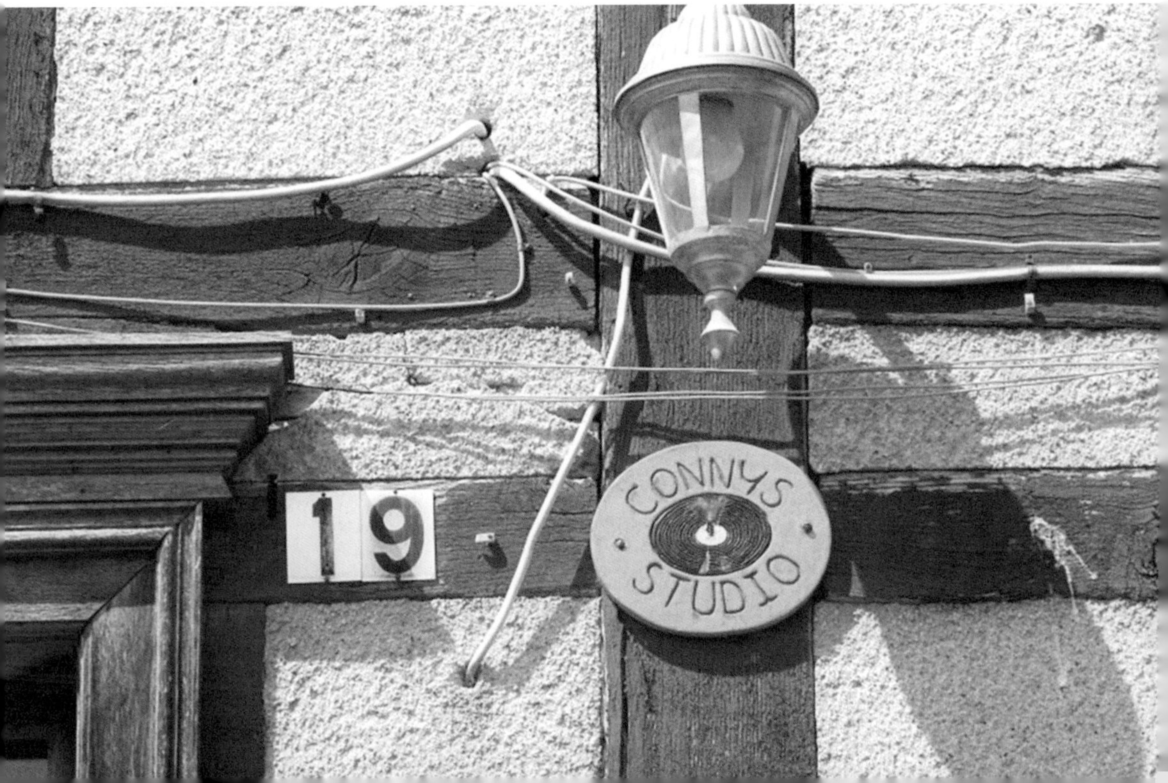

als Conny mehr von uns wollte als nur diese halbe Scheibe, deren andere Hälfte aus dem Mitschnitt aus dem Electric Ballroom bestand, also *Die Kleinen Und Die Bösen*, da war uns klar: Der Typ hat eine Idee, der hat eine Vision.«

Und Menschen mit Visionen waren genau das, wonach Robert und Gabi Ausschau gehalten hatten auf dem Weg zur Realisierung ihrer eigenen Vision. So kam es, dass das DAF-Duo Robert Görl und Gabi Delgado, damals 25 und 22 Jahre alt, Anfang Januar 1981 für sechs Wochen Quartier in Connys Anwesen bezog. In diesem zum Tonstudio umgebauten ehemaligen Kuhstall eines Bauernhofs in Wolperath also, einem gut 1000-Seelen-Dorf im Bergischen Land, circa 40 Minuten von Köln entfernt, stellten sie in den kommenden anderthalb Monaten Weichen für die Musik der Zukunft und legten musikalische Grundsteine für etliche neue Stilrichtungen. Randnotiz: Über ganz Deutschland hatte sich in besagtem Winter eine klirrende Kälte gelegt. Über ganz Deutschland? Nein, interessanterweise nicht über die Region Köln, wo der Winter mit gerade mal zwei Dauerfrost-Tagen bemerkenswert warm, dafür allerdings mit elf Tagen mit Windstärke 8 oder stärker ein recht stürmischer war.

Das war der Punkt, auf den Robert Görl und Gabi Delgado hingearbeitet hatten, seit sie sich 1978 im Ratinger Hof dazu entschlossen hatten, eine Band zu gründen. Eine erfolgreiche Band –

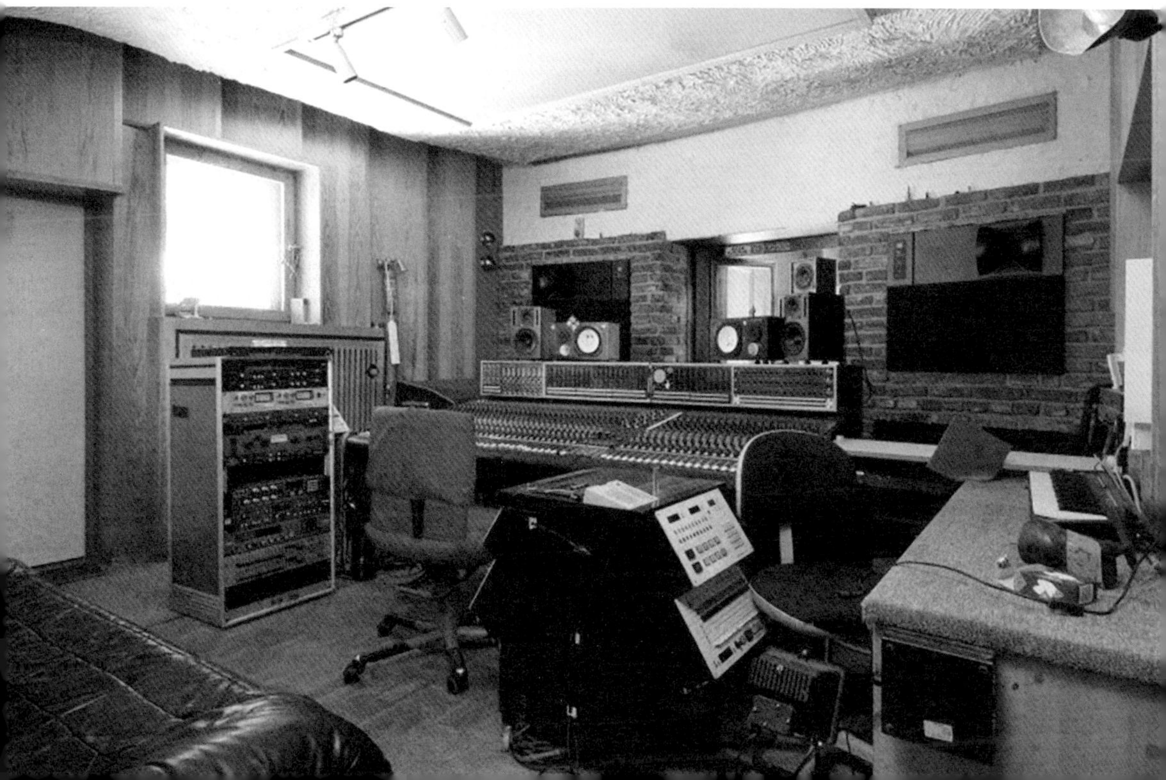

Der Regieraum in Connys Studio
FOTO: ARCHIV RUDI ESCH

»Und Conny dann so: ›Hey Robert, was ist denn da los? Ich habe erfahren, ihr habt alle Leute rausgeschmissen und seid nur noch zu zweit. Wie stellt ihr euch das vor?‹ Erst mal musste er schon schlucken. Da will er ein Projekt mit Band machen, so richtig mit Noise-Gitarre und so. Und dann sagt ihm der Drummer: ›Ich mach jetzt alle Musik. Und Gabi macht den Text. Das ist jetzt die Situation.‹« ROBERT GÖRL

keine der musikalischen Eintagsfliegen, die sich in jenen Tagen beinahe täglich im Umfeld des Ratinger Hofs gründeten und genauso schnell wieder auflösten. Das war der Punkt, an dem sich alles änderte. Aus fünf wurden zwei. Aus Mute Records wurde Virgin Records. Aus einer in London gehypten Band wurde ein weltweiter Erfolg. Gabi Delgado: »Das führte plötzlich dazu, dass wir andere Business-Connections hatten. Über Conny Plank kam Walter Holzbaur ins Spiel. Seriöser Verleger, der dann auch gesagt hat: ›Ich kann euch einen wirklich guten Deal einrichten, bei einer richtigen Plattenfirma.‹ Man muss ja bedenken, dass Mute Records damals nicht das Mute Records war, das jetzt die Kids kennen. Nicht so ein Riesending, die Depeche Mode haben. Da ist Daniel Miller noch mit seinem Kleinwagen mit 100 Singles losgefahren und hat da fünf reingelegt, dann da fünf reingelegt. ›Ich komme morgen wieder vorbei, und wenn du eine verkauft hast, dann gibst du mir das Geld‹ – so war das. Oder: ›Ich habe kein Geld, um nachzupressen, ich fahre mal rum und gucke mal, wie viel ich einsammeln kann. Dann kann ich vielleicht was pressen.‹ Und das ging natürlich nicht. Da wollten wir schon etwas anderes. Denn wir wussten: Das ist absolut massenkompatibel. Das kann richtig laufen. Wir brauchen natürlich jemanden, der das richtig macht. Und dann kam das Angebot: Conny Plank als Producer, Walter Holzbaur als Verleger und irgendwo auch Manager – und ein Deal mit Virgin Records. Das war dann schon was anderes.«

Robert Görl: »Und dann hat Daniel Miller von diesem Deal erfahren. Wir waren ja vorher bei Mute, und Daniel Miller hatte auch so seine Pläne mit uns. Der war da aber noch nicht so fett unterwegs, hat mit kleineren Geldern rumgezockt, hat ja auch gerade mal eine Studio-Woche für das Album *Die Kleinen Und Die Bösen* zahlen können. Wo er schon geschwitzt hat, weil wir am ersten Tag nichts aufgenommen haben. Das war ein anderes Level mit seinen paar Singles, die er gemacht hat. Der war noch auf dem Indie-Trip. Und jetzt erfährt Daniel Miller: Die haben gesignt bei Richard Branson. Ich glaube, der Spruch ist bekannt, den Daniel angeblich gesagt haben soll, als er das gehört hat. Er hat wohl gesagt: ›These Bastards!‹«

Aber auch Conny, dessen Angebot der noch fünfköpfigen Besatzung gegolten hatte, musste erst mal von dem neuen Konzept überzeugt werden. Davon, dass DAF nun nur noch aus dem bislang vordergründig nur als Schlagzeuger in Erscheinung getretenen Robert Görl und dem singenden Gabi Delgado bestehen sollte. Und das, ohne dabei Energie einzubüßen, sondern vielmehr durch die Reduktion Energie zu bündeln.

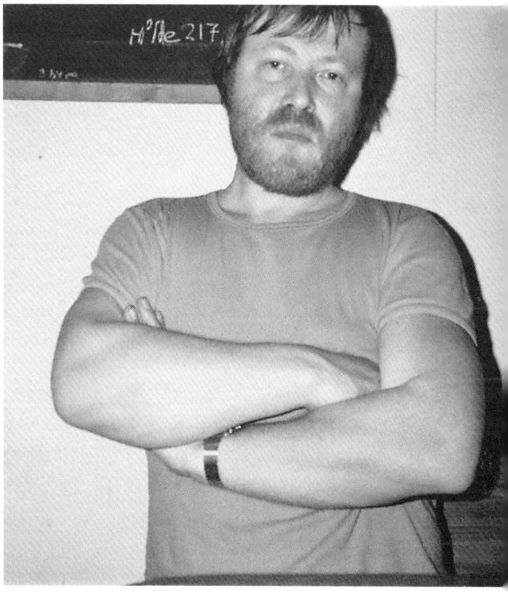

Conny Plank, der Produzent
FOTO: ARCHIV RUDI ESCH

Robert Görl: »Und Conny dann so: ›Hey Robert, was ist denn da los? Ich habe erfahren, ihr habt alle Leute rausgeschmissen und seid nur noch zu zweit. Wie stellt ihr euch das vor?‹ Da habe ich gesagt: ›*Ich mache jetzt die Sequenzen!*‹ Hat er ungläubig gefragt: ›Ah, du machst das jetzt?‹ Conny wusste wohl nicht, dass ich das vorher auch schon immer mit dem Haas zusammen entwickelt hatte. Er war skeptisch, aber einverstanden. Der hat halt sofort verstanden, dass die Idee geil war. Ich erzählte ihm ja auch noch, dass wir seit einiger Zeit darauf hingearbeitet haben, auf das Duo, mehr auf den Punkt kommen wollten, und dass wir hier nicht ohne Ideen ankommen. Aber erst mal musste er schon schlucken. Da will er ein Projekt mit Band machen, so richtig mit Noise-Gitarre und so. Und dann sagt ihm der Drummer: ›Ich mach jetzt alle Musik. Und Gabi macht den Text. Das ist jetzt die Situation.‹«

Randnotiz: Offiziell war zu diesem Zeitpunkt auch der Gitarrist Wolfgang Spelmans noch DAF-Mitglied. Während der Aufnahmen zu *Alles Ist Gut* lag er allerdings im Krankenhaus. Und als er schließlich in Connys Studio kam, erkannte er selbst, dass in diesem Konzept kein Platz für eine Gitarre war. Robert Görl: »Weil wir gesagt haben: ›Spiel unisono zu den Sequenzen dazu.‹ Das war natürlich ein bisschen gemein. Aber wir wollten eben auch keine Gitarre mehr. Da musst du ja dann irgendwas sagen. So Sequenzen nachzuspielen, das ist irre schwer. Vor allem es dann über eine längere Strecke durchzuhalten. Stell dir mal vor, Wolfgang hätte gesagt: ›Okay, ich mach das.‹ Was hätten wir dann gemacht? ›Gebt mir eine Woche, dann bin ich fit.‹ Dann hätten wir auch noch den Metal erfunden.«

DIE AUFNAHMEN

Die Vision von dieser neuen Musik war klar, konkrete Songs gab es allerdings noch nicht. Robert und Gabi kamen ohne fertige Stücke oder Demotapes im Studio an. Sie hatten sich im Vorfeld Gedanken darüber gemacht, wohin die Reise gehen sollte, und Robert hatte sich schon intensiv auf dem Korg-Synthesizer zu Hause vorbereitet. Die Entwicklung der einzelnen Songs sollte aber im Studio selbst stattfinden. Organisch. War Conny doch dafür bekannt, nicht nur das Erschaffen von Klangräumen virtuos zu beherrschen, sondern Atmosphären zu erzeugen, die Raum für kreatives Schaffen boten. So war auch von Anfang an klar, dass Robert und Gabi nicht nur für ein paar Stunden täglich zum Arbeiten vorbeikommen, sondern während dieser sechs Wochen bei Conny leben würden. Der alte Bauernhof, den Conny Plank gekauft und aufwendig umgebaut hatte, bestand aus einem Wohnhaus und einem zum Tonstudio umfunktionierten ehemaligen Kuhstall. Permanent lebten dort neben Conny dessen Frau Christa Fast, Schauspielerin; der damals neunjährige gemeinsame Sohn Stephan Plank; Carmen, die im Haushalt half und vor allem in der Küche Christa bei der Bewirtung von Gästen zur Hand ging; und der Lehrling von Conny Plank. Davon abgesehen waren auch immer Zimmer belegt von Gästen, Musikern, die gerade mit und bei Conny produzierten oder solche, die einfach nur so zu Besuch waren. Man schaute gemeinsam Filme, ging spazieren, aß zusammen, tauschte sich aus. Gabi Delgado: »Plank war, wie gesagt, mein Meister. Von dem habe ich viel gelernt. Über Musik – aber auch über Leben und Kunst. Oder dieses Faible für

Gabi und Robert relaxen zwischen den Aufnahmen
FOTO: ARCHIV RUDI ESCH

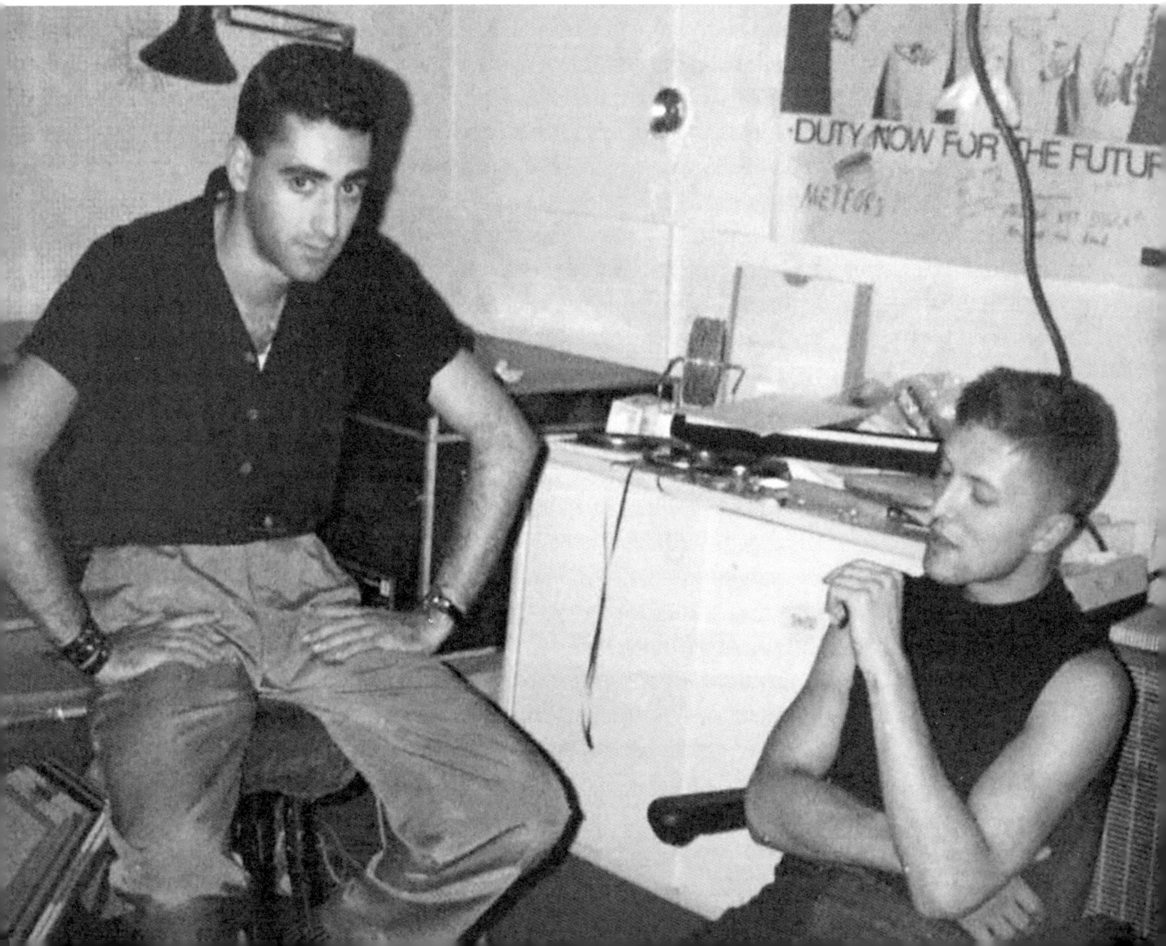

amerikanische Kultur. Ich bin ja strenger Antiamerikanist. Aber trotzdem gibt es natürlich Cassavetes oder Jimi Hendrix. Oder eben Robert Altman. Das hat er mir alles nähergebracht. *Nashville* halte ich immer noch für den besten Film über Musik überhaupt.«

Aufgrund des langen Zeitraums, den Plank für die Entstehung der letztlich zehn Stücke anberaumt hatte, gestaltete sich der Tagesablauf recht locker. Ohne Zeitdruck und in einem spielerisch-kreativen Prozess wuchs so ganz allmählich die *Alles Ist Gut*.

Robert Görl: »Bei Conny hat sich dann so ein gewisser Ablauf eingespielt. Und das hat so ausgeschaut: Wir haben ja dort immer geschlafen. Jeder hat ein Zimmer gehabt. Dann wurde unten gemeinsam gefrühstückt. Vormittags. Aber ganz locker. Also nicht vor acht oder neun oder so. Richtig relaxt schön ausschlafen. Gefrühstückt, vielleicht gegen zehn fertig oder elf. Und am frühen Mittag ging's ins Studio. Conny hat das Studio für uns geöffnet. Hat gefragt: ›Was braucht ihr?‹ Okay, das, das und das. Er hat uns im Grunde genommen immer so eine komfortable kleine Situation gemacht. Hat uns alles eingestellt und hat gesagt: ›Okay Jungs. Macht. Viel Spaß.‹ Das war die Atmosphäre, die wir brauchten, um ungezwungen kreativ zu sein. Conny ist dann meist wieder verschwunden. Ist rüber in die Küche, hat da Sachen erledigt. Oder im Büro. Oder er ist mit Christa weggefahren. Oder hat sich mit Gabi zurückgezogen. Conny hat uns – oder mich – meistens fast den halben Tag erst mal alleine gelassen. Der Gabi und ich, wir konnten uns einspielen. Das war im doppelten Sinne eine richtige Spielsituation. Ich schraubte an einer Sequenz und Gabi hat getanzt und dabei getextet. Manchmal war Conny auch da und hat länger zugehört. Aber im Grunde genommen wusste er: Wir brauchen mehrere Stunden. Und dann hat er irgendwann bei uns reingeschaut: ›Na, wie geht's? Wie schaut's aus?‹«

»Die Arbeitsweise war ja so: Wir sind ins Studio gegangen, haben da gekifft wie die Weltmeister, dann ist der Robert rübergegangen und hat da rumgedreht. Stunden- und tagelang. Robert hat manchmal den ganzen Tag an den Maschinen gestanden. Er ist sehr perfektionistisch. Da dauert das schon mal einen Tag oder sogar zwei, bis eine Sequenz so klingt, dass er damit zufrieden ist.«
GABI DELGADO

Gabi Delgado: »Die Arbeitsweise war ja so: Wir sind ins Studio gegangen, haben da gekifft wie die Weltmeister, dann ist der Robert rübergegangen und hat da rumgedreht. Stunden- und tagelang. Es gab keinerlei Druck. Ich glaube auch, dass das länger als drei oder vier Wochen gedauert hat im Studio. Vielleicht sechs Wochen oder sogar zwei Monate. Robert hat manchmal den ganzen Tag an den Maschinen gestanden. Er ist eben sehr perfektionistisch. Da dauert das schon mal einen Tag oder sogar zwei, bis eine Sequenz so klingt, dass er damit zufrieden ist.«

Robert Görl: »Es kam auch schon mal vor, dass ich zwei Tage brauchte, bis ich einen heißen Track auf der Pfanne hatte. Dafür gab es andere Tage, an denen ich die Elektronik für zwei Tracks in fünf Stunden eingespielt hatte.«

»Es gibt Texte, die richtig, richtig spontan sind. DER MUSSOLINI zum Beispiel. Da gab es nur das Wort ›Mussolini‹. Das Wort hat mir gefallen. Es ist doch so: Im Kopf spuken dir Wörter herum. Und die spuken mir besonders dann im Kopf rum, wenn ich sie irgendwie sexy finde. Auf einer lautmalerischen Ebene. Das hat mit der Semantik, mit der Bedeutung des Wortes, wirklich überhaupt gar nichts zu tun. Das ist nur die Sexyness des Wortes. Mussolini. Mousse au Chocolat. Lini. Einfach ein schönes Wort.« GABI DELGADO

DER ARP

Doch zunächst einmal hatte Robert sich auf den ARP Odyssey von Conny Plank eingrooven müssen. In London und zuvor in Düsseldorf, als er gemeinsam mit Chrislo Haas an DAF-Stücken gearbeitet hatte, war es ein Korg MS-20 gewesen, an dem sie nächtelang experimentiert hatten. Der Umstieg auf Connys ARP war ihm nicht schwergefallen. Und er hatte zunächst ganz praktische Gründe: Robert und Gabi lebten zu dieser Zeit noch in London und reisten mit leichtem Gepäck an. Robert hatte weder sein Drumset noch seinen MS-20 und den dazugehörigen SQ-10 dabei – also den Synthesizer von Korg mit dem dazugehörigen Sequenzer.

Randnotiz: Es war 1978, also das Jahr, in dem sich Robert Görl und Gabi Delgado im Ratinger Hof kennenlernten, als die japanische Firma Korg ihren monophonen Analogsynthesizer MS-20 und den damit kompatiblen analogen Step-Sequenzer SQ-10 auf den Markt brachten. Mit rund 20.000 verkauften Exemplaren gehört der MS-20 zu den meistverkauften Synthesizern seiner Zeit. 1983 – also ein Jahr nach dem Erscheinen der *Für Immer*, der letzten von Plank produzierten DAF-LP – wurde die Produktion des MS-20 bis auf Weiteres eingestellt.

Robert Görl: »Der Korg MS-20 kostete ja gerade mal 1.200 Deutsche Mark. Geradezu ein Volks-Synthesizer.«

Für die Aufnahmen der *Alles Ist Gut* jedenfalls machte sich Robert Görl mit dem ARP Odyssey vertraut, der in Planks Studio stand. In seinen Augen – oder vielmehr: Ohren – passte der ARP ohnehin viel besser zu den dort entstandenen Songs. Oder war es vielleicht andersrum? Sind durch den charakteristischen Sound des ARP Odyssey ebenjene treibenden und explosiven Nummern entstanden, die nun mal entstanden sind?

Robert Görl: »Diese großen, berühmten DAF-Nummern, das sind keine Korg-Nummern. Auf dem Korg sind eher diese abstrakten Stücke entstanden. Korg klingt anders. Korg klingt weicher. Nicht so hart und gläsern. Aber im Grunde ähneln sich der Korg und der ARP im Handling. Beim ARP gab's auch einen Sequenzer dazu. Der war sogar noch ein bisschen einfacher als der beim Korg. Man kann sagen: Der ARP Odyssey ist generell einfacher als der Korg. Selbst wenn du Leuten, die sich für Synthesizer interessieren, sagst: ›Hey, spiel doch mal einen Korg MS-20‹, dann sagen die: ›Oh no, bitte nicht!‹ Das ist für die so: ›Wer kauft sich denn einen Korg? Ein Wissenschaftler oder was? Oder irgend so ein Intellekt-Freak?‹ Außerdem klingt der ARP eben knalliger. Was mir sofort gefallen hat. Wenn du das Gerät fährst – nehmen wir an, du spielst das eine halbe Stunde –, dann kommt da ein Ding raus, ein Wumms, das bringt der Korg nicht. Der klingt so richtig röhrig und so glockig. So dicke Glocken, so dickes Metall. So ein Ding hat der drauf. Der frisst richtig. Der geht richtig ab. Wogegen der Korg einfach freakig ist. Ich habe innerhalb kürzester Zeit den ARP Odyssey so gut wie den Korg MS-20 gespielt. Der war einfach geil.«

DIE TEXTE

Während Robert also an seinen Reglern zunächst der richtigen Sequenz nachspürte, ließ Gabi das Gehörte auf sich wirken und entwickelte Ideen dazu. Manchmal war er auch gar nicht mit im Studio, um sich bewusst so lange wie möglich von der Musik fernzuhalten. Gabi Delgado: »Ich mache ja die Texte ganz unabhängig von der Musik. Die Musik ist mir für die Texte eigentlich egal. Da bin ich ein Stand-up. Ich setze mich nie hin und schreibe

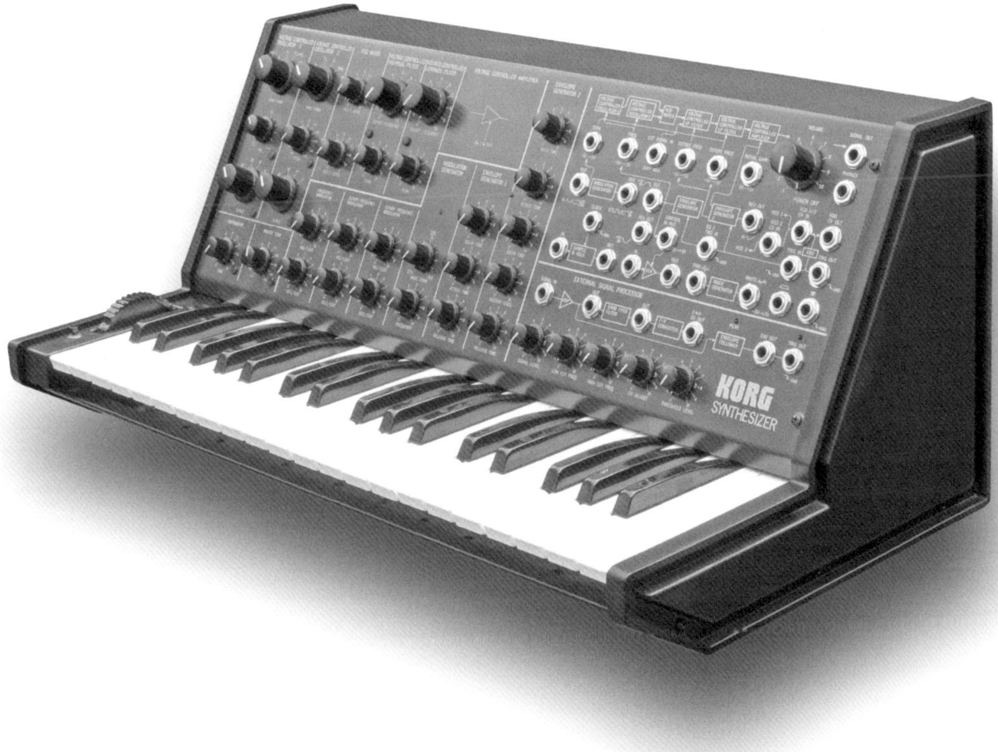

Der legendäre Korg MS-20, auf dem Robert komponiert

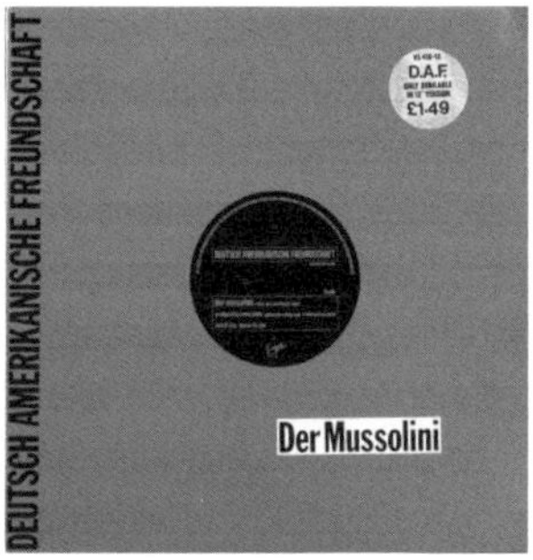

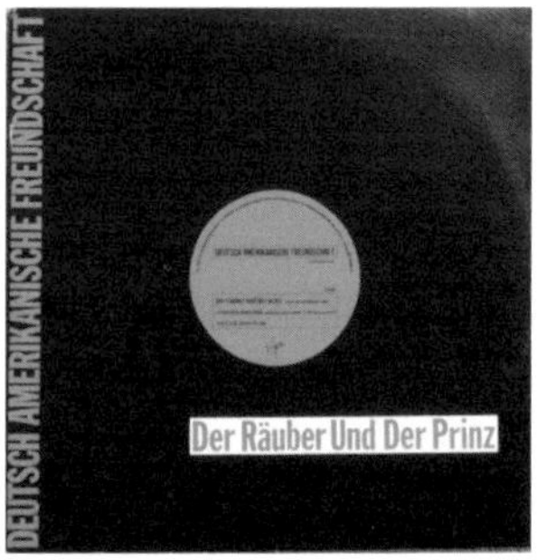

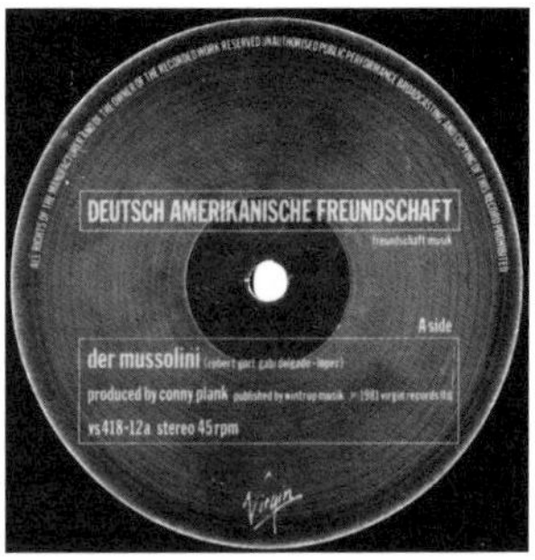

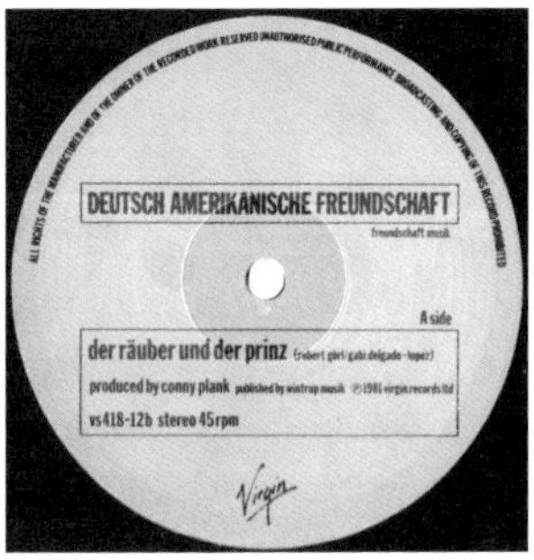

Maxi-Single ›DER MUSSOLINI/ DER RÄUBER UND DER PRINZ‹, UK-Release, 1981

einen Text. Habe ich noch nie gemacht. Am liebsten ist mir, ich kenne die Musik nicht.« Robert Görl: »Und so ist auch Gabi ganz sicher nicht unvorbereitet gekommen. Ich könnte jetzt zwar nicht behaupten, dass ich gesehen hätte, dass er schon fertig beschriebene Texthefte dabeigehabt hätte. So war es auch nicht. Aber der wird sich sicher ganz viele Gedanken gemacht haben, was er da texten wird. Also thematisch: hier ein Liebeslied, da irgendwas mit Sex und dann noch was Politisches. So vielleicht.«

Die Texte improvisierte Gabi meist bei der Aufnahme. Vorher aber unterzog er die Musik seinem ganz speziellen Härtetest: dem sogenannten Tanz-Check. Gabi Delgado: »Das war mir wichtig. Noch heute probiere ich jede Musik so aus, ob ich darauf tanzen kann. Auch das, was ich selber mache. Ob ich mich wohlfühle, wenn ich mich dazu bewege. Discomäßig. So wurde auch jedes DAF-Stück immer gecheckt von mir. Tanz-Check hieß das. Weil man dazu tanzen muss. Wenn du nicht dazu tanzen kannst, taugt es nichts.«

Robert Görl: »Gabi war auch im Aufnahmeraum und hat manchmal was dazu gesungen. Manchmal saß er auch nur da und hat notiert. Manchmal saß er alleine im Regieraum, oder mal mit Conny. Und manchmal hat er auch einfach nur getanzt. Nehmen wir jetzt mal den *Mussolini*. Ich schraub da so an der zukünftigen *Mussolini*-Sequenz rum. Und Gabi tanzt einfach eine halbe Stunde. ›Wow, geht ja schon richtig gut ab!‹ Und ich da so geschraubt. Und er da so getanzt. Und noch mehr und noch rockiger und noch fetziger. Bis dann der Moment war, wo Gabi gesagt hat: ›That's it! Das passt perfekt.‹ Es war für mich, so seltsam das auch klingen mag, eine Form des Zusammenspiels.«

Wenn Gabi ein Stück als tanzbar befunden hatte, fing er an, mit Wörtern und Satzfragmenten, Phrasen und spontan ausgedachten Slogans zu spielen und sie so lange zu variieren, bis sie ihm passend erschienen – tanzend versteht sich. Hatte er eine Zeile, ein Wort oder eine Silbe, einen Laut gefunden, der ihm interessant genug erschien, memorierte er es und suchte anschließend weiter nach Wörtern. So entstand in Gabis Kopf das, was die HipHopper heutzutage ein »Rhyme-Book« nennen.

Gabi Delgado: »Es gibt Texte, die richtig, richtig spontan sind. *Der Mussolini* zum Beispiel. Da gab es nur das Wort ›Mussolini‹. Das Wort hat mir gefallen. Es ist doch so: Im Kopf spuken dir Wörter herum. Und die spuken mir besonders dann im Kopf rum, wenn ich sie irgendwie sexy finde. Auf einer lautmalerischen Ebene. Das hat mit der Semantik, mit der Bedeutung des Wortes, wirklich überhaupt gar nichts zu tun. Das ist nur die Sexyness des

Wortes. Mussolini. Mousse au Chocolat. Lini. Einfach ein schönes Wort. Und dann geht mir so durch den Kopf: Mussolini, Mussolini, tanz den Musso … hey, genau! Tanz den Mussolini! Ah ja klar! Tanz den Mussolini! Tanz den Adolf Hitler! Na logisch, dann: Tanz den Jesus Christus und dann tanz den Kommunismus, jetzt nach links, jetzt nach rechts, fertig! Das hab ich ja vorher nicht aufgeschrieben. Manchmal passiert was, und manchmal passiert nichts. Und dann sagst du: ›Komm, nächste Nummer. Conny, gib mir mal eine andere Nummer.‹«

Der gebürtige Andalusier, der Deutsch erst mit acht Jahren gelernt hatte, als er ins Ruhrgebiet gezogen war, hatte diebischen Spaß am Spiel mit der in seinen Augen merkwürdigen deutschen Sprache. Gabi Delgado: »Ich bin ja deutscher Spanier. Deutsch als Fremdsprache. DAF. Ich finde Deutsch schon sehr gut. Das ist eine Sprache, die mir gefällt – klanglich.« Bereits zu Zeiten von Mittagspause, der Ratinger Hof-Band, in der Gabi vorher gespielt hatte, hatte er Tage damit zugebracht, gemeinsam mit Szene-Punk Franz Bielmeier alias Monroe Texte von Dadaisten zu lesen, selbst welche zu schreiben, kurz: sich mit Literatur und deutscher Sprache auseinanderzusetzen. Gabi Delgado: »Und dann haben Monroe und ich unsere – wir haben das *Free Boarding School* genannt – Privatuniversität abgehalten. Da haben wir versucht, parallel zu dem Punk-Move eine Kunstrichtung zu suchen. Und haben uns da dann vor allem für Dadaismus, Konstruktivismus und allgemein für russische Revolutionskunst interessiert. Oder Agitprop, das fanden wir gut. Da haben wir dann zum ersten Mal als Dichter, als Poeten, die deutsche Sprache entdeckt in diesem Dada-Kontext, im lautmalerischen Kontext. Haben uns königlich amüsiert über Deutsch an sich. Wir haben dann so kleine, komische Texte geschrieben wie: *Ich möchte mich entschuldigen. Zunächst möchte ich mich total entschuldigen. Dass ich spuckte in den Kuchen, den meine Mutti buk.* Was haben wir uns ergötzt an dieser deutschen Sprache, an dieser Absurdität. Und so was haben wir dann geschrieben. Einfach so. Ohne Sinn. Nicht als Song. Nicht um das zu veröffentlichen. Sondern nur, um mit der Sprache zu spielen. Das war natürlich toll. Das hat Spaß gemacht. Und war in unseren Augen eine Erweiterung von Punk.«

Da gab es zum einen die dem Deutschen eigene Baukasten-Ästhetik, die Gabi faszinierte, weil sich auf diese Weise scheinbar unendlich viele Wörter zu einem Kompositum zusammenfügen lassen, das am Ende in der Tat einen für alle verständlichen Sinn ergibt – so wie Kaffeemaschinenfilterreinigungstabletten zum Beispiel. Das kann das Spanische nicht. Zum anderen begeisterte

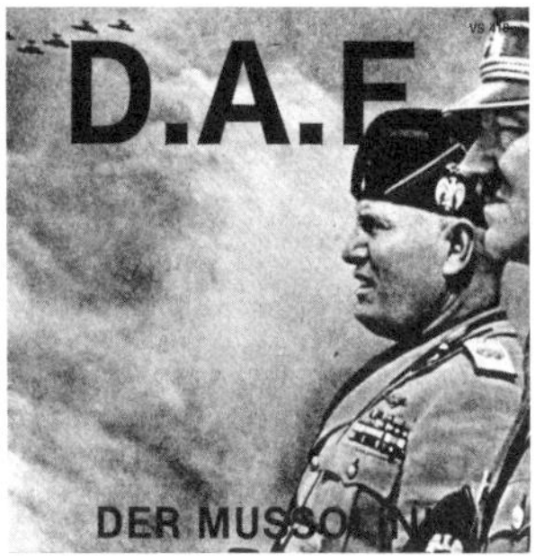

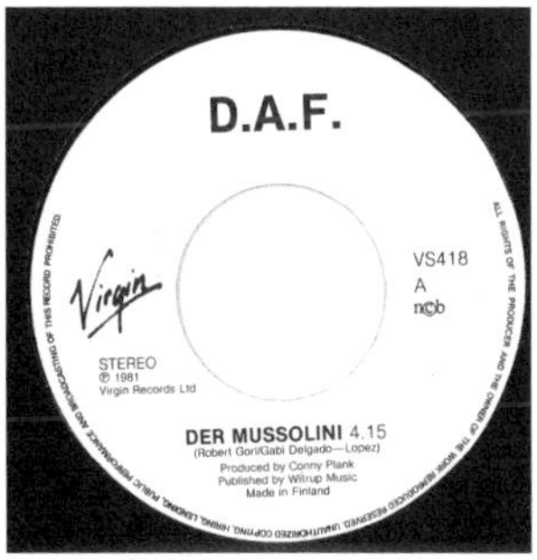

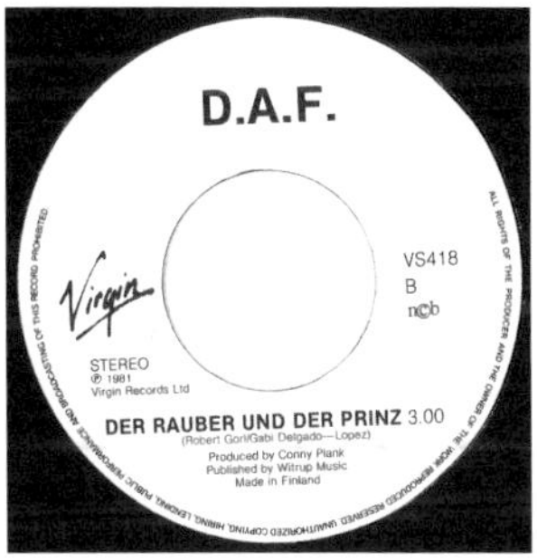

Single ›DER MUSSOLINI/ DER RÄUBER UND DER PRINZ‹, finnische Pressung, 1981

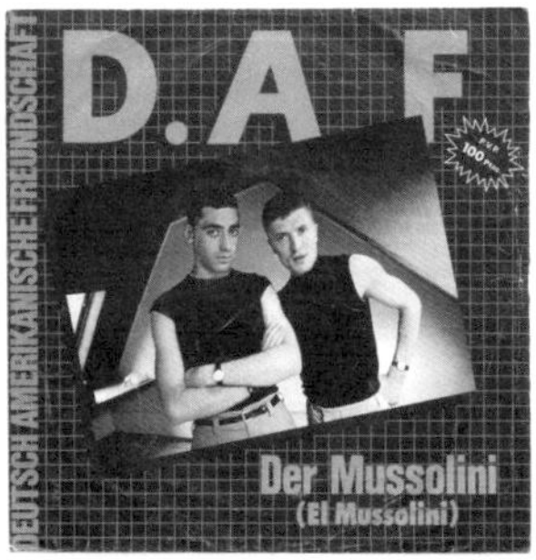

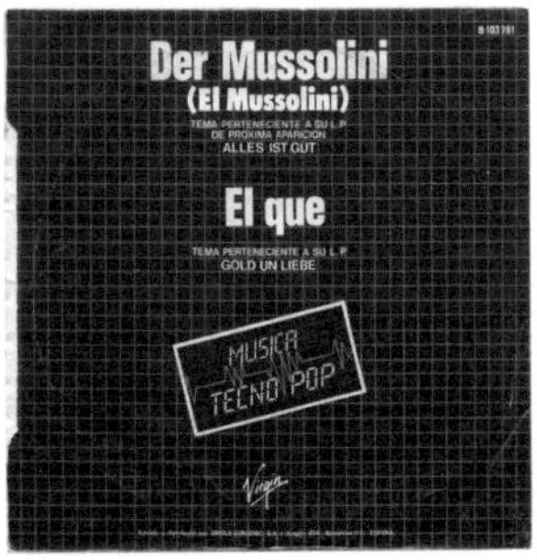

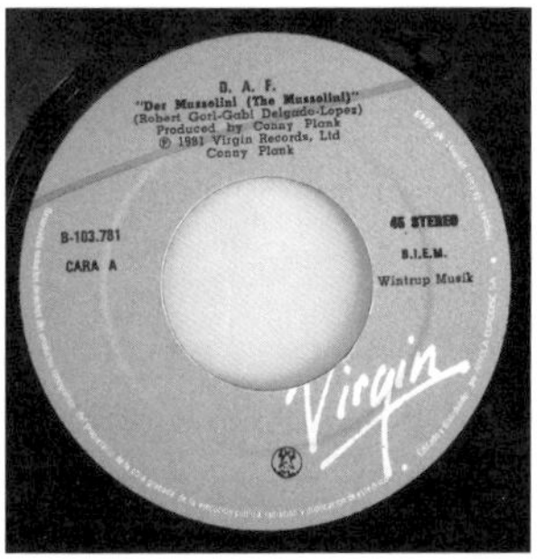

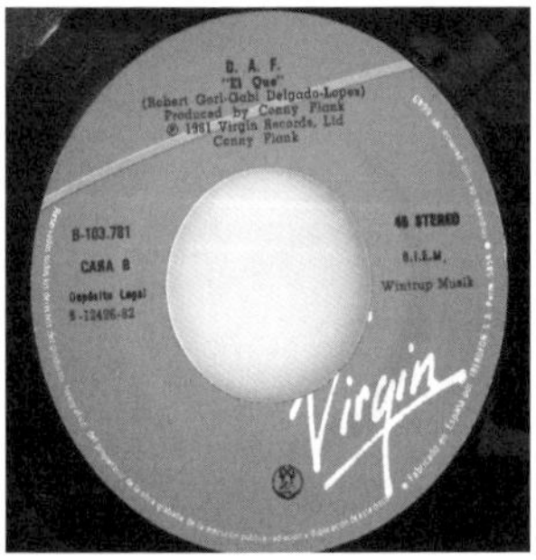

Single ›DER MUSSOLINI (EL MUSSOLINI)/EL QUE‹, spanische Pressung, 1981

ihn das genaue Gegenteil, der knappe, deutsche Imperativ, der schließlich auch zum kategorischen Sprechakt in DAF-Stücken werden sollte. Gabi Delgado: »Das ist für mich eine Challenge. Deutsch hat so viele Silben. Aber ich habe schon früh erkannt: Die kürzeste Form im Deutschen mit den wenigsten Silben ist der Imperativ. Deshalb gibt's auch so viele Imperative in meinen Texten. Tanz das, verschwende jenes. Mach dies, mach jenes, dreh dich, tu was du willst – okay, da wird's dann schwierig. Aber das ist ja der Witz am Deutschen. Ich mag den deutschen Imperativ sehr. Und ich mag Wörter mit vielen Silben und mit langen, wenigen Vokalen.«

Die Liebe zu dieser Verbform ging so weit, dass manche Stücke aus nichts anderem als Imperativen bestehen. So zum Beispiel die beiden ersten Titel auf der *Alles Ist Gut*: *Sato-Sato* und *Der Mussolini*. Aber auch andere wie *Verlier Nicht Den Kopf* bestehen zu einem Großteil aus einer Aneinanderreihung von Imperativen: *»Bleib jung / Verlier nicht den Kopf / Dreh dich nie um / Schau nur nach vorn / Schau nie zurück / Bleib jung.«* Die formelhafte Knappheit der Sätze amalgiert mit dem atemlosen, stakkatomäßigen Sprechgesang zu einem rüden Befehlston und fügt sich so perfekt in den Gesamtduktus. Dass das Duo von dem ein oder anderen fälschlicherweise in die rechte Ecke gestellt wurde, verwundert insofern nicht, als dass genau diese Härte der Sprache, das gebieterische Kasernendeutsch, noch schaurig durch die Republik hallte. Aber missverstanden werden gehört zu dem Spiel mit der Provokation auch irgendwie dazu. Und Provokation gehörte zum Konzept von DAF. Somit fand nicht nur musikalisch eine Abgrenzung zu den Hippies mit ihren gitarrenlastigen Lagerfeuerhymnen auf Liebe und Verständnis statt, auch inhaltlich wollte man sich nicht mehr mit der Schuldfrage, dem Vietnamkrieg oder der antiautoritären Erziehung auseinandersetzen. Vielleicht kann man sagen, dass die deutschsprachigen Protestsongs der 70er-Jahre durch deutschsprachige Protestsongs der 80er-Jahre abgelöst wurden. Allerdings hatten sich die Art und der Gegenstand des Protests grundlegend verändert. Statt tiefsinniger Befindlichkeitspoeme mit Weltrettungsanspruch waren nun hedonistische Dadaparolen mit Lust an der Provokation angesagt. Der Anspruch war allerdings derselbe: Ideen, Haltungen, Gedanken in die Welt zu bringen. Nur eben andere. Gabi Delgado: »Texte können die Welt verändern. Bücher haben die Welt verändert. *Das Kapital.* Die Bibel. *Die elektronische Revolution.* Die *BILD*-Zeitung. Mit Musik kann man Gefühle wecken, mit Texten Ideen. Also kann man bestimmte Ideen, die man verbreiten will, mit bestimmten Gefühlen verknüpfen. Und das ist das Tolle an der Verbindung Musik und Text. Dass du nämlich auf der einen Seite ein Gefühl auslöst. Und dazu eine Message lieferst. Wenn du willst. Die meisten Texte haben ja gar keine Message. Das muss man ja auch mal sagen. Aber viele Texte haben eben doch eine Message. Wenn man das dann gut verbindet, dann fahren einem diese Texte, diese neuen Ideen, total ein. Du hast alle Gefühls-Chakren zur Verfügung, um deine Message an den Mann zu bringen. Und das ist eine DAF-Spezialität.«

Messages, die einem nicht nur einfuhren, sondern eine allgegenwärtige Stimmung einfingen, waren zum Beispiel die Zeilen von *Alle Gegen Alle* mit ihren martialischen Sprachbildern, die an die späteren Chaostage erinnern: *»Unsere Farben sind so grell / Unsere Schreie sind so laut / Links den roten Blitz / Rechts den schwarzen Stern / Ein neuer böser Tanz / Ein neuer böser Tanz / Ein neuer böser Tanz / Alle gegen alle / Alle gegen alle / Alle gegen alle.«* Denn *Disco* und *Staying Alive*, Zauberwürfel und Ahoi-Brause, *Wetten, dass ..?* und Rollschuhe waren nur die eine Seite der frühen Achtziger. Der schwelende Kalte Krieg, die Ölkrise und die Angst vor einem Atomkrieg waren die andere. Wenige Tage nachdem Robert Görl und Gabi Delgado die Arbeit an *Alles Ist Gut* in Wolperath begonnen hatten, wurde Ronald Reagan als 40. Präsident der Vereinigten Staaten vereidigt. Wenige Tage bevor Robert Görl und Gabi Delgado die Arbeit an *Alles Ist Gut* in Wolperath begonnen hatten, war John Lennon, die Ikone der Love & Peace-Generation, erschossen worden. Vor diesem Hintergrund wirken sowohl der Albumtitel als auch dessen im ersten Moment harmlos wirkender Text wie eine lakonische Provokation, wie ein autosuggestives Mantra, was durch die düstere Stimmung der Musik noch unterstrichen wird: *»Sei still / Bitte denk an nichts / Mach die Augen zu / Denn alles ist gut / Alles ist gut.«*

Gabi Delgado: »Zu den Texten wollte ich abschließend noch sagen, dass ich stolz drauf bin, dass meine Texte in die Alltagssprache eingegangen sind. Letztens habe ich in der *Frankfurter Rundschau* gelesen: *Alles ist gut*. Oder *Tanz die Angela Merkel*. Es gibt einen Film, der heißt *Die Kleinen und die Bösen*, hat aber gar nichts mit DAF zu tun. Einige meiner Textzeilen sind Redewendungen geworden, geflügelte Worte.«

Robert Görl: »Dem Conny hat es teilweise den Vogel rausgehauen, was der Gabi dann für Texte gemacht hat. Gabi hatte ja auch wirklich sehr spezielle Texte auf Lager. Conny hat dann oft gelacht und gesagt: *Boah, ist das geil!* Und ich dachte mir, seine Texte sind wie gemacht für meine Musik.«

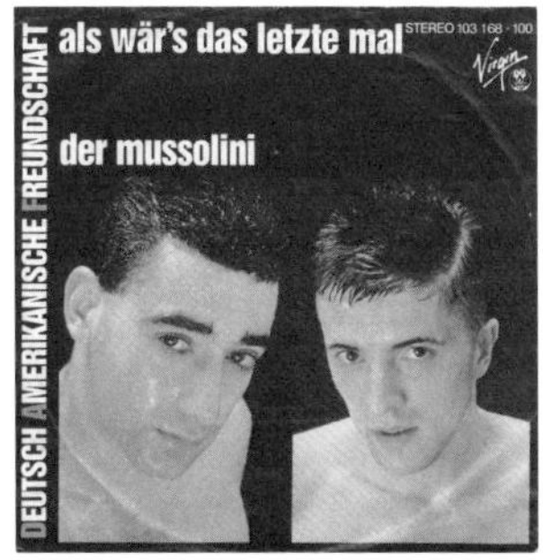

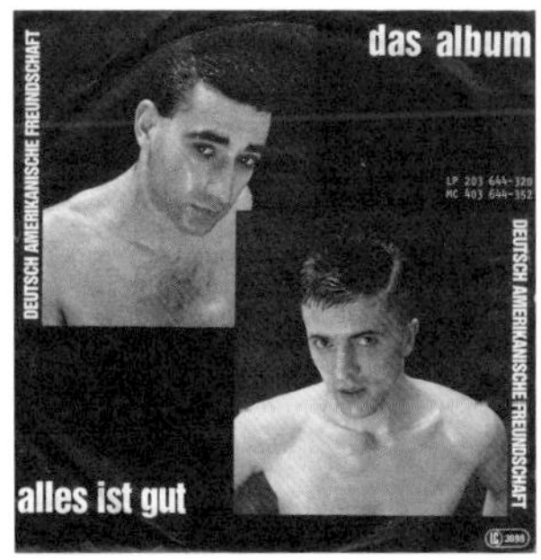

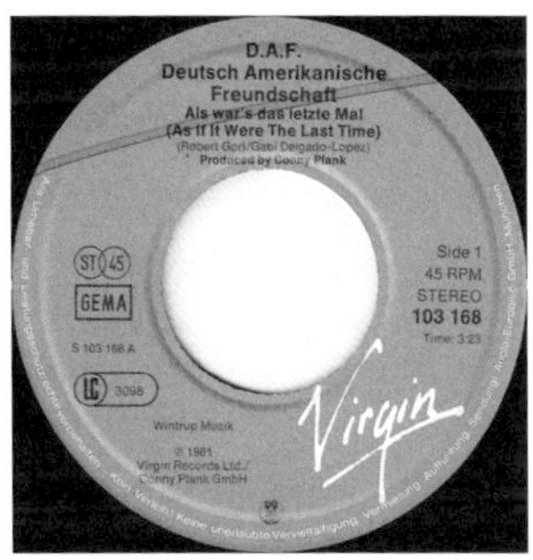

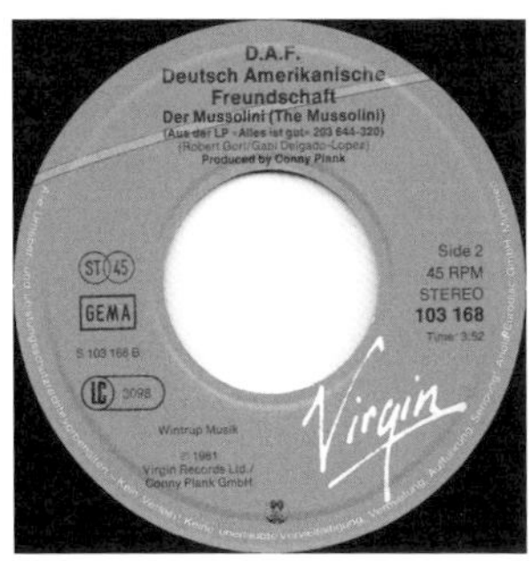

Single ›ALS WÄR'S DAS LETZTE MAL/DER MUSSOLINI‹, deutsche Pressung, 1981

»Conny hat uns völlige Freiheiten gelassen. Der hat sich nie in Text oder Musik eingemischt. Wie hat er immer gesagt: ›Ich bin nur der Ton-Kutscher.‹ Nie hat der sich eingemischt. Nie hat er gesagt: ›Das Wort ist nicht gut‹ oder ›Die Sequenz muss anders sein‹ oder so.«
GABI DELGADO

DER SOUND

So viel zum täglichen Entstehungsprozedere in diesen Tagen. Wenn aber bislang die Rede davon war, dass das Innovative und Charakteristische an DAF die Kombination aus trackorientierter Sequenzer-Musik mit straightem Schlagzeug und provokativen Texten war, dann ist das zwar durchaus richtig, aber unvollständig. Denn wie sagt man so schön: Der Ton macht die Musik. Oder in diesem Falle: der Sound. Der ist auf der *Alles Ist Gut* genauso speziell und unverkennbar wie die Musik und die Texte. »... weil Conny sein Studio wie ein Instrument spielt«, soll Midge Ure von Ultravox einmal gesagt haben. Abgesehen von der außergewöhnlichen Mischung aus Mut zu experimentellen und ungewöhnlichen Klangexperimenten und handwerklich einwandfreien Produktionen, war Conny Plank für seine maßlose Bescheidenheit bekannt. So sagte er im Februar 1982 in einem Interview mit Holger Krüssmann für den *Musikexpress* zu seinem Selbstverständnis als Produzent: »Die Aufgabe des Produzenten, wie ich den Job verstehe, über die Technik hinaus, ist hier, eine völlig angst- und vorbehaltsfreie Atmosphäre zu schaffen, den ganz naiven Moment von ›Unschuld‹ herauszufinden und dann rechtzeitig auf den Knopf zu drücken, damit der Augenblick festgehalten wird. Das ist alles. Alles Übrige kann man lernen, ist Handwerk.«

Er verstand es wie kaum ein anderer, genau diese Atmosphäre zu schaffen und darin diesen einen Moment zu erspüren. Nach einigen Stunden, die Conny die beiden hatte rumspielen lassen, kam er im Studio vorbei. Manchmal hörte er eine Weile zu, ohne irgendetwas dazu zu sagen. Manchmal, wenn er merkte, dass sie noch nicht so weit waren, ging er einfach wieder. Oder aber er spürte, dass ebenjener naive Moment von Unschuld in der Luft lag, und brachte sich in Stellung, den richtigen Moment nicht zu verpassen. Robert Görl: »Und Conny war dann oft genau in so einem Moment da, hat dann gesagt: ›Klingt fantastisch. Lass mal hören. Das ist gut, Robert. Freeze it! Wir nehmen das jetzt auf. Die Sequenz ist jetzt geil. Die ist rund. Die hat alles, was es braucht.‹ So was hat dann auch gutgetan, so einen Satz von Conny zu hören, nach manchmal stundenlangem Geschraube. Am Synth rumzuschrauben, das ist ja so ein Hirn-Ding, da kannst du echt richtig abdriften. Es gab Situationen, da hatte ich schon ein richtig heißes Brett am Laufen, und wenn du dann noch weiter die Regler drehst, kann das Ding schon mal vollkommen verloren gehen.«

Gabi Delgado: »Conny hat uns völlige Freiheiten gelassen. Der hat sich nie in Text oder Musik eingemischt. Wie hat er immer gesagt: ›Ich bin nur der Ton-Kutscher.‹ Nie hat der sich eingemischt. Nie hat er gesagt: ›Das Wort ist nicht gut‹ oder ›Die Sequenz muss anders sein‹ oder so.«

Umso leidenschaftlicher kümmerte er sich um seinen Part. Bei Conny Plank gab es keinen Einheitssound. Getreu seinem Credo *Jeder kriegt den Sound, den er verdient* schuf er für alle Musiker Sounds, die wie maßgeschneiderte Anzüge saßen und auf alle Eigenheiten abgestimmt waren. Im Falle von DAF setzte er auf die Live-Power. Genau die wollte er auch auf die Platte rüber retten. Ein artifizieller, klinischer Studio-Sound, das passte nicht zu DAF.

Gabi Delgado: »Und da hat er diese Idee gehabt, die einzigartig ist und die ich auch gerne weitergebe. Das ist eine Conny-Plank-Idee. Es gibt viele Jungs, die schreiben mir über Facebook oder Snapchat oder was auch immer: *Mimimimi – jetzt hab' ich mir 'nen Korg gekauft, aber das klingt irgendwie nicht wie DAF.* Und das dachte der Plank eben auch: *Ja, ist ganz schön, klingt aber nicht wie DAF.* Die Korgs und ARPs klangen so plastik-blöd. Die haben einfach keine Power. Und da hatte er dann die Idee: ›Wisst ihr was, wir behandeln die einfach wie Gitarren. Oder wie Bässe. Je nachdem. Wenn das tief ist, schicken wir die raus über einen richtig fetten Bass-Amp. Wenn das eher mittige Frequenzen sind, schicken wir das raus über einen Marshall-Turm, wie Motörhead. Und da stellen wir dann Mikros davor. Und DAS nehmen wir dann auf. Das Direktsignal, das aus dem ARP kommt, das mischen wir ein bisschen drunter. Vielleicht 10 oder 15 Prozent.‹ Und so ist der DAF-Sound, diese Power, zum Beispiel bei *Verschwende Deine Jugend*, nicht durch den ARP entstanden, sondern durch den Marshall. Das ist die Power des Rock. Conny kam ja aus einer anderen Tradition. Und er hat das sehr gut zusammengebracht. Conny kannte sich natürlich gut aus und sagte sofort: ›Ah, für das Stück nehmen wir einen MESA/Boogie, für das Stück nehmen wir einen HH, für das nehmen wir einen Marshall, das ist eher tief, da nehmen wir einen Ampeg und hier einen Trace Elliot.‹ Und so hat Conny für jede Nummer einen super Amp gefunden. Der Aufnahmeraum war auch raumakustisch sehr schön designt. Da brauchte man keinen Reverb und nichts. Das Overhead-Mikrofon, dazu 10 bis 15 Prozent Direktsignal, damit das Ganze neben der Roughness noch eine Cleanheit hat. Das war der DAF-Sound.«

Robert Görl: »Conny war ein richtiger Mikrofonie-Freak. Er hatte nicht nur im Raum Mikros aufgestellt. Auch am Ende des Raums. Da hat er ganz verrückte Sachen teilweise gemacht. Es gab noch Nebenräume, teilweise um die Ecke rum in dem Studio. Da hat er dann auch noch ein Mikrofon aufgestellt. Also wirklich

»Conny war ein richtiger Mikrofonie-Freak. Er hatte nicht nur im Raum Mikros aufgestellt. Auch am Ende des Raums. Da hat er ganz verrückte Sachen teilweise gemacht. Es gab noch Nebenräume, teilweise um die Ecke rum in dem Studio. Da hat er dann auch noch ein Mikrofon aufgestellt. Also wirklich total crazy. Im Grunde genommen war dieses Mikrofon ums Eck dann wie ein Delay.«

ROBERT GÖRL

»ABSOLUTE KÖRPERKONTROLLE auf der letzten DAF-Platte ist, so wie's sich auf Platte anhört, von Robert in einem Take auf einer Spur eingespielt worden. Doch das liegt ganz stark an Robert selbst. Er und Jaki Liebezeit sind die einzigen Schlagzeuger, die ich kenne, die so gezielt mit ihrer Power umgehen können und die so viel Vibration in sich haben, dass es nur noch auf einem Schnürsenkel festgehalten werden muss, weiter nichts.« CONNY PLANK

total crazy. Im Grunde genommen war dieses Mikrofon ums Eck dann wie ein Delay. Wenn also ein Sound hier gemacht wird, und du stellst in dem Raum da hinten ums Eck rum auch noch ein Mikro auf, kommt der Klang da ja auch an. Nur muss der um die Ecke und ist da dann eben erst eine hundertstel Sekunde später. Dadurch hat Conny ein kleines Delay erzeugt. Das ist wie ein Effekt. In Dingen Mikrofonie war Conny ein Riesenspezialist. Ganz davon abgesehen, was er am Mischpult noch an Effekten gehabt hat. Und Conny hatte diesen abgefahrenen Peavey-Amp für meine Sequenzen. Den hat er grundsätzlich immer für meinen ARP eingesetzt. Der hat viel gebracht.«

Gabi Delgado: »Conny war ja auch ein Meister der Mikrofonierung. Das brauchte teilweise vier, fünf Stunden, bis das Mikro richtig stand vorm Amp. Fünf Zentimeter weiter weg vom Amp. Wieder einen Zentimeter weiter vor. Und so weiter. Und so hat er auch das Schlagzeug abgenommen. Einen ganzen Tag brauchte der, bis er die Mikros für das Schlagzeug eingerichtet hatte. Er war so ein Overhead-Freak, hat viel mit Overhead-Mikros gearbeitet.«

Randnotiz: Der 1940 in Hütschenhausen in der Westpfalz, 25 Kilometer von Kaiserslautern entfernt, geborene Konrad Plank hatte seine Berufslaufbahn als Starkstrom-Ingenieur begonnen. Sein Weg führte ihn vom Rhenus-Tonstudio in Köln über Hamburg und schließlich zurück ins Rheinland, nach Wolperath. Dort hatte er ein altes Bauernhaus gekauft. Den dazugehörigen Kuhstall baute er in den Jahren 1973 und 1974 zu einem Tonstudio um. Das ermöglichte ihm, das Studio komplett nach seinen Vorstellungen zu gestalten und Raum für akustische Experimente einzuplanen. Aber auch das Mischpult hatte er selbst entworfen. Er war eben nicht nur virtuoser Klangkünstler und Soundästhet, sondern auch Tüftler, Bastler – Ingenieur eben. Was er brauchte, baute er sich.

Robert Görl: »Aber jetzt mal der Reihenfolge nach: Der Conny hat immer erst mal meine Sequenz aufgenommen. Das hat manchmal ziemlich lange gedauert, bis die im Kasten war ... Sagen wir mal, wir haben jeden Tag acht Stunden im Studio gestanden, manchmal waren es auch neun oder zehn. Die Hälfte des Tages, das muss ich schon sagen, ist immer für die Sequenzen draufgegangen. Ich habe immer lange rumgeschraubt. Ganz komfortabel, ganz ohne Druck. Ich konnte mich einspielen, bis ich mit mir selbst zufrieden war. Eine Sequenz ist auch irgendwie so etwas wie ein Riff. Im Grunde also eine sehr simple Angelegenheit. Es ging ja nicht darum, eine Symphonie einzuspielen. Es hat schon viel mit Gefühl zu tun. Das kommt so aus einem raus.

Das ist eine Hirn-Sache. Man ist in einer vollkommen anderen Welt, wenn man da so stundenlang an dem Synth arbeitet. Man kreiert im Grunde genommen ein paar Sekunden Musik, also eine Sequenz, im Zusammenhang mit dem Synth-Sound, und man geht dabei durch unzählige Klangwelten.

Die Sequenz war also immer das Erste. Die ging aufs Band. Und mit der Sequenz war im Grunde immer der Grundstock für das ganze DAF-Stück da. Das ist ein großer Unterschied zu vielen anderen Bands. Es gibt viele, die machen erst den Beat. Aber eine Band ist ja auch noch mal was anderes. Ein Keyboarder kann dann erst so richtig tight und im Timing spielen, wenn der Groove da ist. Das ist eben der Unterschied zwischen Maschinen-Musik und einer Band.

Der zweite Part war immer das Schlagzeug. Das haben wir danach aufgenommen. Und das ging sehr schnell. Weil ich eben auch ein sehr guter Drummer bin. Drums spielte ich ja schon sehr viele Jahre – im Gegensatz zu Synthesizern, die ich zu diesem Zeitpunkt gerade mal seit zwei Jahren spielte. Die Schlagzeug-Aufnahmen gingen mir also sehr locker von der Hand. Das habe ich eher nebenbei gemacht. Ich habe höchstens zwei Takes gespielt. Nach zwei Takes hat Conny wieder gesagt: ›That's it! Im Kasten!‹«

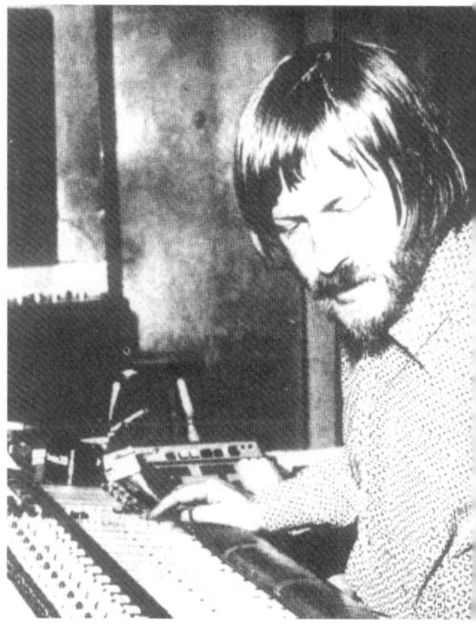

Studio-Guru Conny Plank – Foto aus der ›SOUNDS‹
FOTO: ARCHIV RUDI ESCH

Auch hierzu gibt es ein schönes Zitat von Conny Plank aus besagtem *Musikexpress*-Interview: »*Absolute Körperkontrolle* auf der letzten DAF-Platte ist, so wie's sich auf Platte anhört, von Robert in einem Take auf einer Spur eingespielt worden. Doch das liegt ganz stark an Robert selbst. Er und Jaki Liebezeit sind die einzigen Schlagzeuger, die ich hier kenne, die so gezielt mit ihrer Power umgehen können und die so viel Vibration in sich haben, dass es nur noch auf einem Schnürsenkel festgehalten werden muss, weiter nichts.«

Robert Görl: »Und dann kamen die Overdubs. Ich habe bei vielen Nummern auch noch Overdubs gemacht. Also nur eine Fläche. Wenn man mal genau hinhört, sind neben den Sequenzen manchmal noch so Klänge. Also mehrere Klangfarben. Manchmal ist es ein Effekt, also rein technisch, über Conny eingefädelt, aber manchmal ist es tatsächlich ein Overdub. Das habe ich mit irgendeinem Keyboard gemacht. Das hatte Conny da rumstehen. Manchmal haben wir zwei Versionen aufgenommen. Allerhöchstens drei. Das rauschte durch. Es kam aber schon mal vor, dass ich einen Overdub per Vibraphon einspielte, wie zum Beispiel bei *Sex Unter Wasser,* dazu habe ich mir dann wieder etwas mehr Zeit genommen.«

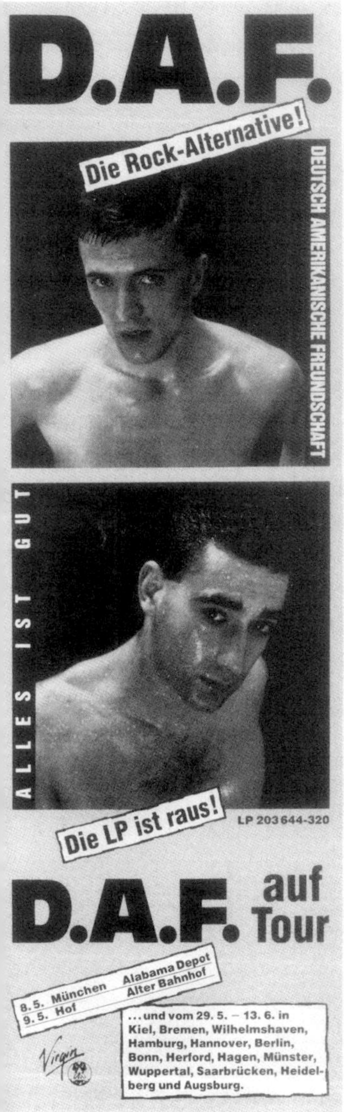

Oben: Printanzeige für die LP »ALLES IST GUT« Rechts: Rezension von Peter Bömmels in der SPEX vom Mai 1981

Gabi Delgado: »Als Team haben wir gut funktioniert, weil jeder seinen festen Arbeitsbereich hatte, in den die anderen nicht reingeredet haben. Das war eine gute Arbeitsteilung: Robert macht die Musik, ich mache Texte und Gesang, und Conny macht den Sound. So, jetzt ist der Robert dran, erst mal den Synthie. Dann muss der Beat drauf, der Robert spielt also Schlagzeug. Dann sing ich. Und dann ist der Plank dran. Jetzt macht er den Sound. Da haben wir uns dann nicht eingemischt. Wir haben schon gesagt: ›Das klingt aber gut.‹ Oder: ›Vorhin klang's aber besser.‹ So schon. Aber im Großen und Ganzen kann man sagen: Er hat sich in unsers nicht reingehängt und wir uns nicht in seins. Das war der Beitrag von Conny Plank gewesen. Diesen tollen DAF-Sequenzen diesen tollen DAF-Sound zu verpassen.«

DAS BERGFEST

Auf diese Weise entstand an beinahe jedem Tag, den Robert und Gabi im Studio zubrachten, eine DAF-Nummer. Was natürlich viel zu viel Material für eine LP war, auf der am Ende nur zehn Stücke landeten. Robert Görl: »Aber wie gesagt: Wir hatten ja auch die Zeit. Und wenn du vier oder teilweise sogar sechs Stunden hast, um an einer Sequenz zu schrauben, dann ist das so viel Komfort. It's never failing. Du wirst nicht versagen. Es gab selten einen Tag, an dem wir gesagt haben: Da lief ja gar nichts heute. So ein Tag, an dem man sagt: Was war denn das jetzt für ein Tag? Der war ja wohl für nichts da. Vielleicht war an solch einem Tag schon das Frühstück nicht besonders.«

Als die ersten Stücke im Kasten waren, zogen Robert, Gabi und Conny Bilanz. Alle drei waren mehr als zufrieden mit dem Ergebnis. Allen drei war klar, das würde einschlagen wie eine Bombe. Um diesen Einschlag vorab schon mal an einem handverlesenen Publikum zu testen, lud Conny zu einer Party in sein Studio, um die ersten Stücke der neuen DAF-Platte exklusiv vorzustellen. Das ließen sich die meisten nicht zweimal sagen, waren doch alle mehr als gespannt auf den neuen DAF-Sound, auf das DAF-Duo und darauf, ob das neue Konzept aufgehen würde. So ganz ohne Gitarren, ohne Bass, ohne Schnickschnack. Dementsprechend voll war es an diesem Abend in Connys kleinem Studio. Nicht auszuschließen, dass der ein oder andere nur vorbeikam, um seinem Voyeurismus frönend später sagen zu können: *Trackorientierte Sequenzer-Musik? Das wird sich nicht durchsetzen. Ich war dabei.* Und auch wenn die drei sich sicher waren, dass es durchaus das

Potenzial hatte, sich durchzusetzen, lag genau dieser Druck auf dem Abend. Doch die Reaktionen der Anwesenden waren positiv bis frenetisch. Der Erfolgsseismograf schlug aufs Heftigste aus, die Erde bebte an diesem Abend in Wolperath.

Robert Görl: »Ab dem Moment hatten wir gewonnen. Alle. Ich kann mich noch gut erinnern: Conny war plötzlich so glücklich auf dieser Party. Wir waren auch überrascht, wer da alles kam. Viele Freunde waren da, auch Geschäftsleute, das ganze Studio war voll, der Regieraum, manche mussten auch draußen stehen. Das war eine richtig fette Party. Conny wollte halt zeigen: *Hier, jetzt sind wir voll auf dem Ding. Da geht was*. Ab da waren dann alle Zweifel ausgeräumt. Dieses Ding mit dem Görl und dem Delgado, das wird funktionieren.«

Natürlich war auch Walter Holzbaur, Verleger des Wintrup Musikverlags, eingeladen, der bereits mit Spannung, nicht aber ohne Skepsis den ersten Aufnahmen entgegengesehen hatte. Obwohl er wusste, dass es, wenn es von Conny Plank durchgewinkt worden war, nicht schlecht sein konnte.

Robert Görl: »Holzbaur war auch einer der Skeptiker am Anfang. Eigentlich war der am allerlängsten skeptisch. Als er sich die ersten drei, vier Songs angehört hat, hat er in seinem Schwäbisch gesagt: ›Was isch denn des? Ja – meinschte, des kemmer verkaufe? I wois nonet so recht.‹ Der war ja der Verleger, der sollte das ja verkaufen. Das war dieser fette Deal mit Virgin Records. Und dann dieser Spruch von ihm im Regieraum. Nachdem wir alle stolz waren mit unseren drei Nummern im Kasten. Nur der Walter Holzbaur hat das ganz nüchtern betrachtet. Aber Conny hat sich auf unsere Seite geschmissen und gesagt: ›Das ist geil und das ist modern und das ist fett.‹ Zum Glück hat seine Überzeugungsarbeit gezogen. Das waren ja schon die Nummern, die dann später ganz berühmt wurden. So was wie *Der Mussolini* oder *Alle Gegen Alle*, diese Brocken halt schon. Na ja, man muss sagen: Der Walter war halt ein total kommerzorientierter Typ, musste er ja auch sein. Und am Ende hat er ja auch irgendwie recht gehabt in dem Punkt. Wir gingen zwar ab wie eine Rakete. Aber das Radio hat uns zum Beispiel nicht gespielt. Und das hat wahrscheinlich der Walter gemeint. Der hat sich wahrscheinlich gedacht: Na ja, ob ich das mittags beim Mittagessen im Radio hören kann … Da hat er nicht dran geglaubt, dass er da bei sich zu Hause auf dem Sofa sitzt und dass dann im Radio läuft: *Der Räuber Und Der Prinz*. Oder *Alle Gegen Alle*.«

Gabi Delgado: »Da kam dann der Holzbaur in seiner ganzen schwäbischen Art. ›Na Walter, wie war dein Flug? – ›Hanoile. I bin

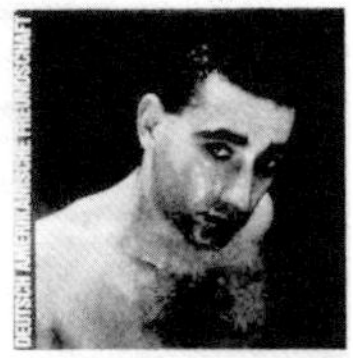

D.A.F.
Alles ist gut
(Virgin)

Wenn alles gut ist, ist auch diese LP gut. Ende der Plattenkritik - Anfang der Plattenkritik. Deutsch Amerikanische Freundschaft: ...endlich von der Restgruppe befreit,...von der Wildheit zur Reife gelangt,...mit ausgeprägtem Stilbewußtsein...usw. So oder ähnlich liest es sich in und zwischen den Zeilen der offiziellen Pressemitteilungen. Cover und Pressefotos zeigen zwei junge Männer, wie sie entweder schwitzend oder mit bloßem Oberkörper oder umhüllt in glänzendes Schwarzleder verheißungsvoll in die Kamera schauen. Die Posen sind so hart und feucht, daß sie schon wieder unernst wirken. Das 'neudeutsche Superduo ? Robert und Gabi statt Cindy und Bert? Aber mit 'Images' soll ja nur gespielt werden. Fragt sich nur, wer mit wem spielt. Aber 'Styling' beiseite ... zur Musik. Geblieben ist nach W. Spelmanns (g) Ausstieg nur noch die weiche Variante der DAF-Musik. Verhaltene Synthesizerrhythmen (als Bassersatz) durch's Schlagzeug verstärkt oder akzentuiert (wie immer jeder Schlag präzise und gezielt) geben einem im wahrsten Sinn des geben einem im wahrsten Sinne ausgedünnten Sound. Raum satt und genug für Sänger Gabi, seine Stimme voll auszuspielen. Er versucht aber lediglich zwei Varianten: Flüstern und ein Pseudo-Tenor-Sprechgesang. Das Gesamt (hör)bild des Albums bleibt uniform; durchästethisiert und harmlos. Vieles der ungestümen Kraft und fruchtbaren Chaotik der 2. LP ist wegstilisiert, glattgebügelt. Nicht jede Reduzierung ist gleich eine Verdichtung. Um zu verdeutlichen was ich meine, sollte man sich eines der Alben von 'Suicide' anhören, ebenfalls ein Duo und Meister der 'Reduktion'. Ein Stück wie 'Mein Herz macht bum' brachte mich zu diesem Vergleich. Die DAF sollen natürlich nicht Suicide sein oder werden. Sie haben ihre ureigene Art, die nur in vielen Stücken unter Möglichkeit bleibt (mein Geschmack-versteht sich!) Die beiden Stücke 'Ich und die Wirklichkeit' (neue Version) und 'mein Herz macht bum' sind für mich die gelungensten. Gabi's Stimme ist seine eigene und wirkt nicht so gekünzelt wie z.B. bei 'Verlier nicht den Kopf' oder den schnelleren Stücken 'Alle gegen alle' und 'der Mussolini'. Die Stimme ist beteiligt und vermittelt die provozierte Stimmung (ekstatisch fühlen, bzw. seltsam fühlen). In den schnelleren Stücken oder auch z.B. beim 'Love-Song' (?) 'Rote Lippen' klingt Gabis Stimme abwesend 'cool', als hätte er mit den Aussagen, die er da tut nichts am Hut. (Beweg deinen Hintern, tanz den Adolf Hitler! ..., unser Tanz ist so wild, ein neuer böser Tanz, alle gegen alle ..., deine Lippen sind so rot mein Schatz, die ganze Welt ist rot für mich ...) Entweder meint man, was man sagt oder hat irgendeine ironische, witzige ... etc. Distanz dazu. Auf jeden Fall aber müßte etwas spürbares kommen. Ich empfinde den Sprechgesang als hohl.Es klingt als hätte sich jemand verstellt. Die Tanzstücke der Platte kommen hart in die Nähe von Disco-Synthi-Pop-Klischees (Fad Gadget...) Nichts gegen Tanzmusik, aber etwas gegen Klischees. Ich bin gespannt auf die Live-Auftritte. Vielleicht ist ja alles ganz anders.

Peter Bömmels

»Das war ein Weltweit-Deal. Richard Branson hat uns weltweit gesignt. Deshalb gab's auch richtig gutes Geld. Wir wurden da eingeladen und einmal durch die ganze Firma geführt. Wurden Branson und Draper vorgestellt. Das war ein sehr beschäftigter Typ, der Draper. Ein sehr aktiver Typ. Ein top Typ.« ROBERT GÖRL

mim Audo da.‹ Sehr korrekt, der Holzbaur. Aber sehr spießig. Hatte aber Humor. Wir haben immer gesagt: ›Walter, du weißt ja, wir sind für die Zerstörung der deutschen Kultur zuständig.‹ Da hat er dann immer gelacht. Ein sehr netter Spießer, der Holzbaur. Ich mochte den wirklich.«

DIE SACHE MIT VIRGIN

Als alle Stücke aufgenommen und abgemischt waren, ging es um die Frage, welche zehn Stücke es auf die *Alles Ist Gut* schaffen sollten. Dabei war man sich aber schnell einig. Conny Plank war begeistert und hatte Walter Holzbaur überzeugt. Walter Holzbaur wiederum sollte nun Virgin Records ins Boot holen und arrangierte zunächst ein Treffen mit dem damaligen A&R von Virgin, Simon Draper, dem aus Südafrika stammenden Cousin von Richard Branson, der für seinen Musikfanatismus bekannt war. Simon Draper soll Woche für Woche in das kleine Virgin-Büro gestürzt gekommen sein, um Demos von Bands mitzubringen, von deren künftigem Welterfolg er überzeugt war. Nicht immer lag er damit richtig, aber etliche auf Virgin erschienene Entdeckungen hat in der Tat er zu verantworten. *Alles Ist Gut* von DAF hingegen überzeugte ihn nicht gleich, erinnert sich Gabi. Gabi Delgado: »Der Simon Draper war ein total netter Typ, aber der fand das nicht gut. Der wusste nicht, ob er uns signen sollte. Da sind wir dann zu Richard Branson. Der wohnte da noch auf seinem Hausboot. Alles voller Babywindeln. Das waren noch andere Zeiten. Virgin-Anfangszeiten. Branson fand das gut und hat dann Simon Draper angerufen und gesagt: ›Die werden jetzt gesignt!‹ Der kannte die fertige Platte. Wir hatten zu Conny gesagt: ›Na super, wenn du das alles finanzierst, dann manchen wir eine fertige Platte und nicht irgendein blödes Demo. Und dann können die das nehmen oder nicht nehmen.‹ Und so sah Conny das auch.« Robert Görl: »Eigentlich waren die ganzen Wege schon vorbereitet. Das war total wahnsinnig. Da standen schon Geldhaufen bereit. Da hatte Conny echt schon alle Register gezogen.«

Der damals selbst erst 31-jährige Richard Branson entschied sich für *nehmen* und signte DAF weltweit. Randnotiz: 1970 hatte er das Unternehmen Virgin gegründet, bei dem es sich zunächst um einen Schallplattenversand handelte, der wenig später um einen Plattenladen in der Oxford Street in London erweitert wurde. 1972 rief er Virgin Records ins Leben und signte bereits ein Jahr später Mike Oldfield, der bis dahin noch relativ unbekannt war. Damit war die Zukunft von Virgin Records besiegelt: Oldfields erstes Album *Tubular Bells* verkaufte sich gute fünf Millionen Mal. Vielleicht passten DAF und Plank deshalb so gut zu Virgin, weil auch Richard Branson eine Vision hatte und für deren Verwirklichung niemals irgendwelchen Marktgesetzen, sondern immer seinem Instinkt folgte: exzentrisch, experimentierfreudig und vielleicht ein bisschen wahnsinnig. Virgin Deutschland gab es zu dieser Zeit noch nicht, die Vertretung wurde damals von Ariola übernommen. Darum flogen Robert Görl, Gabi Delgado und Conny Plank nach London zur Vertragsunterzeichnung. Der Deal umfasste drei Platten. Die erste davon sollte im April 1981 unter dem Titel *Alles Ist Gut* erscheinen.

Robert Görl: »Das war ein Weltweit-Deal. Richard Branson hat uns weltweit gesignt. Deshalb gab's auch richtig gutes Geld. Wir wurden da eingeladen und einmal durch die ganze Firma geführt. Wurden Branson und Draper vorgestellt. Das war ein sehr beschäftigter Typ, der Draper. Ein sehr aktiver Typ. Ein top Typ.«

Gabi Delgado: »Und da kam dann dieser Riesendurchbruch. Von einem Tag auf den anderen haben wir 30.000 Platten die Woche verkauft … Da waren wir dann – mit Human League – die Band, die die meisten Platten verkauft hat. Also von Virgin. Inklusive Sex Pistols und Mike Oldfield … ein ganzes Jahr lang haben wir die meisten Platten verkauft. Branson hatte uns für Virgin gesignt, und Ariola, die mussten es machen, ob sie wollten oder nicht. Die mussten alles rausbringen, was Virgin England sagte.«

**»Und da kam dann dieser Riesendurchbruch. Von einem Tag auf den anderen haben wir 30.000 Platten die Woche verkauft …
Ein ganzes Jahr lang haben wir die meisten Platten verkauft. Branson hatte uns für Virgin gesignt, und Ariola, die mussten es machen, ob sie wollten oder nicht. Die mussten alles rausbringen, was Virgin England sagte.«**
GABI DELGADO

Dabei war es großes Glück für Ariola, dass sie *Alles Ist Gut* gewissermaßen aufgenötigt bekommen hatten. Zwar waren DAF in England immer noch gefeiert und sorgten auch andernorts mit ihrem energetischen Elektro-Punk für Aufmerksamkeit. Die mit Abstand meisten Platten verkauften sie allerdings in Deutschland.

Robert Görl: »Das hatten die von Virgin aber auch so vorausgesagt: Der große Erfolg war dann in Deutschland. In England waren wir eher so Independent-bekannt, und in Deutschland wurden wir dann populär. Sagt man doch auch so, dass der Prophet im eigenen Lande nichts gilt. Wir mussten wohl auch erst mal weggehen.«

Es folgten Interviews, Angebote für Fernsehshows, Einladungen zu Festivals, größere Wohnungen in besseren Gegenden. Der Erfolg, den Robert Görl und Gabi Delgado seit jenem ersten Abend im Ratinger Hof vor Augen gehabt und für den sie hart gearbeitet hatten, war über Nacht über sie hereingebrochen. Vor noch nicht allzu langer Zeit hatten sie bei Rough Trade auf der Portobello Road rumgelungert, Kaffee geschnorrt und nach

PLATTEN

Deutsch-Amerikanische Freundschaft ALLES IST GUT Ariola

Von Alfred Hilsberg

Wahrnehmbare, weil wirksame Einschnitte in der jungen Geschichte der neuen deutschen Musik gibt es bisher nur wenige: Die Mittagspause-Doppel-EP gehört dazu, die erste SYPH-LP, GERI REIG vom Plan und, noch nicht ganz abzusehen, Wirtschaftswunder und Palais Schaumburg. Und zweifellos DIE KLEINEN UND DIE BÖSEN, die zweite LP der Deutsch-Amerikanischen Freundschaft. Jede dieser Produktionen öffnete auf ihre Weise Aufnahmebereitschaft des Publikums und Kreativität von Musikern. Die neue DAF-LP dürfte das Wutgeschrei einiger selbsternannter Avantgardisten unüberhörbar machen: Disco-Scheiße, Kommerz, Rückzug in die Innerlichkeit. ALLES IST GUT war einfach nicht zu erwarten.

Als Duo – Robert Görl verantwortlich für Schlagzeug und Synthesizer, Gabi Lopez-Delgado für Gesang und Texte – haben DAF Ende letzten Jahres die Platte in den Kölner Planck-Studios produziert; allein das Fehlen der schrillen Gitarrenarbeit von Wolfgang Spelmans läßt einen das Fehlen von einer schräg-avantgardistischen Grundhaltung assoziieren. Das versetzte rhythmische Nebeneinander und Übereinander von Schlagzeug und harmonisch-synthetischen Tönen wirkt auf ALLES IST GUT erlebbarer, faßbarer, in sing- und tanzbare Strukturen und Melodien gefaßt. Gabi Delgado ist nicht mehr *nur* Stimme sondern hat einen, besonders in tieferen Tönen variablen Gesang, der die Stücke zu Liedern/Songs macht.

ALLES IST GUT ist aufgebaut wie die meisten Rock-Platten: der Spannungsbogen geht von zwei stark treibenden, aggressiven Songs über zwei, drei sanfte Liebesliedern, ähnliche Kompositionen auf der ersten Seite; vor einem Abgleiten ins Seichte folgt auf Seite 2 das Bindeglied zwischen Alt und Neu, zwischen der Außen- und Innenwelt, „Ich und die Wirklichkeit", eine gegenüber dem 1979 erschienenen Original musikalisch reduzierte Neufassung. Sie ist mehr als nur Version: „Ich ..." kennzeichnet am ehesten Situation und Selbstverständnis einer Gruppe zwischen Avantgarde-Anspruch und -Schublade, zwischen Untergrund und kommerzieller Verwertung, zwischen Ernst und Spiel, Zärtlichkeit und Gewalt, Image und Wirklichkeit. Nach zwei ebenfalls ruhigeren Songs endet die Platte mit zwei spannungsgeladenen Titeln: „Alle gegen alle", die stilvoll-tanzbar-exzessive Fortsetzung des Selbstbewußtsein-81-Themas des vorhergehenden Songs, „Bleib Jung", einer nicht sehr überzeugenden Neuauflage von „Tanz mit mir". Oder ist „Alle gegen alle" die Parodie auf eine Jugend zwischen Runen und Ritualen, zwischen Popper-Disco und Fußball-Gesängen? „Links den roten Blitz, rechts den schwarzen Stern – alle gegen alle!" Treffender hat noch keine Band die objektiv leere, subjektiv bedeutungsschwere Äußerlichkeit jugendlicher Ausdrucksformen inhaltlich angreifbar wie musikalisch akzeptabel umgesetzt. Ausklang: „Alles ist gut". Robert Görl untermalt Delgados Abgesang auf den problematischen Alltag („Sei still, mach die Augen zu, bitte denk an nichts, denn alles ist gut") mit einem Sound wie von synthetischen Streichern.

Mißlungen ist DAF die Kopplung der ersten beiden Liebeslieder auf Seite 1, deren ohnehin sich an der Grenze zur peinlichen Sentimentalität bewegende Texte deutliche Parallelen haben: „Die ganze Welt ist rot für mich" heißt es zunächst, und wenige Minuten später im zweiten Stück „Die ganze Welt ist himmelblau ...".

Ein widersprüchliches, faszinierendes Album, das bisher eindeutig öffentlichste und kommerziellste Werk der DAF. Wer Antworten auf eigene oder allgemeine Zustände/Probleme erwartet hat, wer die Bestätigung sucht, mit DAF mal wieder „ganz weit vorn" zu sein, dürfte mit Fragen an sich selbst zurückbleiben. ALLES IST GUT entzieht sich jedem Maßstab für inhaltliche Festlegungen. Dieser gewollten (?), spielerischen (?) Problematik steht ein mit minimalem Instrumenten-Einsatz realisiertes Konzept gegenüber, das sich in seinen besten Momenten in jeder Disco durchsetzen dürfte.

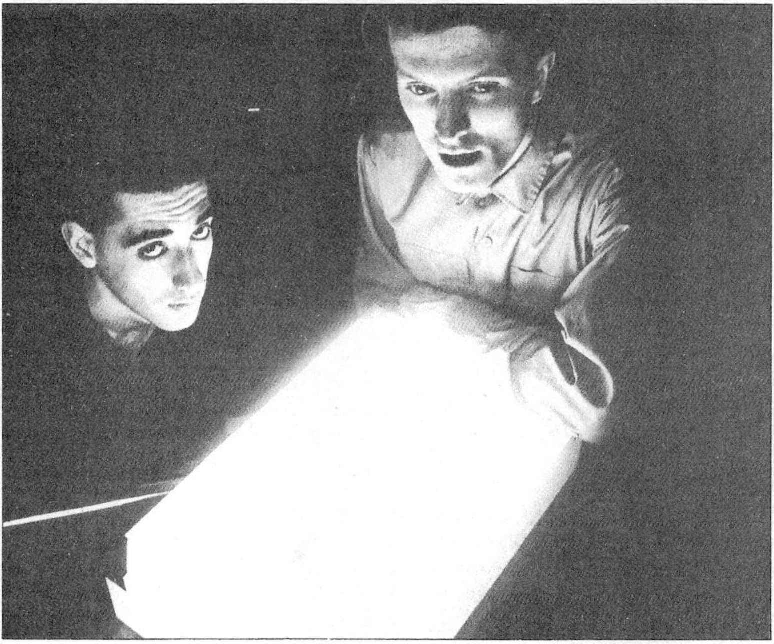

Bayrisch-spanische Freundschaft

Foto: Sheila Rock

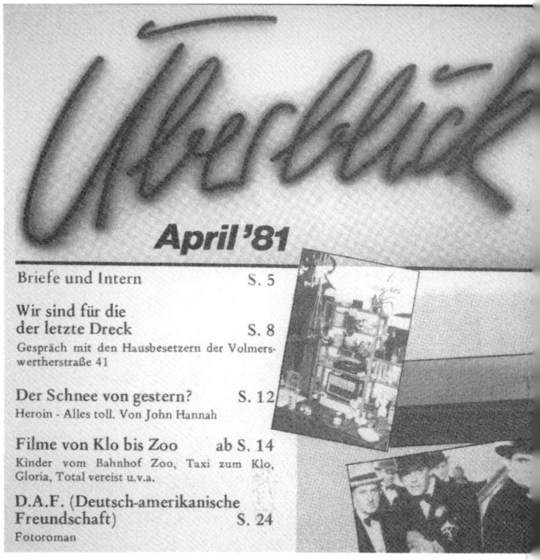

Überblick

April '81

Briefe und Intern S. 5

Wir sind für die der letzte Dreck S. 8
Gespräch mit den Hausbesetzern der Volmerswertherstraße 41

Der Schnee von gestern? S. 12
Heroin - Alles toll. Von John Hannah

Filme von Klo bis Zoo ab S. 14
Kinder vom Bahnhof Zoo, Taxi zum Klo, Gloria, Total vereist u.v.a.

D.A.F. (Deutsch-amerikanische Freundschaft) S. 24
Fotoroman

Schlafplätzen gefragt. Nun gingen sie bei Virgin ein und aus, deren Büro nur einige Meter weiter ebenfalls in einem Hinterhof auf der Portobello war. Neben all den Annehmlichkeiten brachte der Erfolg auch die ein oder andere Absurdität mit sich:

Randnotiz Gabi Delgado: »Da guckte selbst die Ariola blöd. Aber bei den unglaublichen Verkaufszahlen dachten die sich: Der Gabi Delgado, der hat jetzt Geburtstag, dem schenken wir was. Also wurde die Sekretärin damit beauftragt, Geschenk für Gabi Delgado. Und dann wurde bei mir was abgegeben für Frau Gabi Delgado. Das hatte die Sekretärin gar nicht gecheckt. Die wussten, dass ich auf Radsport stehe. Und da haben die mir ein Fahrrad geschenkt. Ein Mädchenfahrrad. Jaja, die Ariola! Als Geschenk, wegen dieses großen Erfolgs. Rot-weiß, mit Körbchen und so. War schön. Aber eben ein Mädchenfahrrad. Habe ich dann meiner Schwester geschenkt. Hatten die noch Schwierigkeiten gehabt, das zu kriegen. War nämlich ein richtig gutes, richtig teures, richtig spießiges, rot-weißes Scheißfahrrad.«

Randnotiz Robert Görl: »Wir hatten ja dann diese Virgin-Kohle, und von der haben wir uns eine richtig coole Wohnung genommen. In der Holland Road. Das ist in der Nähe von Notting Hill. Und um die Ecke ist der Holland Park. Beste Gegend. Wir hatten ja plötzlich Geld. Also: Richtig tolle Wohnung, in der wir dann gewohnt haben. Und dann haben wir da das Fenster aufgemacht, das ging nach vorne raus, und genau gegenüber, genau auf derselben Höhe hat auch jemand das Fenster aufgemacht – und das war Simon Draper, der A&R von Virgin. Das war so peinlich. Ich weiß noch, dass ich dachte: Geht's noch? Wir mussten ja eh manchmal in dieses Virgin-Office gehen, um irgendwelche Sachen zu besprechen. Und jetzt wohnt der Typ genau gegenüber. Wir dachten: Das darf doch nicht wahr sein! Das hat ihn aber auch ein bisschen genervt. Und seine Frau auch. Der hat wahrscheinlich seinen Leuten erzählt: ›Weißte, wer jetzt genau gegenüber von mir wohnt? Da wohnen jetzt die DAFies, die zwei Typen von DAF.‹

Links: Album-Kritik zu ›Alles Ist Gut‹ von Alfred Hilsberg, ›SOUNDS‹ April 1981
Nächste Doppelseite: ›DAF haut ab‹ – Ein Photoroman mit DAF von Moritz Reichelt und ar/gee gleim, Stadtmagazin ›ÜBERBLICK‹, April 1981

DAF haut ab...

Verlegen stehen Gabi und Robbie am Geländer der Zuschauertribüne des Düsseldorfer Flughafens. Noch ertragen sie nicht routiniert die neugierigen Blicke der Passanten.

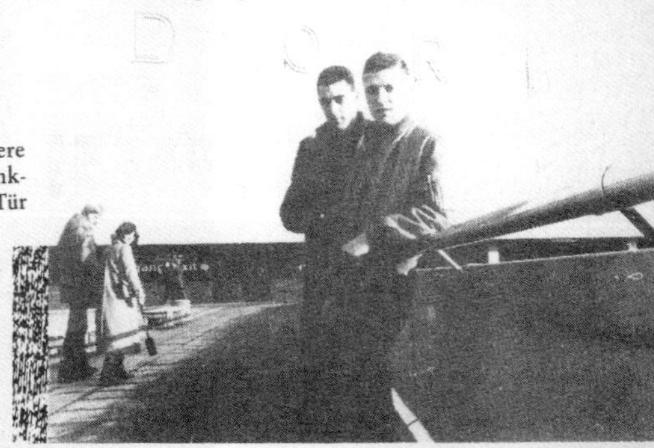

DAF haut ab. Kurz bevor sie unser Dorf mal wieder für längere Zeit verlassen, konnte sich unser Reporter Ludwig-Sigurt Dankwart die berühmte Band am Flughafen schnappen. Zwischen Tür und Angel entstand dieses Interview:

Währenddessen wartet in einem anderen Teil des Airports Ludwig-Sigurt Dankwart auf das Eintreffen von DAF:

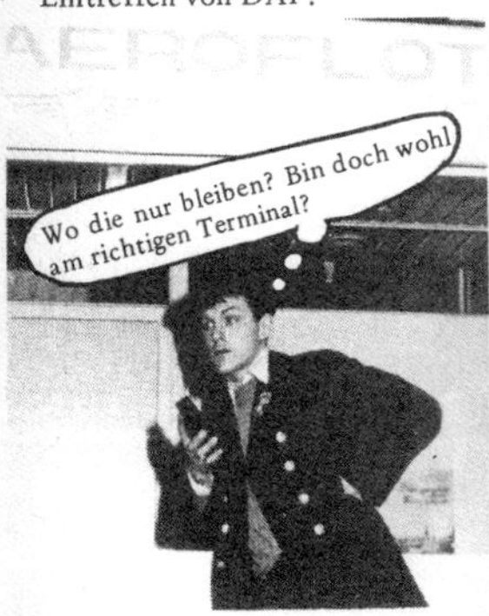

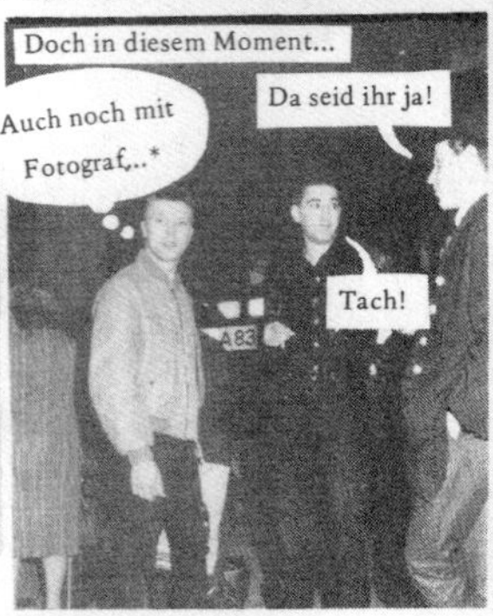

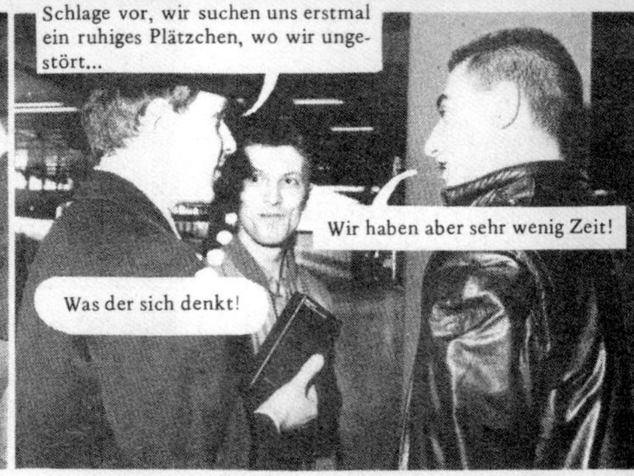

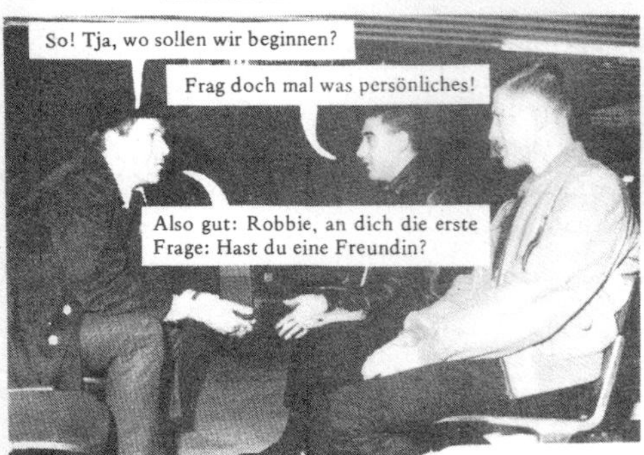

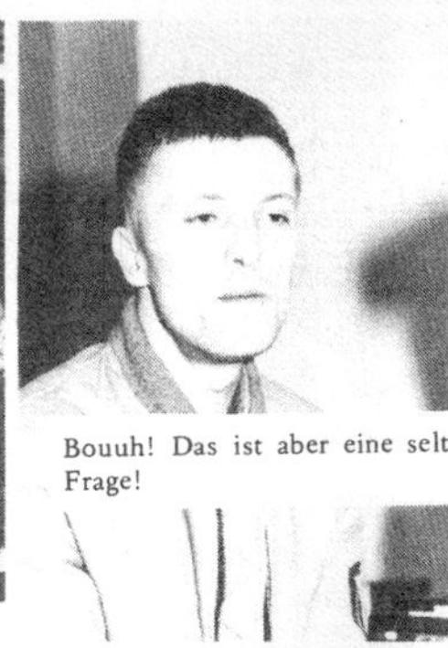

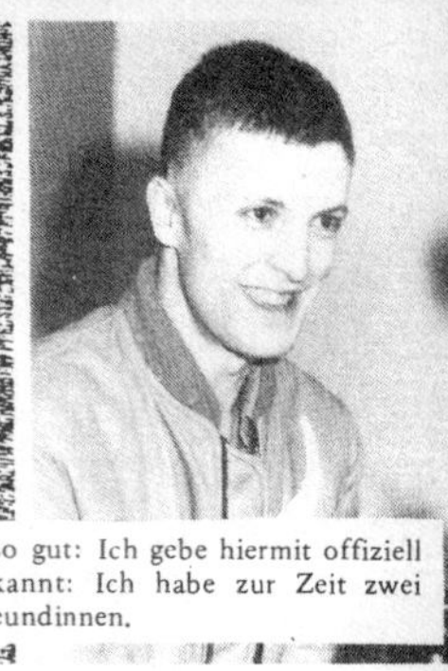

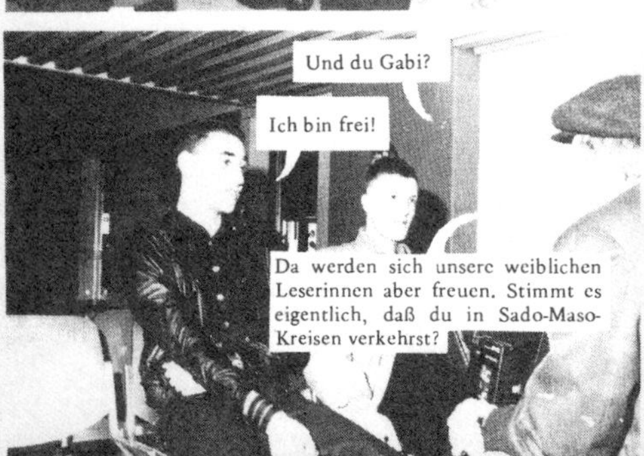

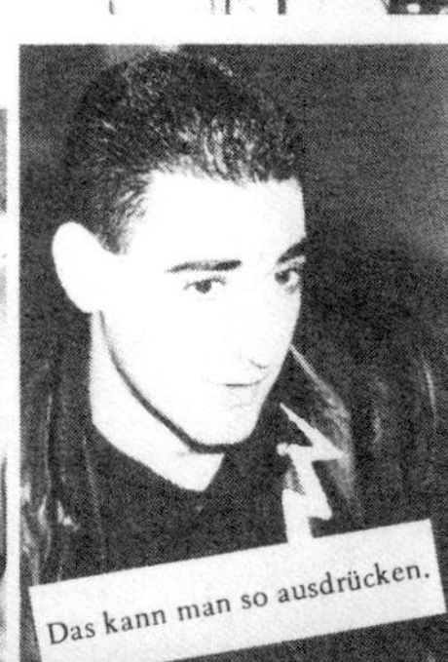

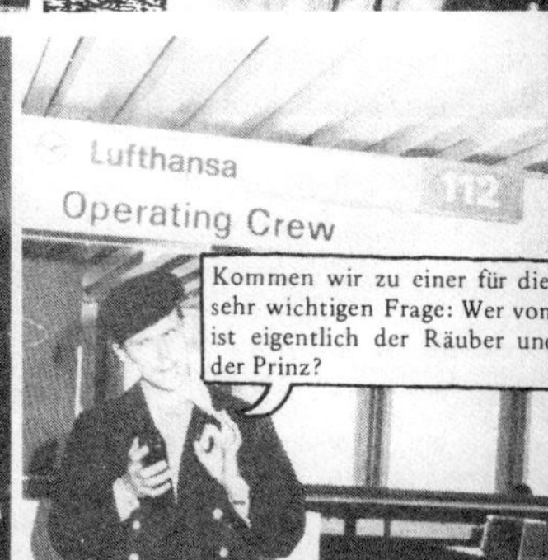

* Es handelt sich um den berühmten Ar/gee Gleim

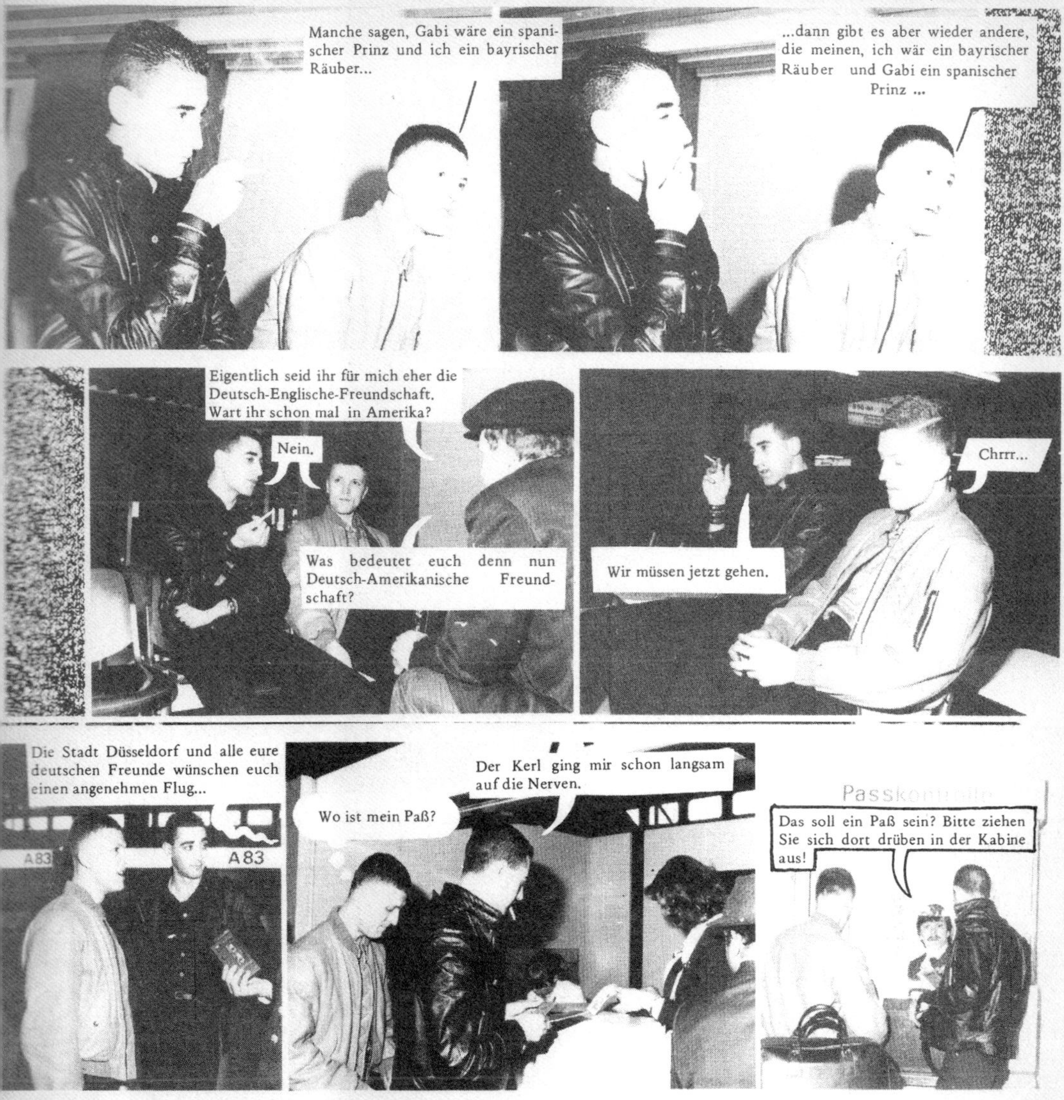

Manche sagen, Gabi wäre ein spanischer Prinz und ich ein bayrischer Räuber...
...dann gibt es aber wieder andere, die meinen, ich wär ein bayrischer Räuber und Gabi ein spanischer Prinz ...
Eigentlich seid ihr für mich eher die Deutsch-Englische-Freundschaft. Wart ihr schon mal in Amerika?
Nein.
Was bedeutet euch denn nun Deutsch-Amerikanische Freundschaft?
Chrrr...
Wir müssen jetzt gehen.
Die Stadt Düsseldorf und alle eure deutschen Freunde wünschen euch einen angenehmen Flug...
A83
A83
Der Kerl ging mir schon langsam auf die Nerven.
Wo ist mein Paß?
Das soll ein Paß sein? Bitte ziehen Sie sich dort drüben in der Kabine aus!
Ihr steigt gleich in eure Maschine da hinten. Vielleicht ein letztes Foto...
Ääh, könntest du wohl aus dem Bild gehen...
Peinlich!
Von mir aus...
Lächeln, oder was?
Na also!
DESIGN ATA TAK DESIGN

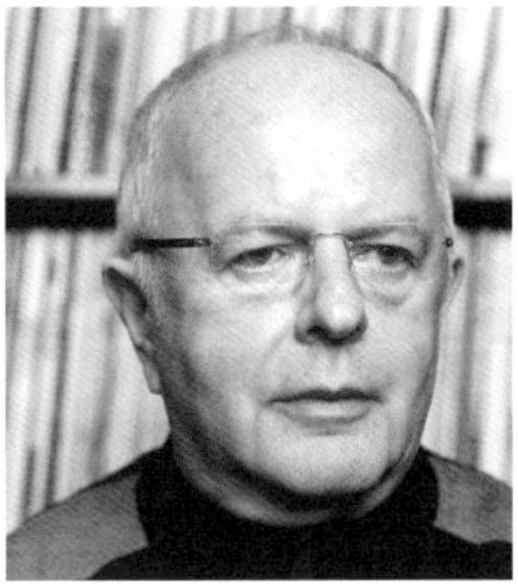

FOTO: MANFRED GILLIG-DEGRAVE/MUSIKWOCHE

ICH FAND DAS GESAMTKONZEPT EXORBITANT INTERESSANT

Gastbeitrag von Walter Holzbaur

Zu der Zeit habe ich schon ein paar Jahre an diversen Themen mit Conny Plank zusammengearbeitet – er als Produzent und ich als Verleger. So kam der Kontakt zu DAF zustande. Conny hat mir die Band vorgestellt. Das muss kurz nach *Die Kleinen Und Die Bösen* gewesen sein. Es gab dann sehr schnell die ersten Auftritte, zu denen wir deutsche Plattenfirmen eingeladen haben. Eines dieser Konzerte war, wenn ich mich recht erinnere, in der Markthalle in Hamburg. Die A&R-Leute fanden das alle ganz schrecklich.

Warum die vier sich dann auf zwei reduziert haben, das weiß ich jetzt nicht mehr. Auf jeden Fall: Als die Dealerei für die Zukunft losging, war DAF ein Duo. Als ich über Conny ins Spiel kam – quasi als Verleger, aber auch als, ich sage jetzt mal: Business-Manager –, da waren es nur noch Gabi und Robert, die ja auch ihren Wohnsitz nach London verlegten. In London begannen dann auch die Gespräche mit den englischen Plattenfirmen. Wir dachten,

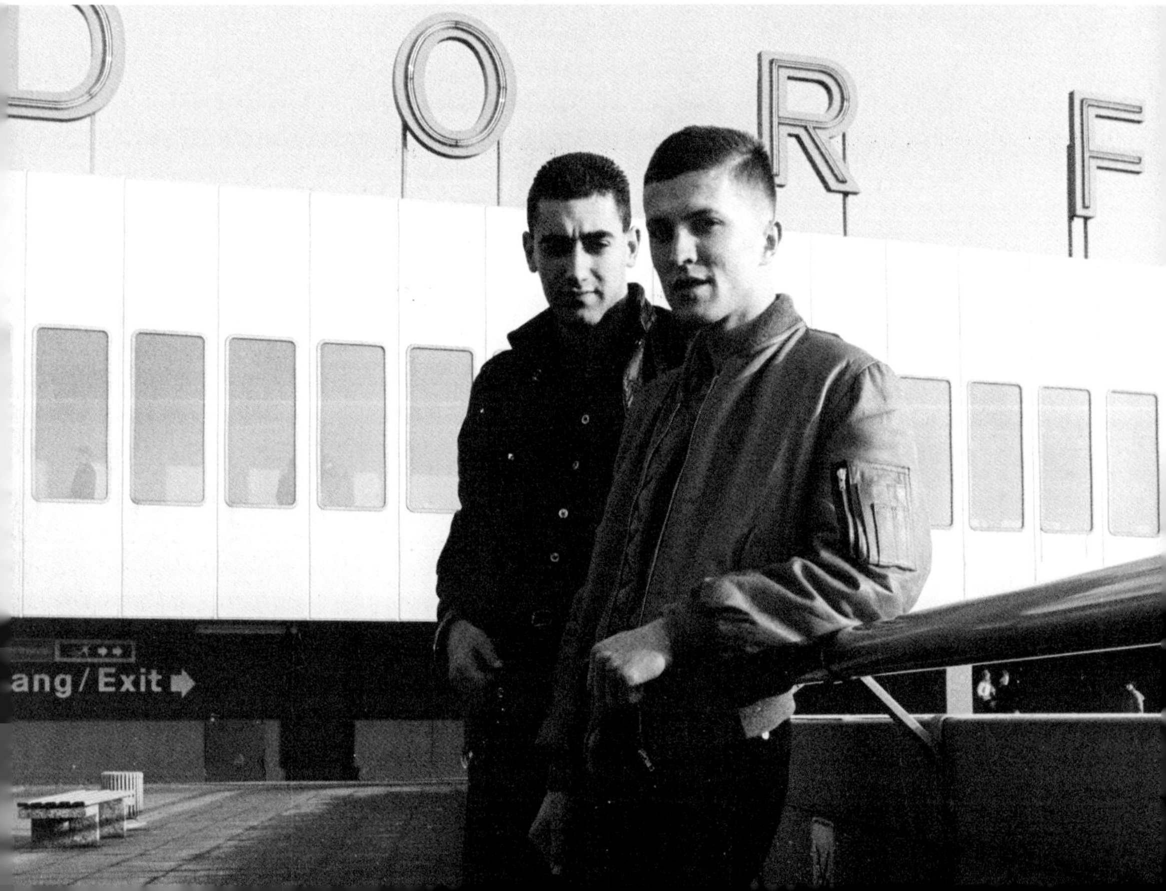

dass wir bei den deutschen Plattenfirmen kein großes Interesse finden, und waren auch der Ansicht, dass die Platzierung einer deutschen Band, vor allem einer deutschsprachigen Band, bei einem interessanten englischen Label besser sei, als wenn man in Deutschland bei – was gab's damals? – Metronome oder irgend so einer Firma landet. Ich hatte relativ enge Kontakte mit Virgin, aber auch mit Island Records. Am Schluss war eben wirklich Virgin die Firma, die sich richtig gut eingebracht hat. Der A&R-Chef von Virgin damals, Simon Draper, das war schon jemand, der sich sehr, sehr stark gemacht hat dafür.

Richard Branson, vor allem aber Simon Draper kannte ich seit Jahren schon aus anderen Geschäften und Meetings. Mit Simon Draper war es ein ziemlich gutes Verhältnis. Daher kam von meiner Seite die Empfehlung, das mit Virgin zu machen.

Branson war damals schon sehr gut im Aufpicken von interessanten Themen, aber nun nicht derjenige, der bei Virgin, egal jetzt ob auf der Schallplatten- oder auf der Verlagsseite, der A&R-Guru war. Das war schon Simon Draper. Branson war mehr so der, der irgendwann einschwebt und den letzten Knopf zumacht. Simon Draper war Virgin. Draper war jemand, den ich kennengelernt

Auf der Aussichtsplattform des Düsseldorfer Flughafens
FOTOS: AR/GEE GLEIM

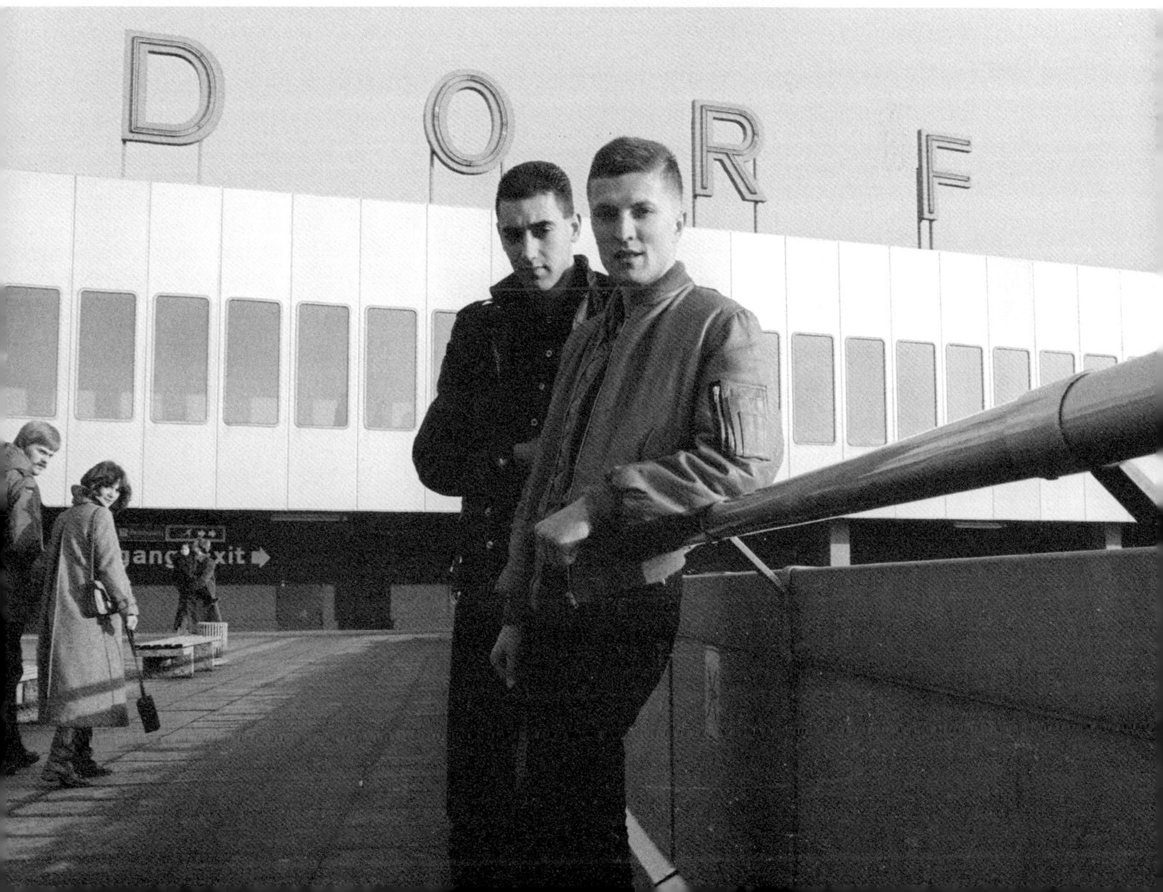

habe, weil wir uns intensivst über »Krautrock« auseinandergesetzt haben – ich war ja Verleger von diversen »Krautrock«-Bands, die ich ihm über die ganzen Jahre immer näherbringen wollte. Und er war großer Anhänger von Faust. Als dann das Thema DAF auf den Tisch kam, da war er wirklich jemand, der das Konzept von den beiden, dieses minimalistische Konzept, sofort kapiert und sich auch intensiv mit den Texten auseinandergesetzt hat. Er hat die Inhalte schon gut verstanden. Da gab es schnell ein klares Commitment, dass die Gespräche mit Island gar nicht weiter forciert worden sind, als ich gemerkt habe, wie sehr er das auf dem Schirm hat. Das waren die Punkte, die den Ausschlag für Virgin gegeben haben. Virgin war natürlich damals auch ein starker Name. Virgin hat es ja immer verstanden, die Acts, die erfolgreich waren, ins große Licht zu stellen, und die Acts, die nicht funktioniert haben – das gibt es ja bei jeder größeren Firma –, »die Leichen«, die wurden eben im Keller vergraben. Das hat dann keiner mitbekommen. So war es nach außen hin dieses erfolgreiche Image von Virgin, mit Geschäftssitz im Hinterhof, dem Vernon Yard. Von der Portobello Road ging so eine kleine Gasse rein, die in diesem Hinterhof endete. Das war Vernon Yard. Da saß

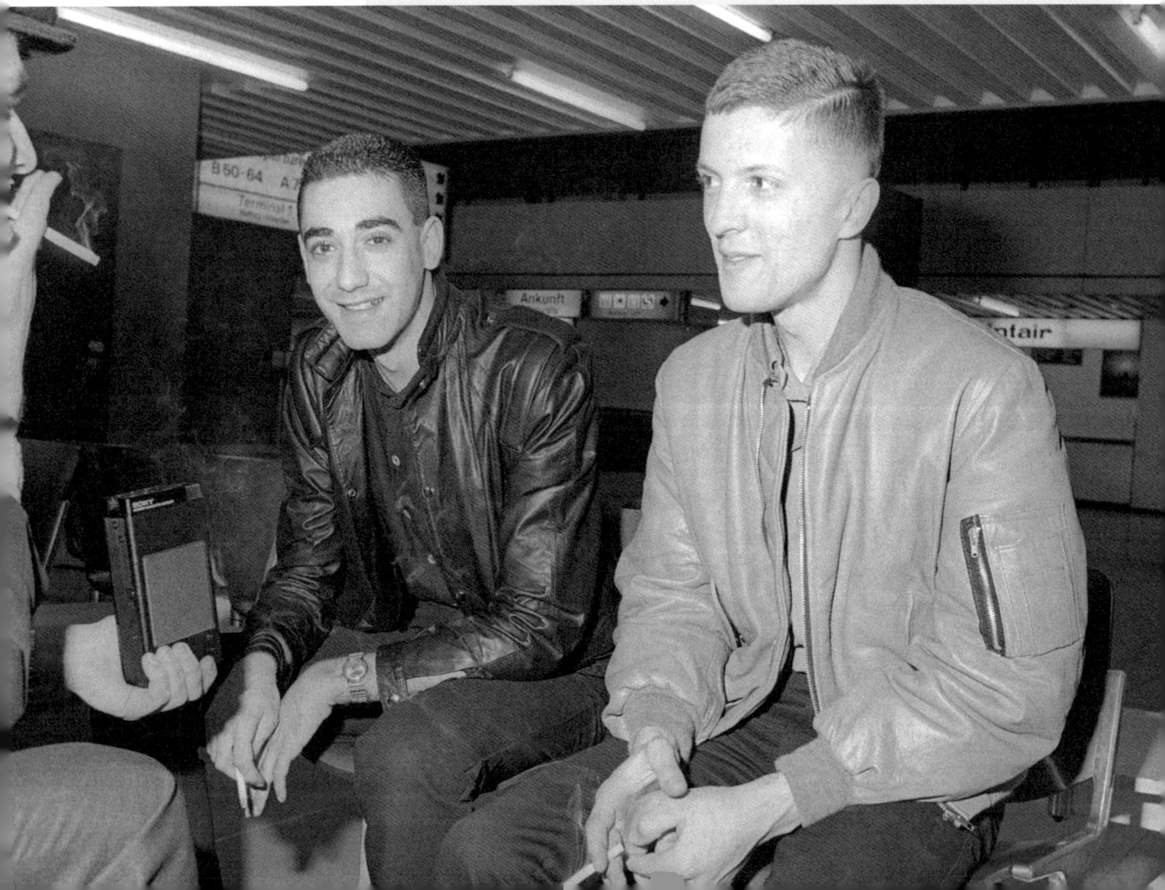

Virgin in einer für ihre Größe relativ kleinen Bude, die zugestopft war mit Platten und Leuten. So ein zweistöckiges, kleines Ding.

Dieser Schritt, von Deutschland aus nach London zu gehen, zu diesem Zeitpunkt, als noch kein Plattendeal geklärt war – dieses Risiko einzugehen, in so eine Stadt zu ziehen als deutsch singende Band ohne großen Deal im Hintergrund –, das hat mich schon sehr beeindruckt. Das war einfach wie angloamerikanische Bands, die sagen: »Das ist das, wo wir hin wollen. Das ist unser Ziel. Egal wie, wir müssen das hinkriegen.« Viele Bands in Deutschland sind eher so: »Na, wir probieren das jetzt mal.« Und wenn es nicht klappt, dann werde ich eben Musiklehrer. Einfach diese Überzeugung, etwas hinzubekommen, etwas zu machen, was seinen Weg findet, das war immer da bei DAF, und das war auch extrem wichtig.

Ich erinnere mich noch an unser erstes großes Meeting, bei dem Gabi, Robert, Conny Plank und ich in einem winzigen Londoner Hotelzimmer saßen und darüber gesprochen haben: »So, was machen wir jetzt, was sind die nächsten Schritte, die wir unternehmen wollen?« Da sitzt man in diesem Zimmer und merkt schon allein im Gespräch diese Power. Das ist unglaublich wichtig

Warten auf den Abflug
FOTOS: AR/GEE GLEIM

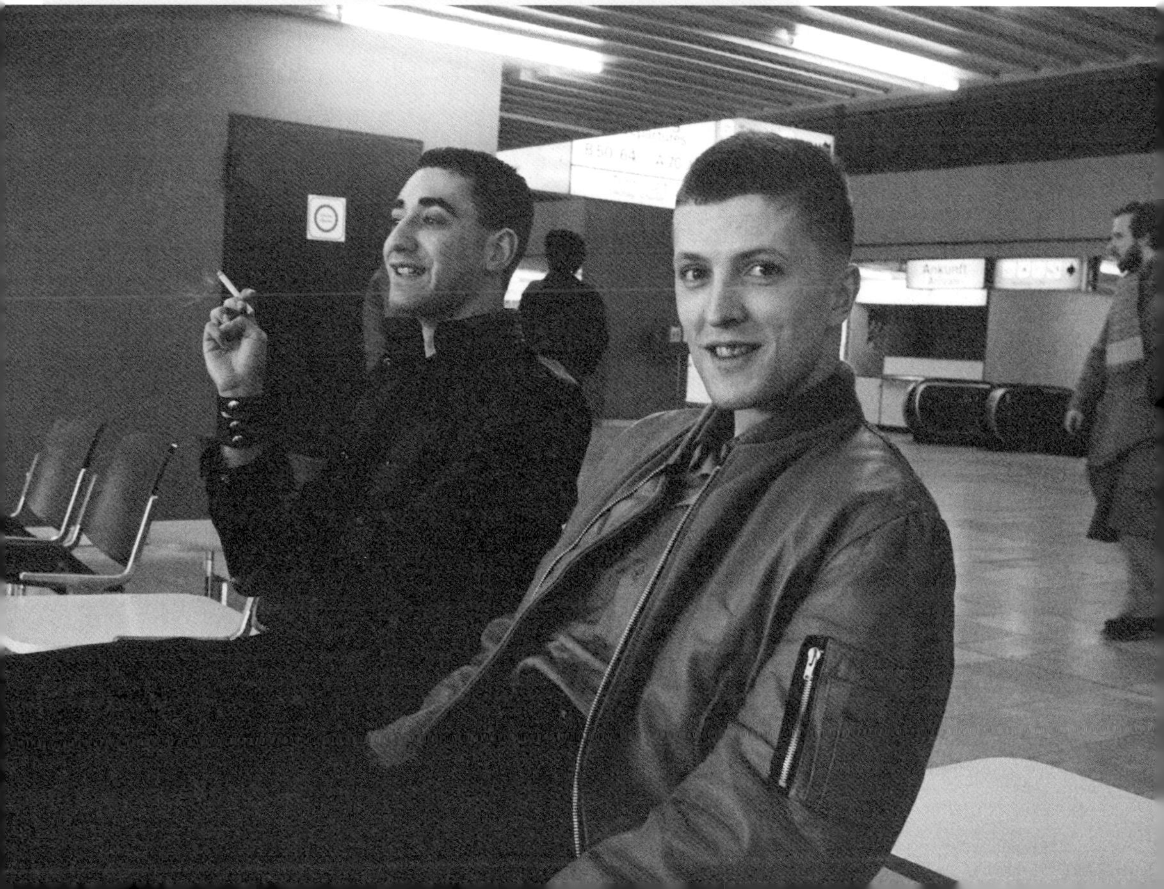

für einen, der dann anschließend rausgehen und das präsentieren wird, die Aufnahmen auf den Tisch legen und sagen wird: »Da! Hör dir das an!«

Bei diesem Auftritt damals im Hamburg war auch ein Chef von einer großen Plattenfirma, die zu der damaligen Zeit als Trendsetter-Firma bekannt war, der das Konzert an dem Abend vollkommen fürchterlich fand. Da dachte ich: Wenn er da jetzt nichts gehört hat und nicht denkt, da kann etwas Großes passieren, dann hat er echt den falschen Job erwischt. Das sind so die Punkte, die einem im Kopf bleiben.

Wie DAF mit Daniel Miller involviert waren, das waren Dinge, die sind vor meinem Involvement passiert, da hat Conny mit Daniel Miller rumgedealt, die kannten sich ja schon. Ich habe mit Daniel Miller damals nie über DAF gesprochen, die Zielsetzung war eine andere. Es war einfach an der Zeit, eine weitere Ebene zu erreichen. Und da war natürlich dann das Interesse von einer Firma wie Virgin vorteilhaft. Für einen Künstler war das damals schon ein Ritterschlag, bei Virgin veröffentlichen zu können. Branson war zwar noch nicht in aller Munde wie heute, aber er hat es eben auch schon verstanden, den Eindruck zu erwecken, dass

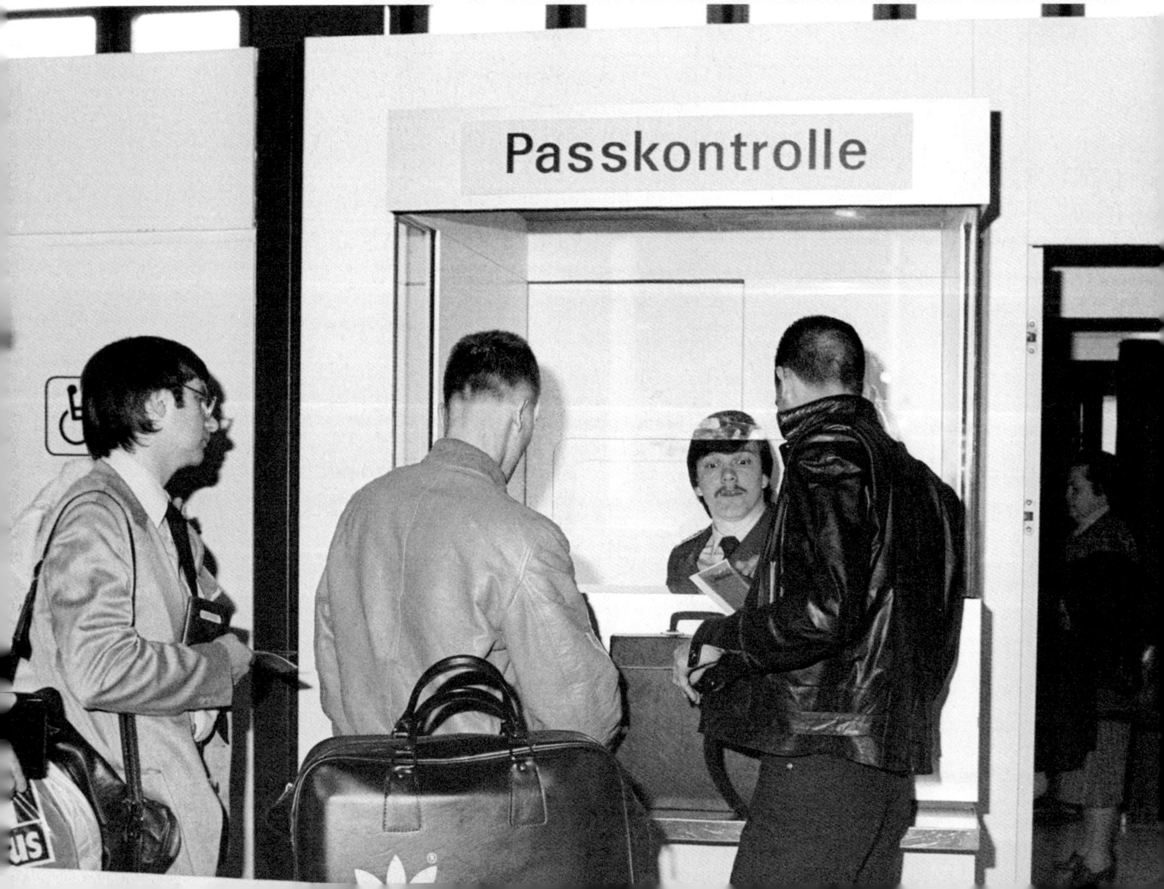

er derjenige ist, der die tollen Entscheidungen trifft. Das war gar nicht so. Er war zwar der Inhaber der Firma, aber das Gehirn der Firma war ganz eindeutig Simon Draper. Ein extrem guter A&R-Mann mit einem sehr guten Team um sich rum. Er war der kreative Geist in der Firma.

Der Vertrag mit Virgin war eine riesige Prozedur. In England musste man für Vertragsabschlüsse einen Anwalt involvieren, weil sonst ein Vertrag nach englischem Recht angreifbar ist. Der Künstler muss praktisch versichern, dass er anwaltlich beraten worden ist. Wir haben dann also einen bekannten englischen Musikanwalt involviert, der aber überhaupt nicht in der Lage war, die Vertragskonstruktion mit diesen ganzen Freiheiten und Genehmigungsklauseln, die wir uns einräumen ließen, umzusetzen. Für den war das Neuland, solche »Wunschlisten« wie unsere waren damals für eine junge Band ungewöhnlich. Dass Künstler der Firma so rigoros sagen: »Wir liefern an. Ihr veröffentlicht. Bums. Aus. Fertig.«

Diese Konstellation mit Conny Plank und dem angesagten englischen Label war schon ein hochgradig interessantes Paket und für mich eine sehr interessante Aufgabe.

Passkontrolle Richtung London Heathrow
FOTOS: AR/GEE GLEIM

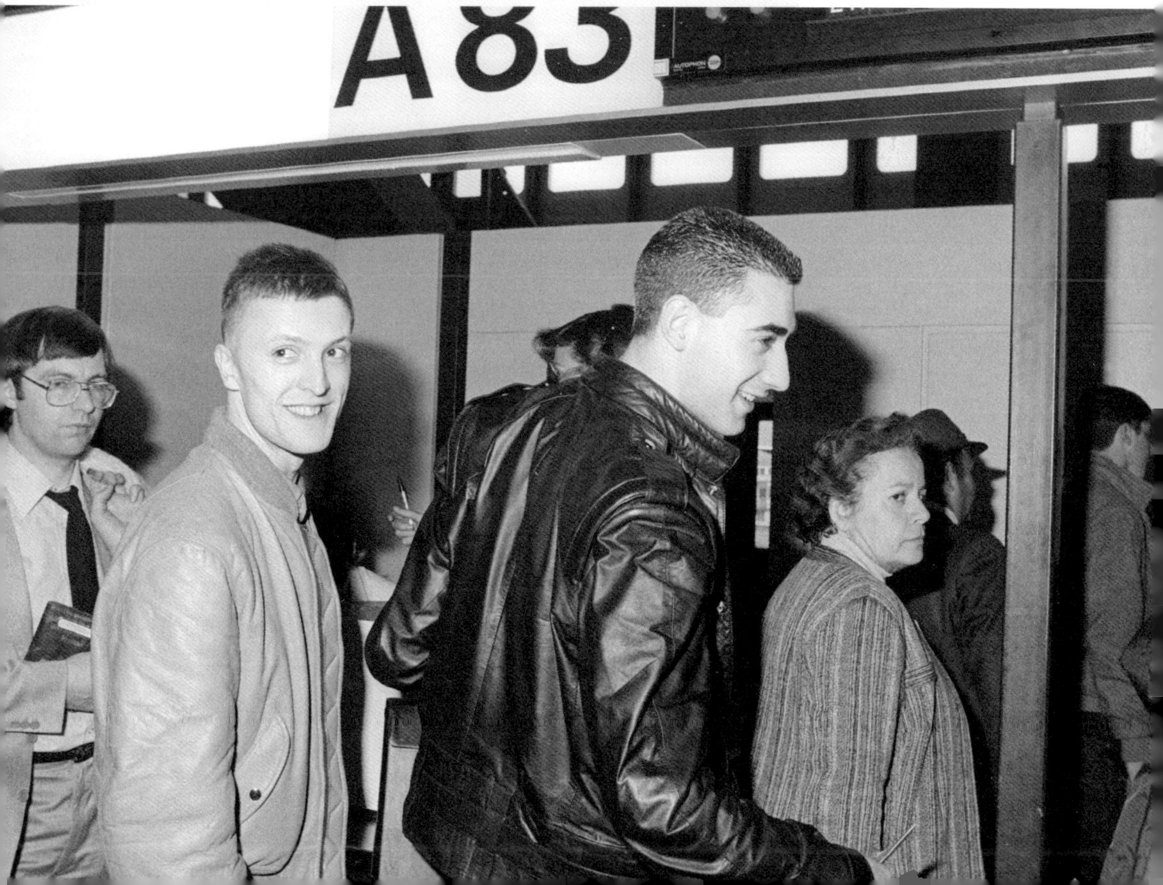

Es lag aber nicht nur an der Musik, sondern auch an diesen Texten und dem visuellen Konzept, dass es diese extreme Aufmerksamkeit gab. Bei den ganzen Interview-Reisen, bei irgendwelchen Meetings oder wenn Journalisten zum Interview angereist sind, haben wir das so gemacht, dass ich denen vor der Tür einen Zettel in die Hand gedrückt habe, auf dem die Antworten auf die Fragen, die immer kamen, draufstanden. Denn es gibt ja nichts Nervigeres für einen Künstler, als wenn jeder Journalist, der zur Tür hereinkommt, immer wieder das Gleiche fragt.

Ich bin jetzt nicht der Typ, der ins Studio kommt und sagt: »Mach mal lauter, mach mal schneller, mach mal mehr Bass« oder irgend so was. Das ist nicht meine Welt, weil ich einfach denke, dass sowohl die Urheber und Künstler, mit denen ich zusammenarbeite, als auch die Produzenten sehr genau wissen, was sie machen wollen. Ich sehe meine Funktion darin, zu bestmöglichen Konditionen und mit Marketing-Konzepten die Ideen der Künstler umzusetzen. Aber ich bin nicht derjenige, der im Studio rumsitzt. Ich war zwar jedes zweite Wochenende im Studio, aber einfach auch deshalb, weil Conny Plank und ich bei verschiedenen Themen zusammengearbeitet haben. Klar habe ich dann auch schon

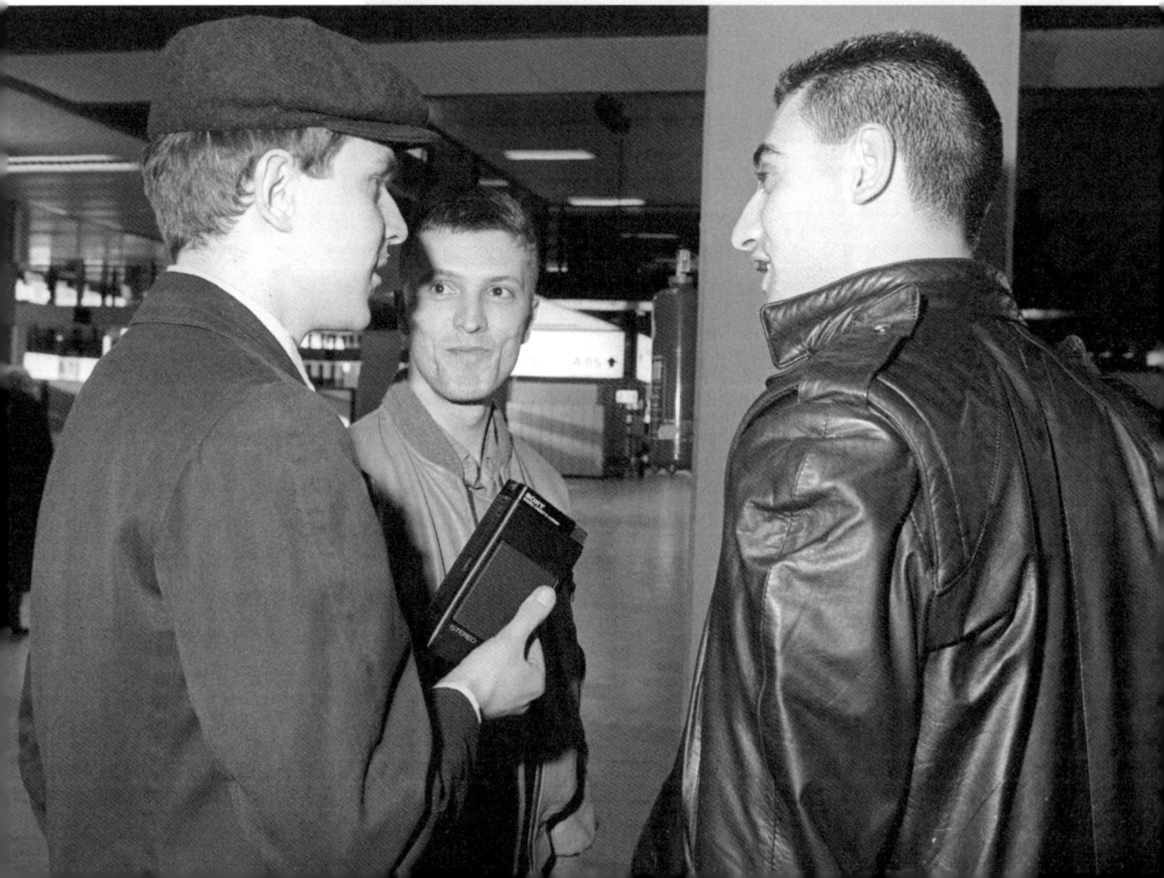

mal was gehört. Aber man hört das ganz anders als zum Beispiel der Musiker oder Produzent, die ganz genau wissen, was alles noch daran gemacht wird.

Zu der Zeit gab es noch kein Formatradio in Deutschland und daher auch nicht diese unsäglichen und ewigen Diskussionen: Ist das jetzt formatgerecht, und müssen wir jetzt diesen Sender bekommen, um über den dann den anderen Sender und darüber dann den dritten oder vierten? Das war ja eine ganz andere Zeit. Wir haben viele Interviews gemacht, viele Fernsehsendungen, vor allem Kultursendungen. Das war eine vollkommen andere Radiowelt, und die Musikpresse war noch viel wichtiger als heute.

Die Ariola war zu der Zeit noch der deutsche Vertriebspartner von Virgin. Der zuständige Mann bei der Ariola wiederum war Udo Lange, Produktmanager für das Label Virgin. Er war auch einer, der sich für das Thema DAF sehr erwärmt hat. Er war dafür zuständig, die Produkte, die Virgin aus England anlieferte, in Deutschland bestmöglich umzusetzen. Bei DAF hat er großes Engagement gezeigt. Als Virgin später in Deutschland eine eigene Firma aufbaute, wurde er dort Geschäftsführer.

Interview mit Moritz Reichelt
FOTOS: AR/GEE GLEIM

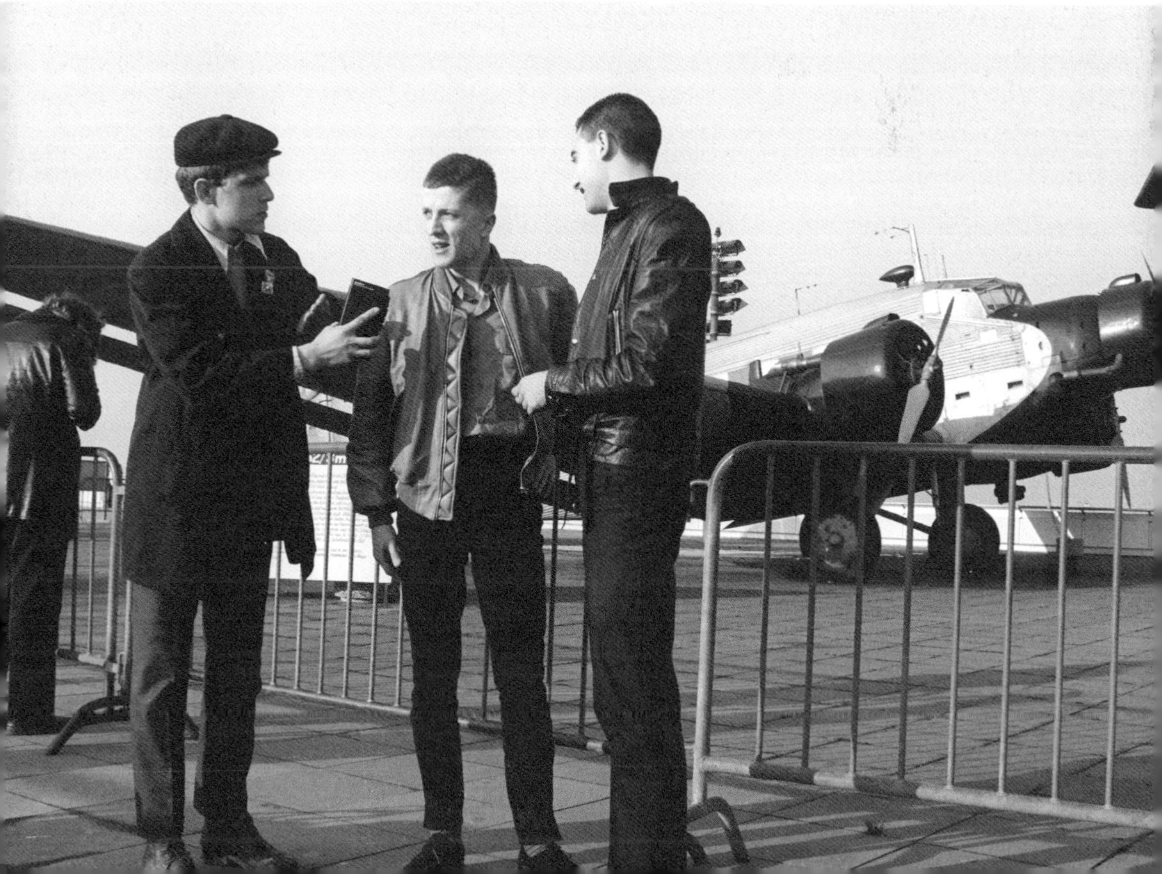

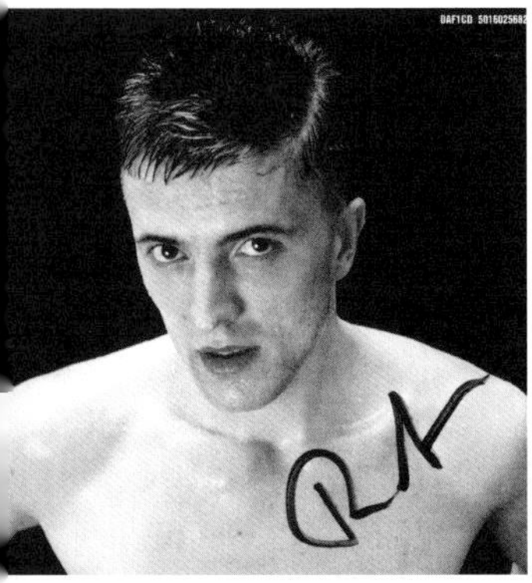

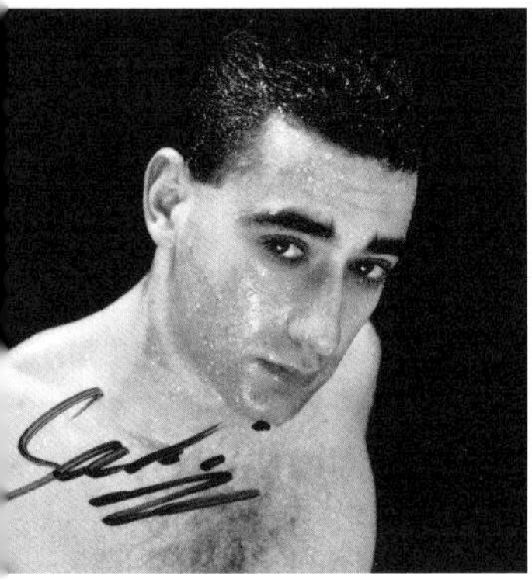

Es gab eine TV-Sendereihe von Stein Film in München. Die haben nicht nur DAF gemacht, sondern auch viele andere Bands der damaligen Zeit. Die waren sehr aktiv. Ich weiß nicht, wo die Aufnahmen geblieben sind, ob es die noch gibt. Es gab natürlich auch zig Beiträge in Magazinen. DAF war eben schnell ein Thema, als die Band in relativ kurzer Zeit von den total überfüllten Clubs in die größeren Hallen gewandert ist.

Die Videos wurden alle in der Kooperation DAF und Virgin produziert, die Ideen aber immer unter Kontrolle der beiden Künstler. Mein Job war die Business-Seite, die Klärung des Budgets und wie das im Vertrag dann behandelt wird. Gabi und Robert wussten genau, was sie für ein Video machen und mit welchem Regisseur sie gerne arbeiten wollten. Man hat natürlich geschaut: Welche Videos sind toll, wer war der Regisseur, und dann hat man mit dem gesprochen. Bei DAF war das aber auch oft so, dass Regisseure und Fotografen auf die Band oder auch auf Virgin zukamen und Interesse geäußert haben. Auch bei allen Covergestaltungen war es so, dass keiner von der Plattenfirma gesagt hat: Das muss jetzt so sein. Gabi und Robert haben das Artwork konzipiert, das ist dann angeliefert und umgesetzt worden.

Heute gibt es ja viele Acts, die alleine oder zu zweit auftreten. Damals war das nicht so normal, dass eine Band auf einer Bühne, nachher ja auch auf richtig großen Bühnen steht, mit einem Schlagzeuger und einem Sänger, der die ganze Bühne vereinnahmt. Und dahinter stehen Kassettenrekorder, die aussehen wie ein Riesencomputer im Gesamtbild, von dem die Backings abgespielt werden. Das war schon sehr neu. Und die Power, die dahintersteckte! Das denke ich heute noch, wenn ich alte DAF-Videos sehe. Die Power, die die beiden gehabt haben, das ist einfach so ein Punkt, der bei vielen deutschen Bands gar nicht vorhanden ist. Das ist auch das, was sie von der Großzahl der Künstler hier unterschieden hat, dass sie ähnlich wie eine englische oder amerikanische Band eine unglaubliche Power auf der Bühne gehabt haben. Das war ein ganz großer Unterschied. Wenn man eine englische Band auf der Bühne sieht oder eine amerikanische, da ist ein ganz anderer Druck dahinter. Und das hat DAF damals auch gehabt.

DAF war einfach eine der ganz wenigen Bands von hier, die es verstanden haben, ihr Gesamtkonzept so zu präsentieren. Sie wussten ganz genau, was sie machen und wie sie es umsetzen wollen. Die Entstehung der einzelnen Aktivitäten, welche Gespräche oder Diskussionen dann auch unter den beiden vorausgingen, bis das Ergebnis mit den anderen Involvierten besprochen worden ist, das kann ich so nicht beurteilen. Aber sie haben zumindest immer sehr, sehr gut das konzipiert, was dann angesagt wurde. Das war wohlüberlegt und toll, und da gab es eigentlich auch nichts dran zu verbessern. Es gab dazu auch immer noch rechtliche Fragen oder Finanzfragen, das musste alles entsprechend abgesichert sein. Das war meine Aufgabe. Die kreativen Vorgaben, die waren wirklich immer auf den Punkt, und das haben sie auch beide sehr, sehr gut vertreten. Aber bis man zu so einem Standpunkt kommt, muss man eben viel diskutieren.

Die Verleihung des Deutschen Schallplattenpreises, das war auch so eine illustre Veranstaltung damals in Wiesbaden. Die von der Ariola betreuten Künstler, da waren DAF als Virgin-Künstler auch dabei, die saßen natürlich alle nebeneinander. Und so saß DAF dann eben neben Udo Jürgens. Gabi und Robert waren schon ein gewisser Fremdkörper bei der Veranstaltung.

Ich fand das Gesamtkonzept exorbitant interessant. Klar, als *Der Räuber Und Der Prinz* kam, das war dann so ein Titel, wo jemand, der viel mit Marketing und Promotion zu tun hat, noch mal ganz anders drüber denkt: Mit dem Titel könnte man auch noch andere Türen öffnen.

Was ich damals nicht verstanden habe, ich weiß nicht, ob das die beiden mal gesagt haben, aber es gab eine Anfrage von Grace Jones, einen DAF-Titel auf Englisch zu machen. Grace Jones war damals bei Island Records, und ich hatte lange mit denen darüber gesprochen. Grace Jones war wirklich interessiert, ein englisches Cover von einem DAF-Song aufzunehmen, was die beiden dann aber nicht wollten. Das war so ein Punkt, das hätte ich jetzt anders entschieden. Aber für uns als Verlag und beratende Firma gilt einfach: Das, was der Künstler oder Urheber will, das setzen wir für ihn um. Man redet dann darüber, versucht, so eine Entscheidung vielleicht irgendwie noch zu ändern, aber am Ende entscheiden die Künstler bzw. Urheber. Ich fand es sehr schade, weil Grace Jones damals eben ein unglaubliches Thema war und einen ganz anderen Markt abgedeckt hat. Das hätte DAF noch mal in eine andere Dimension gebracht. Ich weiß jetzt auch nicht mehr, was der eigentliche Grund war. Das fand ich jedenfalls sehr schade, aber auch unter dem Gesichtspunkt vollkommen okay, dass es immer besser ist, wenn ein Künstler/Urheber weiß, was er will und nicht sagt: »Sag mir, was ich machen soll, dann mach ich das.« Das ist das Schlimmste, was einem passieren kann. Und das war bei DAF genau das Gegenteil. Das habe ich immer als sehr positiv empfunden.

»DAF war eine der ganz wenigen Bands von hier, die es verstanden haben, ihr Gesamtkonzept so zu präsentieren. Sie wussten ganz genau, was sie machen und wie sie es umsetzen wollen. Das war wohlüberlegt und toll, und da gab es eigentlich auch nichts dran zu verbessern. Aber bis man zu so einem Standpunkt kommt, muss man eben viel diskutieren.«
WALTER HOLZBAUR

EUROPE! IT'S THE word on the lips of every rouged barrow-boy and ruffed art-school reject! Your sensational, soaraway *Sounds* wants YOU to tell US what Europe's really like! Is it: —

a) Sipping Green Chartreuse in Parisian street cafes; dallying with lithe German army officers in Weimar transvestite bars; discussing with the intellectual of your choice (choose: Gertrude Stein, Jean Genet, Tristan Tzara) ennui in the French Romantic Novel; slim volumes; haute cuisine; slumming:

Or

b) Teenagers torching themselves on the streets of Zurich; Bomb-attacks on Parisian synagogues; State Harrassment of left-wingers and sympathisers in Germany; Communist Parisian mayors demanding each area be given a 'quota' of blacks; terrorism and police collusion with the military right in any picturesque resort of your choice.

Post YOUR answer to Richard Strange at the Cabaret Futura . . .

With so many fancy-dress fops brandishing the word 'European' like a credit card, it's no surprise that the French don't want our lamb and the Germans think all our visiting workers are bone idle.

With the honourable exception of Simple Minds, who act as passive, innocent receptors, bands who reflect more than a Sunday Supplement image of a culture are as common as the sasquatch or basilisk.

Alas, a Thirties frock or monocle do not a European make, and if the *zeitgeist* does ever make itself felt, cafe society will be the last to notice.

While claiming no specific manifesto or vantage-point, Deutsche Amerikanische Freundschaft do reflect and explain German and, by implication, European culture.

Their name comes from large street-posters that can be seen in Berlin, a bizarre form of nationalistic transvestism whereby the populace can publicly acknowledge their links with America while privately keeping the fact festering in the closet.

Inheritors of this strange WW2 love/hate relationship with Germany's conquerors, Deutsche Amerikanische Freundschaft reject their erstwhile foster parents, Anglo-American rock 'n' roll, and stand up to be counted alongside the new German cinema, literature and art.

"We are German", says singer/lyricist Gabi Delgado-Lopez, "But with an international background. I think our music is very German."

A cynic could say that means they've been listening to a lot of early Can, but (sadly

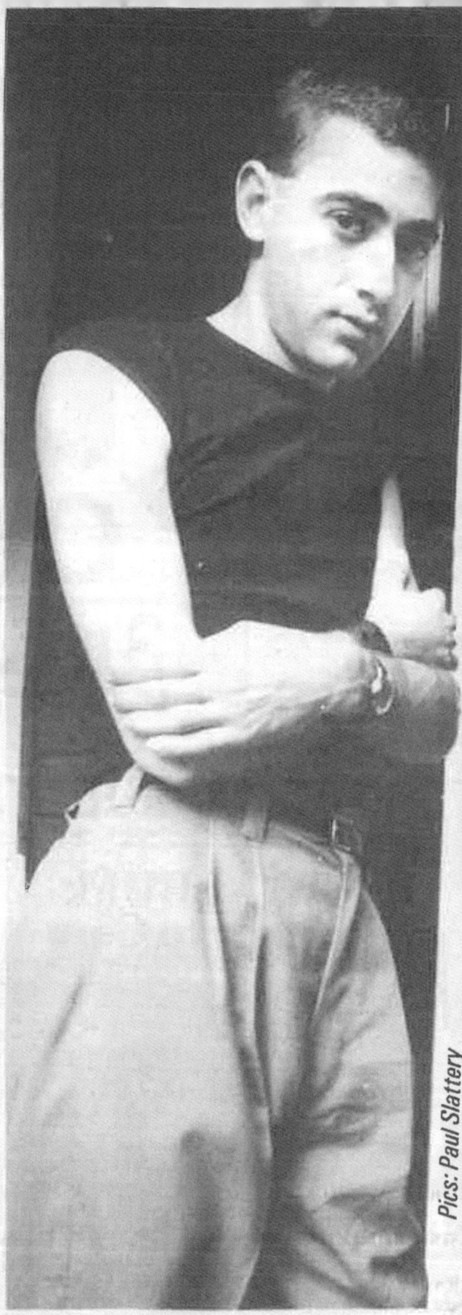

Pics: Paul Slattery

Gabi Delgado Lopez

like most Germans), they only recently became aware of the band. In fact, they deny all influences and similarities.

"All I can say," says drummer/instrumentalist Robert Görl, "Is that I just make my own music. I'm completely *un*influenced by other bands."

"There are precedents," says Gabi, "but with other things, such as German cinema. There are more parallels with film than with music. Like the German expressionist cinema of the Thirties. The whole German culture seems to be a parallel to what we are doing now."

Big words, and from one so young (21), too, but basically he means that DAF move in a very wide cross-section of German culture, from the punks in Berlin clubs to the intellectuals of the Goethe Institut and other state-funded houses of Art And Intellect.

"It's very difficult to define which direction our music came from," says Gabi. "It's more like the general atmosphere in Germany, which is very different from England.

"People in Germany are . . much straighter, you can say Much more forward. It seems

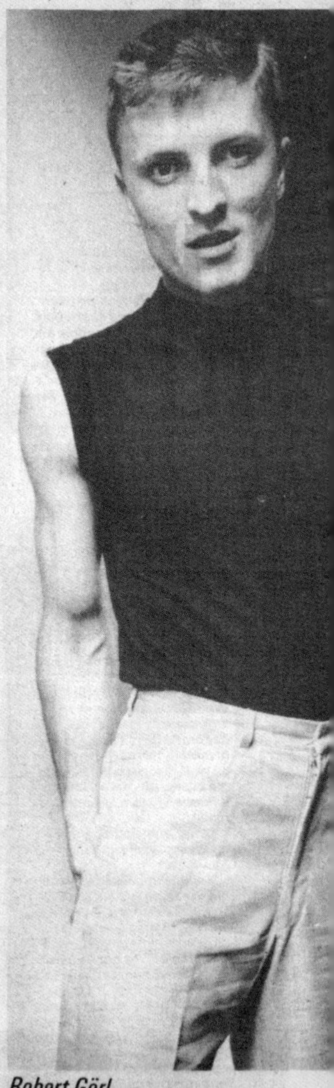

Robert Görl

DANCE THE' MUSSOLINI, DANCE THE ADOLF HITLER

John Gill dares mention the war to Deutsche Amerikanische Freundschaft

Ein Bericht von John Gil aus der englischen ›Sounds‹ vom 23. Mai 1981
Archiv: Erik Stein
Fotos: Paul Slattery

Nächste Doppelseite:
Ein Bericht von Paul Morley aus dem englischen ›NME‹ vom 30. Mai 1981
Archiv: Erik Stein
Fotos: Peter Anderson

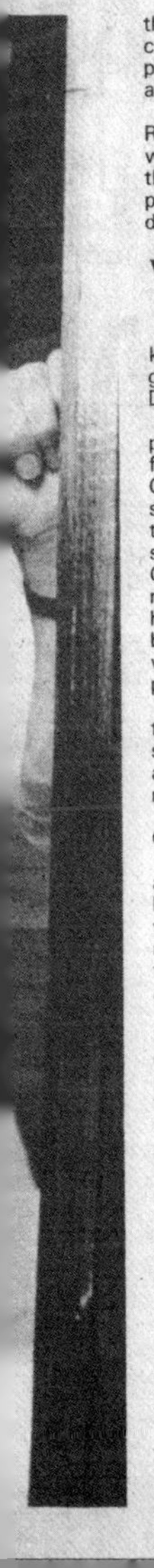

they are much more stiff. They can't play, like the English can play with pop and things. But also I think it's a little deeper."

"It has more substance," Robert agrees, "In a special way. Here, it's much more fun than in Germany. There, most people feel more serious. I don't know why."

YET THAT 'straightlaced' society gave the world the RAF and Baader-Meinhof; upper-class kiddies wielding machine-guns and bombs at the State Daddy.

"Yes," Gabi says, "Here people revolt into a new fashion or something. In Germany it's a little more serious. In everything. Even the youth are much more serious. All these riots in Germany and Zurich. Those riots would be unimaginable here in England, except in the black community. But not with the normal Englishman, perhaps."

Lest he be thought racist, the 'normal Englishman' should be seen as your average well-fed, indolent middle-class teenager.

But what makes the average German like s/he is?

"I can't define it," he admits. "It's a general way of living, for Germany. It's the weather! It's everything really. German people live for their work. There's a certain atmosphere."

They concur with Irmin Schmidt's idea that German culture blossomed from small pockets of resistance against the post-war tidal wave of Coca-Cola and Glen Miller records.

"We have so many bands who play like American rock bands and sing like American rock bands," says Gabi, who'll admit to a few brief stints with small punk combos before joining DAF.

"From the start we knew we must do our own thing, not copy English or American bands. It's so funny to be in an all-German band playing for a German audience and singing in English!"

Yet they are at great pains to disassociate themselves from the avant-garde. After their debut album, 'Produkt', they recorded 'Die Kleinen und die Bosen', an album with all the trappings of tinkly-bonk avant-garde, for Daniel Miller's Mute label.

Recently signed to Virgin (for reasons, they're unashamed to admit, of exposure and optimum promotion) they released 'Alles Ist Gut', a denial of 'Die Kleinen's' free-form leanings.

'AIG' is an album of supple muscular control and prowess, and could have Leni Riefenstahl's eyeballs out on stalks.

The collage-noises of "Die Kleinen" were, in fact, the result of a "compromise" with other, guest musicians; a compromise DAF didn't want to make.

Now working as a duo, Gabi continues, "We have a very simple way of working, he (they always call each other 'he') makes all the music and I make all the lyrics. Our ideas are very similar, so we don't need to compromise.

"We've already done two albums, yet for us, this is like our first album. And with this, now, we see very many possibilities to develop it, to go further."

WITH CAN they also share an involvement in cinema, recording television and cinema soundtracks for young directors. The most like-minded soul to mention would be Rosa von Praunheim, the radical gay activist, writer and director best known for his controversial 'Army Of Lovers, or Revolt of the Perverts', shown here last year.

Alas, their projected collaboration fell through; "It was a problem of coordination more than anything else," Gabi says. They have also produced a video from 'Alles Ist Gut', which they hope (vainly?) to get on the OGWT.

Robert is bemused at the complement paid them by Holger Czukay in my recent despatch from Cologne, where Holger said they "have the spirit of early Can."

"I often get these questions," he says, "but I really don't know how to answer. Maybe there is a kind of spirit, but for me it's like "Really? So?" For many people we are an avant-garde band, for many people we are a disco band. What can you say to that, really?"

Their following in Germany is considerable, with regular sell-out tours and last-minute gigs being pencilled in to meet demand in many German cities. At last kids who a few years ago thought Gene Vincent the pinnacle of modern music have discovered the modern German dance.

"I think the time thing is important," says Robert. "It takes a lot of time to get rid of the war, you know? It's really time-past. For the new generations, the Second World War is really of a time gone by. You can play with it now, like we do.

"We play with the Second World War. For me, it's not a problem that we had Hitler. It's past, and we must now find ourselves."

The 300lb Samoan lensman wonders, aloud, if that's merely diminishing the horror of what happened.

"No," Gabi replies, "It's not making it small. But when you don't talk about it, like in Germany, it becomes a holy word."

"Yes," adds Robert, "For a long time it was like a holy word. Nobody would talk about that past time."

"And then," Gabi continues, "You make it really big, mysterious, like a secret. And, for people who don't know about it, for the young people, it becomes appealing. It's forbidden to talk about.

"But if you talk about it, like we do on 'The Mussolini', "Dance the Mussolini, Dance the Adolf Hitler", then you really take it away from the altar. It's very appealing for youth. It's rebellious and adventurous. That's why you have your National Front."

The Samoan, mystifyingly, mentions War comics, and the fact that kids still thrill to GI's stomping baby-killing Jerries forty years after the act. Even stranger, Robert and Gabi *also* thrilled to the same comics when young.

What on Earth did they think of their culture while buying graphic descriptions of Germany's defeat from the corner sweet-shop?

"It's very insidious," Gabi says, "They make you buy a comic about the Americans against the Germans. It's very difficult to relate to that kind of thing, because they say Germany had no identity in the past, so they must find a new one. But it's good, because you should find a new identity, it's no good going into the past."

A difficult task, it seems, with the majority of Germans refusing to confront that lingering guilt (and not a few still holding out for a reprise of the Reich).

They say that schools still gloss over Hitler like we gloss over the Land Enclosures Act and, xenophobia apart, Germany is bereft of any specific nationalistic sentiment.

DAF CONCIOUSLY choose a collision course with Germany's taboos (Hitler, God and sex, more or less in that order). The disco wipe-out, 'Do The Mussolini', with its party-time vocals turning God and Fascism into a dance chant, is typical of their admitted aim of rubbing Germany's nose in it.

This collision, they feel, could shock, then relax, and finally liberate, Germans.

"People should be more open, because that's what we want. We want people to be open-minded, and think about things."

"We don't have any respect for anything," Gabi adds.

"All things are possible for us," Robert says, "We can all do anything we want."

So they're agents provocateur working towards a benign rein of unaligned anarchy/Nihilism?

"A little bit, because we don't have any respect for anything," says Gabi. "I don't believe in anything, so I'm free to play with anything I want. We take all that we want and play with it."

And they think it'll work. For everyone.

O Germany! What monstrous, avenging children have you borne Europe!

LOVE MOTION NR. ZWEI

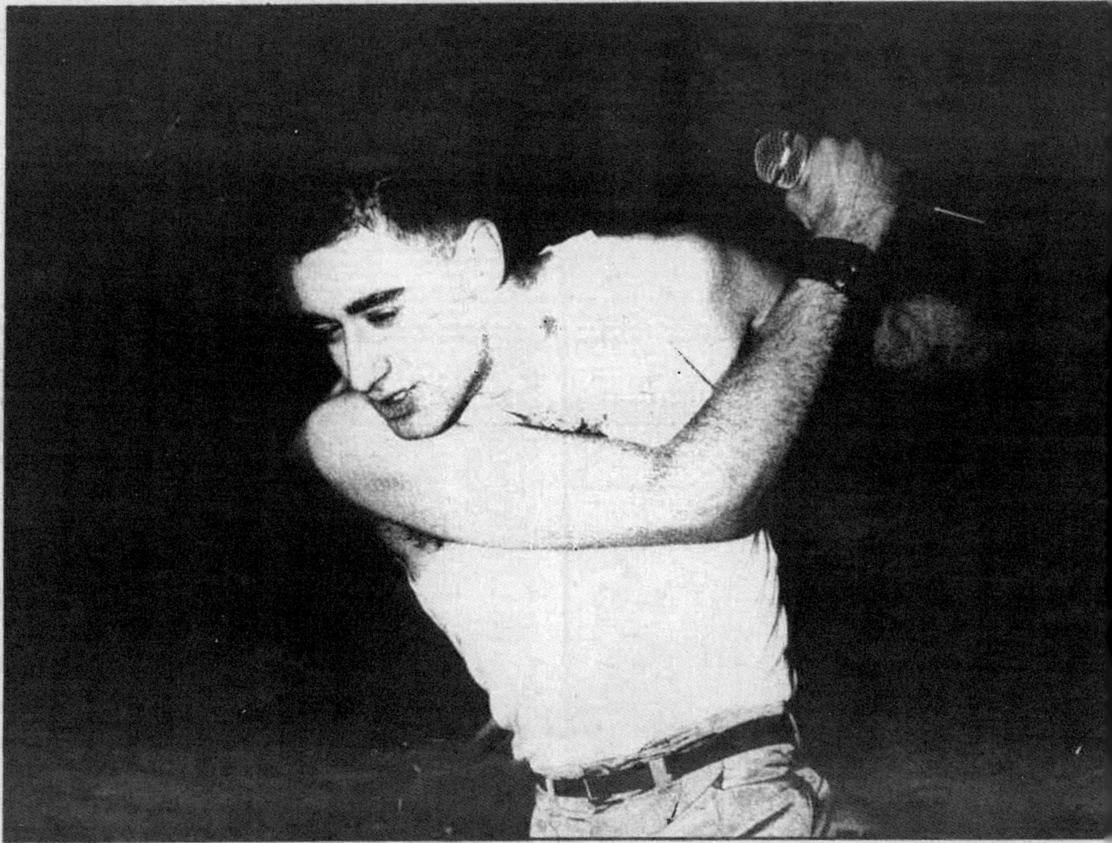

Gabi a-gogo

PAUL MORLEY DIVES INTO THE D.A.F. DISCO — AND WON'T COME OUT

FREEDOM

"WE WERE five, and then four, then three, and now we are two!"

The German deviationist duo D.A.F. Sit next to each other in a room, telling me their story and explaining their designs.

The dramatic white boys Robert and Gabi are dressed in dark, uncomplicated clothes, their hair is brutally sheared, sharp and bristly, their faces are smooth and challenging. There is an accursed edge of aggression in their appearance, a sensual menace contained within the cropped hair, stern chins and alacritous eyes. On the cover of their Virgin LP 'Alles Ist Gut' the two pose as prize fighters staring out the camera and sweating glamorously. Their accents unpredictably shift the familiar personality of the English language, innocently pervert the realised rhythm.

"Up until quite recently people thought that we were distant and aggressive."

They look like a couple who would prefer to keep secrets. They don't look gormless. Not soft.

"We are not very tense!! We are much easier than some people think!" Musicman Robert is speaking — his command of English is not as experienced and crafty as Gabi's, but neither is it a senseless puzzle.

"I have to ask you — sometimes I get the feeling that especially English people are afraid of us. I have the feeling that people place D.A.F. in a heavy . . . category. It is funny, because we *are not* heavy! We are not tense, always thinking . . . We enjoy life!"

They're fun people?! Not tired.

"We're not as heavy as we look!"

They're optimistic!? Not bad.

"We are optimistic. Because we don't just see the negative side of life. We see positive things as well." Gabi takes over. "I think that you can achieve everything if you put enough power into it. We don't have a political or philosophical ideology. I hate ideologies actually. I really like to do everything , and everything is good and everything is bad. Ideologies are too narrow . . ."

Gabi calculates that he cannot change the world by screaming at everything with brute force. Like Ibsen, D.A.F. feel that the essence of freedom is to fulfill one's call absolutely.

"The way I dress . . . one day I will dress like a soul boy, the next day like a skinhead, the next day like a leather gay boy — all these different images. I change every day, and sometimes twice a day. I get up as a skinhead and I go to bed a soul boy. I like to do a lot of things, I like a lot of things. You don't find your identity in what you are doing but more in what you are. You don't find your identity in ideology, you do not have to decide for the world. You only have to decide for yourself."

Robert reasons: "We don't expect people to follow us, because we are nothing. We just give them kicks! We don't mean kicks as escapism, but kicks so that you see things that you normally don't see. We mean to give people something without saying this is our way and it must be your way. They retain their choice, because people are so free. Our music is like the cinema. We don't say that you have to go to the right wing, or the left wing, or you have to do this. We just give people colour and images. Like at the cinemas they receive so many pictures and afterwards they can think for themselves."

D.A.F. are not mean. Not alien.

"I get disappointed when people come to our gigs and take us too seriously."

Come closer.

Not that close.

YOUTH

"Punk is coming to Germany, and it is perhaps even more serious there than it is or was here. There is no youth culture in Germany or Europe. Here there is a whole industry surrounding youth culture, music, fashion, so the young can do a lot in certain ways. In Germany there is no industry selling fashion to the young, and so the whole thing is much more radical. They can't easily go to shops to buy their things, so it is much more desperate in a way. There are these riots at the moment and the punks are very much into those."

CONFLICT

THE ELECTDISCO music is a seething celebration of sex, automation, intervention, isolation, competitiveness, a pouting pungent collaboration between precision, pressure, pace and improvisation. The prepared courts the unprepared. The deliberate is upset by the unprompted. D.A.F. electronic music is theatrical, random, urgent, a sensational criticism of the routine tape / synthesizer rites and drills.

"Some punk rockers say that we have more power than The UK Subs. We are not interested in making a cult out of using synthesizers. We are not into the synthesizer *sound.*"

D.A.F. electronic music stretches and unnerves. it rips, whips and shakes. D.A.F. disco music is a severe encouragement, a matter of conflict. The music never dries up. D.A.F. sound alive.

Robert constructs the music - shattering percussion, synthesizer orgies — and Gabi sings his intoxicated, enlightened lyrics with savage disapproving eroticism. Disco decay is combined with a scientific intrigue. Robert and Gabi have the determination and ingenuity to represent their theories / desires with intricate but accessible majesty, and D.A.F. defy the mediocre with the heroic edge of greatness.

Dance with D.A.F. Damn with D.A.F. Drink with D.A.F. And delight in how they disgrace the vain and inane new vulgarists Spandau, Duran and Visage.

D.A.F. are as glorious in their mix'n'match of dance and discovery as Magazine, as radical an extroversion of mobility as A.B.C. And 'Alles Ist Gut' is the strongest LP of the year maybe because of the conditional European objectivity, the unspoilt Germanic features, coherent structure, but certainly because of contagious power.

GERMANY

"It's difficult to explain but we tried to ma a German music. It is difficult to determine what is German and what is not German. Certainly we did not want to copy Anglo - American rock. We are not a rock band, and had to be German music and contain the atmosphere of Germany. We lived in Germany, we are German, so it would be completely unnatural for us to copy British American atmosphere. It's difficult to defin what is German about our music, I just thin that it is very German, both lyrically and musically."

RESOLUTION

ROBERT AND Gabi are from Dusseldorf and have lived in London for nearly tw years. They left Germany because the traditions and restrictions meant that "noth was happening that could encourage us" a to receive recognition in Britain was to stir t slow hearts of German pop fans. In London there was space to move.

Now they talk of a change in Germany, a dedication to deviation, an appreciation of new styles and agitation, and D.A.F are accepted — 'Alles Ist Gut' has sold 17,000 copies in four days and will love being in th charts. D.A.F. didn't expect this success. Robert talks of a lot of potential among the young in Germany waiting for "the kick." D.A.F could be the kick.

Gabi was one of 20 punks in Dusseldorf in 1977.

"We 20 started to form bands and do fanzines, but I found it boring because it wa simply a copy of English punk. I started to l for other things and met Robert, who had a completely different attitude to the possibilities of music."

Robert studied classical music. His teachers tried to make him play Mozart, he rebelled and was attracted by the modern movements of Bartok and the newer Russian composers.

"It wasn't normal that a student would play modern music, but my teachers let me because I could play it better."

Robert's curiosity led him towards straight jazz and free jazz: infatuations with these musics faded quickly.

"I was looking for a music with higher potential," recalls Gabi, "and Robert was looking for a spirit behind music, a new power. We decided from the very beginning not to do a punk music but to build a new thing. We wanted to produce a unique new music that was not directly inspired by other music."

Another early decision was to sing in their own language.

"It is crazy the situation about pop in Europe. There is an Anglo - American pop imperialism throughout the world, and in Europe when people make pop music they usually tend to copy. And it is always a bad copy — a German singing in English who just cannot sing in English. For us it was logical if you are a German to sing in German. We must be very insistent that we do not compromise because our music would lose a lot if we sang in English. I think we are a really international group. Everyone can understand us."

Is German a practical language to sing in?

"It's a very good language to sing in. It has a very complicated rhythm, a very good precise rhythm, and for the music we do, mainly with sequencers, it fits very well together. There are so many syllables in the German language, and the rhythm of the language fits very well into the sequencer rhythms. It is better than what you can do with English. English is so relaxed."

SECURITY

"Life is so much more secure in Europe from the very beginning. There is a lot more money. By the time you are 18 you have everything. You buy your car . . . so there is not that much interest in other things, just an interest in a secure future. You build your house . . . it is all very easy. Germany is a very easy country to live in really. It is also very boring. The riots that are occurring not only in Germany but in countries like Switzerland — these are very safe countries where there should be no reason to riot, but there is. Because it is so boring."

DISCO

D.A.F. ARE easily bored and hard to please and their fun must be strong. Robert and Gabi will not be put out. Originally D.A.F. were a five piece.

"We didn't want to dictate, and if you give your ideas to other people and you're not dictatorial then your ideas only get half through because your ideas are played over by other people. It doesn't sound like your song. We had definite ideas about what we wanted to do."

The basis of D.A.F. has always been the tension generated by Gabi's elevating devotion to dance being controlled and contorted by Robert's euphoric, disturbed behaviour — two contrasting but equally punishing rejections of the obvious, the easy.

"The relationship works very well because of our different backgrounds, the different approaches and attitudes to what is the same action. It is a good balance."

Gabi says that he doesn't really listen to music. He dances, works, eats to it. Robert uses sound in a more purist manner. He *listens*. D.A.F. music can be absorbed, felt, listened to and moved to.

"From the very beginning it was disco influenced. Our ideas have always been orientated towards creating a new disco sound, using the disco beats to project a new music."

Why disco?

"We are very much into disco music. We don't like music that is too much for the head. Body music is important. We found that the normal punk, rock and roll rhythms were too boring and static. Our music has changed a great deal as the other members left. It used to be a collage of ideas, no one idea was carried through to an end.

"For me the new LP is the first product that I can say is 100 per cent what I wanted. (This doesn't mean that the next LP will be the same!) Now the music is very mighty, you could say. It is not superficial like English pop music. I think that we play a sort of pop, but not an easy pop. It's deeper I suppose . . . it's hard to explain. Our music is more ambiguous than normal easy pop. It is body music for complicated movement not easy movement."

Is dance the only way they want people to respond to their music?

"It is one response, but dance is the most important because if it starts with dancing all the other things will follow. When the body is moving it is easier to get through other things. There are people who do it the other way round. We think it is very important that there is adventure in music and also that one of the main functions of music is to get people to move. It has always been like that since ancient times — music is for moving. If there is more then it can come across through the motion. If people move they can understand much more than if they don't move."

Do the straight new music academics consider that DAF compose an authentic new music or do they think that you are recklessly compromised by scandalous pop distractions?

"We are acknowledged by the new music scene — Stockhausen with disco beat and things like that. The art scene do see much in us. They appreciate the complexity in our music. We prefer to play for the dancers than for the people who take it too seriously. There is no point in people standing there and thinking how complicated the compositions are. They are very different from other things and in some ways the academics are right when they talk of minimalism and atonality. All of that is true. But there is no point in thinking too much about it."

We should take it for granted and just grip the excitement?

"That's right. We make a lot of effort to ensure that music is of high quality and it is danceable. It is a pity when people only see one side of it."

ART-EE

"It is so stiff, there is no loss. Art music is so boring, so what is the point. We played in Frankfurt once over two nights. The first night was for the art people, the culture people in Germany. They sat there saying, Ah yes so this is D.A.F Mmmmmmmm . . . And the next night we played for the kids, free people who don't have the problem of analysing, and this night was a real party! The whole hall was dancing!"

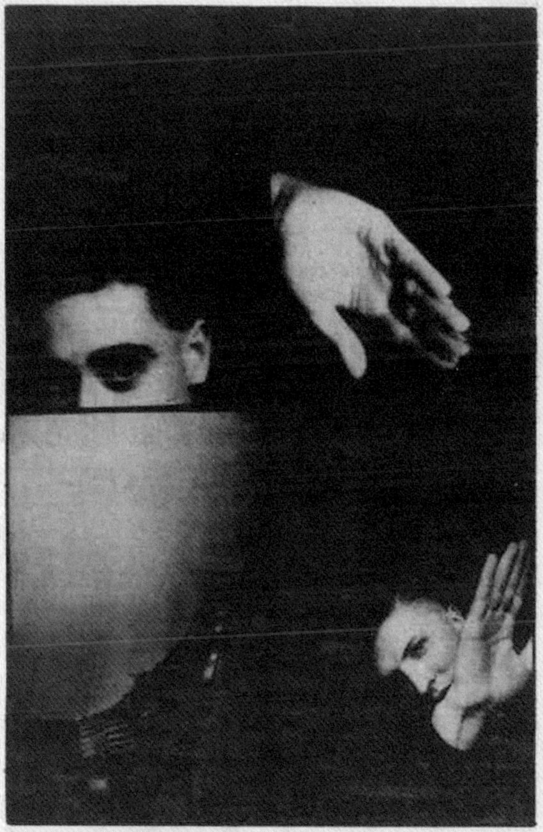

Gabi, Han(d)s, Fuss, Robert. Pic: Peter Anderson

JOKE

GABI SAYS that at home he plays only disco 12" and funk records. D.A.F. music curiously transfigures disco patterns and greedily inherits the naughtiest funk details. D.A.F. electdisco fearlessly upgrades fat and shady funk dissonance. The sound is wide and wilful.

"If you hear our music through a good sound system, it is not a light sound, like a light pop sound for radio. The sound is not thin. It is more like a funk band, with lots of bass for the bottom of you. We don't want to imitate black American funk bands because we are not black and we are not American. I like to hear and dance to black funk, and I would like to play it but only for private fun, because I don't see the point in imitation. There are a lot of bands who imitate. Like A Certain Ratio — for me it is too much imitation. Sometimes they are really good, but sometimes Chic is better.

"Some of the new electronic disco groups, they should concentrate a little on not imitating. All the bass lines, I know them from two years ago."

D.A.F. would never consider lifting an obscure sublime funk bass line?

"No, because it would not be true. It would be black funk but without the feeling. It becomes more attitude than truth. I like some of those new electronic funk things but sometimes there is no kick behind it, no spirit, no joke. It is too much the attitude funk is cool so now we play funk."

D.A.F. do not affect cool. They don't need to. They concentrate on quality. There is immense discipline and thought powered into their music.

"We are very very selective about our ideas. If we have an idea that reminds us of something else that exists already, if we have just a little doubt about originality, then we put it away. Immediately. We have had good numbers that in feeling but not melody slightly resembled something else. So we didn't use it. We don't just play around on synthesizers, we concentrate and select. The most work we do really is selection."

Game humour seeps slyly throughout D.A.F. music. The music isn't completely sarcastic, but edges, flutters in the music seem witty and satirical. Irony and humour are an integral part of the overall impact.

"It is good that somebody says this. In Germany it is a little easier to see this because of the words. They are quite funny — not HA! HA! HA! but they are ambiguous, they exploit cliches. But also the music, it can be serious and intent and then there are like PINGS!!! that are really funny. They are unexpected. I think it is funny if there is a great deal of tension and then the tension disappears but not in a way that you expect. When tension explodes in an unconventional way it can make people laugh. It's like jokes, jokes are a tension building up and then a release."

Rock music invariably rejects such subtleties, such details. Rock music never unsettles. Do D.A.F. consider that rock, as formality, as routine, as music, is played out?

"Not really. It has an important function in society. It is so powerful it will last for a long long time. I cannot say that rock music has finished. But I think people's attitudes towards the music are changing. I think that more and more people will go away from rock, and a lot of bands will go away from rock. Like, for instance, we don't like to tour very much and we don't have much equipment. All these rock bands with their managers and PAs, I think it is finishing. It must be more efficient. We certainly do not want to lose ourselves into the rock business. We will use business in our own way.

"We can do everything with two. We can carry all our own equipment, we go to our gigs carrying our samsonite suitcases. No roadies! We don't want to have the rock habit. We don't understand it. It's so expensive, it's too much hassle and there is no relationship between the output and the effort.

"We're more interested in technology and mobility. We're very minimal . . . our stage set is a tape recorder with all the electronic programmes and it is the same tape recorder I have at home to listen to disco music. It's no special thing. Sharp double deck! We like playing live but we don't want to get into the routine. It's good when you play just a couple of gigs and then one month nothing. Then you can change the programme for the next gig. It's always a new thing, it never loses its kick.

"Gigs are party time and to get into a routine would ruin the party."

MACHINES

"We use tapes but we are very free in what we do. Robert can play what he wants. He must always be in time with the music, have discipline, but he can move how he wants to. You have more freedom with machines than with people. People say that we work with machines and so it must be too stiff or whatever. We think the opposite. We think that to work with machines is liberating, more exciting."

STAR

ROBERT AND Gabi sit next to each other on a sofa in the office of a publicist at Virgin Records. D.A.F. are amongst a massive and expanding Virgin cast of moderns that is the result of desperation or philanthropy — Japan, Richard Strange, Magazine, Simple Minds, The Passage, Peter Hamill, B.E.F., PiL, Ken Lockie, Human League, Skids are all vying for attention.

Are D.A.F. lost in the confusion? They think not — they claim they prefer to be part of this fearful sell. Previous records were released on the prosperous Mute.

"We do not have a conventional record contract with Virgin. We have a special one. We are in control. It is a production deal — we give our finished product to the company. It is not a Virgin contract. It is our contract."

Mute were not overjoyed that D.A.F. went to Virgin.

"From the very beginning it was our intention to go to a major label because of the distribution system. Our attitude is that we want to make music for as many people as possible, not for an underground elite. It is very boring when you are playing for the same 10,000 people."

Is it that you want to affect millions of people with the stressed quality and power of your music, or is there a love of glamour attached to that ideal?

"Maybe the star thing is a little bit there, but it is not important." Gabi falters. "Maybe . . . to be honest . . . probably there is a little bit wanting to be a star . . . I'm not sure. It's not relevant, on the surface, but perhaps somewhere hidden it is. But we think that it is important to play music that is of high quality, that is different but that is understandable. That is understandable not through compromise but through logic."

Is it worth persevering?

"It is not serious like a crusade, but it is important. It is interesting for us as an experiment, trying to reach a mass, and it could be interesting for lots of peoples. Normal music played on the radio doesn't open up the mind — our music had a lot to do with associations. When people hear it they can imagine this and see this and this and this. It opens people, and other music tends not to. We want to attract people, but not on one level and not to one end."

LOVE

GABI DELAGO-LOPEZ is a crypto-star. Robert Gort is a cryptic foil, and Deutsch Amerikanische Freundschaft are exquisitely contemporary. D.A.F. are an extreme, supreme, available power of anti-complacency that complements the new colour and overwhelms the electo-pop slightness and the new vulgarist insouciance. Not dull. I ask Gabi it being a D.A.F.-naut leads to a 'good life'.

"Yes! I am happy! Most of the time . . . Music is not our life, it is a part of it — a good and important part than we enjoy. But there are lots of other things. There is love and dance and music . . ."

In that order?

"Maybe!!"

DIE LIVE-ÄSTHETIK

Im Studio und auf Platte war die Rechnung aufgegangen. Die Fans waren begeistert von diesem energetischen Gegenentwurf zur deutschsprachigen Schlagerhöllenidylle. Die große Stärke von DAF war allerdings schon immer ihre Live-Präsenz gewesen. Das DAF-Virus hatte sich von Anfang an am besten im Direktkontakt übertragen. Um die Übertragungsdauer des optimierten Virus in seiner natürlichen Umgebung zu testen, war nach dem Erscheinen der *Alles Ist Gut* eine Europa-Tournee angesetzt worden. Stationen waren unter anderem Hamburg, Berlin, Aachen und Düsseldorf. Den Auftakt machte Hannover mit einem Konzert in der Rotation. Nun stellte sich allerdings noch die Frage nach der adäquaten Selbstdarstellung auf der Bühne. Dass Robert live nicht den Synthesizer bedienen würde, war schon aus ganz praktischen Gründen klar. Das Gerät nach jeder Nummer für die nächste entsprechend einzustellen, würde ewig dauern. Das wäre der sicherste Garant, die während der Stücke freigesetzte Energie sofort wieder zunichtezumachen. Robert Görl: »Du kannst Sequenzen nicht live spielen. Du könntest mit dem MS-20, selbst mit dem ARP Odyssey, mit dem könntest du den *Mussolini* nicht live spielen. Also ich könnte schon, aber dann bräuchte ich eine halbe Stunde, um den einzustellen. Mindestens. Die Einstellungen habe ich ja. Dann könnte man den live ab-

Ein Bericht von Alfred Hilsberg aus der deutschen ›SOUNDS‹ vom März 1981

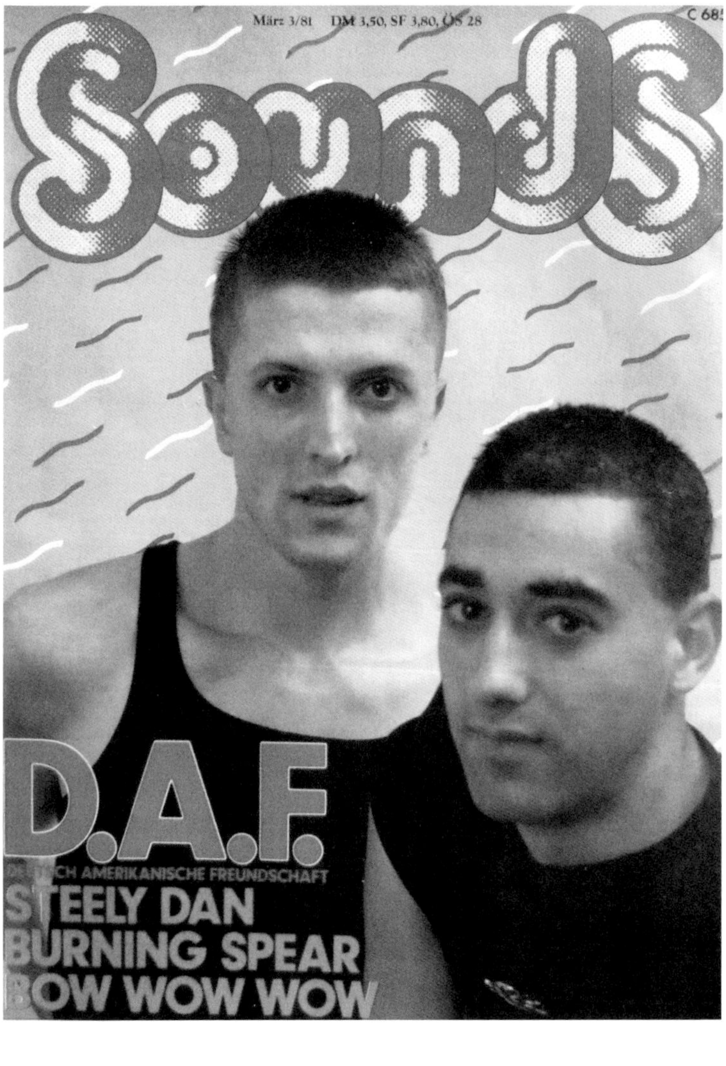

DER RÄUBER UND DER PRINZ

DEUTSCH-AMERIKANISCHE FREUNDSCHAFT

Von Alfred Hilsberg

Die Fabel von den zehn kleinen Negerlein dürfte ja landesweit bekannt sein. Fallen wir also mit der Tür in diese Geschichte und teilen mit: die Deutsch-Amerikanische Freundschaft zählt wieder ein permanent member weniger. Wolfgang Spelmans, der rauhe und sanfte Gitarrist, hat die DAF verlassen. Da waren's nur noch zwei. Robert Görl und Gabi Delgado, die Simon und Garfunkel der neuen deutsch-internationalen Geräusche? Oder werden sie zu den Blues Brothers des Disco-Punk?

Sommer '79. Damals noch zu fünft, mit dem Bassisten und jetzigen Fehlfarben-Mitglied Michael Kemner sowie dem Synthesisten Chrislo Haas, gehen die DAF nach England (siehe SOUNDS 11/79). In gut eineinhalb Jahren haben sich viele Gerüchte und Geheimnisse um die Düsseldorf-Wuppertaler Band gerankt. Sie haben sich viele Freunde gemacht – das hat die letzte Tour im Dezember gezeigt, und das drückt ihr Erfolg im SOUNDS-Poll aus. Aber es gibt auch manche, die sich von ihrem konsequenten Weg, von ihrer Musik, ihrem Outfit distanzieren – ist es Neid? Aus einer international zusammengewürfelten Ruhrgebiets- und Ratinger Hof-Gang sind der Räuber und der Prinz geworden. Wer ist der Räuber, wer ist der Prinz? Nein, so einfach könnt ihr euch's nicht machen. In London, ihrem ständigen Domizil, geht das Märchen die Runde, Robert sei der Nachfahre eines bayerischen Prinzen, und Gabi die moderne Version eines spanischen Räubers. Bevor ich zu abwegigen homoerotischen Mutmaßungen ansetzte, verlasse ich lieber den Bereich der blauen Lagune. Ein kalter Januartag 1981. Das englische Fernsehen ist so schlecht wie an jedem (Sonn-)Tag. Endlich klingelt das Telefon und die Hotel-Telefonistin meldet auf englisch-arabisch: „Mr. DAF has just arrived!"

Gabi sitzt auf dem Hotelbett, Robert links an der Zimmerwand auf einem Hotelstuhl. Nach dem Durchhecheln der für die DAF schmeichelhaften SOUNDS-Poll-Ergebnisse ist die neue Nummer von "Spex" dran.

Gabi (erstaunt): Wie bitte! –

Die beiden blicken fast erschaudernd auf eine doppelseitige Fotocollage – die internationale Nu Wave-Creme, und mittendrin die DAF. Sie befinden sich wirklich in bester Gesellschaft.

G: Das ist der Orridge ...

Robert: Und da ist der Joe Jackson! Peinlich! Das darf ja nicht wahr sein.

G: Unglaublich! Was geht denn manchmal in den Köpfen der Leute vor...

R: Der Jah Wobble hier...hahaha!

G: Und was soll das da oben?

Das ist die neue Welle, wie sie über euch hineinbricht!

G: Ah! Nein, nein, nein! Kann ich das Bild haben? Das rahm' ich mir ein.

In der gleichen Zeitschrift fand sich vor Kurzem eine kurze DAF-Geschichte, die den Schwerpunkt des DAF-Selbstverständnisses auf Skinhead-Mentalität und -Outfit legt. Das Erstaunen einiger Fans war groß, und die beiden DAFler wollen dementieren:

R: Wir haben das Interview ja abgebrochen. Wir haben fast zehn Minuten nur über unseren Haarschnitt geredet. Das wurde einfach langweilig. Die haben dieses zehnminütige Vorgeplänkel einfach unbearbeitet abgedruckt.

Und was ist nun wirklich dran?

R: Das ist ein Punkt, der völlig überdimensioniert herausgehoben ist. Wir sind auf jeden Fall mehr als eine Skinband. Wir haben zwar seit langer Zeit diesen Schnitt...

G: Übrigens, in Zukunft nicht mehr. Wir spielen ja mit sowas. Wir wechseln das, wir lassen die jetzt wachsen. Klar ist das auch 'ne Mode, aber eine, die näher an der Wirklichkeit ist als andere Moden, weil sie unheimlich funktionell ist. Man hat einfach den Schädel, den man wirklich hat. Und das fanden wir toll. Das ganze Outfit drückt auch eine unheimliche Power aus. Und da haben wir im Grunde snobistisch gesagt, wir sind jetzt Teil der Bewegung – weil wir gern mit sowas spielen. Die politische Ideologie dahinter lehnen wir ab. Jedenfalls ist das alles nur ein winziger Teil von uns.

Sucht ihr euch je nach Mode euer Image aus?

G: Nee, wir wollen ja mehr das Image haben, daß wir alles sind, zur gleichen Zeit. Unser Image ist eigentlich, daß wir uns nicht festlegen wollen – vom Anarcho-Skin bis zum Disco-Nazi, ja!

R: Wir spielen eigentlich mit allem, auch in den Texten.

G: Wir nehmen das eigentlich keinem ab, wenn gesagt wird, ich bin nur das. Wir wollen halt aufzeigen, daß Gefühle von Haß bis Liebe, daß Einstellungen von Anarchismus bis Faschismus, in jeder Person drinstecken. Wir wollen insgesamt zeigen, daß jeder Mensch sich in bestimmten Situationen gefühlsmäßig anders verhält.

Wir wollen uns keine Zensur auferlegen.

Beschreibt ihr Gefühle, die ihr selbst habt?

Beide: Ja. R: Wir glauben auch, daß solche Gefühle in allen Menschen gleich sind: man ist nicht nur Punker oder Anarchist.

Wie seid ihr denn zu diesem Bewußtsein gekommen, euch selbst ausdrücken zu wollen? Hat das mit den Erfahrungen zu tun?

R: Das liegt auch ziemlich privat ab.

G: Da muß jeder für sich sprechen... Ich glaube schon an Personen, aber nicht an Ideologien und Moden. Das läuft so schnell, vom Punk zum Ted zu werden, nur weil's so viele Touristen gibt. Für mich habe ich schon persönliche Grundsätze, die aus persönlicher Erfahrung kommen.

Eure Message kommt ja wohl durch das Schlagzeug nicht so deutlich rüber wie im Gesang der Texte...

G: Hm, ich versuche mich in ganz verschiedene Situationen zu verlagern. Mal ganz brutal wie 'Komm her Lola, laß dich mal anpakken' bis zu ganz zärtlichen Sachen, ja? Ich kenn diese Gefühle bei mir, wenn auch nur andeutungsweise, oder habe die bei anderen beobachtet. Ich werte das nicht, indem ich einen Typ als negativ darstelle. Ich tue lieber so, als ob ich der Typ wär', der das Mädchen angrapschen will.

Ich nehme an, daß dich im Poll viele Frauen gewählt haben.

G: Ja, das kann man nicht abwenden. Tja, das sind wohl hauptsächlich Mädchen, die mich toll finden. Ich habe nichts dagegen, wenn die Leute mich als Held auffassen, wenn sie wirklich wissen, daß das eine Projektion ist. Das kann man durch die Texte ganz gut erfahren. Es ist schon ein Problem, wenn die Leute dich als Star behandeln, in England weniger als in Deutschland.

Das habt ihr doch selbst so produziert, durch euer Outfit, die Texte, die ungewöhnliche Musik, eure Zurückhaltung gegenüber der Presse – das ist doch alles ein Styling.

G: Nee, im Prinzip sind wir nicht gestylt. Wir sind wirklich so. In der Freizeit im Finsbury Park sehe ich aus wie auf der Bühne. Wir haben uns nie überlegt, was wir auf der Bühne tragen, das hat sich einfach geschmacklich ergeben. Wir haben keine Doppelidentität. Wir machen nicht auf Traum auf der Bühne.

Wo Frank Fenstermacher einerseits beim Plan, andererseits bei Fehlfarben gearbeitet hat, wo Hansi von Saal 2 an einem Abend Schlagzeug spielt, am anderen Morgen Würstchen verkauft, wo Holger Hiller einerseits Postfahrer war, andererseits im Wohnzimmer den Synthi ausprobiert, da sind DAF Ausnahme: nicht mehr eine Band von vielen der neuen Musik in West-Deutschland, nicht mehr greifbar. Songs wie 'Ich und die Wirklichkeit' und 'Kebabträume' scheinen Vergangenheit zu sein.

R: Dies Problem haben wir erkannt. Die nächste LP ist viel faßbarer. Wir haben eine LP mit zehn Songs gemacht. Wir sind weitergegangen. Wir machen nicht mehr so viel Collagen und so wie bei den KLEINEN, und wir sind nicht mehr so experimentell wie bei der ersten.

G: Wir wollen schon das Geheimnis um uns bewahren, aber wenn die Leute uns 100prozentig verstehen können, ist das besser als 90prozentig.

Was heißt verstehen? Ist das mehr intellektuell gemeint, oder meinst du eine mehr körperliche Erfahrung?

Ganz realistisch, ganz körperlich, die Meinungen über uns reichen ja von einem Extrem zum anderen. Von der Musik auf DIE KLEINEN ist ja schwer zu bestimmen, wer wir sind. Ich will aber vermeiden, in falschen Ecken gedrängt zu werden.

Habt ihr eigentlich bei dem vorhin erwähnten Interview eure Stiefel getragen?

G: Nee, wir haben keine Dogmatens getragen. Heute ja auch nicht. Vor allem, wenn's regnet, ziehe ich die an. Oder wenn ich warme Füße haben will. Weißt du, wir haben ja Fans aus allen Ecken, Punks, Disco-Fans, sogar aus der ernsten Musik, so Minimalisten. Die vermuten Schönberg bei uns, andere vermuten die Dead Kennedys.

R: Und das ist toll, daß es so ist.

G: Schlimm wird es, wenn eine dieser Szenen die Oberhand gewinnt und dich in einer bestimmten Ecke hat.

R: Wir legen uns schon fest, wenn wir sagen, daß wir auf Punks, auf Teds, auf Skins stehen.

G: Wir haben ein Image, nämlich, daß wir nichts von vornherein ablehnen. Wir nehmen uns das Recht, das auszutauschen. Auch wenn ich 'ne Tolle habe, möchte ich als Gabi ernstgenommen werden.

R: Das ist wichtig, daß wir offen sind, daß wir nicht zensieren, wie das schon viele junge Leute tun. Ich stehe zum Beispiel auf Blondie wie auf 'ne Punkband, die unheimlich hart abgeht. Bei Blondie reizt mich der Charme, während ich auch ein Punkstück mit Anarcho-Text gut finden kann.

G: Ich hör' seit einem halben Jahr nur Funk. Und das ist doch eigentlich untypisch für jemand, der als Skin herumläuft. Aber warum soll ich in Discoklamotten herumlaufen, nur weil ich auf Sugar Hill Gang stehe?

Überall, wo ich Gabi in den letzten Monaten (meist bei Auftritten traf) hatte er sein Ohr an seinem Portable Sound System und tanzte zur Disco-Musik. Am intensivsten oft eine halbe Stunde vor dem Auftritt. Das Sound System gehört zu ihm wie das schwarze Outfit der DAF.

G: Das hat mich unheimlich angemacht, das war zum ersten Mal, daß Musik auf mich wie eine Droge wirkte. Das stimmt, daß ich früher viel weniger Musik gehört habe. Das habe ich hier so entdeckt. Diese Sound System-Ideologie hier; die Leute kaufen nur die neuesten 12-inches, nehmen sie auf, gehen Samstag auf den local markt und spielen sich gegenseitig die neuesten 12-inches vor.

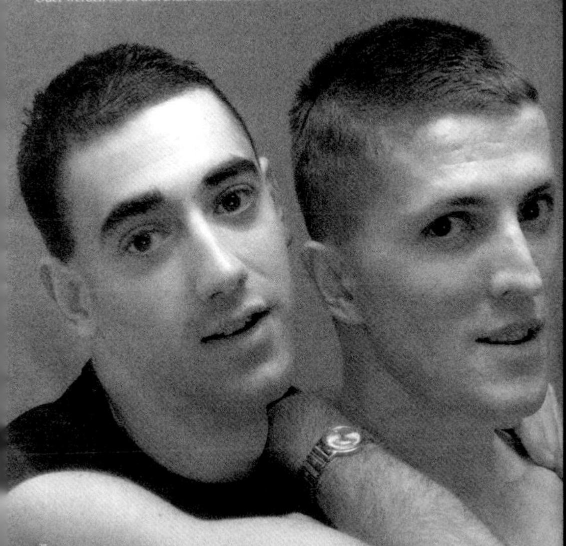

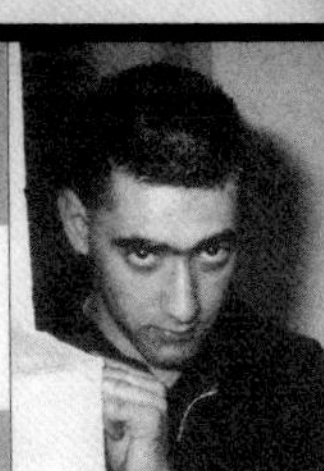

Zu fünft waren die DAF vor eineinhalb Jahren tagein, tagaus auf der oft fast verzweifelten Suche nach der täglichen Unterkunft in London. Heute wohnt Robert in einer Wohnung der Leute vom Mute-Label mehr im Süden. Gabi lebt oben – in N4 – am Finsbury Park. Eine harte Gegend. Längst haben Farbige die einheimische Bevölkerung fast verdrängt. Wenn du dich dort durch die Straßen wagst, und sei's nur, um zum Rainbow zu kommen, beherrscht dich ein anderer Lebensrhythmus. Der Räuber und der Prinz wollen bald dort zusammen wohnen.

G: Das ist zwar ein bißchen rough am Finsbury Park, aber ich habe inzwischen fast Heimatgefühle.

R: Oh, das ist heiß da... da trauen sich viele nachts nicht auf die Straße. Da rulen nachts Leute auf der Straße. Da wohnen 90 Prozent Schwarze.

G: Es hat lange gedauert, bis wir da anerkannt waren. Da kommste in einen Pub und wirst angeguckt: Was wollen die Skinheads hier, wollen die Zoff machen! Inzwischen sind wir dort anerkannt. Aber wenn ich mal um 1 nachts mal telefonieren will, muß ich schon nach links und rechts gucken.

Kennen die euch von eurer Musik her?

G: Das ist schon schwer, Kontakt zu bekommen. Wenn du was zu rauchen angeboten bekommst, bist du anerkannt. Einmal im Übungsraum, sollten wir einen Reggae spielen...

R: Da kamen sie mal in den Übungsraum rein. Und dann haben wir einen Reggae gespielt.

G: War gar nicht schlecht.

Hat euer neues Konzept etwas mit dem Weggang eures Gitarristen zu tun?

G: Ja, er konnte auf die neue Musik nicht richtig einsteigen. Das haben wir, das hat er im Studio gemerkt. Für die nächste Zeit ist Wolfgang nicht dabei. Wir können jetzt nicht positiv sagen, ob er wieder drin ist, wenn diese Phase vorbei ist.

Er hat mir neulich im Ratinger Hof auch gesagt, daß er etwas Neues machen möchte.

R: Das stimmt sicherlich. Als wir im Studio zusammentrafen, hat er geäußert, daß er sich verändern möchte. Aber dazu braucht es halt Zeit.

G: Die Entscheidung ist fast von ihm ausgegangen. Er war so ehrlich zu sagen: So ist das, ich will jetzt nicht irgendwie Gitarre da drüberlegen, ich möchte da erst was machen, wenn die Sache auch für mich hundertprozentig stimmt.

R: Wir haben uns ja grundsätzlich geändert. Wir sind weg vom experimentellen Produzieren der Musik, weg von der Jam-Band. Früher sind die Stücke ja meist spontan entstanden, beim Üben und im Studio. Jetzt, auf der neuen Platte, sind es Kompositionen.

G: Wir haben das festgehalten auf Platte und es live gespielt. Wir haben praktisch aus der Sache eine Routine entwickelt, bis ein Stück entstand. DIE KLEINEN UND DIE BÖSEN ist zu 90 Prozent so spontan entstanden.

Wart ihr nicht mehr zufrieden damit?

G: Ja, das wurde zu langweilig. Es war auch irgendwie zu flippig.

R: Ich finde schon, es war gut für sich. Aber unser Wunsch war es schon immer, Songs zu schreiben. Wir sind nicht enger geworden, eher klarer, konkreter.

G: Das mit der Gruppenstruktur ist nicht einfach durchschaubar. Die einzig durchgängige Struktur seit der Instrumentalplatte ist das Verhältnis zwischen Robert und mir. Es ist für uns undenkbar, daß einer eine Platte ohne den anderen macht. Der Woller sollte ja die Gitarre über die Musik von Robert und meine Texte spielen.

Die musikalische Geschichte und Entwicklung von DAF ist stark von Robert Görl bestimmt. Von ihm stammt "Ich und die Wirklichkeit". Mit Pyrolator, jetzt beim Plan, arbeitete er am ersten Album. Er brachte Chrislo Haas, Mitarbeiter bei Minus Delta t, zum Synthesizer.

R: Als der Pyrolator weg war, hab' ich den Chris angeheuert, der nicht mehr Saxophon spielen wollte. Da bin ich mit ihm erstmal 14 Tage in Klausur gegangen, um das zu checken.

G: Klar, für die meisten Leute ist der Schlagzeuger der dumpfe Typ, der nichts anderes macht. Wir waren eigentlich immer drauf und dran zu sagen, alles gehört allen. Vielleicht waren wir da etwas zu freundschaftlich-naiv drauf.

R: Ich erinnere mich noch an damals, da im „Grün Inn" (ehemaliges Hauptquartier der DAF im Wuppertal-nahen Gevelsberg-Silchede), da wollten alle immer zusammen spielen. Und da kamen einige so komisch drauf, als sie merkten, daß 90 Prozent des Materials von einem stammen. Das ist jetzt noch klarer geworden. Bei Songs, die eben von einem kommen, muß dann der Gitarrist das Thema spielen. Oder man bleibt eine Jam-Band.

G: Stimmt irgendwo, daß der Robert der musikalische Direktor war, und ich mehr der inhaltliche. Ich hab' mich auch um solche Sachen gekümmert, wie den Gruppennamen finden. Das war eine komische Geschichte... Da hatten wir so über dreißig Vorschläge auf einem Zettel...

R: ...gute Namen...

G: Wirklich, für damals gute Namen, Digitaltanz, Volkstanz, Esso, und so, und dann haben wir *(lacht erstmal)*, wir haben eine geheime Abstimmung gemacht, wo jeder fünf Vorschläge aus der Liste nennen konnte. Und im zweiten Wahlgang ist dann Deutsch-Amerikanische Freundschaft durchgekommen.

R: Das kam uns schon manchmal komisch vor, weil das so *strange* klingt. Aber das hat schon Vorteile, weil wir uns dadurch unterschieden haben. Das ist ja erst seit einem guten Jahr so, daß sie sich gegenseitig mit langen Namen übertrumpfen.

Von Außenstehenden sind die musikalischen/inhaltlichen/personellen/persönlichen Veränderungen der DAF nicht nachzuvollziehen. Von der Fast-Big Band beim Hamburger Markthallen-Auftritt im Februar '79 bis zur Zweier-Formation Anfang 1981. Die Frage liegt nahe, wann sie sich als Live-Personen abschaffen und per Video ihr akustisch-optisches Konzept vermitteln.

R: Na, nicht ganz. Aber wir wollen jetzt schon mit Video arbeiten. Wir haben das Angebot der BBC, ab Februar dort professionell Video zu machen. Dort wollen wir zu allen Stücken der neuen Platte etwas visuell umsetzen. Was das genau wird... vielleicht ist es Science Fiction oder Geschichte, oder beides. Auf jeden Fall werden viele Leute mitspielen. Das ganze wollen wir dann verkaufen.

G: Aber erstmal wollen wir zu zweit auftreten, in Frankfurt im Theater am Turm. Da sind wir angekommen, weil wir durch so ein von der Europäischen Gemeinschaft unterstütztes Institut für Minimale Musik anerkannt worden sind. Da gibt es nur ganz wenige drin, die so ähnlich sind wie wir. Eno z.B.. Da gibt es sonst nur so Sachen wie Stockhausen, Schönberg und solche Neue Klassik-Klamotten. Wir sind jetzt für die die Attraktion, weil wir irgendwie eine Verbindung geschaffen haben.

R: So sehen die uns, als so ein Bindeglied zwischen dieser Neuen Klassik und der Pop-Musik. Da kam mal so einer von so einem avantgardistischen Blatt, der sah in uns einerseits so Stockhausen und Varese und andererseits den Disco-Beat. Tja... (schmunzelt ein wenig).

Diese Einflüsse sind doch auch nicht abzustreiten.

R: Klar, ich kenne Stockhausen, ich hab das ja zum Teil studiert vor Jahren.

G: Ich finde das vom Konzept her auch schon sehr gut, aber wir sind nicht drauf, so Neue Klassik zu machen.

R: Wir sind einfach gefühlsmäßig aus dem Takt ausgebrochen. Trotzdem: wir haben einen Beat-Takt. Das wirkt zwar unheimlich kompliziert, die Musik läuft über mehrere Phasen hinweg und läuft am Ende wieder zusammen. Das läßt sich sich schön in Zweier- oder Vierer-Einheiten einteilen. Das Schlagzeug hält das zusammen, der Synthesizer bewegt sich darüber hinweg, und das bewirkt etwas Kontrapunktisches. Nach acht Takten stimmt der Synthi dann mit meinen Takt wieder überein.

G: Das finden ja manche Leute so unglaublich, daß wir das so schaffen, wie zufällig wieder auf den Beat zu kommen. Aber wir haben uns kein avantgardistisches Konzept ausgedacht, das war eine gefühlsmäßige Notwendigkeit.

R: Es mag schon sein, daß meine musikalische Ausbildung von mir nicht vergessen worden ist. Ich möchte einfach betonen, daß ich damit umgehen kann.

A: Gibt es für euch irgendwo eine konkrete parallele Gruppe mit einer ähnlichen Entwicklung?

R: Nee, die gibts so gut wie nicht, das ist der Witz. Klar, es gibt Bands, die gefallen mir. Aber es gibt nur einige, die vielleicht so'n paar Prozent von dem haben, was wir machen. Aber eine ähnliche musikalische Struktur gibts da wohl nicht.

G: Ich möchte das nicht überbetonen, wenn man uns mit atonalen Musiken vergleicht. Wir sind nicht so abgehoben. Sicher gibt es bei denen Power, trotz abgehobener Klangreihen, und als wir darauf hingewiesen wurden, konnten wir Parallelen feststellen.

R: Aber wir haben nicht bewußt atonal komponiert.

Konntet ihr denn freier arbeiten als deutsche Band, die nicht in der angloamerikanischen Tradition steht?

G: Sicher! Die Engländer denken öfter in normalen Pop-Klischees, so 'di-dididi'. Ich steh einfach nicht auf die Musik, wo man nur so tanzen kann *(Gabi bewegt seinen Arm von oben nach unten und wieder zurück)*, sondern auch so, das ist viel farbiger *(und er bewegt seinen Arm mal nach links, mal nach rechts, nach hinten, nach schräg vorn – so wie er tanzt)*.

Wie sieht denn euer Live-Konzept aus?

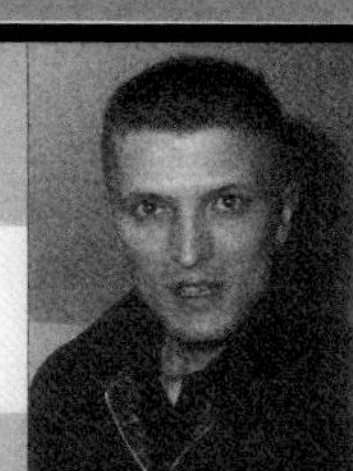

G: Wir werden mit einem Techniker arbeiten, Musiker brauchen wir nicht *(lacht)*, es ist alles fertig. Der Techniker muß exakt die verschiedenen Programme ein- und ausschalten.

R: Der sieht aus wie ein Synthi-Spieler, der hat die Geräte vor sich. Wir selbst sind total in Aktion, wie früher.

G: Die Leute sollen wissen, daß da ein Techniker ist mit einer wichtigen Funktion.

Für mich hatte euer Synthi-Spieler eine wichtige Live-Bedeutung, auch optisch.

R: Kein Synthi-Spieler der Welt kann das nachspielen, was wir im Studio machen. Da muß der Techniker einfach ganz millimetergenau arbeiten. Wir haben jetzt eine geschlossene Live-Konzeption, die ganz intim ist. Das wäre zu billig, wenn da nur der Kassettenrecorder steht. Die Sache mit dem Techniker ist doch auch ein Plus für das Publikum.

G: Manche Leute wollten uns schon lange mal nur zu zweit sehen...

R: Wir hatten mal einen Auftritt in Berlin, da waren nur wir beiden. Ich kann dir sagen: da wurd's im Exxess aber sehr intim! Echt, da waren ja nur noch lachende Augen!

Habt ihr denn die versprochenen Trompeten auf der Platte?

G: Nein, die versprochenen Trompeten sind immer noch nicht da. Aber ich verspreche sie weiter. Ich habe auch eine Trompete und übe darauf. Aber was ich machen will, so funky, das ist schon sehr schwer. Aber ich habe schon große Fortschritte gemacht. Ich will da keinen tröööt-Gag draus machen.

A: Bist du durch die Funk-Sachen darauf gekommen?

G: Ja klar, das ist ja wie ein Überschrei. Ich muß auch sagen, daß ich inzwischen Singen gelernt habe, so richtig gelernt. Ich weiß jetzt, wie man so hoch und runter singt. Ich möchte schon, na, so richtig gut sein. Früher konnte ich eigentlich nur mitsingen. Ich wußte gar nicht, daß ich zum Beispiel so tief singen kann, weil ich nie auf die Idee gekommen bin.

Das hat sich auf der letzten Single ja schon abgezeichnet.

R: Ich möcht' jetzt die LP hören.

Mein Westentaschen-Recorder spuckt einen scheppernden Sound aus. Viel beurteilen kann man da nicht, aber meine Verblüffung ist groß unter dem Eindruck eines gewaltigen Schritts in Richtung Eingängigkeit (siehe auch Plattenbesprechung).

R: DIE KLEINEN würde ich nicht so oft hören wie diese. Hier sind manche Sachen für mich so richtig toll.

Ich stelle da eine Zurücknahme früherer musikalischer und inhaltlicher Anklage und Aggression fest. Seid ihr zufriedener geworden?

G: Ich hatte früher nicht mehr zu sagen; jetzt sind für mich Liebeslieder ein Schritt nach vorn, auch ein Ausdruck des Selbstbewußtseins. In diesen Songs findet sich fast jeder wieder. Wir haben keine Lust, eine Elitegruppe zu sein, um es übertrieben zu sagen, nicht immer vor den gleichen 5000 Verrückten zu spielen.

Diese 5000 oder mehr werden zum Teil sicher irritiert.

G: Das ist schon provokativ, aber warum soll man sich auf uns verlassen. Wir wollen viel lieber eine ständige Auseinandersetzung. Wir wollen nicht die heimische Underground-Negativ-Band sein, bei der jede Platte wie erwartet ist. Es ist ja relativ leicht, ein negatives Lied zu machen. Aber ich wollte schon sehr lange mal ein Liebeslied schreiben. Aber kein blödes.

ALLES IST GUT heißt die LP. Die Industrie-Firma, die das Rennen für sich entscheidet, hat eine internationale Gruppe für die 80er. Ihr kommerzielles Potential kann sich explosionsartig entfalten wie ihre Musik.

Robert: Aber wenn Industrie, dann mit einem guten Angebot.

England hat die DAF beeinflußt. Ihre meisten Freunde sind Engländer. Ihre Affären spielen sich in London ab. Sie sind wie von selbst auf die Idee gekommen, ihre neue LP auch mit englischen Texten herauszubringen.

Gabi: Ich hab den Conni Plank angerufen und ihn gefragt, ob er Studiozeit hätte, die Texte auf englisch einzusingen. Wir wollen allerdings keine wörtlichen Übersetzungen machen. Das Deutsche soll da schon durchkommen. Nicht mit Wortstreuungen, "Blitz und Donner" in einer englischen Zeile. Aber doch eine deutsch-englische Sache.

1982 geht Deutsch-Amerikanische-Freundschaft, eingeladen vom Goethe-Institut, auf US-Tournee. Der Räuber und der Prinz und der Punk-Papst gehen erstmal essen. △

Foto: Manfred Becker

feuern. Und was machst du dann, wenn du als nächste Nummer *Alles Ist Gut* spielen willst? Willst du dann sagen: ›Hey Leute, wollt ihr nicht eine kleine Pause machen? Ihr könnt ja was essen gehen. Ich muss jetzt nämlich erst mal *Alles Ist Gut* einstellen. Kann dauern, also: Lasst euch Zeit!‹ So was ist nicht machbar.«

Das war natürlich kein neu aufgetretenes Problem des Duos, dazu hatte sich schon die fünfköpfige Besetzung etwas einfallen lassen müssen. Schon damals kamen Teile der Klänge des MS-20, an dem Chrislo Haas stand, nicht live daher, sondern vom Band. Allerdings standen damals noch so viele Musiker auf der Bühne, dass sich der Synthesizer-unbedarfte Zuhörer gar nicht mit der Frage konfrontiert sah, woher denn eigentlich die restliche Musik kommt. Robert Görl: »Wir haben live ja auch die Kassetten gehabt. Wenn Chris auf der Bühne war, hat der ja auch nur dazu gespielt. Sonst hätte man ja nach jedem Song zehn Minuten warten müssen, bis der den nächsten eingestellt hätte. Mindestens zehn Minuten. Da lief schon auch eine Kassette mit. Aber der Chris hat live dann noch so ein paar Sachen dazu gemacht. Auch auf den Korgs. Das war schon ganz witzig. Und manche Nummern hat er sogar wirklich live gespielt. Er hat ein

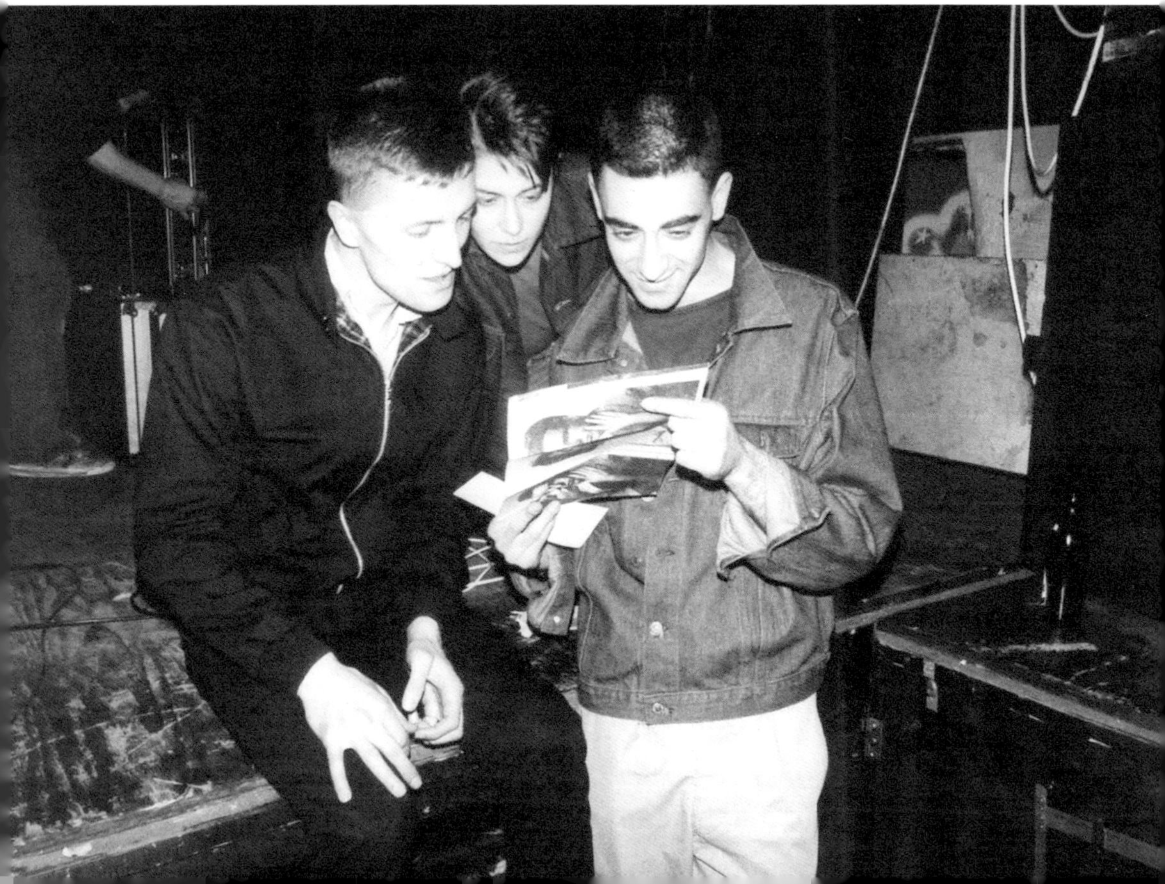

paar Einstellungen per Patch gemacht. Während ein Song lief, konnte er sich den nächsten schon einstellen. Das war eine gute Mischung. Das können die Leute aber trotzdem nachvollziehen. Da sehen die ganz genau, was da passiert.«

Der andere Grund, der gegen einen Synthesizer auf der Bühne sprach, war ästhetischer Natur. Da die Band nun ja nur noch aus zwei Mitgliedern bestand, wovon Gabi quasi als Anheizer, Sänger und Tänzer im Vordergrund agierte, musste Robert sich zwischen Synthesizer und Schlagzeug entscheiden. Alleine optisch schien ihm der schweißtreibende, stark körperbetonte Akt des Schlagzeugspielens dem neuen Konzept näher als das wenig Kraft erfordernde Drehen an Reglern. Gegenüber Gabis aufpeitschenden Parolen, schön, jung und stark zu bleiben, hätte diese minimalenergetische Performance wie ein Kontrapunkt gewirkt und den Gesamteindruck an Authentizität einbüßen lassen. Kraft, Bewegung, Körpereinsatz, Muskelspiel – all das durfte nicht nur für den Publikumsraum, sondern musste auch für die komplette Bühne gelten, das war Robert und Gabi schnell klar. Robert Görl: »Wir fanden das logisch. Und optisch schaut's ja eh gut aus. So'n Typ mit Muskeln, der da reinhaut, und Gabi springt da rum. Ist op-

Nach dem Soundcheck in der Batschkapp in Frankfurt
FOTOS: PRIVATARCHIV SCHNEKENBURGER

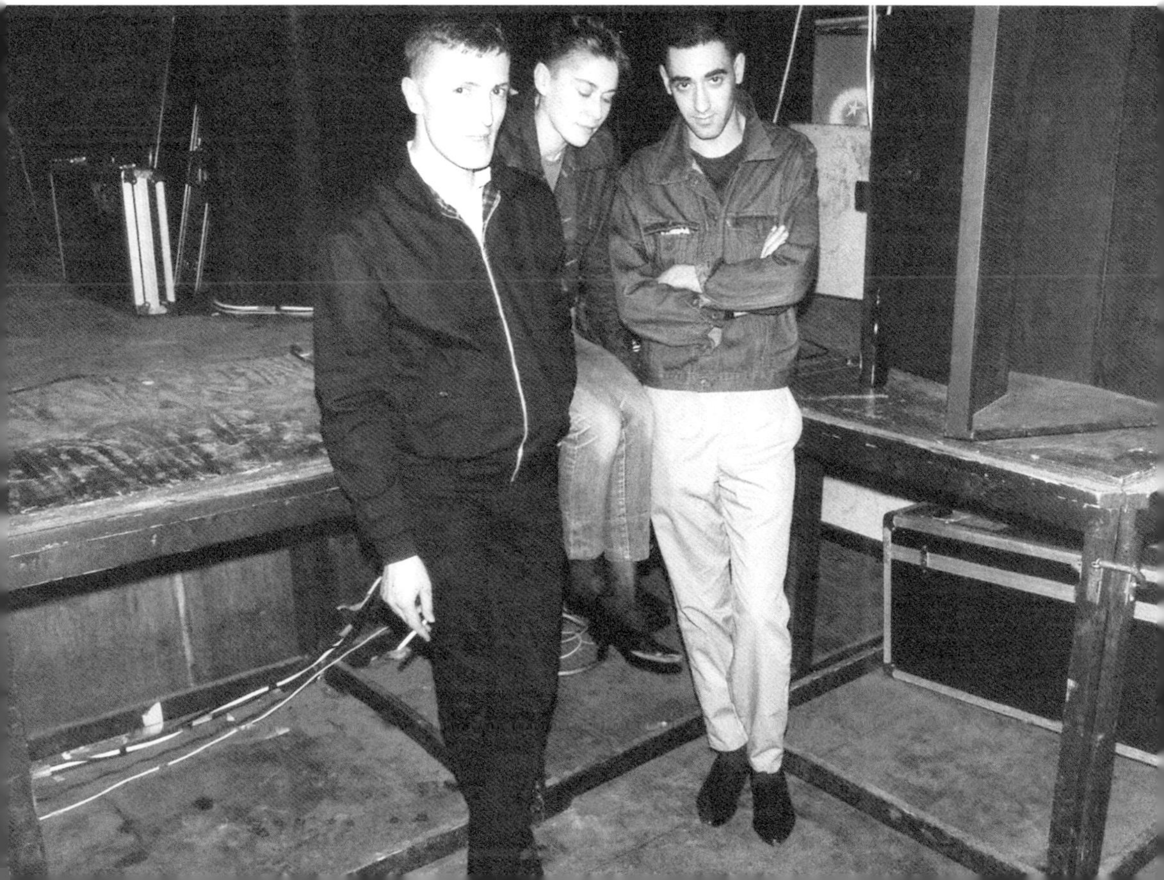

DAF (mit Xmal Deutschland): 1.6. Hannover, Rotation; 2.6. Bielefeld, Titanic; 3.6. Hamburg, Markthalle; 4.6. Bremen, Aladin; 5.6. Wilhelmshaven, Pumpwerk; 6./7.6. Berlin, SO 36; 9.6. Hagen, Rockpalast; 10.6. Bonn, Rheinterrassen; 11.6. Moers, Arata; 12.6. Osnabrück, Hyde Park; 13.6. Mannheim, Alte Feuerwache; 14.6. Wiesbaden, Wartburg; 15.6. Aachen, Audimax; 15.6. Gelsenkirchen, Pappschachtel; 17.6. Düsseldorf, Ratinger Hof.

tisch ein geniales Konzept.« Gabi Delgado: »Live zu spielen, das ist wie Feuer machen. Es muss brennen, und den Leuten muss so heiß werden, dass sie selber anfangen zu glühen. Wir hatten früher in der Fünfer- und Viererbesetzung schon Feuer gemacht. In der Zweierbesetzung machten wir ein anderes Feuer: größer, heißer, schöner.«

Optisch war das Problem somit zufriedenstellend gelöst. Blieb aber die Frage, ob dem Publikum zu vermitteln war, dass da eben von irgendwoher diese Sequenzen kamen, die ganz offensichtlich nicht live auf der Bühne erzeugt wurden. Man wollte schließlich nicht Gefahr laufen, als Halbplayback-Kapelle abgestempelt zu werden. Der Abwesende und doch omnipräsente Dritte, der Sequenzer, musste also sichtbar in die Show integriert werden, musste in irgendeiner Form ebenfalls präsent sein. Das lösten Robert und Gabi kurzzeitig behelfsmäßig mit einer dritten Person, die zwar keineswegs in die Musik involviert war, auf der Bühne aber das Abfeuern der Sequenzen übernahm. Das änderte zwar nichts an dem Umstand, dass es sich um vorproduzierte Tapes handelte. Aber auf diese Weise hatten die Sequenzen genau wie Stimme und Schlagzeug ein Gesicht – dazu ein zwar strenges, aber sehr hübsches Gesicht. Für zwölf Konzerte im Juni '81 stand Tina Schnekenburger, Gabis frühere Freundin, die auch schon mit DAF nach England gegangen war, mit dem Duo auf der Bühne. Von dort aus bediente sie den Kassettenrekorder. Robert Görl: »Und da fanden wir es dann eine tolle Idee, Tina mit auf die Bühne zu nehmen. So als Feature. Also haben wir sie gefragt, ob sie für uns die Tapes auf der Bühne einlegt. So showmäßig. Das haben wir dann auch bei mehreren Gigs so gemacht. Sah, finde ich, ganz cool aus. Das war in dieser Übergangsphase, bis sich das Duo ganz gefestigt hatte. Tina war der kleine Kompromiss: Da stand noch eine Person auf der Bühne. Das sah besser aus, nachvollziehbarer.«

Gabi Delgado: »Ich hatte mir damals sofort den ersten tragbaren Doppelkassettenrekorder der Welt (den legendären SHARP GF 555) gekauft. Das war ein echtes Monster. Verbrauchte alle vier Stunden zehn große Batterien und hatte die tolle Soundfunktion *Loud Mono*. Ich schleppte dieses wirklich schwere Teil dauernd mit mir rum und spielte meine Mixtapes stets und überall in maximaler Lautstärke ab. Das waren überwiegend Disco-Funk- und Dub-Tapes, und da ich den SHARP sowieso immer dabeihatte, lag es auf der Hand, ihn auch mit auf die Bühne zu nehmen. Ich habe eben dieses Faible für Unterhaltungselektronik. Der gleichen Grundidee folgend benutzt DAF heute CD-Player.

Bei meinen Solokonzerten habe ich die Elektronik-Backings auf meinem Smartphone; was ja auch dieser Vorliebe für Consumer Tools entspricht.«

Aber auch Tina verschwand bereits nach wenigen Shows wieder von der Bühne. Es musste eine andere Lösung her. Dieser Ring war bestimmt für einen ehrlichen Faustkampf: Mann gegen Maschine. Fertig. Bis zu der raumgreifenden, beeindruckend großen Tapedeckinstallation bedurfte es noch des ein oder anderen Experiments. Robert Görl: »Wir haben auch Gigs gemacht, da stand dann einfach ein Gettoblaster vorne. Also nicht die Kassetten-Decks, das war noch ein bisschen später. Die Idee war, das wie in einem HiFi-Shop aufzubauen und den Leuten ganz offen zu zeigen: ›Hey Leute, schaut mal: Wir legen hier tatsächlich Kassetten ein. Die Elektronik kommt vom Band, das geht nicht anders.‹ Und die Leute haben das akzeptiert. Gabi hat dann immer noch extra gesagt: ›Hallo! Einen Moment bitte! Wir müssen erst noch die Kassette zurückspulen!‹ Also zum Beispiel bei Zugaben. Wenn wir den *Mussolini* noch mal gespielt haben, dann war die Kassette ja schon durchgespielt. Also musste Gabi sie erst wieder zurückspulen. Das fanden die nicht nur okay, die haben sogar geschrien,

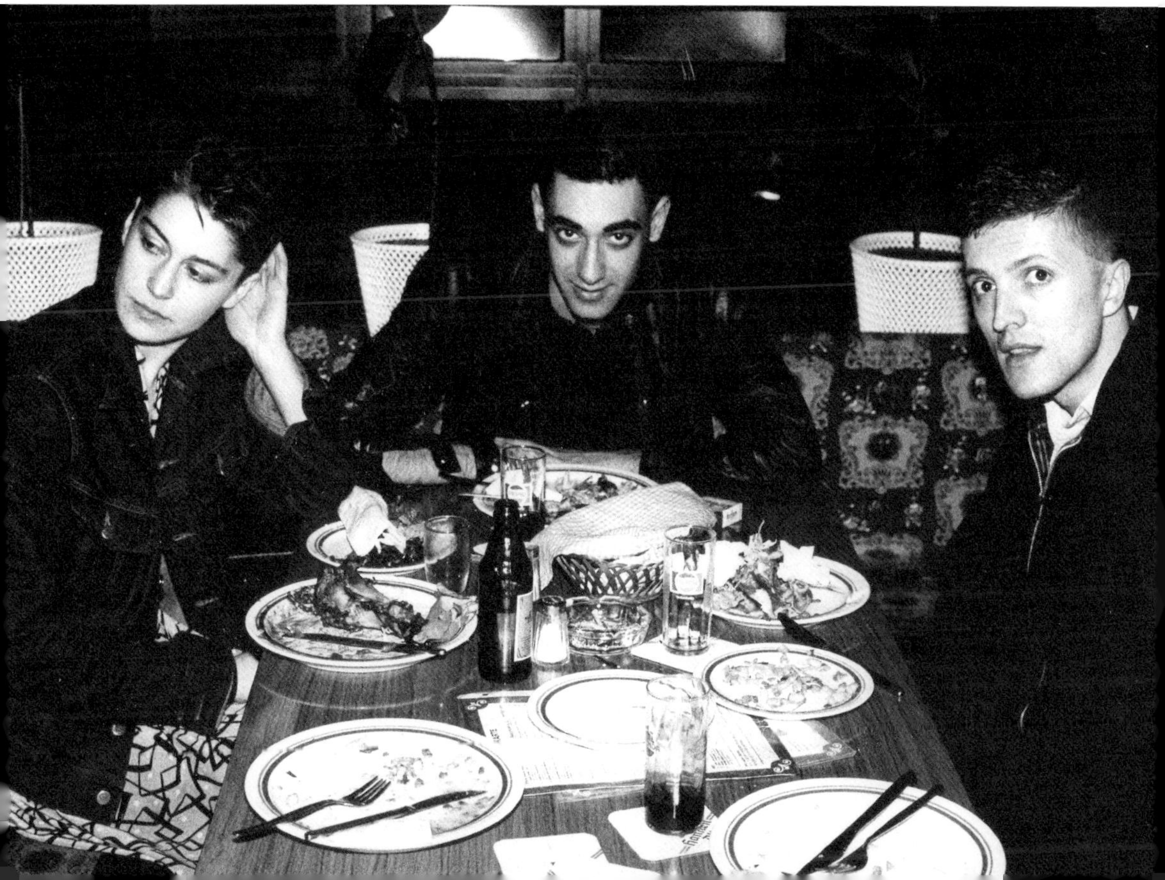

Essen nach dem Soundcheck im März 1981
FOTO: PRIVATARCHIV SCHNEKENBURGER

fanden das total super. ›Boah, guck, jetzt spult der die Kassette zurück! Geil! Und jetzt hören wir noch mal den *Mussolini*.‹ Wir haben da also mit ganz offenen Karten gespielt. Natürlich gab es auch viele Feinde deswegen. Beziehungsweise: Es gab diese Freunde der sogenannten wahren Musik, die darauf bestanden haben, dass bei einem Live-Konzert auch wirklich komplett alles live ist. Aber irgendwen gibt's immer, dem das nicht gefällt.

Manchmal haben wir die Tapes in so einem ominösen schwarzen Kasten drin gehabt. Der Plank hat da für uns so eine Kiste gebaut. Schwarz, groß, vorne mit so einer LED-Lampen-Reihe. Und diese LED-Lampen hatten einen Impuls eingebaut, also so eine Trigger-Elektronik, die auf Frequenzen reagiert. Ich bin dann zwischen den Stücken immer kurz hinter diese Kiste und hab die Elektronik eingeschaltet. Und wenn's dann losging, sah das aus wie ein großer Sequenzer, der immer Lichtreihen macht. Das war jetzt nicht ganz perfekt, aber einigermaßen synchron. Und später gab's dann nur noch diese Hauswand von Tape-Rekordern. Was ich damit sagen wollte ist, dass wir uns der Sache gestellt haben. Wir gingen sogar so weit, dass wir da eine Show draus gemacht haben. Wir haben das ganz kitschig vorgeführt. Für jeden Song

Tina Schnekenburger an den Backing-Tapes
FOTO LINKS: WOLFGANG WIGGERS; FOTO RECHTS: MATTHIAS WORTWEIN

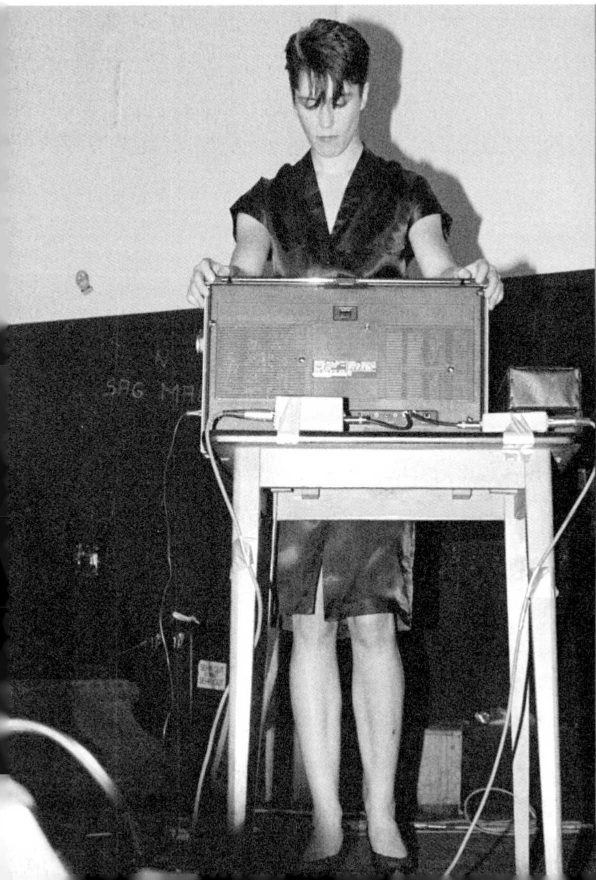

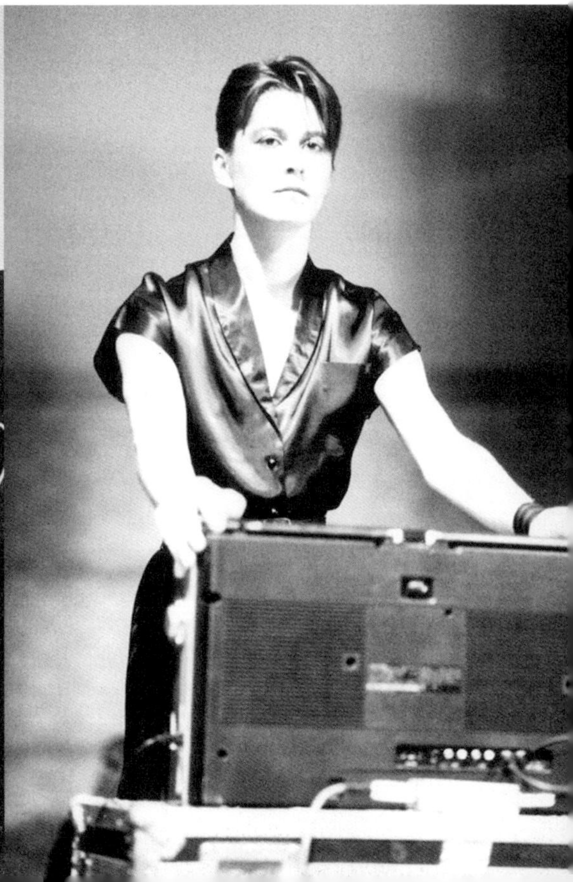

gab es eine Kassette. Und die Tapedecks standen da schön in Reihen – so eine richtige Wand eben. War eben auch eine gute Optik.«

Gabi Delgado: »Nach der Phase, in der wir meinen SHARP für die Backings benutzt haben, hat uns Planks Techniker Michael den sogenannten DAFOLUX gebaut. Das war ein großer, schwarzer Kasten mit ein paar bunten Lämpchen. In diesem Kasten war ein Tapedeck versteckt. Das Deck steuerte eine einfache Lichtorgel, die dann die Lämpchen zum Aufflackern gebracht hat. Also ein wirklich simples, lustiges Teil, dieser DAFOLUX. In bester *Star Trek*-Deko-Tradition. Danach wurde das Ganze noch überhöht, indem wir 20 Tapedecks aufbauten: ein Tapedeck pro Track. Das sah aus wie im Kaufhaus.«

Tina und Robert auf der Bühne
FOTO: SABINE SCHWABROH

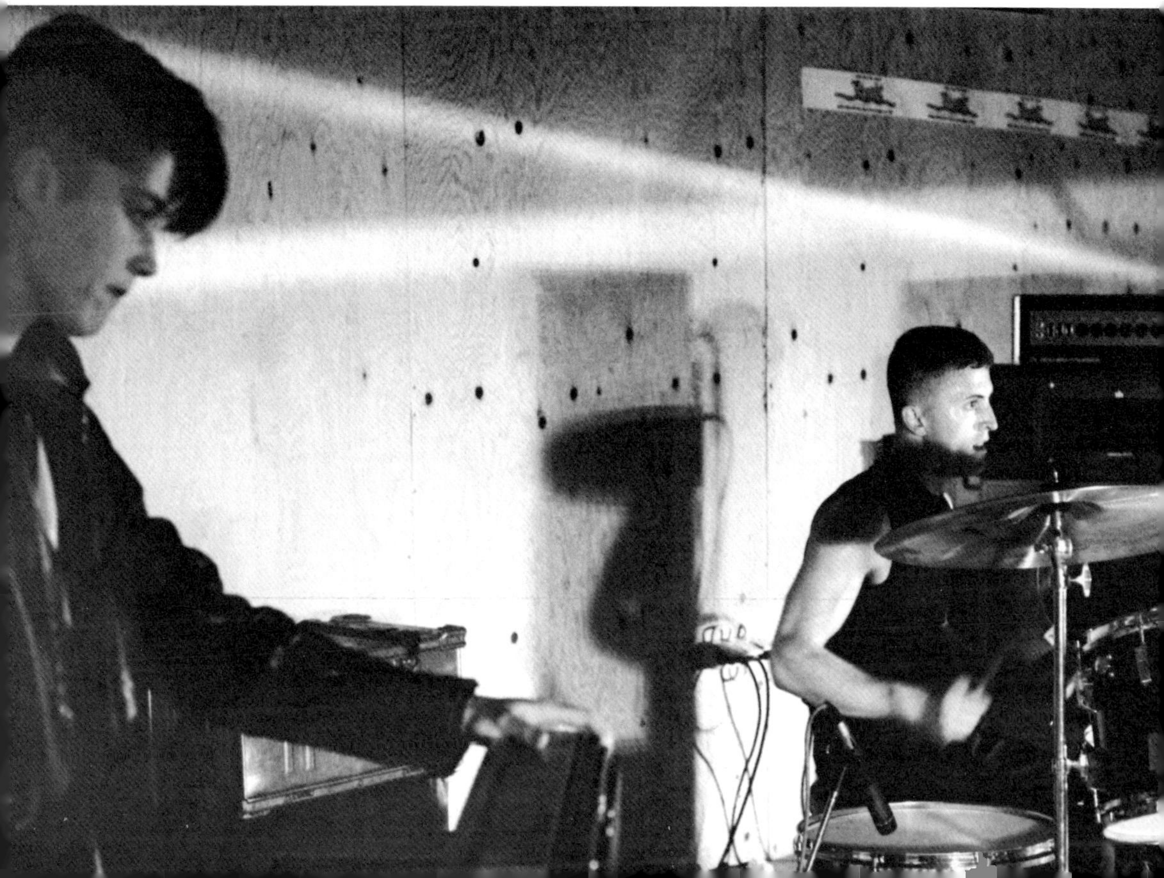

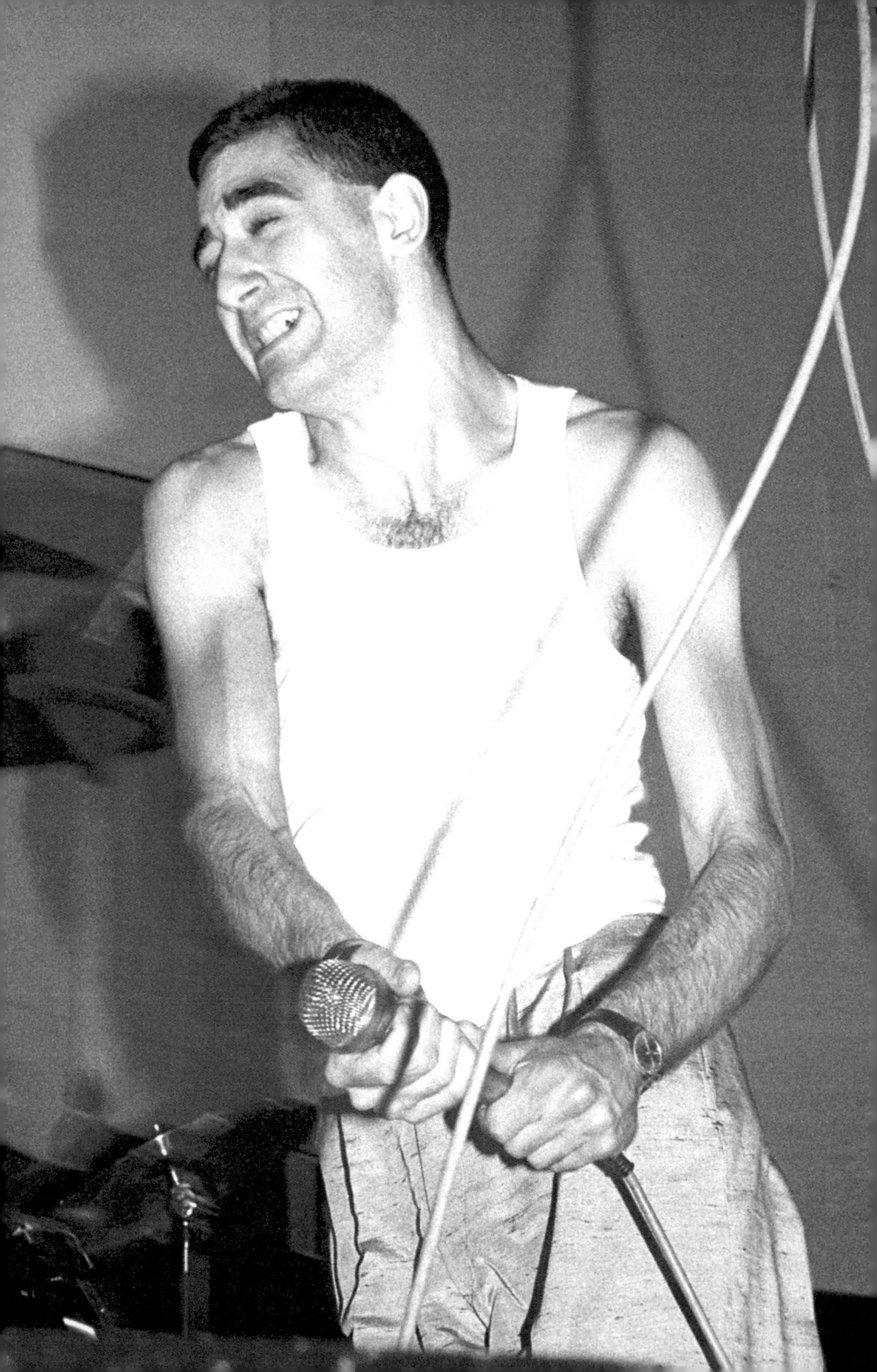

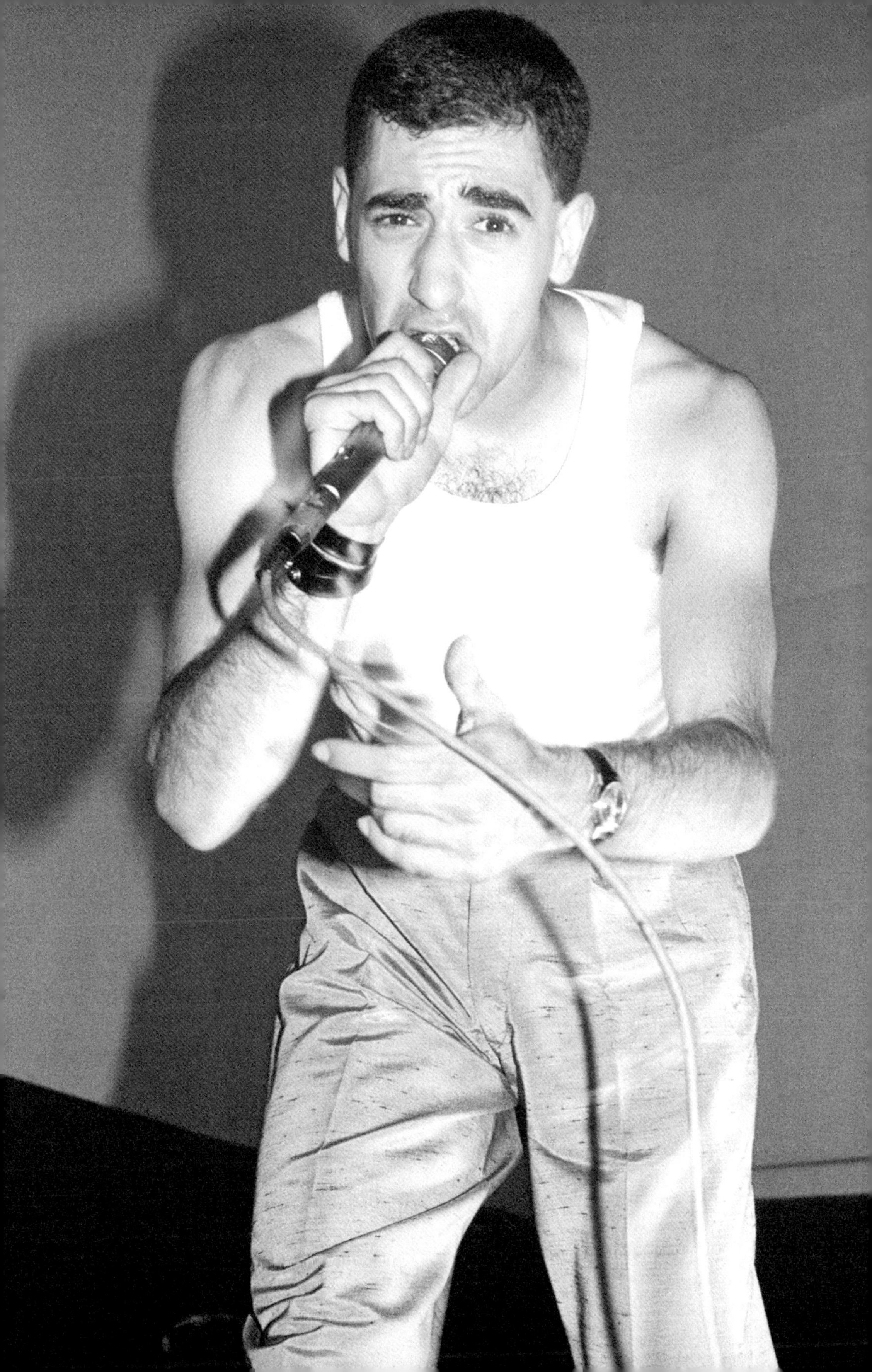

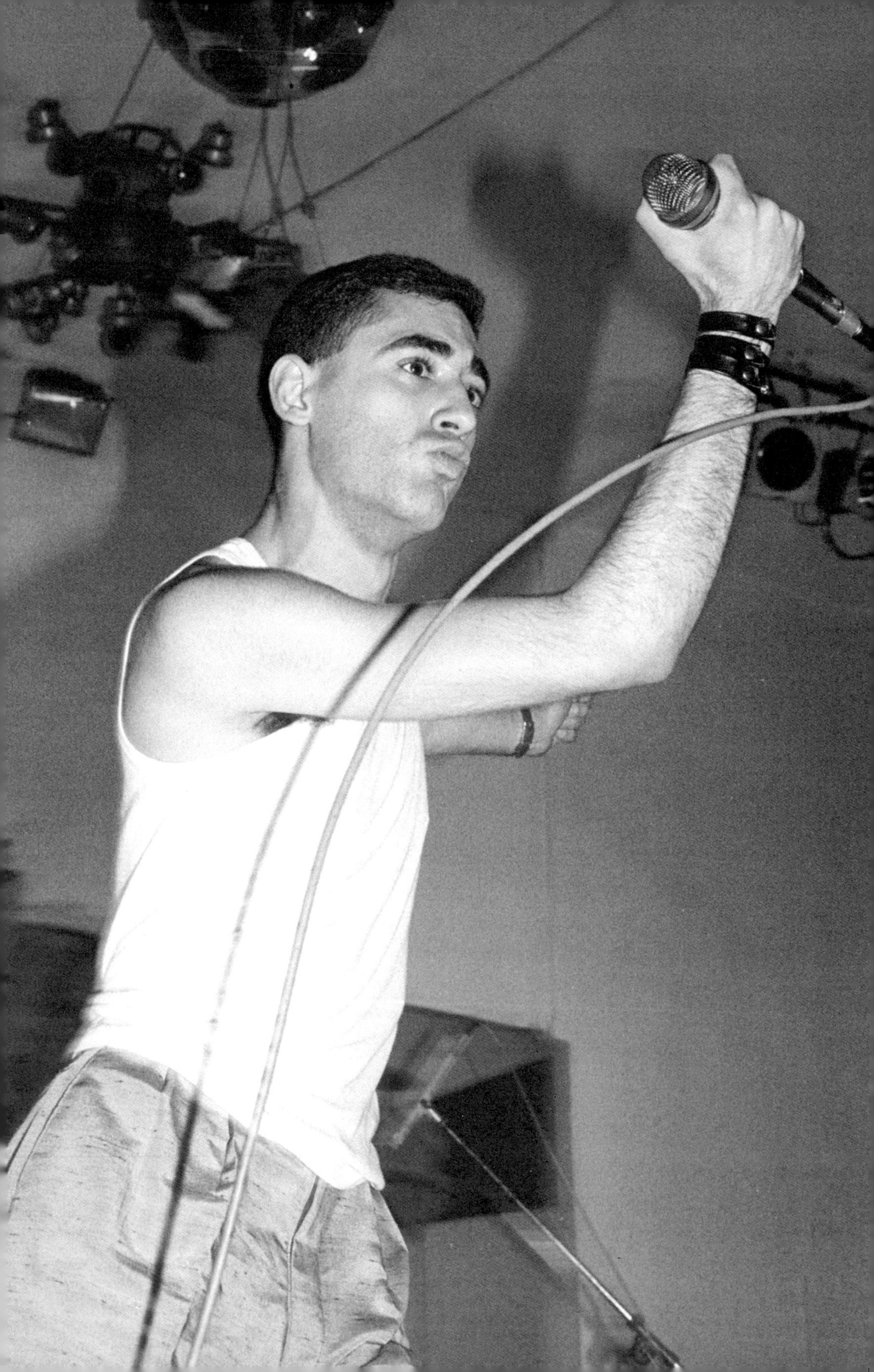

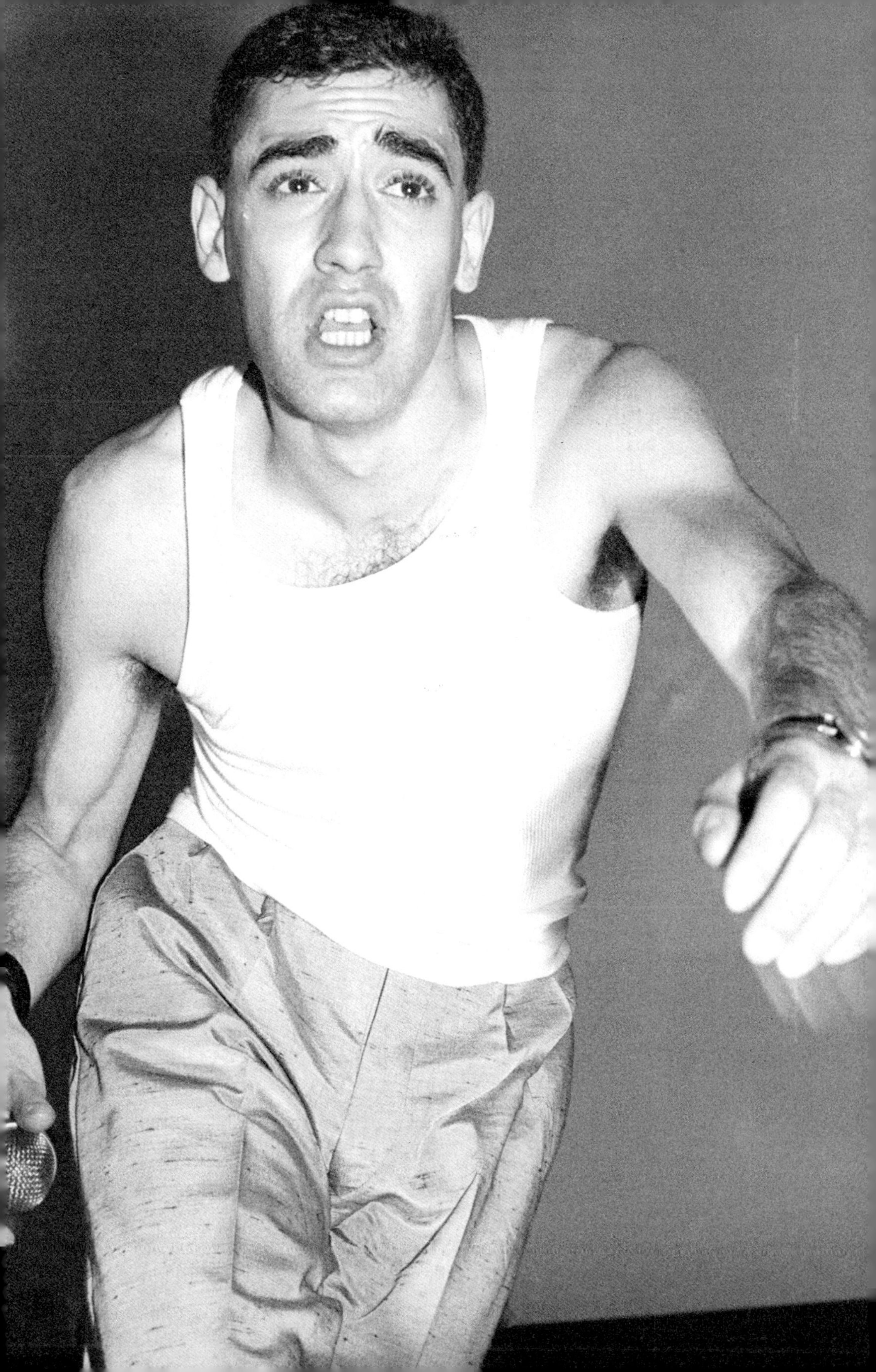

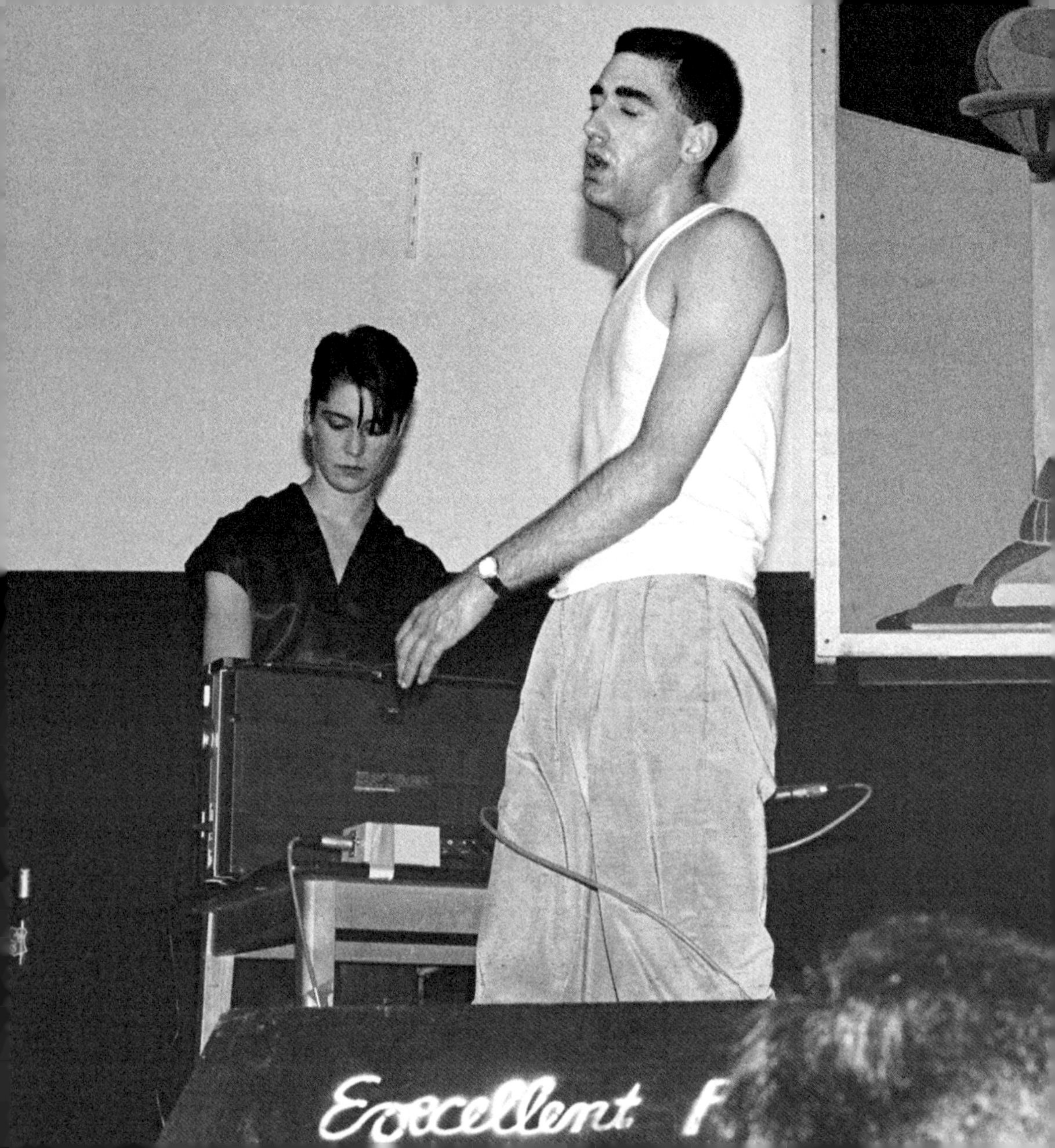
Excellent. F

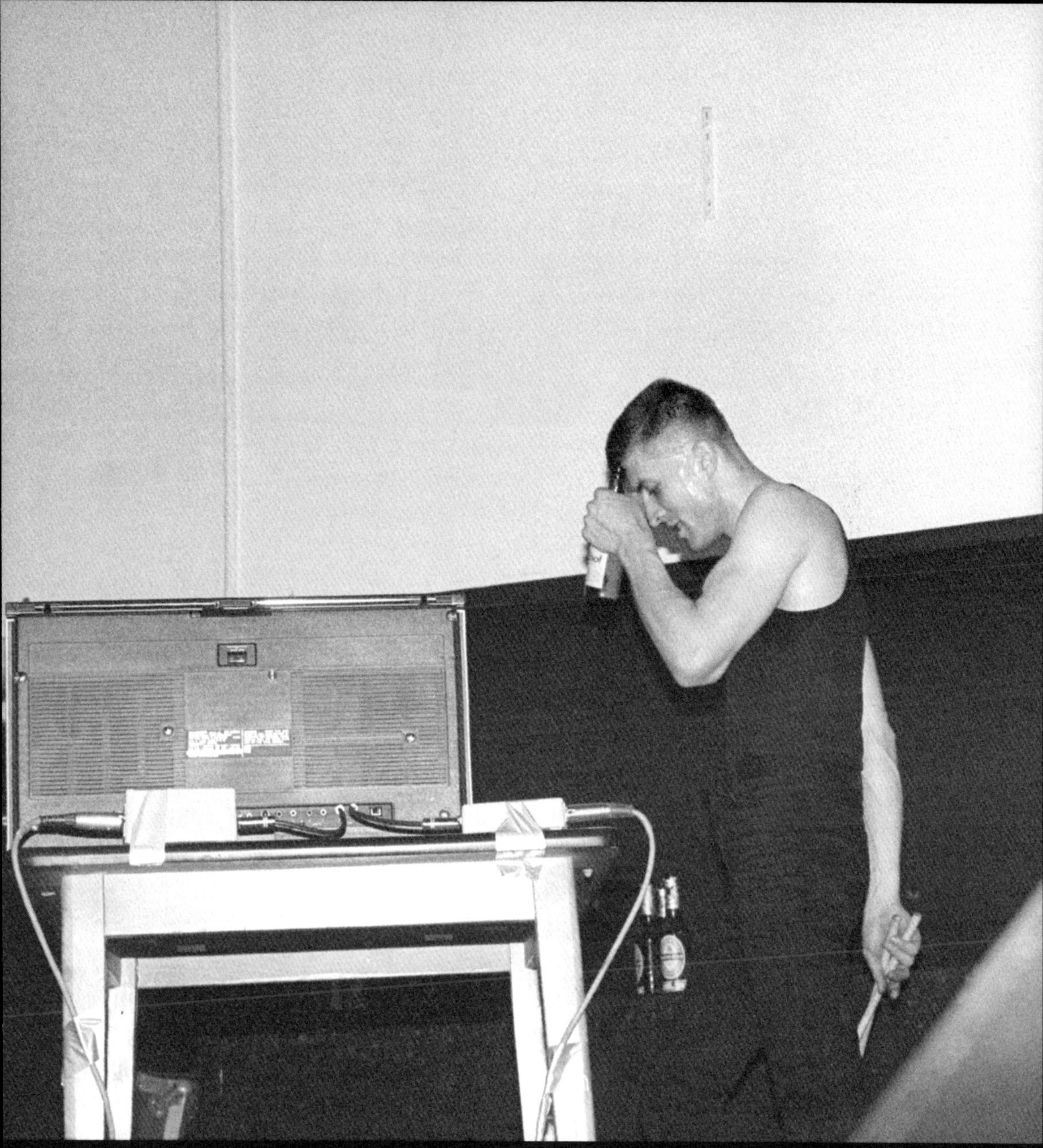

DIE HABEN SICH VON NICHTS AUFHALTEN LASSEN

Gastbeitrag von Anja Huwe (Xmal Deutschland)

Ich arbeitete in Hamburg bei Rip Off, dem Plattenladen von Klaus Maeck und Jäki Eldorado. Die Singles von DAF, die damals auf Mute erschienen waren, hatten wir alle da und verkauften sie gut. Live waren DAF dann noch viel besser, weil sich die Energie von der Bühne sofort auf das Publikum übertrug. Alfred Hilsberg hatte das für uns eingetütet, dass wir die Shows im Norden supporteten. An Bielefeld kann ich mich noch gut erinnern und an die Markthalle. Wir haben als Xmal Deutschand eigentlich nie Vorgruppe für irgendeine Band gemacht, aber bei DAF waren wir viermal im Vorprogramm zu sehen.

Kontakt hatte ich aber nur zu Tina, die fand ich super. Sie hatte so ein ärmelloses Oberteil an und einen kurzen Rock. Mit den kurzen Haaren hatte sie einen sehr maskulinen Look. Robert und Gabi wirkten, als wären sie auf einer Mission, sie kamen rein, machten Soundcheck, gingen wieder, kamen zur Show, saßen konzentriert im Backstage, gingen auf die Bühne und zogen ihre Show ab. Aus! Danach gaben sie Interviews und waren dann

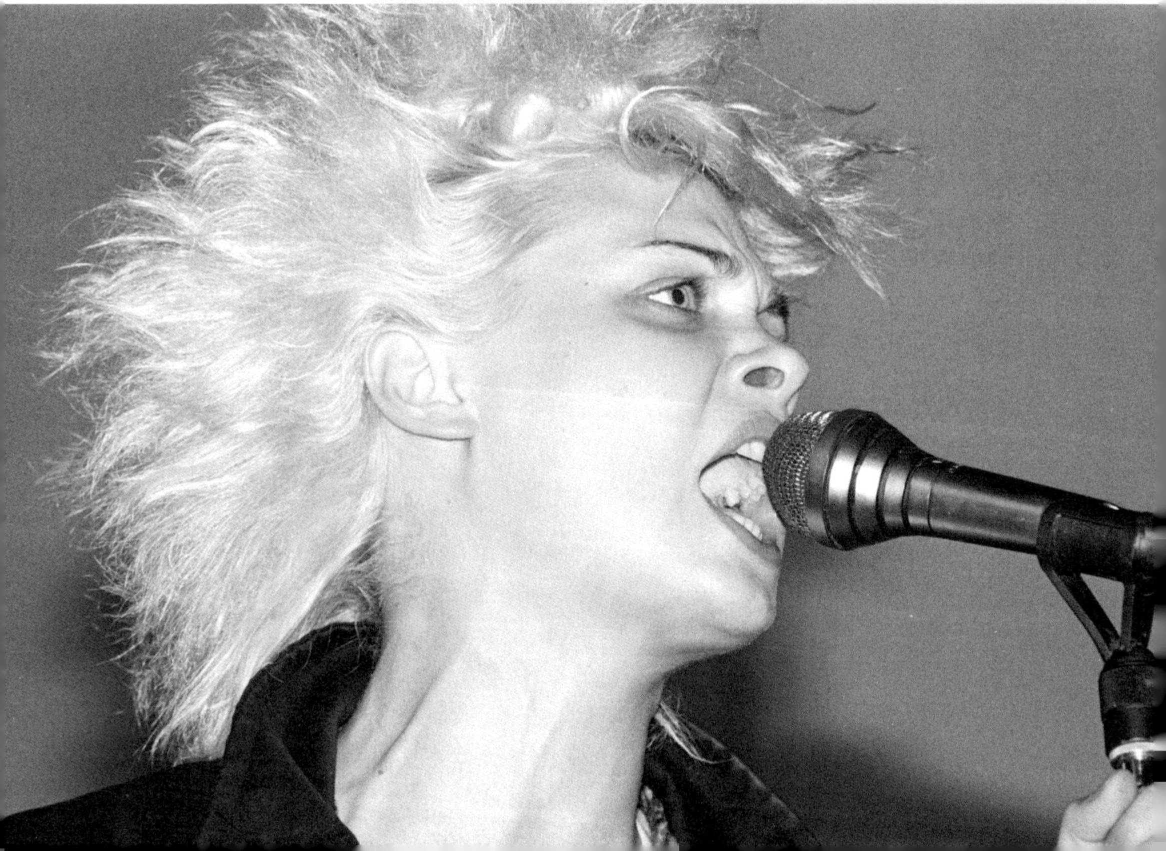

Xmal Deutschland spielen im Vorprogramm von DAF im Aladin in Bremen
FOTOS: WOLFGANG WIGGERS

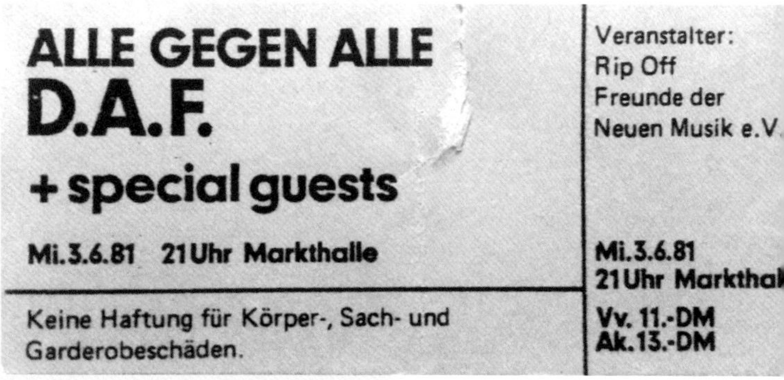

ALLE GEGEN ALLE
D.A.F.
+ special guests
Mi. 3.6.81 21 Uhr Markthalle
Keine Haftung für Körper-, Sach- und Garderobeschäden.

Veranstalter: Rip Off Freunde der Neuen Musik e.V.
Mi. 3.6.81 21 Uhr Marktha[l]
Vv. 11.-DM
Ak. 13.-DM

wieder weg. Man konnte lernen von denen, man konnte sehen: Die wollten das. Wenn wir uns kurz hinter der Bühne trafen, gab es keinen wirklichen Austausch. Jeder war zu sehr mit seinem eigenen Kram beschäftigt, der Musik, dem Style und der Richtung, die jeder verfolgte. Vielleicht haben wir uns auch einfach nicht richtig verstanden zu der Zeit; da waren die zwei Typen, die ihr Ding durchzogen, und dann kamen wir als Mädchenband, und die wussten nicht, wie sie das finden sollten. Ich war beeindruckt von der neuartigen Musik, die die beiden kreiert hatten, und noch beeindruckter war ich von der Entschlossenheit, mit der sie ihr Ziel verfolgten. Die haben sich von nichts aufhalten lassen. Das ging so nach vorne, das fanden wir super. Die Show in der Markthalle glich einer Messe. Gabi gab den Prediger, und die Halle lauschte … bevor der Sturm losbrechen sollte. Unglaublich war das. Im Ganzen haben sie drei- oder viermal hier gespielt.«

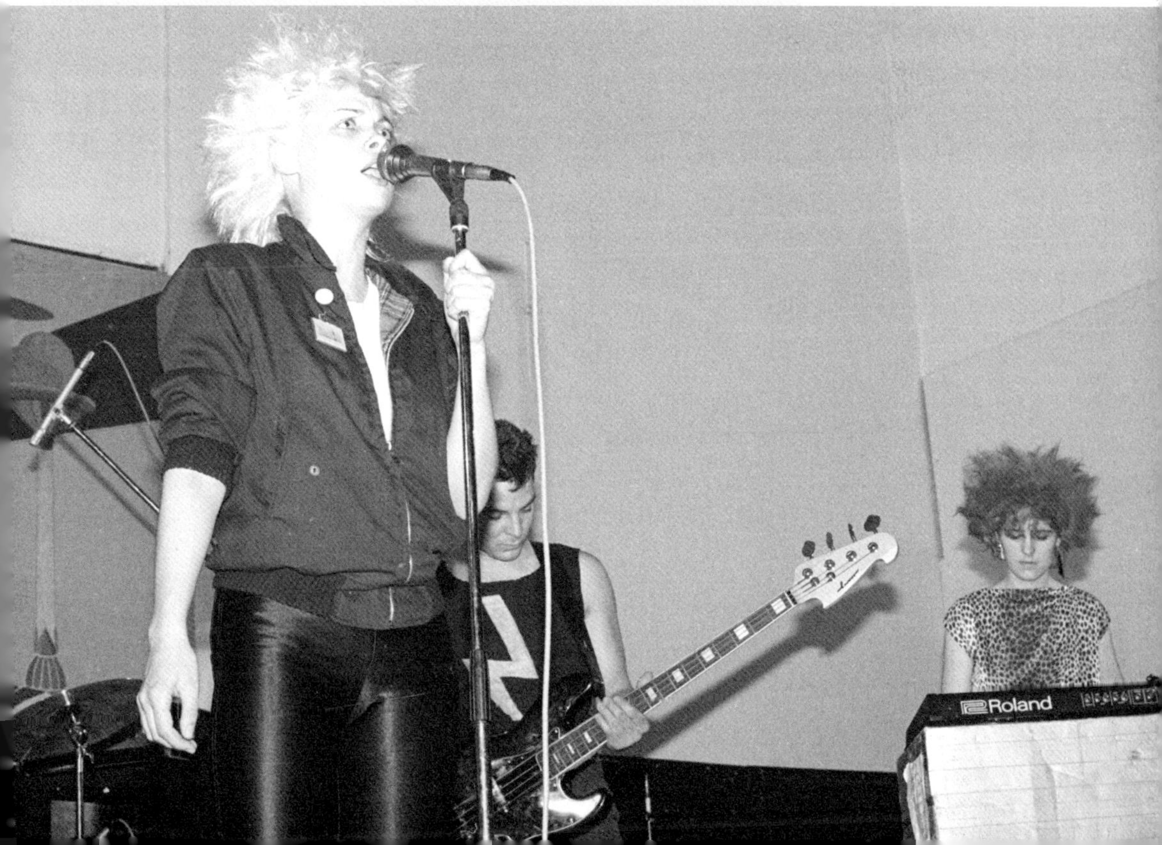

DIE ALLES IST GUT-TOUR

Wie es sich gehört, sollte es zu dem Album neben all den Interviews, Artikeln und Fernsehshows natürlich auch eine Tour geben. Angesetzt waren 21 Gigs. Darunter die Batschkapp in Frankfurt, die Alabama-Halle in München, zwei Auftritte in Berlin, je einer in Hamburg, Hannover und Bremen. Aber auch Bonn, Moers, Aachen oder Bielefeld standen auf dem Zettel.

Durch die kommerzielle Aufwertung der Band stand nun nicht mehr nur die übliche Handvoll Punk-Schuppen der Republik zur Auswahl, ihnen standen die Türen nahezu aller Konzertveranstaltungshallen sperrangelweit offen. Statt vor 300 oder 400 Menschen spielten sie nun teilweise vor 4000. Manche der Fans waren derart begeistert, dass sie der Band hinterherreisten, um keins ihrer Konzerte zu verpassen – als hätten sie geahnt, dass dies keine Never-ending-Tour werden und in einem Jahr bereits alles wieder vorbei sein würde.

»Die Show in der Markthalle glich einer Messe, Gabi gab den Prediger, und die Halle lauschte.«
ANJA HUWE
FOTOS: SABINE SCHWABROH

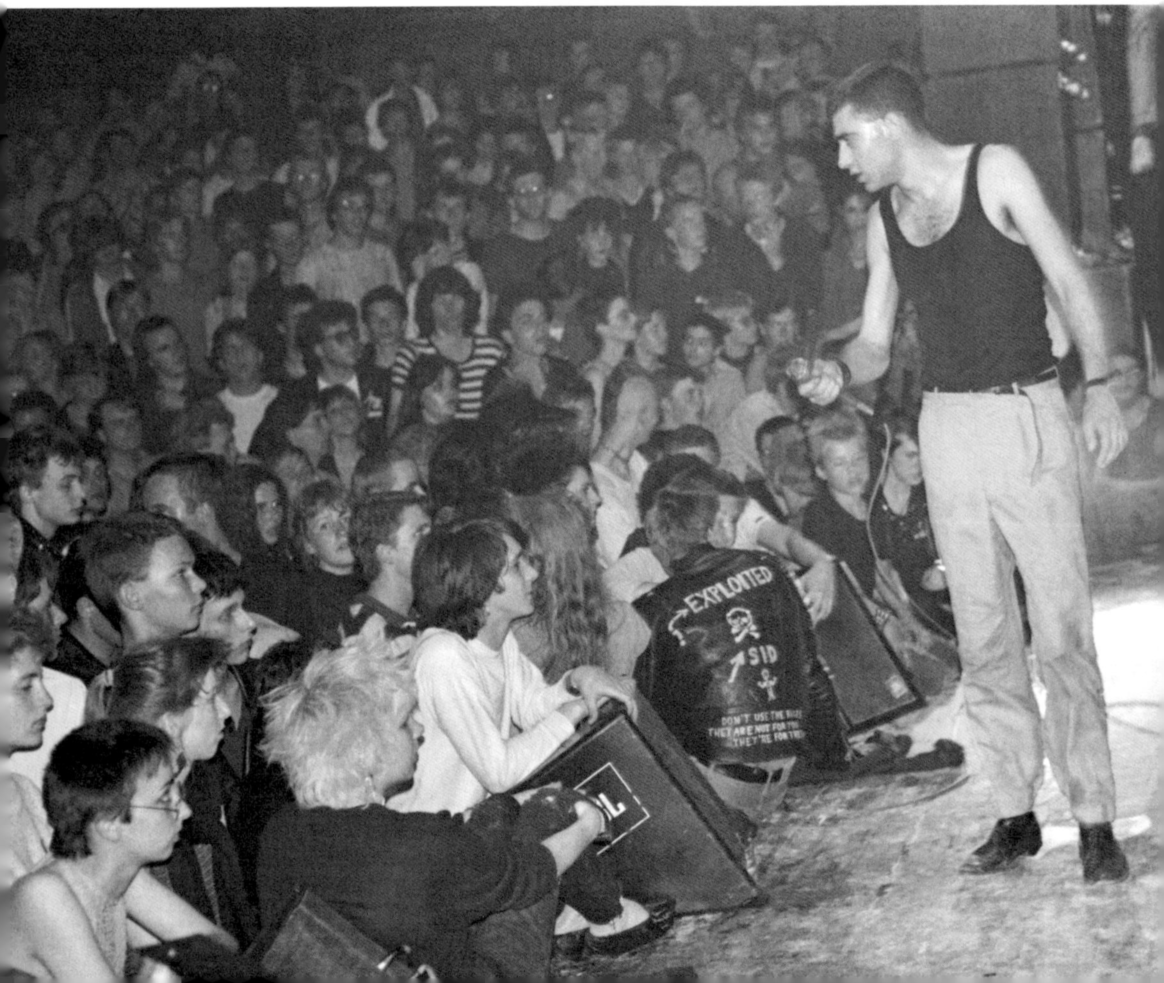

Den fulminanten Abschluss bildete das Konzert in der Philipshalle in Düsseldorf. Doch dazu später mehr. Bis zu diesem abschließenden Konzert experimentierte DAF noch mit den Möglichkeiten, sich auf der Bühne zu präsentieren. Beziehungsweise: Wie Robert und Gabi sich präsentierten, stand ja außer Frage. Doch die finale Lösung für die Präsentation der Backing-Tapes galt es zu finden.

Komplikationen während der Tour führten allerdings dazu, dass ein paar der angekündigten Gigs ausfielen. Robert Görl: »Bei der ersten größeren Tour als Duo gab's irgendwelche Schwierigkeiten mit dem Booker. Wir waren mit so einem Tourbus unterwegs, das war schon sehr professionell, das war ziemlich gut durchorganisiert. Aber dann ging irgendwas schief, und es fielen ein paar Gigs aus. Am Ende der Tour. Mich interessierte das eigentlich gar nicht. Ich war viel zu sehr mit meiner Musik beschäftigt.«

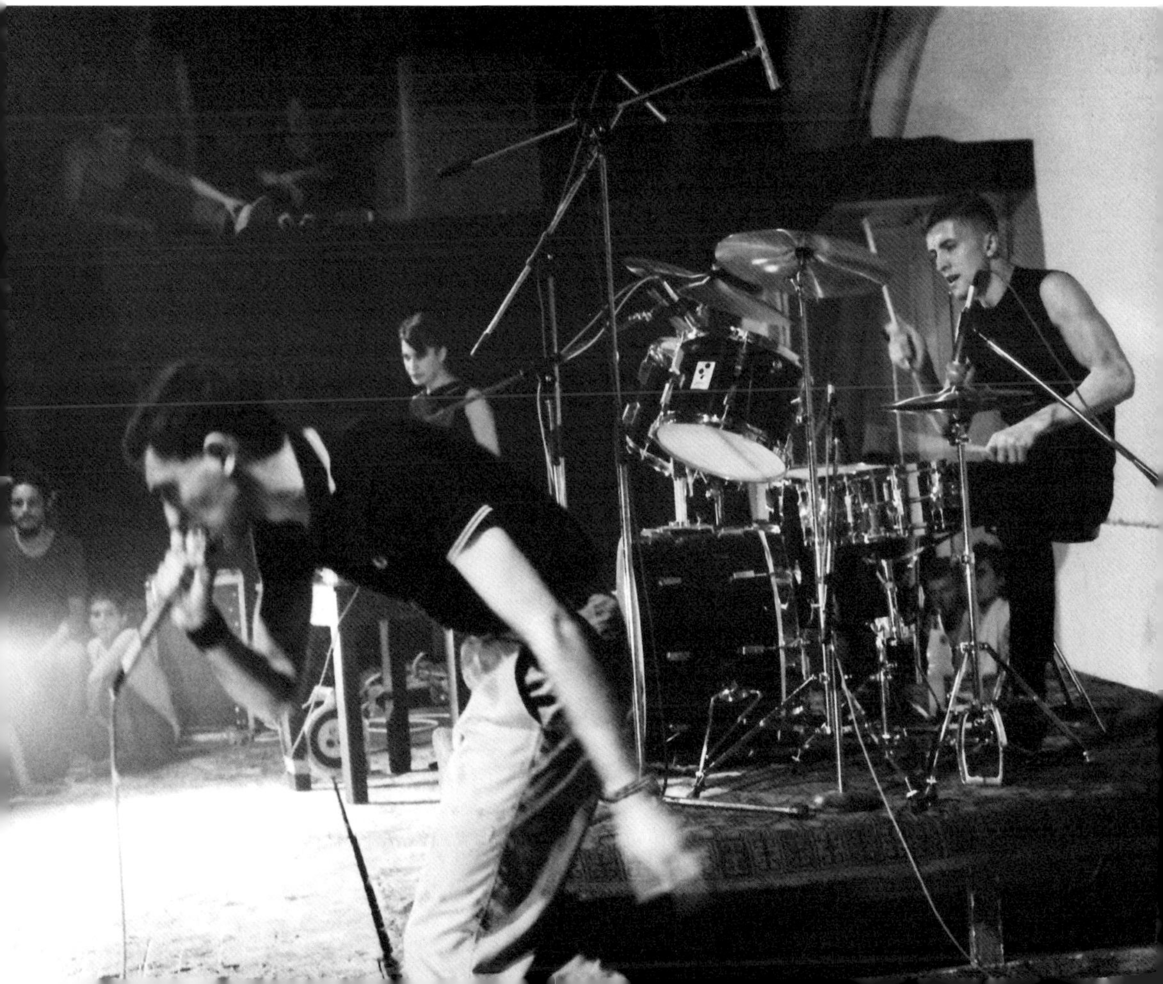

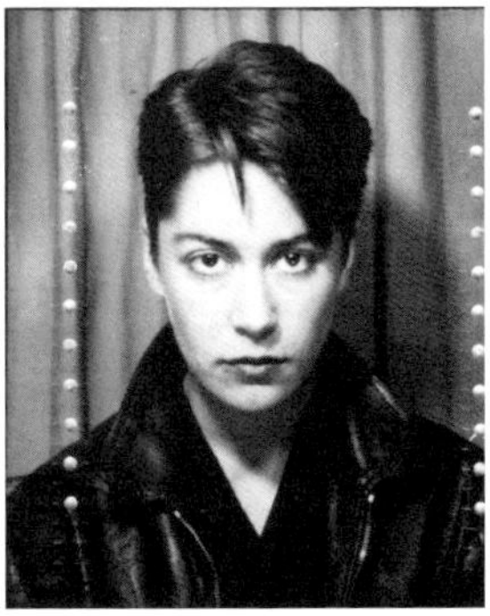

MAN HATTE STÄNDIG ANGST VOR BANDSALAT

Gastbeitrag von Tina Schnekenburger

Dann kam die große Deutschland-Tournee von DAF, zu der ich bei der Band einstieg und auf der ich den Kassettenrekorder auf der Bühne bediente. Ein Doubledeck, seinerzeit State of the Art! Das hört sich nun vielleicht sehr trivial an, einfach nur zum nächsten Song die jeweilige Kassette einzulegen, aber ganz so trivial war es dann doch nicht. Die Kassette musste punktgenau zurechtgespult sein, man hatte ständig Angst vor Bandsalat, und wenn die Kassette lief, gab es bis zum nächsten Song eigentlich nichts zu tun. Dabei cool auszusehen, das muss man auch erst mal hinkriegen.

Dazu kam, dass ich fürchterliches Lampenfieber hatte, das es zu überspielen galt. Abgesehen davon war die ganze Tour ein Riesenspaß. Das Reisen von Auftritt zu Auftritt war nicht glamourös in einem Tourbus, sondern low-key in einem Transporter beziehungsweise Kleinbus, aber dafür umso lustiger. Mark Chung von den Einstürzenden Neubauten war unser Fahrer und eine absolute Bereicherung für unsere kleine Truppe.

DAF spielen im Hyde Park, Osnabrück, 12. Juni 1981
FOTOS: GISBERT WEGENER

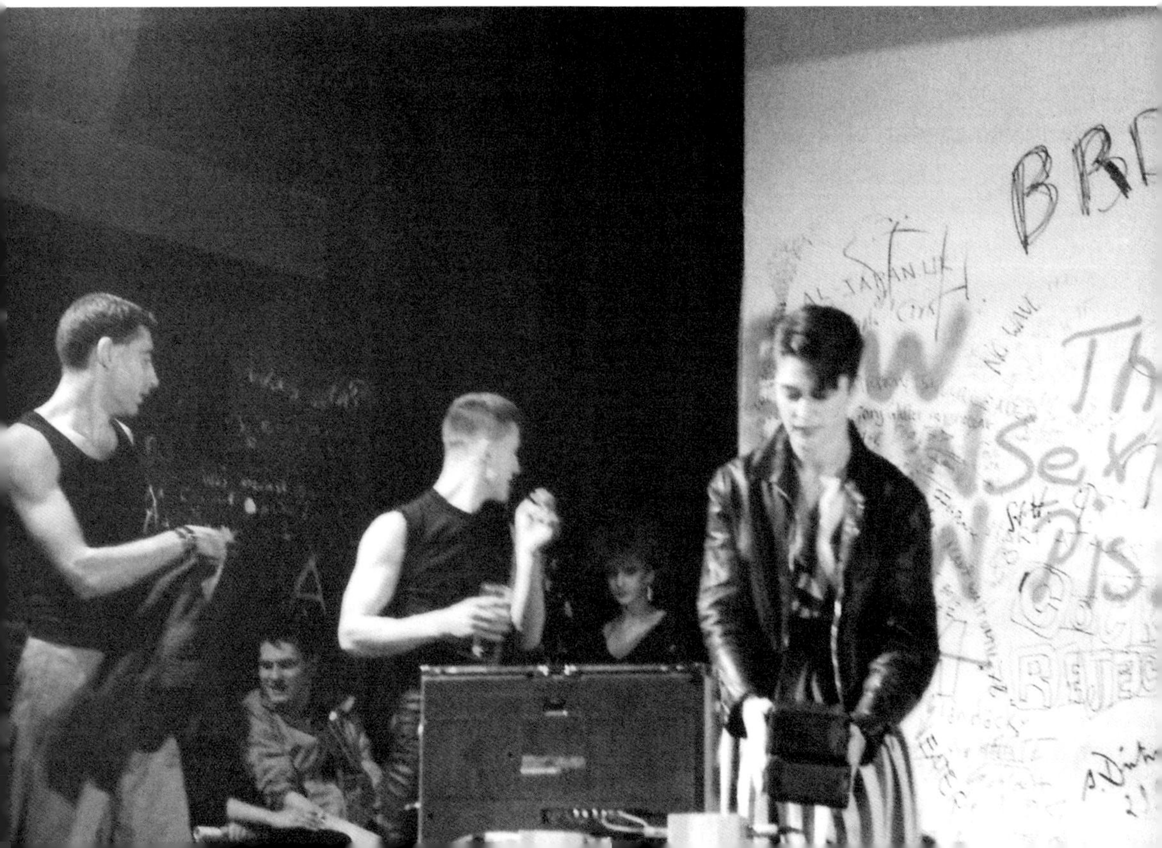

Leider verlor ich auf dieser Tour irgendwann auf gewisse Art mein Gedächtnis, was sich dahingehend äußerte, dass ich nicht mehr wusste, in welcher Stadt wir uns gerade befanden oder wo wir am Vortag gewesen waren. Ich wusste auch nicht mehr mit Bestimmtheit, welche Leute ich schon gesehen hatte und welche nicht, weil ja manche zumindest einen Teil der Tour nachreisten und immer jede Menge Leute um einen herum waren, die alle irgendetwas wollten: Interviews, Autogramme, Fotos … In meinem Kopf vermengte sich das alles zu einem undefinierten Déjà-vu – oder auch nicht. Was zugegebenermaßen wohl auch der Tatsache geschuldet war, dass ich wilde Jahre mit massivem Alkohol- und Drogenmissbrauch hinter mir hatte. So etwas macht sich früher oder später eben bemerkbar.

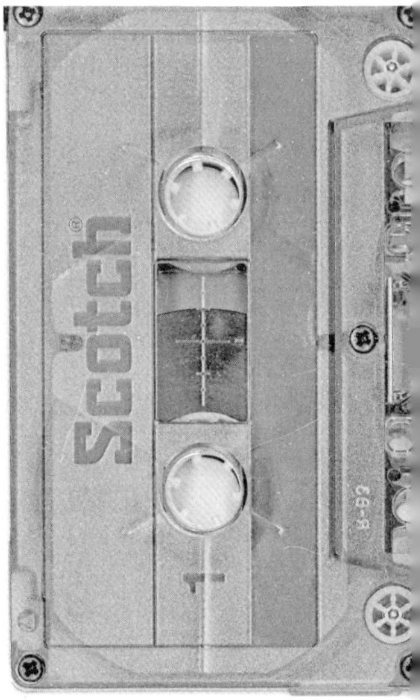

Irgendwann ergab sich dann bei einem meiner Besuche in Düsseldorf die Gelegenheit, bei den Krupps einzusteigen. Das habe ich mir nicht zweimal sagen lassen, weil ich da mehr in die Musik involviert war. Schließlich wollte ich mehr machen, als immer nur einen Kassettenrekorder zu bedienen. Aber die Zeit mit DAF war und bleibt eine tolle, aufregende und prägende Zeit in meinem Leben, die ich nicht missen wollen würde.

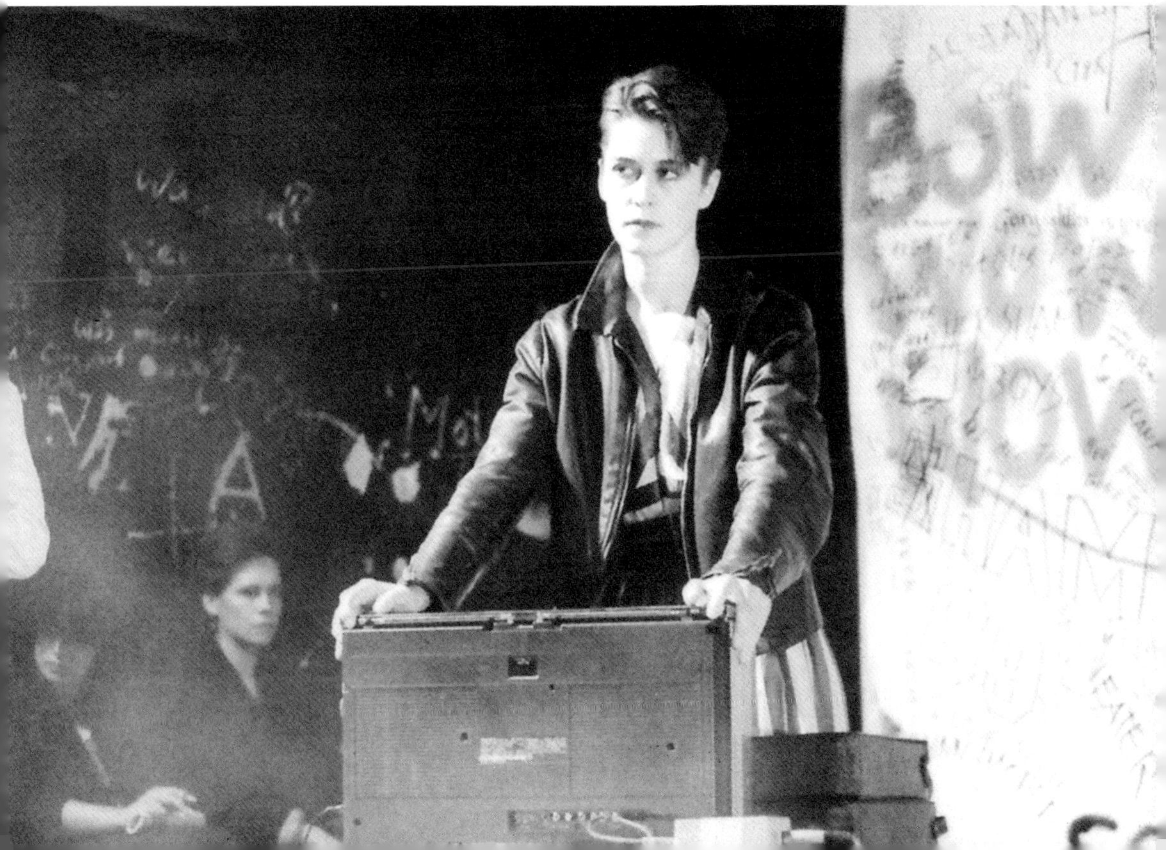

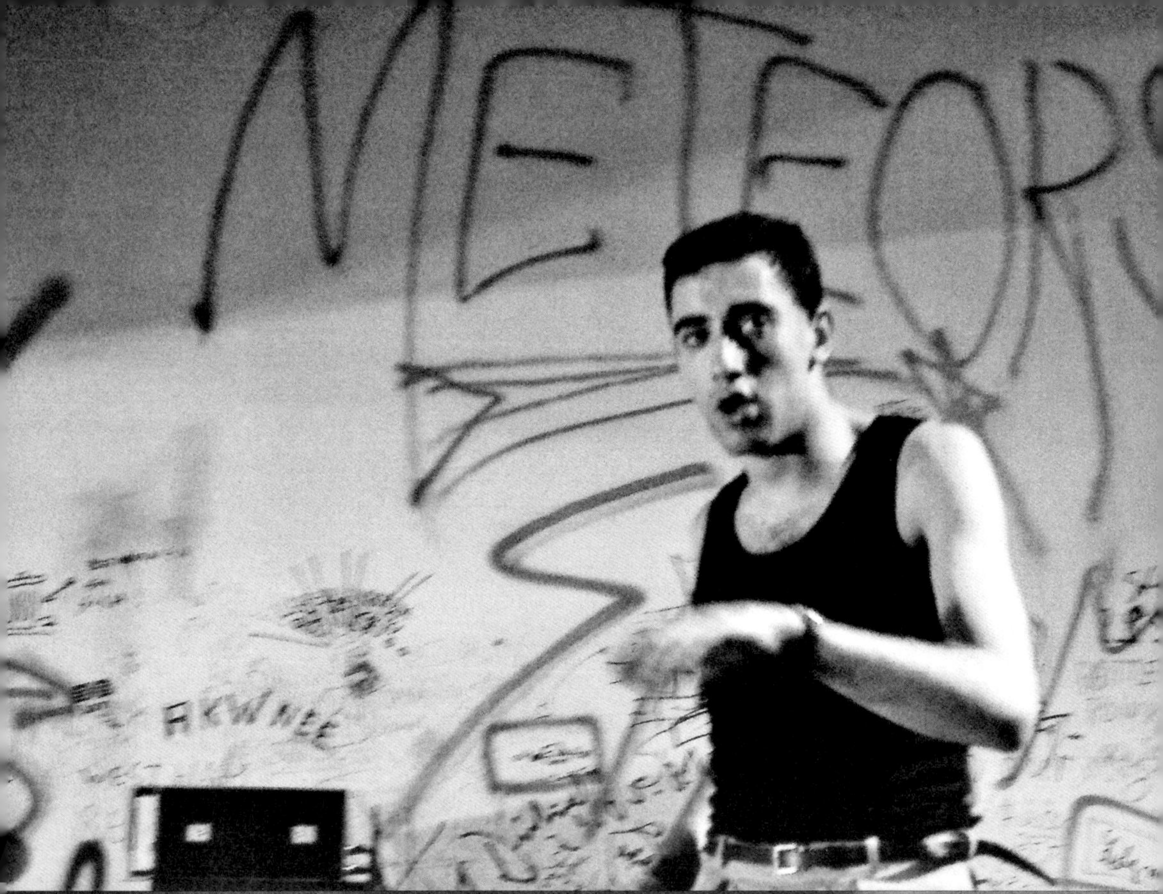

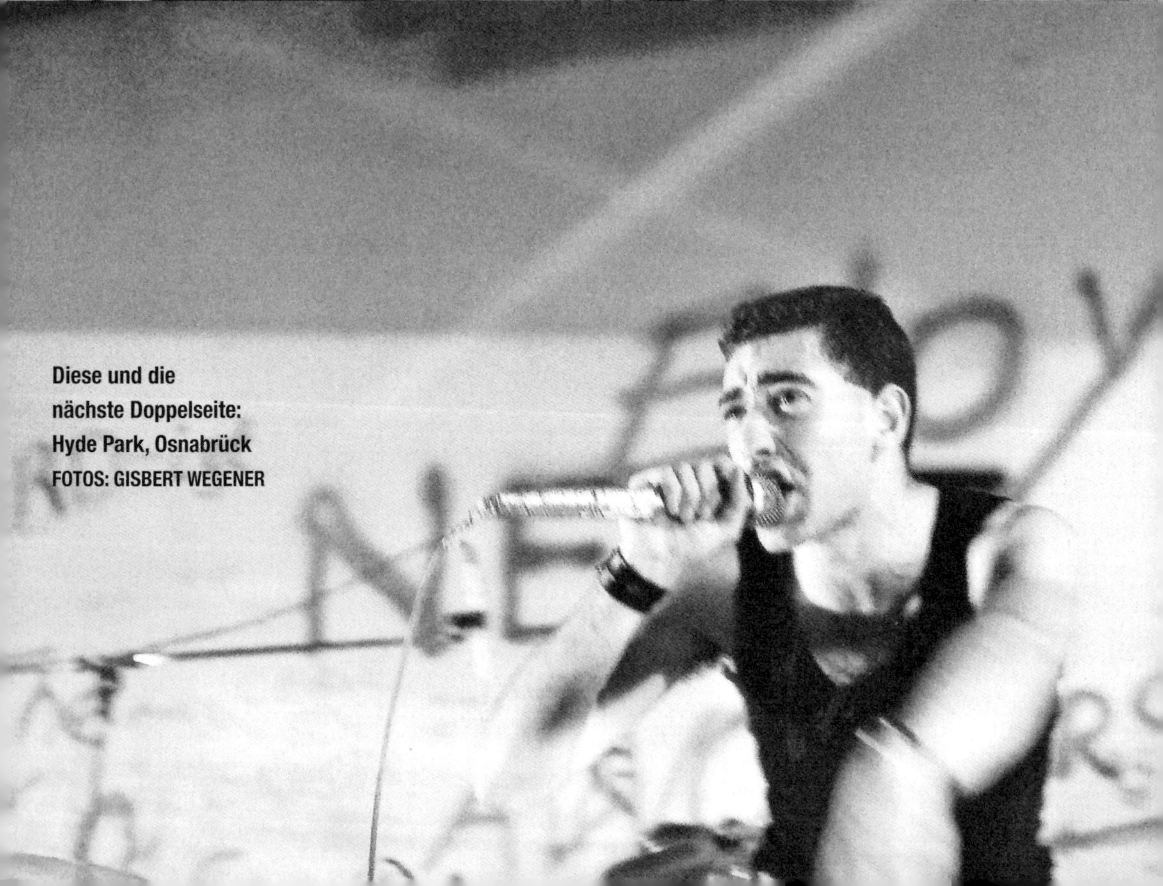

Diese und die nächste Doppelseite: Hyde Park, Osnabrück
FOTOS: GISBERT WEGENER

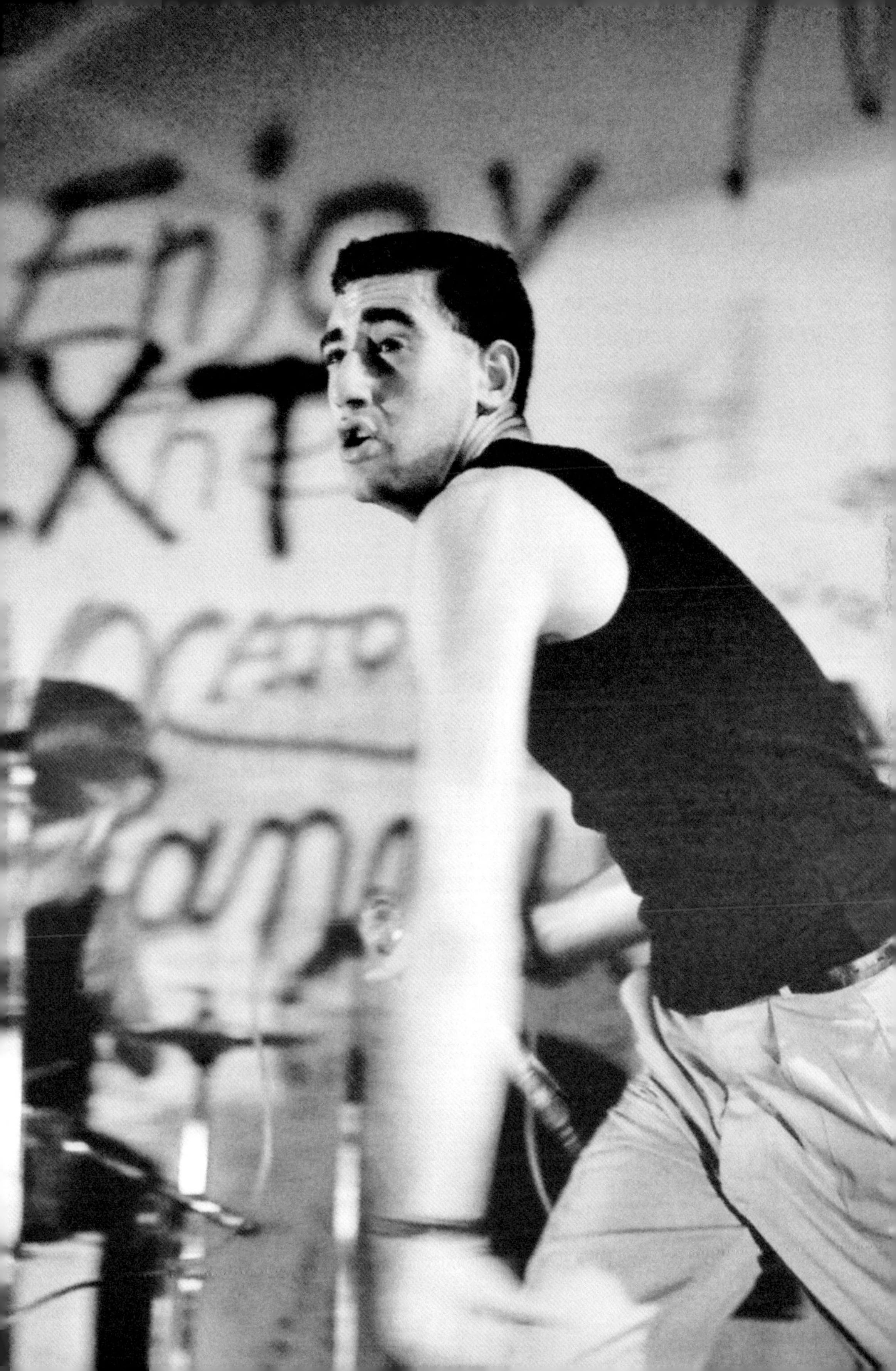

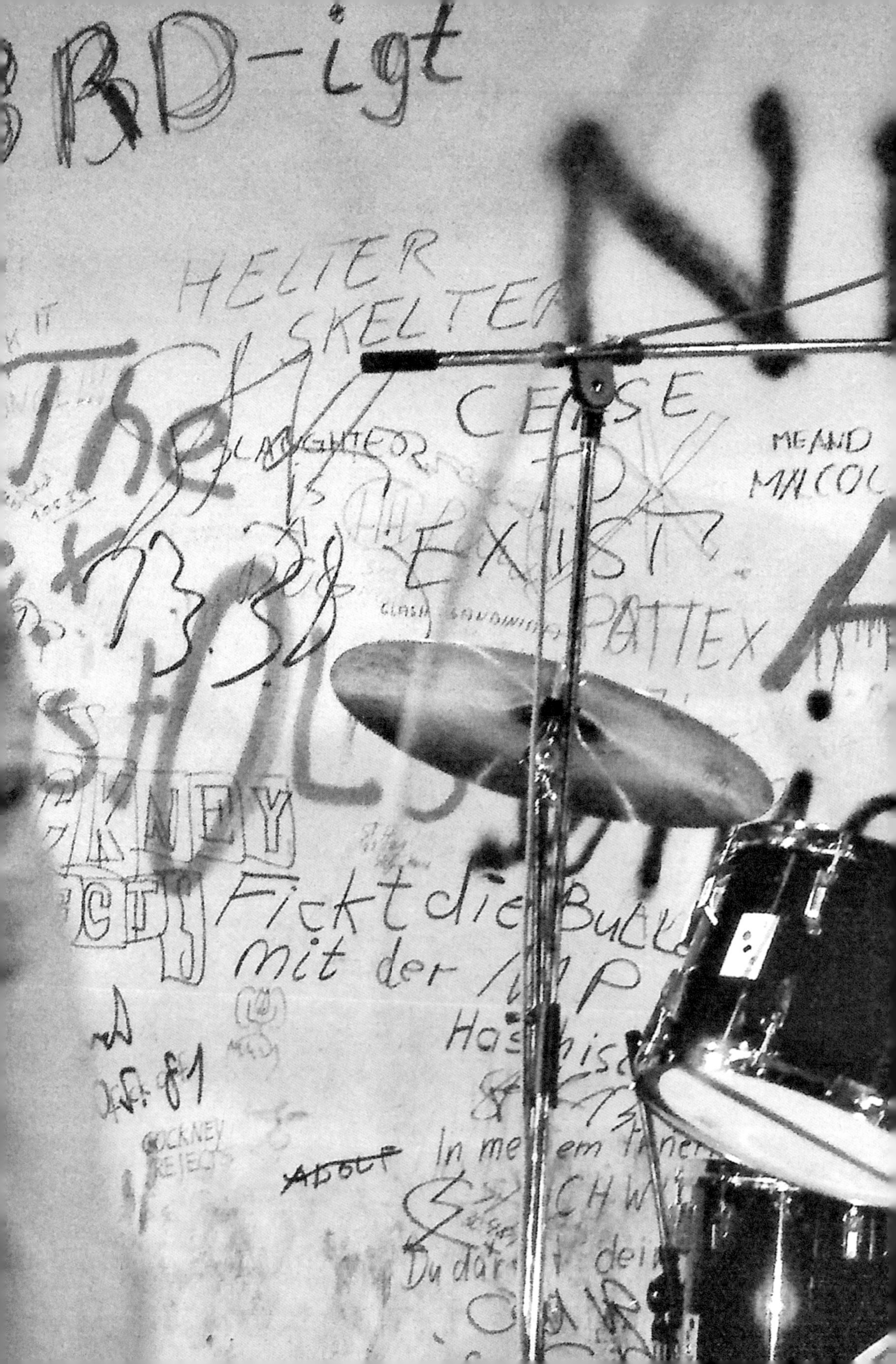
BRD-igt
HELTER
SKELTER
CEASE
EXIST
PATTEX
MEAND
Fickt die
mit der
In me

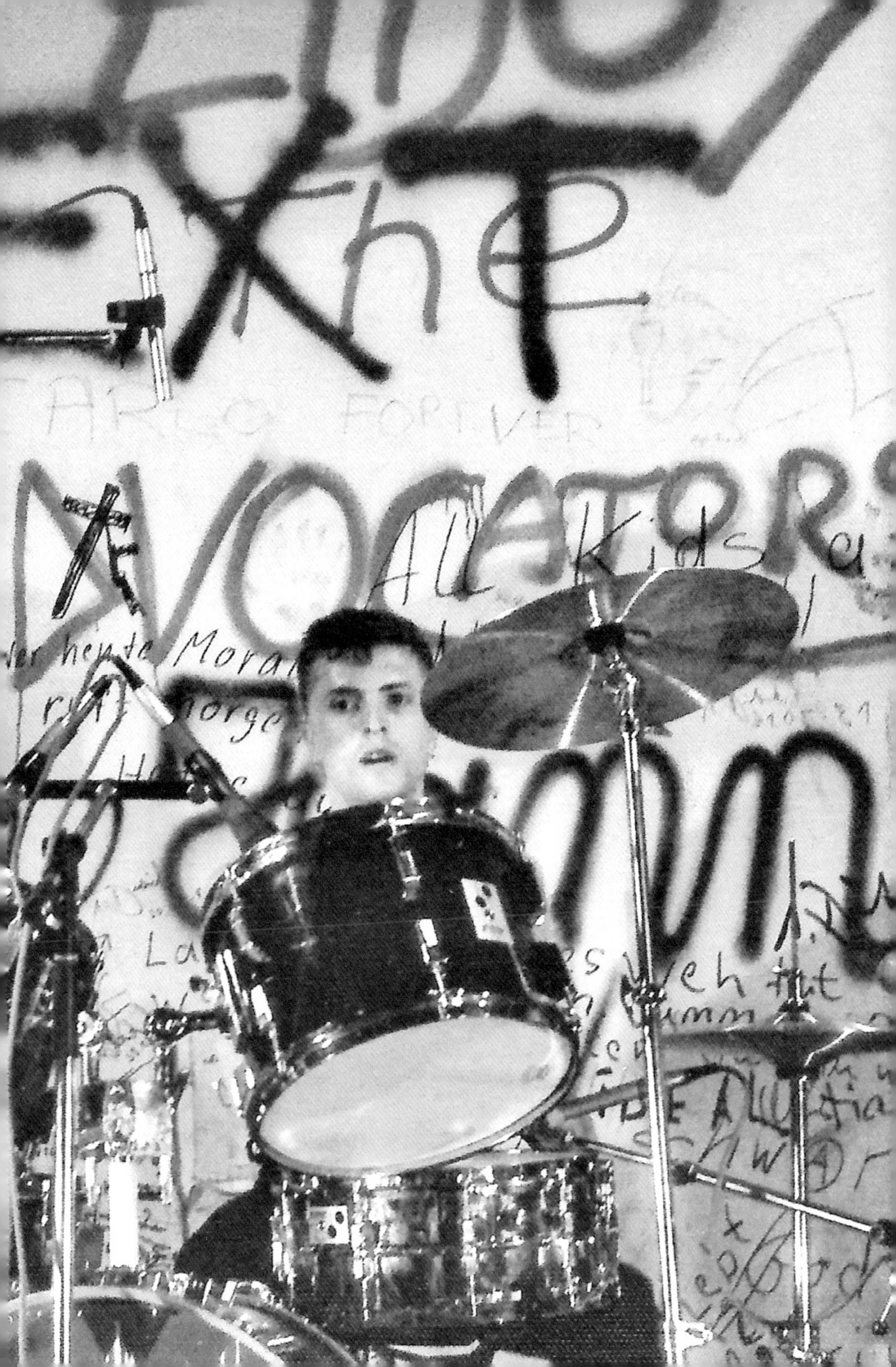

ES LAG EIN VERSPRECHEN IN DER LUFT

Gastbeitrag von Alfred Hilsberg

Die Geschichte von DAF und meine eigene hat sich seit Ende der 70er-Jahre meist nicht geplant, sondern sehr unverhofft, über Nacht, zufällig, manchmal auch beabsichtigt entwickelt. Mein Interesse an DAF wurde ausgelöst durch das erste, das »gelbe Album« (Anfang 1979) auf Warning Records, dem Vorläufer von Ata Tak. Die damals fünfköpfige Formation aus dem Bergischen kam eher vom experimentellen Krautrock, vom Jazz und anderen nebulösen Einflüssen der 70er-Jahre. Deutlich war bei DAF, im Gegensatz zu kurze Zeit später sich artikulierenden Geräuschexplosionen von No-Wave-Nicht-Musikern, eine an einzelnen Personen der Band festzumachende Professionalität. Hervorzuheben dabei auf jeden Fall Robert Görl als studierter Musiker. Statt sich in esoterischen Sackgassen oder an vorgegebene Muster anzuhängen, setzten sich die höchstsensiblen DAF mit offenen Ohren und Augen mit der internationalen und nationalen New Wave-Explosion auseinander.

Mein erstes Konzerterlebnis mit DAF hatte ich meiner Erinnerung nach bei einem von mir kuratierten »Geräusche-Festival« im Februar 1979 in der Hamburger Markthalle. Der DAF-Auftritt sprengte die bis dato bekannten beziehungsweise akzeptierten Darstellungsinhalte und -formen. Er ging bestimmt nicht im Festival-Überangebot unter, hatte aber noch nicht genug einzigartige Energie, um das Publikum eindeutig auf seine Seite zu ziehen. Aber: Es lag bei DAF ein Versprechen in der Luft, das in Düsseldorf in kleinen und großen Kreisen von Kritikern als gaaanz wichtig beflüstert wurde. Schnell war mir und meinem Umfeld klar, dass eine musikalische Explosion zum Greifen nah war. Ohne auf die zwischenmenschlichen Schwierigkeiten und Verwerfungen zwischen den einzelnen Musikern an dieser Stelle eingehen zu können und zu wollen, schälte sich mehr und mehr – auch nach kurzer Englandtournee der Band – heraus, dass der Ausfall des langzeitig erkrankten Chrislo Haas allein das Duo Delgado/Görl die Zukunft für eine expressive, radikale, Tabu brechende und doch Dancefloor geeignete musikalische Botschaft in deutscher Sprache suchen und finden ließ. Mit ihrer energetisch-erotisierenden Körpersprache eröffneten DAF sich zunehmend internationale Perspektiven.

Die Plattenindustrie klopfte an. Wie ich schnell erfuhr, waren Robert Giddens aus Quakenbrück mit finanzieller Starthilfe ganz vorne und Daniel Miller von Mute Records als Weichensteller und Überlebenshilfe-Figur in der Knochenmühle des Pop sehr viel wichtiger als der von Hamburg aus agierende Impresario Alfred Hilsberg.

Die Kleinen Und Die Bösen ist für mich bis heute ihr wegweisendes Meisterwerk. Auch wenn sich auf den späteren Alben noch manche Dancefloor-Hits finden lassen.

Schade – ich wäre gern dabei gewesen, vielleicht sogar »stolz wie Bolle« gewesen, mit den beiden arbeiten zu können, und bin bis heute froh, ihre ersten Tourneen gebucht und Kontakte hergestellt und mir viel Stress erspart zu haben. Jäki Eldorado nicht zu vergessen, der als Tourbegleiter »alternativlos« war. Und schade, dass Tina Schnekenburger zu schnell aus dem Gedächtnis vieler DAFiosis verschwunden ist!

PS: Ich habe mehr mit Gabi zu tun gehabt als mit dem immer etwas maulfauleren Robert. Meine Treffen mit ihnen in England, ob in

Rochdale oder in London, waren anfänglich weniger geschäftlich bestimmt, aber zunehmend durch überlagerte Promotionsinteressen der Band dominiert. Mein Verhältnis zu DAF wurde zunehmend distanzierter, bedingt durch ihre öffentliche Funktion als Popstars.

Als typisch für Düsseldorf habe ich sie nicht wahrgenommen. Eher waren sie für mich als internationale Band definiert, die allerdings ohne Deutschland als Hintergrund kaum zu verstehen gewesen wäre. Hier wäre zu überlegen, ob es Parallelen zu Bands wie Einstürzende Neubauten, Palais Schaumburg, teilweise den Krupps, aber noch viel mehr bei Blumfeld zu untersuchen gibt.

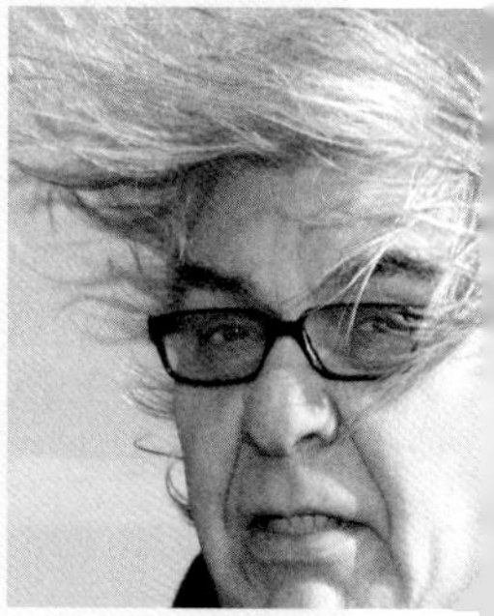

Zu meinen Lieblingsliedern von DAF gehören: *Der Mussolini, Die Lustigen Stiefel, Ich Und Die Wirklichkeit* und *Alle Gegen Alle.*

Last minute words: Ich hoffe, DAF wird wegen ihres Mutes, sich bei den in der BRD weiter herumgeisternden Versatzstücken einer nur scheinbar überwundenen Ideologie als spielerisch-provokativen, aber auch treibenden Elementen, der gebührende Respekt erwiesen. Also: Tanz den Mussolini!

Alfred Hilsberg heute und 1986 **FOTO OBEN: PRIVAT. UNTEN: SABINE SCHWABROH**

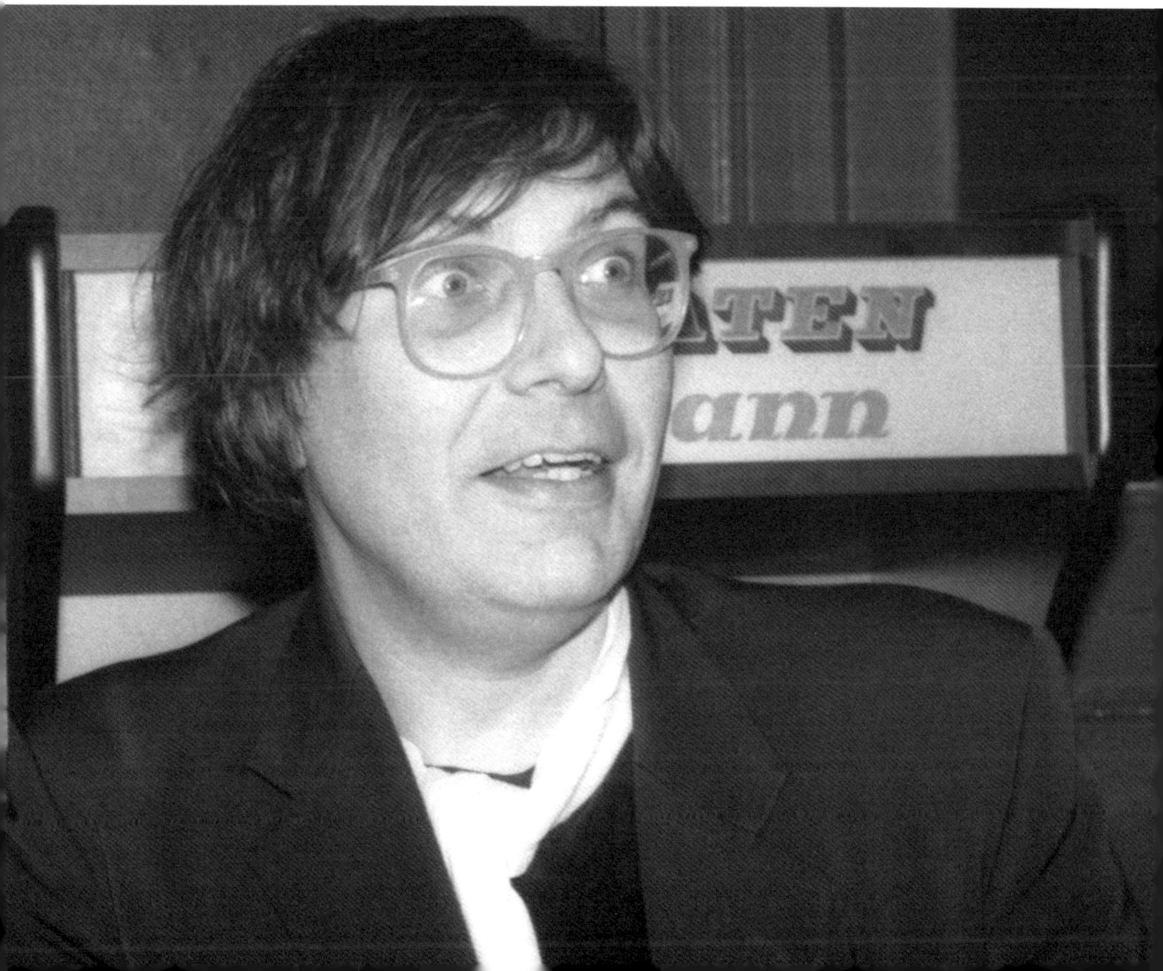

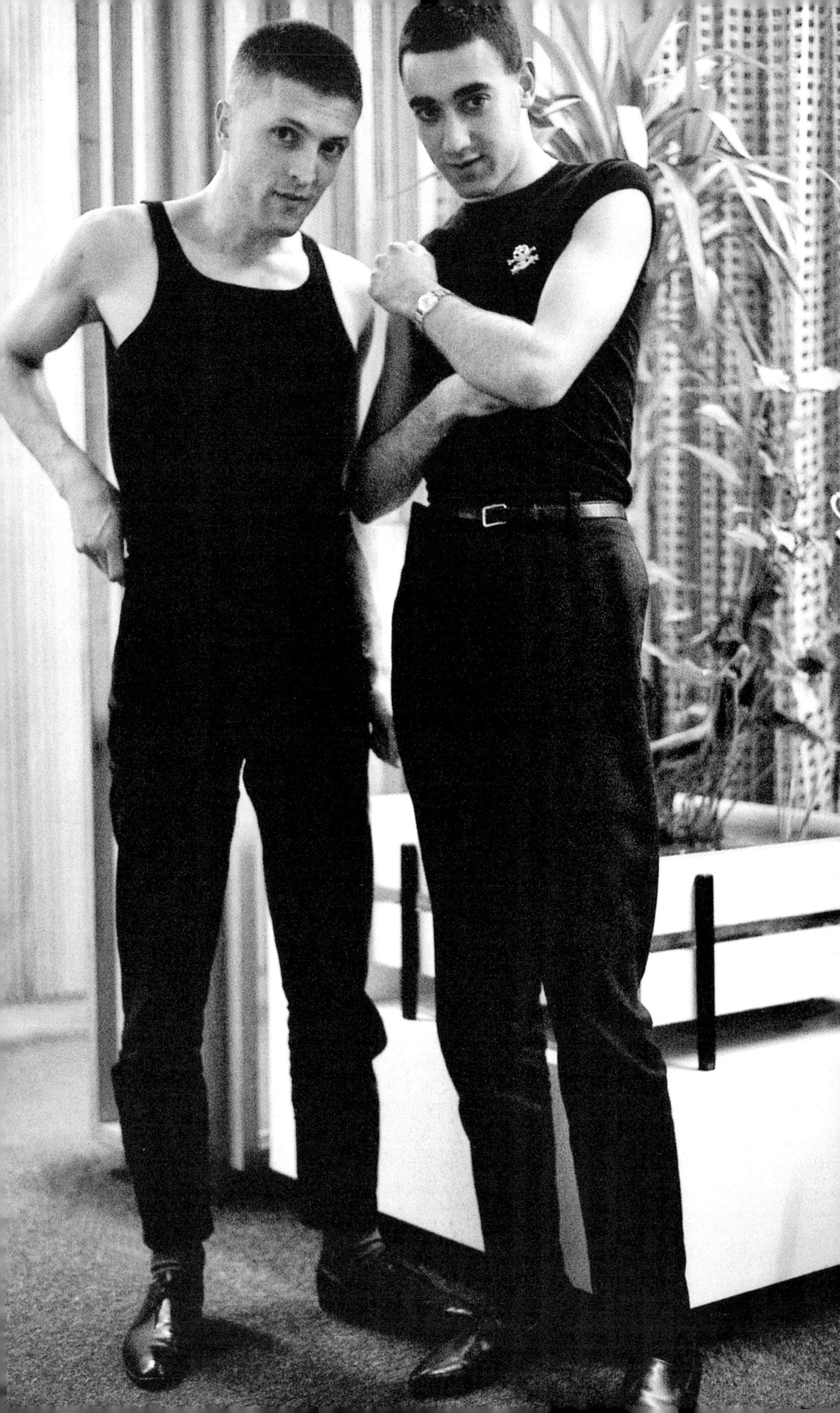

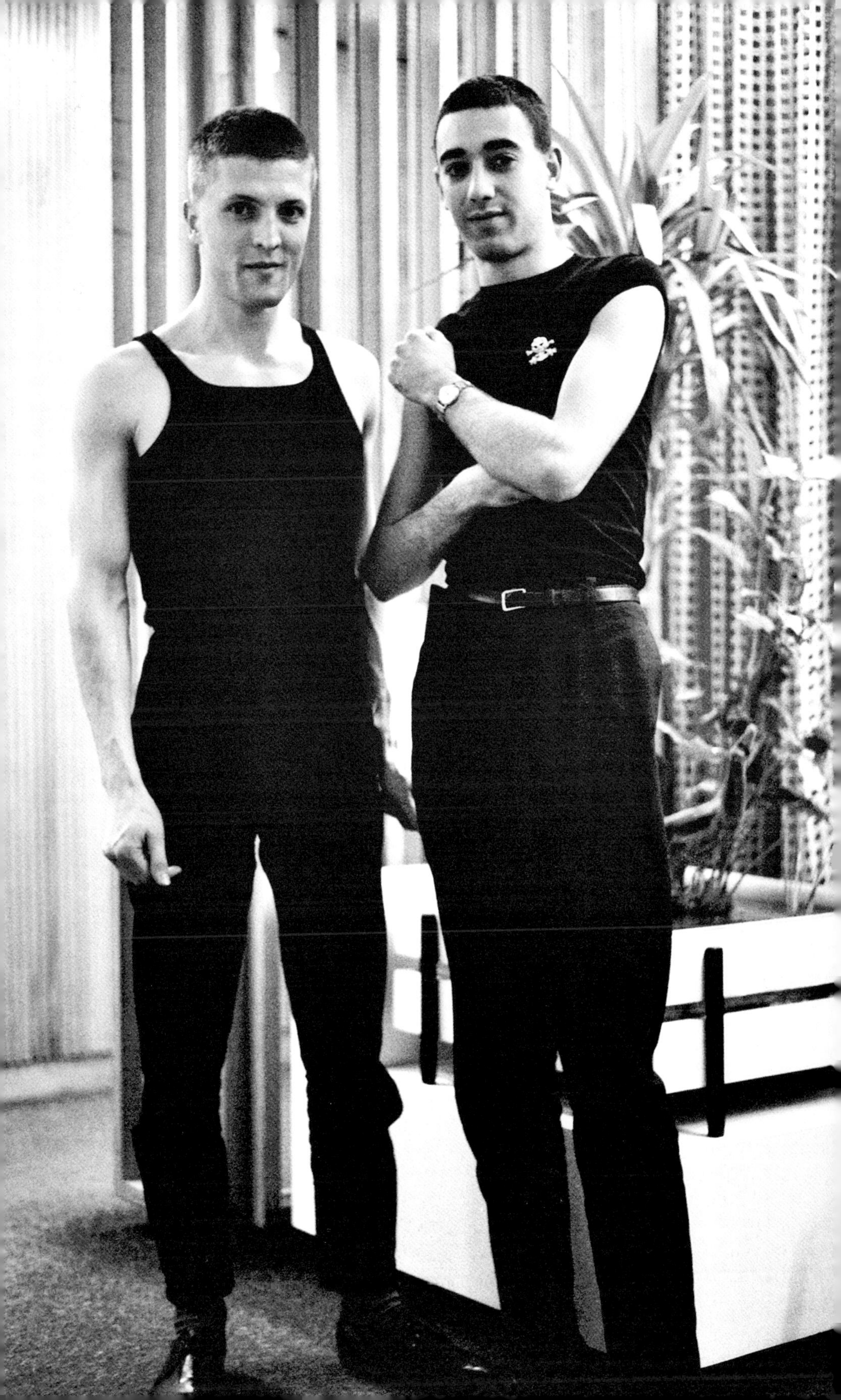

ES HAGELTE FRAGEZEICHEN VON ALLEN SEITEN

Gastbeitrag von Jäki Hildisch

Ich machte damals meine ersten Versuche als Tourmanager und war für jeden unterwegs, der es wollte und für Alfred Hilsberg Musik machte. Ahnung hatte ich keine von dem, was ich da tat – aber es war aufregend. Es waren die frühen 80er-Jahre, und monatlich wurde die Latte dessen, was interessante Popmusik erreichen konnte, höher gelegt. Punkrock hatte sich von der treibenden Kraft zu einem langweiligen, stereotypen Stammtisch gewandelt. Der Geist lebte weiter, jedoch in anderer Form. So fand ich mich schnell auf der Straße, durch die deutsche Provinz fahrend mit Gabi und Robert. Das waren schon richtige Zirkel: Markthalle, SO36, Rotation, Rheinterrasse Bonn, und dann gab es eine Menge auf dem Dorf. Irgendwelche Käffer, wo einer eine Disco hatte. Man konnte schon relativ viel touren, durchaus zwei, drei Wochen unterwegs sein.

Gabi und Robert hatten DAF an diesem Punkt aus der hippiesken Musikerkommune des ersten Albums zu einem griffigen, wenn auch kontroversen Pop-Produkt umgeformt. Beide lebten zu der Zeit schon in London und brachten internationales Flair mit, fand ich. Und außerdem brachten sie etwas mit, was mich schon immer beschäftigt hatte: Ein Bild von Deutschland, das stark von dem abwich, was der Staat, die Linke oder die APO propagierten. Das war für mich beeindruckend. Sie präsentierten so eine komische Selbstständigkeit. Die hatten eben das, was es heute nicht mehr so richtig gibt, zum Beispiel dieses Ambivalente mit den Skins, wo natürlich jedem klar war: Die haben nichts damit zu tun. Aber sie spielten eben mit diesen Bildern.

Für Robert und Gabi schien vor allem das tabuisierte Deutschland interessant und sezierenswert. Sie entwickelten eine Sprache und Optik, die einen anderen Ausweg aus der Lähmung des Nachkriegsdeutschlands suchte als den zu dieser Zeit gängigen. Auch das homoerotische Image war damals neu und aufregend, wogegen heute Schwulsein in der Mitte angekommen ist – wie man so sagt. Auf gewisse Weise unernst spielten sie mit all den Versatzstücken, die herumlagen. DAF wurde, wie gute Popkultur es braucht, zum Public Enemy No.1 – um sich dann in einen akzeptierteren Teil des Kulturkanons zu wandeln. Damals fühlte sich das aufregend und gefährlich an, in einer Zeit vor Rammstein, Laibach und Die Krupps. Bei DAF handelte es sich mehr um eine Art »Deutsche Abarbeitungs-Front«. Es hagelte Frage-

Vorige Doppelseite: In der Lobby des Hotels in London zum Interview mit Hilsberg
FOTOS: ALFRED HILSBERG

zeichen von allen Seiten und einen schwelenden Nazi-Verdacht. Niemand konnte sich so richtig über diese originäre, große Band freuen. Nicht ohne Grund war die 68er-Bewegung in Deutschland so stark gewesen wie in keinem anderen europäischen Land: wegen unserer Nazi-Vergangenheit.

Die Engländer, für die Popkultur ein so wichtiger Teil ihres Alltags ist, griffen schneller zu. Weniger vorbelastet und das Spielerische im Image von DAF erkennend, sah Daniel Miller früh die Größe und den Impact, die DAF hatten. Als Virgin dann mit geballter Kommerzialisierungskraft DAF signte, stand einer steilen Karriere nichts mehr im Wege. Nach Krautrock und Kraftwerk endlich eine neue, glaubwürdige, spannende deutsche Popkultur. Das hat so eine Wucht und einen solchen Schwung gekriegt, einer der guten großen Rock-'n'-Roll-Momente, selbst für deutsche Verhältnisse. Vorher hatte kein Mensch darüber nachgedacht, wie man so etwas vermarkten kann. Diese Naivität, einfach loszubrettern, und dann dieser gegen alle Marktgesetze haltende Hilsberg und all die Verrückten. Diese Wucht hatte keiner kommen sehen. Selbst während der Konzerte hat keiner geglaubt, dass das gerade wirklich stattfindet. Deutschland hatte mal kurz die Hosen runtergelassen und geglänzt. Zu der *Alles Ist Gut*-Tour von Virgin hat dann noch immer Hilsberg die Konzerte veranstaltet, zum Beispiel das in der Philipshalle in Zusammenarbeit mit Jochen Hülder. Die Bühne wurde gestürmt und bescherte Düsseldorf bis heute berühmte Stunden. Und ich war mittendrin als Tourmanager. Magische Momente von Unkontrollierbarkeit. Das haben alle geliebt. Wenn man genau analysiert und sich wundert, warum zum Beispiel England so ein gutes Pflaster ist für tolle Bands, dann kommt man schnell dahinter, dass die Leute, die das machen, losgelöst sind und oftmals kaum einen Plan haben. DAF waren groß, weil sie eben auch wahnsinnig waren und keinen Plan hatten. Eine Verspieltheit, kombiniert mit Angstlosigkeit, düsterem Sex und verantwortungsloser Jugend. Ironie und Populismus hämmerten dich aus dem Lautsprecher an und ließen die meisten Deutschen ratlos dastehen. Jeder Engländer jedoch verstand das: Party bis zum Umfallen, Ironie, Arroganz, indirekter Sex – das alles gehört zu guter Popmusik dazu. Und so konnten sich die Engländer über DAF dem »deutschen Wesen« nähern und sich mit dem freudlosen Land in der Mitte Europas anfreunden. DAF sollten das Bundesverdienstkreuz bekommen, im Schulunterricht gespielt werden, eine Straße sollte nach ihnen benannt werden, und sie sollten als Bürgermeister kandidieren. Mindestens. Ich denke, mit diesem Buch ist da schon mal ein Anfang gemacht.

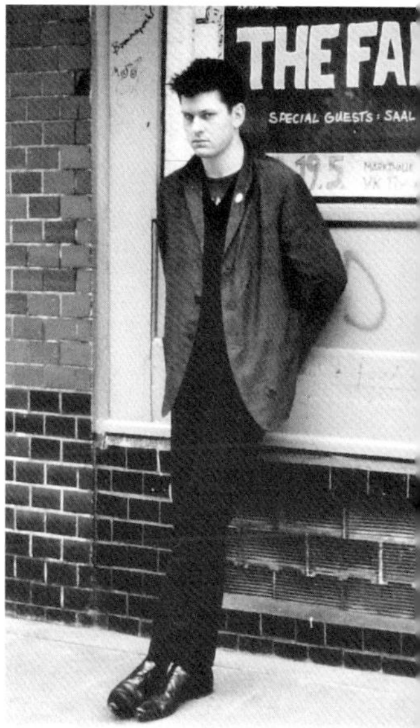

Jäki Eldorado vor dem Plattenladen ›AUS LAUTER LIEBE‹ in Hamburg
FOTO: ILSE RUPPERT

DIE PHILIPSHALLE

Am 17. Juni 1981 fand in der Philipshalle in der Siegburger Straße 15 in Düsseldorf-Oberbilk das Tag der Deutschen Einheit-Festival statt. 14 DM kosteten die Karten im Vorverkauf, 19 DM an der Abendkasse.

Los ging's um 19.00 Uhr. Bislang hatten in der für Großveranstaltungen ausgelegten Halle nur internationale Topacts gespielt. Aber Jochen Hülder, Veranstalter dieses Festivals und späterer Manager der Toten Hosen, glaubte fest daran, die Halle auch mit heimischen Bands voll zu bekommen. Und er sollte recht behalten. Eingeladen hatte er Fehlfarben, Palais Schaumburg und Wirtschaftswunder. Und als Headliner: DAF. In den großen Konzertsaal der Philipshalle passen rund 4000 Menschen, die an diesem Abend auch da waren. Was deutlich zeigt, dass die dort spielenden Bands ihren Nischen längst entwachsen waren. Das war kein Spaß mehr, spätestens jetzt wurde es ernst. Einen Großteil des Publikums hatte allerdings DAF angelockt, die spätestens seit dem Erscheinen der *Alles Ist Gut* im April nicht mehr nur Szene-Stars waren. Die Musikpresse hatte sich auf sie gestürzt.

Der 17. Juni 1981: Der Jahrestag des Aufstands vom 17. Juni 1953 in der ehemaligen DDR – ein Feiertag in Deutschland, ein Fest für die Philipshalle, ein Heimspiel für DAF
FOTO LINKS: AR/GEE GLEIM RECHTS: GEORGE NICOLAIDIS

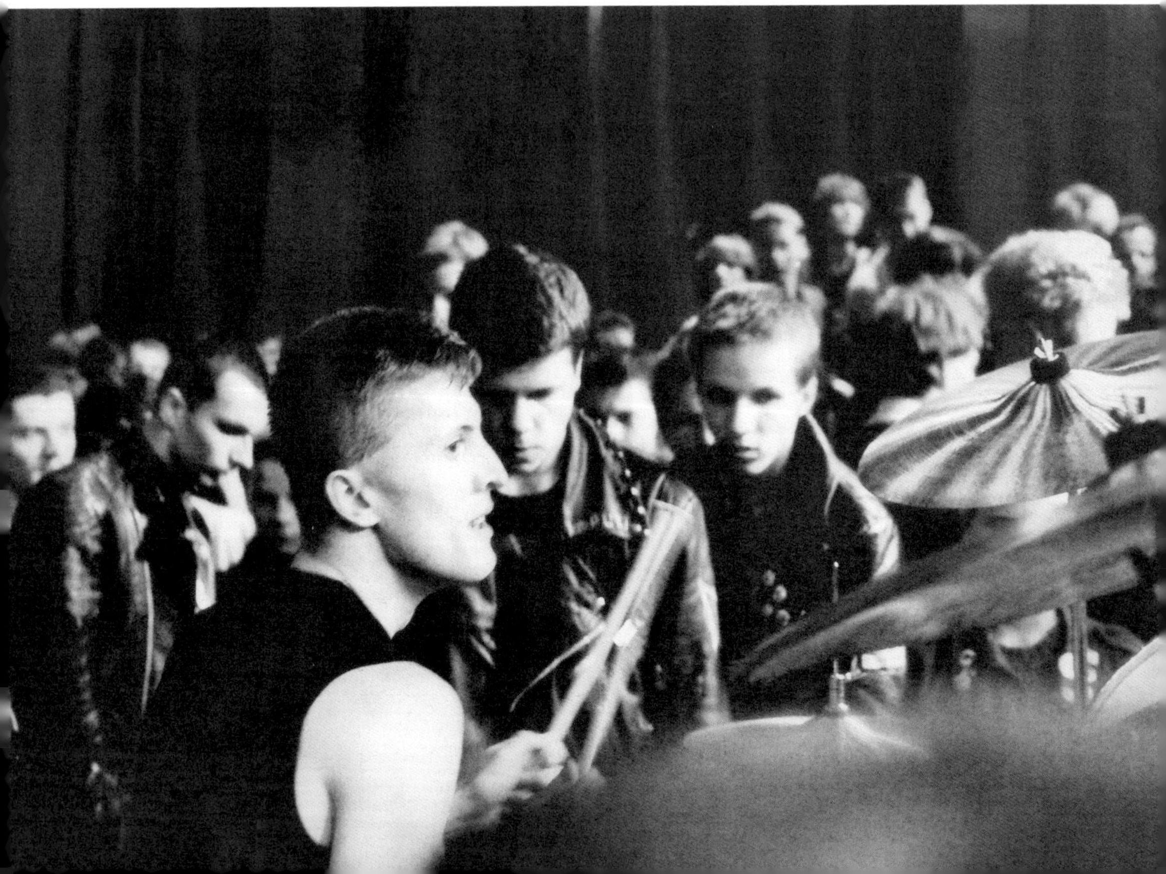

DAF kannte plötzlich jeder. Und jeder wollte hören, wie er klingt, dieser wilde, zukunftsträchtige Sound, von dem alle redeten.

Als um 18 Uhr der Einlass begann, drängten die Massen Richtung Bühne. Die Stimmung war spannungsgeladen, Unruhe lag in der Luft, ohne dass es einen bestimmten Grund dafür gegeben hätte. Aber es war klar, dass dieser Abend auf die ein oder andere Weise eskalieren würde.

Die Reihenfolge, in der die Bands auftreten würden, stand bis kurz vor Beginn nicht fest. Während man vor der Bühne ungeduldig darauf wartete, dass es endlich losging, diskutierte man hinter der Bühne, wer als Erstes spielen sollte.

Gerangel unter dem Publikum, Gerangel unter den Bands. Nur eins wagte niemand infrage zu stellen: dass DAF als krönender Abschluss spielen würde. Auch wenn die anderen drei Bands längst keine Regionalkapellen mehr waren, war klar, dass DAF mittlerweile in einer völlig anderen Liga spielte. Was der Verlauf dieses Abends endgültig besiegeln sollte.

Palais Schaumburg zog das Los, den Anfang machen zu müssen. Ziemlich verloren standen sie auf der Bühne in der trostlosen Halle, die nicht gerade für architektonische Raffinesse bekannt

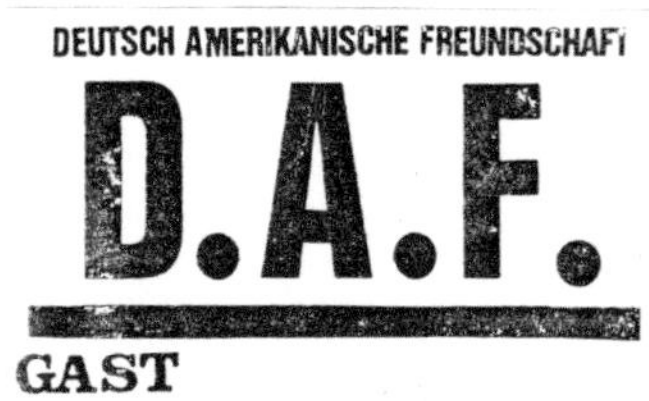

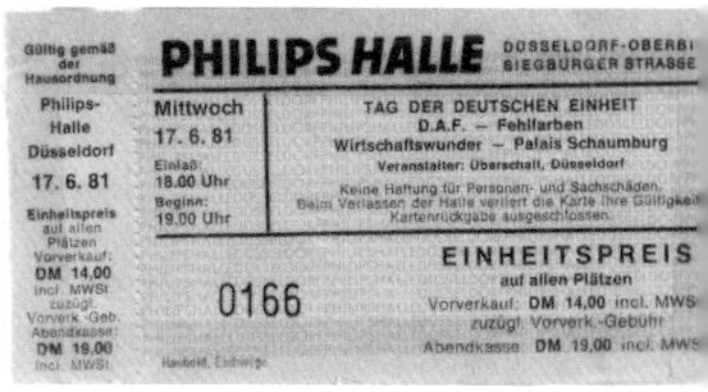

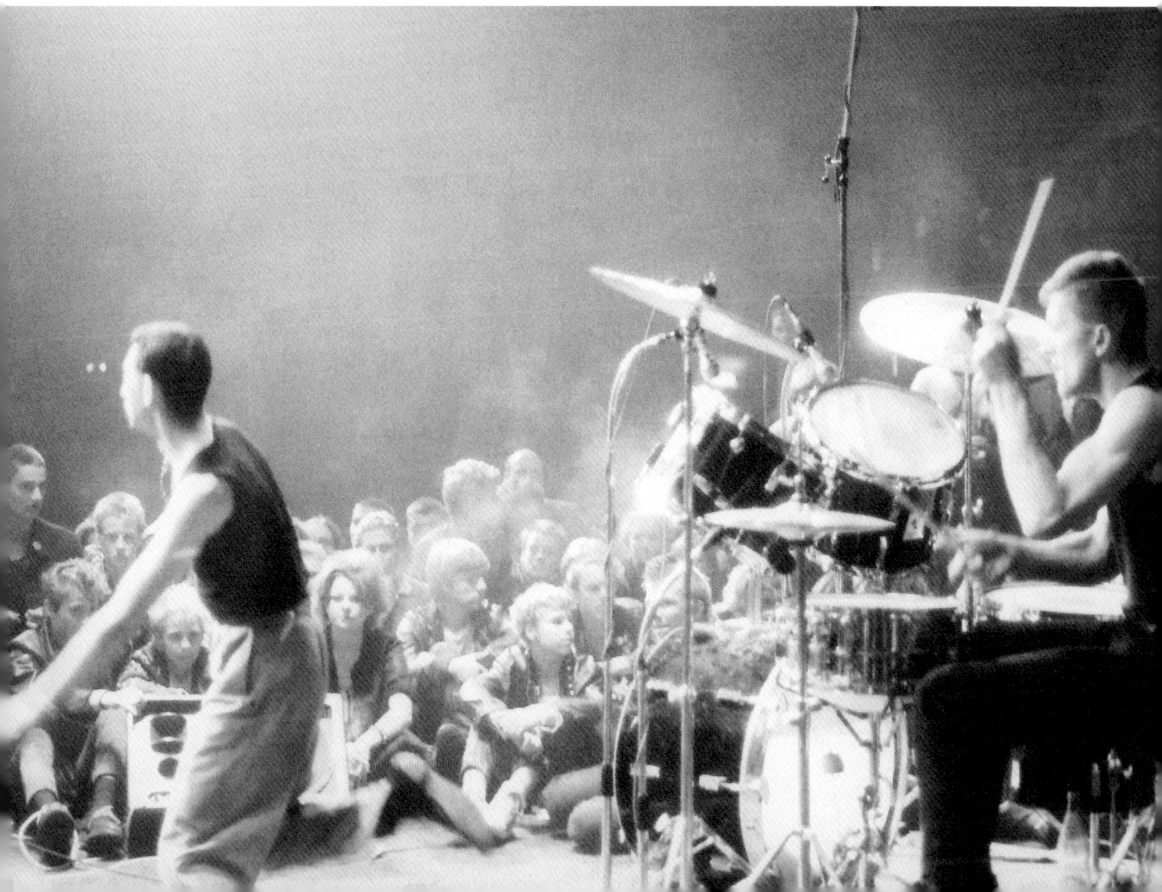

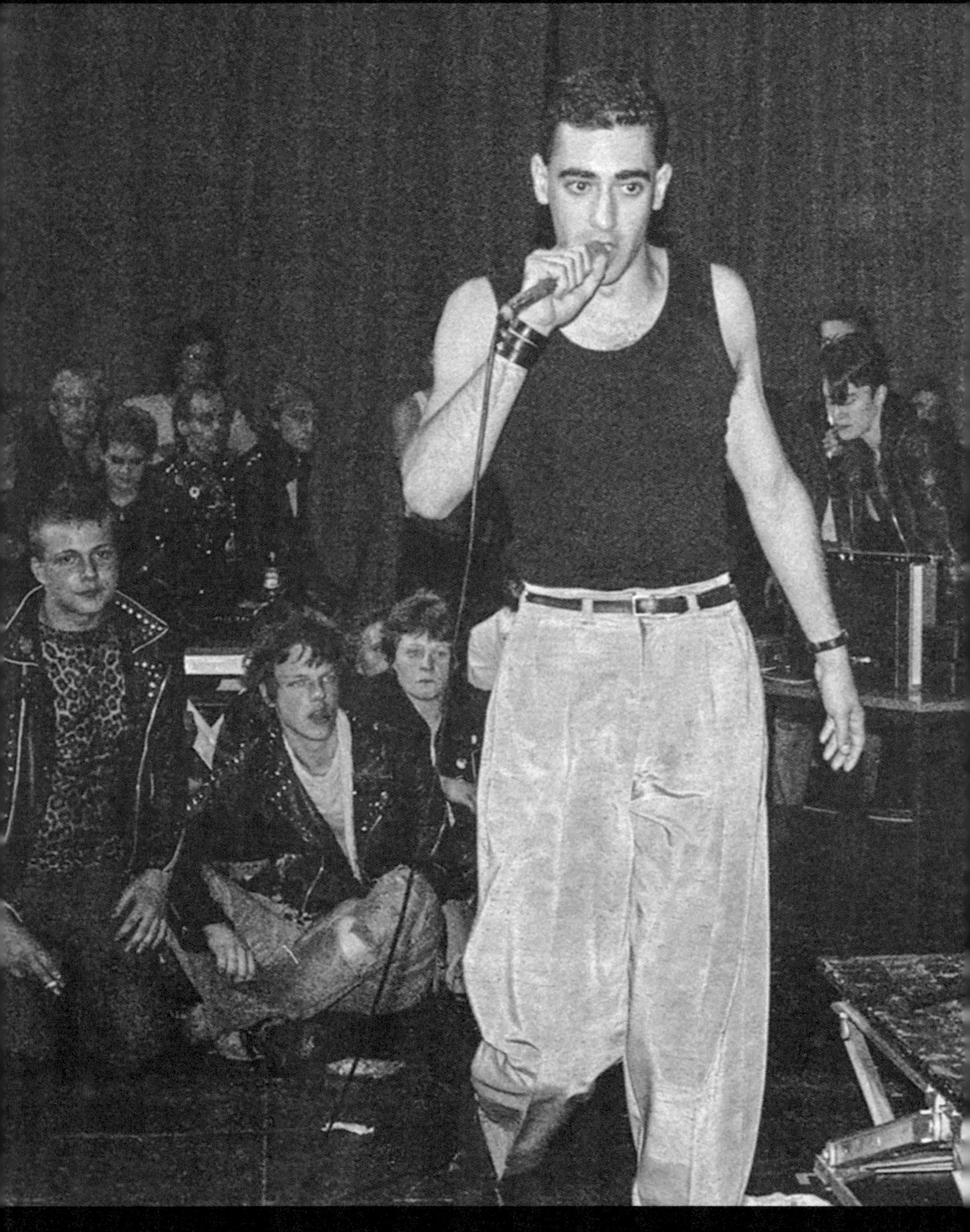

Philipshalle, 17. Juni 1981

FOTO: BERNHARD SCHAUB

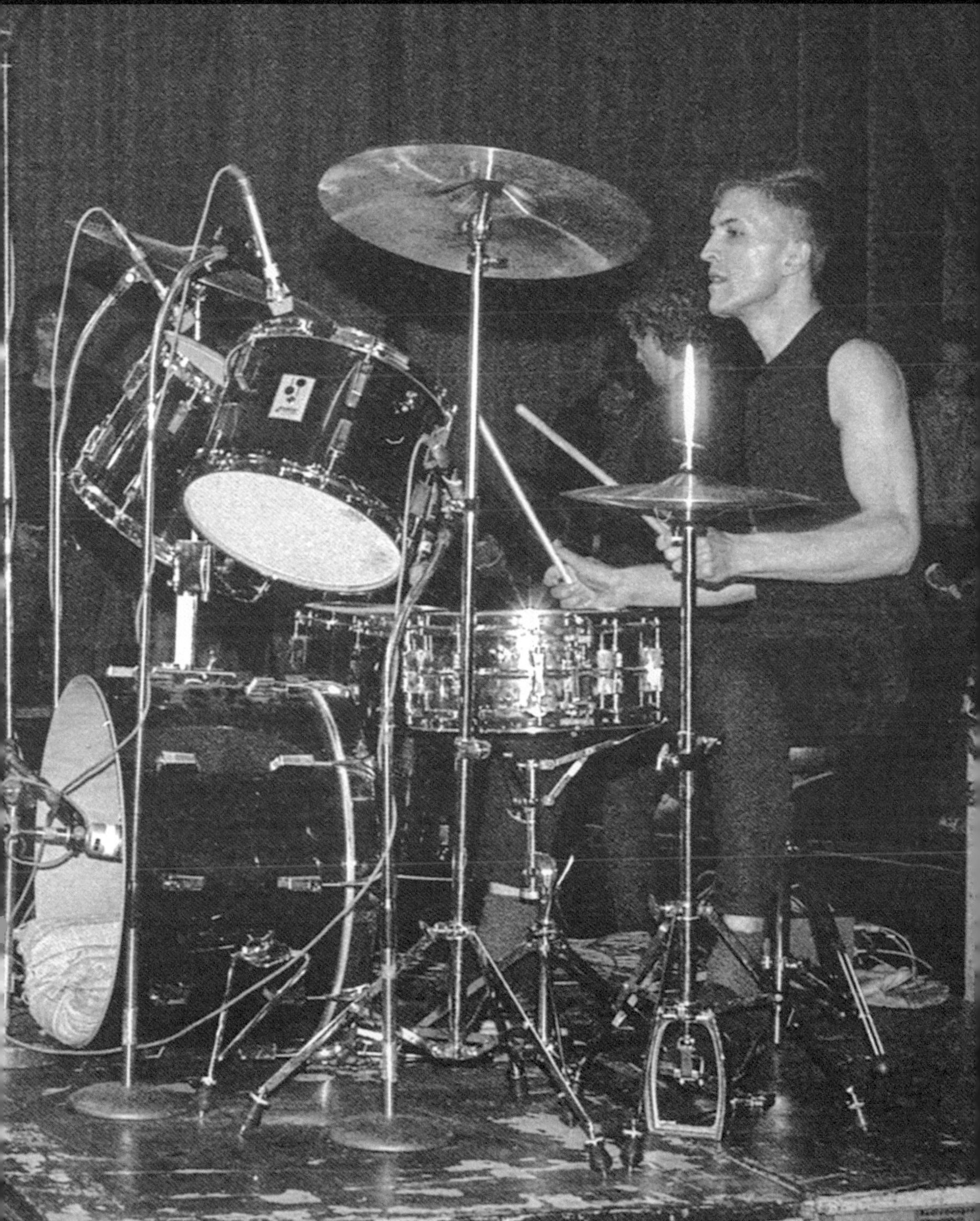

war. Die Begeisterung hielt sich in Grenzen, der Unmut allerdings auch – noch. Teile des Publikums zogen sich ins Foyer zurück. Das war nun wirklich nicht die Art von Musik, für die sie angetanzt waren.

Der Auftritt von Fehlfarben war, gelinde gesagt, ein Debakel. Peter Hein hatte zwei Wochen zuvor die Segel gestrichen, und so stand er nun statt singend auf der Bühne das Trauerspiel begutachtend im Publikum. Seine Stelle am Mikrofon hatte Thomas Schwebel eingenommen. Es dauerte nicht lange, bis die ersten Buhrufe Richtung Bühne flogen, gefolgt von Beschimpfungen, allerlei Gegenständen und brennenden Klopapierrollen. Uwe Jahnke wirkte komplett in Weiß gekleidet ohnehin wie ein Fremdkörper vor der Kulisse des komplett schwarz gekleideten Publikums. Als aber schließlich jemand aus den vorderen Reihen einen Pappteller voller Senf nach ihm warf, steuerte der Auftritt zielstrebig seinem

Philipshalle, 17. Juni 1981
FOTOS: BERNHARD SCHAUB

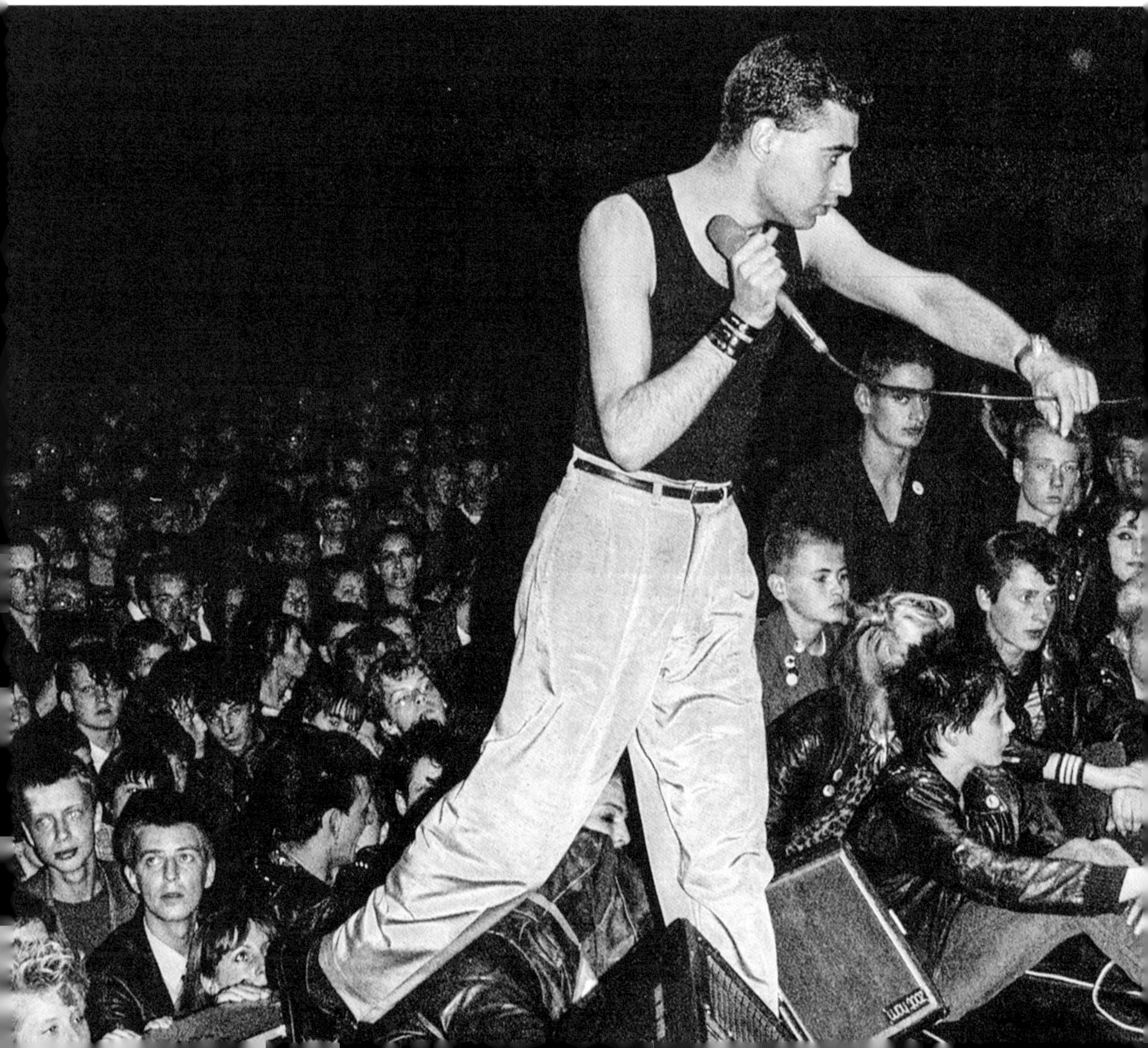

absoluten Tiefpunkt entgegen. Teile des Publikums kämpften sich auf die Bühne durch, und von da an war die Band mehr damit beschäftigt, sich gegen Unmut und Handgreiflichkeiten zu verteidigen, als ihr Programm zu spielen. Da war Krieg. Und außer durch sofortigen Rückzug stand keine Schadensbegrenzung in Aussicht.

Der Großteil des Publikums, der wegen DAF da war, wollte eben nicht Fehlfarben sehen und auch nicht Wirtschaftswunder. Und Palais Schaumburg, denen ein Popper-Image anhaftete, schon gleich gar nicht. Vielleicht war auch die Zusammenstellung der Bands für diesen Abend nicht zu glücklich gewählt.

Doch dann war es endlich so weit. DAF betrat die Bühne.

Ihr Auftreten, ihre Aura, ihr Outfit – alles an ihnen strahlte diese bedingungslose Härte aus, wegen der man gekommen war. Augenblicklich kippte die Stimmung. Mit dem ersten Ton schlug

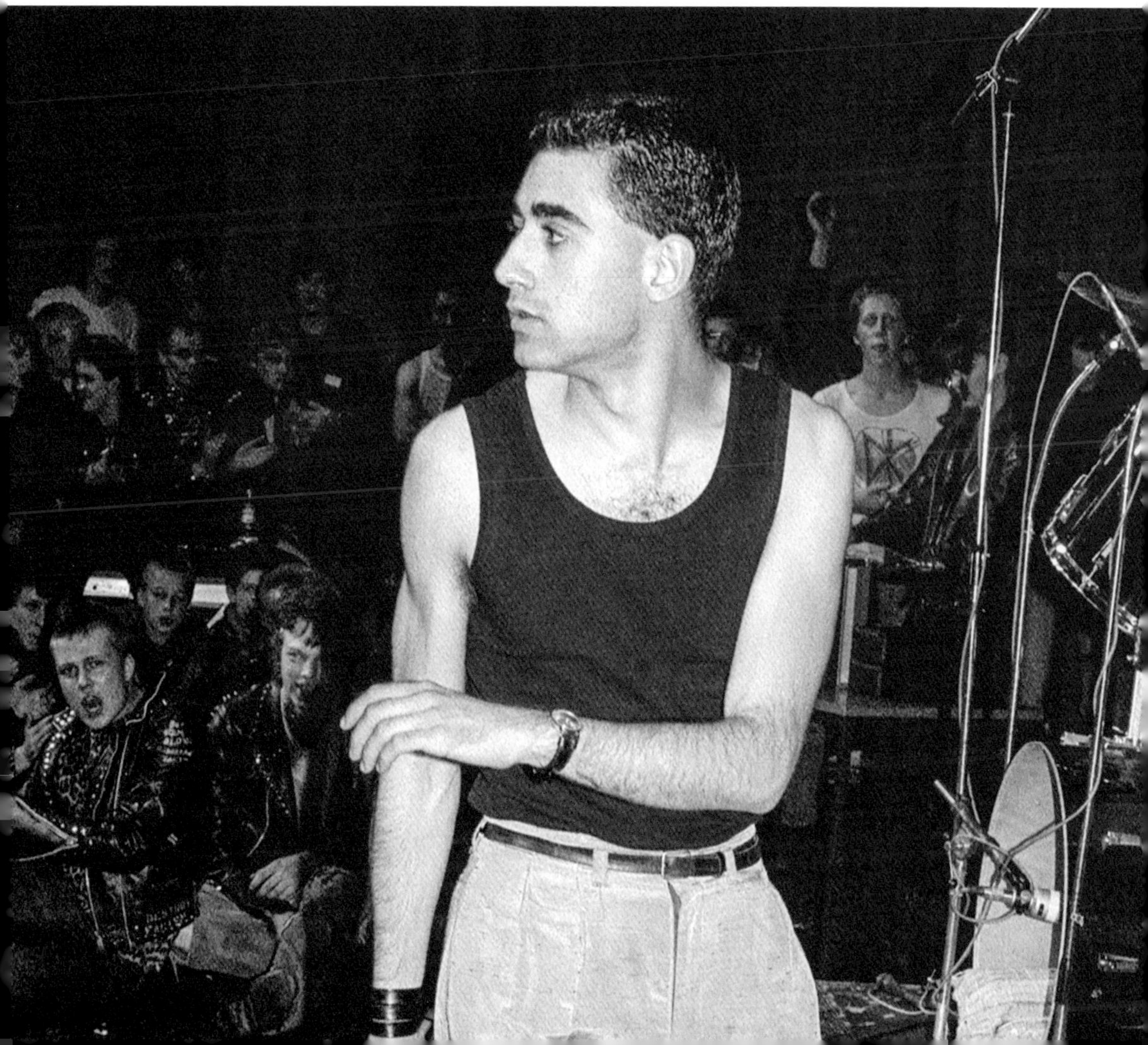

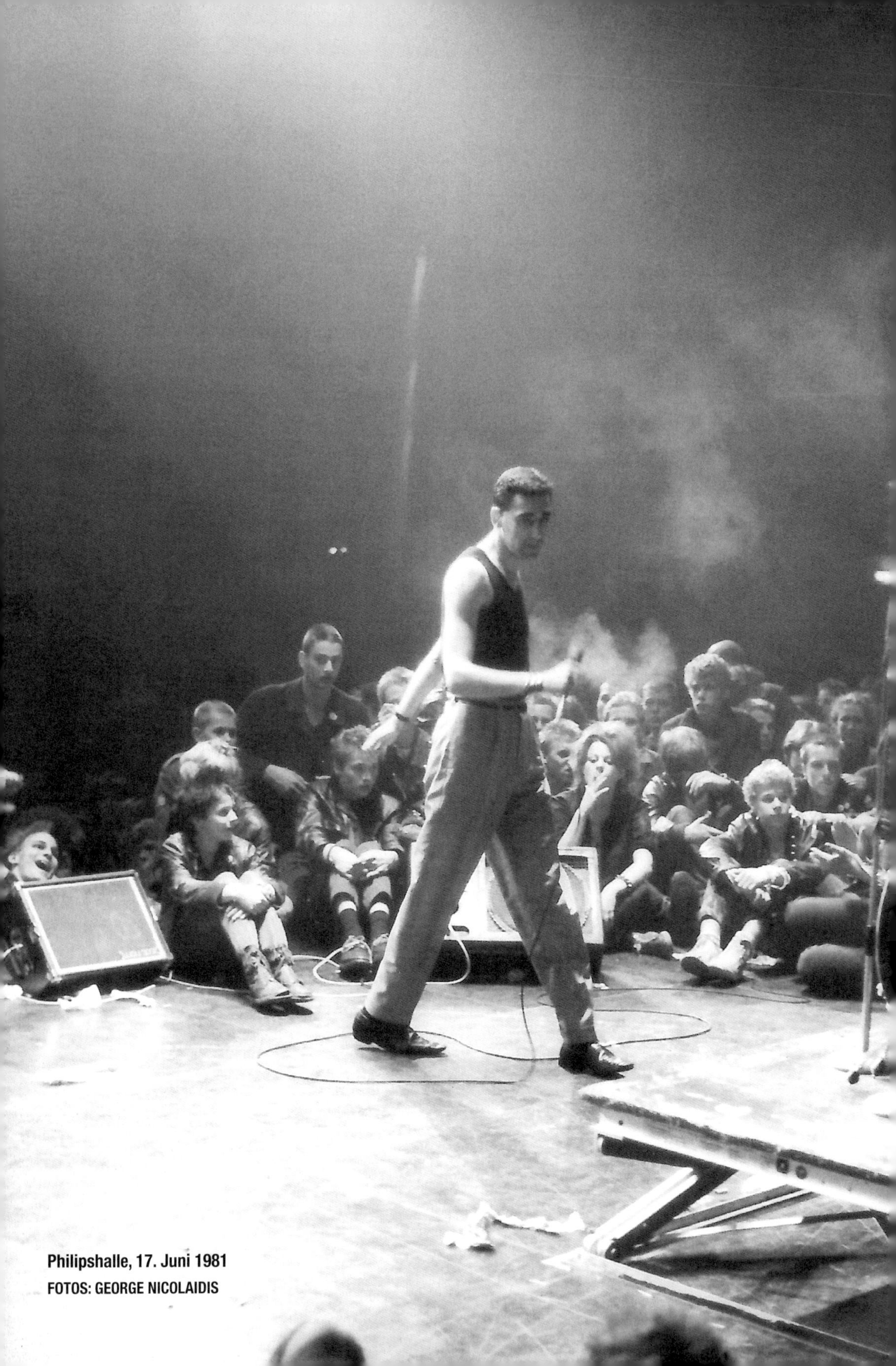

Philipshalle, 17. Juni 1981

FOTOS: GEORGE NICOLAIDIS

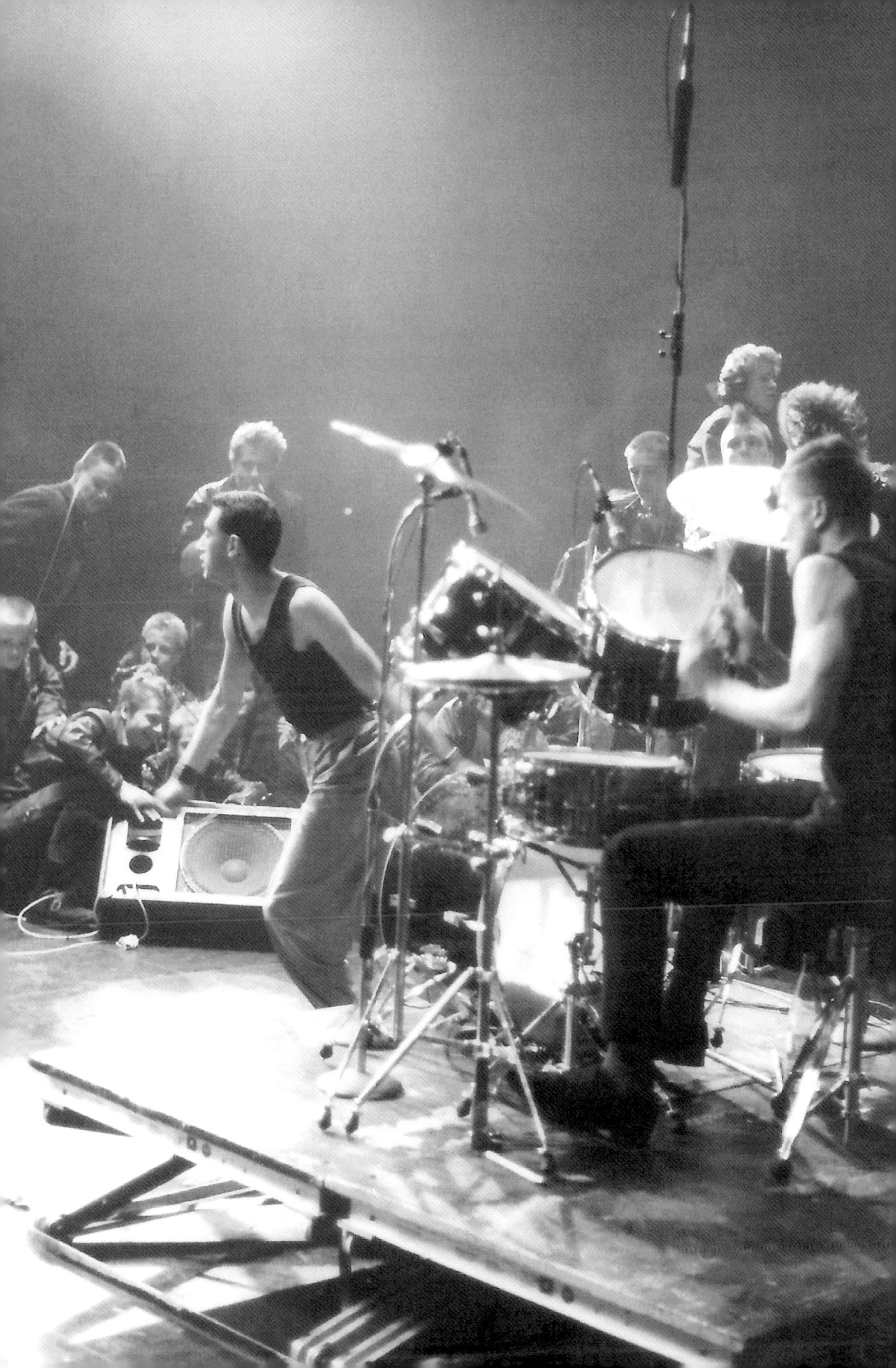

all die angestaute Aggression, die in der Luft lag, um in Energie. In positive Energie. Und plötzlich war es gut, dass der karge Veranstaltungsraum durch nichts von dem ablenkte, was jetzt passierte. Im Gegenteil: Er schien wie gemacht für den straighten, schnörkellosen Beat, der ihn jetzt völlig ausfüllte. Schlagzeug und Sequenzen stampften durch die Publikumsreihen, gleich einer Kriegstrommel, die ein Söldnerheer aufs Schlachtfeld führt. Von der Bühne prangte ein imposanter Turm aus 20 Kassettendecks. Robert Görl: »Conny hat das dann alles geordert, und während wir unterwegs waren, kam das in seinem Studio an. Die mussten ja alle technisch verlinkt werden – das hat wahrscheinlich Connys Techniker gemacht. Stell dir vor, du hast 20 Tape-Rekorder. Dann kommen da hinten ja 20 Ausgänge raus. Und alle diese 20 Stereoausgänge müssen in ein Mischpult rein. Das ist dann im Endeffekt so ein dicker Kabelschlauch. Anders funktioniert das ja

Philipshalle, 17. Juni 1981
FOTOS DIESE UND DIE NÄCHSTEN DOPPELSEITEN: AR/GEE GLEIM

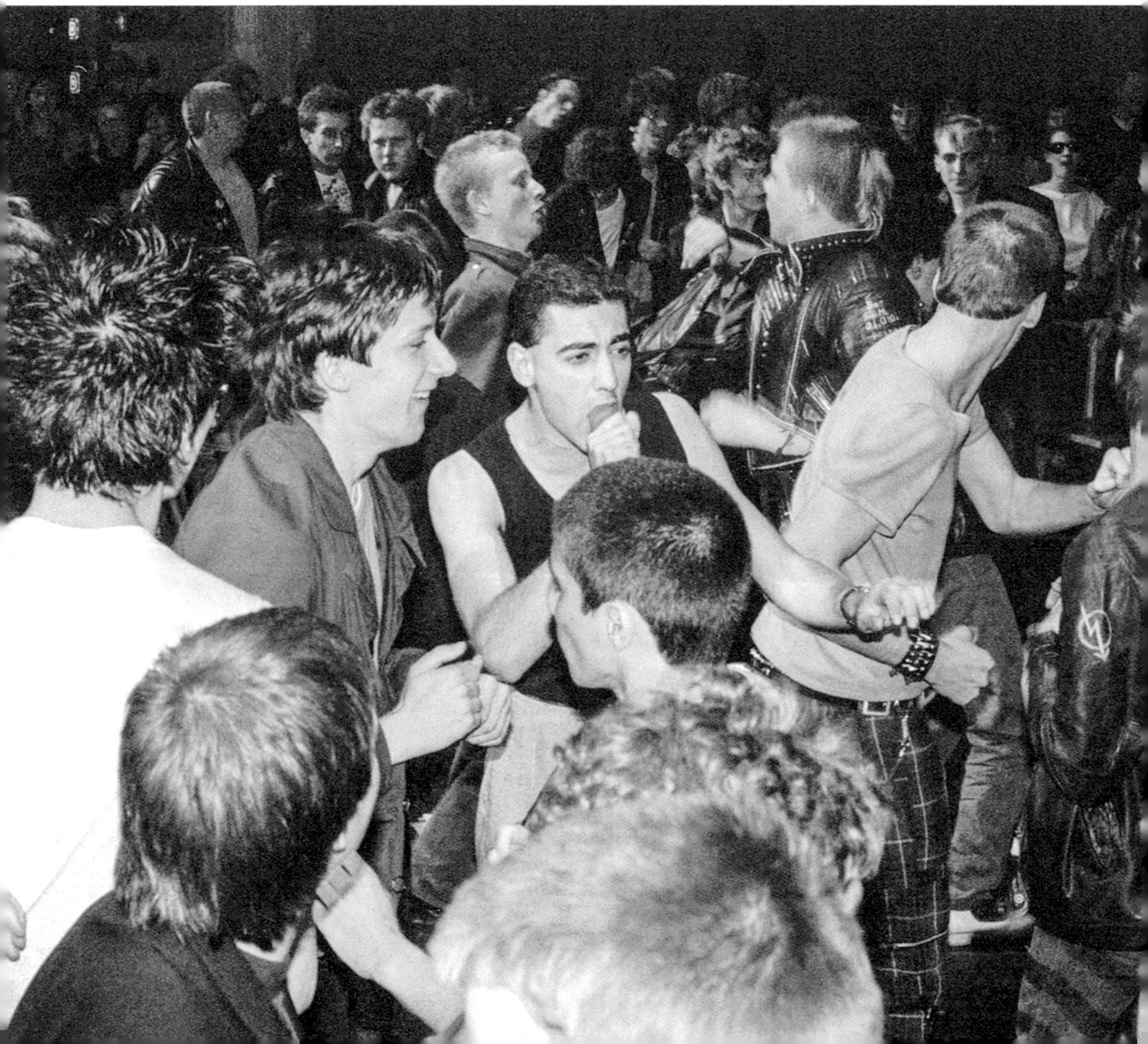

nicht. Ganz professionell alles. Und wie gesagt: Während wir dann noch mit Tina unterwegs waren, haben die bei Conny dieses Ding gebastelt, und das war dann ready für die Philipshalle. Conny ist dann mit dem ganzen Zeugs da aufgeschlagen.«

Gabi startete mittlerweile selbst die Backing-Tapes. Pro Deck ein Tape, sodass Gabi in der Reihenfolge absolut flexibel war und sogar das Publikum fragen konnte: »Was wollt ihr hören?« Die Energie, die von der Bühne kam, schwappte gleich einer gigantischen Welle ins Publikum, brach tosend über ihm zusammen und riss es mit sich. Es tanzte und sprang wie Ertrinkende in der Flut dieses Sounds. So minimalistisch und doch so kraftvoll war diese Musik. So straight und doch so sexualisiert. Und mittendrin in diesem ekstatisch-anarchischen Treiben Conny Plank mit seinem Mischpult, der eisern die Stellung hielt und sichtlich den Sturm genoss, der um ihn herum tobte. Spätestens jetzt war ihm

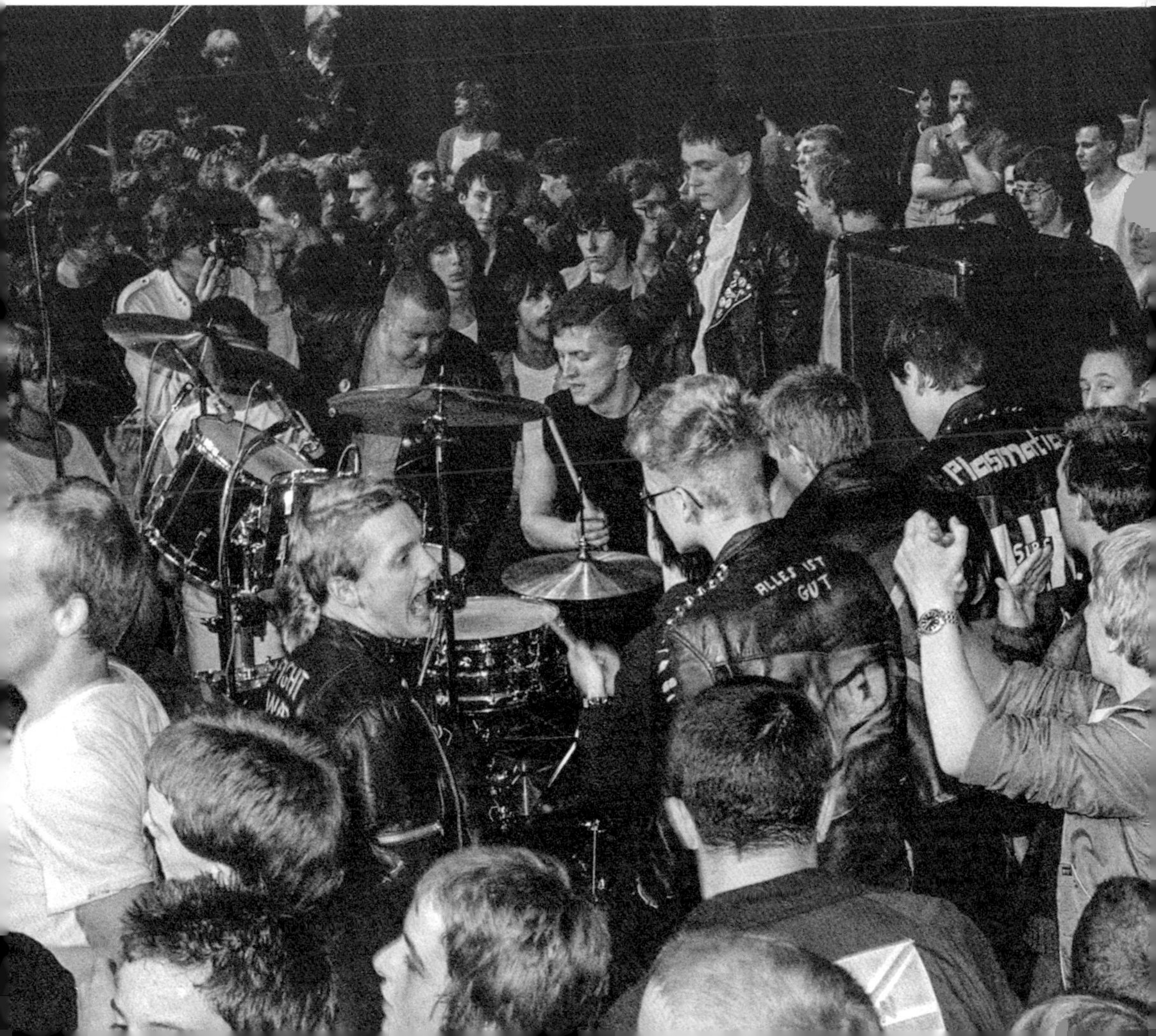

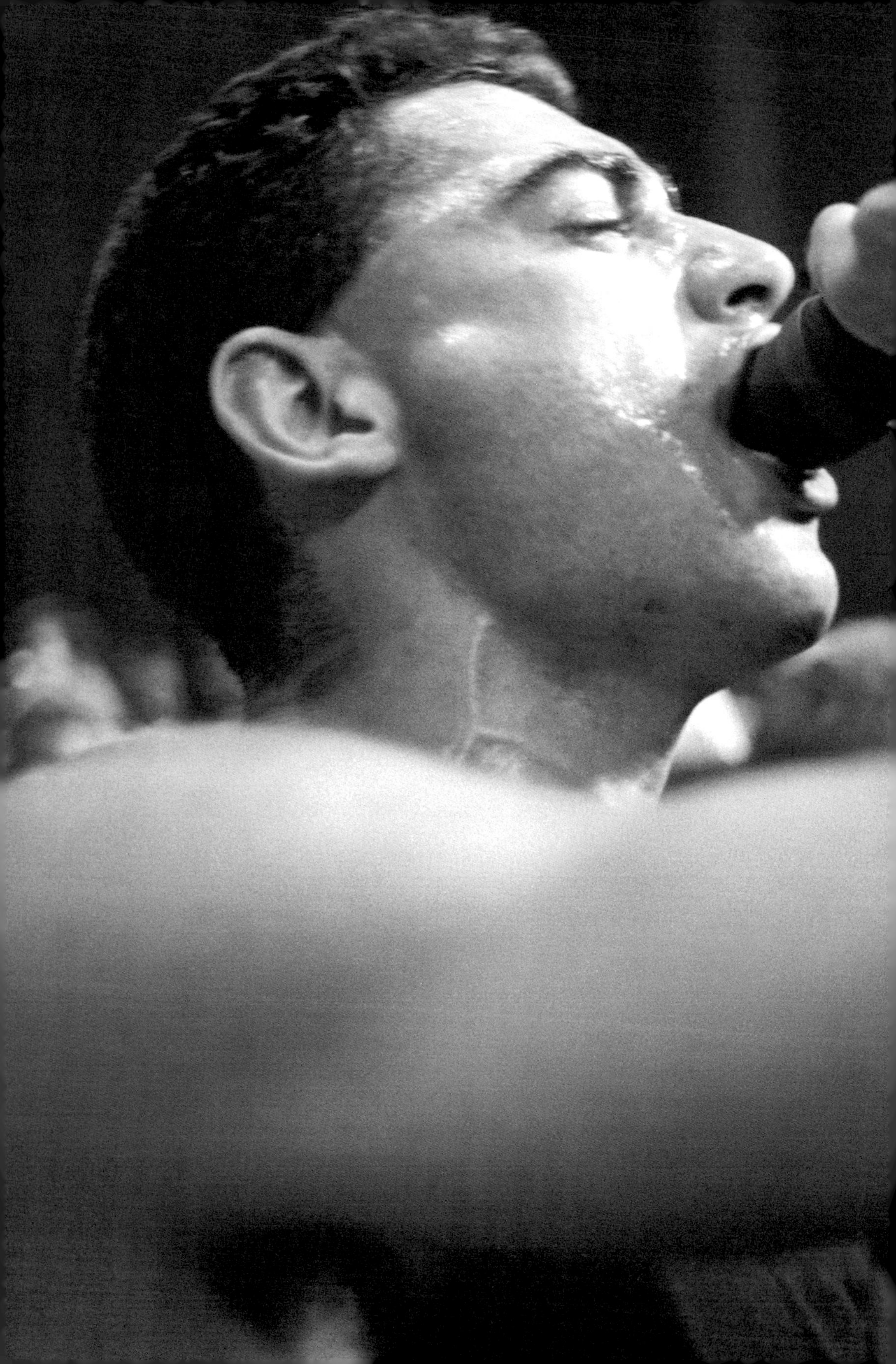

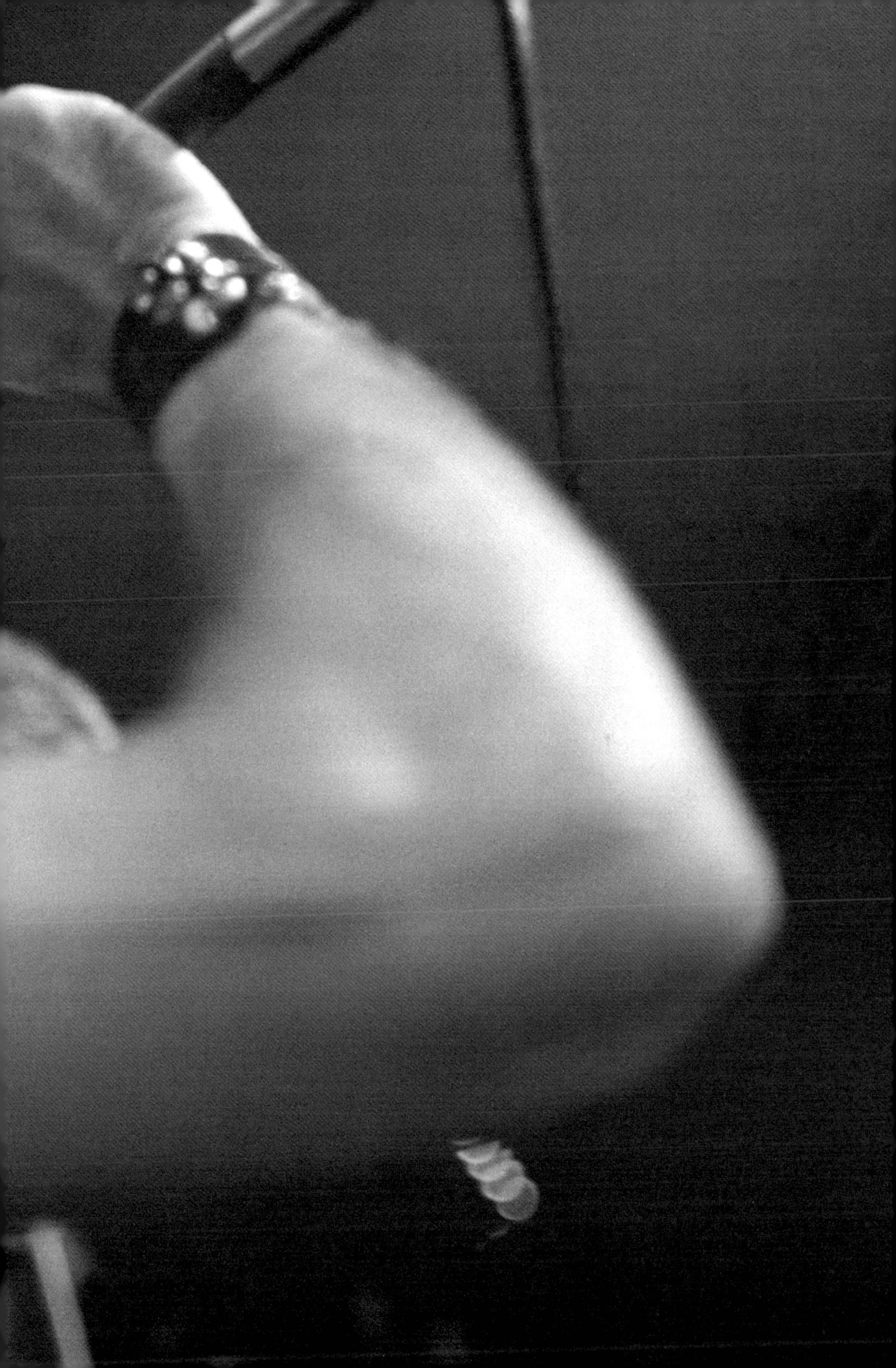

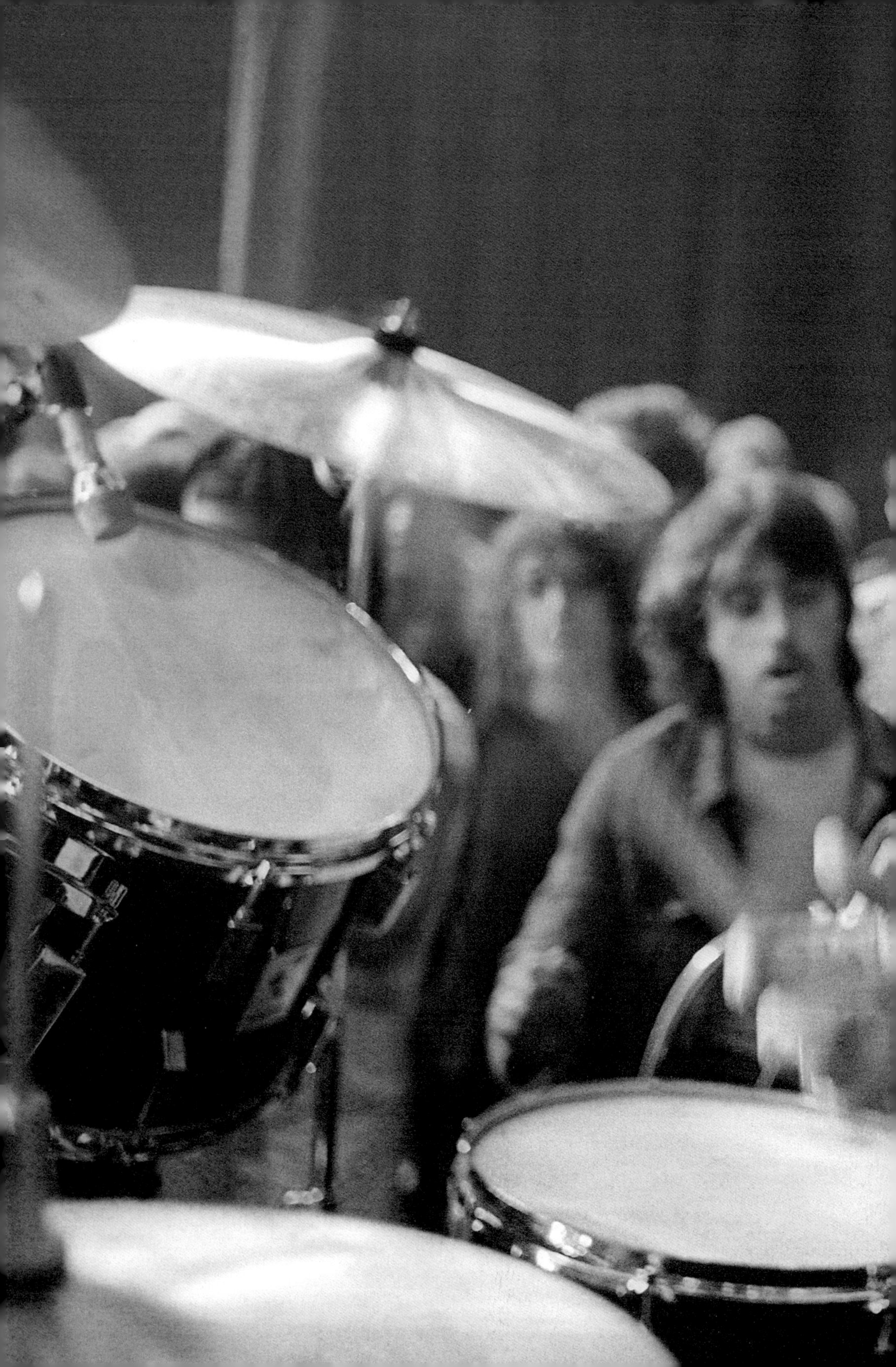

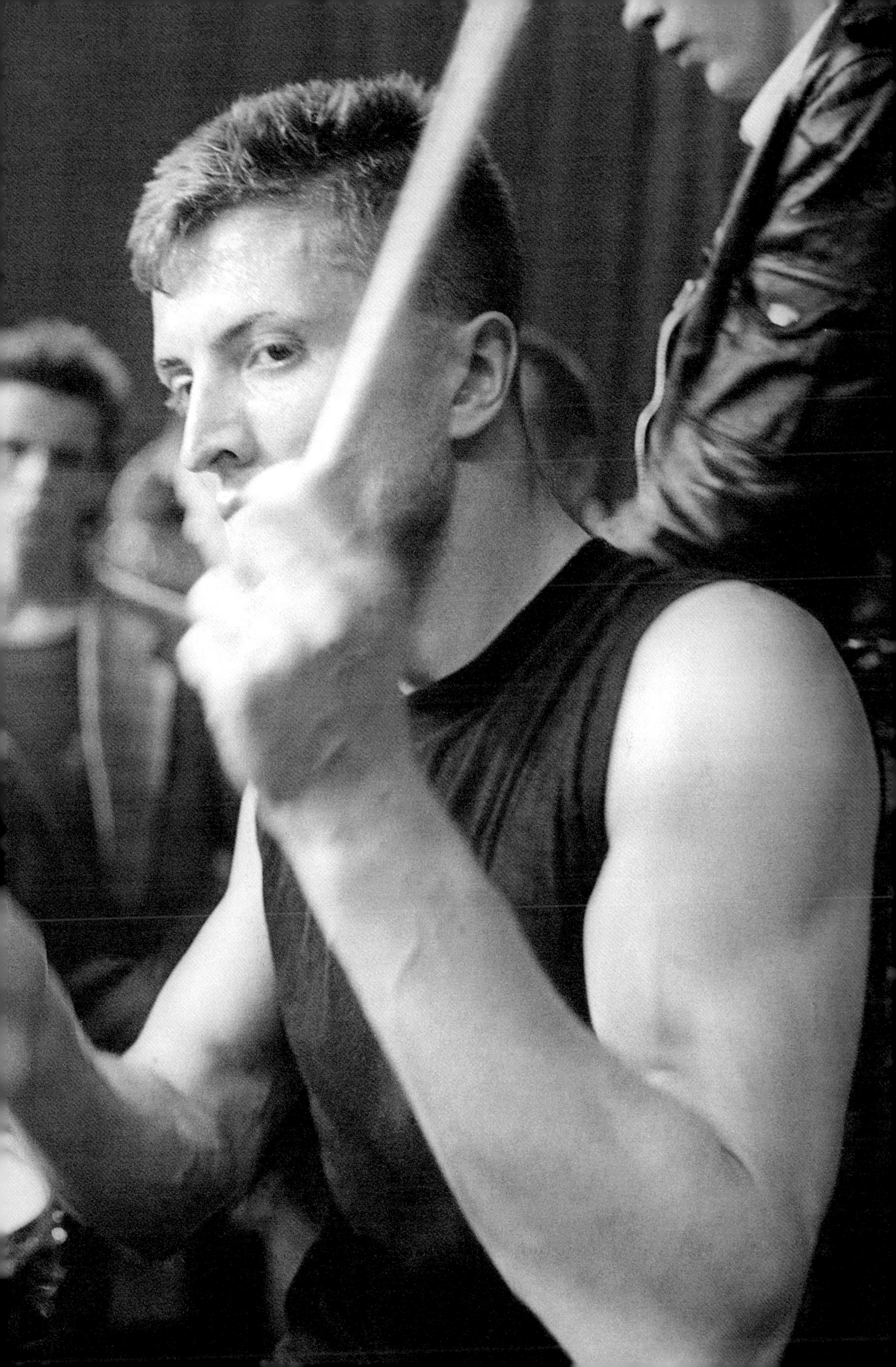

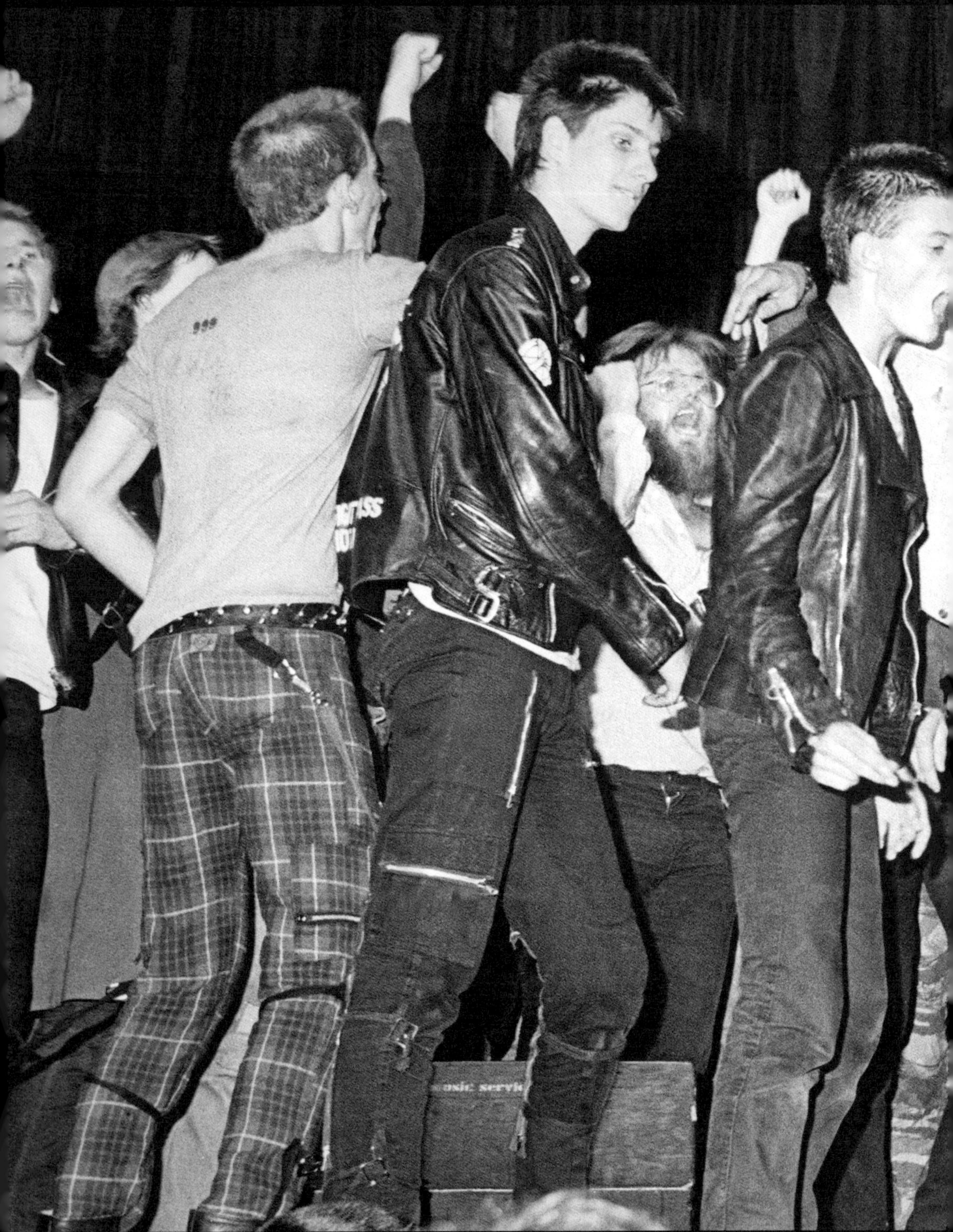

Philipshalle, 17. Juni 1981

FOTO: AR/GEE GLEIM

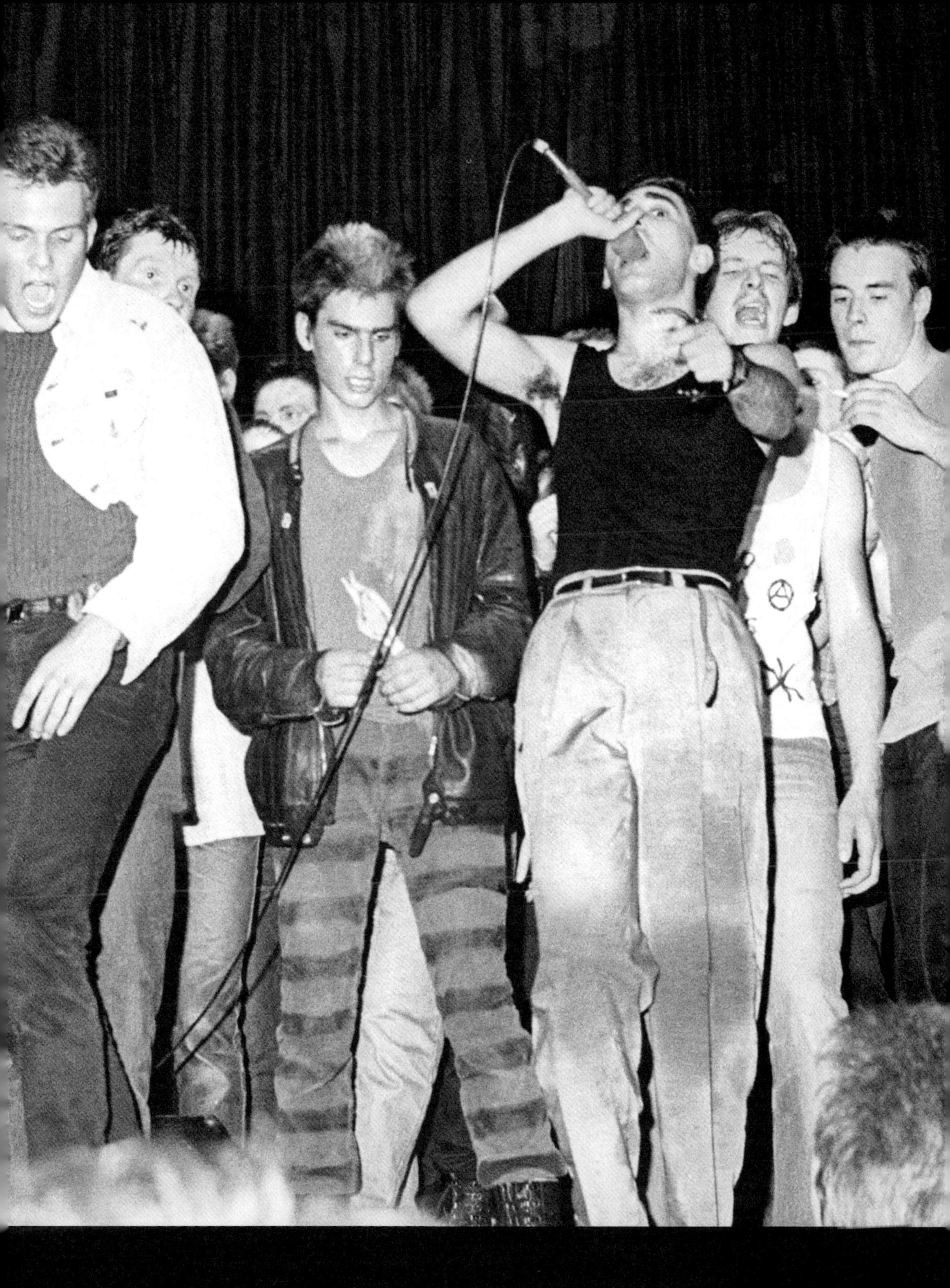

klar, dass er mit seiner Einschätzung, dass dieser neue Sound das Potenzial hatte, um die Welt zu gehen, absolut richtiggelegen hatte. Robert Görl: »Und dann ist auch die Hysterie ausgebrochen. Da haben alle Leute gesagt: Jetzt haben wir's gesehen. Den Unterschied. Für DAF war das Festival ja eine Sensation. Das war wirklich der absolute Höhepunkt, die Philipshalle. Auch Conny hat gesagt, das hat nur Bill Haley geschafft. Es gibt nichts Größeres, als eine komplette Halle in Hysterie zu versetzen.«

Und wieder stürmte das Publikum die Bühne.

Dieses Mal aber nicht Einzelne, sondern Hunderte. Dieses Mal nicht, um die Band von der Bühne zu jagen, sondern um sie zu feiern. Die Welle hatte sich gebrochen und war zurückgerollt. Die Bühne, eine Stahlgerüstkonstruktion, also durchaus massiv, war für einen solchen Ansturm nicht ausgelegt. Sie geriet bedenklich ins Wanken. Was Robert und Gabi aber keineswegs davon abhielt, den euphorisierten Fans das zu geben, wonach sie verlang-

Philipshalle, 17. Juni 1981
FOTOS: AR/GEE GLEIM

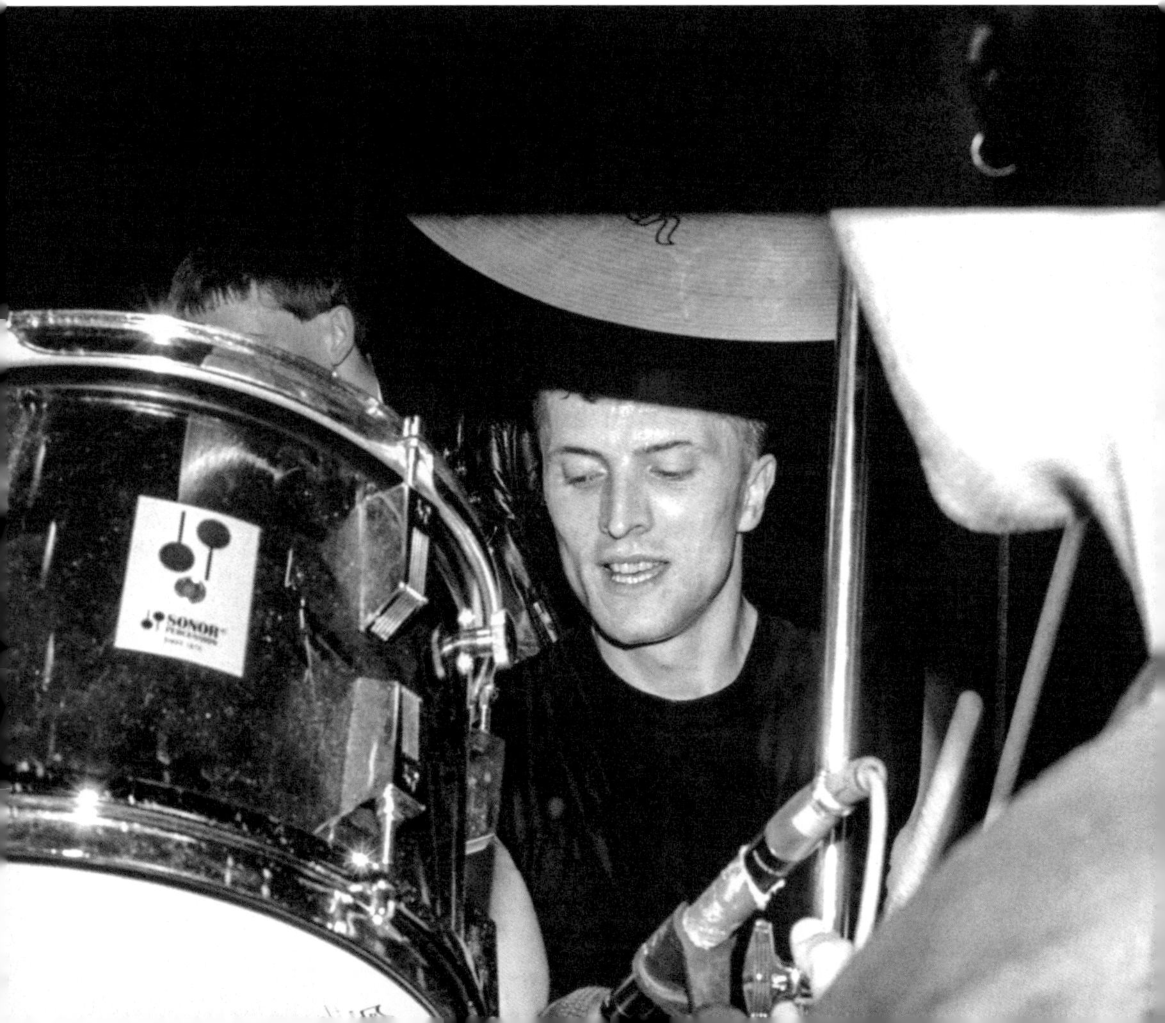

ten: mehr. Bis schließlich Polizei und Feuerwehr die Philipshalle stürmten, um die Lage in den Griff zu bekommen.

Gabi Delgado: »Das Konzert in der Philipshalle war wie eine Explosion, die DAF in die Höhe schoss. Aber bei aller Freude über diesen immensen Erfolg für uns wusste ich, dass ebendiese gewaltige Explosion auch viel zerstört hatte. Ich wusste, dass alle leiseren Zwischentöne, alle Experimente, die nicht auf Power setzten, an diesem Abend vernichtet worden waren. Für DAF war es der Anfang; für neue deutsche Musik als Underground-Bewegung das Ende. So schwang bei mir trotz des großen Erfolgs auch eine gewisse Wehmut mit. Die Zeit des Spielens war vorbei; jetzt kam die Zeit der Arbeit.«

Robert Görl: »Das weiß ich noch, wie Conny nach dem Philipshallen-Konzert zu uns gesagt hat: ›Jetzt gibt es nichts mehr, was euch aufhält, Jungs! Jetzt geht's nur noch in eine Richtung.‹ Für mich ging da ein Traum in Erfüllung.«

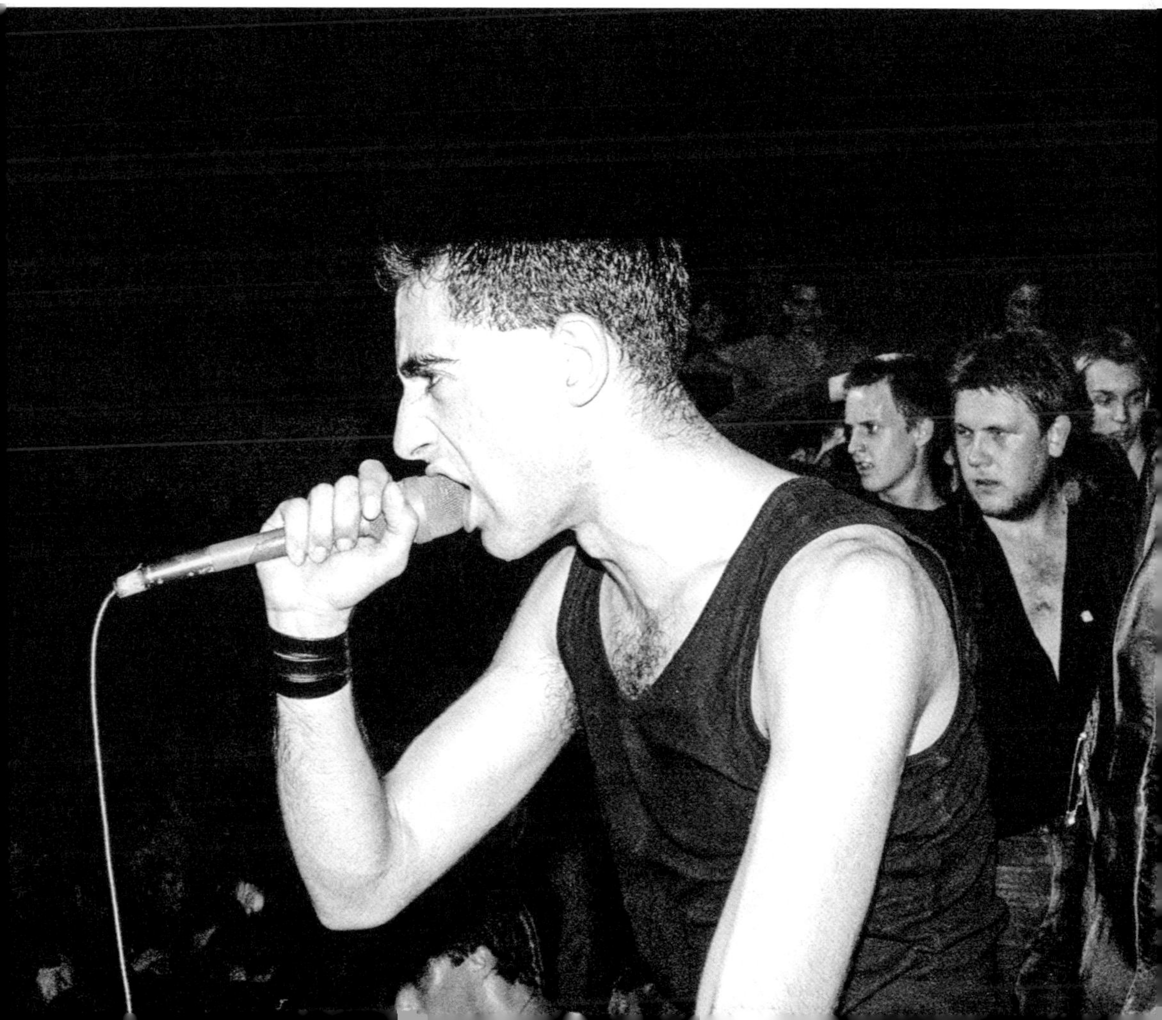

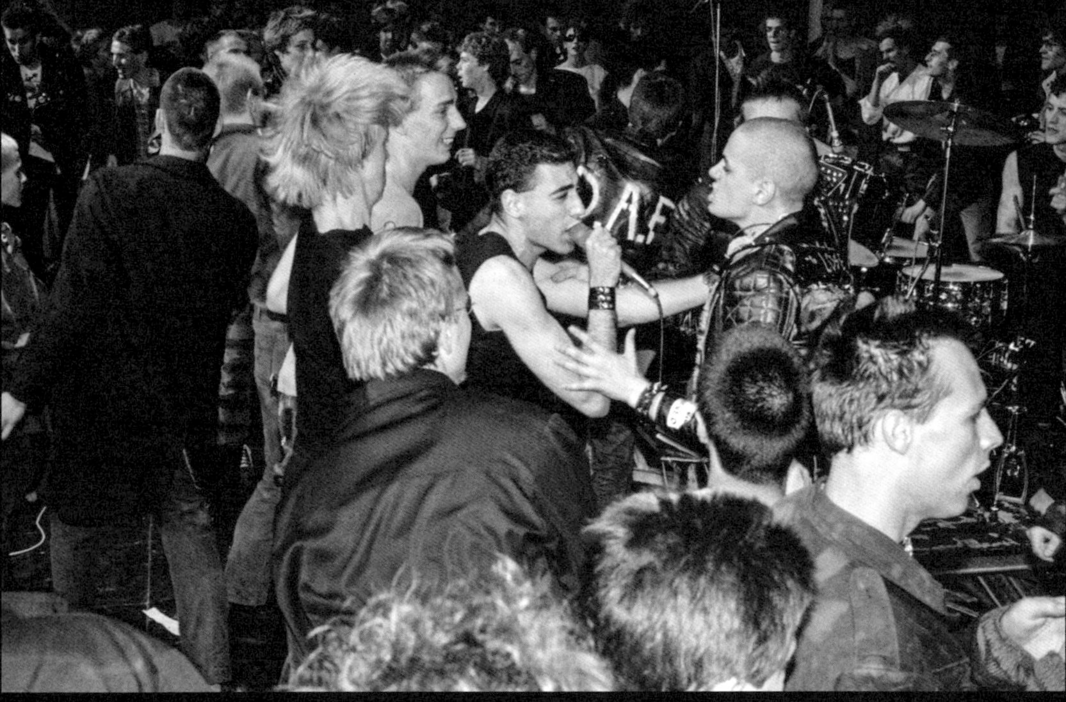

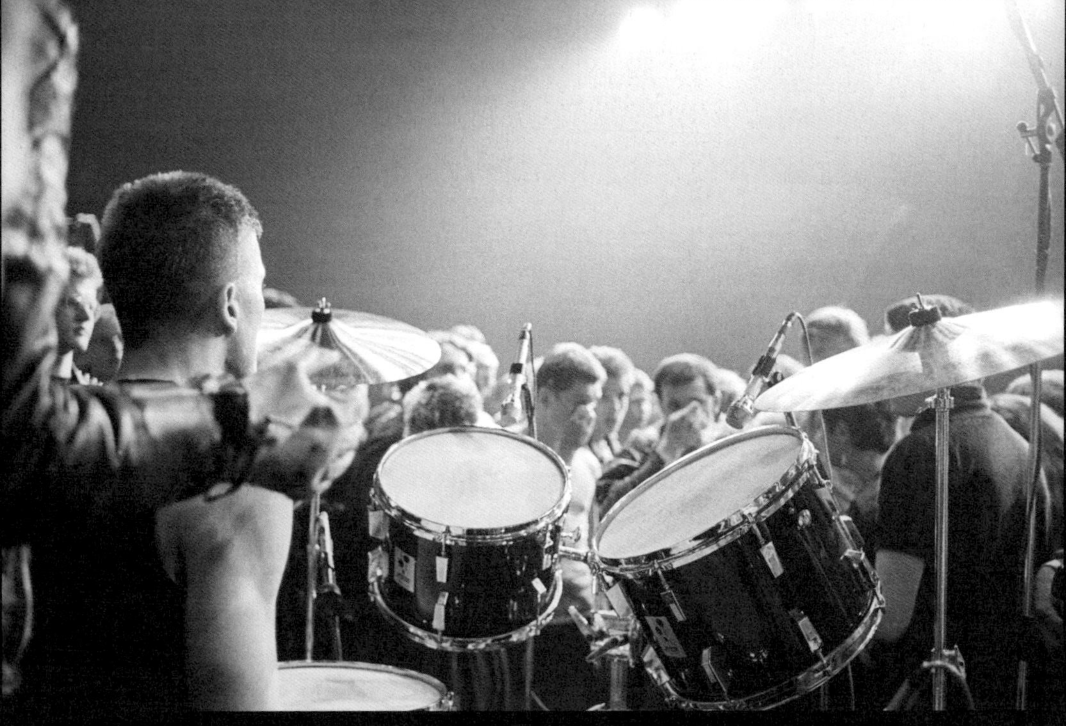

Philipshalle, 17. Juni 1981 FOTO OBEN: BERNHARD SCHAUB, UNTEN: AR/GEE GLEIM

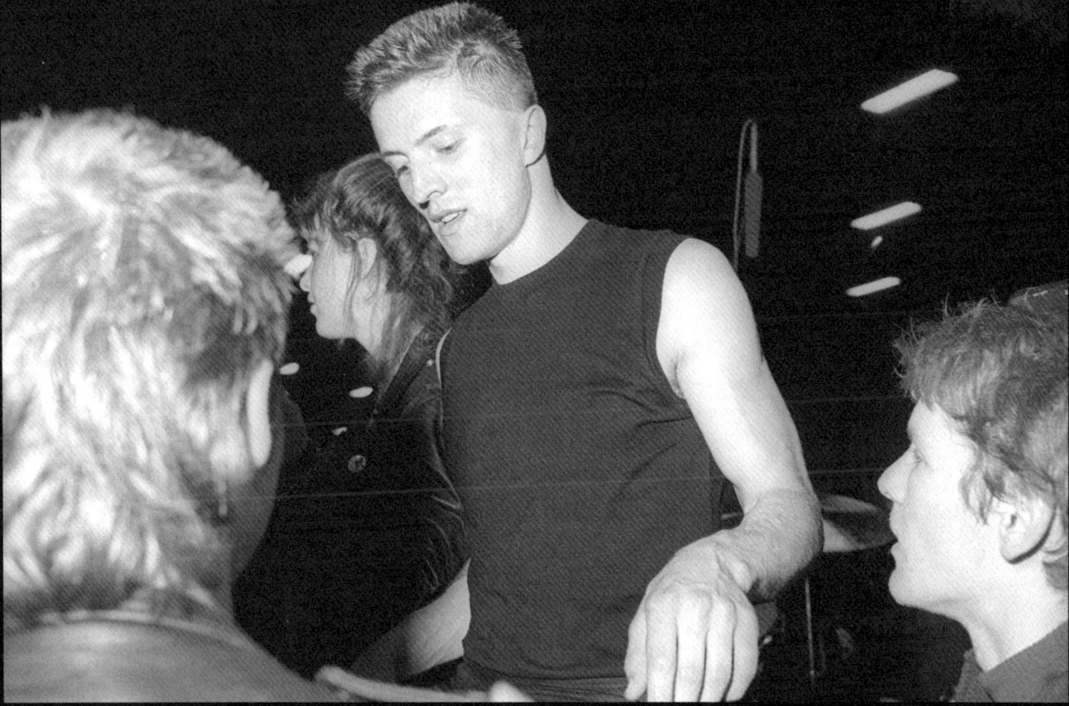

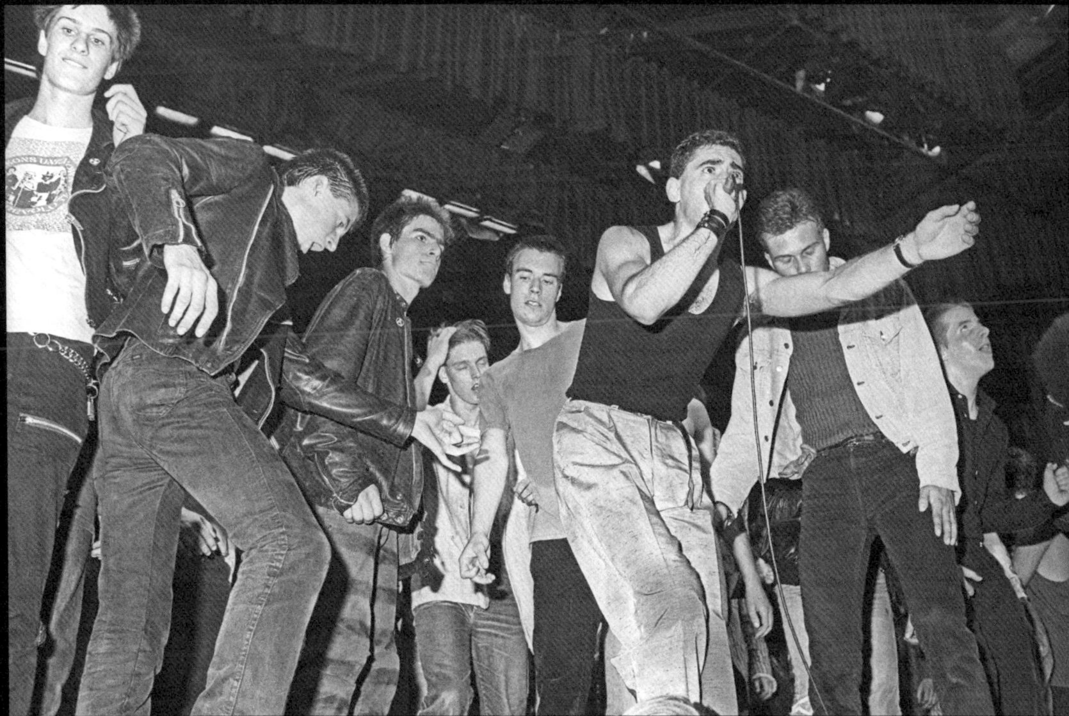

Philipshalle, 17. Juni 1981 FOTOS: AR/GEE GLEIM

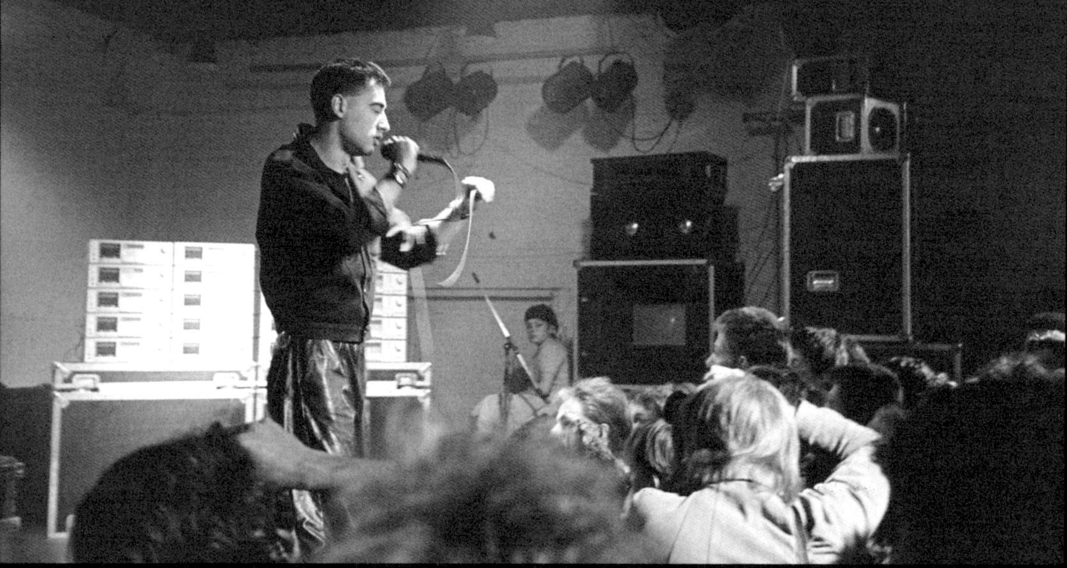

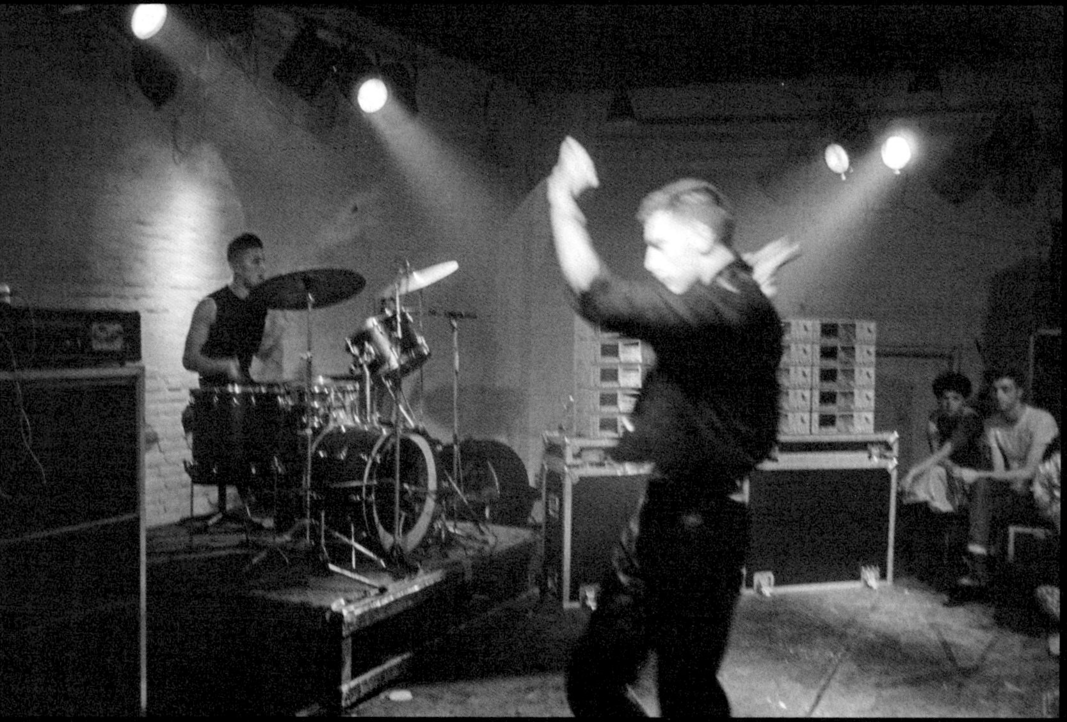

DAF spielen zum zweiten Mal in Eindhoven **FOTOS: PETER COX**

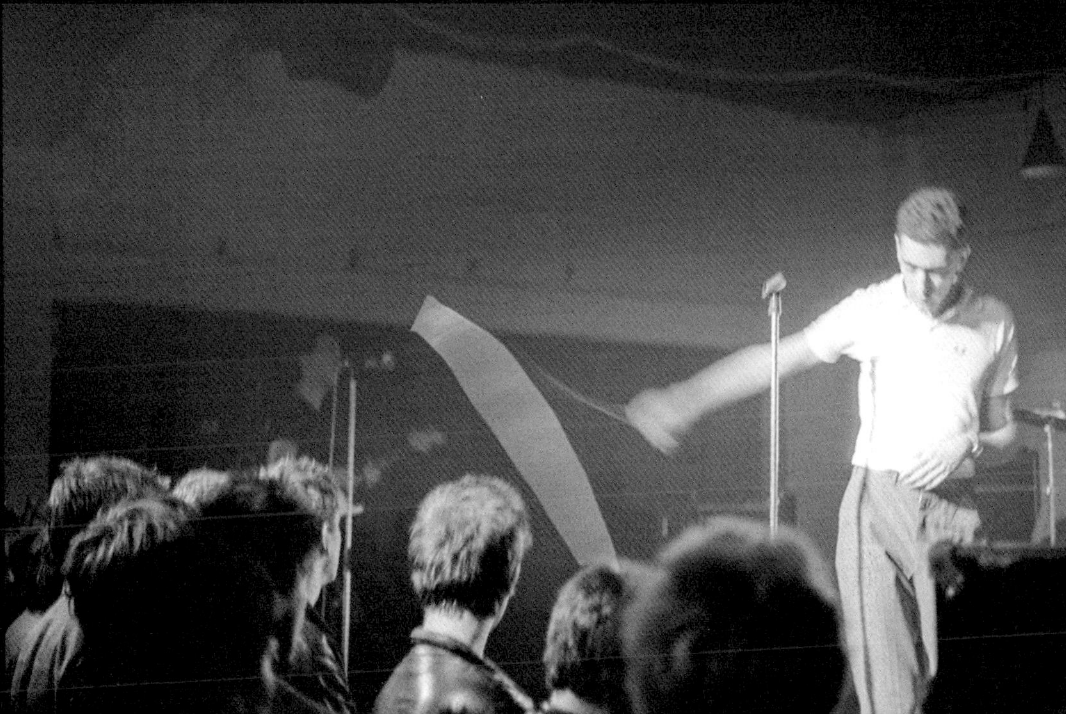

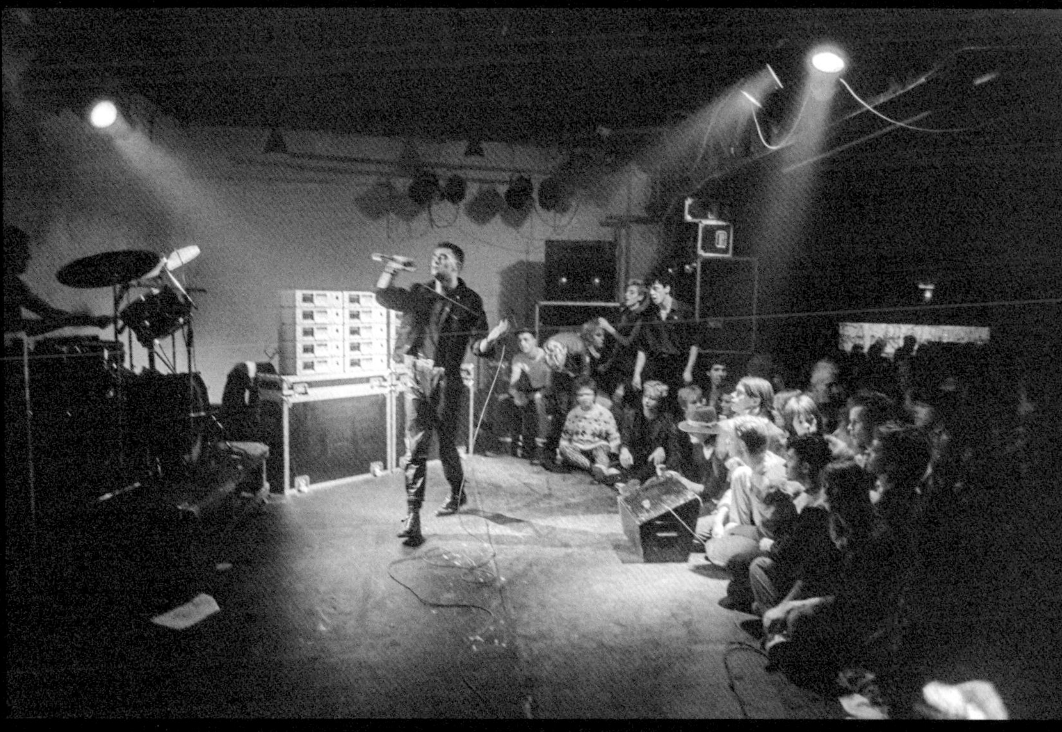

»Die Fernsehshows kamen über die Plattenfirma. Die hatten da so eine Promo-Abteilung, über die das lief und die versucht haben, uns so oft wie möglich da reinzuhieven. Ich glaube, in diesen Businesskreisen wurde auch gemunkelt: ›Ein bisschen nehmen wir auch Abstand davon.‹ Ein paar Fernsehsendungen haben sie uns ja gegeben. Aber nicht zu viele. Bio's Bahnhof, Bananas, Formel Eins – das war's dann aber auch schon.« ROBERT GÖRL

DIE TV-SHOWS

Und die Richtung hieß: senkrecht nach oben. Gemäß dem Motto: Heute die Philipshalle, morgen alle westdeutschen Wohnzimmer, traten Robert und Gabi fast genau zwei Monate später am 11. August 1981 in der Fernsehshow *Bananas* und am 20. August 1981 bei *Bio's Bahnhof* auf. In den folgenden Jahren gab es außerdem einen Beitrag über DAF bei *Aspekte*, einen Auftritt im *Fernsehgarten*, einen bei *Formel Eins* und einen in der von Thomas Gottschalk moderierten TV-Show *Na sowas!*

Bananas war eine Sendung des Regisseurs Rolf Spinrads, der bereits von 1977 bis 1980 die erfolgreiche Vorgänger-Sendung *Plattenküche* produziert hatte. Das Konzept war ein ganz ähnliches: Angesagte Pop-Gruppen präsentierten in oftmals schrägen, aber aufwendig gestalteten Kulissen zu einem Vollplayback ihren aktuellen Hit. Dazwischen wurden Sketche dargeboten. Was für die Fans dieses Sendeformats heute Kult ist, wirkt auf Nachgeborene leicht clownesk verstörend. *Bananas* schaffte es auf 29 Folgen. Ab dem 24. März 1981 lief die Sendung einmal monatlich (außer im Mai 1981) dienstags nach der *Tagesschau*. Eine Dreiviertelstunde lang klamaukten sich Hans Herbert Böhrs, Herbert Fux, Gerd Leienbach, Olivia Pascal und Frank Zander durch Sketche, dazwischen traten die Bands auf. Bereits in der fünften Folge stand DAF auf dem Programm nebst Liquid Gold, Albert Hammond, Hazel O'Connor, Udo Jürgens, The Pretenders, Peter, Sue & Marc, Nick Hall, Gitte und Fumble. DAF präsentierte sich dort eingerahmt von einem roten Vorhang, Gabi hinter zwei Mikrofonen, Robert an einer Snare Drum; im Hintergrund, nachdem sich der dichte Nebel der Nebelmaschine verzogen hatte, das Bild eines Schlachtfeldes, über dem sich japanische Lampions reihten und in dem zwei Samurai mit übermannsgroßen Mikado-Stäben eine Partie spielten. In dieser surrealen Szenerie inszenierten sie *Der Räuber Und Der Prinz*, die Single-Auskopplung der *Alles Ist Gut*. Ein Moment Fernsehgeschichte, den nur die Achtziger hervorbringen konnten. Auf diesem Weg schlichen sich der Räuber und der Prinz raus aus dem dunklen Wald der Subkultur, rein in die Wohnzimmer der Republik. Im Vergleich zu anderen Mainstream-Bands aber wurden sie in der Folge davon nicht durch alle TV-Shows gereicht. Homoerotik zu Sequenzerklängen zur besten Sendezeit, das trauten sich dann doch nicht viele.

Robert Görl: »Die Fernsehshows kamen alle über die Plattenfirma. Die hatten da so eine Promo-Abteilung, über die das lief und die versucht haben, uns so oft wie möglich da reinzuhieven. Die Ariola hat uns dann auch bei den Auftritten betreut. Aber ich glaube, in diesen

Businesskreisen wurde auch gemunkelt: ›Ein bisschen nehmen wir auch Abstand davon.‹ Ein paar Fernsehsendungen haben sie uns ja gegeben. Aber nicht zu viele. *Bio's Bahnhof*, *Bananas*, *Formel Eins* – das war's dann aber auch schon.«

Elf Tage nach *Bananas* folgte direkt der nächste Auftritt, dieses Mal im Großen Wartesaal in Köln bei *Bio's Bahnhof*.

Gabi Delgado: »So viel wurde uns nicht angeboten. Das meine ich. Wir haben nicht gut reingepasst. Das mussten schon ziemliche Freaks sein wie der Bio. Der hatte immer so schräge Sachen. Bio ist ein ganz toller Typ. Das ist wirklich ein netter Kerl. Gebildeter, offener Mensch. Hat mich ein bisschen an meinen Onkel erinnert. Alte Welt, total gebildet. Kannte sich mit Klassik gut aus, mit Brahms, aber auch Stockhausen oder mit Literatur, Marcel Proust hat er damals gelesen. Er war aber auch ein Genießer. Ein Renaissance-Mensch, der viel weiß aus verschiedenen Bereichen, mit barockem Einschlag, mit Sinn für guten Wein und gutes Essen.«

»Der Bio hatte immer so schräge Sachen. Bio ist ein ganz toller Typ. Das ist wirklich ein netter Kerl. Gebildeter, offener Mensch. Alte Welt, total gebildet. Kannte sich mit Klassik gut aus, mit Brahms, aber auch Stockhausen. Er war aber auch ein Genießer. Ein Renaissance-Mensch, der viel weiß aus verschiedenen Bereichen, mit barockem Einschlag, mit Sinn für guten Wein und gutes Essen.«
GABI DELGADO

Im Internet kursiert eine Aufnahme dieses Auftritts, bei der zuerst die Anmoderation von Biolek zu hören ist, die fließend übergeht in eine tickernde Sequenz von Robert und schließlich in Gabis stakkatohaften Gesang von *Wir Sind Die Kraft*. Dabei handelt es sich allerdings um eine irreführende Soundcollage. Denn was die beiden damals spielten, war *Als Wär's Das Letzte Mal*. Schließlich handelte es sich auch bei diesem Auftritt um einen von der Ariola organisierten, mit dem Hintergrund, die *Alles Ist Gut*-Platte zu bewerben. *Als Wär's Das Letzte Mal* ist der zweite Titel auf der B-Seite.

Randnotiz: Eine Jahreszahl taucht in der Geschichte von DAF immer wieder auf – 1978. Das ist nicht nur das Jahr, in dem sich Robert Görl und Gabi Delgado im Ratinger Hof in Düsseldorf kennengelernt haben und in dem Korg seinen legendären Analog-Synthesizer MS-20 auf den Markt gebracht hat, es ist auch das Jahr, in dem der Electric Ballroom in London eröffnet wurde. Und zwar am 28. Juli. Zwei Wochen später öffnete das SO36 in Berlin seine Pforten: Am 11. /12. August fand dort das legendäre Mauerbaufestival statt. Auch die Cargo Studios in Rochdale, wo DAF – noch in der Fünf-Mann-Besetzung – mit Bob Giddens aufschlagen sollte, wurden 1978 eröffnet. Ganz abgesehen von all den Bands, die in diesem punk-kabbalistischen Jahr gegründet wurden: Nasmak, Minus Delta t oder DIN A Testbild – um nur drei zu nennen. Auch das vierte Studioalbum von Kraftwerk, *Die Mensch-Maschine*, erschien im Mai des besagten Jahres. Und *Bio's Bahnhof* gehört ebenfalls in diese Aufzählung. Am 9. Februar 1978 wurde die Sendung *Bio's Bahnhof* erstmals live in der ARD ausgestrahlt. Das Besondere war nicht nur, dass alle Musiker wirklich live sangen. Alfred Biolek setzte bei seinen Gästen auch

»Wir haben heute eine solche Gruppe da. Wir haben ja immer gern auch ein bisschen den Zeitgeist bei uns. Die Gruppe heißt Deutsch Amerikanische Freundschaft. Jetzt werden Sie sich fragen: Was heißt Deutsch Amerikanische Freundschaft? Das ist etwas ironisch gemeint, haben mir die Gruppenmitglieder gesagt.«
ALFRED BIOLEK

nicht gerade auf sichere Bänke. Er schleuste also nicht durch, wer in Deutschland bereits seinen festen Platz als Star am Musikfirmament hatte. Er verstand sich und die Sendung mehr als Scout des Neuen, als Botschafter der vom Massengeschmack bislang Unentdeckten. 1983 bekam Biolek für die Sendung den Adolf-Grimme-Preis verliehen. Sie schaffte es auf 30 Folgen, die letzte davon lief am 28. Oktober 1982, also im Jahr der letzten Plank-produzierten DAF-Platte. DAF hatte in Folge 20 ihren großen Auftritt.

Alfred Biolek kündigte die Deutsch Amerikanische Freundschaft damals auf seine ihm eigene Art an, und das klang so: »Wir haben heute eine solche Gruppe da. Wir haben ja immer gern auch ein bisschen den Zeitgeist bei uns. Die Gruppe heißt Deutsch Amerikanische Freundschaft. Jetzt werden Sie sich fragen: Was heißt Deutsch Amerikanische Freundschaft? Das ist etwas ironisch gemeint, haben mir die Gruppenmitglieder gesagt. Sie waren nämlich mal in der DDR und lasen überall die großen Schilder: *Es lebe die deutsch-russische Freundschaft*. Da haben die gedacht: *Die sagen es wenigstens! Bei uns, wir leben ja auch in einer deutsch-amerikanischen Kultur und niemand sagt es. Und wir wollen mal sagen: Es lebe die deutsch-amerikanische Freundschaft.* Ich glaube, sie haben es nur gemacht, weil sie auf diese Weise kostenlose Werbung kriegen, durch den Kanzler, den Außenminister und viele andere Minister. Die sagen immer in den Reden: ›... und es lebe die deutsch-amerikanische Freundschaft!‹ Kostenlose Promotion! Ja, das ist nicht jedermanns Geschmack, aber es macht an, wie die jungen Leute heute sagen. Ich würde sagen: Hören Sie sich das mal an. Ich hab das auch extra ein bisschen ausführlich erklärt, weil man mir oft gesagt hat: ›Wenn du so moderne Sachen, so modernen Kram bei dir hast, dann musst du uns auch ein bisschen was darüber sagen. Wir kennen das nicht.‹ Also jetzt hören wir uns das mal an. Also hier ist die Deutsch Amerikanische Freundschaft.«

Robert Görl: »Während Biolek uns ankündigt, geht die Kamera auf die erste Reihe. Da saßen so Damen rum mit offenen Mündern. Als dann noch Gabi und ich auf die Bühne kamen in unserem Lederoutfit ... wirklich, der Mund wurde auch nicht mehr geschlossen bei den Damen. Wie im Comic sah das aus. Das war eine Sensation. Das war ein großer kommerzieller Schritt, in so einer Sendung zu sein. Das war eine Sendung, da hat halb Deutschland zugeschaut. Und Biolek war auch so ein ganz beliebter Fernseh-Typ, der Sachen vorstellt, die gerade angesagt waren.«

Biolek wirkte gut informiert, hatte sich offenkundig im Vorfeld mit der Band auseinandergesetzt und war sichtlich bemüht, das Publikum nicht nur mit der Musik zu konfrontieren, sondern ihm einen

Zugang dazu zu verschaffen, sich in einem kurzen Dialog dem Phänomen DAF anzunähern. In seiner Moderation saß er mit Robert und Gabi lässig vor dem Schlagzeug und bezog sich vermutlich auf den Auftritt in der Philipshalle:

Alfred Biolek: »Bei euren Konzerten, das hab ich mir sagen lassen, kommen die Leute sogar auf die Bühne und tanzen. Da muss doch irgendwas dran sein, das ist doch an sich so eine ganz monotone Sache. Die Musik ist ja ganz – in der Kunst nennt man das *Minimal Art*, also auf ein Minimum reduziert.«

Gabi Delgado: »Das ist schon wichtig, also für uns, dass die Leute tanzen, dass sie sich bewegen. Wir machen also keine Kopfmusik, mehr Körpermusik.«

Alfred Biolek: »Körpermusik? Deswegen bewegst du dich auch?«

Gabi Delgado: »Ja klar.«

So wusste auf einen Schlag ein großes Publikum, das sonst keinerlei Berührungspunkte damit hatte, was eigentlich mit dieser elektronischen Körpermusik gemeint war. Robert Görl: »Ich glaube, diese Fernsehauftritte haben dann mitbewirkt, dass wir ziemlich kommerziell fett wurden. Das ging schon die Runde. Spätestens jetzt war DAF keine Underground-Band mehr.«

Die Popularität von DAF wurde aber noch durch ein anderes Fernsehformat potenziert, das in diesen Tagen seine Geburtsstunde hatte. Am 1. August 1981 ging MTV in den USA auf Sendung. Das erste Programm, das sich ausschließlich mit Musik befasste, in dem nonstop Bands und deren Songs in Form von Musikvideos präsentiert wurden. Eine geeignete Plattform für Plattenlabels, ihre Bands zu platzieren und einem neuen Publikum anzudienen. Konzerte, die frei Haus ins Wohnzimmer geliefert wurden, bei denen es plötzlich nicht mehr nur um die Musik, sondern auch um die Inszenierung der Musiker ging. Eine äußerst zeitgemäße Idee, die einschlagen sollte wie eine Bombe. Schnell wurde das Musikvideo zu einer neuen, einer eigenen Kunstform. Bands oder einzelne Musiker als Idole für Jugendbewegungen aufzubauen, sie zu Projektionsflächen zu machen, war auf diesem Weg bedeutend niederschwelliger als über das Radio oder die Musikpresse – und somit auch massenkompatibler. Was sich sichtlich in den Verkaufszahlen der Alben niederschlug. Wer es schaffte, sein Musikvideo bei MTV unterzubringen, konnte davon ausgehen, dass die Plattenverkäufe durch die Decke gingen. Diese neue Reichweite ausschöpfend, produzierte auch Virgin ein Video zu der Singleauskopplung. Gabi Delgado: »Das Video zu *Der Räuber Und Der Prinz* hat Steve Baron konzipiert und gedreht. Er schlug

Postkarte ›Gold Und Liebe‹, 1981

»Während Biolek uns ankündigt, geht die Kamera auf die erste Reihe. Da saßen so Damen rum mit offenen Mündern. Als dann noch Gabi und ich auf die Bühne kamen in unserem Lederoutfit ... wirklich, der Mund wurde auch nicht mehr geschlossen bei den Damen. Wie im Comic sah das aus. Das war eine Sensation. Das war ein großer kommerzieller Schritt, in so einer Sendung zu sein. Das war eine Sendung, da hat halb Deutschland zugeschaut.« ROBERT GÖRL

diese tollen Locations vor. Zum einem ein Londoner Puppenmuseum und zum anderen die Kensington Roof Gardens. Er hatte verstanden, dass der Track eine Art erotisches Märchen, oder wenn man will, ein Liebesmärchen war, und hat uns mit seinem Konzept sofort begeistert.«

In besagtem Video wird genau mit der Vermischung von Erzählebenen und Realitäten gespielt, die auch DAF anhaftete: Ging es hier um ein rein fiktives, homoerotisches Märchen? Oder war es doch die Geschichte der beiden Musiker? An Spekulationen mangelte es nicht, und DAF hatte seine Freude an dem Spiel mit der Andeutung. Auch im Video nehmen die beiden zunächst die Erzählerrolle rein. Robert stehend an einem Glockenspiel. Gabi sitzend und scheinbar zu Roberts Kindermelodie aus einem Märchenbuch vorlesend. Beide umgeben von allerlei zum Leben erweckten Marionetten, Porzellanfiguren, Puppen und Plüschtieren. Eine beklemmend psilocybineske Atmosphäre. Immer wieder dagegen geschnitten, wie durch die beschwörenden Worte Gabis aus dem Märchenbuch zum Leben erweckt: Ein Räuber und ein Prinz in einem Wald, ebenfalls verkörpert von Robert als Räuber und Gabi als Prinz.

Robert Görl: »Es gab ja noch nicht so viele Videos. Diese Video-Zeit war ja noch nicht. Das offizielle DAF-Video war dann tatsächlich das *Der Räuber Und Der Prinz*. Da war eh nicht angesagt, dass wir Instrumente spielen. Instrumente in einem Video zu spielen, finde ich eh nicht wirklich aufregend. Das ist zu altmodisch. So Rockband-mäßig. Ich spielte den Räuber. Das war ein gutes Konzept. Das hätten wir eh nicht gut gefunden, wenn man da so ein Video macht, und ich steh dann da an so einem Synthesizer – das kommt irgendwie zu intellektuell. Es sollte ja märchenmäßig rüberkommen. Also eigentlich ist es ja auch gar nicht auf dem Glockenspiel eingespielt. Das hatte ich natürlich auf dem Synthesizer eingespielt, das ist der Korg SQ-10 und der MS-20. Der SQ-10 spielt dieses dingdingdingdingding. Und wenn ich das in dem Video gespielt hätte, da hätte ich ja ausgesehen wie so ein Professor – und nicht wie ein Räuber.«

DER DAF-STYLE

DAF, das war aber nicht nur diese unverkennbar neue Musik, kein reines Novum für die Ohren. DAF war ein sensorisch-ästhetisches Gesamtkonzept. DAF roch nach Schweiß. DAF fühlte sich nach Erotik an. DAF schmeckte nicht jedem. DAF sah aus wie keine andere Band dieser Zeit. Und zu der optischen Seite dieses Konzepts gehörten nicht nur das Bühnenbild und die mit ihm untrennbar verwobene Performance. Dazu gehörten auch Styling und Outfit. Und der DAF-Habitus verband das eine mit dem anderen. So war auch die Arbeitskleidung, sprich: das Bühnenoutfit zu jeder Phase von DAF minutiös durchdacht und konzeptionell auf die Musik abgestimmt. Dabei eignet sich das äußere Erscheinungsbild, der Kleidungsstil, besonders gut, um zumindest unterbewusst niederschwellige Botschaften auszusenden. Kleidung ist immer ein Code, der eine schnelle Zuordnung zu bestimmten sozialen, beruflichen, politischen oder religiösen Gruppen erlaubt. Über Kleidung definieren sich Jugendbewegungen, und den eigenen Standpunkt zu definieren, also das eigene Revier abzustecken, bedeutet auch immer, sich von anderen abzugrenzen. Dazu genügen oftmals einzelne Elemente eines Codes, um die Zugehörigkeit zu einer Gruppe zu signalisieren. Das wird besonders deutlich bei Elementen, auf deren Deutung sich eine größtmögliche Gruppe einigen kann, ideologisch aufgeladene Symbole wie zum Beispiel der Davidstern, das Hakenkreuz oder die Hidschab. Irritation oder gar Provokation lässt sich mit solchen Symbolen leicht erzeugen, indem man sie entkontextualisiert oder sie im Widerspruch zu sonstigem Verhalten einsetzt, wenn man dem Gegenüber gezielt sogenannte Mixed Messages aussendet.

Auch DAF spielte gerne und bewusst mit Symbolen, Codes, Rollen und (Ver-)Kleidungen. Gabi Delgado: »Als Punk fand ich Overalls dann irgendwann gut, generell Arbeitskleidung, die war billig. Man konnte für wenig Geld im Shop für Berufsbekleidung tolle Sachen kaufen. Die konnte man dann einfärben, wenn man wollte. Neu!, auch Monroe, alle sind zum Arbeitsshop gegangen. Da gab's auch total komische Sachen. Säurebeständige Schuhe. Das war dann plötzlich DAS Ding! Musste man unbedingt haben. Falls mal Säure kommt. Und mit Stahlkappen drin. Das war total in. Das waren selbst gemachte Moden. Das war do-it-yourself. Wir haben die Arbeitshosen aufgeschlitzt und mit Sekundenkleber Reißverschlüsse draufgeklebt und alles mit Safety Pins bespickt. Als man dann ähnliches Zeug von Zandra Rhodes für teures Geld auf der Kö kaufen konnte, war die Punk-Mode für mich ausgereizt, und ich wurde Skinhead.

Mir gefallen Verkleidungen sehr gut. Das ist für mich alles austauschbar. Dass man sagt: Eigentlich gehöre ich keinem Stamm an. Aber heute, heute gehöre ich diesem Stamm an. Und dann mache ich das gerne auch wie eine Parodie auf diesen Stamm. Aber ich respektiere die Codes dann schon. Das ist so eine komische Mischung aus ernst und nicht ernst nehmen. Skinhead zu sein hat mir gut gefallen; Traditional-Skin. Mit Harrington, Doc Martens und Fred Perry. Fred Perry hatte ich ja sowieso schon in meinem History-Fundus. Ich habe eine Fred Perry-Collection, das kannst du dir gar nicht vorstellen.

ALFRED BIOLEK: »Bei euren Konzerten kommen die Leute sogar auf die Bühne und tanzen. Da muss doch irgendwas dran sein, das ist doch an sich so eine ganz monotone Sache. Die Musik ist ja ganz – in der Kunst nennt man das Minimal Art, auf ein Minimum reduziert.«
GABI DELGADO: »Das ist schon wichtig, also für uns, dass die Leute tanzen, dass sie sich bewegen. Wir machen also keine Kopfmusik, mehr Körpermusik.«
ALFRED BIOLEK: »Körpermusik? Deswegen bewegst du dich auch?«
GABI DELGADO: »Ja klar.«

»Die sogenannte ›DAF-Jacke‹, die ich auf dem GOLD UND LIEBE-Cover trage, ist ein Design von Krüger. Das wurde dann auch schnell imitiert von anderen Designern. Im Prinzip kommt das so aus der Leder-Schwulen-Welt. Ich bin ja viel in Discos gegangen, auch in Schwulen-Discos. Kannte das halt, diese Welt. Unseren Style haben dann auch ganz viele nachgeahmt. Style war wichtig.« GABI DELGADO

Finde ich heute noch gut. Bevor ich Lacoste-Shirts trage … ich bin doch kein französischer HipHopper! Richtig Skinhead wurde ich dann in England. Als wir da hingefahren sind, war ich noch Punk. Dann war ich mit Carry, einer Freundin, einen saufen in einem stinknormalen Pub in Stoke Newington. Da waren einige Skinheads; es kam irgendwie zum Streit, das Ganze hat sich hochgeschaukelt, und ich habe total auf die Nase gekriegt. Das hat mich irgendwie fasziniert. Ich habe das als Performance gesehen. Diese Stumpfheit in der Eleganz. Eine Eleganz der Brutalität. Lag ich da so am Boden und habe mir gedacht: Mensch, ihr seid ja richtig gut drauf. Also habe ich den Style übernommen.

Später hatte ich immer einen Anzug an, wenn wir auf Konzerten waren, wo nur Skinheads waren. Ich dachte mir: Ich bin jetzt Mod. Habe mir secondhand einen feinen italienischen Anzug gekauft. Von Fendi. Kamen die Fans auch und meinten: ›Jaaaa, are you Mods?‹ Da habe ich immer gesagt: ›Yes! But I'm a Mod from the future!‹ Ein Mod aus der Zukunft bin ich! Das fanden alle gut. Das wurde dann auch zitiert in der Musikpresse. Gabi Delgado – der Mod aus der Zukunft. Die kennen ja Dr. Who. Die wundern sich da nicht, die Engländer. Fanden die total einleuchtend: Ja, stimmt! Mod aus der Zukunft!«

Der Stil, der dann aber als DAF-Stil prägend wurde, erinnerte nicht mehr an Skins, sondern war vielmehr der Fetisch-Szene entlehnt. Schwarze Lederklamotten, ärmellose Westen, die viel schwitzende Haut und vor allem Muskeln zeigten. So ließen sich Robert und Gabi auch für das Cover des zweiten Plank-Albums ablichten, mit vor dem Körper verschränkten Armen und lasziv-provokativen Blicken.

Gabi Delgado: »Die sogenannte ›DAF-Jacke‹, die ich auf dem *Gold Und Liebe*-Cover trage, ist ein Design von Krüger. Das wurde dann auch schnell imitiert von anderen Designern. Im Prinzip kommt das so aus der Leder-Schwulen-Welt. Ich bin ja viel in Discos gegangen, auch in Schwulen-Discos. Kannte das halt, diese Welt. Unseren Style haben dann auch ganz viele nachgeahmt. Style war wichtig. War ja dann auch auf dem *NME*-Cover. Wir wurden sogar zu Best Dressed People gewählt. In England. Mit der *Gold Und Liebe* war das. Ich war zu dieser Zeit oft in Zürich und Milano und hatte einige Freunde aus der Mode-Welt. Es waren vor allem die Schuhdesignerin Stefi Talman und der Modeschöpfer Andreas Ambühler, die mir sagten: ›Schau hier, Gabi, kauf dir eine Krüger-Jacke, kauf dir ein paar Cransons, das passt zu DAF!‹ Stefi hat mir dann passend zur Jacke eine Lederhose genäht. Man kann sagen, dass der DAF-Style, so wie ich ihn zur *Gold Und Liebe*-Zeit getragen habe, in Zürich entstanden ist und im Wesentlichen von Stefi Talman entwickelt wurde. Ehre, wem Ehre gebührt.«

Rechts und nächste Doppelseite: Ein Bericht von Lynn Hanna aus dem englischen ›NME‹ vom 28. Nov. 1981, mit Fotos von Anton Corbijn

28 November 1981 US $1.95 (by air) 30p ISSN 0028 6362

NME
NEW MUSICAL EXPRESS

Forever blowing bubbles

D.A.F.

Sex unter wasser
and other sensual stories
by Lynn Hanna

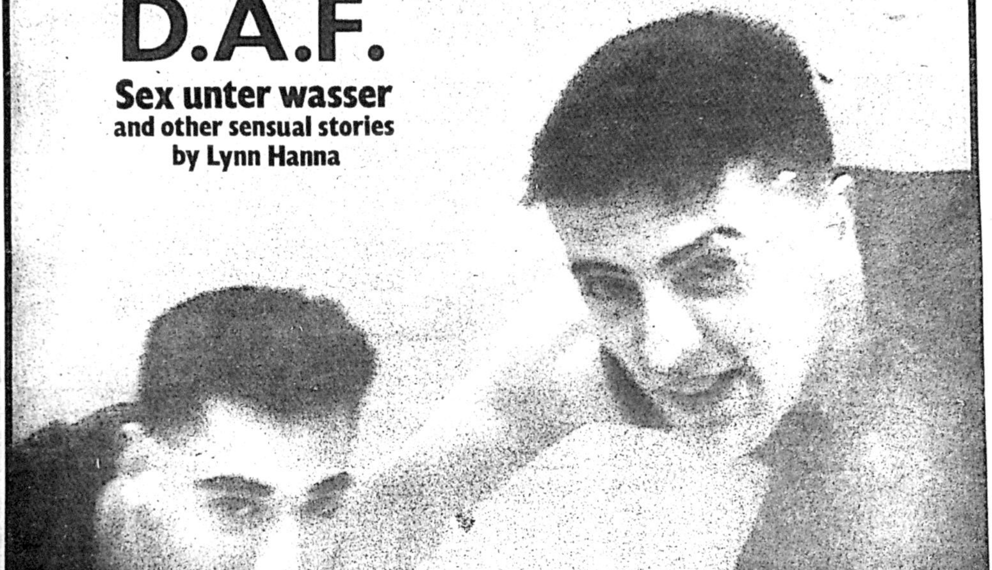

James Blood Ulmer
Jello gets hitched
De Niro & Duvall
Anthony Moore
Bad Manners
Pete Shelley
Outcasts

THE COMPLETE SEXUAL EDUCATION IN MYTH AND MORALI
D.A.F. STRIP DOWN FOR THE SENSUAL REVOLUTION
WORTE: LYNN HANNA   WATER: ANTON CORBIJN

EROTICISM & PHYSICALITY

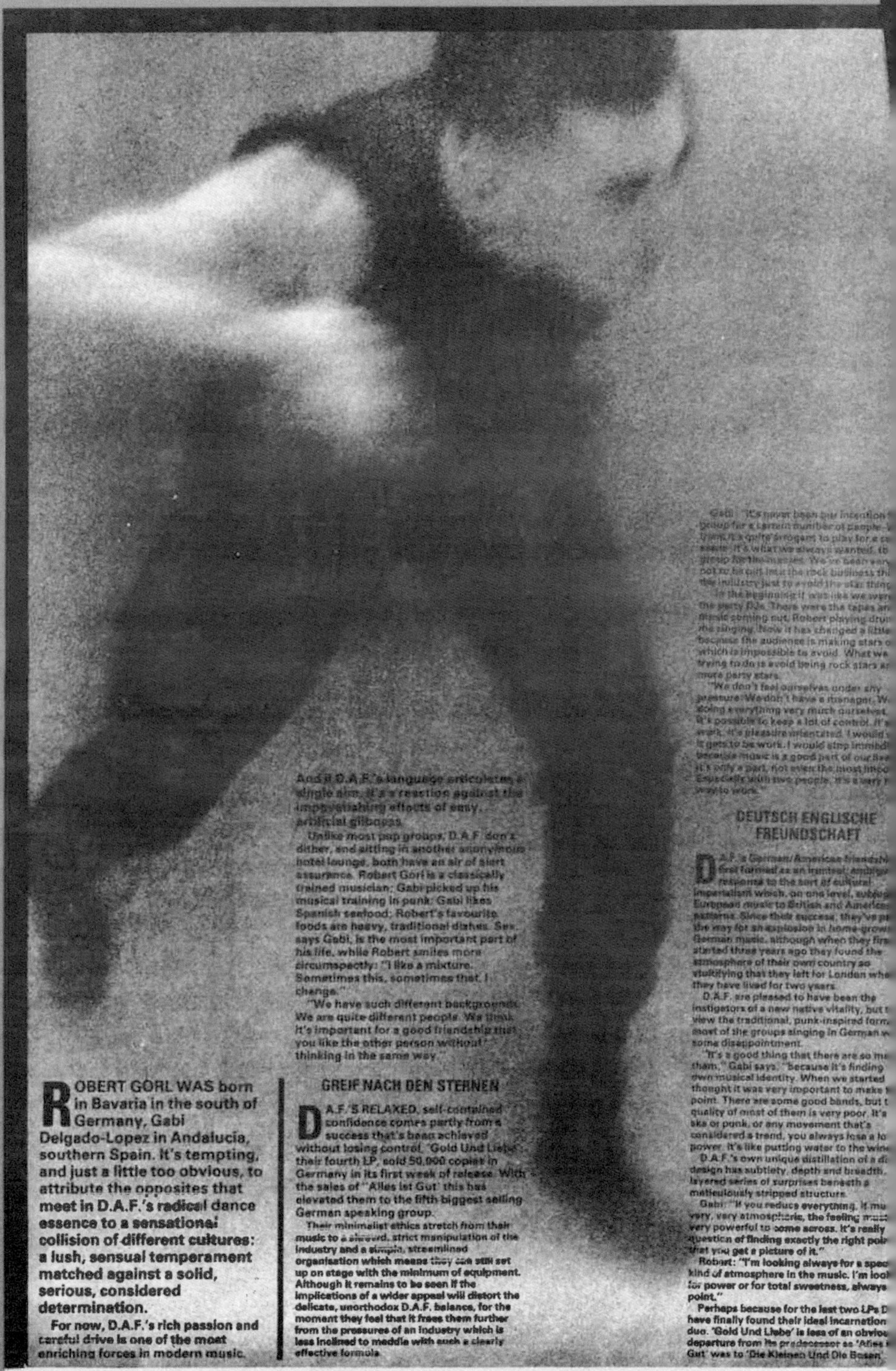

ROBERT GORL WAS born in Bavaria in the south of Germany, Gabi Delgado-Lopez in Andalucia, southern Spain. It's tempting, and just a little too obvious, to attribute the opposites that meet in D.A.F.'s radical dance essence to a sensational collision of different cultures: a lush, sensual temperament matched against a solid, serious, considered determination.

For now, D.A.F.'s rich passion and careful drive is one of the most enriching forces in modern music.

And if D.A.F.'s language articulates a single aim, it's a reaction against the impoverishing effects of easy, artificial glibness.

Unlike most pop groups, D.A.F. don't dither, and sitting in another anonymous hotel lounge, both have an air of alert assurance. Robert Gorl is a classically trained musician; Gabi picked up his musical training in punk. Gabi likes Spanish seafood; Robert's favourite foods are heavy, traditional dishes. Sex, says Gabi, is the most important part of his life, while Robert smiles more circumspectly: "I like a mixture. Sometimes this, sometimes that. I change."

"We have such different backgrounds. We are quite different people. We think it's important for a good friendship that you like the other person without thinking in the same way."

GREIF NACH DEN STERNEN

D.A.F.'S RELAXED, self-contained confidence comes partly from a success that's been achieved without losing control. 'Gold Und Liebe', their fourth LP, sold 50,000 copies in Germany in its first week of release. With the sales of 'Alles Ist Gut' this has elevated them to the fifth biggest selling German speaking group.

Their minimalist ethics stretch from their music to a shrewd, strict manipulation of the industry and a simple, streamlined organisation which means they can still set up on stage with the minimum of equipment. Although it remains to be seen if the implications of a wider appeal will distort the delicate, unorthodox D.A.F. balance, for the moment they feel that it frees them further from the pressures of an industry which is less inclined to meddle with such a clearly effective formula.

Gabi: "It's never been our intention [illegible] group for a certain number of people [illegible] think it's quite arrogant to play for a [illegible] scene. It's what we always wanted, to [illegible] group for the masses. We've been very [illegible] not to be put into the rock business th[illegible] the industry just to avoid the star thing[illegible]

"In the beginning it was like we were the party DJs. There were the tapes an[d] music coming out, Robert playing dru[ms] me singing. Now it has changed a little because the audience is making stars o[f us] which is impossible to avoid. What we['re] trying to do is avoid being rock stars a[nd] more party stars.

"We don't feel ourselves under any pressure. We don't have a manager. W[e're] doing everything very much ourselves. It's possible to keep a lot of control. It's [not] work, it's pleasure orientated. I would [stop if] it gets to be work. I would stop immedi[ately] because music is a good part of our live[s but] it's only a part, not even the most impo[rtant]. Especially with two people, it's a very [good] way to work."

DEUTSCH ENGLISCHE FREUNDSCHAFT

D.A.F.'s German/American friendshi[p] first formed as an instinctive, ambigu[ous] response to the sort of cultural imperialism which, on one level, subjug[ates] European music to British and Americ[an] patterns. Since their success, they've p[aved] the way for an explosion in home-grow[n] German music, although when they fir[st] started three years ago they found the atmosphere of their own country so stultifying that they left for London whe[re] they have lived for two years.

D.A.F. are pleased to have been the instigators of a new native vitality, but t[hey] view the traditional, punk-inspired form[s of] most of the groups singing in German w[ith] some disappointment.

"It's a good thing that there are so ma[ny of] them," Gabi says, "because it's finding [their] own musical identity. When we started [we] thought it was very important to make t[his] point. There are some good bands, but t[he] quality of most of them is very poor. It's [like] ska or punk, or any movement that's considered a trend, you always lose a lo[t of] power. It's like putting water to the win[e."]

D.A.F.'s own unique distillation of a di[...] design has subtlety, depth and breadth, [a] layered series of surprises beneath a meticulously stripped structure.

Gabi: "If you reduce everything, it mu[st be] very, very atmospheric, the feeling must [be] very powerful to come across. It's really [a] question of finding exactly the right poi[nt so] that you get a picture of it."

Robert: "I'm looking always for a spec[ial] kind of atmosphere in the music. I'm look[ing] for power or for total sweetness, always [the] point."

Perhaps because for the last two LPs D[.A.F.] have finally found their ideal incarnation [as a] duo. 'Gold Und Liebe' is less of an obviou[s] departure from its predecessor as 'Alles [Ist] Gut' was to 'Die Kleinen Und Die Bosen',

...and Robert in the ...eep.

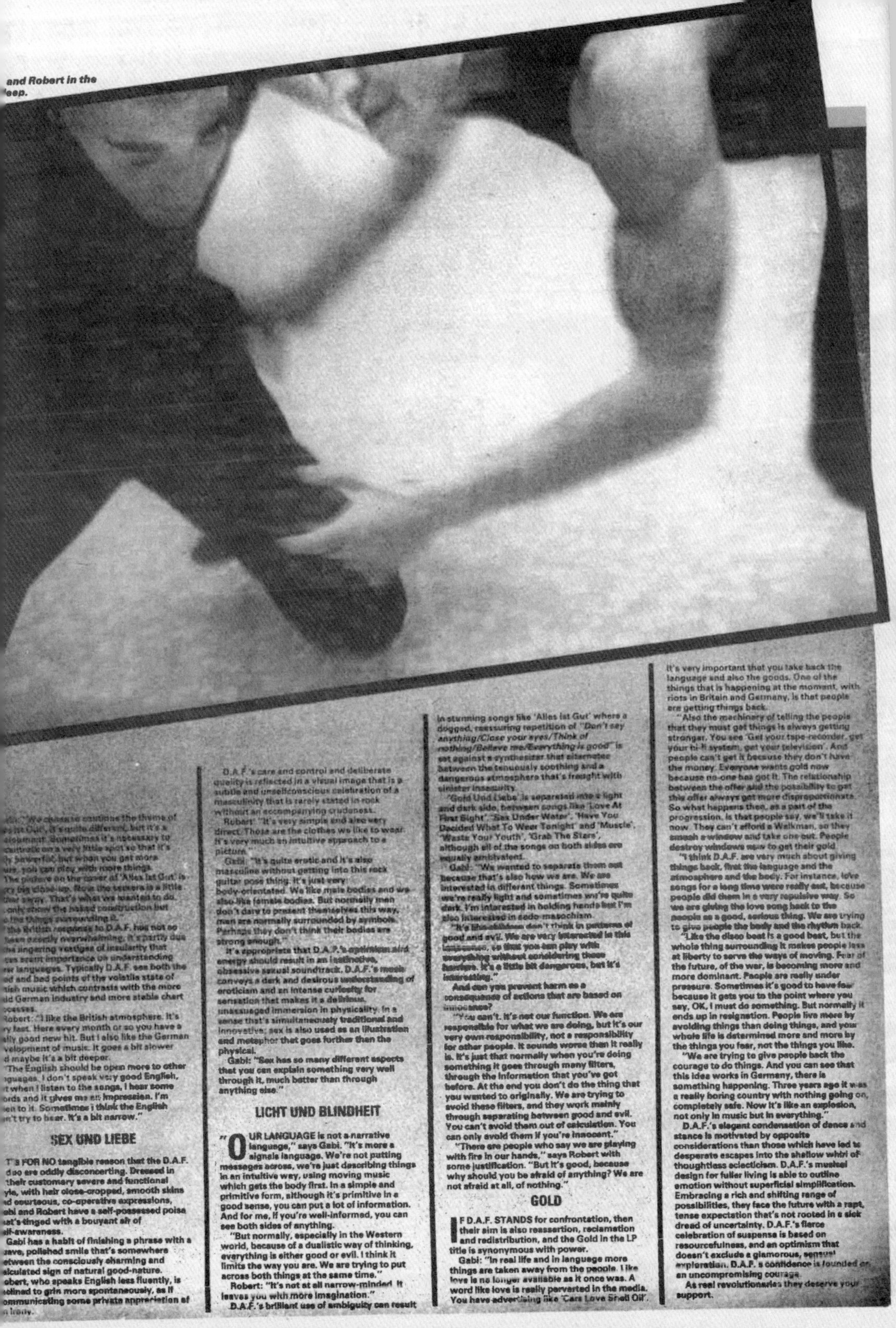

...abi: "We chose to continue the theme of ...es Ist Gut', it's quite different, but it's a ...elopment. Sometimes it's necessary to ...centrate on a very little spot so that it's ...ly powerful, but when you get more ...ure, you can play with more things. The picture on the cover of 'Alles Ist Gut' is ...ery big close-up. Now the camera is a little ...ther away. That's what we wanted to do, ...only show the naked construction but ...o the things surrounding it."

...the British response to D.A.F. has not so ...been exactly overwhelming. It's partly due ...the lingering vestiges of insularity that ...ces scant importance on understanding ...er languages. Typically D.A.F. see both the ...od and bad points of the volatile state of ...tish music which contrasts with the more ...lid German industry and more stable chart ...ocesses.

Robert: "I like the British atmosphere. It's ...ry fast. Here every month or so you have a ...ally good new hit. But I also like the German ...velopment of music. It goes a bit slower ...d maybe it's a bit deeper.

"The English should be open more to other ...nguages. I don't speak very good English, ...t when I listen to the songs, I hear some ...ords and it gives me an impression. I'm ...en to it. Sometimes I think the English ...n't try to hear. It's a bit narrow."

SEX UND LIEBE

...T'S FOR NO tangible reason that the D.A.F. duo are oddly disconcerting. Dressed in their customary severe and functional ...yle, with hair close-cropped, smooth skins ...d courteous, co-operative expressions, ...abi and Robert have a self-possessed poise ...at's tinged with a bouyant air of ...lf-awareness.

Gabi has a habit of finishing a phrase with a ...ave, polished smile that's somewhere ...etween the consciously charming and ...lculated sign of natural good-nature. ...obert, who speaks English less fluently, is ...clined to grin more spontaneously, as if ...ommunicating some private appreciation of ...n irony.

D.A.F.'s care and control and deliberate quality is reflected in a visual image that is a subtle and unselfconscious celebration of a masculinity that is rarely stated in rock without an accompanying crudeness.

Robert: "It's very simple and also very direct. Those are the clothes we like to wear. It's very much an intuitive approach to a picture."

Gabi: "It's quite erotic and it's also masculine without getting into this rock guitar pose thing. It's just very body-orientated. We like male bodies and we also like female bodies. But normally men don't dare to present themselves this way, men are normally surrounded by symbols. Perhaps they don't think their bodies are strong enough."

It's appropriate that D.A.F.'s optimism and energy should result in an instinctive, obsessive sexual soundtrack. D.A.F.'s music conveys a dark and desirous understanding of eroticism and an intense curiosity for sensation that makes it a delirious, unassuaged immersion in physicality. In a sense that's simultaneously traditional and innovative; sex is also used as an illustration and metaphor that goes further than the physical.

Gabi: "Sex has so many different aspects that you can explain something very well through it, much better than through anything else."

LICHT UND BLINDHEIT

"OUR LANGUAGE is not a narrative language," says Gabi. "It's more a signals language. We're not putting messages across, we're just describing things in an intuitive way, using moving music which gets the body first. In a simple and primitive form, although it's primitive in a good sense, you can put a lot of information. And for me, if you're well-informed, you can see both sides of anything.

"But normally, especially in the Western world, because of a dualistic way of thinking, everything is either good or evil. I think it limits the way you are. We are trying to put across both things at the same time."

Robert: "It's not at all narrow-minded. It leaves you with more imagination."

D.A.F.'s brilliant use of ambiguity can result in stunning songs like 'Alles Ist Gut' where a dogged, reassuring repetition of *"Don't say anything/Close your eyes/Think of nothing/Believe me/Everything is good"* is set against a synthesizer that alternates between the tenuously soothing and a dangerous atmosphere that's fraught with sinister insecurity.

'Gold Und Liebe' is separated into a light and dark side, between songs like 'Love At First Sight', 'Sex Under Water', 'Have You Decided What To Wear Tonight' and 'Muscle', 'Waste Your Youth', 'Grab The Stars', although all of the songs on both sides are equally ambivalent.

Gabi: "We wanted to separate them out because that's also how we are. We are interested in different things. Sometimes we're really light and sometimes we're quite dark. I'm interested in holding hands but I'm also interested in sado-masochism.

"It's like children don't think in patterns of good and evil. We are very interested in this innocence, so that you can play with everything without considering these barriers. It's a little bit dangerous, but it's interesting."

And can you prevent harm as a consequence of actions that are based on innocence?

"You can't. It's not our function. We are responsible for what we are doing, but it's our very own responsibility, not a responsibility for other people. It sounds worse than it really is. It's just that normally when you're doing something it goes through many filters, through the information that you've got before. At the end you don't do the thing that you wanted to originally. We are trying to avoid these filters, and they work mainly through separating between good and evil. You can't avoid them out of calculation. You can only avoid them if you're innocent."

"There are people who say we are playing with fire in our hands," says Robert with some justification. "But it's good, because why should you be afraid of anything? We are not afraid at all, of nothing."

GOLD

IF D.A.F. STANDS for confrontation, then their aim is also reassertion, reclamation and redistribution, and the Gold in the LP title is synonymous with power.

Gabi: "In real life and in language more things are taken away from the people. Like love is no longer available as it once was. A word like love is really perverted in the media. You have advertising like 'Cars Love Shell Oil'. It's very important that you take back the language and also the goods. One of the things that is happening at the moment, with riots in Britain and Germany, is that people are getting things back.

"Also the machinery of telling the people that they must get things is always getting stronger. You see 'Get your tape-recorder, get your hi-fi system, get your television'. And people can't get it because they don't have the money. Everyone wants gold now because no-one has got it. The relationship between the offer and the possibility to get this offer always get more disproportionate. So what happens then, as a part of the progression, is that people say, we'll take it now. They can't afford a Walkman, so they smash a window and take one out. People destroy windows now to get their gold.

"I think D.A.F. are very much about giving things back, first the language and the atmosphere and the body. For instance, love songs for a long time were really sad, because people did them in a very repulsive way. So we are giving the love song back to the people as a good, serious thing. We are trying to give people the body and the rhythm back.

"Like the disco beat is a good beat, but the whole thing surrounding it makes people less at liberty to serve the ways of moving. Fear of the future, of the war, is becoming more and more dominant. People are really under pressure. Sometimes it's good to have fear because it gets you to the point where you say, OK, I must do something. But normally it ends up in resignation. People live more by avoiding things than doing things, and your whole life is determined more and more by the things you fear, not the things you like.

"We are trying to give people back the courage to do things. And you can see that this idea works in Germany, there is something happening. Three years ago it was a really boring country with nothing going on, completely safe. Now it's like an explosion, not only in music but in everything."

D.A.F.'s elegant condensation of dance and stance is motivated by opposite considerations than those which have led to desperate escapes into the shallow whirl of thoughtless eclecticism. D.A.F.'s musical design for fuller living is able to outline emotion without superficial simplification. Embracing a rich and shifting range of possibilities, they face the future with a rapt, tense expectation that's not rooted in a sick dread of uncertainty. D.A.F.'s fierce celebration of suspense is based on resourcefulness, and an optimism that doesn't exclude a glamorous, sensual exploration. D.A.F.'s confidence is founded on an uncompromising courage.

As real revolutionaries they deserve your support.

»Dass wir rüberkamen, wie wir nun mal rüberkamen, wie so Lederboys, das hatte teilweise sehr witzige Folgen. Einmal sind wir auf der Straße entlanggelaufen, voll in unserer Ledermontur, plötzlich merkten wir, dass uns immer mehr Teenager nachliefen, mindestens ein Dutzend. Wir sind dann in einen Sex-Laden reingegangen. Das fanden wir richtig lustig. Von den Teenagern kam keiner in den Laden rein. Da waren die zu schüchtern.«
ROBERT GÖRL

Robert Görl: »Es ging ja durch die Medien, dass DAF ein sehr extremes Image hat. Style war für uns sehr wichtig. Wir haben uns immer ganz genau überlegt, was wir anziehen, wie das wirkt. Da haben wir nichts dem Zufall überlassen. Unsere Grundidee war: schwarze und dunkle Klamotten. Wir fanden dann auch schwarze Lederklamotten cool. Ich hatte zum Beispiel eine schwarze Claude-Montana-Lederjacke, die fand ich unschlagbar. Aber auch die dunklen Sachen von La Rocka London fand ich gut. Und da hatte ich einiges davon. Das war schon auch Teil unseres Konzepts.«

Gabi Delgado: »Das *1st Step To Heaven*-Outfit, das haben Robert und ich dann wieder entworfen. Da haben wir uns die einzelnen Teile dafür zusammengesucht und uns genau überlegt, wie das am Ende aussehen soll. Da waren wir in der Tat auch zusammen shoppen. Der Leder-Look ist aber, wie gesagt, nicht auf unserem Mist gewachsen. Fanden wir aber direkt gut. Sonst hätten wir das ja nicht übernommen. Wir haben uns nie von irgendwem reinreden lassen. Aber wenn jemand mit Ideen kam, haben wir uns das schon angehört und dann geguckt, ob das zu uns passt.«

Robert Görl: »Wir hatten ja auch zum Glück nie jemanden, der uns da irgendwelche Klamotten aufgequatscht hat. Das hätten wir auch gar nicht zugelassen. Bei vielen Bands ist das ja so. Okay, wir haben immer Unterstützung von unseren Plattenfirmen gehabt. Das war halt diese ganz normale, reguläre Standard-Unterstützung. Oder unser Verleger, der Walter Holzbaur, von Wintrup. Die haben natürlich alle unterstützend gearbeitet. Aber die haben uns nie reingeredet, keiner von denen. Manager nehmen oft ganz schön großen Einfluss auf die Bands. ›Hey Jungs, das und das muss jetzt aber so und so laufen, sonst kriegen wir Schwierigkeiten mit der Plattenfirma.‹ Oder: ›Ihr müsst jetzt mal dieses Styling machen.‹ Die denken ja doch, sie haben es drauf und wissen, wie der Hase läuft mit den Medien und den Plattenfirmen. Viele Bands werden eben doch *gemacht*. Selbst Bands, bei denen man das gar nicht vermuten würde. Aber Gabi und ich haben alles selbst gemacht. Bei unseren Brainstorms haben wir immer ausgeheckt, was wir uns holen, welcher Style jetzt richtig cool sein könnte. Auch die Cover-Artworks. Das waren alles Gabi und ich. Die haben uns zwar einen Fotografen gestellt. Einen Top-Fotografen. Aber wie wir da ankamen, was wir anhatten, wie wir uns hingestellt haben, wie wir gestylt waren – das war alles unsere Idee. Virgin hat uns einen Typen zur Verfügung gestellt, den Jumbo. Das war so ein Bär. Das war der Bär von Virgin. Aber das war ein richtig cooler Typ. Und der war unser Transmitter. Also der, der unsere Wünsche weitergegeben hat. Der wurde uns also zur Verfügung gestellt, und den haben wir alle paar Wochen getroffen, und dann hat der uns gefragt, was wir jetzt genau machen wollen. Wir konnten alles sagen, was wir wollten. WIR haben gesagt: ›Wir wollen jetzt eine Tour machen, wir wollen eine neue Platte machen, wir wollen dies machen, wir wollen das machen.‹ Die haben UNS gefragt. Jumbo hat das dann an die Plattenfirma weitergegeben. Und die haben dann die Gelder dafür zur Verfügung gestellt. Wir haben uns also nicht verkauft. Wir haben nur wesentlich größere Möglichkeiten gehabt, das war dann das Ding.«

Gabi Delgado: »Also noch mal: Serge Krüger ist der Designer der als DAF-Jacke quasi berühmt gewordenen ärmellosen, den französischen Lastwagenfahrerjacken nachempfundenen Lederweste. Die Knöpfe waren diese Lastwagenhaken. Das war diese ganz, ganz berühmte DAF-Jacke. Und die Lederhose, die ich hatte, hat mir Stefi Talman genäht. Das hat die alles gelernt. Sie war style-mäßig sehr fit und hat mich auch sehr beeinflusst, was Mode angeht; auch mit dieser Frankreich-/ Schweiz-/ Italien-Connection. Ich habe überall so ein bisschen reingeschaut. Ich interessiere mich sehr für Mode. Während ich mich aber vorher eher für Street-Styles und Urban Tribes interessiert habe, galt meine Aufmerksamkeit jetzt eher etablierten Designern.«

Robert Görl: »Dass wir rüberkamen, wie wir nun mal rüberkamen, wie so Lederboys, das hatte teilweise sehr witzige Folgen. Einmal sind wir auf der Straße entlanggelaufen, voll in unserer Ledermontur, plötzlich merkten wir, dass uns immer mehr Teenager nachliefen, mindestens ein Dutzend. Wir sind dann in einen Sex-Laden reingegangen. Das fanden wir richtig lustig. Von den Teenagern kam keiner in den Laden rein. Da waren die zu schüchtern. Das Bild von Gabi und mir auf der Treppe in München, das, finde ich, ist das heißeste Lederboys-Bild von uns. Ein tolles Bild ist das!«

München, Maximilianstraße, 1981
FOTO: SABINE REIF, SIEHE AUCH FARBTEIL

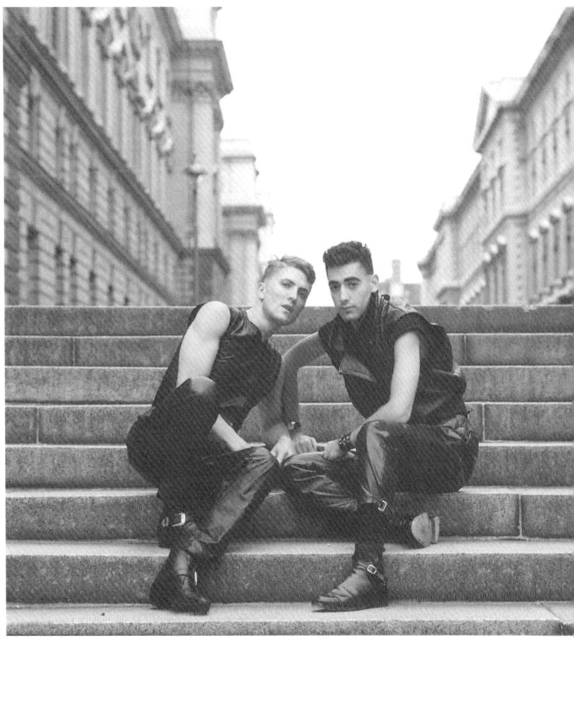

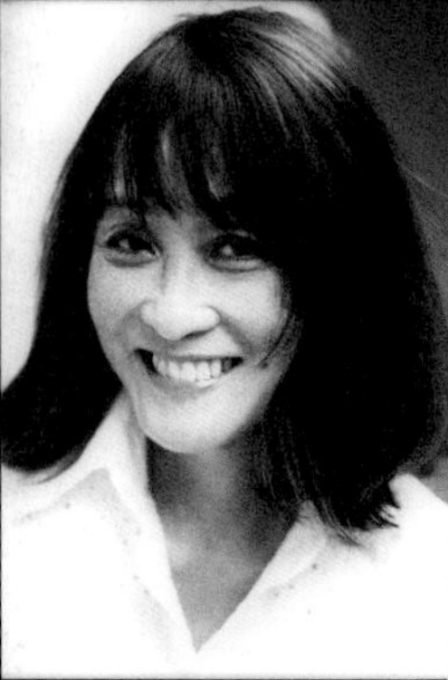

THE BOYS IN DAF AND I CLICKED

Gastbeitrag von Sheila Rock

»I was just a girl with a camera« is how Sheila describes her early days taking pictures of the ›interesting people‹ she happened to meet on London's Kings Road.« It was what really opened my eyes. I took my Nikkormat 35mm camera to the west London street now famous for being the home of punk: It reminded me of what I'd seen in New York, but the sub-culture here was so much more exciting, more flamboyant!«

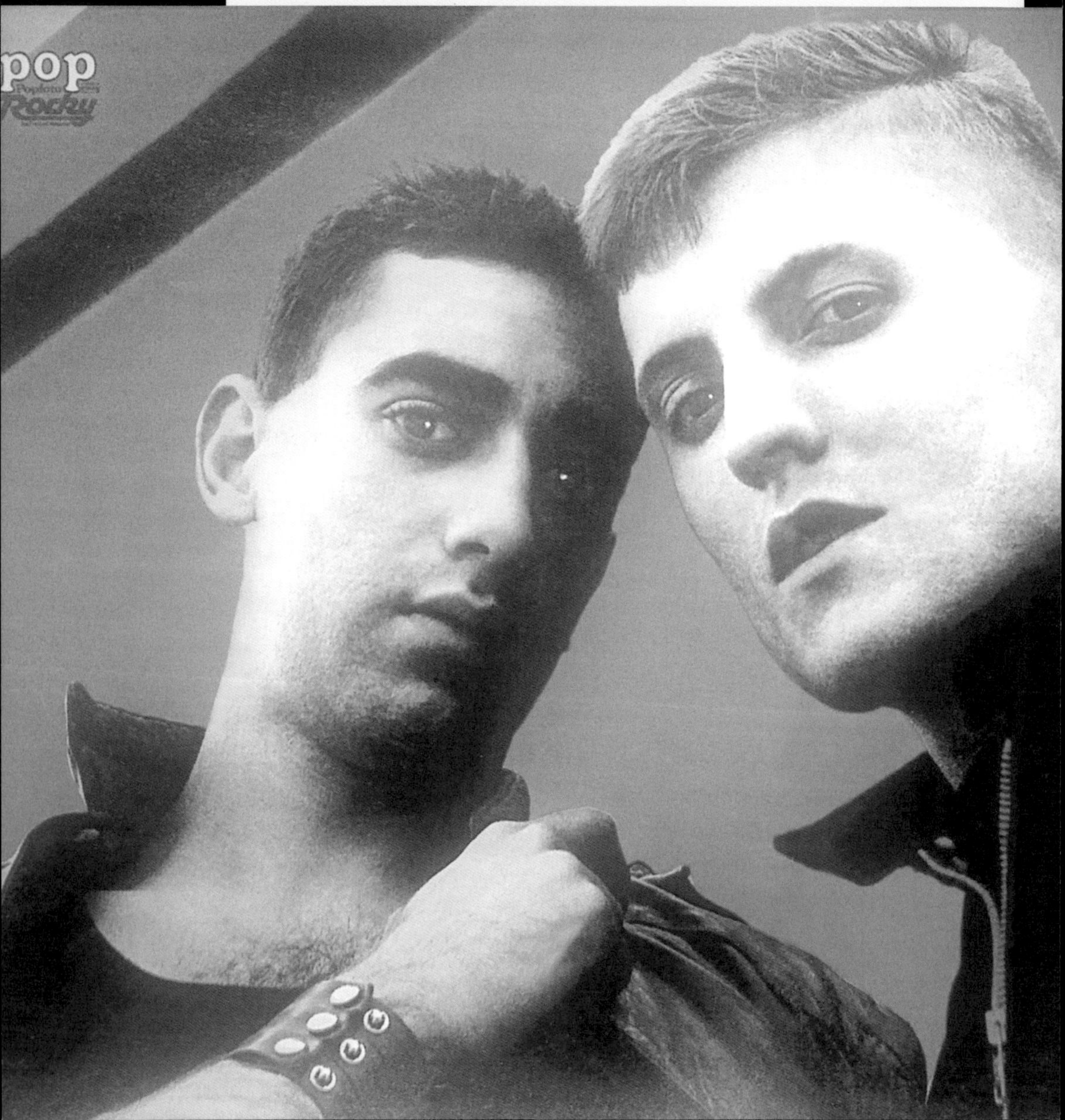

I hadn't yet thought of myself as a photographer but I was so overwhelmed by what was going on that I started taking my first pictures.

In the 70s and 80s, an atmosphere of freedom prevailed. New artistic avenues and energy fueled opportunities for creative expression. Social mingling was open and easy and because of my enthusiasm and approach, I was quickly shooting bands and musicians. I can't really remember where I first met DAF. It might have been as a professional assignment or socially at a music venue. But: It is not important where we met. It is important that we met. The boys in DAF and I clicked. We formed a good artistic relationship. I was encouraged to come up with new ideas and to use different techniques such as cross processing and experimenting with lenses. I always tried in my photography and the portraits of Robert and Gabi to convey the strength and mystery of their music. The challenge was to make images of the two that would match up with the exciting music they made.

I remember that Gabi was the more vocal element in DAF. He was articulate and had a clear idea of their aspirations and direction. Robert was not a silent partner and I could see that musically they formed a formidable partnership which was innovative and original. I saw them a couple of times playing live. The concert I remember most was the one in Victoria Street, London. It was a fashionable venue and many bands played there. It was called The Venue, a music club owned by Virgin Records. It opened in October 1978 and the ambience was akin to a nightclub. It was popular for use by record companies showcasing new signings to the music media. What was striking this night was Gabi and his strong performance. He would stalk the stage; whipping the stage with the microphone lead. He sang with power. He and Robert dressed in black. It was an interpretation of new wave or avant-garde; individualistic and singularly sung in German.

I do not have a favorite photo of them but amongst the five images chosen from my archive I prefer the black and white images. The media captures more depth and I feel DAF are best perceived in black and white. I like the solo shot of Gabi but equally the shot of them both in leather. DAF are not easy listening and I think the photos definitely convey this.

Dressed in black: Poster in ›PopRocky‹, Februar 1982
FOTO: SHEILA ROCK, SIEHE AUCH DEN FARBTEIL

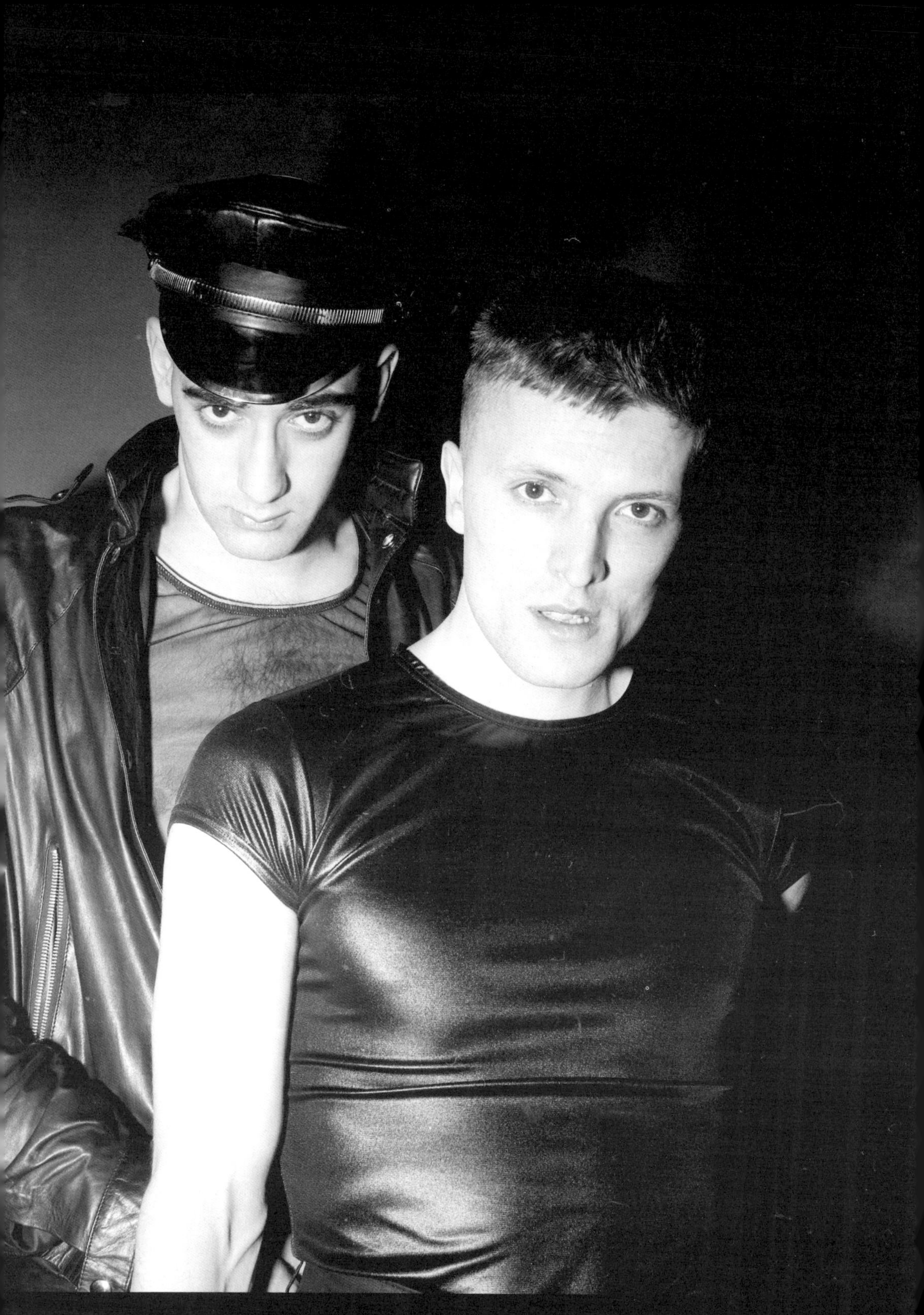

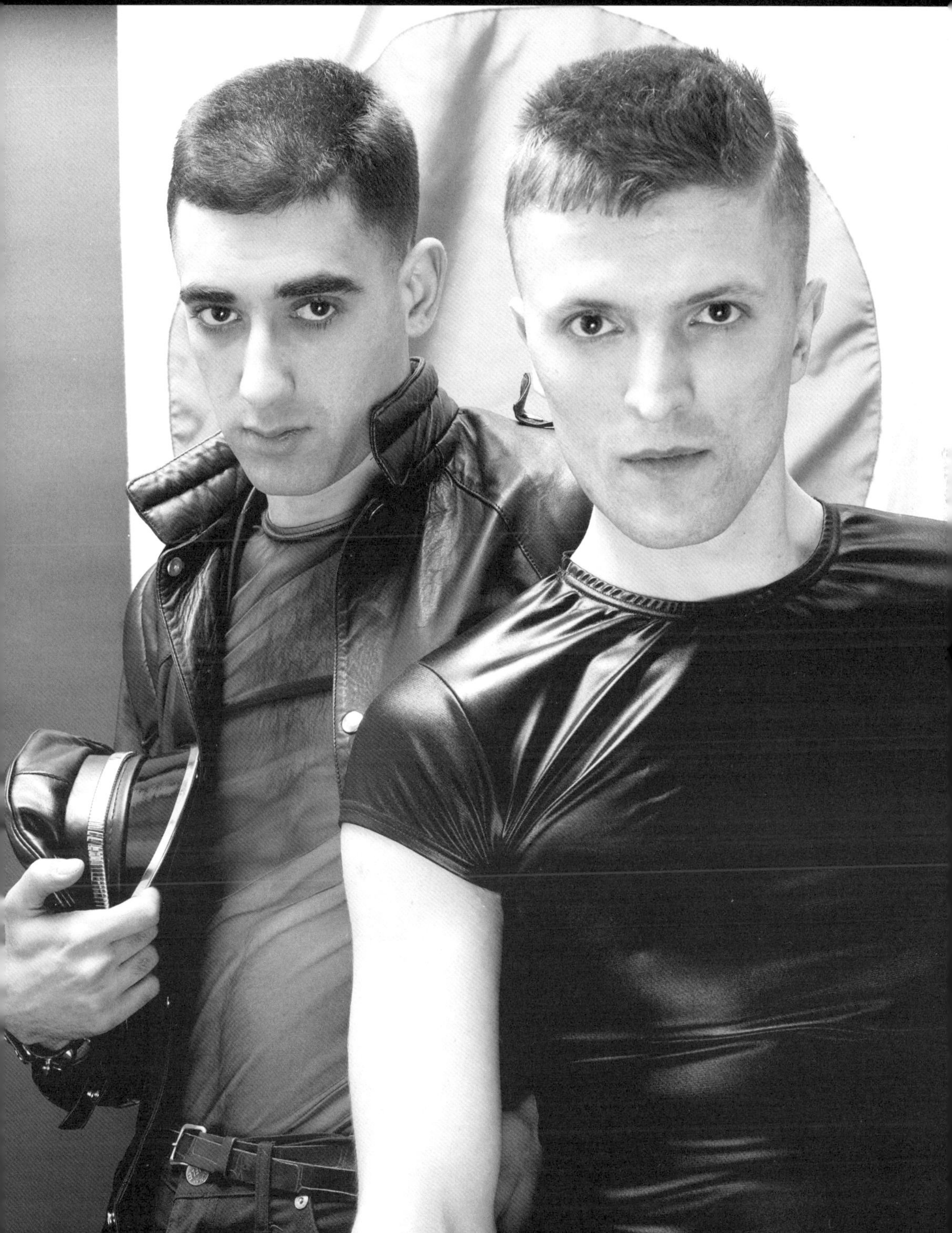

Fotoshoot in London

FOTOS: SHEILA ROCK

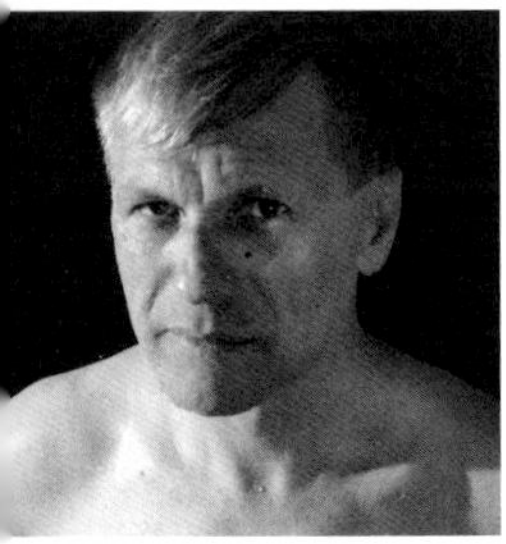

FOTO: TAL STERNGAST

EKSTASE ALS FAST LETZTE MÖGLICHKEIT, SICH DER GESELLSCHAFT ZU VERWEIGERN

Gastbeitrag von Ulrich Gutmair

»Wir sind die Kraft. Wir sind der Muskel.« Das sang Gabi Delgado Lopez 1981 bei einem Konzert in Hamburg anstelle des Originaltexts zur Musik von *Verschwende Deine Jugend*. Auf den ersten Blick lässt sich das Image der Deutsch Amerikanischen Freundschaft anhand dieser zwei Zeilen beschreiben: Hier walten Kraft und Muskel, Jugend und Männlichkeit, Energie und Körper.

Wie Kraft und Muskel, »schön und jung und stark«, sehen Gabi Delgado Lopez und Robert Görl auf dem schlichten Cover von *Alles Ist Gut* aus. Es zeigt auf jeder Seite ein Foto sowie Bandnamen und Albumtitel. Am linken Rand der Vorderseite ist in weißen Versalien auf schwarzem Hintergrund zu lesen: *Deutsch Amerikanische Freundschaft.* Der Blickfang ist ein Porträt von Gabi Delgado Lopez mit nacktem Oberkörper, ebenfalls vor schwarzem Hintergrund.

Die kurzen schwarzen Haare, Gesicht und Brust sind von übergroßen Schweißperlen bedeckt, der Kopf leicht nach unten geneigt. Lange schwarze Wimpern umrahmen seine Augen. Er blickt dem Betrachter direkt ins Gesicht, ernst und verführerisch. »Pass gut auf, was ich gleich mit dir machen werde«, scheint er zu sagen. Das könnte aber auch nur schnöde Projektion des Betrachters sein. Vielleicht formuliert Delgados Blick eher eine Frage: »Was stellst du dir vor, wenn du mich siehst?« Damit wäre seine Machtposition vollkommen, er wäre Objekt der Betrachtung, das zugleich den Blick des anderen dominiert. Beim zweiten Blick zeigt sich: Das Image und der Style der Deutsch Amerikanischen Freundschaft sind, wie ihre Musik und ihre Texte, auf einfache, knappe und direkte Weise kompliziert.

Auf der Rückseite des Albums steht auch Robert Görl mit nacktem Oberkörper da, die Arme sind angewinkelt, wohl in die Hüften gestemmt. Die Wahl des Ausschnitts lässt es nur vermuten. Auch er schwitzend (oder ist es bloß Wasser?), die kurz geschnittenen, gescheitelten, über den Ohren rasierten Haare sind vor Nässe strähnig. In Robert Görls Gesicht wiederholt sich die herausfordernde Mimik Delgados, nur der Mund ist leicht geöffnet. Diese beiden Männer mit nacktem Oberkörper zitieren andere Männer, die vorher schon da waren: die nackten Oberkörper von Iggy Pop, Freddie Mercury und anderen männlichen Sexobjekten des Rock 'n' Roll, als es ihn noch gab. Vielleicht auch nicht unwichtig, was auf den Coverfotos fehlt: die Brustwarzen. Es gibt nur Muskeln, Haut, Haare, Gesicht zu sehen.

Die Fotografien des Covers von *Alles Ist Gut* wirken wie Ikonen, schlicht, aber voller Anspielungen. Sie kündigen eine mögliche Überschreitung, Ekstase an. Dass dabei nicht zu viel versprochen wird, zeigt sich, wenn die Nadel die Rille trifft. Die Musik, die Stimme und die Texte sind so schlicht wie das Design dieses Albums. Es sind eingängige, aber komplexe Rhythmen, gespielt von Robert Görl. Darüber simple, mächtige, dunkle, euphorisierende Sequenzen aus dem Synthesizer. Kurze Aussagesätze und Aufforderungen werden von der Stimme Delgados wie militärische Kommandos vorgetragen, die auch als Kommentare auf die Musik selbst verstanden werden können. Wenn Gabi singt: »Beweg deinen Hintern«, dann benennt er nur, was die Musik längst mit den Tänzern macht. Zwar handelt dieses Stück von der Macht der Ideologie. Aber noch viel deutlicher demonstriert es die diktatorische Macht bestimmter Rhythmen und Klänge über die Körper.

Auch die Innenhülle des Albums ist schwarz. In weißer Schrift, auf Deutsch und Englisch, die Texte. Auch sie handeln davon, wie Musik die Kontrolle übernimmt, und sie erzählen über die Begegnung von Körpern mit anderen Körpern: *»Schwitzt, meine Kinder. Geh in die Knie. Wackle mit den Hüften. Klatsch in die Hände. Beweg deinen Hintern. Mein Herz macht Bum Bum Bum. Dein Mund ist so rot, mein Schatz. Du hast so schöne blaue Augen. Ich liebe dich, mein Prinz. Ich liebe dich, mein Räuber. Du bist so stark. Du bist so schön. Unser Tanz ist so wild.«*

Das Album *Gold Und Liebe* wurde ein halbes Jahr nach *Alles Ist Gut* und wie dieses im Studio von Conny Plank aufgenommen. Musikalisch, textlich, stilistisch und gestalterisch nahm es den Faden wieder auf. Vorne und hinten wieder zwei Fotos, diesmal sind beide Männer zu-

Rückseite der zweiten Mute-Single ›DER RÄUBER UND DER PRINZ/TANZ MIT MIR‹ und Promo-Leaflet, 1980
ARCHIV RUDI ESCH

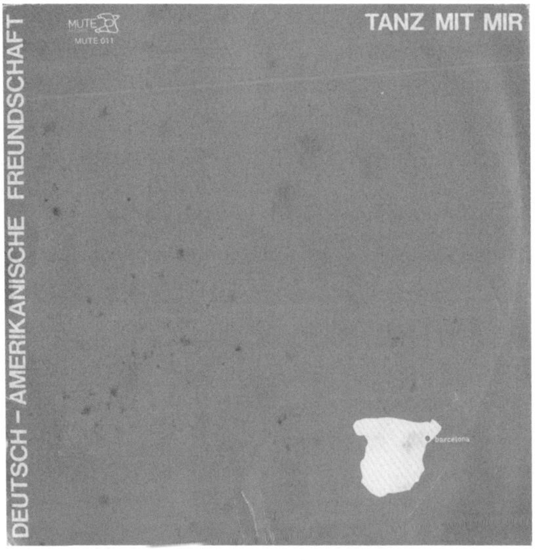

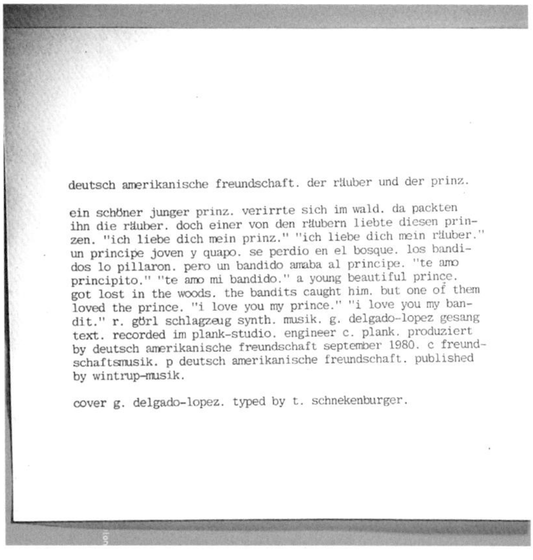
deutsch amerikanische freundschaft. der räuber und der prinz.

ein schöner junger prinz. verirrte sich im wald. da packten ihn die räuber. doch einer von den räubern liebte diesen prinzen. "ich liebe dich mein prinz." "ich liebe dich mein räuber." un principe joven y quapo. se perdio en el bosque. los bandidos lo pillaron. pero un bandido amaba al principe. "te amo principito." "te amo mi bandido." a young beautiful prince. got lost in the woods. the bandits caught him. but one of them loved the prince. "i love you my prince." "i love you my bandit." r. görl schlagzeug synth. musik. g. delgado-lopez gesang text. recorded im plank-studio. engineer c. plank. produziert by deutsch amerikanische freundschaft september 1980. c freundschaftsmusik. p deutsch amerikanische freundschaft. published by wintrup-musik.

cover g. delgado-lopez. typed by t. schnekenburger.

sammen zu sehen. Die beiden Aufnahmen unterscheiden sich kaum, nur die Posen variieren leicht. Gabi Delgado Lopez und Robert Görl sind in voller Größe zu sehen, beide in schwarzes Leder gekleidet. Die Hosen sind oben weit, unten eng geschnitten. Gabi Delgado Lopez' erinnern an Motorradhosen, Robert Görls an orientalische Pluderhosen. Robert trägt ein ärmelloses Muscleshirt, Gabi eine ärmellose Jacke mit hochgestelltem Kragen. Der *New Musical Express* zeigte DAF in diesem Outfit auf einem seiner Cover. DAF wurden zu den *Best Dressed People* im United Kingdom gewählt. Die Jacke, die Gabi Delgado Lopez trägt, hat Serge Krüger entworfen. Der Modedesigner war eine der zentralen Figuren der modernen Jugend Frankreichs, die im New Wave-Club »Le Palace« Paris ihr Hauptquartier aufgeschlagen hatte.

Zwar verweisen die nackten Oberkörper von *Alles Ist Gut* und die Outfits von *Gold Und Liebe* auf einen Fetisch für muskulöse, nackte Körper und schwarzes Leder als Signifikanten für Männlichkeit und Macht: »Unsere Kleidung ist so schwarz. Unsere Stiefel sind so schön.« Was das Machtvolle angeht, hat Delgado Lopez 20 Jahre nach der Veröffentlichung von *Alles Ist Gut* zu Protokoll gegeben: »Ich hatte immer eine Affinität zu Menschen, die gewaltbereit sind. Mir haben auch die Uniformen der Polizisten immer viel besser gefallen als die der Demonstranten. Vom Styling her haben mir die Bullen imponiert.« Es wäre aber ein absolutes Missverständnis, diesen Style als Verherrlichung der Macho-Kultur, gar des faschistischen Körperpanzers zu lesen. Dafür sind diese Körper zu verletzlich, der Blick zu offen. »Ich bin viel in Discos gegangen, auch in Schwulen-Discos«, hat Gabi Delgado Lopez erzählt. Es könnte sein, dass die Coverfotos von *Alles Ist Gut* bei genauerer Betrachtung zwei

Labels der Single ›DER RÄUBER UND DER PRINZ/TANZ MIT MIR‹

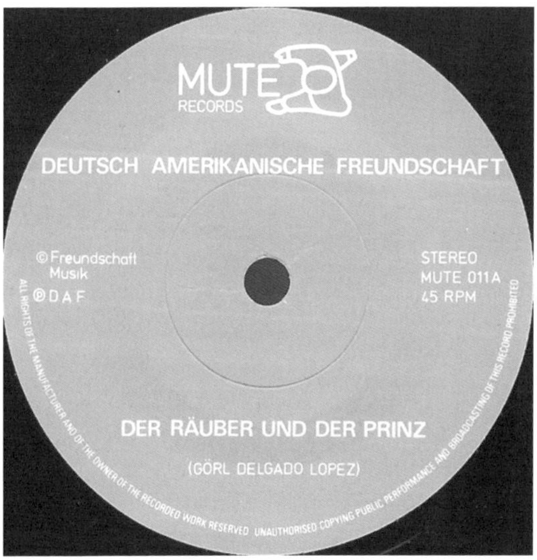

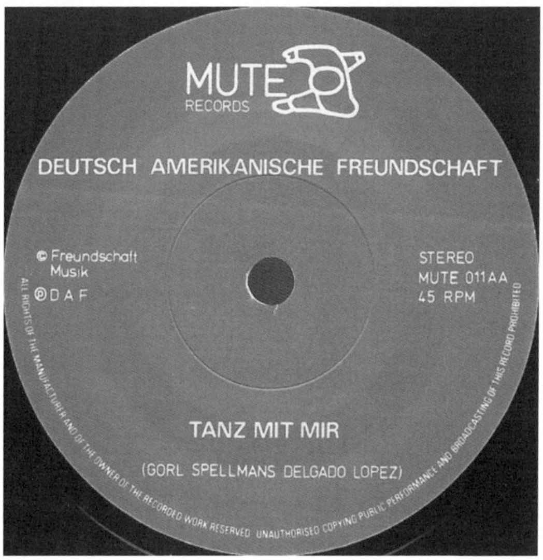

heiße Boys zeigen, die den begehrenden Blick ihres Gegenübers provozieren. Und so sind diese Bilder auch verstanden worden: »Die Leute fanden den homoerotischen Aspekt bei DAF weit provokativer als die Sache mit dem Faschismus«, hat Gabi Delgado Lopez in den Achtzigern Judith Ammann erzählt. »Da gab es viel mehr Widerstand, unabhängig von politischen Einstellungen der Leute.«

Wieso sollten faschistische Posen und Slogans eine post-faschistische Gesellschaft auch nachhaltig verstören? Die deutsche Nachkriegsgesellschaft hält sich Anfang der Achtziger für liberal, aber schwuler Sex in Leder, die Liebe zwischen Räuber und Prinz, das ist dann doch zu radikal. Diese jungen Männer sind nicht nur »schön und jung und stark«, sie bewegen sich außerhalb der gesellschaftlichen Dresscodes. Sie sehen wie Stricher aus und meinen es womöglich ernst, wenn sie von der Verherrlichung der Ekstase als fast letzte Möglichkeit sprechen, sich der Gesellschaft zu verweigern. Wenn sie »auf ganz archaische Zustände und Gefühle setzen, die sich jenseits von Moden bewegen«.

Männer mit nackten Oberkörpern, die nur mit Schweißperlen bekleidet sind, eben das ist der ultimative Style von DAF. Er zeigt sich jenseits der Mode, jenseits der bloßen Pose in den Blicken von Gabi Delgado Lopez und Robert Görl, was vielleicht die radikalste Geste dieser an Radikalismus nicht gerade armen Band ist. Ihre Blicke sind eine Herausforderung, aber auch ein Spiegel, in dem man sich wiederfinden kann. Das Waisenkind und das Gastarbeiterkind behaupten ihre Würde. Sie zeigen in ihrer Verletzlichkeit die wahre Kraft. Sie haben keine Angst. Sie sagen, was sie wollen: »Drück dich an mich. So fest wie du kannst.«

Single ›**DER RÄUBER UND DER PRINZ/ROTE LIPPEN**‹, deutsche Pressung, 1981

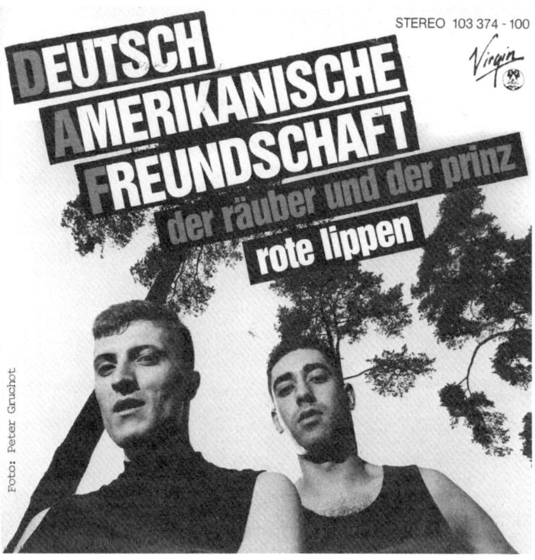

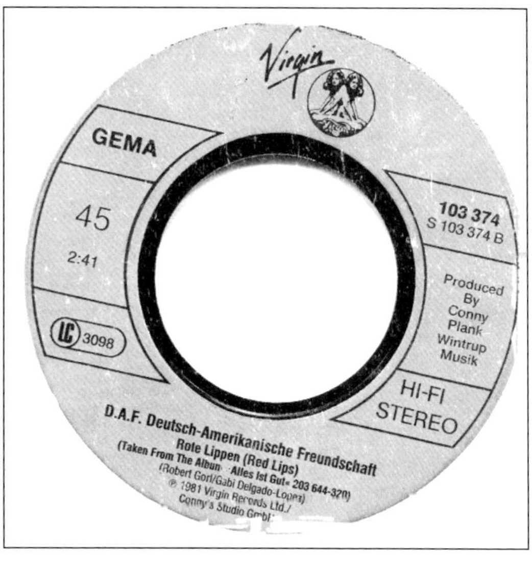

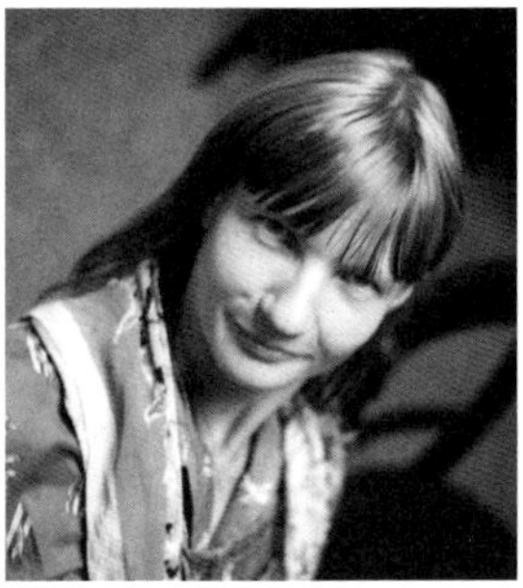

DIE AUSSAGEKRAFT DES AUGENBLICKS

Gastbeitrag von Sabine Schwabroh

Die für den Zeitzeugen bis heute fast »greifbare« Lebendigkeit, die körperliche Präsenz der DAF-Musiker, war und ist für mich als Teilnehmerin eines Konzert-Ereignisses, mehr noch für mein Selbstverständnis als Dokumentaristin, unvergleichliche,prägende Erfahrung. Denn es gibt selten die Momente im Verlauf eines Auftritts, in denen die Ausstrahlung einer Band die fotografierende Beobachterin emotional erfasst und – mithilfe der Fotokamera – zum Eingriff in das Ereignis, zur Betätigung des Auslösers genau im richtigen Moment führt.

Diese für mich und andere Betrachter wichtigen Erfahrungen konnte ich im Laufe der späteren 70er- bis in die Mitte der 80er-Jahre in nur scheinbar nicht zusammenhängenden Ereignissen und Entwicklungen sammeln und in meine dokumentarische Arbeit einfließen lassen. Zunächst war ich aktiv als Fotoreporterin für die alternative Hamburger Stadtzeitung Große Freiheit in politisch extremen Situationen als fotografische Beobachterin bei Anti-Atom-Demos wie in Brokdorf oder bei Aktionen in der Stadtteilarbeit. Über den ebenfalls bei diesen Projekten engagierten Alfred Hilsberg gewann ich mehr und mehr Zugang zu der von Post-Punk und vielfach von Künstlern geprägten Musikszene zwischen Hamburg und Düsseldorf, Berlin und München.

Der damalige Aufbruch – in der politischen und künstlerischen Underground-Szenerie – inspirierte mich zur fotodokumentarischen Teilnahme bei größeren und kleineren Festivals: im SO 36 in Berlin, in der Titanic in Bielefeld, der Markthalle in Hamburg oder in der bayrischen Provinz im To Act in Weißenohe. Durch meine manchmal offensive, aber die Musiker nicht störende Präsenz auf der Bühne, in Klubs und Szenekneipen, war ich – nur getrennt durch den Sucher der Kamera – aktiv beteiligt. Die Emotionalität, die dadurch entstanden ist, merkt man den Fotos heute noch an.

Für mich war und ist die Aussagekraft des Augenblicks entscheidendes Qualitätsmerkmal, nicht die glatte Perfektion. Meine fotografischen Arbeiten kann ich ohne Rücksicht auf Auftraggeber selbstbestimmt realisieren. Meinen dokumentarischen Ansatz schätzten nicht nur die Zeitschrift Sounds oder das Hamburger Stadtmagazin Szene, sondern auch etliche Fanzines, Galerien, Musiker und Museen.

DAS FEEDBACK

Die englische Musikpresse war als Erstes begeistert gewesen. Die deutsche war ihr auf dem Fuß gefolgt. Genau so hatte es sich bei den Fans verhalten. Zuerst hatte sich DAF in die britischen Herzen getickert. Und als dann kein Weg mehr daran vorbeiführte, machten auch die deutschen Herzen bum – bum, bum. Durch ihre Omnipräsenz in Zeitschriften, Radiosendungen, Fernseh-Auftritten und natürlich weiterhin auf immer größer werdenden Bühnen veränderte sich auch ihr Publikum. Statt kleiner Kreise von selbst ernannten Außenseitern und Subkulturen, von Skinheads und Punks, gehörte DAF zunehmend zum guten Ton. Wenn man zum Ausdruck bringen wollte, dass man in Dingen Musik State of the Art war, musste man auf jeden Fall DAF hören, DAF auflegen, DAF gut finden. Das allerdings verärgerte den ein oder anderen Fan der ersten oder zweiten Stunde, der dahinter Verrat und Ausverkauf an die breite, stumpfe Masse witterte. Einen Verrat an der Sache, einen Ausverkauf an die Kommerzialität, an den Mainstream, an den Markt. DAF lieferte nicht mehr den Soundtrack zu dem Lebensgefühl einiger weniger, war nicht mehr »genau wie wir« und exklusiv einem relativ kleinen Haufen von Chaoten vorbehalten. Aber mal Hand aufs Herz: Wer gründet auch schon eine Band mit dem Ziel, lebenslang die Haus- und Hofkapelle des Ratinger Hofs zu werden? Wer das im Bodennebel sozialromanischer Träumereien wirklich vermutet hatte, hatte DAF ohnehin nie verstanden.

»Da ging's dann plötzlich ab. Damit hatten wir ja gerechnet. Da wurden richtig Weichen gestellt. Ab da war's dann nur noch tough. Manche Leute haben gesagt: ›Jetzt haben sie sich ausverkauft.‹ Aber diese Leute haben nichts verstanden. Wenn es auf einmal einen großen Plan in Deutschland mit einem Virgin-Deal gibt, glaubst du wirklich, dass ich dann sage: ›Neeeeee. Warte mal‹.«
ROBERT GÖRL

Robert Görl: »Da ging's dann plötzlich ab. Damit hatten wir ja gerechnet. Da wurden richtig Weichen gestellt. Ab da war's dann nur noch tough. Manche Leute haben gesagt: ›Jetzt haben sie sich ausverkauft.‹ Aber diese Leute haben nichts verstanden. Wenn es auf einmal einen großen Plan in Deutschland mit einem Virgin-Deal gibt, glaubst du wirklich, dass ich dann sage: ›*Neeeeee. Warte mal. Wir haben doch mit Daniel Miller diese eine Scheibe gemacht. Ich habe ihn zwar schon persönlich gefragt, ob wir endlich mal Geld kriegen, und er hat gesagt: Nein! Aber ich steh jetzt trotzdem noch dazu und lehne den Virgin-Deal ab.*‹ Absolute Lachnummer. Das würde doch kein Mensch machen. Aber trotzdem wurden wir in einer gewissen Szene als Verräter angesehen. Dieses Spiel gibt es immer. Das ist teilweise Neid. Die gönnen dir das nicht. Denen wäre es am liebsten, du würdest tatsächlich dein Leben lang squatten, wie man im Englischen so schön sagt, also in leerstehenden Häusern dein Quartier aufschlagen. ›Schau her: Die schaffen es auch nicht. Ich selber schaff es ja auch nicht. Wieso sollen die's dann schaffen?‹ So was steckt da oft dahinter. Vielleicht sind auch zu viele Storys im Umlauf. Von Bands, die kommerziell erfolgreich wurden nur wegen der Major-Labels oder Big-Name-Producer, die dann angeblich viel Einfluss auf die Bands ausübten. Das mag für manche stimmen. Für DAF stimmte das nicht.«

Gabi Delgado: »Die hat sich ja wie blöd verkauft, die *Alles Ist Gut.* Da waren wir dann ein ganzes Jahr lang – mit Human League – die Band, die am meisten Platten verkauft hat. Also von Virgin. Dirk Hohmeier und Udo Lange, das waren dann die deutschen Virgin-Chefs. Udo Lange ist ein total korrekter Typ, der war dann später bei der EMI.«

Robert Görl: »Richard Branson war der Erzfeind von Daniel Miller. Oder allgemein der Erzfeind von den Alternative-Guys. Branson war halt der Typ, der Kommerzzeug gemacht hat. Der hat schon die ersten Millionen eingefahren. Der hat schon richtig Kohle gehabt. Der konnte schon einfach mal zu einer Band sagen: ›Hey, ich kaufe die Band. Ich lege da jetzt auch mal richtig Geld für hin.‹ Und die Alternatives, die fanden so was natürlich scheiße. Der Branson kauft einfach die coolen Bands vom Markt. Am Anfang war Virgin ja auch Alternative. Nur haben die dann halt so richtig Kohle gemacht. Weil ein paar Sachen funktioniert haben. Was ja lustig war: Das ursprüngliche Virgin Records Office war auch auf der Portobello, aber eher am Anfang, auf der linken Seite. Wenn du ganz nach hinten gehst, kam rechts Rough Trade. Beide waren in so einem Hinterhof drin. Beide waren noch ganz schön Indie. Gabi und ich mussten dann ja manchmal bei Virgin aufschlagen. Wir Verräter. Früher waren wir einen Kilometer weiter hinten bei Rough Trade gewesen, haben nach Schlafplätzen, Tee und Keksen gefragt, und jetzt waren wir ein Stück weiter vorn und sind da abgehangen.«

Gabi Delgado: »Das war so zur *Alles Ist Gut*-Zeit. Der erste Erfolg. Da hatten wir eine schicke Wohnung zusammen. Die haben wir uns dann da genommen am Holland Park. Jung, reich, berühmt, stinking rich, mit zu wenigen Problemen und auch ohne Koks noch. Das Koks kam später. Also, ab und zu haben wir schon auch gekokst. Aber ich hab vor allem viel gekifft in der Zeit. Kiffen ist ja harmlos. Bin viel gereist. Ich hatte eine Schweizer Freundin zu der Zeit, zu der ich dann auch gezogen bin.«

Robert Görl: »Und von einigen Punk-Fans wurden wir dann sowieso angefeindet. Wir waren wirklich froh, dass wir uns jetzt eine Wohnung leisten konnten. Das haben wir denen später auch gesagt. ›Hey, denkst du, ich möchte immer squatten? Denkst du, dass DAS mein Plan ist? Dass ich jahrelang geübt und wie

»Das war so zur ALLES IST GUT-Zeit. Der erste Erfolg. Da hatten wir eine schicke Wohnung zusammen. Die haben wir uns dann da genommen am Holland Park. Jung, reich, berühmt, stinking rich, mit zu wenigen Problemen und auch ohne Koks noch. Das Koks kam später. Also, ab und zu haben wir schon auch gekokst. Aber ich hab vor allem viel gekifft in der Zeit. Kiffen ist ja harmlos.«
GABI DELGADO

ein Wahnsinniger gekämpft habe, mit einem Ziel, einem wahnsinnigen Willen, Konzerte zu machen und das zu machen und das zu machen und das zu machen, um dann als Preis dafür zu squatten? Soll das das Ergebnis sein für immer oder was?‹ Das habe ich nicht verstanden. Wie kann man so denken? Aber einige denken so. Wenn du einen größeren Schritt machst und dir plötzlich eine Wohnung leisten kannst, halten die dich sofort für einen Verräter.«

Gabi Delgado: »So etwas passiert ganz, ganz selten, weil … Das passiert, weil *1000 Sachen*. Das ist vor allem, weil die englische Musikpresse, weil Ausländer … weil die Deutschen … es gibt kein Volk, das missgünstiger ist und neidischer als die Deutschen. In Deutschland ist das so: ›Oh, die haben ein gelbes Cover?!? Ich wollte doch auch ein gelbes Cover machen!!!‹ Kurz wirst du hoch gelassen – und schon kommt der Backlash, wie man so sagt. Als wir es aber in England geschafft hatten, da waren die Deutschen plötzlich stolz auf uns. Wie wenn Boris Becker Wimbledon gewinnt. So halt. Oder wenn ein deutscher Torwart in England Erfolg hat. Plötzlich ist es doch einer von uns. Die *Alles Ist Gut* kam auch zuerst in England raus, dann erst in Deutschland. Auf jeden Fall kann man nicht sagen: Die war so erfolgreich, weil … Das ist wie fast alles polykausal. Weil die englische Musikpresse uns entdeckt hat. Weil alle Hipster Londons über DAF geredet haben. Weil der Alfred Hilsberg wie ein Bekloppter Werbung für uns gemacht hat. Weil die *Sounds* nach England gefahren ist. Weil die *Bravo* über DAF geschrieben hat. *Nazis in der Disco*, schrieben die. Uns kannte plötzlich jedermann. Dann gab's Biolek. Dann lief das im Radio. Dann gab's eine John Peel-Session. Weil, weil, weil, weil, weil, … Aber vor allem, weil ein paar, wie man heute sagt, Designer, also hippe Hipster aus London, gesagt haben, das ist gut. Und weil die Deutschen plötzlich, statt uns zu hassen, stolz waren. Auch so ganz konservative Musikjournalisten kamen dann plötzlich an: »Seit THE RATTLES zum ersten Mal wieder …« Zum ersten Mal ist wieder was Deutsches in England richtig big. Das wurde sogar vereinnahmt von ganz konservativen Kreisen, die uns vorher nie ernst genommen hätten. Weil wir als Deutsche im Ausland Erfolg hatten. Es geht der Ute Lemper wie DAF. Oder Siegfried und Roy. Die hätten es in Deutschland auch nie geschafft. Aber in Las Vegas. Und da sind sie dann plötzlich die deutschesten aller Deutschen für die Deutschen. Dann macht das ZDF einen Bericht über die. Aber vorher interessieren die keinen. Da gibt's 1000 Beispiele. Dieser Neid schwenkte dann um in Nationalstolz. Plötzlich war man stolz auf uns. Die guten und die falschen Leute.«

»Es gab auch viele, die gesagt haben: ›Wow, fett!!! Respekt! Die haben einen weltweiten Deal eingefahren. Die machen Gigs. Und die haben ein Album hingelegt.‹ Ich meine, da kam diese ALLES IST GUT, das war ja wirklich ein fettes Album. Und dann hat uns Deutschland – oder im Grunde genommen Düsseldorf – Respekt gezollt. Die meisten haben schon gesagt: ›Hey Jungs, ihr seid doch die Größten!‹«
ROBERT GÖRL

Unten: Robert nach dem Konzert. Rechts: Backstage in der Philipshalle
FOTOS: GEORGE NICOLAIDIS

Nächste Doppelseite: ›MUSIKEXPRESS‹-Titelstory von Ingeborg Schober zum Album ›ALLES IST GUT‹
FOTO: SHEILA ROCK

Robert Görl: »Aber die sind nicht so wichtig, diese Neider. Es gab eben auch viele, die gesagt haben: ›Wow, fett!!! Respekt! Die haben einen weltweiten Deal eingefahren. Die machen Gigs. Und die haben ein Album hingelegt.‹ Ich meine, da kam diese *Alles Ist Gut*, das war ja wirklich ein fettes Album. Und dann hat uns Deutschland – oder im Grunde genommen Düsseldorf – Respekt gezollt. Die meisten haben schon gesagt: ›Hey Jungs, ihr seid doch die Größten!‹ Auch da wird's zwei Dutzend Neider gegeben haben. Aber Tausende sind durchgedreht. Ich kann mich sogar an den Monroe erinnern. Der war bei diesem Konzert in der Philipshalle und ist auf mich zugekommen – der Monroe war sowieso ein guter Typ, der war nicht hinten rum und auch kein Neider oder so irgendwas – der hat mir ins Gesicht gesagt: ›Ihr habt's geschafft! Und das sei euch auch gegönnt! Denn ihr seid echt gut!‹ Das hat er mir ins Gesicht gesagt und mir richtig Respekt gezollt. Bei der *Alles Ist Gut* hat's dann endgültig allen den Vogel rausgehauen.«

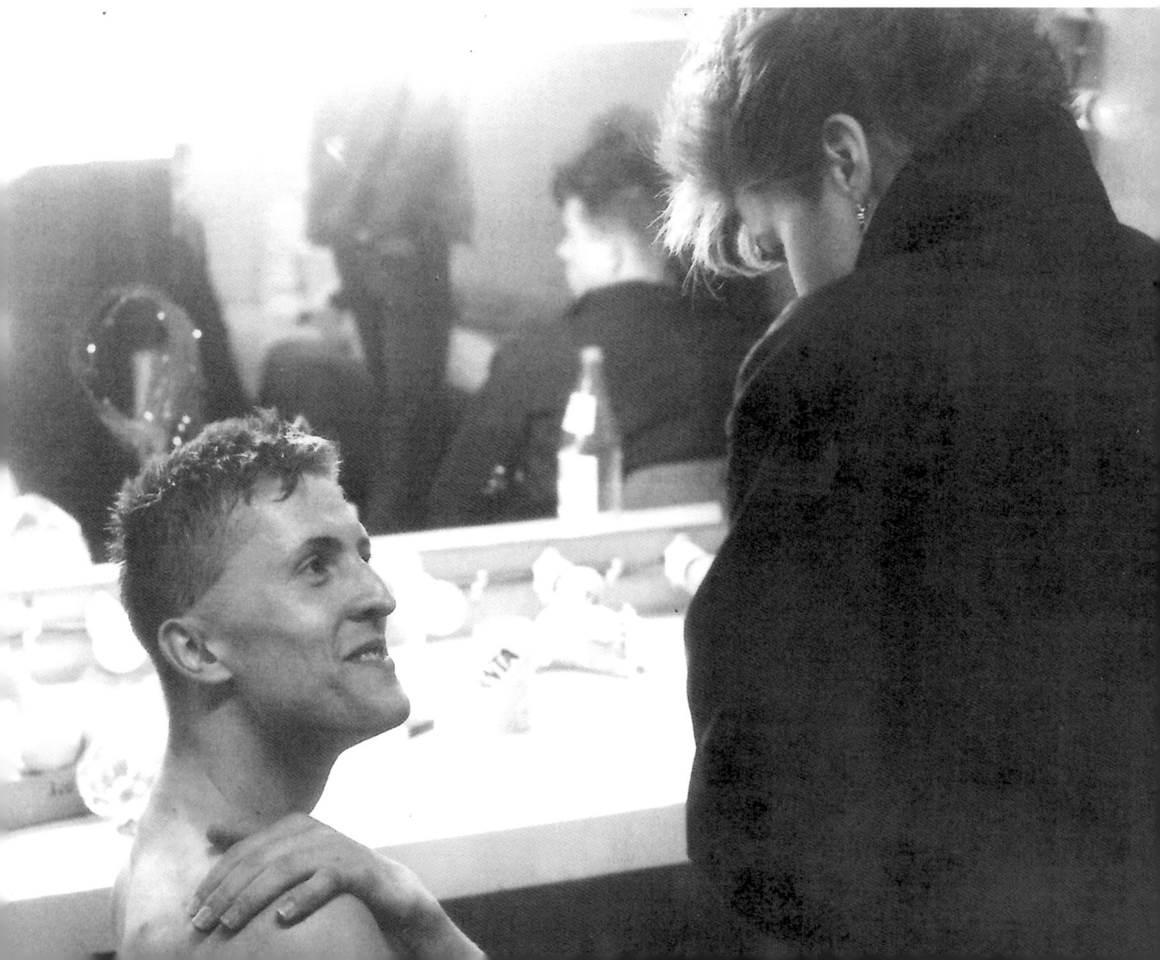

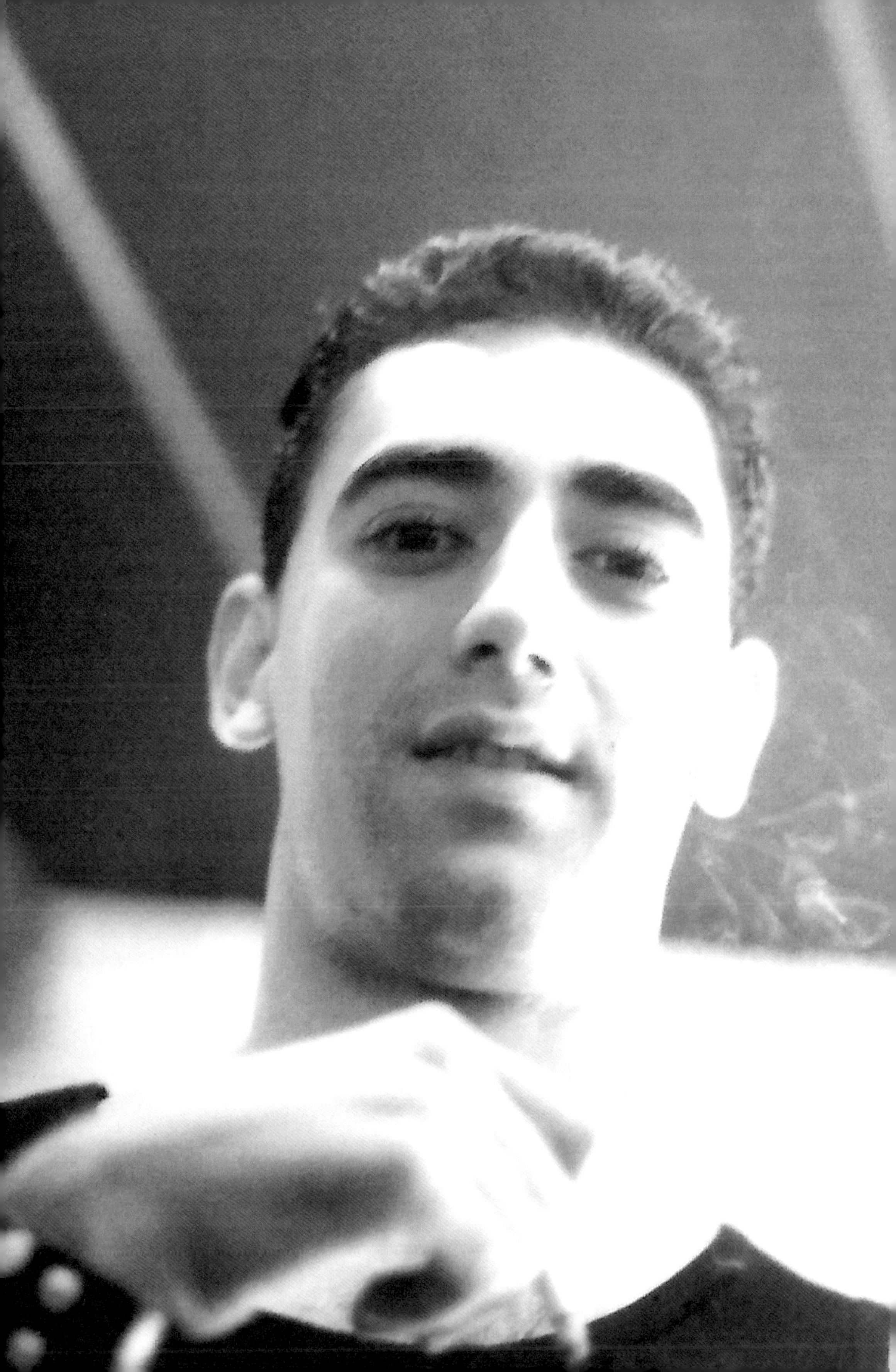

Die ganze Welt ist himmelblau, wenn ich in deine Augen schau – ein deutscher Schlager? Ja, ein neuer deutscher Schlager, genannt „Mein Herz macht bum" von der Deutsch-Amerikanischen Freundschaft. Zu hören auf der neuen LP ALLES IST GUT. Unterschwellige Erotik. Ich bin fasziniert. Die Begegnung mit Robert Görl und Gabi Delgado-Lopez, dem Duo, das jetzt hinter der DAF steht, ist überraschend: Freundlich, offene, positive Gesichter, sehr gesprächig und kooperativ, präzise Formulierungen. Es dürfte schwer sein, sich der Ausstrahlung dieser beiden Deutschen zu entziehen. In London scheint die Sonne. „Die ganze Welt ist himmelblau ..." Es wird ein gesprächiger langer Nachmittag. Viele wichtige Themen besprechen wir, aus Platzgründen kann ich das Gespräch nur sehr verkürzt, aber hoffentlich nicht manipuliert, wiedergeben. Gabi ist redefreudiger als Robert, der dafür unentwegt strahlt. Seine Welt sind wohl eher die Töne und nicht die Worte.

Wir lassen ein Teil deutscher Geschichte der Neuen Welt passieren. Gabi ist in Spanien geboren, in Deutschland aufgewachsen. Bis 15 hat er Fußball gespielt, zwei Jahre später hat ihn der Punk-Rock fasziniert. „Ich habe die Schule sausen lassen und wollte Musiker werden." So kam er zu den Bands der ersten Stunde in Düsseldorf: Charlie's Girls und Mittagspause. „Doch das war zu hobbymäßig. Ich wollte Musik als Beruf, davon leben." Da hat er Robert im Ratinger Hof kennengelernt. „Ich habe extra meinen Zug verpaßt." Robert stammt aus Bayern, hat in Augsburg auf dem Mozart-Konservatorium Klassik studiert, danach in Graz eine Jazz-Schule besucht. Klavier und Schlagzeug hat er studiert: „Das hilft schon, es war sicher nicht schlecht, daß ich studiert habe."

Der Nichtmusiker Gabi und der Ausgebildete Robert haben mit drei weiteren Leuten Deutsch-Amerikanische Freundschaft gegründet. Die erste Probe fand im Keller vom Ratinger Hof statt. Dann zog sich die Band für sechs Wochen in eine Art Trainingslager zurück, um das Programm zu erarbeiten. Gabi: „Am Anfang war das ein Kult, diese Neue Deutsche Welle. Das hat mich gestört, deshalb bin ich auch bei den anderen Bands ausgestiegen. Das war unprofessionell ohne jeden Aspekt auf eine größere Massenwirkung. Ein unheimlich elitäres Ding, unbekannte Kultfiguren zu sein. Aber das Konzept von DAF war von Beginn an darauf aus, einen Durchbruch für die deutsche New Wave zu schaffen."

Doch zunächst gab es zahlreiche Wechsel und Umbesetzungen. „Wir sind jetzt zu dieser Zweierbesetzung gekommen, die wir nicht ändern wollen. Für eine bestimmte Periode werden wir mit anderen Leuten zusammenarbeiten. Für die Deutschlandtournee haben wir eine Technikerin, die auf der Bühne die ganzen Elektronikprogramme einwirft."

Die elektronischen Arrangements auf der LP stammen von Robert, der auch das Schlagzeug spielt. Gabi: „Ich singe und mache die Texte, ich bin so etwas wie ein musikalischer Direktor für Text und Inhalt. Aber das kann sich auf der nächsten LP ändern, so daß ich vielleicht mal ein Stück schreibe und Robert einen Text." Ich frage nach der allerersten DAF-LP, die ich nur vom Hörensagen kenne. „Das war eine Art experimentelle Platte, das erste Produkt. Die ist auf unserem eigenen Label erschienen. Das soll auch eine Kultplatte bleiben. Für uns ist das auch eigentlich nicht die erste LP sondern die nullte." Danach erschien DIE KLEINEN UND DIE BÖSEN, die in England auf Mute-Records herauskam: „Damals hat die Alternativ-Szene hier als erstes an uns Interesse gezeigt. Die LP ist zu kompromißfähig, weil so viele Musiker mit unterschiedlichen Ideen daran beteiligt waren. Ich finde die zwar toll, aber es ist eine halbe Sache, ein Collage-Album. ALLES IST GUT ist für mich die erste LP, hinter der ich voll stehe", sagt Gabi.

Ich spreche ihn auf die Single „Kebabträume" an, für mich die einzige Platte, die ich mit DAF verbunden habe, weil sie einen sehr signifikanten Ausdruck hatte. „Ja, das sind die drei Sachen, die ich wichtig finde: kompromißlos, aber trotzdem kommerziell und unheimlich klar. Mit einem Beat, zu dem man tanzen kann, der aber trotzdem nicht stumpf ist."

Genau das besitzt das neue Album, Klarheit, Einfachheit, aber Intensität durch einen dominanten Beat, der wie ein schwerer Baß in den Magen schlägt. (Vergl. Longplayers) ALLES IST GUT bringt die Gefühle zum Schwingen, Sehnsüchte nach kraftvoller Zärtlichkeit. Die Songs sind nicht mehr abstrakt, sondern sehr persönlich. Robert: „Weil man sich jetzt viel besser absprechen kann. Vorher war das immer ein freundlicher Kompromiß, der aber im Endeffekt nicht geklappt hat." Gabi ergänzt: „Wichtig ist auch, daß ich als Nichtmusiker erst über die Jahre gelernt habe zu singen, zum Teil war diese neue LP ein Lernprozeß für mich."

Produziert hat Conny Plank. Wie sehr war er mit einbezogen? „Im Prinzip haben wir beide produziert, Conny Plank war ein vertragstechnischer Punkt. Es war aus Publicity-Gründen wichtig, vor allem in England, dieses Ding *Produced by Conny Plank* zu haben. Conny Plank ist hier ein totaler Kultname, gerade, weil Ultravox so hoch in den Charts steht. Das garantiert einem bestimmte Verkaufszahlen. Ich würde die Arbeit als fifty-fifty bezeichnen, wobei die Grundideen von uns kamen und von Conny in Sounds umgesetzt worden sind."

Die Texte der DAF sind sparsam, aber deutlich, da werden ungeniert Worte eingesetzt, die man hierzulande als kitschige Schlagersprache verpönt. Gabi: „Ich bin auf keinen Fall ein Prediger, ich beschreibe Sachen, die es gibt, möglichst einfach." Kann es sein, daß diese Unbefangenheit daher kommt, daß du zweisprachig aufgewachsen bist? „Kann sein, ich scheue ja vor nichts zurück. Liebling oder Schatz, das finde ich sind ganz tolle Wörter. Ich finde die deutsche Sprache auch ungeheuer singbar. Die Rhythmik der Sprache ist unheimlich interessant."

Es gibt viele Liebeslieder, aber auch ein Lied wie „Der Mussolini", das mißverstanden werden könnte. Was hat es mit der Aufzählung von Faschisten Jesus Christus und dem Kommu-

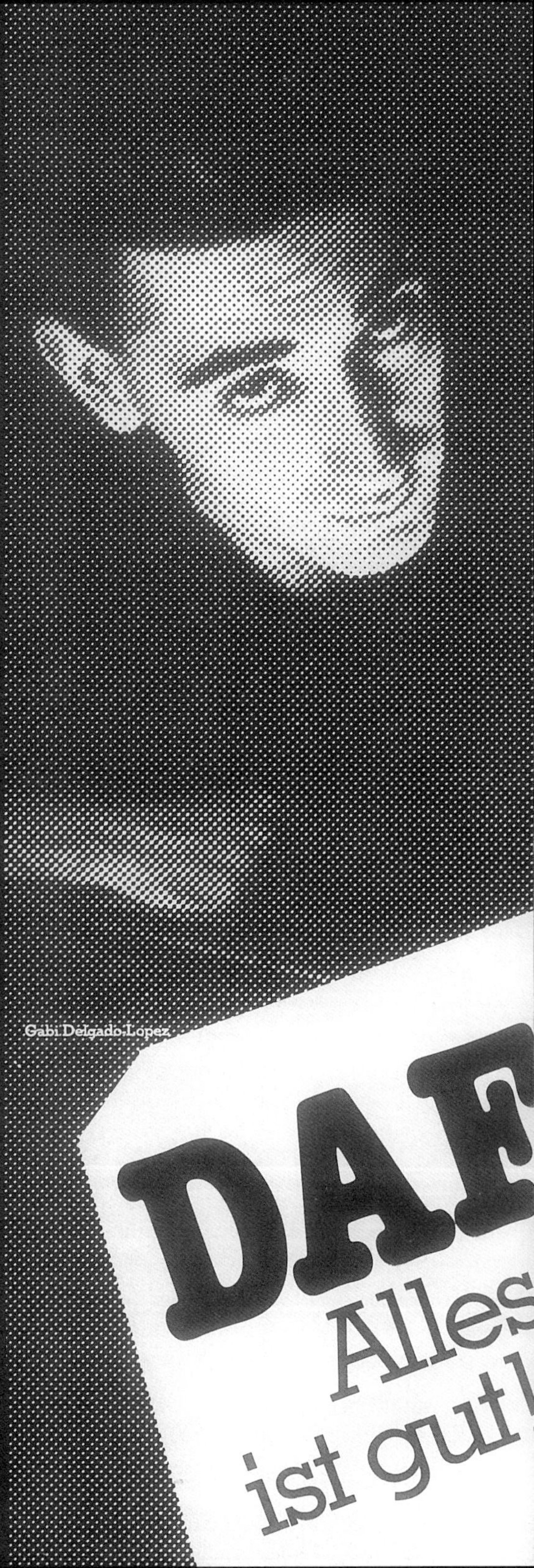

Gabi Delgado-Lopez

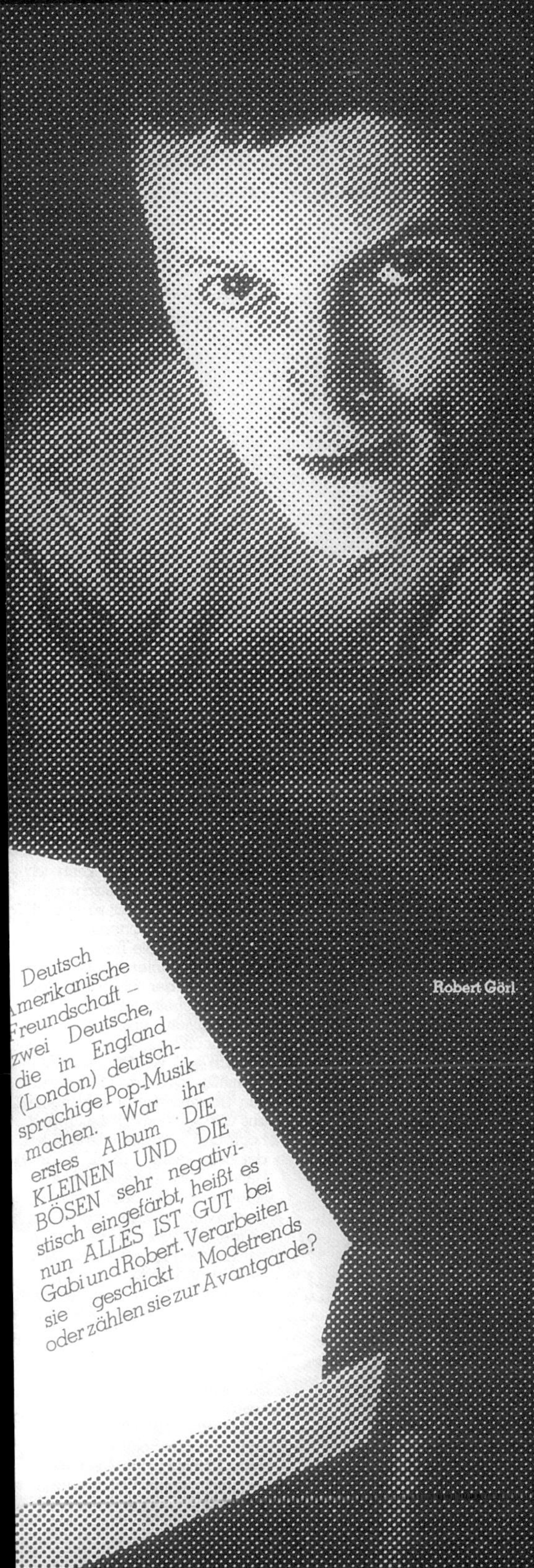

Deutsch Amerikanische Freundschaft – zwei Deutsche, die in England (London) deutschsprachige Pop-Musik machen. War ihr erstes Album DIE KLEINEN UND DIE BÖSEN sehr negativistisch eingefärbt, heißt es nun ALLES IST GUT bei Gabi und Robert. Verarbeiten sie geschickt Modetrends oder zählen sie zur Avantgarde?

Robert Görl

nismus auf sich? „Es ist eine Entmystifizierung des Faschismus. In Deutschland ist ein Wort wie Hitler oder Mussolini tabu. Das hat einen unheimlich gefährlichen Effekt für ganz junge Leute, weil das fast heilige Wörter sind, die einen Mythos bekommen. Wir haben das in einen lächerlichen Disco-Zusammenhang gebracht. Ich finde diese ganzen Vokabeln entmystifizierend, weil wir Wörter in einen Zusammenhang gebracht haben, die auf unterschiedliche Art heilig sind. Es ist ein respektloser Song, es ist respektlos, Adolf Hitler und Jesus Christus in einem Atemzug zu nennen. Und dann hat ja die Disco-Bewegung auch sehr faschistoide Tendenzen, das paßte gut zusammen."

Und die Liebeslieder, woher kommen die? Robert: „Wahrscheinlich daher, daß wir jetzt enger zusammenrücken." Gabi: „Es ist leichter ein Liebeslied zu singen, wenn nicht noch drei andere Leute da sind, die das gar nicht verstehen und schräg draufkommen. Es ist auch nicht leicht, ein Liebeslied zu machen. Ich arbeite da schon über ein Jahr lang daran, an einem Liebeslied, das nicht abstrakt aber auch nicht kitschig wirkt. Nicht sowas wie „Meine Liebe ist wie Neon" sondern eines, wo es wirklich heißt „ich liebe dich, mein Liebling". Das ist so das Schwierigste, aber im Moment ist dafür die optimale Situation. Ich sehe auch, daß DIE KLEINEN UND DIE BÖSEN sehr negativistisch war. Das ergab sich durch die ganze Situation. Ich stehe weder darauf zu sagen, alles ist schlecht oder alles ist gut. Obwohl die neue Platte ja heißt ALLES IST GUT. Vielleicht ist ja auch alles gut, wer weiß."

In einem anderen Song, „Verlier nicht deinen Kopf" werden so absolutistische Forderungen gestellt wie „bleib jung, bleib immer schön". Träumt ihr davon? Gabi: „Wir beschreiben nur einfach Gefühle, und das ist eines, das ich von mir kenne. Dieses Gefühl in einer Bande zu sein, den Lederkragen hochzuschlagen, immer jung, immer stark, immer nach vorn. Privat würd' ich sagen, daß ich schon immer jung bleiben will. Jeder wird optisch älter, aber nicht unbedingt im Kopf. Darum geht es doch, den Kopf nicht zu verlieren. Das ist doch das Wichtigste." Übrigens, Gabi ist 20 und Robert 25.

Wir sprechen über den Schritt der DAF nach England zu ziehen, bei einer großen Firma unterschrieben zu haben. Viele meinen jetzt vorwurfsvoll, DAF habe die Genossen verraten. Gabi: „Wir sind unheimlich froh, daß wir nach England gegangen sind. Ich seh' da auch keine Grenzen, wir sind international. Und daß wir zum Beispiel in London leben und deutsch singen, darüber sollten sich doch ein paar Leute freuen." Robert: „Durch unseren Schritt haben sich englische Zeitungen auch wieder für die deutsche Szene interessiert. Wir sehen da keine Konkurrenz." Gabi: „Kleinkariert finde ich die deutsche Szene, muß ich echt sagen. Und zwar die Macher. Das Publikum, die Kid-Punks in Berlin etwa, die sind überhaupt nicht kleinkariert. Die Leute, die nicht zu den heiligen Machern gehören, sind viel lockerer." Robert: „Leute, die uns Vorwürfe machen, die würden doch zum Beispiel gar nicht das Risiko eingehen, ins Ausland zu ziehen." Gabi: „Wir sind hier ein Jahr lang ohne Wohnung gewesen, haben uns durchgeschlagen, jede Nacht woanders. Da möcht' ich mal manchen aus der deutschen Szene sehen..."

Robert: „Die bevorzugen doch ihre deutsche Wohnung..."

Gabi: „...bei den Eltern ein Zimmer behalten. Wir haben das Risiko getragen, und das hat sich auch ausgezahlt. Aber wir sind durch harte Zeiten gegangen. Und im Endeffekt war es ja dann auch eine englische Plattenfirma, die gesagt hat, o.k., wir nehmen das Risiko auf uns und zahlen denen einen Vorschuß. Davor haben deutsche Firmen zurückgeschreckt. Wir haben einen sehr guten Vertrag, keinen Künstlervertrag, sondern einen Produkt-Vertrag. Der läßt uns alle Freiheiten, musikalisch, beim Cover, der Werbung. Und wir können alle anderen Projekte machen, die wir wollen. Zum ersten Mal steht uns ein großes Vertriebsnetz zur Verfügung, um die Produkte an die Masse zu bringen. Ich glaube nicht an diese ganze elitäre Klamotte mit Eigenvertrieb. Ich stehe auf Popularität und darauf, daß 100 000 Leute die Platte kaufen. Wenn man clever ist, dann kann an auch so arbeiten, ohne die Identität zu verlieren. Ich bin auch nicht der Meinung, wie viele deutsche Musiker, daß die Masse dumm ist. Das find' ich respektlos und elitär. Und wir haben uns sehr viel Zeit damit gelassen, eineinhalb Jahre. Wir wollten nicht in irgendetwas hineinstürmen." Und die deutschen Texte waren dabei kein Handicap? Gabi ist amüsiert: „Man muß nur genau wissen, was man will. Ich biete das an und nichts anderes."

Wir kommen auf Klamotten, Mode, Trends, die New Romantics zum Beispiel zu sprechen. DAF hat in England bei manchen Leuten ein Sado & Macho-Image, in Deutschland haben viele sie für eine Skinhead-Band gehalten. Was ist los? Gabi: „Die Engländer haben ein sehr freies Verhältnis zu diesen Sachen. Wenn ihnen was gefällt, dann wird das spielerisch benutzt. Es ist einfach toll mit solchen Verkleidungen zu spielen, heute als Pirat, morgen vielleicht in Jeans, dann wieder Mittelalter oder Leder. Und die Leute hier sind da alle sehr kreativ, machen fast alles selbst. Die holen sich die Utensilien vom Flohmarkt und sehen danach aus, als hätten sie 2000 DM angelegt. Das ist eine Botschaft an die Kids in Deutschland. Die Leute sollen echt anfangen, sich zu verkleiden. Und sich die Sachen selber machen. Und vor nichts zurückschrecken, vom Piraten bis zum Astronauten. Sie sollen einfach etwas mehr ihre Phantasien ausleben!"

Und wie ist das mit dem DAF-Publikum und den Konzerten, was erwartet uns? Gabi: „Wir wollen nie in einem Konzert die Platte reproduzieren, wir stehen auf den kleinen Unterschied. Denn ein Konzert ist ja fast schon so teuer wie eine Platte, wenn das dann identisch ist, ist das schon fast Betrug. Wir werden andere Stükke spielen, die nicht auf Platte sind. Und für ein gemischtes Publikum. Sobald man nur für ein Publikum spielt, legt man sich fest. Ich spiel' für alle!"

Ingeborg Schober

Foto: Sheila Rock (Rockschots)

GOLD UND LIEBE

GOLD UND LIEBE
Virgin, November 1981

A1 Liebe Auf Den Ersten Blick 3:54
A2 El Que 3:30
A3 Sex Unter Wasser 3:00
A4 Was Ziehst Du An Heute Nacht 3:42
A5 Goldenes Spielzeug 3:53

B1 Ich Will 3:17
B2 Muskel 3:19
B3 Absolute Körperkontrolle 3:10
B4 Verschwende Deine Jugend 3:44
B5 Greif Nach Den Sternen 3:34

Produktion: Conny Plank
Fotos: John MacDonald
Musik: Robert Görl
Text: Gabi Delgado

›WIR MACHEN JETZT DIE NÄCHSTE!‹

Noch während Robert und Gabi die letzten Auftritte der *Alles Ist Gut*-Tour spielten und das Album im Fernsehen vorstellten, fanden sie sich wieder in Connys Studio ein, um das nächste Album aufzunehmen. Das Aufnahme-Prozedere war dasselbe wie auch schon beim vorangegangenen Album. Im April 1981 war *Alles Ist Gut* erschienen, schon im September desselben Jahres lag *Gold Und Liebe* in den Läden. Zum großen Unverständnis von Conny Plank, Walter Holzbaur und vor allem Virgin, in deren Augen die *Alles Ist Gut*-Kuh noch lange nicht fertig gemolken war. Der Vertrag besagte, dass zwischen dem Erscheinen des ersten und zweiten Albums mindestens sechs Monate liegen müssen. Das war fast auf den Tag genau gegeben. Virgin hatte eher ein Turnus von zwei Jahren vorgeschwebt. Aber Robert und Gabi beharrten darauf, nach einem halben Jahr nachlegen zu dürfen.

Gabi Delgado: »Und dann haben wir uns gedacht: Nächste Platte! Halbes Jahr später darf die nächste raus – stand ja so im Vertrag. Da war die erste noch gar nicht abverkauft. Egal! Entgegen allen Marktregeln sagten wir: ›Wir machen jetzt die Nächste!‹ Und dann kam die *Gold Und Liebe*. Da dachte ich schon: Jetzt wird's langsam nostalgisch! Damals schon, also ein halbes Jahr nach der ersten. Da hätte ich gerne was komplett anderes gemacht, irgendwie einen Dreh reingebracht. Plank hat gerne mit Bandgeschwindigkeiten gespielt und ich fand, dass es toll klang, wenn die Sequences runtergespeedet wurden. Mir schwebte eine Art Slow-Version von DAF vor mit Dub-Reggae-Einflüssen zum Beispiel. Bei einem langen Spaziergang besprachen wir ein mögliches Style-Update. Walter Holzbaur hatte uns informiert, dass Grace Jones wohl Interesse habe, einen DAF-Titel zu covern, und das war eigentlich genau die Richtung, die mir für DAF vorschwebte. Diese irre schnellen Sequences einfach auf Disco-Tempo runterschrauben und eine Art DAF meets Grace Jones produzieren. Aber das ging dann nicht, wir waren in diesem Duktus, es gab Erwartungshaltungen, wir hatten auch teilweise noch Sachen übrig, die nicht verbraten worden waren auf der Ersten. Also ist es dann die *Gold Und Liebe* geworden; so wie wir sie kennen. Auch gut. Aber eben, zumindest für mich, nicht mehr neu und innovativ. Karrieretechnisch war es wahrscheinlich aber nicht falsch, die gleichen Muster zu bedienen.«

Und so schloss die *Gold Und Liebe*, sowohl was den Sound, als auch den Erfolg anging, nahtlos an die Vorgängerplatte an. Den Themenpool fasst der Titel perfekt zusammen: Es ging um Liebe. Zumindest um deren körperlichen Aspekt. Liebe Auf Den Ersten Blick, Was Ziehst Du An Heute Nacht, Sex Unter Wasser – erotisch aufgeladene Slogans, gewohnt eindeutig und unmissverständlich. Es ging um Gold. Zumindest um die diesem Edelmetall anhaftenden Assoziationszuschreibungen Macht, Erfolg, Ruhm. Goldenes Spielzeug, Verschwende Deine Jugend, Greif nach den Sternen – hedonistische Slogans mit gewohnt vielen Imperativen. Musik und Texte waren repetitiv-minimalistisch gehalten, eine formale Einheit. Und so spiegelt der Aufbau der Texte von Gabi in seiner Loophaftigkeit die Struktur von Roberts Sequenzen wider. Diesen Themenfeldern entsprechend schien es äußerst konsequent, *Goldenes Spielzeug* und *Sex Unter Wasser* als Singles auszukoppeln. Gold und Liebe eben.

Vielsagend der Text von *Goldenes Spielzeug*, der durch das eingängige, auf dem ARP eingespielte Glockenspiel zum narzisstischen Kinderlied gerät: *»Kinder brauchen Gold / Kinder sind grausam / Gebt uns unser Gold! / Gold! / O, gebt uns Gold! / O, gebt uns Spielzeug! / O, gebt uns schönes Spielzeug! / O, gebt uns gold'nes Spielzeug! / O, gebt uns schöne Kleider!«*

»Und dann haben wir uns gedacht: Nächste Platte! Halbes Jahr später darf die nächste raus – stand ja so im Vertrag. Da war die erste noch gar nicht abverkauft. Egal! Entgegen allen Marktregeln sagten wir: ›Wir machen jetzt die Nächste!‹ Und dann kam die GOLD UND LIEBE.«
GABI DELGADO

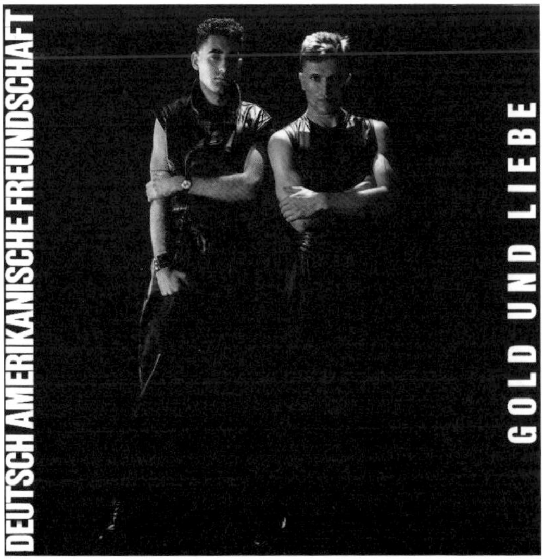

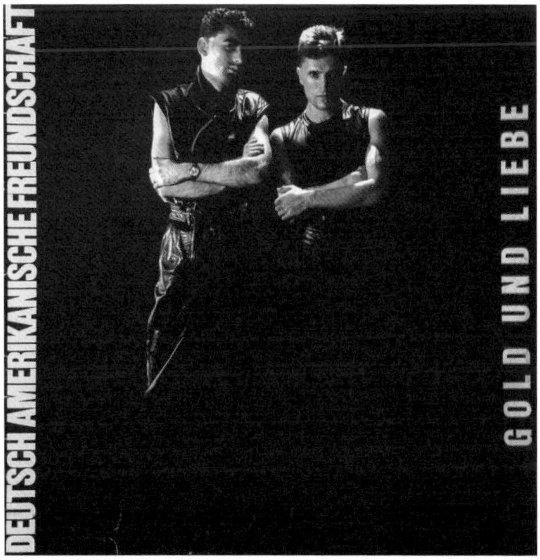

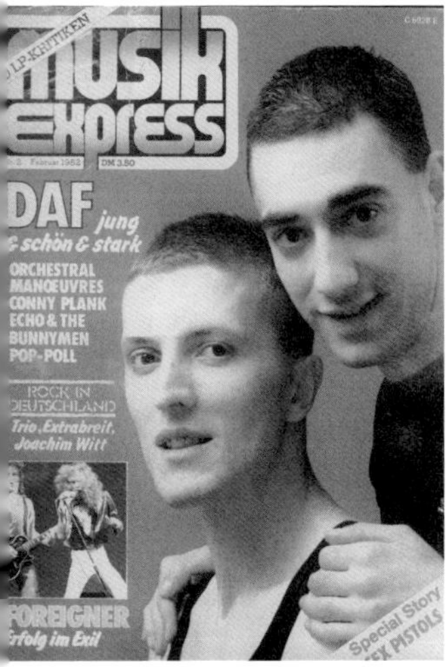

Ein Bericht über Conny Plank und DAF, ›MUSIKEXPRESS‹ 2/1982
FOTO: SHEILA ROCK

Sex Unter Wasser hingegen schaffte es zu einer optischen Umsetzung auf dem Cover des *NME* vom 29. November 1981. Darauf zu sehen sind Robert und Gabi in ihrem Lederdress – unter Wasser. Die Fotos entstanden bei einer Session in einem Hotel in London mit Anton Corbijn, der damals für den *NME* arbeitete.

Die Hymne dieses Albums allerdings wurde *Verschwende Deine Jugend.* Sie wurde zu einem Slogan, weit über die Fangemeinde von DAF hinaus, war sie doch so etwas wie die deutsche Übersetzung der einer ganzen Generation zugeschriebenen Formel »No Future«.

Robert Görl: »Hierzu kann ich nur sagen, dass ich ab *Alles Ist Gut* im Grunde genommen die besten und erfolgreichsten Sequenzen der Welt geschrieben habe. Zumindest aus meiner Musik-Sicht. Das hat mir nicht nur Daniel Miller bestätigt. Auf der *Gold Und Liebe*-Platte gab es auch ein paar wirkliche Highlights, zum Beispiel *Liebe Auf Den Ersten Blick*, *Sex Unter Wasser*, *Greif Nach Den Sternen* oder auch *Ich Will*. Absolute Mega-Teile. Die Aufnahmen zu dieser Platte haben mir sehr viel Spaß gemacht. Auch wenn sich vielleicht schon ein bisschen die Routine einschlich. Aber in der Routine kann man sich oftmals noch sehr verbessern, finde ich zumindest.«

Die Coverfotos für die *Alles Ist Gut* hatte Sheila Rock gemacht, die schon damals zu den bekanntesten Fotografen der Musik- und vor allem der Londoner Punkszene gehörte. 1970 war die gebürtige Amerikanerin nach England gezogen. Schnell machte sie sich einen Namen sowohl im Bereich der U- als auch der E-Musik, lichtete Größen aus der Popmusik ebenso leidenschaftlich ab wie solche aus dem Bereich der klassischen Musik. So war sie zum Beispiel die Haus- und Hof-Fotografin der Royal Opera, des Royal Ballet und des Barbican London. Sie selbst schreibt über ihre Arbeit als Fotografin auf ihrer Homepage: »People say as a photographer I have a sensitive eye; an ability to draw out and capture the deepest essence and transcendental nature of my subjects whether they are human, flora or fauna.«

Mit dieser Sensibilität hatte sie sich auch Robert und Gabi angenähert – und das ganz wörtlich: Im Close-up zeigte sie die beiden einzeln vor schwarzem Hintergrund. Beide mit freiem Oberkörper, schweißbedeckt und mit fordernden Blicken. Jeder der beiden hatte eine Seite der *Alles Ist Gut* geziert.

Auf dem Plattencover der *Gold Und Liebe* präsentierten sich beide gemeinsam nebeneinanderstehend in ihren Lederdresses, die schnell als das für DAF charakteristische Outfit bekannt und als solche imitiert wurden. Wieder stehen sie vor schwarzem Hintergrund, sodass sich die ausnahmslos schwarze Kleidung nur durch die Reflexion des einfallenden Lichtes vom Hintergrund abhebt. Dadurch wird das Auge des Betrachters zwangsläufig auf die kokett in die Kamera schauenden Gesichter von Robert und Gabi und vor allem aber auf die muskelbepackten, vorm Körper verschränkten Arme gelenkt. Diese Fotos stammen von John MacDonald. Für dieses Outfit wurden sie vom *NME* zu den Best Dressed People 1981 gewählt.

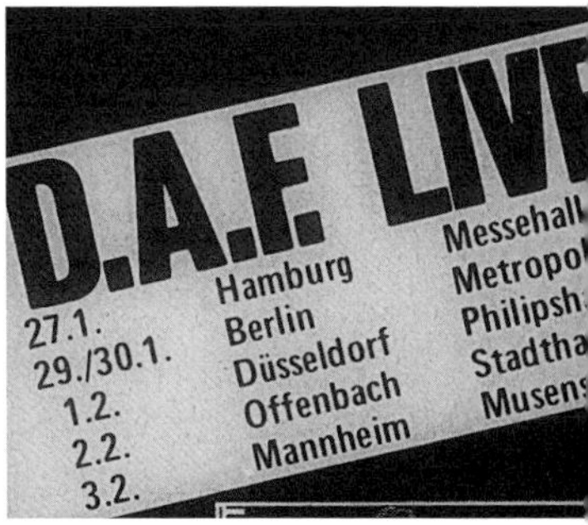

DIE KURZE TOUR

Die Tournee zu diesem Album fiel allerdings deutlich kürzer aus als die vorherige. Auf dem Plan standen die Messehalle 11 in Hamburg am 27. Januar, das Metropol in Berlin am 29. und 30. Januar, die Philipshalle in Düsseldorf am 1. Februar, die Stadthalle in Offenbach am 2. Februar und der Musensaal in Mannheim am 3. Februar. Veranstalter war Jahnke aus Hamburg. Auch die mediale Aufmerksamkeit war nicht mehr ganz so hoch, was in erster Linie daran gelegen haben dürfte, dass DAF ja gerade erst mit dem vorangegangenen Album herumgereicht worden war. Dennoch war die Resonanz durchweg begeistert, Rezensenten und Fans jubelten, die Hallen waren ausverkauft.

Robert Görl: »Kann sein, dass die *Gold Und Liebe*-Tour damals nur aus sechs Gigs bestand. Das hat sich einfach nicht ergeben. Und wir haben ja auch diese Produktionen gemacht, erfolgreiche Platten. Da hast du auch gar keine Zeit für eine Tour. Du schreibst ja Songs, bist im Studio, bist mehr mit all dem beschäftigt. Hätten wir einen Manager gehabt, der hätte zu jedem Album eine Tour gemacht. So eine richtige. Bei uns lief das eher etwas verquer. Auch, dass immer mal wieder ein paar Dates ausfielen.«

Gabi Delgado: »Nach der Produktion der *Gold Und Liebe* war uns, glaube ich, beiden klar, dass jetzt erst mal was anderes angesagt war. Ein Album mussten wir noch abliefern. Das haben wir ja auch gemacht. Aber da draußen gab es so viele technische Innovationen, wie beispielsweise die ersten Sampler, die DAF nicht berücksichtigen konnte oder wollte. Wir waren so festgenagelt auf diesen DAF-Sound, während sich die musikalische Welt um uns herum weitergedreht hatte. Was mich vor allem wirklich beschäftigte und faszinierte, war die Benutzung von Turntables als Musikinstrument. Das fand ich fortschrittlich, und im Jahr '81 klang für mich DAF, verglichen mit dem freshen, jungen Sound, der vor allem aus der New Yorker HipHop-Szene kam, seltsam altmodisch.«

Folgende Seiten: Maxi-Single ›GOLDENES SPIELZEUG/EL QUE‹ und Single ›LIEBE AUF DEN ERSTEN BLICK/SEX UNTER WASSER‹, deutsche Pressungen, 1982

VERSCHWENDE DEINE JUGEND – GENAU DAS HATTE ICH VOR

Gastbeitrag von Jerk Götterwind

Wir spielen DAF
Tanzen im Rhythmus
Der Alles Ist Gut als
Wäre es das letzte
Mal und ich warte
Ab was passiert

Mein Herz macht
Bum Bum denke
Ich doch es ist
Nur das Trio und
Ich pöbel den DJ
In diesem JUZ
An und verlange

Alle gegen Alle
Und er legt Slime
Auf nicht das
Schlechteste doch
Verstanden hat
Auch er nichts

Später zu Hause
Lege ich die LP
Mit den verschwitzten
Typen auf dem
Cover auf und

Alles ist gut
Alles ist gut
Alles ist gut
Alles ist gut

Sei still

Ich habe gerade die zweite Flasche Bier getrunken und fühle mich gut, als der DJ in diesem Jugendzentrum *Kebabträume* auflegt. Ein Song der neuen DAF-LP, die ich mir vor Kurzem geholt habe. Ich stürme auf die Tanzfläche und bewege mich wie eine Mischung aus Kai Havaii und Gabi Delgado zu der Musik. Tatsächlich sieht es nach einem epileptischen Anfall aus, wie ich später gesagt bekomme.

Die Rekonstruktion meiner DAF-Erfahrungen versinkt im Laufe der Zeit leider immer ein wenig mehr. Die klare Abgrenzung weicht einer verwaschenen Form der Erinnerung. Ereignisse, Musik verrinnen wie Farbe ineinander. Nichtsdestotrotz waren und sind sie eine prägende Erfahrung und nach wie vor eine der meistgehörten Bands im Hause Götterwind. Nach der *Alles Ist Gut*, die mein Liebling ist, erfuhr ich aus dem Radio, dass es eine neue LP gab. Im HR-Radio lief eine Sendung, die als Thema Sex in deutschen Liedern hatte. Für einen 15-Jährigen Grund genug, sich die Sendung anzuhören. Neben so Perlen wie *Susi Schlitz* von Marionetz, *Glücksspirale* der Insisters oder *Moderne Liebe* von den Neonbabies lief auch *Sex Unter Wasser*. Die Sendung habe ich, leider ohne die Ansagen, noch auf Tape. Ein paar Tage später stand ich im Laden und kaufte mir die *Gold Und Liebe*. Herausragend, schon allein vom Titel, war *Verschwende Deine Jugend.* Genau das hatte ich vor, und mit der Platte lief es

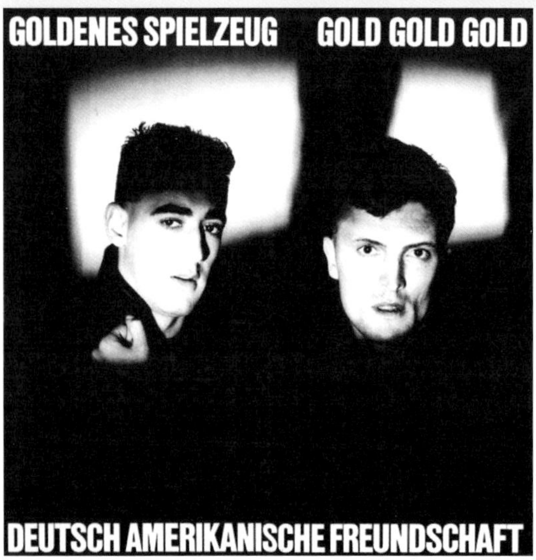

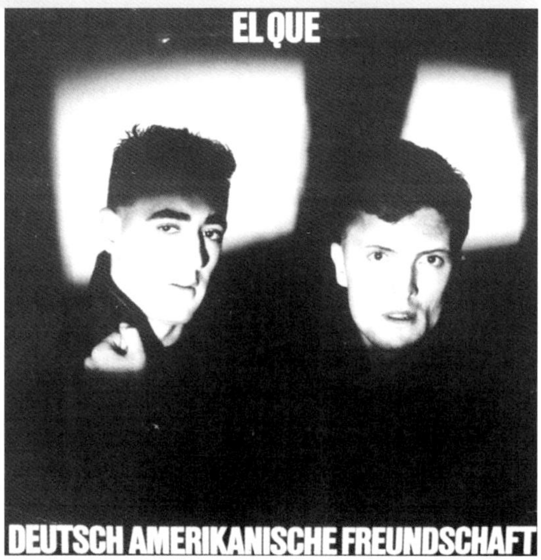

etwas besser. Da die LP nur ein halbes Jahr nach der *Alles Ist Gut* erschien, stand sinngemäß in einem Fanzine, ob Doppel-LPs jetzt einzeln verkauft werden, um einen größeren Gewinn zu erzielen. Ich bin nach wie vor der Meinung, dass bis auf *Verschwende Deine Jugend* der Sound und auch die Songs einen anderen Aufbau hatten und sich klangtechnisch von der *Alles Ist Gut* unterschieden. *Muskeln* und *Ich Will* fräsen sich sofort in den Kopf, während einen *Absolute Körperkontrolle* etwas einhalten lässt. Jedes Mal, wenn ich den Song höre, denke ich, dass ich den Text verpasst habe, und höre ihn von vorne. Das hat sich bis heute nicht geändert und macht mich auch ab und an im positiven Sinne kirre. Liveauftritte fand ich nicht in meiner Nähe oder bekam sie nicht mit. So blieben nur das eigene Zimmer oder hier und da ein Lied auf Partys. Mehrmals musste ich mir anhören, dass die Musik zu monoton für Partys sei. Und ich dachte immer, zu monoton gibt es nicht. Was, wenn nicht DAF, ist gut für eine Party?

Zu Hause hole ich die *Für Immer* hervor. *Kebabträume* geht mir nicht aus dem Sinn, vor allem, weil ich weiß, dass ich es schon einmal gehört habe. Nur anders. Ich zermartere mir den Kopf, aber erst Monate später stelle ich fest, dass ich dasselbe Lied auf der ersten Fehlfarben-LP habe.

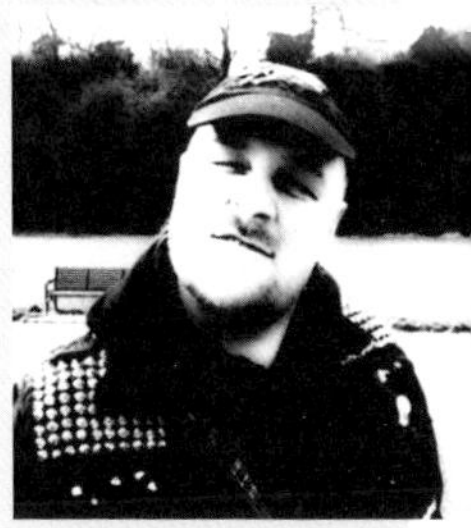

Foto: Jerk Götterwind

Letztlich kristallisieren sich *Prinzessin* und *Die Lippe* aus dem Album heraus. Etwas später schließt sich *Geheimnis* an. Sehr unterschiedliche Stücke, denn während das eine sehr melodisch, freudig daherkommt, ist *Die Lippe* düster gehalten und erinnert mich in den ersten Sekunden an eine frühere Phase der Band. Überhaupt – die *Für Immer* wechselt in meinen Augen von Song zu Song den Sound, und an diese Platte muss ich mich sehr gewöhnen. Die ersten drei Lieder verwirren mich anfangs, während das letzte Lied der A-Seite, *Geheimnis*, mich ebenso wie die B-Seite nach und nach richtig mitnimmt.

Und dann, 29 Jahre nach meiner ersten Begegnung, sehe ich endlich DAF live. »Guten Abend, Jungs und Mädchen. Wir sind die Deutsch Amerikanische Freundschaft.« Meterdicke Gänsehaut, und dann geht es los. Im Laufe der nächsten Jahre noch ziemlich oft. In einem Live-Review von 2012 schrieb ich: »[Der Song] *Alles Ist Gut* ist wie immer Gänsehaut pur. Spielt es an meinem Totenbett und ich gehe ohne Angst.« Das kann ich immer noch genau so unterschreiben.

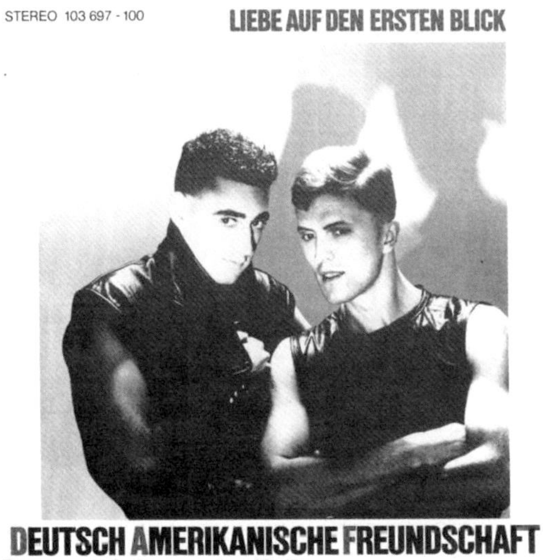

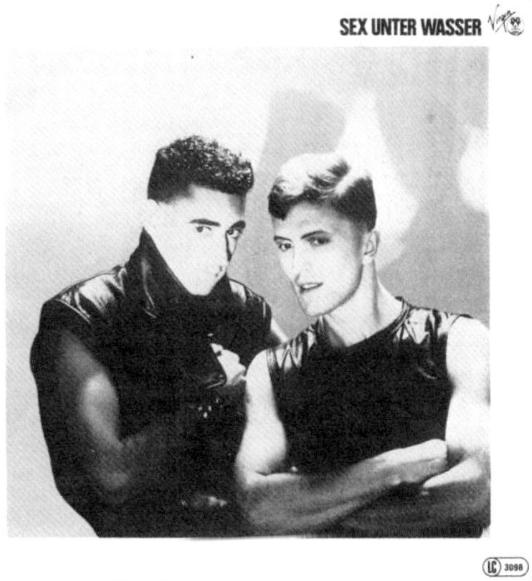

FÜR IMMER

FÜR IMMER
Virgin, Oktober 1982

A1 Im Dschungel Der Liebe 4:11
A2 Ein Bisschen Krieg 4:00
A3 Die Götter Sind Weiss 3:00
A4 Verlieb Dich In Mich 3:44
A5 Geheimnis 3:22

B1 Kebab-Träume 4:00
B2 Prinzessin 4:16
B3 Die Lippe 3:11
B4 Verehrt Euren Haarschnitt 3:22
B5 Wer Schön Sein Will, Muss Leiden 3:33

Produktion: Conny Plank
Fotos: Peter Gruchot
Musik: Robert Görl
Text: Gabi Delgado

KEBAB-TRÄUME

Drei Alben waren vertraglich vereinbart gewesen, eins mussten sie also noch abliefern. Robert und Gabi blieben auch bei dieser letzten Plank-LP bei ihrer Strategie: Als die vertraglich vorgeschriebenen sechs Monate verstrichen waren, standen sie wieder in Wolperath bei Conny auf der Matte, um das nächste Album einzuspielen. In Gabis Erinnerung gab es ohnehin noch Titel, die sie auf den ersten beiden nicht untergebracht hatten. Laut Robert wurden alle Songs explizit für dieses Album geschrieben. Bis auf *Kebabträume*, das ja bereits 1980 als Single bei Mute erschienen war. Entstanden war der Text dazu bereits 1979. Gabi hatte ihn für Mittagspause, die Nachfolgeband von Charley's Girls, geschrieben. Sowohl DAF als auch Fehlfarben, die wiederum aus Mittagspause hervorgegangen waren, behielten den Titel im Repertoire. Nur dass Fehlfarben ihn unter dem Namen *Militürk* weiterführte. Die Musik war eine andere – der Text derselbe. Fehlfarben veröffentlichte ihre Version ebenfalls 1980, und zwar auf ihrem Debüt-Album *Monarchie Und Alltag*, das bei der EMI erschien.

Am 24. April 1982, inmitten von Kaltem Krieg und Aufrüstungsspirale, präsentierte die damals 17-jährige Nicole auf dem Eurovision Song Contest in Harrogate in England ihre leicht naiv anmutende Liebe-und-Frieden-Hymne *Ein Bisschen Frieden*. Damit griff sie tief in die Sehnsuchtskiste, spielte mädchenhaft mit den in diesen Tagen auf der Straße liegenden Ängsten und erlangte damit einen bis heute ungebrochenen Punktrekord bei der Jury dieses Wettbewerbs. Komponiert hatte das Lied Ralf Siegel, der Text stammte von Bernd Meinunger, schien Nicole aber wie auf den Leib geschrieben. Mehr als der vermeintlich politische Aufruf zu einem friedlichen Zusammenleben dürfte wohl das Image eines kleinen, verängstigten Mädchens mit Angst im Dunkeln und dem dadurch ausgelösten kollektiven Beschützerinstinkt zum Erfolg dieses Songs beigetragen haben. Vermarktungsstrategisch durchaus als clever zu beschreiben, mit den Urängsten von Menschen zu spielen und an diesen von der Unschuld höchst selbst rütteln zu lassen.

Im Oktober desselben Jahres antwortete DAF auf dieses gefühlsheischende Liedchen, das Nicole ganz im Sinne der Völkerverständigung in sieben weiteren Sprachen darbot, mit dem Titel *Ein Bisschen Krieg*: *»Ein bisschen / ein bisschen / wir kennen ihn noch nicht / ein* *bisschen / wir kennen ihn noch nicht / wir wollen in den Krieg / wir kennen ihn noch nicht / für uns / den größten / den besten / so dreckig wie noch nie / so dreckig wie noch nie / wir wollen in den Krieg / wir wollen in den Krieg / ein bisschen / ein bisschen Krieg / für uns / wir wollen in den Krieg / so dreckig wie noch nie / ein Krieg / so dreckig wie noch nie / ein bisschen Krieg, ein bisschen Krieg / ein bisschen Krieg, ein bisschen Krieg / wir haben ihn verdient / wir wollen in den Krieg / ein bisschen / ein bisschen.«*

Das traf den Nagel auf den Punkt des Status quo, wurde von vielen aber selbstredend als unerhörte Provokation verstanden. Im Vergleich zu Nicols einlullendem Titel legte DAF damit den Finger mitten in die Wunde. Denn an den roten Knöpfen dieser Welt saßen – Emanzipation hin oder her – auch in den frühen Achtzigern eben eher große kleine Jungs, die lieber ein bisschen Krieg als ein bisschen Frieden spielten. Krieg ist eine Machtprobe, Krieg ist ein Wettbewerb, und Krieg ist nicht zuletzt bis zu einem gewissen Grad ein wirtschaftsstabilisierender Faktor. Ausgesprochen hätte das so natürlich niemand. Abgesehen von DAF. Bei kluger Provokation geht es auch immer darum, das Gegenüber zum Nachdenken und Hinterfragen des eigenen Standpunktes zu bewegen. Und je lauter der Provozierte aufheult, umso ertappter fühlt er sich meist.

Neben *Ein Bisschen Krieg* war natürlich auch der Titel *Die Götter Sind Weiß* ein provokativer Sprechakt, der ebenfalls bei genauerer Betrachtung mehr deskriptiv denn provokativ war und somit durchaus als kritisch zu bezeichnen ist – selbst wenn DAF sich nie als explizit politische Band verstanden hat.

»Bei der FÜR IMMER-Produktion war meine Musik unter ziemlich romantischem Einfluss. Ich hatte mich gerade verliebt und hatte fast nur Romantisches im Kopf. So klingen auch die Stücke. Okay, bis auf EIN BISSCHEN KRIEG und DIE LIPPE vielleicht. Ich glaube, PRINZESSIN war sogar mein Lieblingslied in diesem Moment. Das war so schön kitschig.« ROBERT GÖRL

Das Cover der ›FÜR IMMER‹-LP, back und front

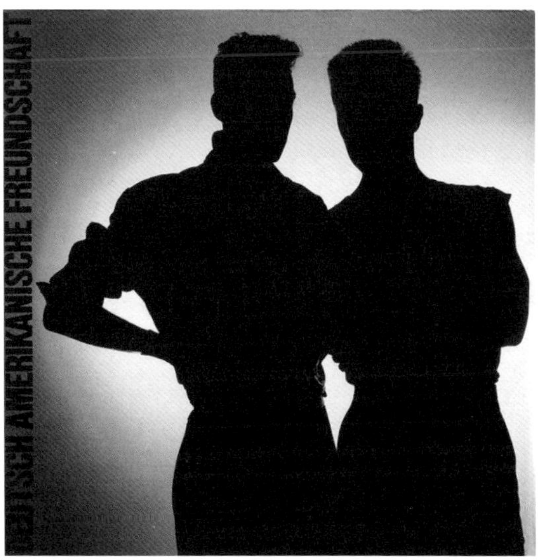

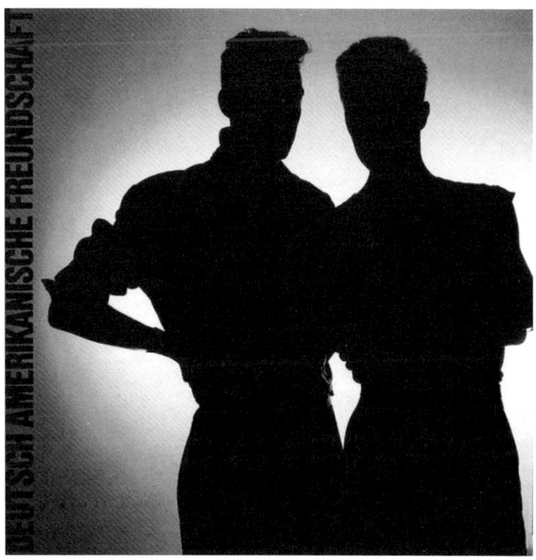

»Provokation ist eine der etablierten Techniken des Kapitalismus und insbesondere der Werbebranche zur Penetrierung des Marktes. Provokation ist einer der kürzesten Wege zum Erfolg. Provokation erzeugt viel Aufmerksamkeit. Aufmerksamkeit ist das Wichtigste, was es gibt, wenn du irgendetwas durchsetzen willst.« GABI DELGADO

»Schaut sie euch an / unsere Götter / schaut sie euch an / die schöneren Götter / die mächtigen Götter / schaut sie euch an / die mächtigen / Die schöneren Götter / Die mächtigen Götter / Unsere Götter, schaut sie euch an / Die Götter sind weiß / Weiß wie dein Körper.«

Gabi Delgado: »Provokation ist eine der etablierten Techniken des Kapitalismus und insbesondere der Werbebranche zur Penetrierung des Marktes. Provokation ist einer der kürzesten Wege zum Erfolg. Provokation erzeugt viel Aufmerksamkeit. Aufmerksamkeit ist das Wichtigste, was es gibt, wenn du irgendetwas durchsetzen willst. Als ein Beispiel: Nach einem Auftritt irgendwo in England hatte ich eine Art Diskussion mit circa 30 Neonazis, die mich zu DAF befragten. Mein Ziel war es, denen irgendwie zu verklickern, dass sie falsch ticken. Mein Erfolg wäre, wenn die alle 30 sagen: Ja, stimmt, Proletarier aller Länder, vereinigt euch. Nein, jetzt mal im Ernst: Mein Erfolg wäre, wenn jetzt einer drüber nachdenkt und sagt: Warte mal, warte mal. Wie, ich werde vergast, weil ich ein Hakenkreuz-Tattoo habe? Ja! genau, du wirst vergast, weil du ein Hakenkreuz-Tattoo hast. Und das führt zum Erfolg, die Provokation. Würde ich denen lehrerhaft dozierend erklären: *Aber Leute …* – das bringt überhaupt nichts. Da mach ich die lieber an – und ich habe ja Lebenserfahrung genug, also die Gefahr, dass es zu körperlicher Gewalt kommt, ist sehr, sehr, sehr gering. Der Kick ist weniger der Adrenalinausstoß als die – vor allem in einer Sprache, die man ein bisschen schlechter beherrscht – rhetorische Challenge. Ob man jetzt genau die richtigen Worte findet. Das ist Redekunst. Das ist Poetry. Nicht Adrenalin. Es geht da im Prinzip um ein Gedicht, das du aufsagst. Und dieses Gedicht soll Gefühle wecken und dadurch den Geist verändern. Das ist die Macht der Worte.«

Robert Görl: »Bei der *Für Immer*-Produktion war meine Musik unter ziemlich romantischem Einfluss. Ich hatte mich gerade verliebt und hatte fast ausschließlich Romantisches im Kopf. So klingen auch die Stücke. Okay, bis auf *Ein Bisschen Krieg* und *Die Lippe* vielleicht. Ich glaube, *Prinzessin* war sogar mein Lieblingslied in diesem Moment. Das war so schön kitschig.«

Als Provokation empfanden es auch Virgin, Wintrup und Plank, dass DAF zum Erscheinen des Albums mit dem Titel *Für Immer* das Handtuch warf. Für immer hieß keineswegs, dass Robert und Gabi für immer, bis ans Ende aller Tage, halbjährlich ein Album auf den Markt werfen würden. Für immer aber sollten ihre Texte und Sequenzen im musikhistorischen Gedächtnis der abendländischen Tanzmusik verankert sein. Der Entschluss zur Trennung hatte mehrere Gründe. Zum einen gab es zunehmend Differenzen zwischen Robert und Gabi, die ein Zusammenarbeiten erheblich erschwerten, auch wenn die beiden es stets schafften, Privates und Berufliches streng voneinander zu trennen. Zum anderen wollte man musikalisch weiter. Man wollte Neues, etwas von DAF, aber auch von Conny Plank Unabhängiges.

Gabi Delgado: »Ich muss sagen: Die *Alles Ist Gut* fand ich richtig gut. Schon bei der *Gold Und Liebe* habe ich zu Robert gesagt: ›Robert, jetzt müssen wir irgendeinen Dreh reinbringen!‹ Aber das ging nicht, weil alle Settings nun mal so waren, wie sie waren. Und dann gab's die *Gold Und Liebe*, die ich auch noch sehr gut finde. Und dann gab's die *Für Immer*. Die find ich nicht mehr so gut.«

»Im Grunde mag ich alle drei Alben. Jedes auf seine Art. Jedes ist musikalisch in einer ganz anderen Stimmung entstanden. Ich sehe es nicht so, dass Alles Ist Gut die beste Scheibe war. Mit der ALLES IST GUT haben wir damals natürlich alle überrascht. Die erste wirklich kommerzielle Scheibe.« ROBERT GÖRL

Robert Görl: »Im Grunde mag ich alle drei Alben. Jedes auf seine Art. Jedes ist musikalisch in einer ganz anderen Stimmung entstanden. Ich sehe es nicht so, dass *Alles Ist Gut* die beste Scheibe war. Mit der *Alles Ist Gut* haben wir damals natürlich alle überrascht. Die erste wirklich kommerzielle Scheibe. Doch auf der *Gold Und Liebe* sowie auf der *Für Immer* gibt es wirklich tolle Nummern. Die möchte ich nicht missen. Es gibt auch noch Stücke, die für die ersten beiden Plank-Alben entstanden sind, die wir dann aber nicht genommen haben. ›Outtakes‹ sozusagen. Die haben es aber nie auf eine Platte geschafft. Die liegen bis heute im Plank-Archiv. Müsste man eigentlich mal versuchen aufzubacken, diese Bänder. Würde mich interessieren, ob da noch was Brauchbares drauf ist. Ich denke aber nicht, die guten Tracks haben wir damals schon alle veröffentlicht.«

Gabi Delgado: »Wir wollten raus aus diesem Korsett, wollten, dass das dann jetzt auch mal vorbei ist mit DAF. Das Bild war zu Ende gemalt – was sollten wir da jetzt noch dran rumpfuschen? Das war fertig. So. Und das ist auch so. Für mich ist DAF seitdem fertig. Es gab zwar dann noch weitere DAF-Platten, aber eigentlich sind die völlig unnötig. Im Prinzip hätte es gereicht, wenn wir *Alles Ist Gut* gemacht hätten. Finde ich. Vielleicht auch noch *Gold Und Liebe* und vielleicht auch noch *Verschwende Deine Jugend* als Single. Robert und ich haben uns zu der Zeit auch schon nicht mehr richtig gut vertragen. Ich glaube, wir waren beide froh, als es dann endlich vorbei war.«

Zudem war die Durchkommerzialisierung dieser neuen musikalischen Welle in vollem Gange. Wenn eine Bewegung an den Grundfesten der bürgerlichen Gesellschaft rüttelt, verbiete sie nicht, um sie unter Kontrolle zu halten. Gib ihr eine Bühne, gib ihr Applaus, gib ihr Geld, setz ihren Protagonisten lustige Hüte auf und lass sie Männchen machend durch deine Manege tanzen. Spätestens, wenn das eingetreten ist, sollte man schleunigst das sinkende Narrenschiff verlassen. Und das tat DAF, als die sogenannte Neue Deutsche Welle in ihrem clownesken Frohsinn die Republik unter sich zu begraben drohte.

»Wir wollten raus aus diesem Korsett, wollten, dass das dann jetzt auch mal vorbei ist mit DAF. Das Bild war zu Ende gemalt – was sollten wir da jetzt noch dran rumpfuschen? Das war fertig. So. Und das ist auch so. Für mich ist DAF seitdem fertig.«
GABI DELGADO

Gabi Delgado: »Das war ja wirklich eine seriöse Kunstströmung. DAF, Palais Schaumburg, Wirtschaftswunder. Das war kein Pop; das war wirklich was anderes. Und dann gab's noch die Punks. Das war auch was anderes. Aber plötzlich kamen die Leute, die das nicht verstanden haben. Aus lauter Dummheit. Ich sag ja nicht mal, aus bösem Willen. Einfach Dummheit. Die haben gedacht: Aaaah, das ist so eine Art frecher Schlager. Das machen wir jetzt auch. Das war das große Missverständnis, dass das eher Dada ist als frecher Schlager. Dieses Missverständnis hat die Neue Deutsche Welle schnell kaputtgemacht.

Der Kapitalismus ist wie die Borg bei *Enterprise* – er assimiliert alles. Das ist ja klar. Wenn du aber seriöser Künstler bist, geht es immer darum, deine Inhalte so weit zu codieren, dass es möglichst lange dauert, bis der Code geknackt wird. Es so schwer verständlich zu machen für die Industrie, dass die es einfach nicht nehmen, weil sie es nicht verstehen. Früher oder später wird der Code geknackt, aber du musst dafür sorgen, dass es möglichst lange dauert, bis der Code geknackt wird. Wenn der Code hinter deinem Werk aber eins, zwei, drei, vier ist, dann ist er sofort geknackt. Darum geht es. Wenn Markus so abgehobenes Zeug gemacht hätte, dass ihn keiner gewollt hätte, wäre der auch nicht erschienen. Wenn er aber sagt *Ich geb Gas, ich will Spaß*, versteht das jeder. Es ist viel besser zu sagen: *Spielzeugfunk für kleine Mütter*. Dann müssen die erst mal nachdenken, und vielleicht verstehen die es dann nicht. Die Verwertungsindustrie, die Maschine, läuft dauernd. Als seriöser Künstler musst du das so weit codieren, dass es möglichst lange dauert, bis der Code geknackt wird. Du darfst dich auch nicht der Illusion hingeben, einen Code zu haben, der nie geknackt wird. Das ist, glaube ich, den wenigsten gelungen. Vielleicht sogar gar keinem Künstler. Aber man hat als Künstler schon auch eine Verantwortung. Wenn man mit der Maschine Hand in Hand arbeitet, dann ist man mitschuldig. So muss man es auch mal sagen, ja. Man kann sagen: Der tritt auf bei Dieter Thomas Heck – ja geil! Man hat aber auch die Wahl zu sagen: Bei einem Schlagerfuzzi? Nein danke! Kann man auch. Wenn dein Werk wirklich nur Plastik ist, dann kann das auch im Plastikregal stehen. Ist doch ganz leicht. Wenn dein Werk komisch sperrig ist und nicht reinpasst, dann kommt das da auch nicht rein.«

Robert Görl: »Natürlich gab es da auch ein paar Probleme. Der Plank fand das total uncool. Aber da waren noch mehr Leute als nur der Plank angepisst. Auch die Plattenfirma. Da waren dann die Fronten kurzzeitig mal in alle Richtungen verhärtet. Aber wir hatten noch kein Ass im Ärmel. Das konnte man uns nicht vorwerfen: Hey, die Jungs … da ist ja schon wieder alles vorbereitet in einem neuen Studio mit einem neuen Producer.«

Gabi Delgado: »Ich war so froh, dass es endlich vorbei war und dass wir uns einfach durch eine radikale Verweigerungsstrategie vor dem totalen Ausverkauf gerade noch retten konnten. Es gibt nichts Richtiges im Falschen. Es ist eine absolut tolle Sache, dass jeder das Recht hat, *Nein!* zu sagen. Also Jungs und Mädchen: Wenn euch etwas nicht gefällt und ihr keine Möglichkeit habt, es in eurem Sinne zu verändern, dann steigt aus; sagt einfach Nein! Das gilt für Leben und Kunst. Ich habe damals dem Ende der Produktion und somit dem Ende von DAF regelrecht entgegengefiebert. Endlich raus aus dem DAF-Knast. Ich war voller Vorfreude auf neue Herausforderungen und hatte auch, wie das nun mal meine Art ist, einen Business-Plan entwickelt, der besagte, dass ich für mein nächstes Werk mehr Vorschuss-Gelder als für die drei DAF-Alben zusammenbekommen sollte, und das ausgerechnet von Virgin, die ja total sauer waren wegen dem Split. Im Business geht es immer um Macht, und ich wusste, wenn ich in circa einem halben Jahr komme und denen die Chance gebe, mich sozusagen wieder ›einzukaufen‹, dann werden die das um jeden Preis machen. Allein schon um ihre Macht zu beweisen. So kam es ja dann auch.«

»Es war wirklich Zeit für einen Break. Wir wollten das beide. Die mittlerweile kommerzielle Neue Deutsche Welle fanden wir total uncool. Und vor allem langweilig. Mit denen wollten wir nicht in eine Schublade gesteckt werden. Davon wollten wir uns distanzieren.« ROBERT GÖRL

Robert Görl: »Es war wirklich Zeit für einen Break. Wir wollten das beide. Die mittlerweile kommerzielle Neue Deutsche Welle fanden wir total uncool. Und vor allem langweilig. Mit denen wollten wir nicht in eine Schublade gesteckt werden. Davon wollten wir uns distanzieren. Und außerdem hatten sowohl Gabi als auch ich so unterschiedliche musikalische Ideen, dass uns klar war, das nächste Album würde jeder für sich machen müssen.«

Single ›KEBAB-TRÄUME/EIN BISSCHEN KRIEG‹, deutsche Pressung, Maxi-Single ›VERLIEB DICH IN MICH/EIN BISSCHEN KRIEG‹, englische Pressung, beide 1982

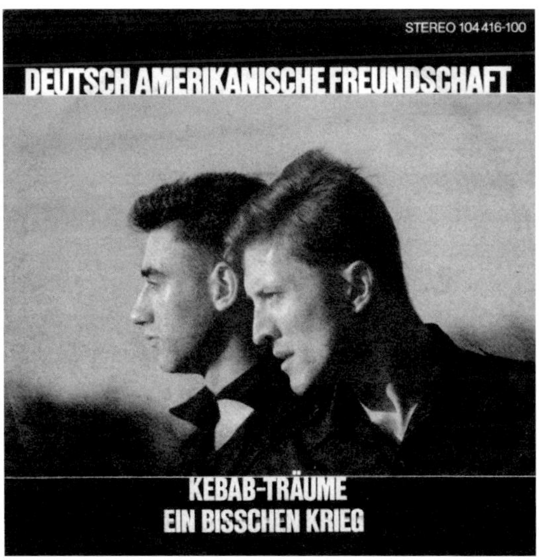

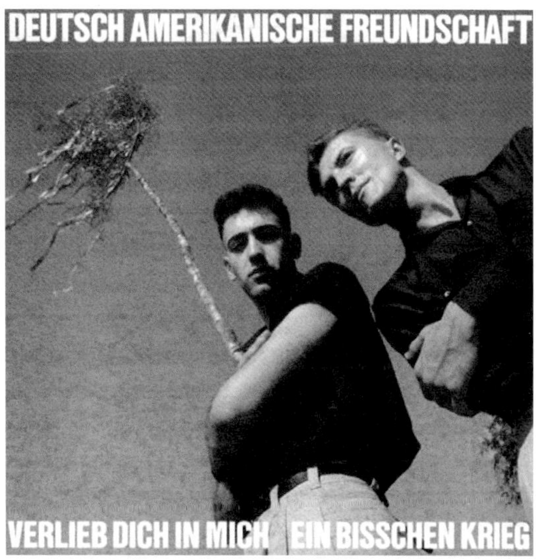

»Der Kapitalismus ist wie die Borg. Er assimiliert alles, und so ist die Revolution von heute das Produkt von morgen. Auf jeden Fall hatte die Phonoakademie in einem Versuch, sich den Anschein von Modernität zu geben, beschlossen, DAF einen der Preise zu verleihen. Es war eine fürchterlich langweilig-spießige, total biedere Veranstaltung. Ein Haufen alter Säcke aus Politik, Wirtschaft und Musikindustrie hatte sich da versammelt. Ich habe selten eine dermaßen trockene, spaßlose Veranstaltung erlebt.« GABI DELGADO

DER DEUTSCHE SCHALLPLATTENPREIS

Eine gemeinsame Veranstaltung stand 1982 dann aber doch noch im Kalender, bevor sich die Wege von Robert und Gabi erst mal trennen sollten. Der Deutsche Schallplattenpreis, der Vorgänger des heutigen Echo, wurde den beiden für das Album *Alles Ist Gut* in der Kategorie Deutsche Rockmusik verliehen. Ebenfalls auf diese Ehrung hoffen durfte an diesem Abend unter anderem Udo Jürgens.

Robert Görl: »Irgendwann hatten wir dann auch 1982. Und da hat man uns dann die höchste Ehre Deutschlands verliehen: Den Deutschen Schallplattenpreis. Das ist der heutige Echo, der höchste Preis, den du in Deutschland als Musiker bekommen kannst. Da war eine Riesenparty in Wiesbaden, bei der bestimmt 2.000 oder 3.000 Leute da waren, Politiker und die High Society. Ähnlich wie heutzutage bei der Echo-Verleihung auch. Sehr auffällig war, welche Leute den bekommen haben zu dieser Zeit. DAF – aber eben auch Udo Jürgens oder die Dresdner Philharmonie. Und noch irgend so eine Volksmusikkapelle. Alle am selben Abend. Das ist eine geniale Kombination, oder? An dem Abend haben wir nicht gespielt, da sind wir nur auf die Bühne geholt worden, sind vorgestellt worden und haben ein bisschen Hände geschüttelt. Dem hessischen Ministerpräsidenten Holger Börner zum Beispiel. Aber irgendwie hatte der wohl nur einen Zettel mit unserm Namen drauf und sonst nicht viel Ahnung. Hat beim Frühstück wahrscheinlich schnell noch geguckt: *Wer kommt denn überhaupt? Was muss ich denn heute eigentlich machen?* Und hat sich dann drei Sprüche einfallen lassen. Irgendwie dachte er, Gabi sei der Amerikaner, ich sei der Deutsche, und zusammen wären wir die Deutsch Amerikanische Freundschaft.«

Gabi Delgado: »Anders als Robert habe ich es überhaupt nicht als Ehre empfunden, den Deutschen Schallplattenpreis zu erhalten, sondern als untrügliches Zeichen dafür, dass die Revolution, die wir und andere initiiert hatten, längst in den real existierenden Pop-Korpus integriert war. Wie schon gesagt: Der Kapitalismus ist wie die Borg. Er assimiliert alles, und so ist die Revolution von heute das Produkt von morgen. Auf jeden Fall hatte die Phonoakademie in einem Versuch, sich den Anschein von Modernität zu geben, beschlossen, DAF einen der Preise zu verleihen. Es war eine fürchterlich langweilig-spießige, total biedere Veranstaltung. Ein Haufen alter Säcke aus Politik, Wirtschaft und Musikindustrie hatte sich da versammelt. Ich habe selten eine dermaßen trockene, spaßlose Veranstaltung erlebt. Von Party oder Fest keine Spur.

Zu allem Überdruss hat Holger Börner, der damalige hessische Ministerpräsident, den Preis überreicht. Es waren die Zeiten der Auseinandersetzungen um die Startbahn West, und Börner hatte gerade mit seinem Dachlatten-Zitat bewiesen, was für ein reaktionärer, retrograder Charakter er war. Als es zur Überreichung des Preises kam, hat sich sein reaktionäres Gehirn gemeldet, und er dachte dann: Aha, Deutsch Amerikanische Freundschaft … Deutsch gleich blond … und der Ausländer, der Amerikaner, schwarzhaarig. Also trat er an uns heran und sagte zu Robert: ›Herzlichen Glückwunsch‹ und zu mir im bestem U.S.-Hessisch, eben so, wie er es von den Armed Forces gelernt hatte: ›Wish you a nice stay in *Wiiesbaiden*.‹ Da musste ich lachen. Den Preis, ein schlecht designtes Plexiglas-Teil, habe ich meiner Mutter geschenkt. Den hat sie dann in den Schrank zum guten Geschirr gestellt, wo so was ja auch hingehört. So komisch sie DAF und vor allem meine Texte auch fand: Sie war dann doch irgendwie ganz schön stolz.«

»Da war eine Riesenparty in Wiesbaden, bei der bestimmt 2.000 oder 3.000 Leute da waren, Politiker und die High Society. Sehr auffällig war, welche Leute den bekommen haben zu dieser Zeit. DAF – aber eben auch Udo Jürgens oder die Dresdner Philharmonie. Und noch irgend so eine Volksmusikkapelle. Alle am selben Abend. Das ist eine geniale Kombination, oder?« ROBERT GÖRL

Aber wie das eben immer ist, wenn der große Erfolg über einen hereinbricht: Es gab nicht nur Preise, Handshakes und Aufmerksamkeit, sondern auch Menschen, die sich dachten, dass sich leicht an diesen Erfolg dranzuhängen und damit sogar die ein oder andere Mark zu verdienen sei.

Robert Görl: »Wir wurden dann doch auch ganz schön beschnitten. Es gab jede Menge Bootlegs. Auch, wenn man das so sagen kann, anerkannte Bootlegs. Aber trotzdem war das ja ein Business, das an uns vorbeiging. Und dann gibt's noch diese Story, als die bayerische Grenzpolizei, also die Zollfahndung, einen ziemlich großen italienischen Truck aufgehalten hat, dann so ganz routinemäßig wahrscheinlich ein paar Kisten geöffnet und dann nicht schlecht gestaunt hat. Denn was war da drin? Lauter *Alles Ist Gut*-Scheiben. Darüber hat uns die Ariola unterrichtet. Den haben sie geschnappt, den Schwarzhändler. Aber wen haben sie alles nicht geschnappt? Wir haben ja regulär wirklich Tonnen verkauft. Ich will gar nicht wissen, wie viel auf diesem Wege noch mal verkauft wurde. Das mit dem Lkw, das war völlig mafiös. Überleg mal: Dann auch noch aus Italien. Da kann man wirklich eins und eins zusammenzählen. Das war kein Bootleg. Das war 1:1 das Album. Einfach nachgepresst.«

Deutscher Schallplattenpreis

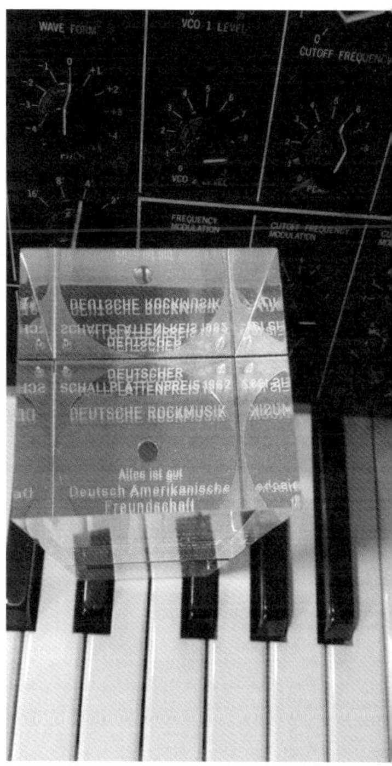

BROTHERS FROM A

DER SPLIT

»Die Entscheidung, DAF aufzulösen, war karrieretechnisch eine der klügsten Entscheidungen, die wir je getroffen haben. Zum einen konnten wir so dem ganzen faulen Zauber dieser Music-Business-Scheinwelt entfliehen, was für die Psycho-Hygiene extrem wichtig war. Also wirklich einfach zurück auf den Boden. Zum anderen konnten wir ein klares Statement gegen den Ausverkauf der Bewegung setzen und uns durch eine simple Verweigerungstechnik – also einfach durch die Tatsache, dass DAF nicht mehr erhältlich war – Kultstatus und eine gewisse Unerreichbarkeit verschaffen.« GABI DELGADO

Die Fassungslosigkeit der Fans, das gute Zureden Planks, die Empörung Virgins, die Logik der Marktgesetze: Nichts konnte Robert und Gabi umstimmen. Ein weiteres Album in dieser Konstellation würde es nicht geben. Zielstrebig hatten die beiden sich in relativ kurzer Zeit bis zu diesem Punkt hochgearbeitet, um nun effektvoll die Karten auf den Tisch zu knallen und selbigen zu verlassen. Drei Erfolgsalben innerhalb von 18 Monaten. Waren sie nicht im Studio gewesen, hatten sie auf der Bühne gestanden. DAF hatte die Kerze definitiv von zwei Seiten angezündet. Und so nachvollziehbar die Enttäuschung der Fans erscheint, so nachvollziehbar erscheint die Entscheidung von DAF. Zum einen menschlich. Denn nach Jahren, die beide überwiegend für DAF gelebt und fast gänzlich auf ein Privatleben verzichtet hatten, war es an der Zeit, genau das nachzuholen. Zum anderen professionell. Denn auch im Musikbusiness steckt ein Funken Wahrheit in dem Sprichwort, man möge gehen, wenn es am schönsten ist. Keiner der beiden hatte die Absicht, das Phänomen DAF in einem Fade-out der Wiederholung der Wiederholung der Wiederholung langsam ausklingen zu lassen, um sich schließlich nach der zehnten Platte wie eine schlechte Kopie ihrer selbst mit ihrer eigenen Musik zu langweilen. Auch war es extrem wichtig, sich dem Ausverkauf der sogenannten »neuen Welle« zu entziehen und nicht in eine Kiste mit Markus, Spider Murphy Gang, Frl. Menke und Konsorten gepackt zu werden.

Gabi Delgado: »Die Entscheidung, DAF aufzulösen, war karrieretechnisch eine der klügsten Entscheidungen, die wir je getroffen haben. Zum einen konnten wir so dem ganzen faulen Zauber dieser Music-Business-Scheinwelt entfliehen, was für die Psycho-Hygiene extrem wichtig war. Also wirklich einfach zurück auf den Boden. Zum anderen konnten wir ein klares Statement gegen den Ausverkauf der Bewegung setzen und uns durch eine simple Verweigerungstechnik – also einfach durch die Tatsache, dass DAF nicht mehr erhältlich war – Kultstatus und eine gewisse Unerreichbarkeit verschaffen. Andere würden unsere Rezepte übernehmen und weiterführen, und uns selbst würden alle Türen für neue Projekte und neue Deals offenstehen.« Mit einem lauten

DIFFERENT MOTHER

Paukenschlag waren sie auf der Bildfläche erschienen – mit einem ebensolchen waren sie wieder verschwunden. Zumindest vorerst. Und vor allem: Bevor die Pop-Welt sie vereinnahmen und vermainstreamen konnte.

Robert Görl: »Nach diesen drei Erfolgsalben musste ich einfach erst mal runterkommen. Als Gabi und ich verkündet haben, dass wir DAF auflösen, wurde mir schon bald bewusst: Oh, hey, jetzt sind aber alle Türen zu. Der Plattenfirma fiel die Klappe runter. Conny wird für immer weg sein. Ja, das kommt dann alles so langsam hoch. Das ist ein bisschen, wie wenn du alle Leute von deiner großen Party ausládst und dann ganz alleine im Raum tanzt und rufst: ›Hey, ich bin hier der King!‹ Das wird dann alles sehr schnell realistisch.«

Unten: Pressefoto zur Solokarriere von Robert
FOTO: INTERCORD

Nächste Doppelseite: Eine Auswahl der Soloplatten von Robert Görl

Aber von Plattenfirmen und Produzenten, von Groupies und Journalisten und dem ganzen DAF-Tamtam brauchten Robert und Gabi erst mal eine Auszeit. Ganz normale Dinge mit ganz normalen Menschen tun, absichtslose Gespräche führen, das war es, was nun auf dem Zettel stand. Von Gästelisten, Lobhudeleien, Arschkriechern, Claqueuren, Trubel und Konfetti hatten beide die Nase gestrichen voll.

Gabi Delgado: »Aber so ist die Pop-Welt halt. Das ist immer die Gefahr. Ich glaube, dass uns das mit DAF auch ein bisschen passiert ist – man kann leicht darauf reinfallen. Man kriegt unheimlich viel Geld, man kriegt unheimlich viel Respekt. Es gibt einen Haufen Leute um dich herum, die dir die ganze Zeit sagen, was für ein toller Typ du bist. Ich kenne einen Fall, wo das Management den DJs ein bisschen Geld gegeben hat, damit die dann die Platten des betreffenden Künstlers spielen, wenn der nach der Show in die Local Disco geht. Dieser Artist dachte dann tatsächlich *Wow! I'm big in Europe … everybody is playing my songs*, dabei war er eine ganz kleine Nummer. Das nur als Beispiel für diese Scheinwelt. Deswegen

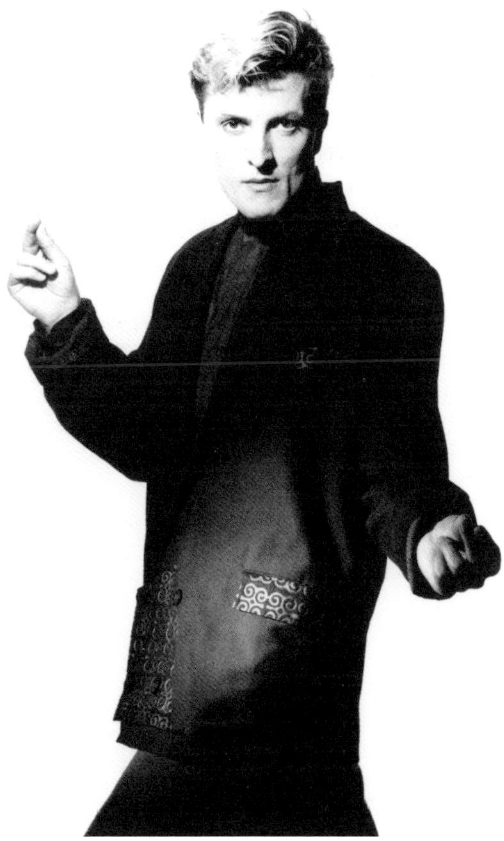

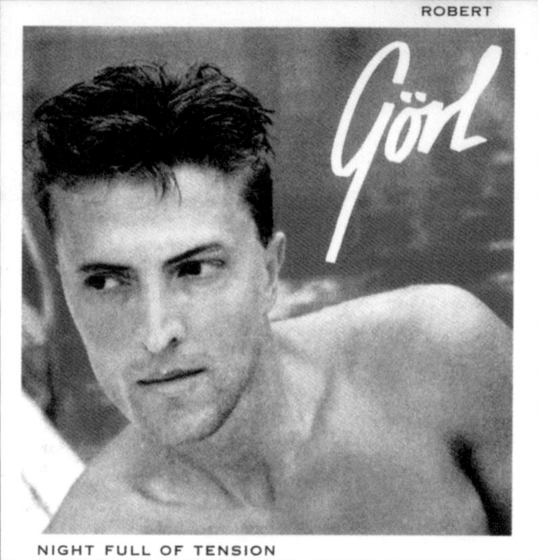
ROBERT
Görl
NIGHT FULL OF TENSION

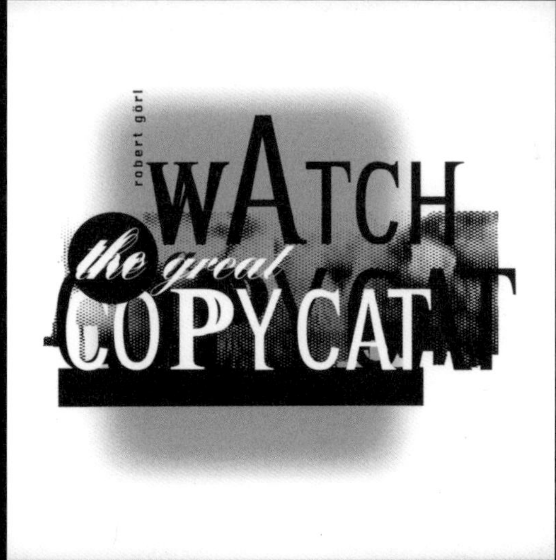
robert görl
WATCH
the great
COPYCAT

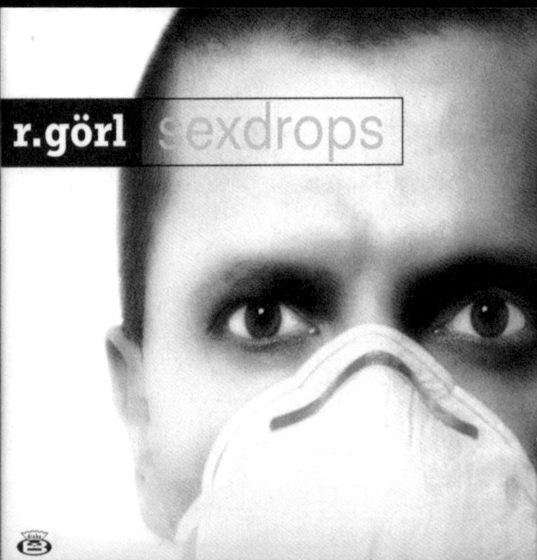
r.görl
sexdrops

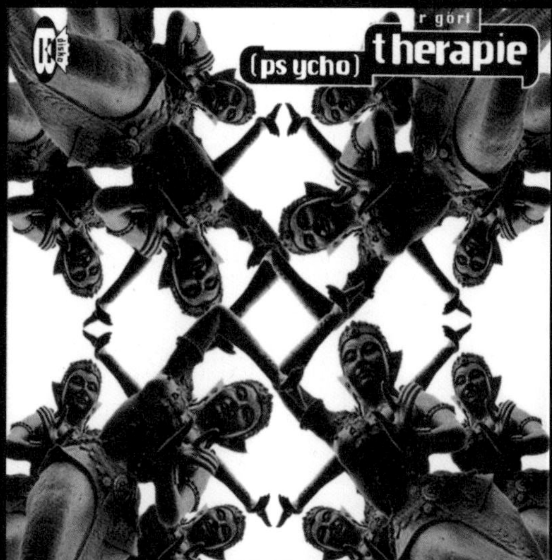
r görl
(ps ycho) therapie

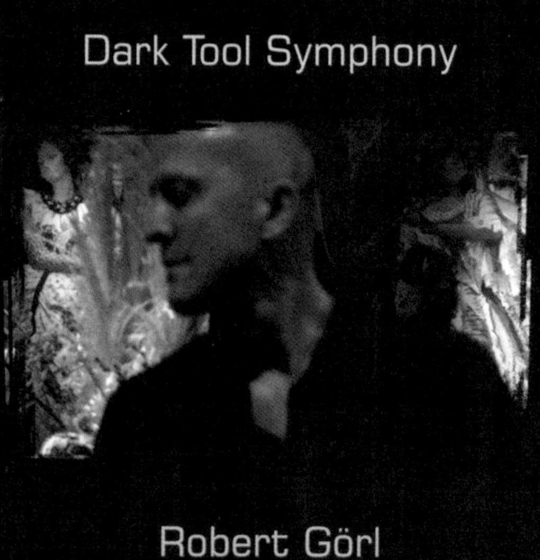
Dark Tool Symphony
Robert Görl

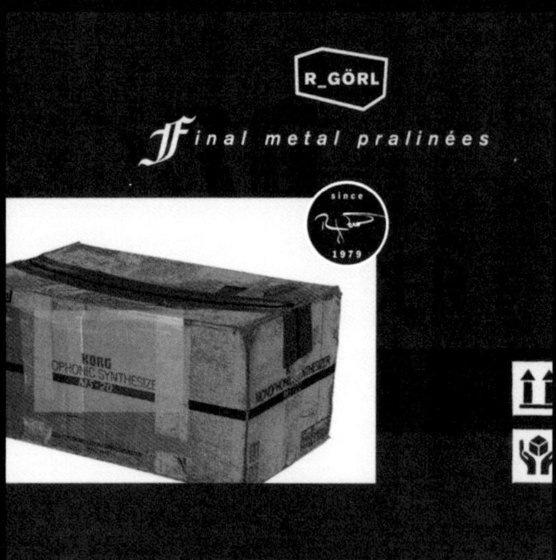
R_GÖRL
Final metal pralinées
since
1979
KORG

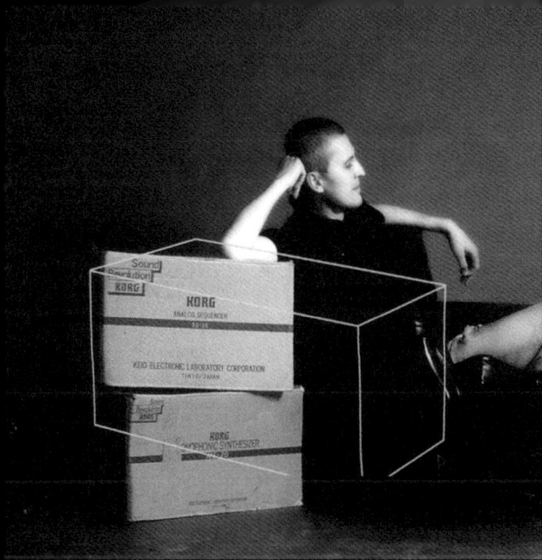
Sound Revolution
KORG
KORG
ANALOG SEQUENCER
KEIO ELECTRONIC LABORATORY CORPORATION
KORG

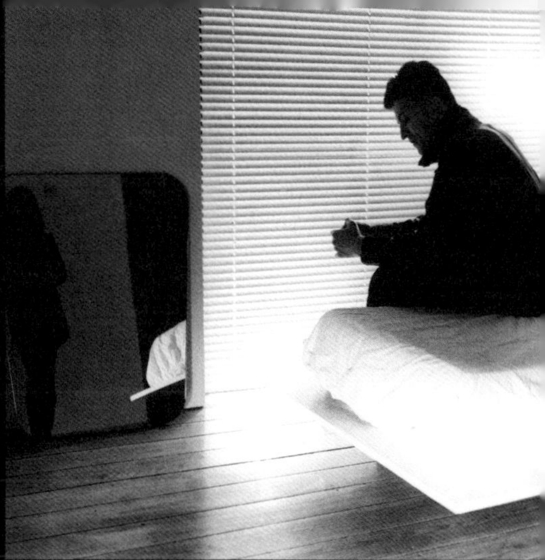

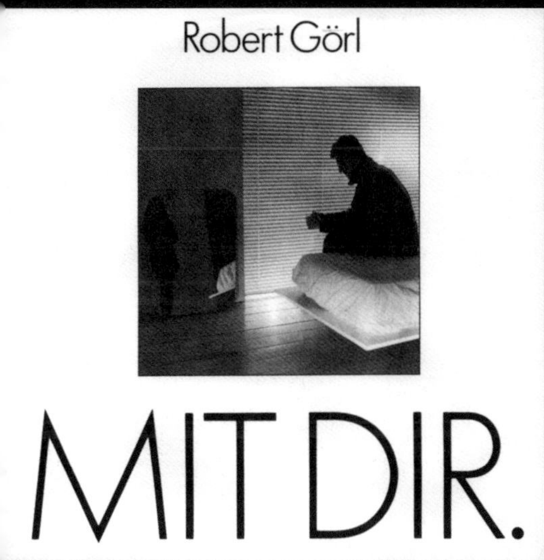
Robert Görl
MIT DIR.

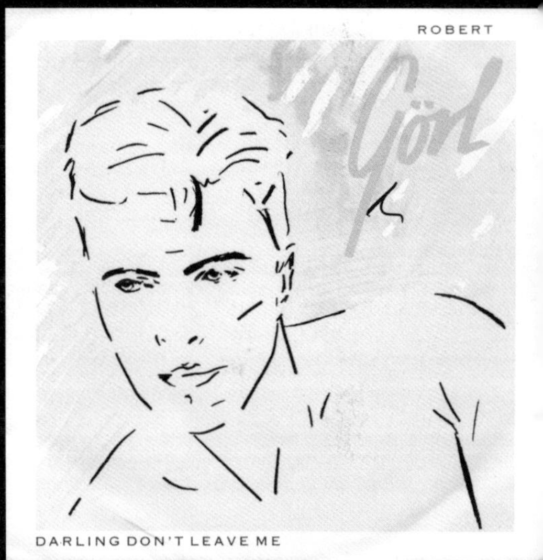
ROBERT
Görl
DARLING DON'T LEAVE ME

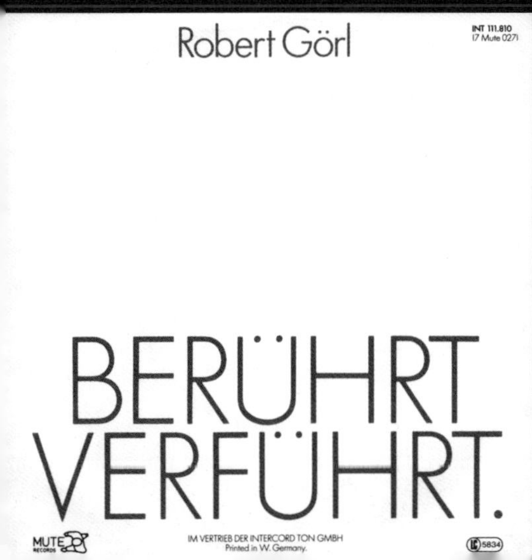
Robert Görl
INT 111.810
(7 Mute 027)
BERÜHRT
VERFÜHRT.
MUTE RECORDS
IM VERTRIEB DER INTERCORD TON GMBH
Printed in W. Germany.
LC 5834

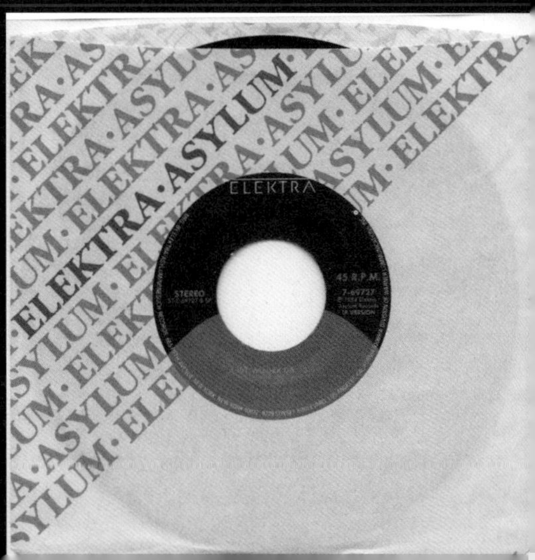
ELEKTRA · ASYLUM
ELEKTRA
STEREO
45 R.P.M.
7-69727

»Nach diesen drei Erfolgsalben musste ich einfach erst mal runterkommen. Als Gabi und ich verkündet haben, dass wir DAF auflösen, wurde mir schon bald bewusst: Oh, hey, jetzt sind aber alle Türen zu. Der Plattenfirma fiel die Klappe runter. Conny wird für immer weg sein. Ja, das kommt dann alles so langsam hoch. Das ist ein bisschen, wie wenn du alle Leute von deiner großen Party ausládst und dann ganz alleine im Raum tanzt und rufst: ›Hey, ich bin hier der King!‹ Das wird dann alles sehr schnell realistisch.« ROBERT GÖRL

ist es wichtig, immer Freunde zu haben, die nicht in dieser Welt sind. Damit die einem sagen: ›Hey Gabi, jetzt hebst du aber ab.‹ Wenn du die nicht hast, bist du verloren. Das geht so schnell, das merkst du gar nicht. Denn: Alle wollen Liebe. Jeder Mensch, jedes Wesen, jeder will Liebe, und wenn man keine Liebe kriegt, dann kann der Applaus auch eine Form von Liebe sein, an die man sich gewöhnen kann. Es ist nicht die wahre Liebe. Ein bisschen echte Liebe ist aber schon dabei. Ein bisschen Verehrung. Das kann für eine Zeit diesen Wunsch nach Liebe befriedigen. Applaus und Erfolg, und alles wird gut. Und dann sucht man sich vielleicht sogar genau die Leute, die sagen: Wow, super! Das ist eine Art Bunkersyndrom, man ist nur noch umgeben von Ja-Sagern, und wenn man sagt: 2 + 2 = 5, dann sagen alle: ja, das stimmt. Das führt zu richtiggehend krankhaften Realitätsverlusten und zu einem eitel-arroganten Verhalten sich und der Mitwelt gegenüber. Ich kenne Künstler, die werden älter und eitler und unsympathischer, und die Freundinnen werden immer jünger. Irgendwann haben die nur noch ganz junge Freundinnen, die alles glauben. *›Ich hab mal in London gewohnt!‹* – *›Oh toooooll!‹* Die wollen keine Frau, die ihnen sagt: *›Du bist aber nicht mehr so gut wie früher!‹* Statt Liebe sucht man nur noch Bewunderung, um den eigenen Narzissmus-Tendenzen Futter zu geben. Da braucht man dann schon auch Disziplin, um zu sagen: Ich will die jetzt alle nicht mehr um mich haben, diese ganzen Piraten.«

Um sich alldem zu entziehen, verschwanden die beiden aus ihrem natürlichen Bewegungsumfeld der letzten Jahre. Das Hof-Publikum war ohnehin ein anderes geworden, Jüngere kamen nach, zu denen man nur wenig Bezug hatte. Dennoch suchten sich beide neue Orte. Während Robert sich eine neue Szene in Düsseldorf suchte, verließ Gabi schließlich sowohl Düsseldorf als auch London ganz. Plötzlich war die Zeit da, das sehr viele Geld, das die beiden mit ihrem Virgin-Deal verdient hatten, auch auszugeben. Und das taten beide.

Robert Görl: »Nach dem Split mit Gabi, also während unserer Pause, bin ich in Düsseldorf geblieben. Ich hatte da ein total abgefahrenes Apartment. In der Florastraße. Das war um die Ecke von der Bilker Allee. Mit goldenem Teppichboden. Das ist kein Witz. Ich wurde dann zum täglichen Checker's-Besucher. Da habe ich dann übrigens immer die Kraftwerker getroffen. Den Wolfgang Flür, den habe ich fast jede Nacht getroffen und auch manchmal in seiner Wohnung übernachtet. Ich habe die alle echt gemocht. Auch den Ralf Hütter. Mit dem habe ich nächtelang rumgestanden im Checker's. Der Florian hat da immer abgetanzt. Wir haben

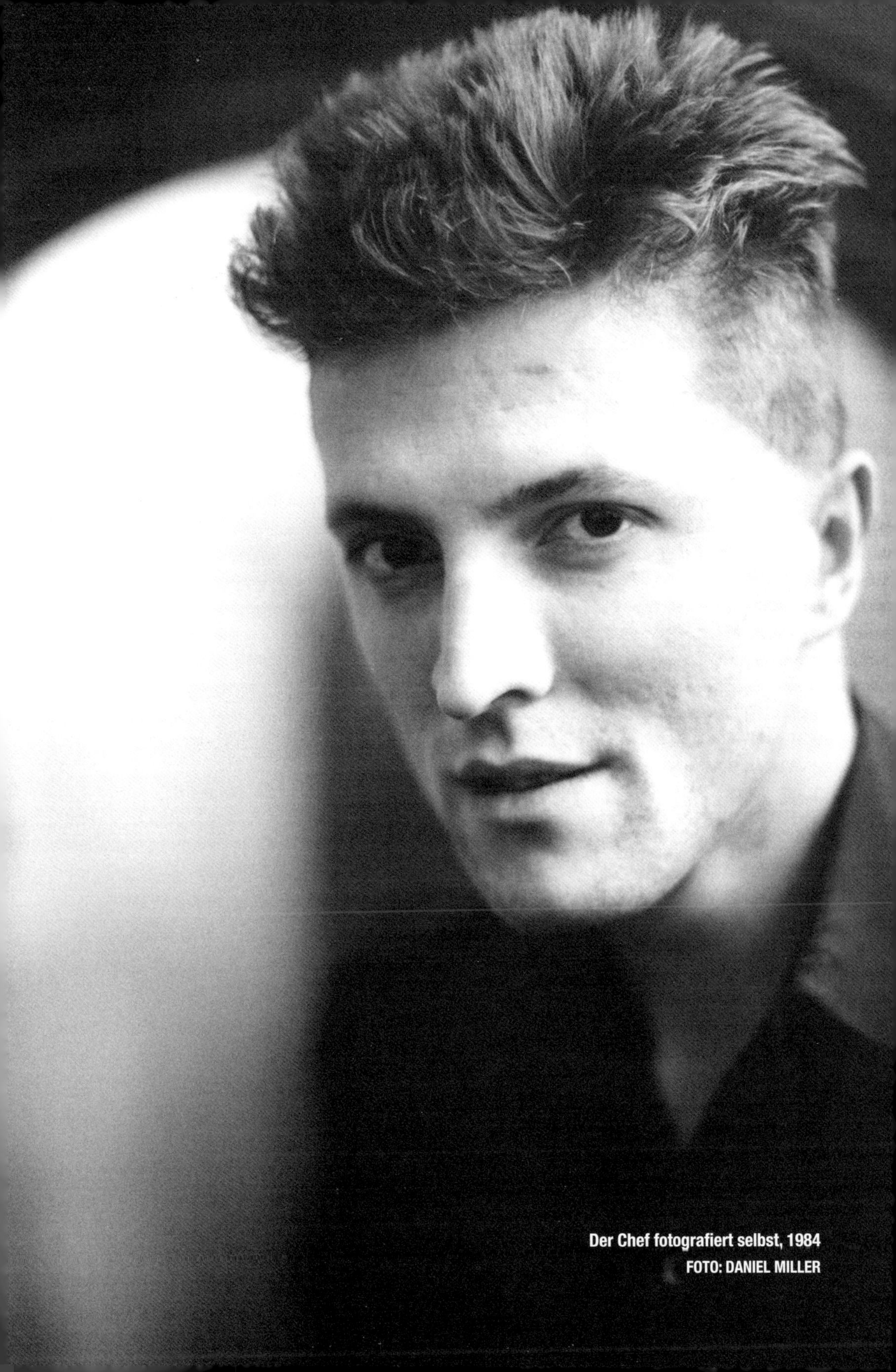

Der Chef fotografiert selbst, 1984
FOTO: DANIEL MILLER

»Ich war dann dauernd im Club. Hab nur noch gefeiert. Jede Nacht. Man kann eigentlich sagen: Ich habe dann einfach ein paar Jahre durchgefeiert. Als hätte einer gesagt: Jetzt feier doch mal deine Erfolge! Du musst heute Abend nicht auf die Bühne. Und das habe ich dann auch gemacht. Da habe ich ja noch Kohle gehabt aus der DAF-Zeit. Viel Kohle. Also musste ich auch sonst nichts machen. Einfach feiern, runterkommen und überlegen, wie es jetzt weitergehen soll.« ROBERT GÖRL

damals zwar so punkmäßig immer gegen die gewettert. Wir waren halt mehr die Punks, und die Kraftwerker waren halt die Oberkasseler Typen, die Rich Boys. Aber als ich die später jeden Tag im Checker's getroffen habe, habe ich mich so richtig mit denen angefreundet.

Ich war dann dauernd im Club. Hab nur noch gefeiert. Jede Nacht. Man kann eigentlich sagen: Ich habe dann einfach ein paar Jahre durchgefeiert. Als hätte einer gesagt: Jetzt feier doch mal deine Erfolge! Du musst heute Abend nicht auf die Bühne. Und das habe ich dann auch gemacht. Da habe ich ja noch Kohle gehabt aus der DAF-Zeit. Viel Kohle. Also musste ich auch sonst nichts machen. Einfach feiern, runterkommen und überlegen, wie es jetzt weitergehen soll. Der Checker's Club mit dem legendären DJ Jimmy, das war schon heiß, was der auflegte, der hat mir gefallen. Ich ließ mich einfach gehen, hab Lines gezogen und Frauen abgeschleppt. Im Nachhinein betrachtet schon auch so ein bisschen, na ja, desolat. Ich war total abgefuckt teilweise. Das ist ja jetzt nicht gerade die Highlight-Zeit in meinem Leben. Das ist eher eine ganz schön abgefuckte Zeit gewesen. Ein Rauf und Runter, und es führte nirgendwohin. Okay, vielleicht in ein unbekanntes Loch. Trotz goldenem Teppich im Apartment und jede Nacht im Club.«

MUSIKALISCH GETRENNTE WEGE

Aber nicht nur DAF als Duo separierten sich von ihrem bisherigen Umfeld, Robert und Gabi gingen nun auch musikalisch getrennte Wege. Gabi veröffentlichte 1983 sein Soloalbum *Mistress* auf Virgin, von Robert erschien im selben Jahr die Single *Darling Don't Leave Me*, bei deren gleichnamigem Song er gemeinsam mit Annie Lennox zu hören ist. 1984 legte er mit *Night Full Of Tension* ein Album nach, das genau wie die Single bei Mute erschien. Beide Alben wurden recht erfolgreich und verschafften den beiden finanziellen und zeitlichen Freiraum, sich auch anderem als der Musik zu widmen.

Gabis erstes Soloalbum ›MISTRESS‹, 1983 (Cover, Labels und Inner Sleeve)

Gabi Delgado: »Ich habe erst mal mein ganzes Geld von der Bank abgehoben. Da hatte ich 350.000 Mark oder so und habe mir zunächst eine Flasche LSD gekauft. Für 10.000 Mark. Damit ich mir meine eigenen Trips machen kann. Um Löschpapier damit zu beträufeln. Ich habe das aber nicht verteilt. Nur ab und zu ein bisschen selber genommen. Zum Kiffen habe ich mir auch sehr viel Material gekauft. Das hat mir alles so gut gefallen. Ich wollte

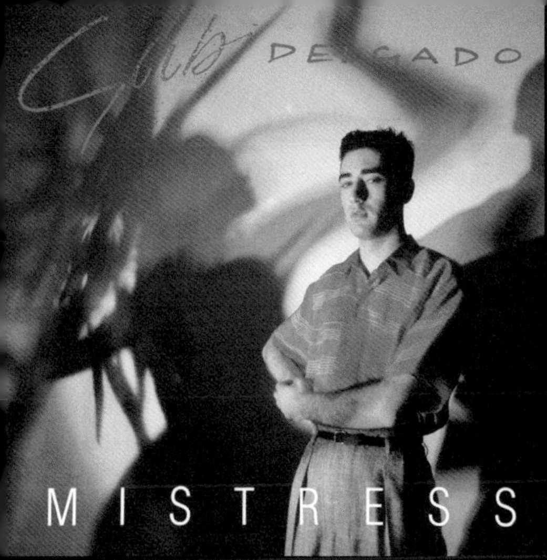
Gabi DELGADO
MISTRESS

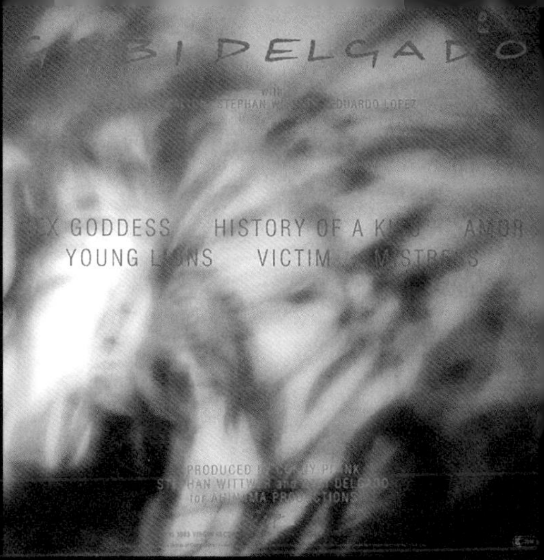
GABI DELGADO
SEX GODDESS HISTORY OF A KISS AMOR
YOUNG LIONS VICTIM MISTRESS

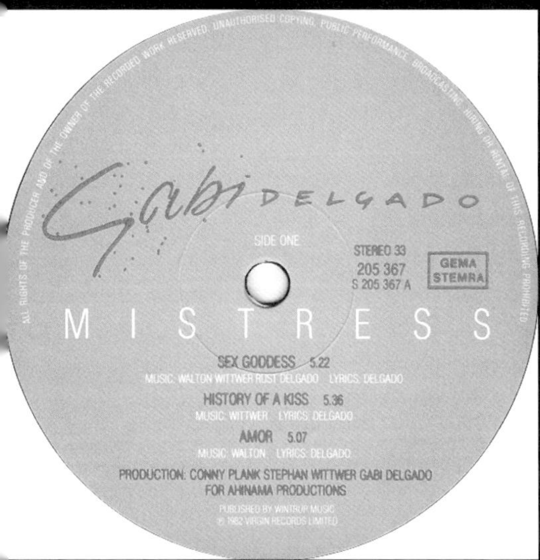
Gabi DELGADO
SIDE ONE
STEREO 33
205 367
S 205 367 A
GEMA STEMRA
MISTRESS
SEX GODDESS 5.22
MUSIC: WALTON WITTWER RUST DELGADO LYRICS: DELGADO
HISTORY OF A KISS 5.36
MUSIC: WITTWER LYRICS: DELGADO
AMOR 5.07
MUSIC: WALTON LYRICS: DELGADO
PRODUCTION: CONNY PLANK STEPHAN WITTWER GABI DELGADO
FOR AHINAMA PRODUCTIONS
PUBLISHED BY WINTRUP MUSIC
℗ 1982 VIRGIN RECORDS LIMITED

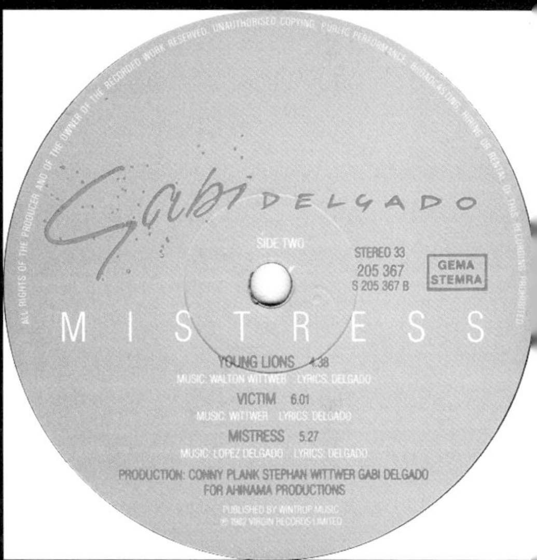
Gabi DELGADO
SIDE TWO
STEREO 33
205 367
S 205 367 B
GEMA STEMRA
MISTRESS
YOUNG LIONS 4.38
MUSIC: WALTON WITTWER LYRICS: DELGADO
VICTIM 6.01
MUSIC: WITTWER LYRICS: DELGADO
MISTRESS 5.27
MUSIC: LOPEZ DELGADO LYRICS: DELGADO
PRODUCTION: CONNY PLANK STEPHAN WITTWER GABI DELGADO
FOR AHINAMA PRODUCTIONS
PUBLISHED BY WINTRUP MUSIC
℗ 1982 VIRGIN RECORDS LIMITED

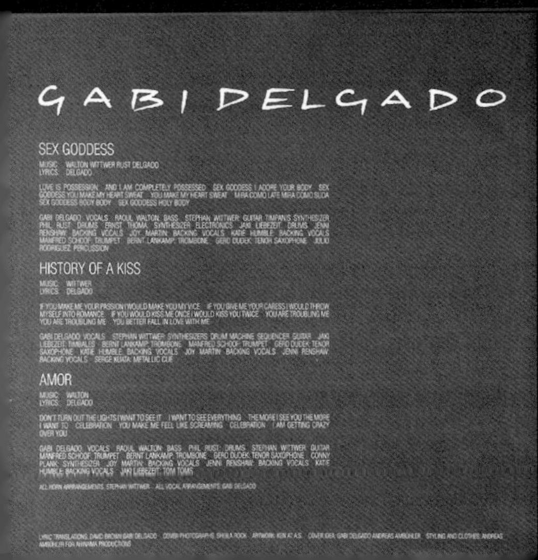
GABI DELGADO
SEX GODDESS
MUSIC: WALTON WITTWER RUST DELGADO
LYRICS: DELGADO
HISTORY OF A KISS
MUSIC: WITTWER
LYRICS: DELGADO
AMOR
MUSIC: WALTON
LYRICS: DELGADO

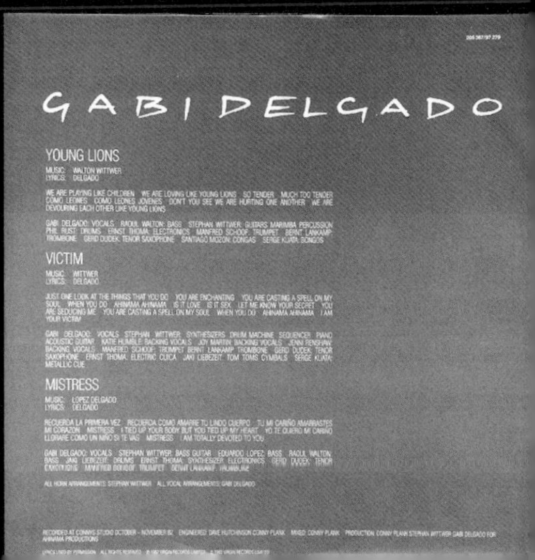
GABI DELGADO
YOUNG LIONS
MUSIC: WALTON WITTWER
LYRICS: DELGADO
VICTIM
MUSIC: WITTWER
LYRICS: DELGADO
MISTRESS
MUSIC: LOPEZ DELGADO
LYRICS: DELGADO

»Ich habe erst mal mein ganzes Geld von der Bank abgehoben. Da hatte ich 350.000 Mark oder so und habe mir zunächst eine Flasche LSD gekauft. Für 10.000 Mark. Damit ich mir meine eigenen Trips machen kann. Um Löschpapier damit zu beträufeln. Ich habe das aber nicht verteilt. Nur ab und zu ein bisschen selber genommen. Zum Kiffen habe ich mir auch sehr viel Material gekauft. Das hat mir alles so gut gefallen. Ich wollte alles im Überfluss haben: Drogen, Klamotten, Platten.«
GABI DELGADO

alles im Überfluss haben: Drogen, Klamotten, Platten. Ich war irgendwie auf dem Trip, alles in Riesenmengen zu kaufen. Habe ich ja erzählt. Ich bin in Córdoba in gutem Hause aufgewachsen und war dann als Migrant plötzlich auf der untersten sozialen Stufe, als Gastarbeiterkind; statt verwöhnt, gehegt und gepflegt zu werden, musste ich mich dann durchschlagen. Ich kenne wirklich alle Levels. Von gar kein Geld haben – und damit meine ich wirklich: keinen Pfennig! Wirklich gar nichts haben und denken: Wo schlaf ich heute? – bis zu: Was kost' die Welt? Ich denke schon, dass man Versorgungsängste kriegt, wenn man ein, zwei Tage nichts gegessen hat. Wenn man wirklich nichts hat. Wenn man klauen muss im Supermarkt. Wenn man eben so unterversorgt ist. Ich denke, dieser Überfluss-Trip rührte im Endeffekt daher. Das war schon ein lustiger, aber auch blöder Trip von mir. Aber auf dem war ich nun mal. Eine Zeit lang bin ich mit so einer Plastiktüte Ecstasy rumgelaufen. Hunderte von Pillen. Einfach so. Dabei jetzt nicht zum Dealen. Das war für mich. Wenn's keine mehr gibt, habe ich welche! In dieser Zeit habe ich extrem viel gefeiert und bin sozusagen in mein altes ›Wohnzimmer‹, nämlich die Disco, gezogen.

Robert war ja dauernd im Checker's in Düsseldorf. Ich war auch ein paarmal da. Hat mir aber nicht gefallen. Das war mir alles viel zu langweilig und spießig. Ich bin lieber ins Le Beat Route gegangen, ins Heaven oder Skin Two. Das waren Clubs, da waren alle so drüber; da musstest du nur umfallen, schon hattest du jemanden kennengelernt. Ich steh doch nicht mit so einem Sektchen im Checker's rum, und es sind dauernd nur 30 Leute da, und auf der Tanzfläche sind nur vier. Keiner tanzt richtig gut. Das gefällt mir nicht. Ich steh auf eine andere Art von Partys, die mehr körperlich ist. Wo was abgeht. Wo viel passiert. Ich will da sein, wo die guten Tänzer sind. Ich will dann auch was sehen. Und nicht fünf Leute, die Sekt trinken. Oder die Wangen einziehen. Im Checker's lief auch Musik, die mir nicht gefallen hat. Musikalisch war ich da schon ganz woanders. Da gab's ja schon House. Aber nicht im Checker's. Die waren völlig hinterher. Das war so ein Provinz-Club. Für die Provinz-Schickeria. In der Kö-Passage. Düsseldorf hat seine Zeit ja gehabt, aber da war Düsseldorf längst vorbei.«

KOFFERPACKEN

Und so packte Gabi dann auch seine Koffer, um London, Düsseldorf, DAF und Robert hinter sich zu lassen. Mit einem Freund flog er nach Südamerika, um sich dort als Rucksacktourist durchs

Land zu schlagen. Bewusst mit wenig Gepäck und wenig Geld unterwegs, in billigen Absteigen nächtigend, reisten sie dort ein halbes Jahr umher, bevor er schließlich in die Schweiz zog. Dort machte er weiterhin Musik, startete unter anderem ein HipHop-Projekt mit seinem Bruder. Als Walter Holzbaur davon erfuhr, reiste er in die Schweiz, um sich das mal anzuhören und auf Massentauglichkeit und Verkäuflichkeit hin zu überprüfen. HipHop schien ihm dafür allerdings nicht als geeignet, und so reiste er unverrichteter Dinge wieder ab und Gabi weiter nach New York.

Gabi Delgado: »Ich habe ja dann auch direkt eine Solo-Platte gemacht. Robert hat auch eine Solo-Platte gemacht. Da gab es dann ja auch sofort Angebote. Ich habe für meine Solo-Platte so viel Geld gekriegt wie für alle drei DAF-Platten zusammen. Als Vorschuss. Weil DAF einfach so big war und alle das nächste große Ding erwarteten. Ich suchte eigentlich nicht das nächste Ding; ich wollte was komplett anderes machen und völlig frei agieren. Die LP *Mistress* wurde dann auch eine sehr freie Platte mit Latin, Jazz und Electronica-Einflüssen und war zu meiner eigenen Überraschung sogar ziemlich erfolgreich. Robert hat auch eine Platte gemacht. Ich glaube, dass wir auch beide keinen Bock mehr aufeinander hatten. Und dann haben wir auch lange nichts zusammen gemacht. Robert und ich sind ja auch nicht befreundet oder so was. Wir können sehr gut zusammenarbeiten. Weil wir eine feste Taktik haben, die wirklich eisern durchgezogen wird, und bestimmte Regeln. Und gerade in dieser Begegnung unterschiedlicher Charaktere – ich möchte wirklich sagen, wir haben zu ALLEM unterschiedliche Ansichten: zu Leben, Kunst, Gott und der Welt – sind wir uns aber in einem doch einig: dass wir beide ziemliche Anarchos sind. Jeder auf seine Art. Auch wenn wir uns wirklich wenig sagen. Wir beiden ecken ob unserer anarchistischen Ader manchmal auch an – in Leben und Kunst! DAF ist toll für mich, aber nicht wichtig.

Robert ist dann ja nach Düsseldorf gezogen und hat sich ein Sportauto gekauft. Ich bin noch ein Weilchen in London hängengeblieben. Hab dann erst mal eine Südamerika-Tour gemacht und bin dann nach Zürich gezogen. In Zürich habe ich dann angefangen, mich für HipHop zu begeistern. Dann war ich in New York eine Zeit lang. Hab da die DJs gesehen und dachte: Früher waren das Synthesizer, heute sind es Plattenspieler. Die neuen Instrumente. Ich werde jetzt DJ.«

»Ich war irgendwie auf dem Trip, alles in Riesenmengen zu kaufen. Das war schon ein lustiger, aber auch blöder Trip von mir. Aber auf dem war ich nun mal. Eine Zeit lang bin ich mit so einer Plastiktüte Ecstasy rumgelaufen. Hunderte von Pillen. Einfach so. Dabei jetzt nicht zum Dealen. Das war für mich. Wenn's keine mehr gibt, habe ich welche! In dieser Zeit habe ich extrem viel gefeiert und bin sozusagen in mein altes ›Wohnzimmer‹, nämlich die Disco, gezogen.«
GABI DELGADO

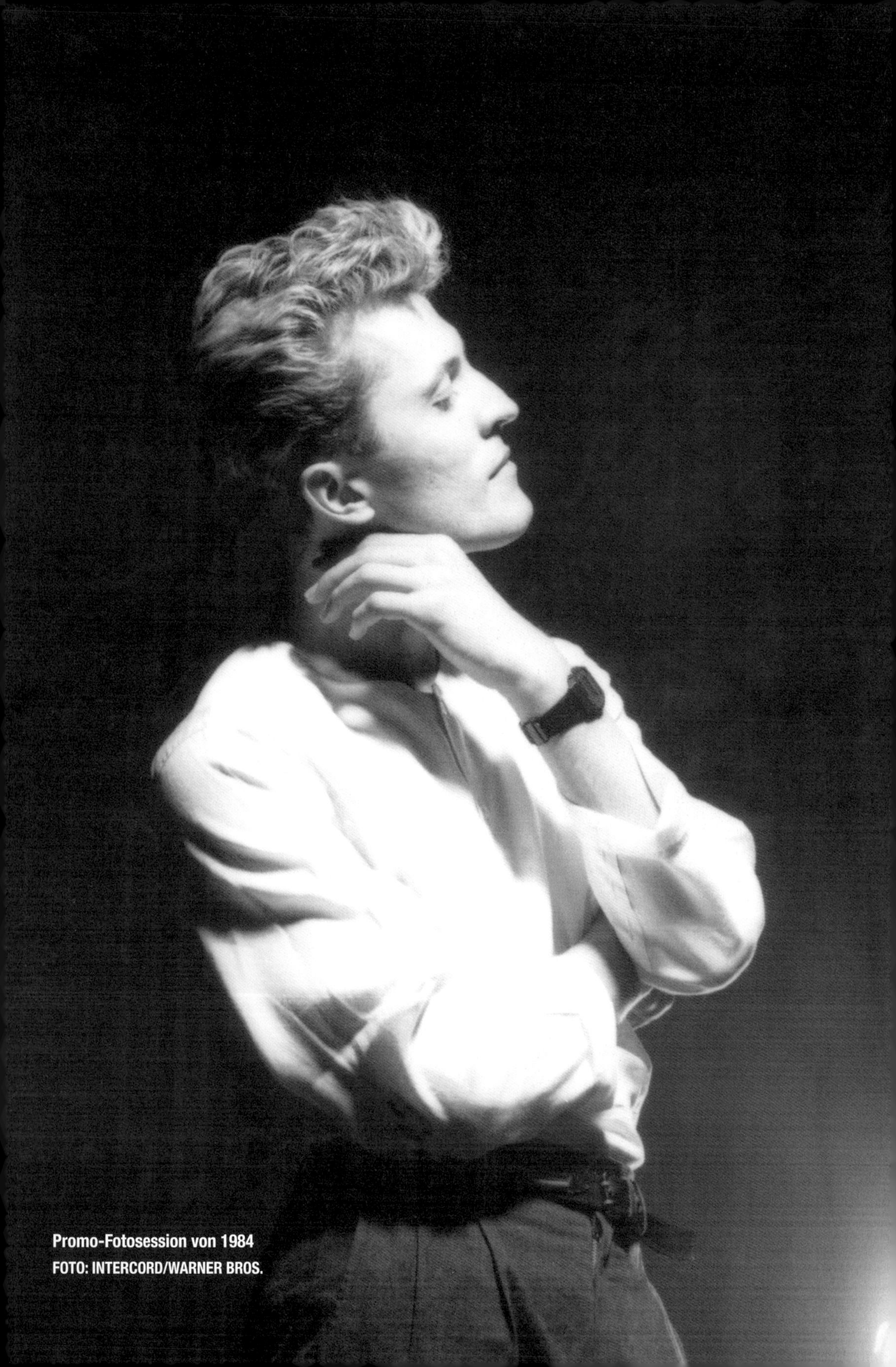

Promo-Fotosession von 1984
FOTO: INTERCORD/WARNER BROS.

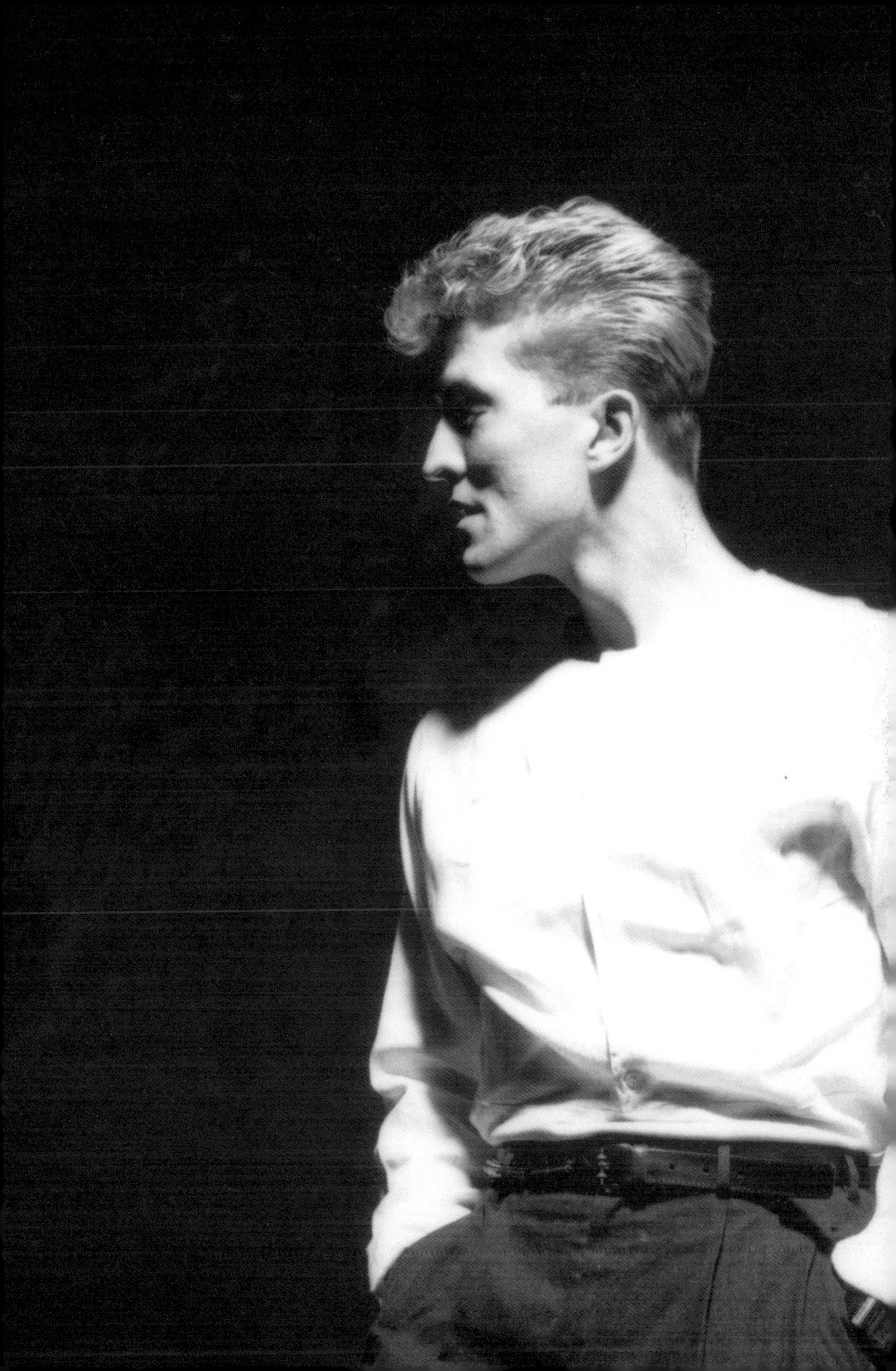

1ST STEP TO HEAVEN

DIE REUNION

1ST STEP TO HEAVEN
Dean Records, September 1986

A1 Voulez Vous Coucher Avec Moi 5:04
A2 Opium 1:58
A3 Brothers 3:53
A4 Voulez Vous Coucher Avec Moi Part II 5:13

B1 Sex Up 3:26
B2 Pure Joy 3:30
B3 Party 3:23
B4 1st Step To Heaven 5:53

Produktion: DAF
Fotos: Micha Zirn
Musik: Robert Görl
Text: Gabi Delgado

Es war das Jahr 1985, als Robert sich bei Gabi meldete und fragte, ob man sich nicht mal wieder sehen wolle. Dass die beiden sich nicht treffen würden, um nach einer Fahrt mit der Dolderbahn den malerischen Blick über Zürich zu genießen, muss vermutlich nicht erwähnt werden. Auch den beiden war klar, worauf dieses Treffen hinauslaufen würde. Allerdings musste geklärt werden, wie das dann aussehen würde, wenn man tatsächlich noch mal … ja, tatsächlich noch mal ein gemeinsames DAF-Tänzchen wagen würde. Denn einfach da weitermachen, wo sie '82 aufgehört hatten, als hätte es die Jahre dazwischen nicht gegeben, das wollten sie nicht. Darüber waren sie sich beide recht schnell einig.

Gabi Delgado: »So, und in dieser Zürich-Phase rief er irgendwann mal an, der Robert. Hat mich dann auch in Zürich besucht. Da lag dann auch schon in der Luft, dass wir wieder was machen. Aber es war klar, wenn wir noch mal DAF machen, dann machen wir DAF ganz anders. Dann müssen wir das so machen, dass es quasi alle DAF-Fans schockiert. Wir müssen geradezu das Gegenteil machen. Nach dem Prinzip: Kaputt machen, zerstören, um aufzubauen. Nach diesem Konzept vorgehen. Ich lege ja auch auf als DJ. Und da habe ich das auch manchmal. Dann läuft alles super, alles gerammelt voll, alle tanzen. Und dann denk ich mir: Duuuuuuu tanzt aber schon ganz schön lange. Wirst langsam schon schlapp. Das wird so Ausdruckstanz langsam. Hmmmmmm – gefällt mir nicht! Dahinten die Ecke wird langsam auch schlapp. So, jetzt spiel ich etwas, wovon ich weiß, dass es die Leute wegtreibt von der Tanzfläche. Da spiele ich dann extra einen Track, der einige Leute vom Dancefloor vertreibt. Und dann kommt frisches Blut. Dann kommen neue Leute, die besser tanzen. Die noch frisch sind. Das ist so ein Selbstfindungsprozess. Kein Ausdruckstanz. Sondern richtig mit dem Arsch wackeln und abgehen. Das will ich dann: Die alte Energie weg und frisches Blut her.

Aber noch mal zu Robert: Der ist dann bei mir aufgeschlagen. Dann haben wir gesagt: ›Super, aber wie finanzieren wir das?‹ Ich selber wollte keinen Pfennig in DAF investieren. Also: Fremdfinanzierung. Aber wer macht das? Carmen Knoebel, die

Chefin des Ratinger Hofs, wo wir ja auch unsere allererste gemeinsame Probe hatten, also Robert und ich. Die hat das dann finanziert. Nicht ganz, aber die erste Phase. Wir wollten in ein superschickes, superteures Studio, also für damalige Verhältnisse. Eines der teuersten Studios Europas damals: Das Hartmann Digital Studio. Das war ganz neu, dass man digital aufgenommen hat. SSL-Pult, alles vom Feinsten, Catering all night long, einen persischen Koch, der uns Opium besorgen konnte. Ich muss sagen: Wir waren zu der Zeit blöd drauf. Finde ich. Also Robert *und* ich. Wir waren ja durch harte Zeiten gegangen: Gastarbeiterkind, unterstes Social-Level. Dann London, wo wir wirklich kaum was zu essen hatten. Da waren wir ein bisschen komisch drauf. Wir hatten einfach zu viel Geld. Haben dann 50 Jahre alten Whiskey getrunken. Wir waren junge Männer, wollten auch mal angeben. So sehe ich das heute. Muss auch mal sein. Ich sage nichts dagegen, hat auch Spaß gemacht. Aber irgendwie waren wir seltsam blöd drauf. Neureiche Komponenten. So eine Verschwendungssucht. Auch eine Selbstverschwendungssucht. Also auch zu viele Drogen. Wirklich so plastikbeutelmäßig Koks gekauft. So: Gib mir mal ein halbes Kilo.«

»Für die endgültige Entscheidung eines Comebacks hat mich Gabi dann in München besucht. Wir machten einen langen Spaziergang an der Isar und einigten uns auf ein Konzept. Wir hatten echt wieder Lust.« ROBERT GÖRL

Robert Görl: »Für die endgültige Entscheidung eines Comebacks hat mich Gabi dann in München besucht. Wir machten

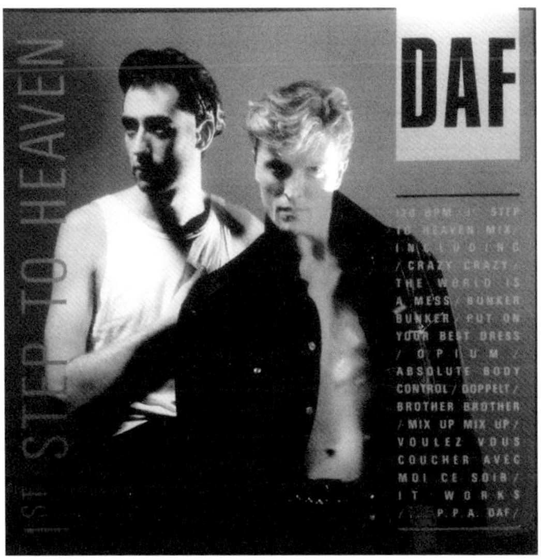

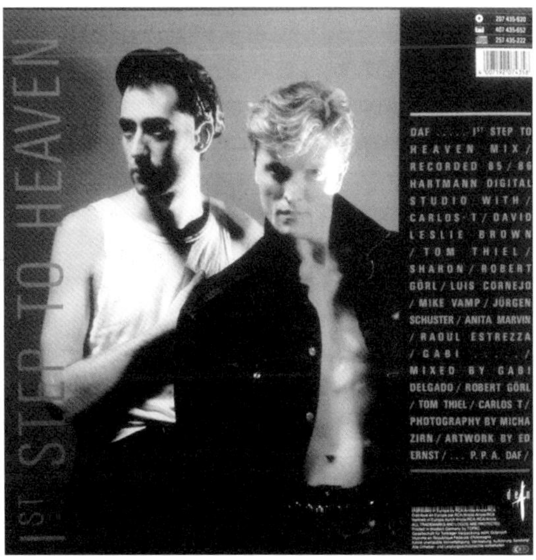

Das Cover der ›1ST STEP TO HEAVEN‹-LP, back und front

»Conny hat immer gesagt: ›Du bist zu 100 Prozent Künstler, das ist gut. Aber du musst auch zu 100 Prozent Businessmann sein. Und du musst zu 100% dein Styling, dein Werk kontrollieren. Es reicht nicht, nur 100 Prozent Künstler zu sein.‹ Conny hab ich alles geglaubt. Und er hat mit allem recht behalten.«
GABI DELGADO

einen langen Spaziergang an der Isar und einigten uns auf ein Konzept. Wir hatten echt wieder Lust.«

Dass es eine neue Platte geben sollte, stand also fest. Dass sie – und das komplette Konzept von Cover-Artwork über Outfit bis Bühnenshow – völlig anders werden sollte als alle bisherigen DAF-Platten, ebenfalls. Und über noch etwas waren sich die beiden einig: dass sie die Scheibe dieses Mal selbst produzieren würden. Es war nicht so, dass sich nach der dreijährigen Pause nicht Top-Produzenten dafür gefunden hätten. Sie wollten nur so viel wie möglich in der Hand behalten, selbstbestimmt arbeiten und die Kontrolle über jeden einzelnen Schritt haben, ohne dass zu viele andere Einfluss darauf nehmen würden. Und sie wussten, dass sie genug über das Produzieren gelernt hatten, um etwas Gutes daraus zu machen.

Robert Görl: »Wir hatten dem Plank auch viel zugeschaut, wie der mixt, wie der das alles mit der Technik gemacht hat, wie der uns Reverb gibt, wie der Aufnahmen macht, wie er Räume setzt. Nach drei Platten weiß man das dann auch. Von deinem großen Producer hast du einiges gelernt. Wir waren ja auch immer im Regie-Raum. Wenn Planks großer Part kam, uns zu mischen, also meine Mucke und Gabis Gesang, da waren wir ja auch anwesend. Wir haben dann so Sachen gesagt wie: ›Conny, aber eigentlich fänden wir das besser, wenn das da ein bisschen lauter wäre.‹ Oder: ›Die Sequenz finde ich jetzt echt zu hallig.‹ Oder: ›Ist die Bass-Kick nicht zu weit hinten?‹ Wir waren ja jetzt nicht die stummen Jungs, die da dann nichts mehr dazu gesagt haben. Wir haben immer ganz genau zugeschaut, wie der Conny da im Mischen zauberte. Der rein technische Part hat mich ja schließlich auch interessiert.«

Conny gehörte nicht zu den Produzenten, die hinter verschlossenen Türen mischten. Und vor allem teilte er sein Wissen immer gerne und spornte zu größtmöglicher Eigenständigkeit an. Er war kein Fan von Musikern, die in ein Studio kamen, ihre Aufnahmen wie eine Theateraufführung ablieferten und dann gespannt auf ein tolles Endergebnis warteten, ohne dabei ein eigenes feines Gespür für die Prozesse des Mischens oder die anschließenden Vermarktungsmechanismen zu haben, als sei die Musik eine in sich geschlossene, hermetische Blase.

Gabi Delgado: »Conny hat immer gesagt: ›Du bist zu 100 Prozent Künstler, das ist gut. Aber du musst auch zu 100 Prozent Businessmann sein. Und du musst zu 100% dein Styling, dein Werk kontrollieren. Es reicht nicht, nur 100 Prozent Künstler zu sein.‹ Conny hab ich alles geglaubt. Und er hat mit allem recht behalten. Außer, dass sich die CD wahrscheinlich nicht durchsetzt; da hat er sich geirrt.«

DER BAUERNHOF

War es bei den drei Plank-Alben noch so gewesen, dass Robert und Gabi die Songs organisch im Studio entwickelten beziehungsweise Gabi spontan seine Texte zu den fertigen Sequenzen und Beats von Robert improvisierte, nahmen sie sich dieses Mal ein paar Tage zu zweit Zeit, um Ideen auszuarbeiten und Demos anzufertigen. Schon deshalb, weil sie die kommende Platte selbst produzierten und das teure Studio nicht länger als nötig in Anspruch nehmen wollten.

Robert Görl: »Aber bevor wir da ins Hartmann rein sind, haben der Gabi und ich uns eine Woche oder zehn Tage, mehr war es auf jeden Fall nicht, in einen Bauernhof eingemietet. Das war auch eine lustige Story. Mit so einem Bauern, der total an uns interessiert war. Nachmittags haben wir dann Federball gespielt und ansonsten die Songs entwickelt. Ich habe extra für diese Platte mein Oberheim-System mitgebracht: OB-Xa, DSX und DMX. Das waren drei Teile. Ein Riesenschiff. Der Sequenzer eine Einheit und die Drumbox auch eine Einheit. Und dann gab es natürlich noch so Matrix-Sachen, so Zusatzgeräte. Aber ich hatte nur diesen OB-Xa, also die Grundeinheit. Geiles Teil. Damit habe ich 1983 auch meine erste Solo-Single *Mit Dir* eingespielt. Ein ganz warmer Klang. Warm und kräftig. Mitte der 80er war der Oberheim total angesagt. Auf jeden Fall: Mit dem bin ich dann in dem Bauernhof aufgeschlagen, und da haben wir uns dann vorbereitet. Wir haben die Stücke da eingespielt. Ganz primitiv. Auf einem Kassettenrekorder habe ich die dann aufgenommen, und Gabi hat sich dazu eingegroovt, quasi wie in den Plank-Zeiten. Auch da habe ich erst mal wieder die Sequenzen eingespielt. Und Gabi hat sich in der Zeit wieder vorbereitet

»Wir hatten dem Plank auch viel zugeschaut, wie der mixt, wie der das alles mit der Technik gemacht hat. Von deinem großen Producer hast du einiges gelernt. Wenn Planks großer Part kam, uns zu mischen, also meine Mucke und Gabis Gesang, da waren wir anwesend. Wir haben immer ganz genau zugeschaut. Der rein technische Part hat mich ja schließlich auch interessiert.«
ROBERT GÖRL

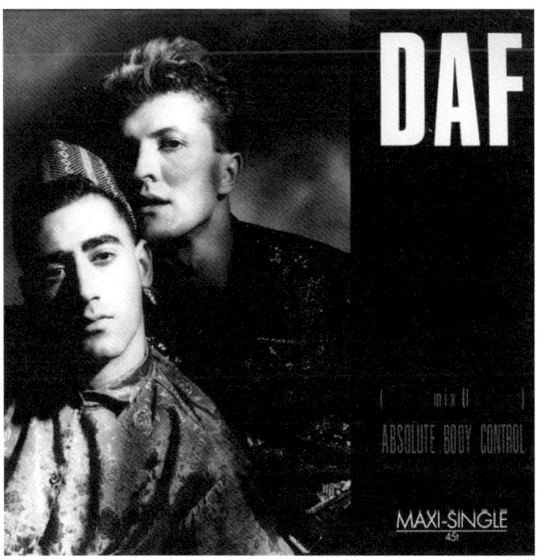

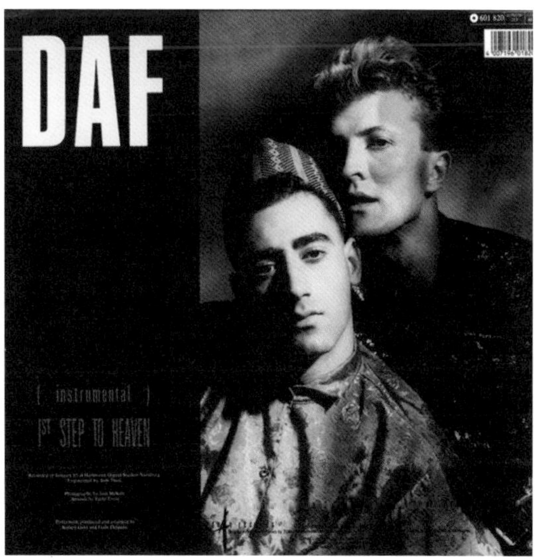

Maxi-Single ›ABSOLUTE BODY CONTROL‹, deutsche Pressung, 1985

»Trotz unserer Einigung auf das neue Konzept war abzusehen, dass sich die Umsetzung in Roberts Vorstellung ganz anders gestaltete als in meiner. Wir hatten uns in der Zwischenzeit in zu unterschiedliche Richtungen weiterentwickelt. Robert wollte Pop machen, und ich wollte Disco.«
GABI DELGADO

auf die Texte. Nach zehn Tagen hatten wir dann schon mal so ein Demo für uns selber auf Kassette. Also klar, die Töne werden dann im Studio natürlich schon noch mal ein bisschen anders. Aber ich krieg das ungefähr wie auf der Kassette hin. Und manchmal sogar besser. Denn du spielst das ja dann noch mal. Hast schon die Erfahrung von den ersten Aufnahmen für das Demo. Aber das dauert dann trotzdem noch mal ein paar Stunden. Das war beim Plank auch immer so. Also Minimum eine Stunde. Bis man das immer gehört hat, und dann sagt man, nein, der Bass ist schon fast so, aber noch nicht ganz, jetzt noch mehr Tiefen und so – und dann schraubst du da wieder dran rum. Irgendwann hast du sie, die Basssequenz. Und während ich an den Sequenzen rumschraube, ist der Gabi auch immer schon dabei und tanzt dazu. Das ist cool, das ist wirklich cool. Der tanzt einfach rum. Das macht ihn an. Ich spiel für ihn. Und er lässt sich von mir inspirieren und überlegt sich seine Texte. Und nach einer Woche hatten wir mehr oder weniger ein Demo, eine Pre-Production.

Wie gesagt, die machten wir auf dem Hof von diesem Bauern, der uns das ganz billig vermietet hat. Das hat für diese Woche für uns beide vielleicht 200 Mark gekostet. Inklusive Essen. Und dieser Bauer, der war immer da. ›Hoabts scho gessen, Jungs?‹ So halt. Auch während wir gespielt haben: Der kam immer in unseren Raum rein. Teilweise auch richtig lange. Hatte so einen Schemel, auf dem hat er dann da gehockt, dieser Bauer mit seinen Lederhosen und seinem Schnauzer. Saß einfach da, hat uns zugehört und gestrahlt. Bevor wir das gemietet haben, wollte der schon ganz genau wissen, wer wir sind. Da haben wir dem gesagt: Wir sind eine Band, wir sind DAF. Da war der total begeistert. Das hat den total angemacht. Und während wir dann da saßen und uns die Demos angehört haben, hat er dann immer gefragt: ›Und? Hoabts jetzt Hunger? I soag der Resi Bscheid. Die macht euch an Koaffee. Un in oaner Stunn gibt's dann Middagessn.‹ So in dem Stil. Resi war die neue Christa. Und Resi war sehr bayerisch. Kann auch sein, dass die Resi Ursel hieß. Und dann sind wir wieder rausgegangen und haben so lange Federball gespielt. Damit der Bauer auch wieder geht. Manchmal mussten wir wirklich erst rausgehen aus diesem Raum, damit er sich auch wieder erhebt. Ich glaube, der hat sich ganz bewusst, bevor wir kamen, diesen Sessel in unseren Raum reingestellt. Das hat ihm totale Freude bereitet, dass da Musiker bei ihm auf dem Hof waren. Wahrscheinlich hat der erfahren: Hey, die sind auch schon ziemlich bekannt. Das war wirklich sehr lustig. Aber manchmal sind wir echt geflüchtet. So: Hey, lass uns mal lieber wieder rausgehen. Ja, so ist die Platte *1st Step To Heaven* entstanden. Überleg mal. Das ganze Konzept, und dass das dann alles so orientalisch wird. In einem Bauernhof, voll im Frankenland, machen wir so ein orientalisches Ding, bei dem der Gabi

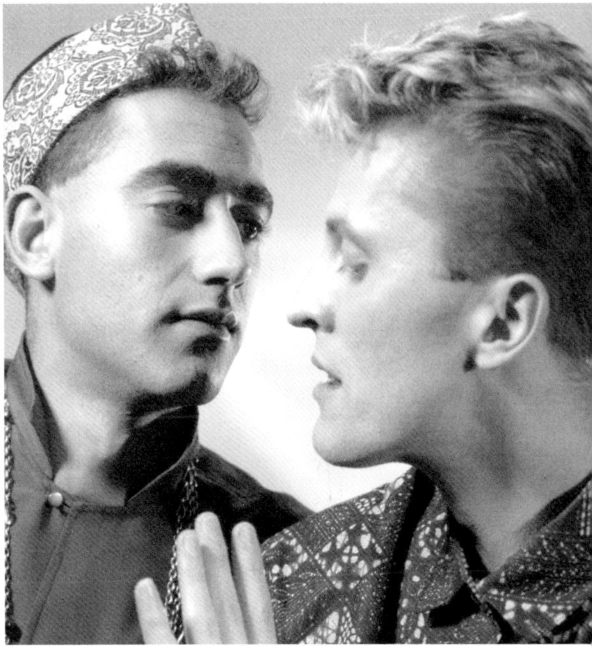

dann auch noch auf so Texte kommt wie ›from a different father/mother‹. Vielleicht ist der Text so geworden, weil das da alles so familiär war. Ich find's schon witzig, wie manchmal dann solche Sachen dabei rauskommen.«

Gabi Delgado: »Bevor wir ins Hartmann gingen, waren wir in einem kleinen Übungsstudio bei Freunden von Horst Hartmann, dem Studio-Besitzer. Es war der Versuch, einen gewissen DAF-Spirit zu beleben, der aber einfach nicht aufkommen wollte. Trotz unserer Einigung auf das neue Konzept war abzusehen, dass sich die Umsetzung in Roberts Vorstellung ganz anders gestaltete als in meiner. Wir hatten uns in der Zwischenzeit in zu unterschiedliche Richtungen weiterentwickelt. Dass sich die Produktion mühsam gestalten würde, zeichnete sich schon vorher ab. Und es wurde dann ja auch eine schwierige Angelegenheit. Die Diskrepanzen zwischen Robert und mir bezüglich des anzustrebenden Produktions-Sounds gingen einfach zu weit auseinander. Ich meine das nicht wertend, aber Robert wollte Pop machen, und ich wollte Disco.«

Diese und nächste Seite: We are brothers from a different mother
FOTOS: SHEILA ROCK

DAS HARTMANN DIGITAL: DIGITAL IST DAS NEUE ANALOG

Genau wie auch schon bei den Cargo Studios und Connys Studio wollten Robert und Gabi nicht in irgendein Tonstudio, sondern in eins, dem sein Ruf bereits vorauseilte. »Digital« war das neue Zauberwort, und das schränkte die Suche schon erheblich ein. Das Hartmann Digital Studio im gut 100 Seelen großen Untertrubach gab es erst seit vier Jahren. In diesen vier Jahren hatten sich aber bereits allerlei internationale Musikgrößen die Klinke in die Hand gegeben. Und das nicht nur, weil es zu dieser Zeit zumindest in der Bundesrepublik das einzige Studio mit Digital-Ausstattung war, in dem Technik im Wert von gut drei Millionen Mark steckte. Auch an allem anderen mangelte es nicht in diesem Residential-Studio. Auf einer Fläche von rund 700 Quadratmetern standen drei Gebäudekomplexe. In einem davon waren Gästezimmer für die Musiker untergebracht, die meist Tage oder gar Wochen hier verbrachten. Billard-Raum, Saunaanlage und Bäder inklusive. Umrahmt wurden die Gebäude von einer weitläufigen Gartenanlage, die begrenzt durch

»Wir wollten unbedingt in dieses Hartmann Digital Studio. Digital war das neue Ding. Das war alles sehr modern da. Aber eben auch sehr teuer. Wir mussten Vorauszahlungen leisten. Wir waren sehr komfortable Situationen gewohnt, aus der Plank-Zeit. Mir ist dann schnell bewusst geworden, dass das Geld kostet, das wir nicht hatten.«
ROBERT GÖRL

die Trubach neugierige Blicke von Fans auf Abstand hielt. Zeitweise waren bis zu drei Köche engagiert, die die Musiker rund um die Uhr bekochten. Das alles inmitten von Nichts, gute 40 Kilometer nordöstlich von Nürnberg gelegen. In einem Prospekt wurde das Konzept wie folgt beworben: »Can you believe it? A top equipped Digital-recording studio in a peaceful romantic valley in Bavaria? We know it's hard to believe but it's true. The realisation of our carefully planned concept: Not only to offer you some of the best recordings equipment available, but to insure a location where the artist finds enough peace of mind to do his heart/head/hard/art-work. [...] A large comfortable house situated in a peaceful wooded valley with features including: A big cosy lounge, a bar and complete kitchen, pool-room, a big screen video, fitness-room and sauna. You can stay in our house, in a hotel, or on a farm in the neighbourhood. Can you believe it? If you can't – come and see.« Auch wenn die Idee des Residential-Studios, also eines Tonstudios, an das Unterkünfte, Catering, Freizeitmöglichkeiten und so weiter angebunden sind, damals gerne als neuartig verkauft wurde, erinnerte es doch ein wenig an eine durchkommerzialisierte Version von? Richtig, von Connys Studio in Wolperath. Ähnlich prominent waren die Musiker, die hier seit den frühen Achtzigern aufschlugen: Chris Rea, Visage, Sodom, Nena, Palais Schaumburg, Trio, Marc Almond oder aber das Electric Light Orchestra produzierten hier. Und eben DAF.

Robert Görl: »Wir wollten unbedingt in dieses Hartmann Digital Studio. Digital war das neue Ding. Das war alles sehr modern da. Aber eben auch sehr teuer. Wir mussten Vorauszahlungen leisten. Wir wollten da schon gut aufschlagen. Wir waren sehr komfortable Situationen gewohnt, aus der Plank-Zeit. Mir ist dann schnell bewusst geworden, dass das Geld kostet, das wir nicht hatten. Aber die Entscheidung war trotzdem richtig, selbst zu produzieren. Wir hatten einen Ton-Ingenieur, also keinen Produzenten, der uns technisch zur Hand ging. Tom Thiel hieß der. Der ist später nach Berlin gezogen. Und hat auch selbst Sachen gemacht. Techno-Scheiben waren das. Na ja, und da wir alles selbst gemacht haben, waren wir auch der Master Owner. Der Master Owner ist immer der, der die Produktion bezahlt. Der hat dann auch gewisse Rechte. Als wir noch beim Plank waren, war der der Master-Owner. Aber das waren wir jetzt ja auch selber. Wir haben eben komplett alle Stricke selbst in die Hand genommen. Auch die finanziellen.«

Entsprechend entstand auch das Gesamtkonzept erneut ohne Zutun von außen, ohne den Einfluss einer Plattenfirma oder eines Managers. In einem ihrer vielen Brainstormings erarbeiteten sie das neue Erscheinungsbild und den neuen Klang. Wie immer nach ihrer Zwei-zu-null-Regel. Nur wenn beide mit einer Idee einverstanden waren, wurde sie umgesetzt. Im Fall von *1st Step To Heaven* waren sie sich schnell einig.

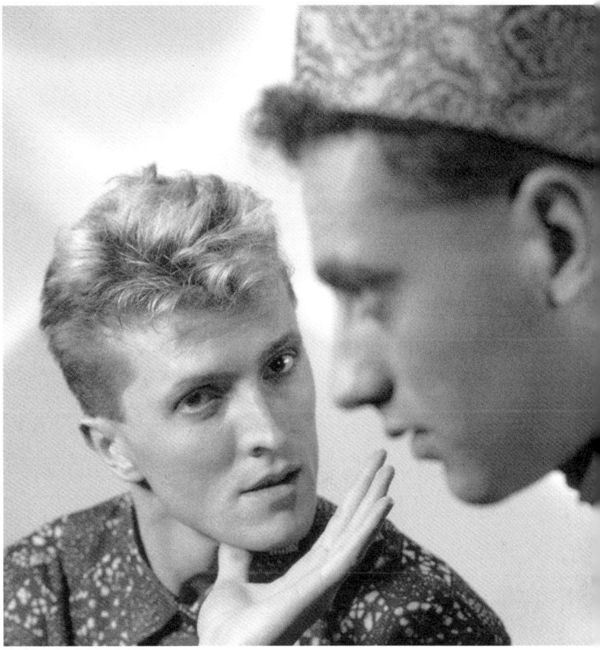

Gabi Delgado: »Das war eigentlich ganz klar. Ich habe gesagt: ›Wir singen auf Englisch statt auf Deutsch‹, und Robert fand das gut. Das fanden wir super: Eine weiche Version von DAF. Es muss alles ganz weich sein. Deswegen müssen auch die Klamotten weich sein. Da kamen dann auch so die ersten Islam-Sachen. Weil Ayatollah Ruhollah Musawi Khomeini den Schah abgelöst hat. Da dachten wir: Das Arabische, das ist gut! So ein Fantasie-Arabisch. Da gab's in London einen Designer, Chemel hieß der, der hat diesen Fantasie-Arabia-Touch in seinen Designs benutzt. Das war im Prinzip ziemlich leicht, diesen Stil zu konstruieren. Wir haben einfach alles umgedreht. Also statt deutsch englisch. Statt hart weich. Statt schwarz bunt. Statt Leder-Fetisch Kaftan. Es war alles ganz leicht.«

Robert Görl: »Für mich war es klar, dass ich für ein DAF-Comeback Gabi von einem Gesangs-Duo würde überzeugen müssen. Das fand er aber auch direkt gut. Gabi hat für diese Produktion einige seiner DJ-Scheiben mitgebracht, das gefiel mir. Von *Brothers* haben wir dann jeweils einen Gabi-Remix und einen Robert-Remix gemacht. Gabis Remix war eher Disco-orientiert, er brachte darauf seine DJ Bläser-Loops zum Einsatz. Mein Remix von *Brothers* war dagegen sehr tief und dunkel. Eher Tribal.«

Eine Plattenfirma war auch schnell gefunden. Dass DAF ein neues Album machen würde, hatte sich schnell herumgesprochen, und so fand sich der ein oder andere im Hartmann Digital Studio ein, um schon mal reinzuhören, anzuklopfen, Interesse zu bekunden und Angebote zu unterbreiten. Schließlich signte Dean Records DAF. Dean Records war ein Unterlabel der Ariola, die dann natürlich wieder den Vertrieb übernahm.

Gabi Delgado: »Und dann lungerten im Grunde alle schon da rum. Aus Amerika kamen Michael Allago und Mitch Krasnow von der Electra, um uns zu besuchen. Aber auch viele andere Business-Leute kamen zu den Listenings. Es waren alle schon ganz gespannt: Was machen die DAF jetzt? Waren alle total begeistert vom neuen Konzept. Das Rennen machte schließlich Klaus Frers von Dean Records, eine hundertprozentige Ariola-Tochter.«

Robert Görl: »Dass Dean Records gegen Ende der Produktion einstieg, war dann genau genommen der Anfang vom Ende des DAF-Comebacks.«

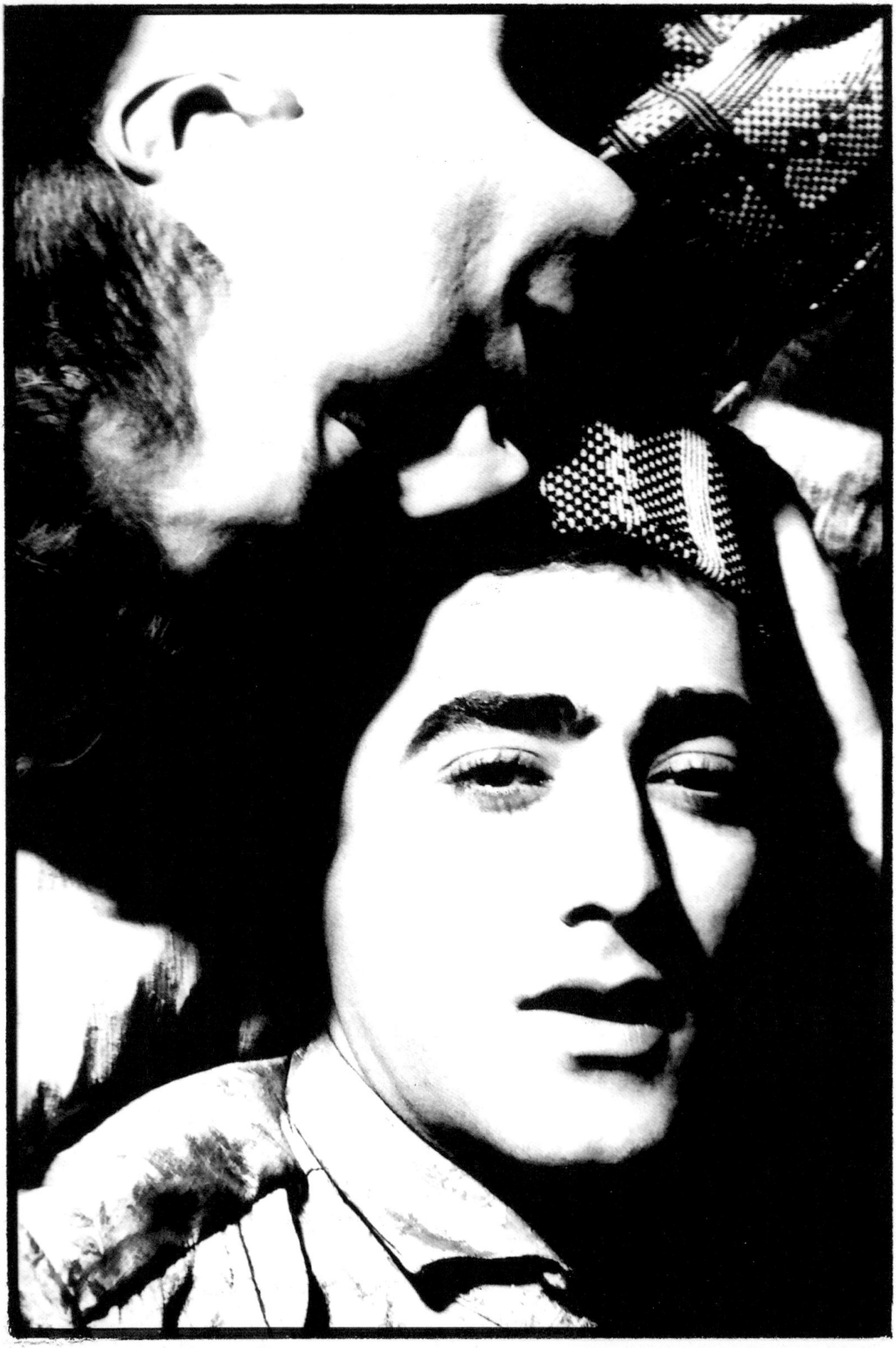

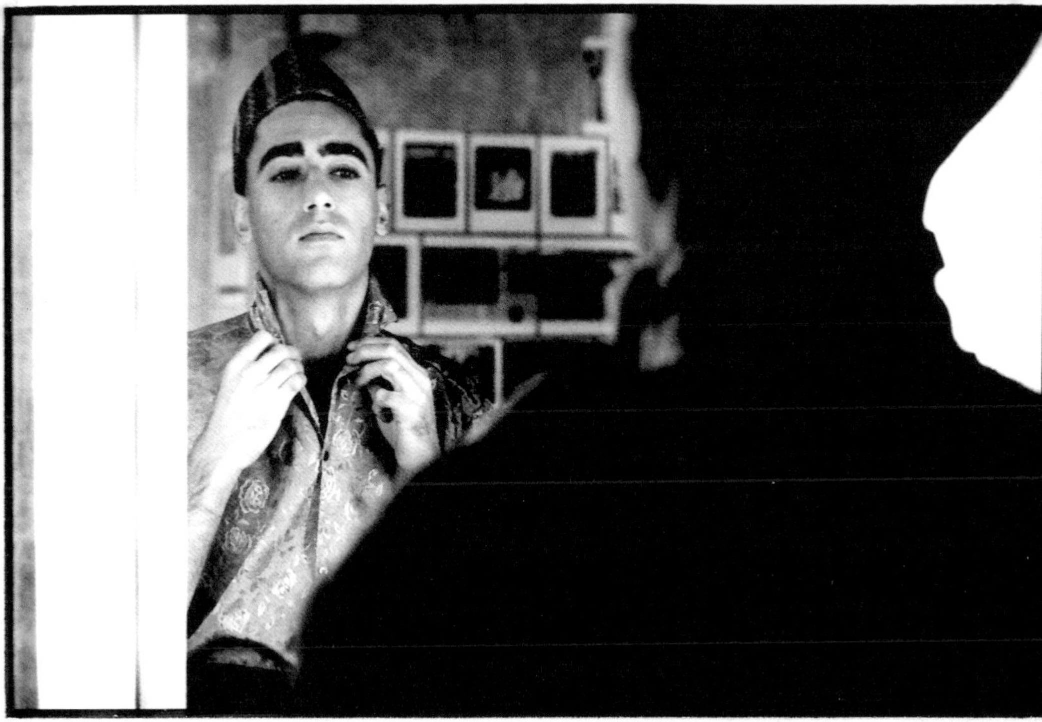

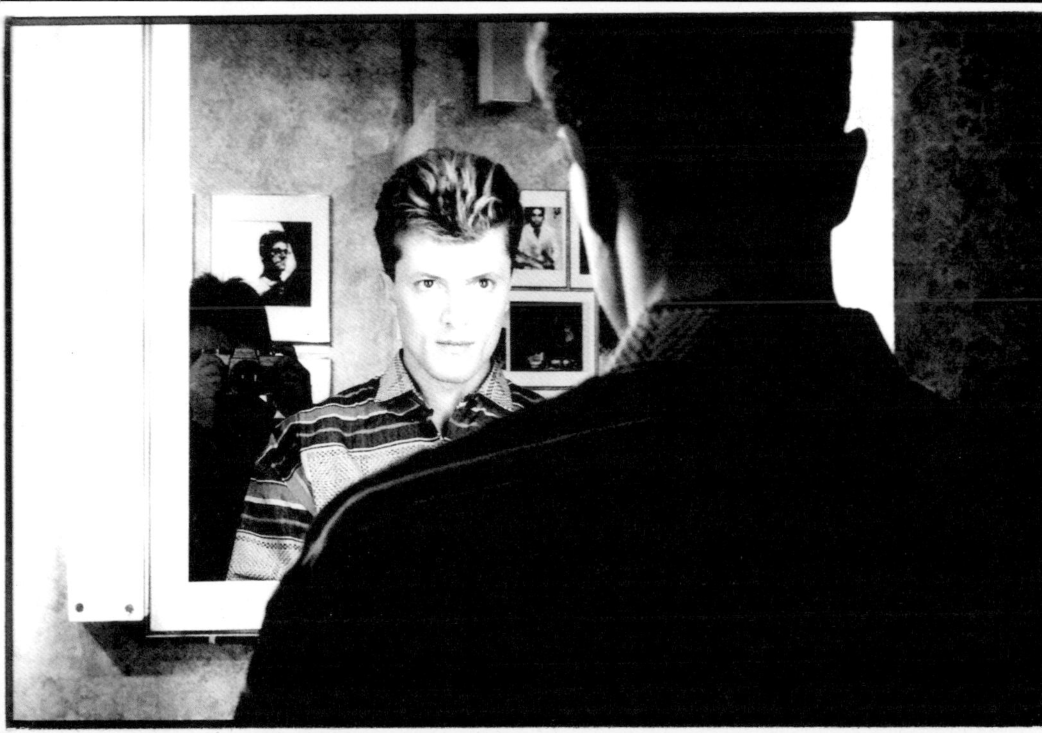

Während der Fotosession zur Single ›ABSOLUTE BODY CONTROL‹, 1985 FOTOS: ED ERNST

EINE WAHRE PERLE DES TANZBAREN POPS

Gastbeitrag von Karsten Strack

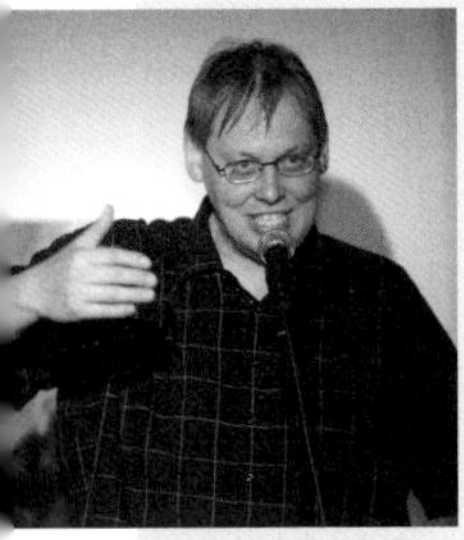

FOTO: HANS TICHI

1985 häuften sich die Gerüchte, dass eine Reunion meiner Avantgarde-Elektro-Pop-Helden DAF kurz bevorstünde. Ich verspürte eine ebenso freudige wie auch leicht zweifelnde Anspannung, da ich mich – wie wohl auch Tausende andere Fans und Kritiker – fragte, in welcher musikalischen Verfassung die Band – sollte es zum Comeback kommen – zurückkehren würde.

Als ich dann 1986 in meiner Heimatstadt zum Plattendealer des Vertrauens ging, um mir die brandneue LP *1st Step To Heaven* zu besorgen, betrat ich den Laden gar mit einer gewissen Demut, die so gar nicht zu meiner latent vorhandenen Adoleszenz-Grundaggressivität passen sollte – hatte ich doch noch ein paar Wochen zuvor in einem Londoner Club einem älteren Punk-Typen ins feiste Antlitz gespuckt, weil der sich über meine unreine Teeniehaut, die deutsche Kassenbrille auf der pickeligen Nase und den sichtlich fehlgeschlagenen Technicolor-Haarfärbeversuch in meinem blonden Haupthaar lustig gemacht hatte. Wie auch immer – als ich die Scheibe in der Hand hielt und das Cover betrachtete, war ich mit mir und meinem Fanboytum umgehend im Reinen. Ein Foto von Robert und Gabi zierte das schlichte Cover. Die beiden sahen dort gewohnt cool und auf diese ureigene Weise lässig distanziert aus. Scheiße, ich wollte auch so derartig gut aussehen können wie diese Jungs. Das Artwork gefiel mir ausgezeichnet. Das ließ sich gut an.

Zu Hause angekommen, hob ich mit einer gehörigen Portion Ehrfurcht die Platte aus der Hülle und machte mich an die Hörprobe. Natürlich schwang kurz vor dem ersten akustischen Kontakt auch diese Angst mit, die ich vermutlich mit unzähligen anderen Musikfans teile, dass einem die neue Platte einer Lieblingsband nicht gefällt – was im Übrigen mitunter richtig schwer ins emotionale Gewicht fallen kann. Ihr wisst, was ich meine.

Aber ich hatte Glück: Der Opener *Voulez Vous Coucher Avec Moi – Part 1* erwischte mich direkt. Der wenig radikale, aber fein perlig pulsierende Beat und das im gesamten Song 62 Mal (ich habe beim 3. Hören tatsächlich mitgezählt) singulär ins Mikro gehauchte »Sex« verleihen dem Track eine angenehm schwülstige Grazie, die damals wie heute in jeden ernst zu nehmenden Dancefloor-Club passt. Über den einen oder anderen – für meinen Geschmack – etwas zu funky geratenen Synthesizer-Einwurf kann man geflissentlich hinweghören.

Aber eins ist sofort klar: Das hier unterscheidet sich maßgeblich von den DAF-Alben der frühen 80er. Mich störte das überhaupt nicht. Allerdings vermute ich stark, dass genau das die eigentliche Ursache für die teilweise vernichtende Kritik war, die gegenüber *1st Step To Heaven* geübt wurde. Aber dazu später noch ein paar Worte.

Homogen geht die Platte weiter. Die beiden nächsten Tracks (*Pure Joy* und *Blond Hair Dark Brown Hair*) sind unauffällig, aber geschmeidig. Mit den darauf folgenden Titeln *Sex Up* und *Absolute Bodycontrol* legen DAF dann wieder veritable Dancefloor-Kracher vor, die definitiv über die Eindringlichkeit der frühen Hits verfügen – mit dem Unterschied, dass hier mit erheblich leichterer Hand gearbeitet wurde. Diese Leichtigkeit kennzeichnet auch *Voulez Vous Coucher Avec Moi – Part 2*, das im Gegensatz zum Opener *Voulez Vous Coucher Avec Moi – Part 1* nicht nur bezüglich des Titels eindeutig auf Labelles

Lady Marmelade referiert. Während das nächste Stück *Crazy Crazy* gefällig vor sich hin pulsiert, bietet der nachfolgende *Opium*-Mix einen gelungenen Remix des vierten Tracks *Sex Up*. Eine wahre Perle des tanzbaren Pops – und mein persönlicher Anspieltipp – ist Track Nummer neun: *Brother/Brother*. Eine Melange aus Dancefloor und zuckersüßer Popmelodik at its best.

Der mit orientalischen Ingredienzen versehene *1st Step To Heaven*-Mix beschließt ein wunderbares Album, das in meinen Augen das Zeug zum Klassiker hat. Dass diese Meinung in der Kritik nur wenig geteilt wird, hat seine Gründe meines Erachtens vornehmlich in einer von Engstirnigkeit und Rückwärtsgewandtheit geprägten Erwartungshaltung, die den Blick nicht zu schärfen vermochte für die herausragende Qualität von *1st Step To Heaven*. Meine Empfehlung: Neu hören und erkennen, welch Meisterwerk hier vor uns liegt!

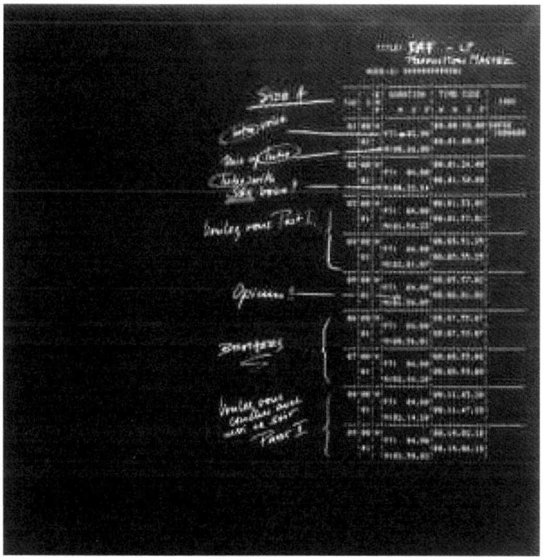

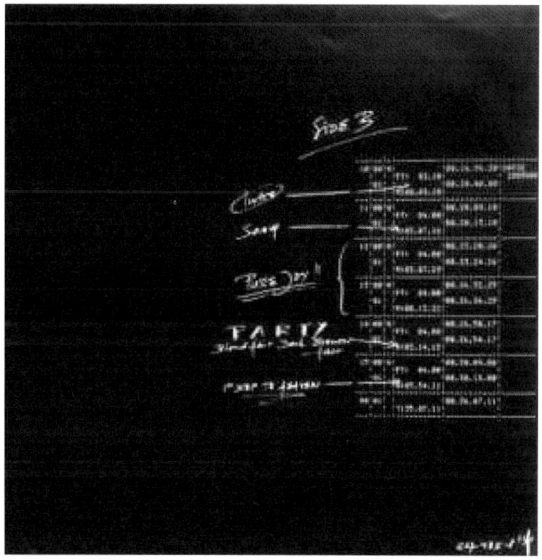

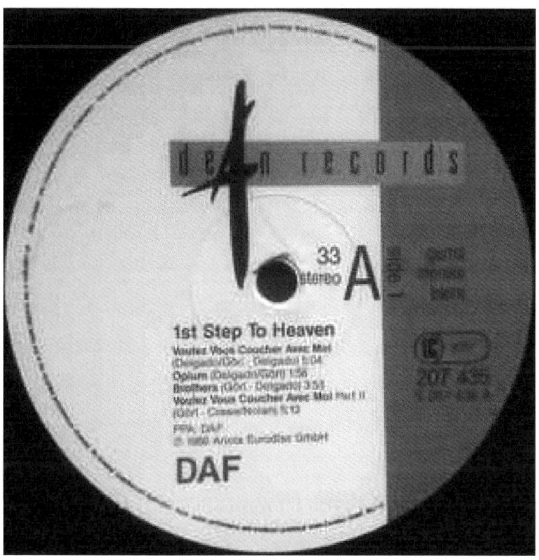

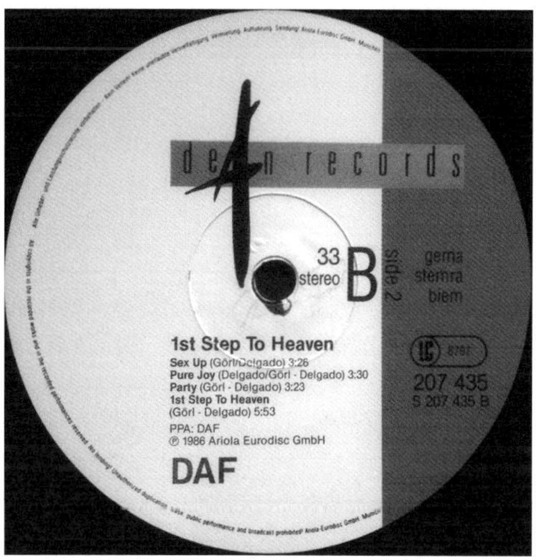

»Plattenmäßig war das ein Erfolg. Hat sich sehr gut verkauft. Vor allem BROTHERS. Das ist noch heute für manche Chicago-Leute ein großes Ding. That was house before house. Das hat auch so einen richtigen House-Basslauf. Ein tolles Ding. Hat sich allein in New York 70.000 mal verkauft. Das war DER Schwulenhit. Silly Lyrics.«
GABI DELGADO

DIE (TOR)TOUR

Der Plan, mit der neuen Deutsch Amerikanischen Freundschaft die alten Fans zu irritieren, ging auf. An Eros und Anzüglichkeit mangelte es allerdings auch dieser Scheibe nicht. Es waren alte DAF-Themen im neuen Gewand. Aus dem Räuber und dem Prinzen waren Brothers geworden. Die homoerotischen Schwingungen wurden durch die Zugabe inzestuöser Eindeutigkeiten noch potenziert. Während Robert und Gabi lasziv in orientalischen Kaftanen tanzend einander bedeutsame Blicke zuwarfen, hauchten sie mehr als dass sie sangen: *»Let's play like we were brothers / Let's play like brothers do / I made a promise / You may do too / I said I love you / Do you love me too? / Like brothers do.«* Klar, dass diese Singleauskopplung in den Schwulenclubs dieser Welt rauf und runter gespielt wurde.

Gabi Delgado: »Plattenmäßig war das ein Erfolg. Hat sich sehr gut verkauft. Vor allem *Brothers*. Das ist noch heute für manche Chicago-Leute ein großes Ding. *That was house before house.* Das hat auch so einen richtigen House-Basslauf. Ein tolles Ding. Hat sich allein in New York 70.000 mal verkauft. Das war DER Schwulenhit. Silly Lyrics.«

Da es zu *1st Step To Heaven* auch eine Tour geben sollte und DAF keine Band ist, die sich einfach auf die Bühne stellt und ihre Songs runterspielt, musste ein Live-Konzept her. Eines, das den neuen Sound performativ widerspiegelte, die Vibes optisch umsetzte und die Message greifbar machte. Wie auch schon bei ihren früheren Bühnen-Shows entwickelten sie gemeinsam ein gut durchdachtes Bühnenbild.

Gabi Delgado: »Dann mussten wir noch überlegen: Wie treten wir so auf? Hab ich gesagt: Mit DJs, mit DJs treten wir auf. Seit ich in New York da die DJs gesehen hatte und diese HipHopper, dachte ich: DJs, das ist das neue Ding! Holen wir uns zwei DJs! Der eine war Marc Gubler, der andere war der spätere WestBam, also Maximilian Lenz, der sich damals noch Westfalia Bambaataa nannte. Dann haben wir uns noch eine Percussion-Gruppe geholt aus Aruba, Reggae-Typen, die Bongos und andere Percussion-Instrumente gespielt haben. Bei DAF!!! Und dann diese verrückte Dorothee noch aus der Schweiz. Eine Freundin von mir, die ein bisschen Synthie gespielt hat. Haben also so eine bunte Truppe da hingestellt aus DJs und Bongo-Spielern. Die haben das alle kaum geglaubt: DAF ist wieder da! Und dann kamen die da hin, und es ist ganz anders. Ganz, ganz anders.«

Außerhalb der Schwulenclubs, live und vor Menschen, deren vorfreudige Erwartungshaltung auf eine Fortsetzung dessen zielte, was sie kannten und liebten, kam die Invertierung von DAF allerdings nur bedingt an. Aber was hatte man erwartet von einer Band, die sich

Vorige Seite: Labels und Inner Sleeve der ›1ST STEP TO HEAVEN‹-LP

Provokation früh zum Leitprinzip gemacht hatte, die zwar erfolgreich, nie aber gefällig sein wollte?

Robert Görl: »In Amerika war es direkt ein Erfolg. Aber in Deutschland kam bei dieser Scheibe sehr große Skepsis auf – erst mal. Das hat uns die Plattenfirma auch gesagt: Da hat es direkt einen ganz schönen Einbruch gegeben. Einen Einbruch an Kommerzialität. Es war ja auch eine andere Plattenfirma. Und dann war es das erste DAF-Album, auf dem Gabi englisch sang. Und dann auch noch ein Robert-und-Gabi-Gesangsduett. Da haben alle geguckt: Was soll denn das jetzt? Die haben doch bisher lauter tolle, deutsche Nummern gehabt. Das war eine große deutsche Fangemeinde. Jetzt kommen die auf Englisch daher. Und dann auch noch im Orient-Look. Und Gabi und ich, wir haben uns eins abgelacht. Das war ja auch alles so gedacht. Wir fanden das total cool, aber im Endeffekt gab's da schon wieder eine ganze Fraktion, die das nicht cool fand. Wir haben auch mit der *Brothers*-Scheibe ein paar Gigs gemacht.«

»In Deutschland kam bei dieser Scheibe sehr große Skepsis auf – erst mal. Das hat uns die Plattenfirma auch gesagt: Da hat es direkt einen ganz schönen Einbruch gegeben. Einen Einbruch an Kommerzialität. Und dann war es das erste DAF-Album, auf dem Gabi englisch sang. Und dann auch noch ein Robert-und-Gabi-Gesangsduett. Da haben alle geguckt: Was soll denn das jetzt?«
ROBERT GÖRL

Ähnlich wie schon bei früheren Shows fühlte sich das Publikum teilweise derart provoziert, dass es, statt einfach zu gehen, seinem Unmut Luft machte und in Interaktion mit der Band trat. Der Höhepunkt der Eskalation war auf einem belgischen Festival namens Pukkelpop erreicht, das es seit 1985 gibt. Hier spielte DAF vor rund 2500 Leuten auf der einzigen Bühne. Organisiert wurde das Pukkelpop von der Humanistischen Jugend von Leopoldsburg, durchgeführt von überwiegend ehrenamtlichen Helfern. Als humanistisch ist die Reaktion der Festivalbesucher auf DAF allerdings keineswegs zu beschreiben.

Robert Görl: »Aber '86 haben wir sowieso eine Menge komischer Konzerte gemacht. Es war großartig. Ich meine, es ist Kult geworden und hat sich ja dann am Ende auch durchgesetzt. Aber auch da gab es wieder einen ganz legendären Gig. Und zwar auf dem Pukkelpop. Das muss dann auch 1986 gewesen sein. Das war einer der wenigen Gigs zu der Platte. Die Plattenfirma war auch schon begeistert davon. Von der Platte. Von dem Song. Vor allem von *Brothers*. Dafür haben die uns auch einen Tour-Support angeboten. Tour-Support plus, plus, plus. Die haben uns gleich eine ganze Backing-Band zur Verfügung gestellt. Die haben gesagt: Okay, dann bringen wir DAF jetzt mal ganz fett auf die Bühne. Mit einer Backing-Band – und Gabi und Robert stehen beide vorne als Sänger. Aber weil das ein Experiment war, gab's da nur zwei oder drei Gigs. Aber zurück zu Pukkelpop. Also ich stand da vorne in einer orangefarbenen Badehose. So ganz crazy. Sodass die Leute langsam angefangen haben, sich zu fragen: *Sag mal, was ist eigentlich bei den DAFies los? Jetzt haben die auch noch zwei Sänger.* Das war ein Riesenschnitt für DAF. Da sind wirklich viele ausgestiegen. Diese DAF-Fans von *Alles Ist Gut*, *Gold Und Liebe*, *Der Mussolini*, *Verschwende Deine Jugend* – und dann sehen die so was. Me and Gabi, we are brothers. Zu zweit als Sänger vorne. Und dann hat uns die Plattenfirma nicht irgendeine Backing-Band aufgestellt, sondern eine Black-Guy-Backing-Band. Aus Aruba. Die standen alle hinter uns und haben getrommelt. Mit Bongos, mit Percussion. Die haben live zu den Backings gespielt. Die Backings kamen wie immer aus der Dose. Die haben dann da hinter uns so eine Afro-Show inszeniert. Aber schon als wir rauskamen, haben die Leute uns mit Erdbomben beschmissen. Mit Plastiksäckchen haben die Erdbomben gebaut und haben die ganze Bühne mit Erde beschmissen! Wir haben zwar eine Zeit lang ausgehalten, aber irgendwann mussten wir dann flüchten. Das war richtig kriegsmäßig. Gabi hat dann auch angefangen zu schreien: *Es ist Krieg! Krieg!* Ganz in unserem alten Style. Auf die Art und Weise haben wir dann ein paar Songs durchgezogen. Den Aruba-Guys war das nicht ganz geheuer. Ein paar von denen haben sich dann versteckt. Da kann ich mich noch ganz genau dran erinnern. Aber lange konnten wir die Stellung nicht halten. Wurdest du schon mal von so einer Erdbombe am Kopf getroffen? Das tut richtig weh! Irgendwann mussten wir dann auf und davon. Nach dem Gig hat auch die Plattenfirma eingesehen: Nee, das geht doch nicht. Also acht Gigs waren wohl geplant, aber ich kann mich nicht dran erinnern, dass wir die alle gespielt hätten. Lass es mal zwei oder drei gewesen sein.«

»Da sind wirklich viele ausgestiegen. Diese DAF-Fans von ALLES IST GUT, GOLD UND LIEBE, DER MUSSOLINI, VERSCHWENDE DEINE JUGEND – und dann sehen die so was. Me and Gabi, we are brothers. Zu zweit als Sänger vorne.«
ROBERT GÖRL

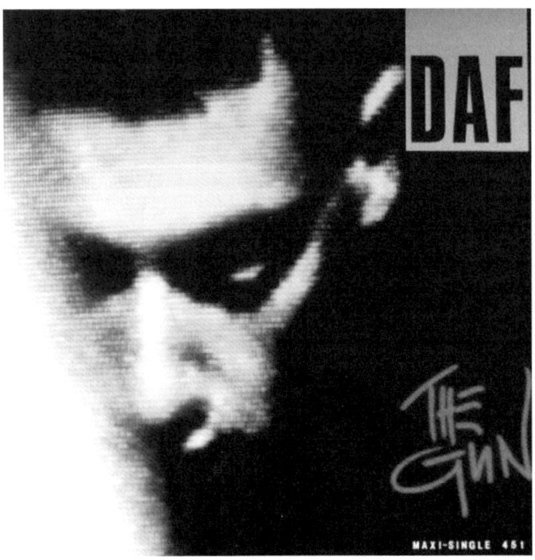

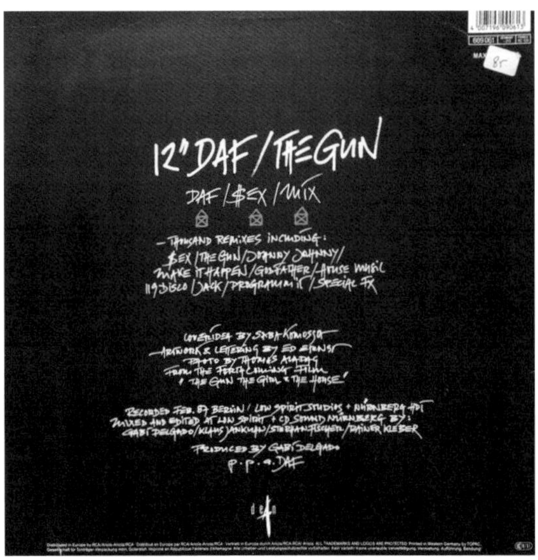

THE GUN

Die *1st Step To Heaven*-Tour war aber nicht nur von den Fans argwöhnisch beäugt worden, auch DAF-intern hatte es noch vor Erscheinen des Albums Überwerfungen gegeben. Brothers, das waren Robert und Gabi während der Tour nur auf, nicht aber hinter der Bühne, und so folgte die nächste Trennung auf den Fuß.

Robert Görl: »Am Ende der Aufnahmen kam dann dieser Klaus Frers, ein Typ von der Plattenfirma, von Dean Records, vorbei. Ab da wurde es dann uncool. Eigentlich will ich gar nichts gegen den sagen. Der war mir sogar sympathisch. Nur: Der war mir zu eifrig. Fing dann gleich an: ›Das müssen wir so machen und das so.‹ Eben so ein richtiger Plattenfirmen-Typ. Der hat sich alle Songs angehört und gesagt: ›Also, da könnten wir noch das machen, und da noch das‹ und so. Ich hab dann auch zu Gabi gesagt: ›Hey, der Typ, möchte der sich jetzt hier einmischen oder was?‹ Der hat versucht, uns zu sagen, was die Single wird, von den Stücken, die er da gehört hat, und meinte dann: ›Ja, aber könntet ihr diese Nummer vielleicht noch mal machen? Vielleicht mit mehr Bläsern?‹ Das hat mich dermaßen gestört. Da kam jemand in den Raum rein, der uns sagen wollte, wie wir das machen sollen. Das gab's ja nicht bei DAF. Aber jetzt gab's das. Und so was nervt mich. So was nervt DAF. Bei DAF geht so was überhaupt gar nicht.

Aber der Typ hat nicht nachgelassen. Und dann fing das an, dass der sich mit Gabi zurückgezogen hat. Und da hat er den Gabi scheinbar eingelullt. Irgendwann haben nicht mal mehr die Brainstormings zwischen Gabi und mir geholfen. Bis ich den Verdacht hatte, dass sich Gabi auf die Seite der Plattenfirma stellt. Bis ich gesagt hab: ›Hey Gabi, was geht hier ab? Du sagst auf einmal genau dasselbe, was der Frers sagt. Wieso unterstützt du die Einmischung von anderen in unser gemeinsames DAF-Projekt?‹ Gabi hatte keine gute Antwort darauf, ganz im Gegenteil. Und dann bin ich noch schräger drauf gekommen. Ich habe dann einfach gesagt: ›Schluss! So läuft das nicht!‹ Und dann haben die wiederum gesagt: ›Moment mal, das geht aber nicht, ihr habt doch schon so gut wie eine fertige Platte. Und wir sind eure Plattenfirma. Wir machen einen Deal mit euch.‹ Ich habe dann zwar gesagt: ›Okay, können wir machen‹, ich fand das alles aber so beschissen, und ich hatte das Gefühl, ich komme hier nicht weiter, mit einem Gabi, der in voller Übereinstimmung mit der Plattenfirma nur noch gegen mich stimmte. Und klar, es kam zum Split, dadurch war DAF schon wieder aufgelöst. Am Ende der Scheibe. Die war noch nicht mal draußen. Ein trauriges Ding eigentlich.

THE GUN
Dean Records, 1987

A The Gun
8:19
B Program It (Instr.)
8:36

Produktion: Gabi Delgado
Fotos: Thomas Aladag
Musik: Gabi Delgado, Klaus Jankuhn
Text: Gabi Delgado

»Ich unterwerfe mich nicht. Selbst, wenn der Typ einen fetten Deal hat. Wenn da irgendwas nicht stimmt. Wenn es plötzlich gegen unsere ureigene DAF-Regel ablaufen soll, mit der wir schon seit frühester DAF-Zeit alles durchziehen. Es muss immer ein 2:0 her. Sprich: Gabi und ich müssen dasselbe wollen. Gibt es nur ein 1:1, sprich zwei unterschiedliche Meinungen, dann läuft das nicht. Geht nicht durch bei DAF.«
ROBERT GÖRL

Es kam dann zu einer kurzfristigen Einigung über die Platte, aber diese Einigung, die Dean Records da dann schriftlich aufgesetzt hat, die war richtig bescheuert, richtig uncool. Aus meiner Sicht anti DAF. Die Einigung war so, dass ich gehe und Gabi alleine mit denen die Platte fertig macht. Und deshalb hat der Gabi noch diese zwei Nummern mit denen ohne mich gemacht. Diese *The Gun*, dieses ominöse Werk, von dem manche denken, es sei von DAF, da es quasi unter DAF läuft, was aber eigentlich nur ein Gabi-Anhängsel zu *1st Step To Heaven* ist. Ich bekam schon auch einen Deal und mein Geld, aber ich sollte trotzdem raus. Gabi durfte aber auch nicht mit der Scheibe alleine losziehen. Ich habe trotz allem noch die paar Shows mit ihm zusammen gemacht. Aber nach denen ist alles dann komplett zusammengebrochen. Ich war so sauer, ich dachte echt: Ihr könnt mich mal! Und alle wussten ja schon, dass diese Platte kommen würde, Carmen hatte das allen ihren Leuten erzählt. Dann verstummten alle kurz, als das so schräg wurde.

Der Typ hat sich einfach falsch benommen. So ist das aber manchmal: Da kommt ein Typ – und der kann alles zerstören. Vor allem, wenn er mit einer dicken Geldhose daherkommt. Ich bin eben kein Mensch, der sich was sagen lässt. Das war ich noch nie. Ich habe ja einen Großteil meiner Kindheit und Jugend im Heim verbracht. Da kommt das wahrscheinlich her. Da habe ich gelernt mich durchzusetzen. Wenn du dich im Heim nicht durchsetzt, hast du nichts zu sagen. Dann musst du dich unterordnen. Ganz einfach. Da gibt es Hierarchien unter den ganzen Jungs. Ich unterwerfe mich nicht. Selbst, wenn der Typ einen fetten Deal hat. Wenn da irgendwas nicht stimmt. Wenn es plötzlich gegen unsere ureigene DAF-Regel ablaufen soll, mit der wir schon seit frühester DAF-Zeit alles durchziehen. Es muss immer ein 2:0 her. Sprich: Gabi und ich müssen dasselbe wollen. Gibt es nur ein 1:1, sprich zwei unterschiedliche Meinungen, dann läuft das nicht. Geht nicht durch bei DAF. Dann sag ich dem natürlich meine Meinung, und das war's dann. Da bin ich konsequent. Da bin ich sogar gegangen, vor allem, weil ich mich von Gabi verlassen fühlte. Ich war der Überzeugung, dass Gabi DAF verraten hatte. Ja, Gabi hatte sich voll auf die Seite der Plattenfirma gestellt und sich nicht mehr mit mir als Freund besprochen, sondern nur noch mit der Plattenfirma. Auch unsere 2:0-DAF-Regel hatte er anscheinend mal kurz wegen eines Deals vergessen. Seitdem ist mein Vertrauen zu Gabi gebrochen. Das fand ich mehr als uncool.«

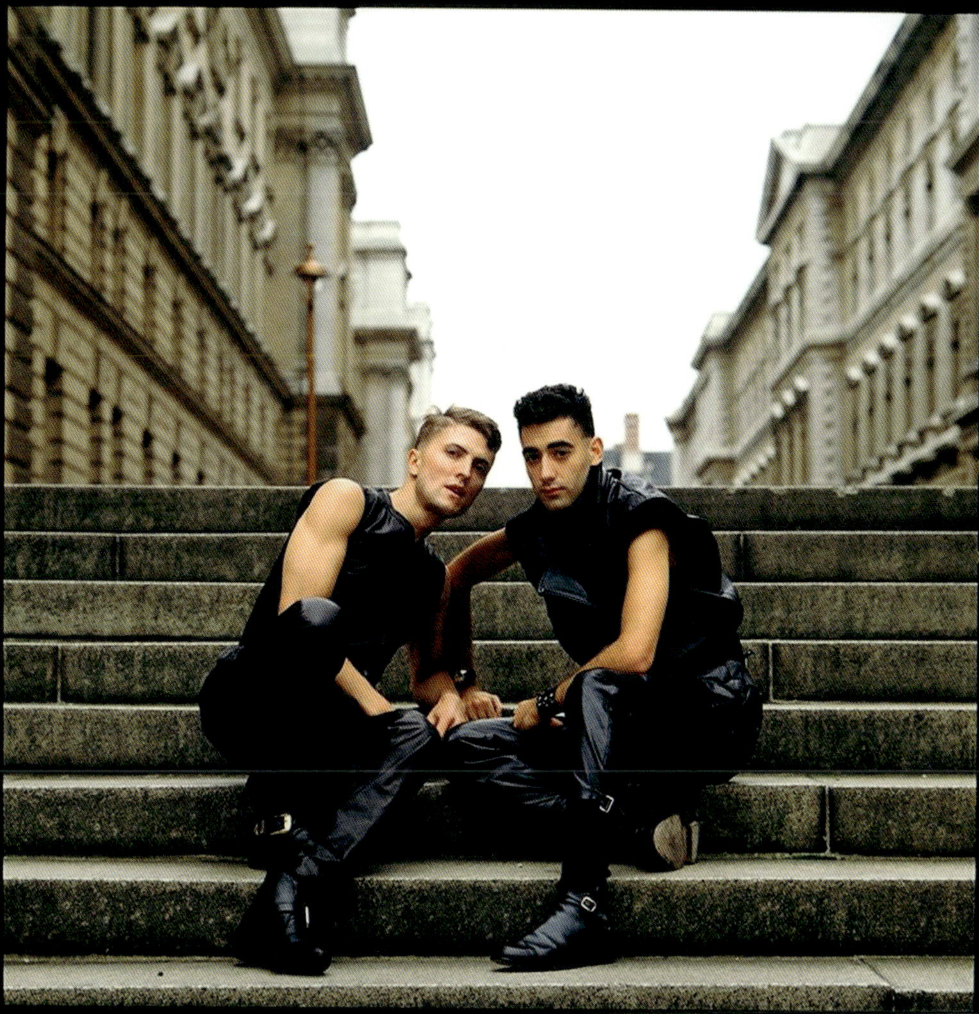

MÜNCHEN, MAXIMILIANSTRASSE, 1981
FOTO: SABINE REIF

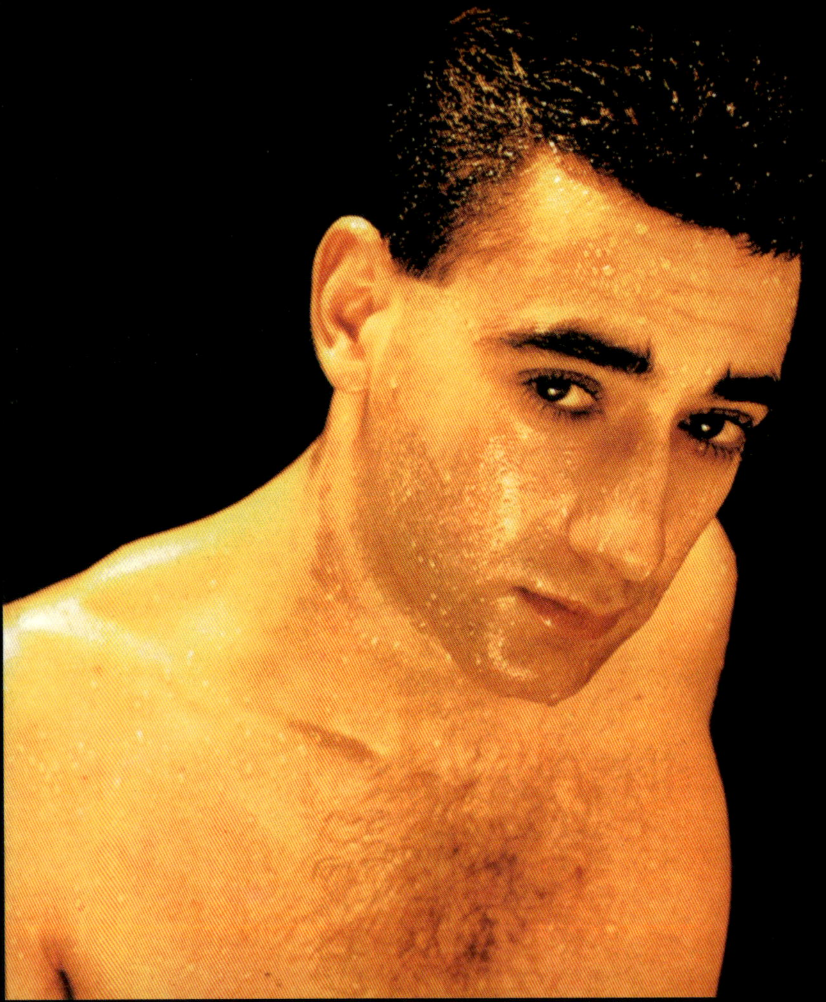

PORTRAITS FÜR DAS ERSTE VIRGIN-ALBUM

FOTOS: SHEILA ROCK

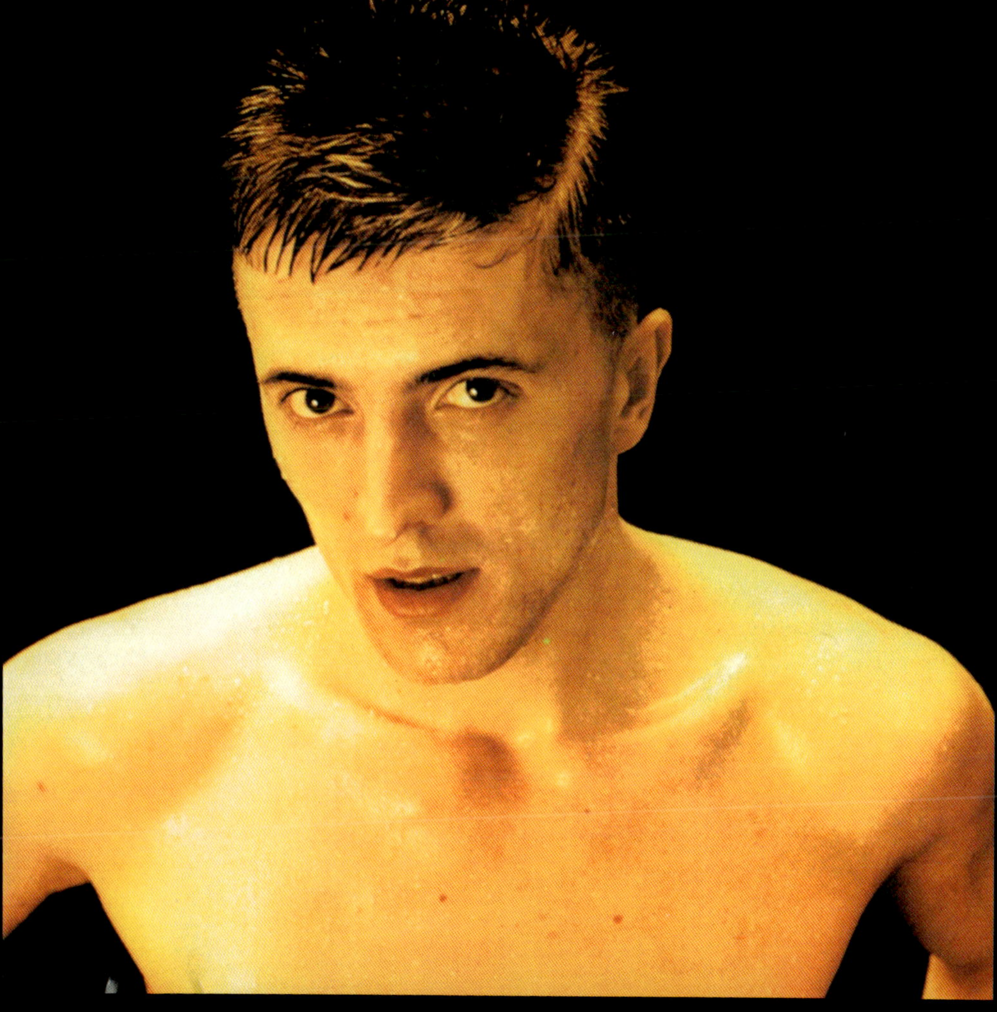

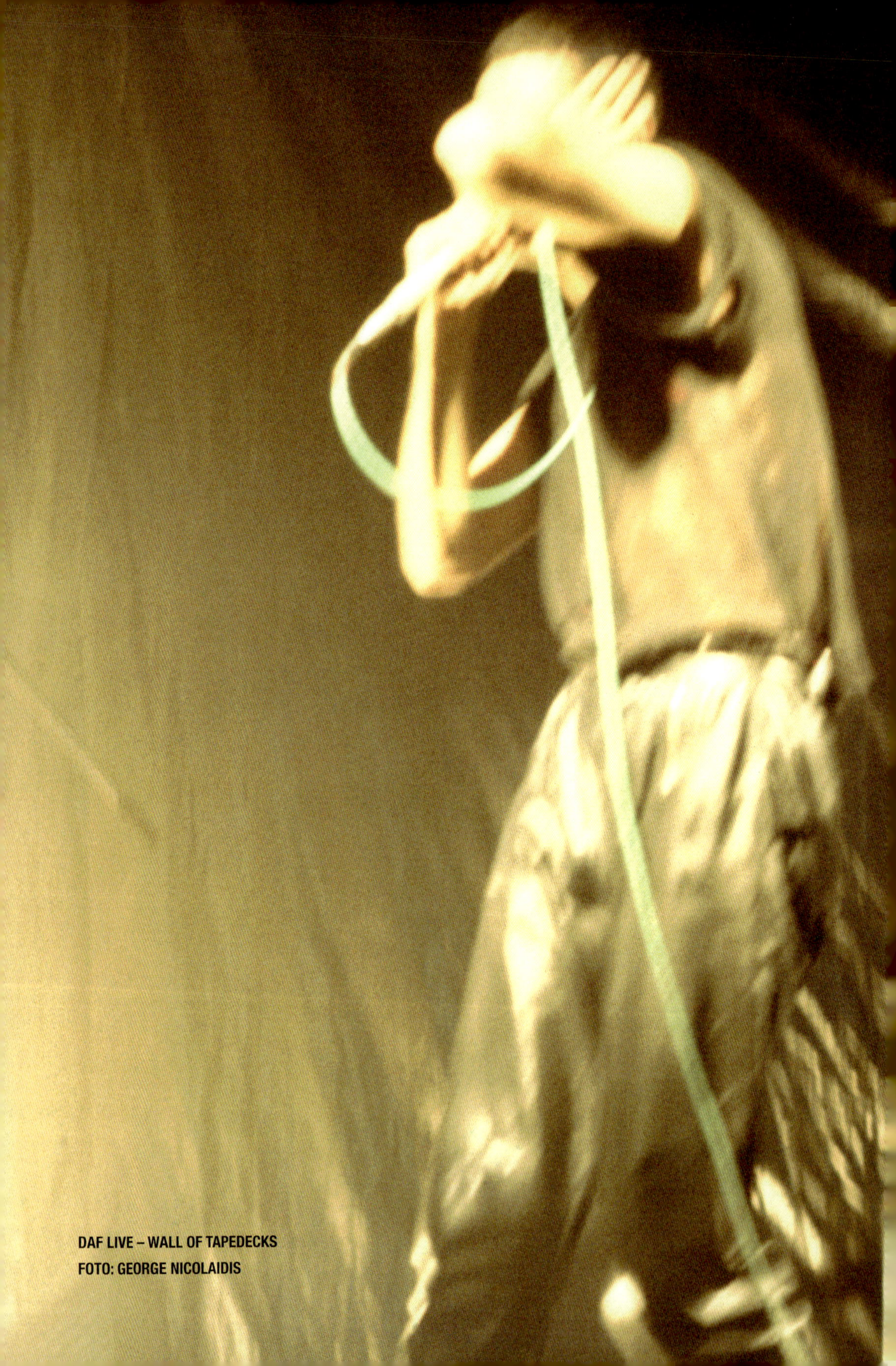

DAF LIVE – WALL OF TAPEDECKS
FOTO: GEORGE NICOLAIDIS

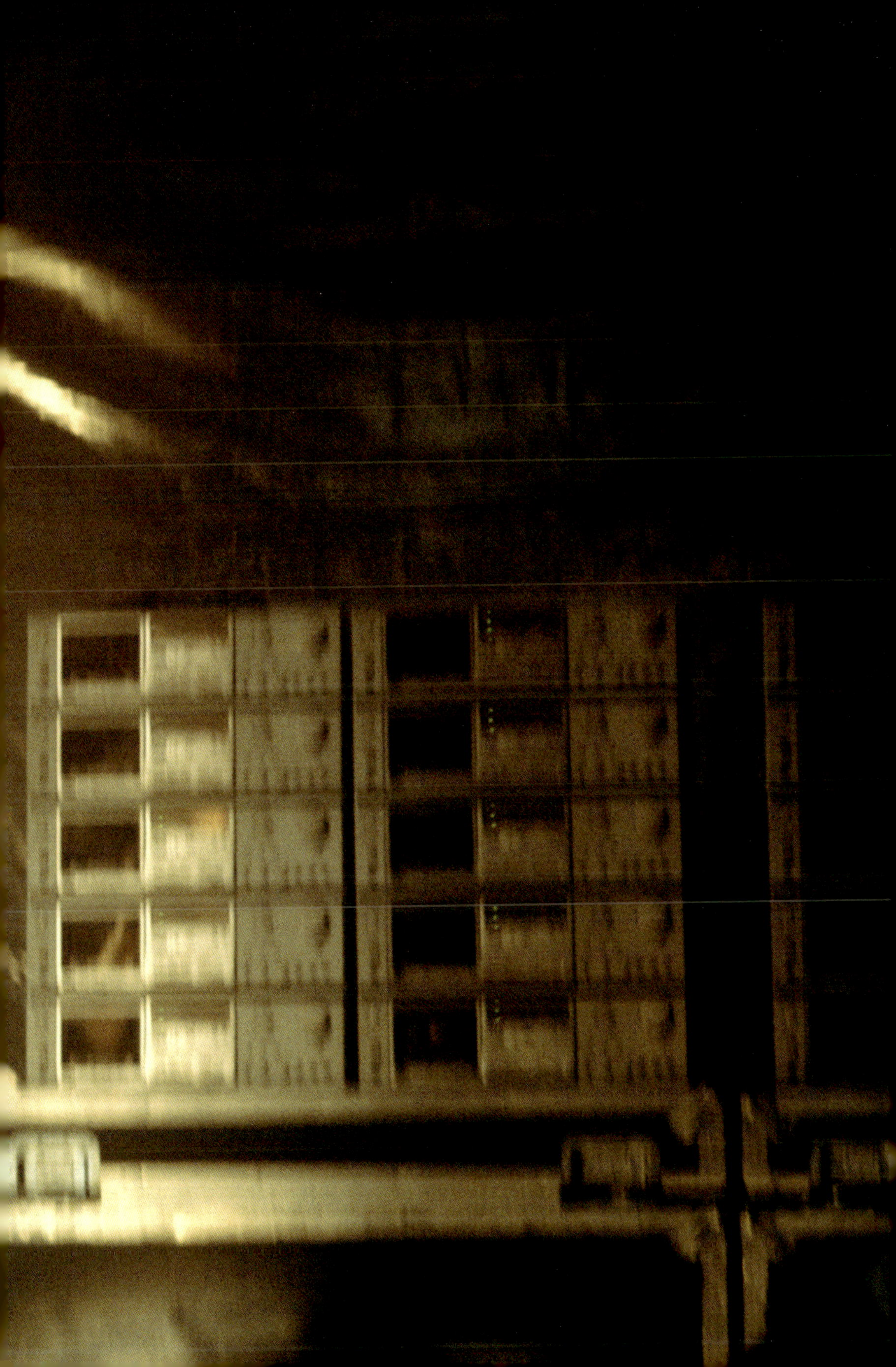

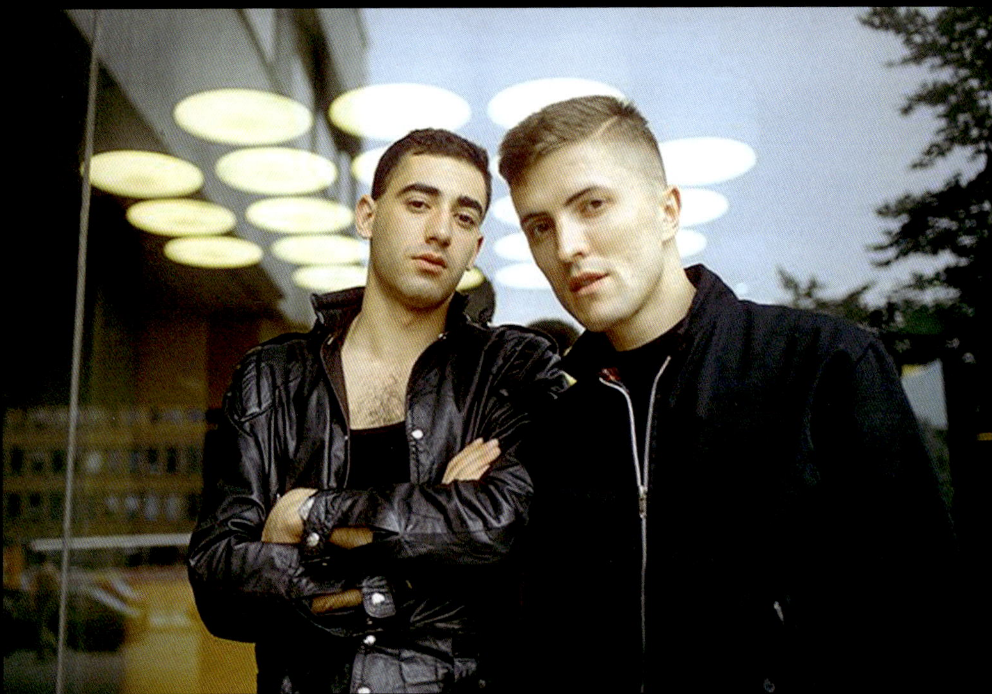

DER MORGEN NACH DER HAMBURG-SHOW,
AM 04. JUNI 1981 UNWEIT DER MARKTHALLE
FOTOS: ILSE RUPPERT

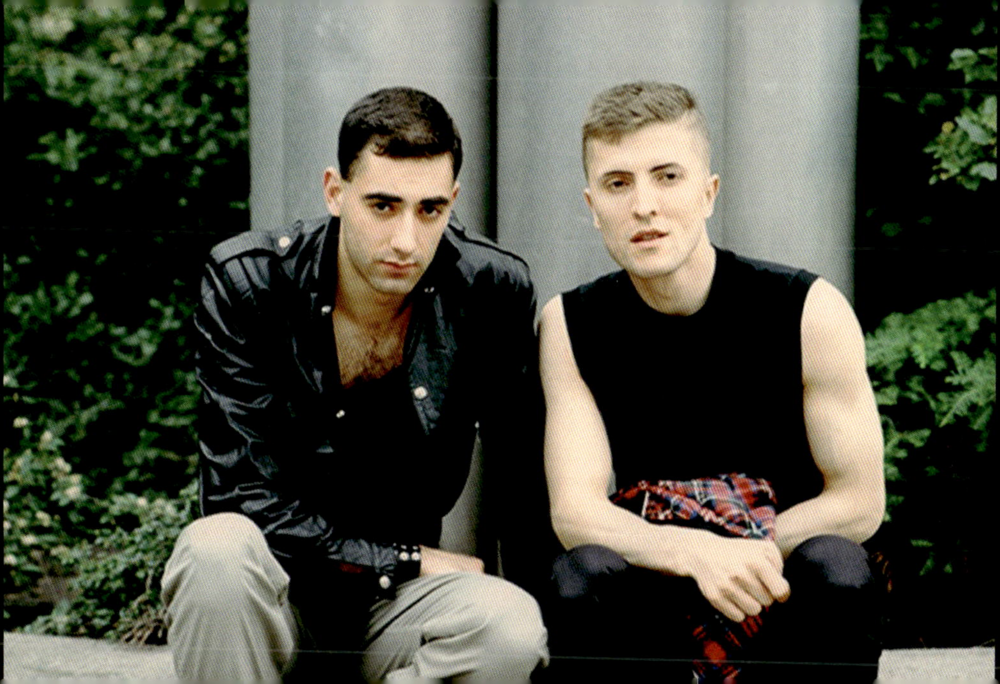

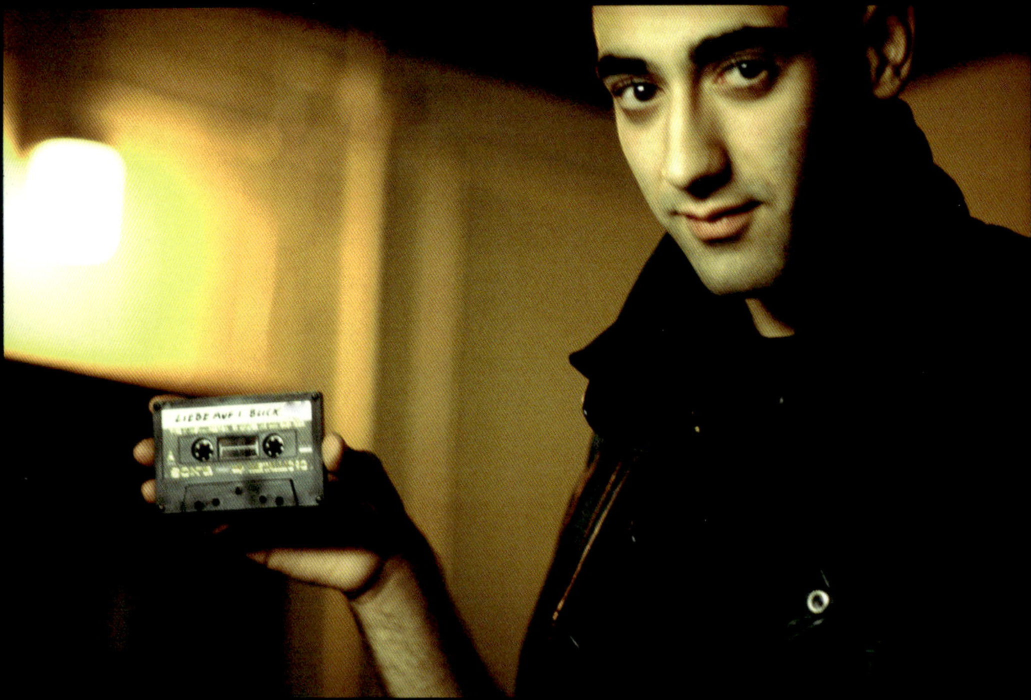

LIEBE AUF DEN ERSTEN BLICK –
FÜR JEDEN SONG EINE CASSETTE
FOTOS: GUNNAR TJADEN

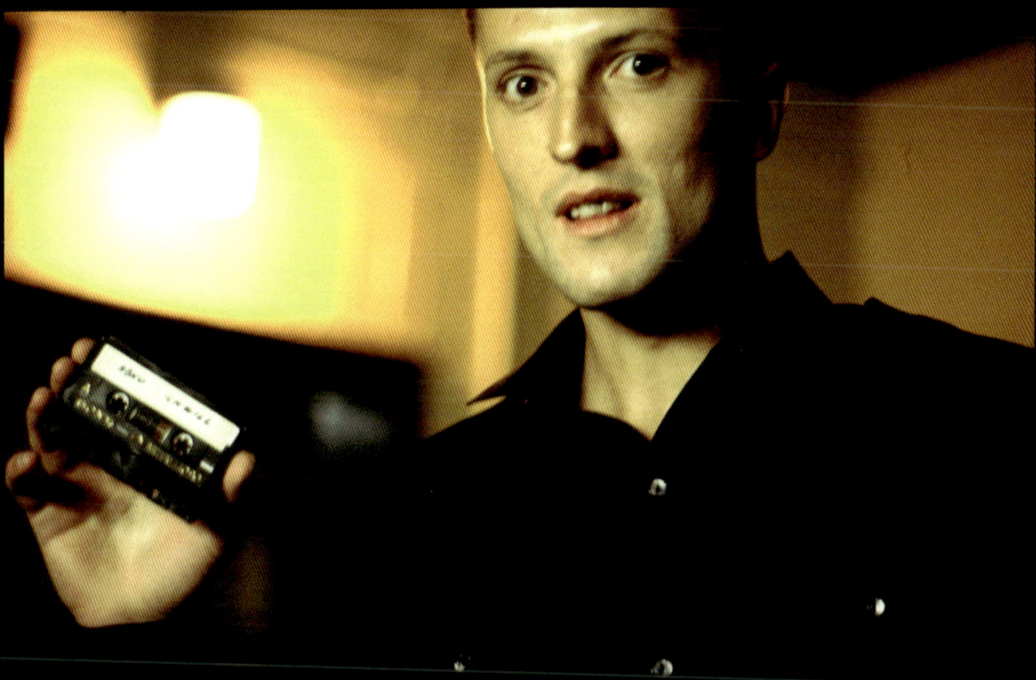

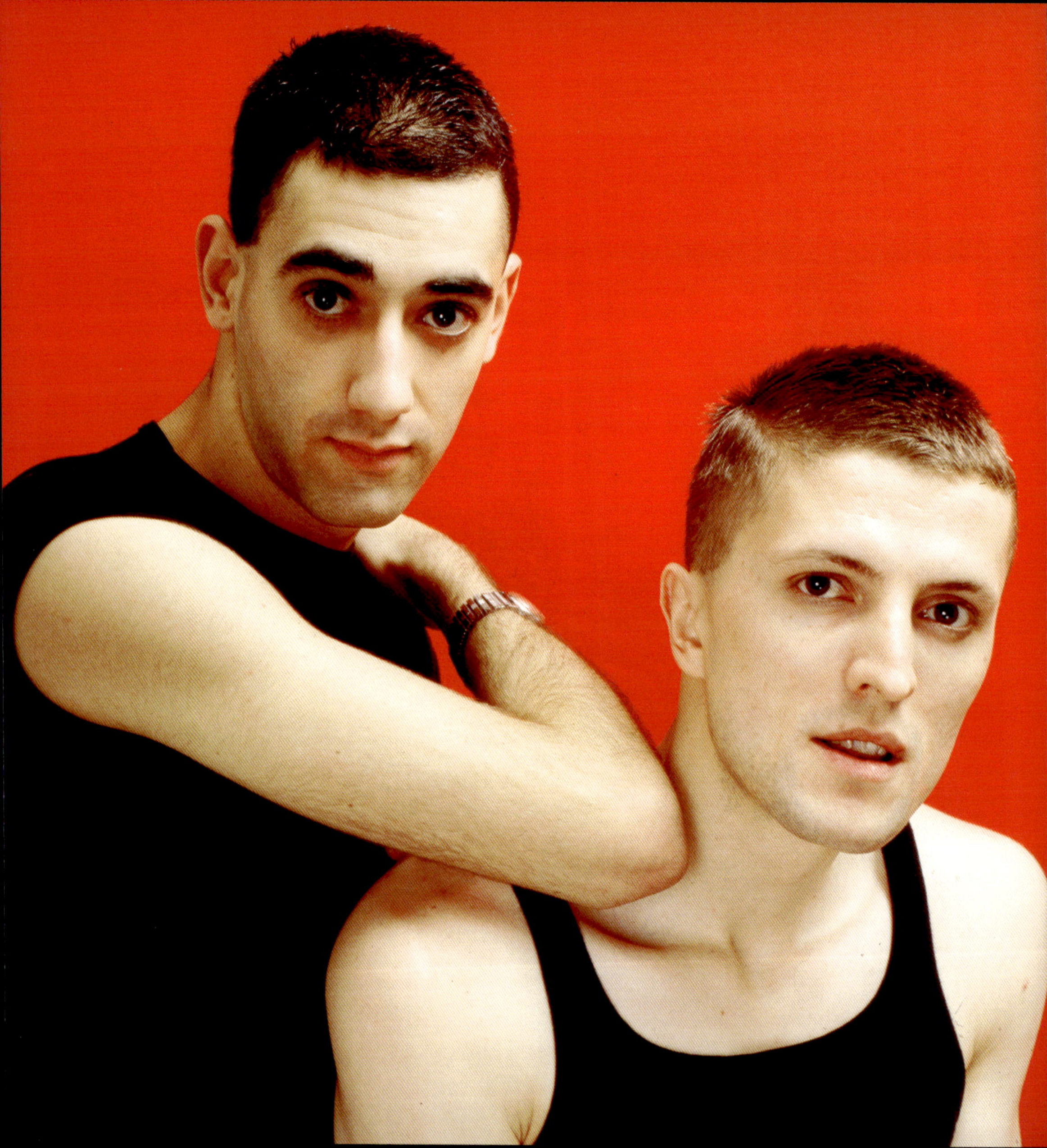

DRESSED IN BLACK
FOTOS: SHEILA ROCK

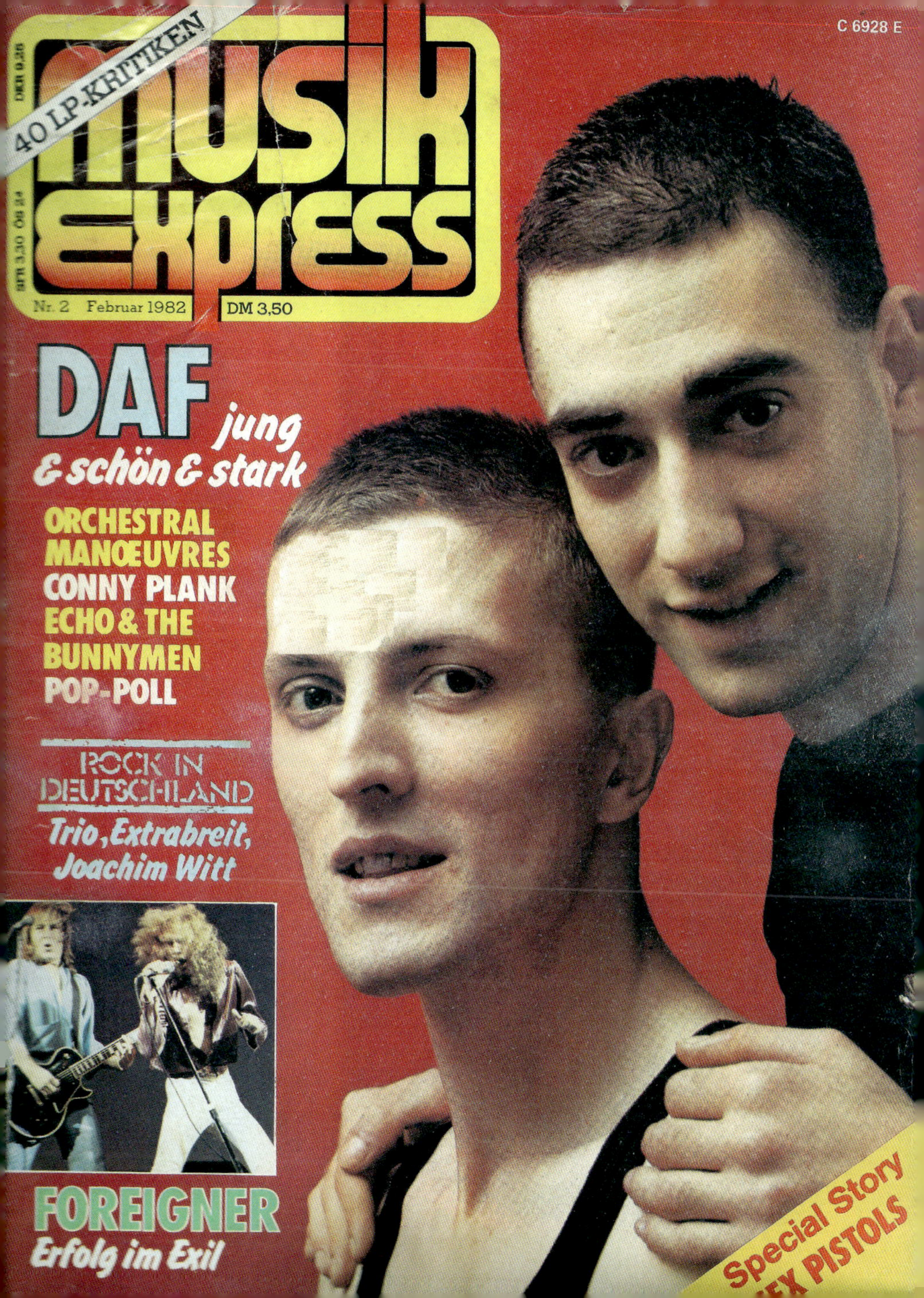
C 6928 E
40 LP-KRITIKEN
musik express
Nr. 2 Februar 1982
DM 3,50
DAF jung & schön & stark
ORCHESTRAL MANOEUVRES
CONNY PLANK
ECHO & THE BUNNYMEN
POP-POLL
ROCK IN DEUTSCHLAND
Trio, Extrabreit, Joachim Witt
FOREIGNER
Erfolg im Exil
Special Story

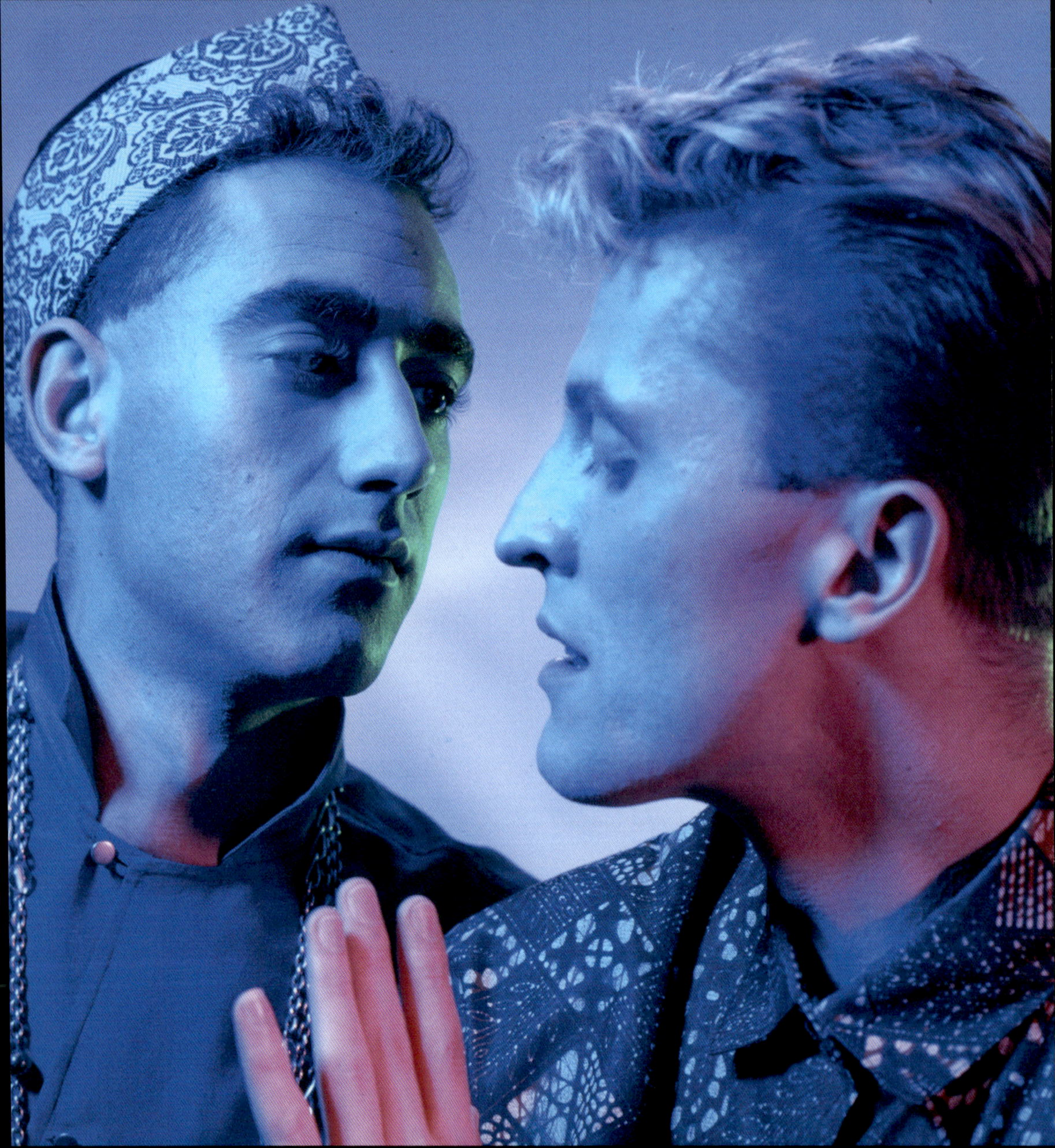

LET'S PLAY LIKE WE WERE BROTHERS
FOTOS: SHEILA ROCK

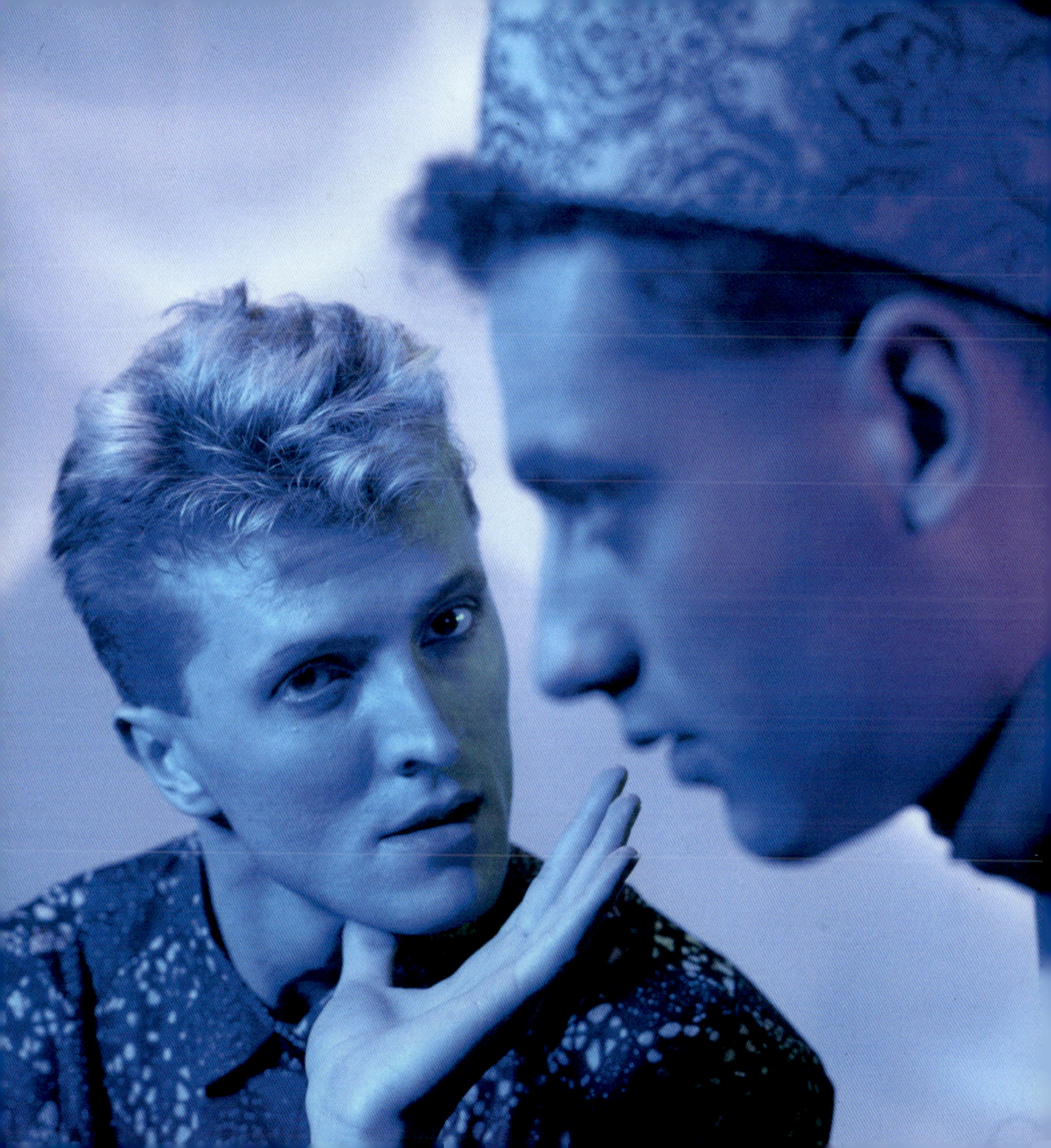

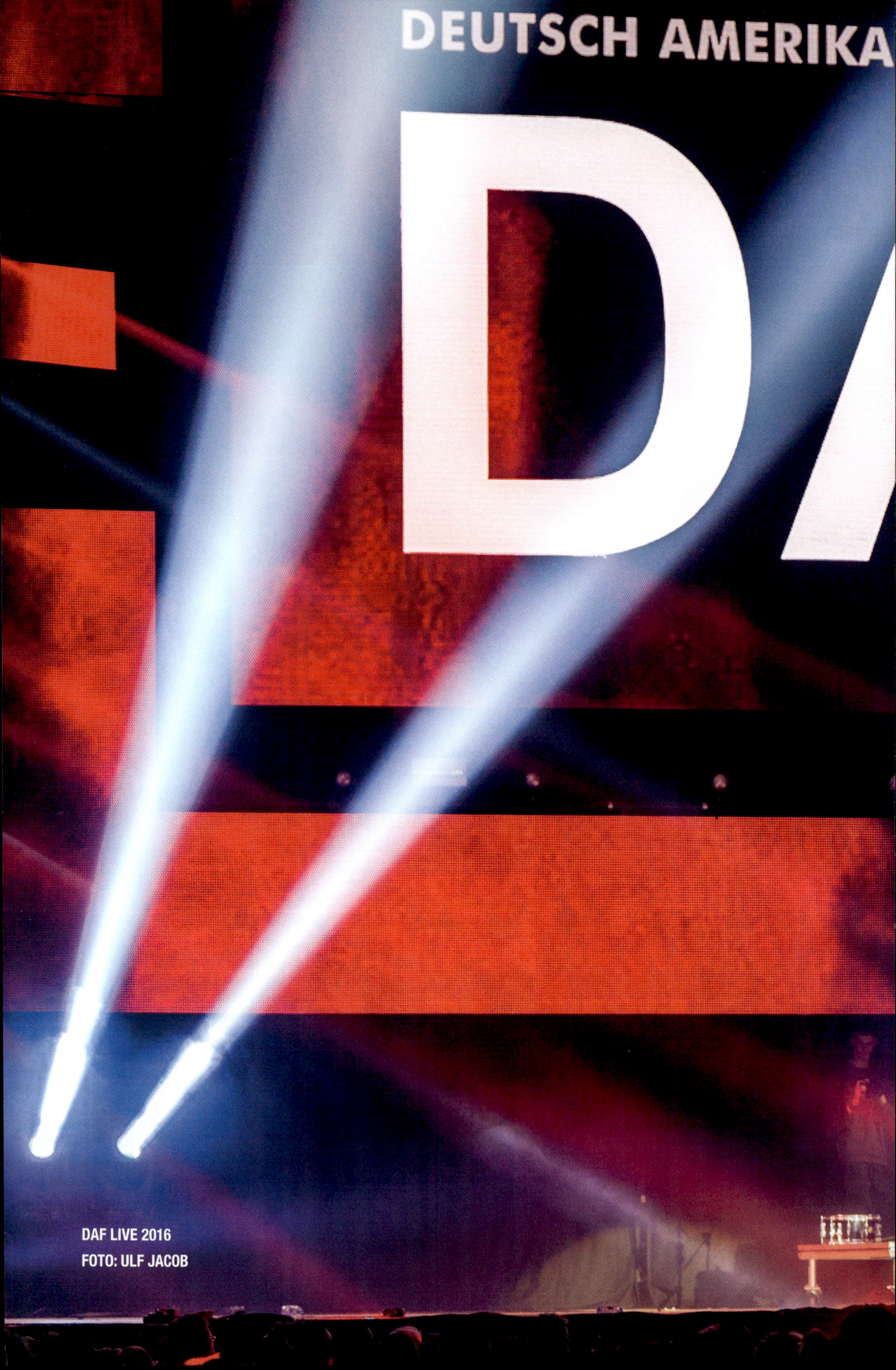

DAF LIVE 2016
FOTO: ULF JACOB

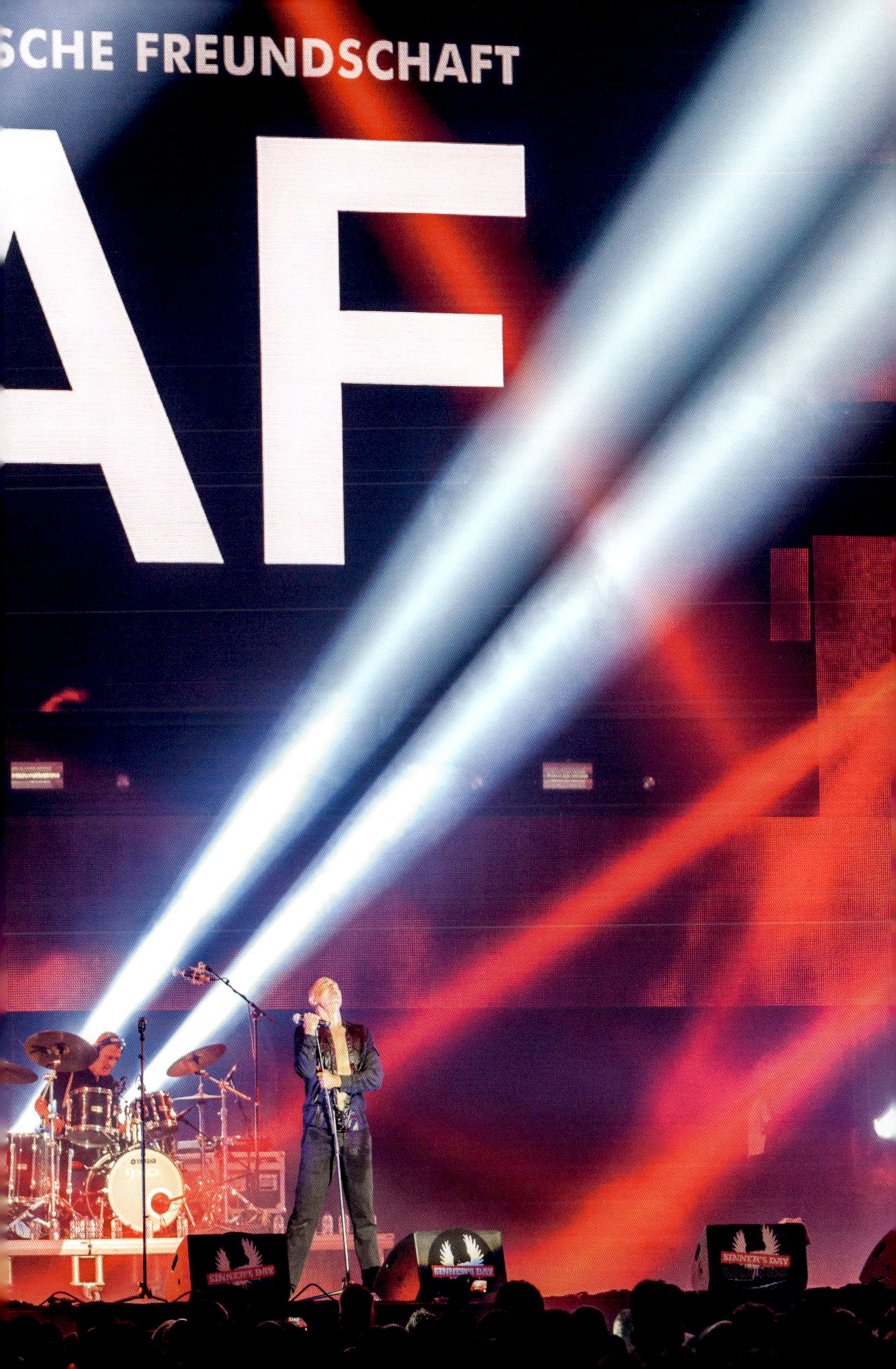
SCHE FREUNDSCHAFT
AF
SINNER'S DAY

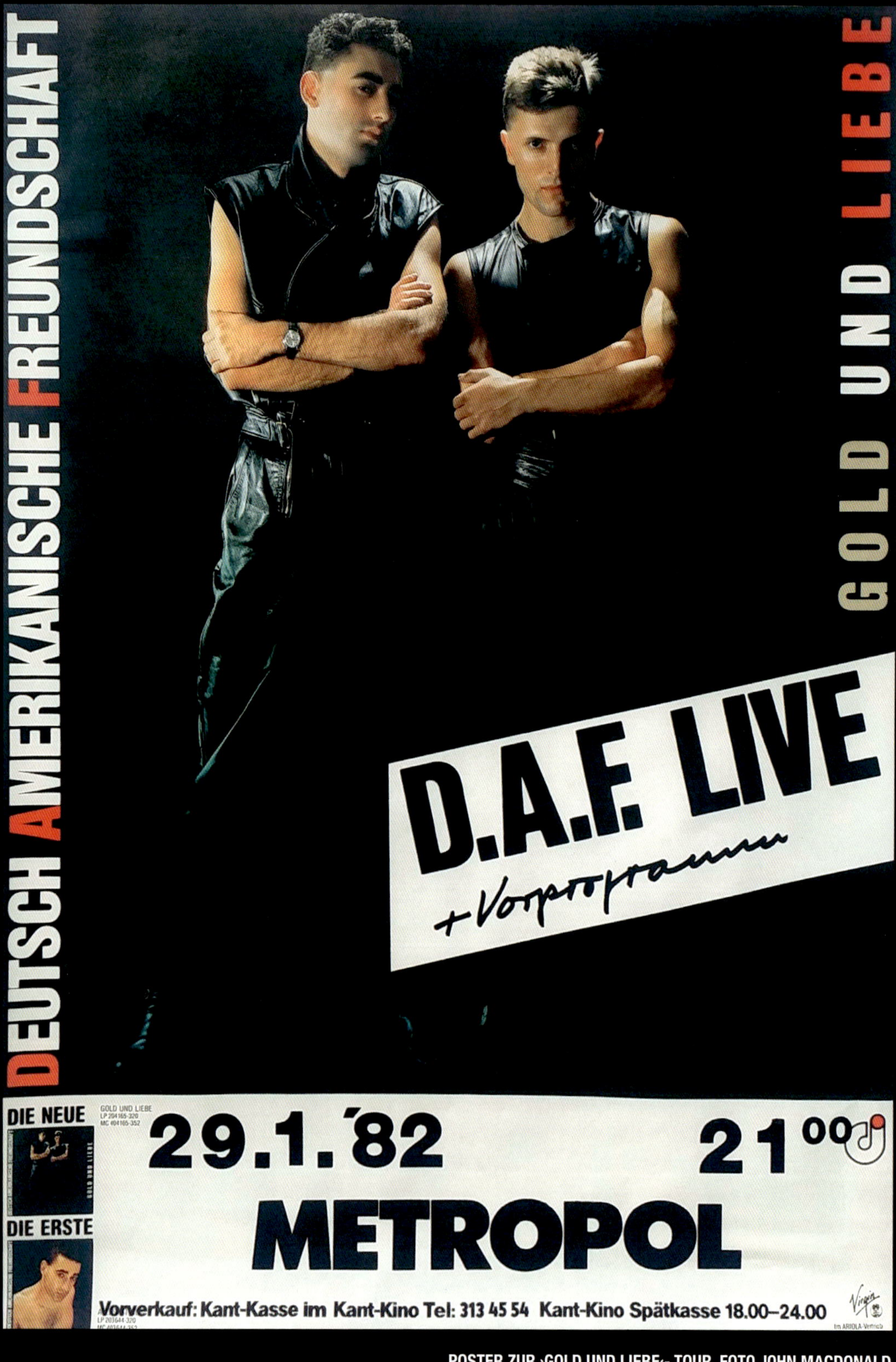

POSTER ZUR ›GOLD UND LIEBE‹- TOUR, FOTO JOHN MACDONALD

Gabi Delgado: »In der Schlussphase der *1st Step To Heaven*-Produktion häuften sich die Auseinandersetzungen zwischen Robert und mir. Bestes Beispiel ist die *Brothers*-Single: Die Auffassungen über den Mix und den Produktions-Style von *Brothers* war so unterschiedlich, dass es einen Robert- und einen Gabi-Mix gab. Die wurden dann beide anonymisiert, sodass niemand wusste, welcher Mix von wem ist, und den Leuten von der Ariola und einigen anderen Entscheidungsträgern vorgelegt, damit die dann entscheiden konnten, welcher Mix letztendlich als Single erscheint. Ich hatte einen ziemlich Dance-orientierten Mix gemacht, auf den ich Bläser von Turntables reingespinnt hatte und der voll auf die sehr housige Bassline setzt. Dieser Mix wurde dann auch einstimmig für die Auskopplung ausgesucht und ist *Brothers*, wie man es kennt.

Ich konnte mich zwar durchsetzen, insgesamt war es aber eine sehr peinliche Veranstaltung. Bei jeder kleinen Entscheidung, selbst wenn es nur um den Pitch der Hi-Hat ging, kam es zum Streit. Das war alles dermaßen steif und freudlos; ich war richtiggehend froh, als es zum endgültigen Bruch kam. Robert hat eigentlich nur noch genervt. Er stieg dann aus und wollte plötzlich Schauspieler werden. Ich war also quasi alleine mit DAF. Zum Glück hatte ich Rückendeckung vom Label und mit Klaus Frers einen wirklich guten Mann an meiner Seite. Im Gegensatz zu dem, was Robert sagt, muss ich betonen, dass sich Dean und die Ariola vorbildlich benommen haben; in keiner Weise Einfluss auf das Werk nehmen wollten, sondern mir völlig freie Hand gelassen und trotz Roberts Kapriolen stets zum Projekt gestanden haben. Es ist auch keineswegs so, dass ich in irgendeiner Form die Meinung des Labels vertreten hätte. Ganz im Gegenteil, die Plattenfirma hat mein Produktionskonzept akzeptiert und gut gefunden und war deswegen mit mir einer Meinung. Mit Robert war zu dieser Zeit nicht zu rechnen. Robert war für mich zu dieser Zeit einfach eine Art ›Verräter‹, der DAF im Stich gelassen hat. Ich habe dann mit Klaus Jankuhn *The Gun* produziert, als Zwischenschritt, weil wir dem Label noch eine Single schuldeten. Hatte dann auch, vor allem wegen meinem *Brothers*-Mix, eine Menge Remix-Anfragen. War dennoch eine schwierige Zeit, weil ich dann plötzlich alleine war mit dem DAF-Ding, und irgendwie hatte ich auch keinen Bock, das solo fortzuführen. Deswegen habe ich mir dann halt den Jankuhn geschnappt. Im Prinzip hatte für mich da eine ganz andere Welt schon angefangen. Nämlich die House-Welt.«

»In der Schlussphase der 1ST STEP TO HEAVEN-Produktion häuften sich die Auseinandersetzungen zwischen Robert und mir. Bestes Beispiel ist die BROTHERS-Single: Die Auffassungen über den Mix und den Produktions-Style von BROTHERS war so unterschiedlich, dass es einen Robert- und einen Gabi-Mix gab.« GABI DELGADO

DON'T YOU LIKE IT?

ANDERE PROJEKTE VON GABI

Gabi Delgado: »Man muss wissen, dass ich nach unseren drei Virgin-Alben DAF immer als ein Nebenprojekt betrachtet habe. Allerdings ein Projekt, das mir sehr am Herzen liegt und dem ich eine hohe kulturhistorische Bedeutung beimesse.« Nach seiner Lateinamerika-Reise und dem *Mistress*-Album zog Gabi endgültig nach Zürich. Es war das Zürich der Post-›Züri brennt‹-Phase, und die ganze Stadt war in aufgeregter Unruhe. Gabi Delgado: »Es herrschte eine tolle Stimmung damals in Zürich. Morgens baden am Züri-See, abends Aktion und Krawall.«

Musikalisch galt seine Aufmerksamkeit der neu entstehenden DJ-Kultur. Er kaufte sich zwei Technics 1200 MK2 und einen Battle-Mixer und fing an, sich diese neue Welt zu erarbeiten.

Gabi Delgado: »Ich musste mir das alles unbedingt draufschaffen und üben, üben, üben. Ich übte wirklich Stunden und ganze Tage; Scratchen, Backspins, Synchronisieren. Ich wollte ein wirklich guter DJ sein. Als ich mir dann nach circa einem Jahr alles draufgeschafft hatte, konnte ich diese neuen Tools nutzen. Ich wollte nicht den üblichen HipHop-DJ geben, sondern mit diesen neu erworbenen Techniken ›Record-Art‹ machen; also ungewöhnliche Soundcollagen mit Versatzstücken aller möglichen Sounds. Also eher Max Ernst als Grandmixer D.ST.«

Er gründete mit seinem Bruder Eduardo und Heinrich Zwahlen die Formation Dance Guerilla und trat als deren DJ auf. Gabi Delgado: »Als Robert bei mir in Zürich anrief und DAF wieder ins Leben rufen wollte, musste ich mir das lange überlegen. Eigentlich war die *1st Step To Heaven*-Phase nur eine Unterbrechung von meinen eigentlichen musikalischen Absichten. Ich wusste aber, dass es noch zu früh war, um ›Record-Art‹ zu machen und zu propagieren. House gab es noch nicht. Ich musste warten.« Und dann kam House! Und diese Welt war – zumindest in Deutschland – noch dermaßen neu, dass es ein Leichtes war, sie zu besetzen und mit eigenen Ideen zu füllen. Ähnlich wie damals schon, als die Punk-Bewegung von England nach Deutschland geschwappt war, musterte Gabi diese neue Entwicklung – und sah, dass es gut war. In seinen Augen war es das nächste große Ding. Waren es vorher die Synthesizer gewesen, die von so manch klassisch

SOLOAKTIVITÄTEN

ausgebildetem Musiker mit hochgezogenen Augenbrauen und gerümpfter Nase als musikalische Fremdkörper betrachtet wurden, waren jetzt die Plattenspieler die neuen Instrumente und die DJs die dazugehörigen Musiker. Schon als die DJ-Kultur ihre ersten zarten Gehversuche machte, waren Synthesizer aus der Popmusik nicht mehr wegzudenken. Ebenso schnell wurden DJs zu den neuen Popstars, oder vielmehr: Disco- und Dance-Ikonen der Hauptstädte dieser Welt. Und Gabi Delgado gehörte zu deren Pionieren. Er zog von Zürich nach London und schließlich nach Berlin. Während der *1st Step To Heaven*-Tour hatte sich Gabi sehr mit WestBam angefreundet. Gabi Delgado: »Maximilian war der erste Deutsche, der House kannte. Da entstand sofort ein totales Einverständnis über Kunst, Musik und Party-Kultur.«

»Man muss wissen, dass ich nach unseren drei Virgin-Alben DAF immer als ein Nebenprojekt betrachtet habe. Allerdings ein Projekt, das mir sehr am Herzen liegt und dem ich eine hohe kulturhistorische Bedeutung beimesse.«
GABI DELGADO

Das veranschaulicht schön Gabis Musik- und Kunstverständnis, die spielerische Neugier, die sein musikalisches Schaffen durchzieht. Schon bei Mittagspause hatte er Diktiergeräte zur Erzeugung von Sounds eingesetzt. Bei seinem ersten musikalischen Rendezvous mit Robert hatte er Stylophon gespielt, und Jahre später würde er mit Konsolenmusik, also mit auf der PlayStation erzeugten Klängen, experimentieren. Es war nie das Althergebrachte, Traditionelle, das ihn interessierte. Sondern vielmehr das noch Unerforschte, Zweckentfremdete, Neue, nach dem er Augen und Ohren offenhielt. So verwundert es auch nicht, dass er, der durch die DAF-Konnotation gerne mit Analogsynthesizern in Verbindung gebracht wird, genau diese aus seinem Instrumentenfundus gestrichen hat und diese gerne als Nostalgie-Quatsch deklariert. Aber von vorne. Zurück nach 1986.

Gabi Delgado: »Wie gesagt: Ich hatte durch diese *1st Step To Heaven*-Tour Maximilian kennengelernt, also den späteren WestBam. Das war der erste Mensch, der mir in Europa begegnet war, der House kannte. Mit ihm zusammen hab ich die erste House-Party in Deutschland überhaupt gemacht. Das war 1986. Wir waren House-Aktivisten der ersten Stunde. Das war dann für mich auch der Grund, nach Berlin zu ziehen. In Berlin hab ich dann zusammen mit Saba Komossa House-Clubs und -Labels gegründet, Delkom Club Control, BMWW und Sunday Morning – Berlin. Und Delkom, also DELgadoKOMossa, eine Art Techno-House-Band. Damit haben wir unter anderem Sachen für MFS,

»Zu der Zeit gab es ja auch noch diesen Sponsor-Wahn, weil plötzlich alle in dieses Techno-Ding investieren wollten. Da kamen Zigaretten-Firmen und haben gesagt: Uuuhhh, dürfen wir bei euch Zigaretten verteilen? Okay, für 7000 Mark. Aber nur kurz! Viertelstunde. Mehr nicht. Und dann haben die brav Danke gesagt. Da hat dann Camel eine Million für einen Love Parade-Wagen auf den Tisch gelegt, solche Sachen. Weil die da rein wollten.« GABI DELGADO

das Elektro-Label von Mark Reeder, gemacht. 2 German Latinos zum Beispiel. Das waren alles Hits. Denn es gab ja kaum Techno und House, aber alle wollten es haben. Wenn wir 10.000 Scheiben gepresst haben, waren die 14 Tage später weg. Und dann haben wir das nächste Projekt gemacht, also nicht nur Delkom. Immer wieder unter anderen Namen. Sunday Morning, Future Rhythm. Die erste Cosmic Baby-Scheibe ist auch auf unserem Label erschienen. Eigentlich alle frühen Sachen, die waren alle bei uns, und das waren alles Hits. *Viva La Droga Electronica* zum Beispiel – fast 30.000 Mal verkauft. Oder *Futur Ultra*, *Anti-Time*, *FX*. Dazu haufenweise Remixe, auch von DAF-Tracks, wie *Verschwende Deine Jugend* und *El Que* oder von Liaisons Dangereuses *Los Niños Del Parque*. Quasi als Zweimannbetrieb den ganzen Chicago House-Betrieb nachgemacht. Ich habe dann auch aufgelegt. Allerdings nicht unter dem Namen Gabi Delgado. Sondern als Spanish Fly oder Delboy. Diversify! Als DJs, mit Platten, mit Labels, mit Clubs – wir und noch ein paar Leute haben Berlin kontrolliert. Das war alles in unserer Hand. Haben müllsäckeweise das Geld aus unseren Clubs geschleppt. The IT, Tabu, Suck, das waren *die* Clubs. Und da haben wir auch richtig fette Namen reingeholt. Miss Moneypenny aus New York oder Neutron 9000 oder die Leute von WAU! Mr. Modo, The Orb, Alex Patterson. Das waren richtig große Nummern. Zu der Zeit gab es ja auch noch diesen Sponsor-Wahn, weil plötzlich alle in dieses Techno-Ding investieren wollten. Da kamen Zigaretten-Firmen und haben gesagt: Uuuhhh, dürfen wir bei euch Zigaretten verteilen? Okay, für 7000 Mark. Aber nur kurz! Viertelstunde. Mehr nicht. Und dann haben die brav Danke gesagt. Da hat dann Camel eine Million für einen Love Parade-Wagen auf den Tisch gelegt, solche Sachen. Weil die da rein wollten.«

Aber wie es für Early Adopter nun mal üblich ist: Als dann plötzlich alle in diesen Markt drängten, als jeder plötzlich DJ war oder zumindest Techno oder House hörte, da zog sich Gabi schon wieder zurück aus dieser Szene. Auf diese produktive Phase des kreativen Outputs folgte eine Phase des Inputs.

Gabi Delgado: »Die großen Zeiten von Delkom waren noch in den Eighties. Für mich war Techno 1990 schon wieder tot. Als E-Werk und Tresor kamen, war das für mich schon abgegessen. Aber Delkom war eine gute Sache. Techno vor Techno war das. Ich glaube, die letzten Delkom-Sachen sind von 1990, 1991. Da haben wir dann schon wieder aufgehört. Das war plötzlich so verprollt. Das war nicht mehr schön.

Hülle des Albums ›GABI DELGADO 2‹ von 2015

Und danach habe ich erst mal so gut wie nichts gemacht. Also Forschung. Ich mache nie nichts. Aber ich hab manchmal Zeiten, wo ich einfach forsche. Philosophie. Musik. Neue Synthesizer kennen-

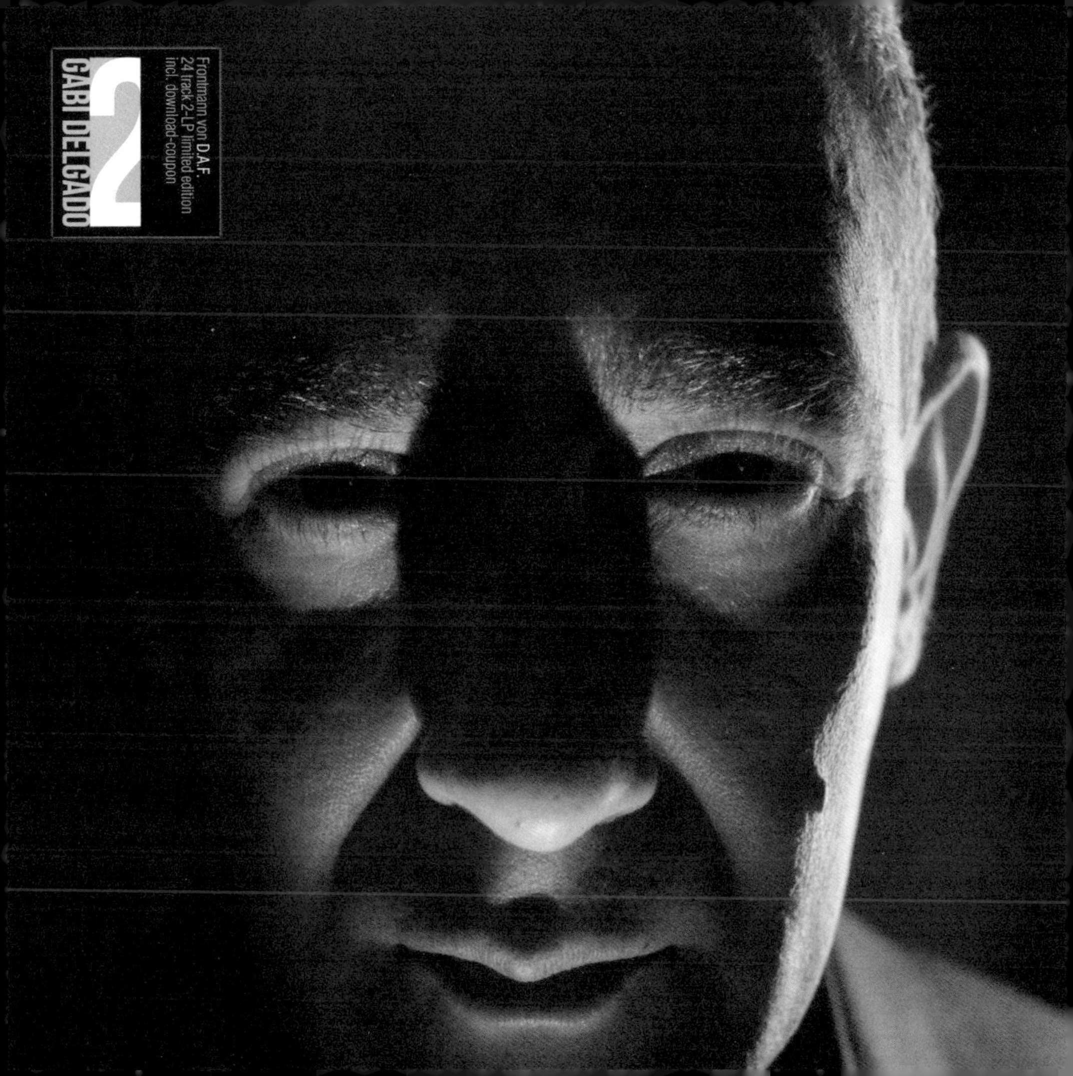
GABI DELGADO
2
Frontmann von D.A.F.
24 track 2-LP limited edition
incl. download-coupon

lernen. Deleuze lesen. Mich einfach gedanklich mal mit neuem Zeug beschäftigen. Und plötzlich gab es etwas Neues: Video-Games und die dazugehörigen Konsolen. Ich wurde ›Konsolero‹, also Gamer, und das bin ich heute noch. Zusammen mit E.T./Rainer Klemm, gründete ich den ›Elektro-Staat‹, und wir machten Partys, auf denen ich statt mit Turntables mit zwei Sony PSone auflegte. Das hat mich begeistert, Music mit Konsolen zu machen, und noch heute sind manche meiner Tracks auf meinen Solo-Alben mit Konsolen gemacht.«

Sein neuer musikalischer Partner, mit dem er das nächste Projekt startete, hieß Wotan Wilke Möhring. Der ursprüngliche Name für ihre 2-Mann-Formation war schlicht und ergreifend DOS.

Gabi Delgado: »DOS ist ein Wortspiel. Zum einen ist es Spanisch für ›zwei‹. Und zum anderen ist es eben ein Betriebssystem. Disc-Operating-System. Ein anderes Betriebssystem für eine Form zu feiern.«

Die beiden schafften es, Sony Columbia dafür zu begeistern, und unterzeichneten einen Vertrag, der sich sehen lassen konnte. Das Konzept: Wotan als DJ, Gabi als Sänger, das Ganze schön ravig mit partykompatiblen Texten. Auch wenn Sony die beiden sicher nicht gesignt hätte, wenn sie nicht von der Verkäuflichkeit der Musik ausgegangen wären, schien ihnen eine kleine, aber eben doch wesentliche Änderung des Namens verkaufsfördernd und unabdingbar.

Gabi Delgado: »In letzter Minute hat die Sony dann aber auf einen anderen Namen bestanden. DAF/DOS, das war nicht meine Idee, das

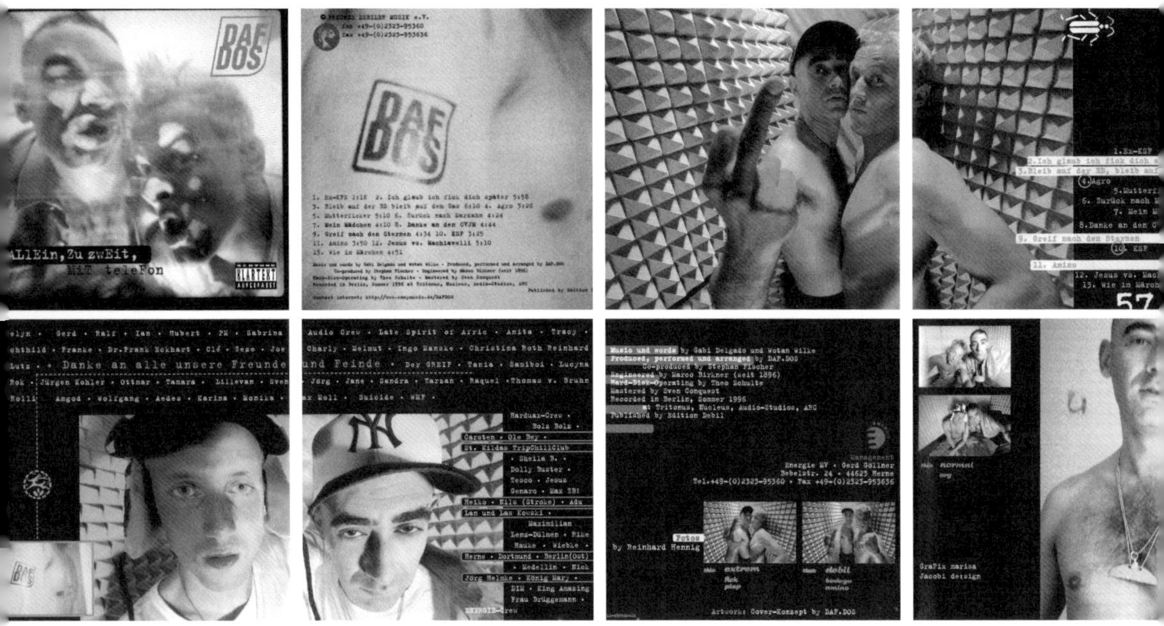

Eine Auswahl der DAF/DOS-Cover

wurde von oben von Sony verordnet. Ich wusste, das könnte Ärger mit Robert geben. Ich möchte fast sagen: verständlicherweise. Also sind wir zu Axel Schwarzberg, meinem absoluten Lieblingsanwalt, und haben den Namen DAF/DOS als eingetragenen Markennamen weltweit in allen erdenklichen Formen schützen lassen. Robert hat dann als verständliche Reaktion die DAF.PARTEI und Superdaf gegründet. Heute heißt DAF/DOS wieder einfach DOS, oder wie der Kenner sagt: das DOS, und Ende des Jahres wird es auch wieder ein Produkt von DOS geben.«

»In letzter Minute hat die Sony dann aber auf einen anderen Namen bestanden. DAF/DOS, das war nicht meine Idee, das wurde von oben von Sony verordnet. Ich wusste, das könnte Ärger mit Robert geben. Ich möchte fast sagen: verständlicherweise.«
GABI DELGADO

Unter diesem Namen erschienen also das Album *Allein, Zu Zweit, Mit Telefon* sowie die Singles *Ich Glaub Ich Fick Dich Später* und *Zurück Nach Marzahn*. Dazu gab es ungefähr 20 Gigs, bis Wotan schließlich ausstieg, weil sein Filmdebüt vor der Tür stand und ihn nun die Zeit vor der Kamera voll und ganz beanspruchte. Das Nachfolgealbum *Der DAF/DOS Staat* produzierte Gabi alleine. Nur bei den Auftritten hatte er Verstärkung dabei.

Gabi Delgado: »Und als Wotan dann nicht mehr konnte, ist Hoax (Holger Grunert), auch eine Größe aus der Berliner Club-Szene, für ihn eingestiegen. Der hat Wotans DJ-Part übernommen. In der Endphase von DAF/DOS bin ich dann nicht mehr mit Wotan, sondern mit Hoax aufgetreten. Das war zu *Der DAF/DOS Staat.* Auch super. Das ist eine gute Platte. Fast besser als die erste eigentlich. Aber: nicht ganz so erfolgreich. Aber da fing das auch schon an, dass weniger Platten verkauft wurden.«

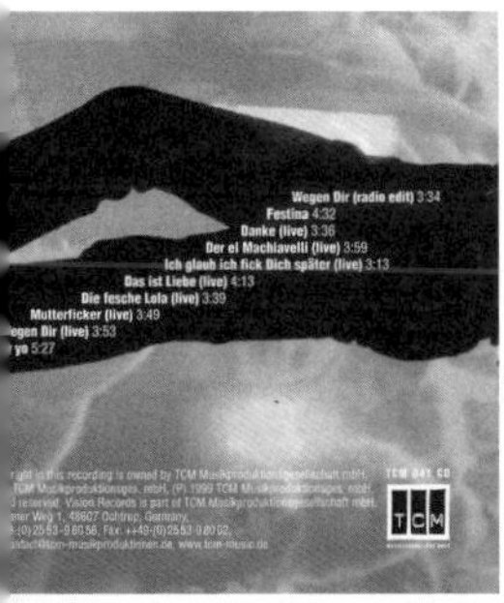

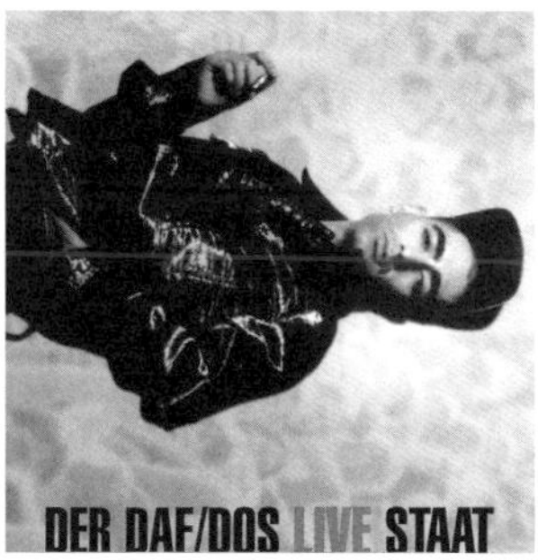

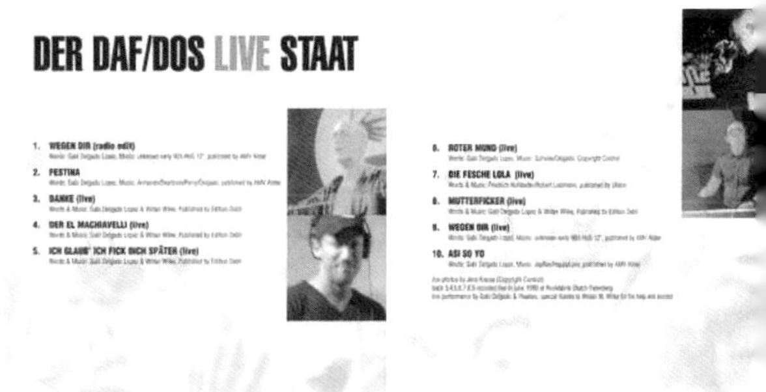

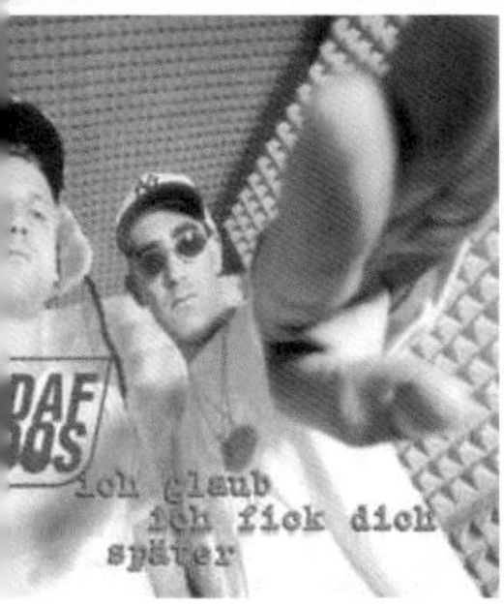

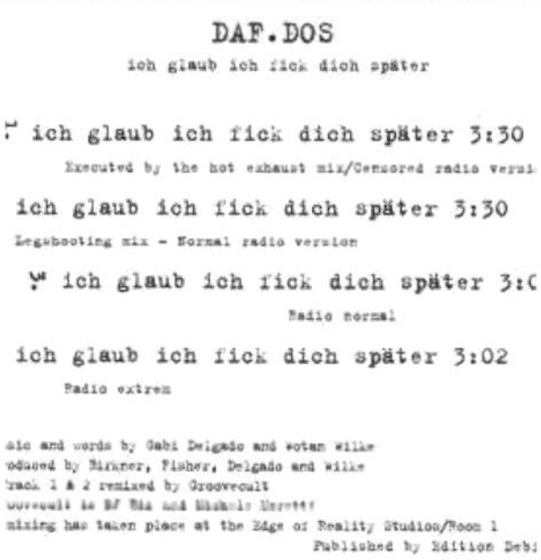

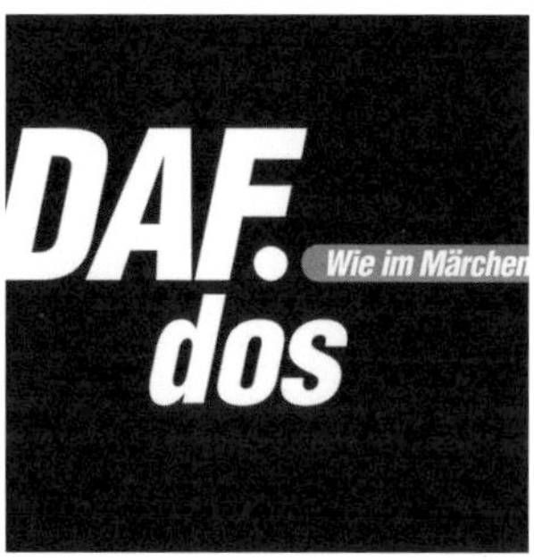

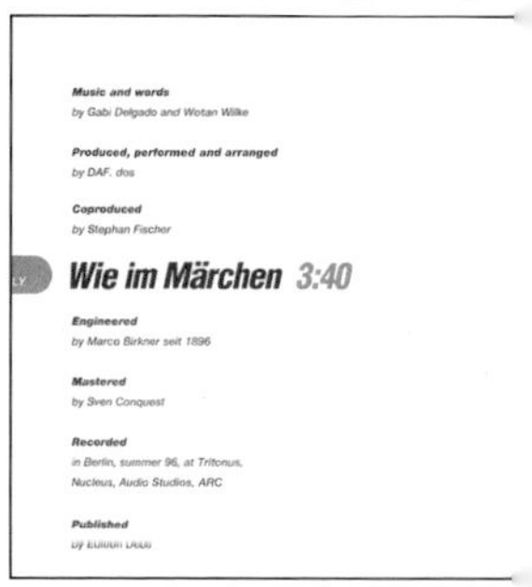

»Jane kennengelernt zu haben ist mit Abstand das Wichtigste und Schönste, was mir in meinem Leben passiert ist. Nichts, kein noch so großer Erfolg, ist mit dem vergleichbar, was dir echte Liebe geben kann. Ich habe mich immer nach einem Zuhause gesehnt, nach einer Familie, und diese Dinge habe ich durch Jane gefunden. Da, wo du vermisst wirst, wenn du nicht da bist, da ist dein Zuhause.« GABI DELGADO

Das laut Gabi wichtigste Ereignis in seinem Leben fand 1995 statt, als er seine Ehefrau Jane kennenlernte. Gabi Delgado: »1995 lernte ich Jane kennen, wir verliebten uns und heirateten bald darauf, im Roten Rathaus in Berlin. Wotan, den ich für einen meiner besten Freunde halte, und Jennifer, Janes Schwester, waren Trauzeugen. Ich, der ich Lampenfieber gar nicht kenne, war an diesem Tag richtig aufgeregt. Jane kennengelernt zu haben ist mit Abstand das Wichtigste und Schönste, was mir in meinem Leben passiert ist. Nichts, kein noch so großer Erfolg, ist mit dem vergleichbar, was dir echte Liebe geben kann. Ich habe mich immer nach einem Zuhause gesehnt, nach einer Familie, und diese Dinge habe ich durch Jane gefunden. Da, wo du vermisst wirst, wenn du nicht da bist, da ist dein Zuhause.« Kurz nach der Produktion von *Fünfzehn Neue DAF Lieder* zogen Jane und Gabi nach Spanien. Gabi agiert seitdem als Solokünstler und betreibt unzählige Musikprojekte. Außerdem fanden sich auch Robert und Gabi als DAF wieder und spielten jede Menge gemeinsame Konzerte.

2014 erschien sein Album *1*, auf das bereits 2015 das Doppelalbum *2* mit 32 Songs folgte. Bei deren Produktion war er nicht mehr auf ein fremdes Studio angewiesen, da er die Stücke mittlerweile in seinem eigenen Studio produziert. Der Vorteil davon besteht schon darin, dass man seine Kreativität nicht mehr nach bezahlten Studiozeiten richten muss, sondern sich seine Studiozeit frei je nach kreativem Output einteilen kann.

Gabi Delgado: »Ich als strammer Kommunist sage euch: Die Produktionsmittel sind in den Händen der Werktätigen. Für 5000 Euro hast du ein Bomben-Studio zu Hause. Da kann ich Leute nicht verstehen, die das noch anders machen. Wegen der Nachbarn? Da setzt man halt Kopfhörer auf. Oder du machst es so lange, bis die Bullen kommen, und dann hört man halt auf. Wenn du einen Marshall brauchst, dann kauf dir doch einen. Da wird so viel Geld verdient. Ich muss nie wieder in ein fremdes Studio. Ich habe ein total schönes Studio. Immer schöner, immer besser. Und das hat quasi nichts gekostet.«

Und natürlich legte Gabi über all die Jahre hinweg auf – und tut es immer noch. In Spanien, in Deutschland, vor allem aber in den USA. Auch hier ist er einem seiner Prinzipien treu geblieben: Diversify! Andere Projekte, andere Namen.

Gabi Delgado: »Die Leute haben Erwartungshaltungen. Und die Rolle, die dir der Erfolg gibt, der legt auch sehr fest, was für Erwartungshaltungen die haben. Erfolg ist nicht neutral. Du bist kein erfolgreicher Typ an sich, du bist der Typ, der dieses gemacht hat oder jenes gemacht hat. Und wenn du jetzt was ganz anderes machen willst, enttäuschst du die Erwartungshaltung und hast dann eben keine Chance. Wenn ich auflege in Miami, dann heiße ich Santos Leon. Kündige mal in Miami an: Gabi Delgado legt auf. Die jungen Kids, die googeln dann und sagen: ›Ach, so ein alter Knacker aus den Eighties, wie uninteressant.‹ Dann klicken die das an auf YouTube und hören Musik, die die gar nicht gut finden. Und die DAF-Leute, die sagen: ›Oh, Gabi Delgado legt auf.‹ Die gehen dann da hin und ich spiele Latin House. Dann denken die: Was macht der denn jetzt? So hat keiner was davon. Also sage ich: Santos Leon – und schon ist alles gelöst. Die Jungen sagen: ›Wer issn Santos Leon?‹ Und die DAF-Fans, die kommen erst gar nicht. Da krieg ich Respekt für das, was ich wirklich mache. Ich will ja nicht den Respekt kriegen für etwas, was gar nichts damit zu tun hat.«

Gabis derzeitiges Hauptprojekt ist der Aufbau des »USER CLUB« auf der dafür geschaffenen Internet-Plattform gabidelgado.com, gleichzeitig Forum für Gabis unterschiedliche Projekte, wie Disco Garage oder Hard Steppaz, die zum Teil als freie Downloads angeboten werden; aber auch und vor allem eine Plattform, auf der jeder seine Projekte präsentieren und veröffentlichen kann. Ohne Zensur, ohne Gebühren oder Kosten. Gabi Delgado: »Der USER CLUB ist eine großartige Sache. In der Inkubationsphase hat er vor allem als Data-Base und Shop bzw. Nicht-Shop funktioniert, denn viele Tracks, ja, ganze Alben gab es umsonst, und ab Ende des Jahres gehen wir in Akzelerationsphase, da wird der USER CLUB für alle offen sein und sich zu einem einzigartigen Pool für neue Musiken und Kunstformen entwickeln. Jungs und Mädchen, checkt in der Zwischenzeit die Lyric-Database auf gabidelgado.com, da findet ihr alle meine Gedichte/Texte, auch die Texte, die ich für DAF gemacht habe.«

Seit 2017 pendelt Gabi mit seiner Ehefrau und den mittlerweile sechs Delgado-Katzen, den sogenannten »Delgatos«, zwischen Córdoba und Miami, wo er inzwischen sein Business-Hauptquartier aufgeschlagen hat. Gabi Delgado: »Es ist schön, an verschiedenen Orten leben zu können. Die Möglichkeit, sich von verschiedenen Lifestyles und Kulturen inspirieren zu lassen, wirkt sich enorm positiv auf den kreativen Input aus. Insgesamt muss ich sagen: Ich bin ein glücklicher Mensch, ich habe meine Ehefrau, meine Family, meine Katzen, meinen Garten und bin sehr dankbar, dass ich so leben kann.«

»Ich als strammer Kommunist sage euch: Die Produktionsmittel sind in den Händen der Werktätigen. Für 5000 Euro hast du ein Bomben-Studio zu Hause. Da kann ich Leute nicht verstehen, die das noch anders machen. Ich muss nie wieder in ein fremdes Studio. Ich habe ein total schönes Studio. Immer schöner, immer besser. Und das hat quasi nichts gekostet.« GABI DELGADO

»Eigentlich waren wir sehr enthusiastisch an dieses neue DAF-Album rangegangen. Es entstanden auch tolle Songs wie Brothers. Das Problem war nur, dass Gabi und ich keine wirklichen Freunde mehr waren, nicht mehr so wie zu früheren Zeiten. Gabi vertrat mehr die Meinung unseres damaligen Labels für diese Scheibe, und ich war mit deren Ideen gar nicht einverstanden, das sorgte für einen schnellen erneuten DAF-Bruch.« ROBERT GÖRL

ANDERE PROJEKTE VON ROBERT

Auch Robert Görl war während der DAF-Pausen keineswegs musikalisch untätig. In Connys Studio hatte er Annie Lennox und Dave Stewart von Eurythmics kennengelernt, die dort im Februar 1981, also direkt nach den Aufnahmen der *Alles Ist Gut*, aufgeschlagen waren. Für deren Debüt-Album *In The Garden* spielte unter anderem Robert Görl Schlagzeug. Zwei Jahre später kam Annie Lennox ins Jacobs Studio nach Farnham, Surrey, wo Robert gerade sein erstes Solo-Album aufnahm. Im Duett sangen die beiden *Darling Don't Leave Me*, ein Song, der später oftmals mit den Eurythmics verwechselt wurde. Ein Highlight ist zudem der Song *Charlie Cat*, auf dem Annie schnurrend über ein Katzenleben singt. 1983 erschien die Single *Mit Dir*, erstaunlicherweise wieder bei Mute Records, also Daniel Millers Label. 1984 erschien das Album *Night Full Of Tension*.

Dass das zwischen Annie und Robert allerdings mehr als eine musikalische Kooperation war, entging selbst der Presse nicht. Die beiden machten auch kein zu großes Geheimnis daraus. Überall tauchten sie gemeinsam auf: In ihrem vegetarischen Lieblingsrestaurant, morgens beim Bäcker oder im Proberaum von Eurythmics. Wo hingegen sie nicht zu zweit auftauchten, war in dem Videoclip zu *Darling Don't Leave Me*, den Daniel Miller zu dem Song produzieren ließ. Der Song hatte sich als gut verkäufliches Duett von Robert und Annie rausgestellt. Annies damaliges Label RCA hatte ihr Auftreten in dem Clip dennoch erfolgreich verhindert. RCA stellte ein großes Werbebudget für Eurythmics zur Verfügung – Aktivitäten außerhalb der eigenen Band hingegen wurden nicht gerne gesehen. So kam es also, dass Annies Part in diesem Video von einem Model übernommen wurde. Musikclips waren in jenen Anfangsjahren der MTV-Ära schnell zu einem populären Format geworden, um Musiker und deren Stücke unters Volk zu bringen, und MTV zu einer Art Gütesiegel. Wessen Videos hier gezeigt wurden, der konnte sich seines Erfolgs sicher sein.

Dass sowohl Single als auch Album so wohlwollend von der Presse aufgenommen wurden, lag allerdings nicht nur an der schottischen Schönheit und an besagtem Videoclip. So schreibt zum Beispiel *The Island Ear* in der September-/Oktober-Ausgabe 1984: »In fact, the most well-known song from the album, ›Darling don't leave me‹, is a powerful, pleading, duet that is also quiet danceable. Creating good dance music is one of Goerl's biggest aims, although he wants to retain the sense of innovation that has characterized his career. […] If the next album is anything like *Night Full Of Tension*, watch for it.« In den *Intercord News* (März/April 1983) steht über Robert Görl zu lesen: »Ein kreativer Musiker, der Eindrücke tankt, um sie künstlerisch umzusetzen. Und dies tut und tat er mit Erfolg. Feinfühlig, aber auch radikal und rigoros.«

Ein weiteres englisches Magazin schrieb: »*Night Full Of Tension*, Gorl's debut solo album, is much less experimental than his prior work. Featuring Gorl on all instruments and on lead vocals (which are surprisingly melodic and emotional when compared to the snarling, trance-like mantras of DAF) and the Eurythmics Annie Lennox on co-lead and background vocals, it is an album of romantic intensity.«

Dieses Album sollte sein kommerziell erfolgreichstes sein. Im Rahmen dieser Veröffentlichung wurde Robert auch für einige Auftritte nach New York eingeladen und gab dort Radio-Interviews.

1985 kam es dann zum kürzesten Comeback in der gesamten DAF-Geschichte. Am Ende der neuen DAF-Produktion von *1st Step To Heaven* wandelte Robert künstlerisch bereits wieder auf ganz anderen Pfaden. Robert Görl: »Eigentlich waren wir sehr enthusiastisch an dieses neue DAF-Album rangegangen. Es entstanden auch tolle Songs wie *Brothers*. Das Problem war nur, dass Gabi und ich keine wirklichen Freunde mehr waren, nicht mehr so wie zu früheren Zeiten. Gabi vertrat mehr die Meinung unseres damaligen Labels für diese Scheibe, und ich war mit deren Ideen gar nicht einverstanden, das sorgte für einen schnellen erneuten DAF-Bruch.« Robert ließ Annie, Gabi und kurzzeitig auch die Musik hinter sich, um etwas komplett Neues zu beginnen. Er hatte sich in den Kopf gesetzt, Schauspiel zu studieren. Robert Görl: »Ich wollte jetzt einen richtigen Break, die Enttäuschungen waren einfach zu groß, speziell wie das mit der Scheibe *1st Step To Heaven* abgelaufen war.« 1986 ging Robert nach New York und bewarb sich dort am Stella Adler Conservatory, der nach der jüdisch-amerikanischen Bühnen- und Filmschauspielerin benannten Schauspielschule. Die Aufnahmeprüfung bestand er auf Anhieb. Das Schauspielstudium dort abzuschließen war ihm allerdings nicht vergönnt – was im Vergleich zu seinem Musikstudium nicht an außeruniversitären Aktivitäten lag, mit denen er die Missgunst der Schulleitung auf sich gezogen hatte. Vielmehr war den New Yorker Behörden aufgefallen, dass Robert zwar ein zeitlich uneingeschränktes Touristenvisum hatte, das galt jedoch nicht für ein Studium in den USA. Nach einem Jahr war der Traum vom Schauspielstudium in New York ausgeträumt. Sieben Tage hatte er Zeit, das Land zu verlassen. Und für die kommenden zehn Jahre war es ihm verboten, erneut einzureisen.

Robert Görl: »Ja, das hat mich sehr getroffen. Mir gefiel das Schauspielstudium enorm, vor allem die Shakespeare-Klasse. Mein Shakespeare-Lehrer lobte mich, ich hätte auffallendes Talent, er meinte, ich solle jetzt nicht das Handtuch werfen, wenn ich zurück

»Ja, das hat mich sehr getroffen. Mir gefiel das Schauspielstudium enorm, vor allem die Shakespeare-Klasse. Mein Shakespeare-Lehrer lobte mich, ich hätte auffallendes Talent, er meinte, ich solle jetzt nicht das Handtuch werfen, wenn ich zurück nach Deutschland muss, ich solle diesbezüglich am Ball bleiben. Es gäbe sicher in Deutschland auch Möglichkeiten. Was ich aber dann doch nicht tat. Na ja, es kam dann wieder alles ganz anders.«
ROBERT GÖRL

»Ich hatte ab dem Unfall nur noch Buddha im Kopf, es gab anscheinend Gründe dafür, alles drehte sich nur noch um Buddha, ich verspürte eine Art Buddha-Natur.« ROBERT GÖRL

nach Deutschland muss, ich solle diesbezüglich am Ball bleiben. Es gäbe sicher in Deutschland auch Möglichkeiten. Was ich aber dann doch nicht tat. Na ja, es kam dann wieder alles ganz anders.«

Anfang 1987 war er also wieder zurück in Deutschland. Gefrustet von dem abrupten Abbruch seines Studiums, fiel er in ein tiefes emotionales Loch. Und so machte er sich bei Nacht und Nebel nur mit seiner Ensonic Work Station und einer kleinen Reisetasche auf nach Frankreich, um dort vielleicht rauszufinden, was er wollte, wie es weitergehen sollte. Er fand ein kleines Hotel im Norden von Paris, in dem er für eine Weile unterkam und dort zurückgezogen an neuen Songs arbeitete. Was hier entstand, sind wohl die mit Abstand romantischsten Stücke, die Robert je geschrieben hat. Vor allem aber brachten sie ihn zurück zu sich selbst, raus aus dem Loch und gaben ihm eine Idee, eine Richtung.

1988 ging er mit genau diesen Aufnahmen nach London, in der Hoffnung, dort ein Label dafür zu finden. Und obwohl die Stücke ganz anders als sein erstes Album und erst recht völlig anders als DAF klangen, stieß er damit auf großes Interesse. Mit dem kanadischen Musiker Dee fanden die ersten Demo-Bearbeitungen statt. Es sollte Pop draus werden. Die Melodien auf Roberts Demo verlangten anscheinend danach. Es dauerte nicht lange, bis er einen Termin für die Aufnahmen in den renommierten Air-Studios in London hatte. Ein amerikanisches Management ermöglichte dies. Doch es sollte wieder ganz anders kommen.

Es war der 30. Januar 1989, der Roberts Leben komplett veränderte. Er war für ein paar Tage bei seinem Bruder in Mittelfranken gewesen. An diesem Wintermorgen brach er zeitig auf, um zurück nach München zu fahren. In einer vereisten Kurve nahe der mittelfränkischen Ortschaft Pyras des Landkreises Roth passierte es dann. Er verlor die Kontrolle über seinen BMW und raste mit 100 km/h direkt auf einen Baum zu. Es gleicht einem Wunder, dass er diesen Unfall überhaupt überlebt hat. Allerdings verlor er dabei seinen rechten Arm und jede Menge Blut. Unter Schockstarre barg er seinen nahezu vollständig abgetrennten Arm aus dem Beifahrerbereich des Wagens und rettete sich mit ihm raus in den eisigen Morgen. In diesem Moment, alleine im Schnee des bayerischen Niemandslandes kauernd, hatte er eine Epiphanie. Momente erschreckender geistiger Klarheit wechselten sich ab mit Lichtspielen, und eine eigenartige Wärme und Ruhe durchströmte ihn. Als die Rettungskräfte, gerufen von Bauern, die den Unfall beobachtet hatten, eintrafen, war Robert in einem Trancezustand. Die OP dauerte zehn Stunden, während derer man die Knochen seines rechten Arms durch ein Nirosta-Leichtmetall-Gestell ersetzte. Als er aus der Narkose erwachte, so erinnert er sich, war das Erste, was er regelrecht schrie, *Buddha!* Warum Buddha? Verwunderlich, hatte er doch zuvor mit Buddha rein gar nichts zu tun gehabt. Oder doch? Und genau das interessierte Robert jetzt, er wollte der Sache mit Buddha auf den Grund gehen.

Robert Görl: »Ich hatte ab dem Unfall nur noch Buddha im Kopf, es gab anscheinend Gründe dafür, alles drehte sich nur noch um Buddha, ich verspürte eine Art Buddha-Natur.«

»Auto fahren könnte ich mir gar nicht mehr vorstellen. Als Beifahrer ja, aber selber fahren? Ich misstraue mittlerweile dieser Technik. Nicht perfekt genug.«
ROBERT GÖRL

Während der drei Monate, die Robert im Krankenhaus verbrachte, hatten sich sogenannte Freunde und Bekannte Zugang zu seiner Münchner Wohnung verschafft und getreu dem Motto »Der Görl, der wird das eh nicht überleben« alles mitgenommen, was nicht niet- und nagelfest war – als selbst ernannte Nachlassverwalter quasi. Das war Robert, abgesehen von dem Umstand, dass seine Freunde ihn offensichtlich schon abgeschrieben hatten, herzlich egal. Aus Materiellem generiert man kein Glück, das war ihm klar geworden in diesen Tagen. Sein Nahtod-Erlebnis hatte ihn dazu gebracht, sein ganzes Leben, seine Verhaltensweisen, seine Prioritäten, seine Ziele zu überdenken. Und dort, wo er diese Gedanken vertiefen wollen würde, könnte er mit all den Dingen aus seiner Wohnung ohnehin nichts anfangen. Die nächste Etappe seiner Lebensreise war ein thailändisches Kloster. Dort lebte er drei Jahre mit einigen Unterbrechungen gemeinsam mit Mönchen; fastete, meditierte, schwieg, strich durch die Wälder und wandte sich dem Geistigen zu auf der Suche nach seiner Buddha-Natur. Bis heute fährt er regelmäßig nach Thailand, lebt vegetarisch, ohne Zigaretten, ohne Alkohol oder andere Drogen. Seitdem ist er nie wieder Auto gefahren.

Robert Görl: »Auto fahren könnte ich mir gar nicht mehr vorstellen. Als Beifahrer ja, aber selber fahren? Ich misstraue mittlerweile dieser Technik. Nicht perfekt genug.«

Aber den Rest seines Lebens als buddhistischer Mönch zu verbringen war auch nicht das, was ihm vorschwebte, zudem hatte Robert eine Einsicht: »Den Buddha kannst du nirgendwo in der Welt finden. Der Buddha wohnt in deinem Herzen.« Und so kam er schließlich zurück nach München – und zurück zur Musik. Ganz langsam tastete er sich wieder heran. Mit seinen nächsten beiden Singles *Psycho* und *Therapie* stieß er bei dem Münchener Techno-Label Disko B auf großes Interesse, die dort 1993 bzw. 1994 erschienen – diese Tracks wurden schließlich auf einem Album veröffentlicht, das bezeichnenderweise *(Psycho) Therapie* hieß. Und auf einmal war es fast so, als wäre Robert nie weg gewesen. Bereits Mitte der 90er-Jahre ging er mit Disko B auf eine Club-Tour durch Deutschland. Im Gepäck hatte er lediglich seinen Korg MS-20 und den Korg SQ-10 Sequenzer. Elektronisches Feuerwerk und Abstürze pur. Ohne Beat und rein intuitiv

»Ich hatte zwischenzeitlich mitbekommen, dass Gabi sich bei seinen Solo-Aktivitäten an unserem Namen, also DAF, vergriffen hat. DAF/DOS nannte er sich plötzlich. Das fand ich wirklich schräg. Unsere ursprüngliche Abmachung war, wir würden beide den Namen DAF ruhen lassen und ihn nur benutzen, wenn wir was zusammen machen. Mehr muss ich dazu gar nicht sagen.«
ROBERT GÖRL

gespielt. Die Fans feierten sein Comeback. Die Medien sprachen von den krassesten Shows, die gerade durch Deutschland gingen. Halb nackte Teenager, die sich auf Görls Korgs einfach draufsetzten, sprachen Bände. Genauso plötzlich, wie er von der Bildfläche verschwunden war, war er nun wieder aufgetaucht. Im regelmäßigen Abstand von zwei Jahren veröffentlichte er Alben. 1996 erschien *Watch The Great Copycat*, 1998 folgte *Sexdrops* und 2000 schließlich *Final Metal Pralinées* – allesamt bei Disko B.

Robert Görl: »Ich hatte zwischenzeitlich mitbekommen, dass Gabi sich bei seinen Solo-Aktivitäten an unserem Namen, also DAF, vergriffen hat. DAF/DOS nannte er sich plötzlich. Das fand ich wirklich schräg. Unsere ursprüngliche Abmachung war, wir würden beide den Namen DAF ruhen lassen und ihn nur benutzen, wenn wir was zusammen machen. Mehr muss ich dazu gar nicht sagen.«

Trotz dieses weiteren unschönen Kapitels war es um die Jahrtausendwende mal wieder an der Zeit, Gabi anzurufen.

Robert Görl: »Lustigerweise hielten Gabi und ich immer wieder an Telefonnummern fest. Und somit waren wir weiterhin in Kontakt, trotz unserer mehrfachen Trennungen. Es war wieder viel Gras über die DAF-Streitigkeiten gewachsen, und so kam es 2003 zu einem erneuten DAF-Comeback, aus dem die Scheibe *Fünfzehn Neue DAF Lieder* hervorging.«

2008 folgte eine weitere Soloplatte, das dunkle elektronische Symphoniewerk *Dark Tool Symphony*, das auf Prussia Records erschien. Robert ging mit diesem Werk auf Japan-Tournee. Und feierte im Fernen Osten seine ersten Erfolge. Seitdem interessiert sich Robert auffallend für Soziale Netzwerke und macht fast alles nur noch über seinen privaten Robert Goerl Facebook-Account.

Robert Görl: »Ich habe in den letzten Jahren tatsächlich circa drei Stunden pro Tag nur auf Facebook verbracht. Das gefällt mir. Mit Freunden aus der ganzen Welt zu sprechen, mit ihnen Bilder auszutauschen. Und nicht nur das. Selbst einige Konzerte haben mir Freunde über Facebook vermittelt. Und einige dieser sogenannten virtuellen Freunde habe ich mittlerweile persönlich kennengelernt. Das hat was.«

2015 schließlich stellte er sein nächstes Soloalbum fertig: *Glücksritter*. Ein Jahr lang hatte er daran in seinem Homestudio gearbeitet. Aber die Plattenindustrie hatte sich extrem verändert, und auf der Suche nach einem Label bekam Robert ausschließlich Deals angeboten, die für ihn nicht infrage kamen. Verpasste oder zu spät erkannte Chancen, zu große Skepsis dem aufkommenden Internet gegenüber, schwer korrigierbare Fehleinschätzungen, rückläufige Alben-Verkäufe und das daraus resultierende Wachkoma der Plattenindustrie hatten dafür gesorgt, dass man von einem Label ohnehin nicht mehr viel zu erwarten hatte. Leidenschaft der Musik gegenüber schon mal gleich gar nicht. Robert wollte sein Album aber nicht als halbherzig untergebrachtes Produkt wissen. Nun sind auch schon andere Künstler auf die Idee gekommen, Plattenfirmen komplett aus dem Verwertungszyklus rauszuhalten und sich teilweise sogar sehr erfolgreich alleine nach oben zu boxen. Robert aber drehte die Schraube noch ein wenig weiter: Er wollte nicht, dass *Glücksritter* nur ein Produkt ist, für das er dann womöglich selbst noch alle geschäftlichen Dinge erledigen müsste. Robert Görl: »Ich bin schon immer ein Vollblutmusiker gewesen, schon seit meinen frühesten Tagen und im Musikstudium sowieso. Als Allrounder, der die Label-Arbeit mit übernimmt und alles alleine macht, habe ich mich dagegen nie gesehen. Das interessiert mich auch einfach nicht. Und richtig gut bin ich nur in Dingen, die mich interessieren.« Also entschloss er sich dazu, es dem Produktstatus komplett zu entziehen. Wer weiß, vielleicht hat auch seine buddhistische, anti-materialistische Geisteshaltung zu diesem Entschluss beigetragen. Das Album kann man ausschließlich live bei Gigs von ihm hören. In festgelegter Reihenfolge spielt er die 13 Songs. Musik als Erlebnis, als Erfahrung; nicht als Produkt oder Ware. *Glücksritter* kann man bis dato noch immer nicht kaufen. Auch nicht digital. Wer das Album also hören möchte, muss Robert Görls *Glücksritter* für einen Auftritt buchen. LMO: Live Music Only – sein Konzept. Damit gibt er der Musik die Magie des Flüchtigen zurück in einer Zeit, in der Musik immer und überall kostenlos zur Verfügung steht und damit natürlich auch an Wertigkeit eingebüßt hat.

»Lustigerweise hielten Gabi und ich immer wieder an Telefonnummern fest. Und somit waren wir weiterhin in Kontakt, trotz unserer mehrfachen Trennungen. Es war wieder viel Gras über die DAF-Streitigkeiten gewachsen, und so kam es 2003 zu einem erneuten DAF-Comeback, aus dem die Scheibe FÜNFZEHN NEUE DAF LIEDER hervorging.« ROBERT GÖRL

Robert Görl: »Ich verstehe natürlich, dass einige meiner Fans mit solch einem Konzept nichts anfangen können, da sie womöglich niemals in der Lage sein werden, ein Robert-Görl-*Glücksritter*-Konzert zu sehen. Sie wollen es kaufen. Das schreiben mir immer wieder Freunde über Facebook. Das tut mir auch leid. Aber man kann immerhin alle meine anderen Scheiben mit DAF oder meine anderen Solo-Sachen kaufen. Vielleicht auch irgendwann mal sogar *Glücksritter*. Never say never. Und mein nächstes Solo-Projekt, das schon in der Pipeline steckt, wird wieder käuflich sein. Versprochen.«

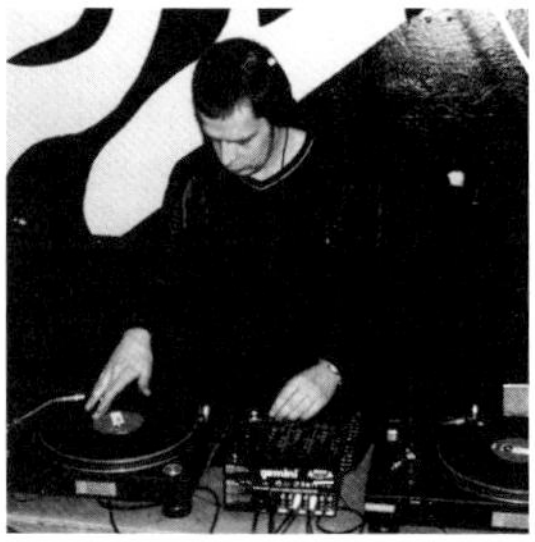

FOTO: ANDREAS KÖGLOWITZ

›SPANISH BULL‹ EIGNET SICH AUCH HEUTE NOCH SEHR GUT ZUM FAHRRADFAHREN

Gastbeitrag von Andreas Köglowitz

Mitte bis Ende der 90er hielt ich mich oftmals vier Tage die Woche in Clubs auf: um aufzulegen, als Veranstalter oder einfach nur, um Freunde bei genau dabei zu begleiten. Augsburg war und ist ja immer noch die kleine ignorierte Zweigstelle von München, und so kam es auch, dass man ständig mit den Leuten von Disko B abhing, hautsächlich im alten Ultraschall in München. Obwohl die Maxi von *Kebabträume* nie meinen DJ-Koffer verlassen hatte, so hatte ich doch DAF komplett aus den Augen verloren. Umso erstaunter war ich, als mir die Platte *Sexdrops* in die Hände fiel, da sie sehr viel der alten Power von DAF hatte, gepaart mit dem rennenden Beat, der zu dieser Zeit sehr in war. Mein Fokus lag damals eher auf den verspielten Elektrosongs von Disko B, und diese Platte sah auch anders aus als die »normalen« Disko B-Scheiben, welche meist nur eine einfarbige Karton-Schutzhülle mit Mittelloch hatten. Dafür war das Label grafisch gestaltet. Die Platte *Sexdrops* dagegen hatte ein Fotocover und war zudem eine Doppel auf normalem Vinyl.

Der Platte beigelegt war ein Poster, das das Gesicht zierte, das auch auf dem Plattencover war – nur im Querformat. Dieses hing jahrelang über meinem DJ-Pult zu Hause und starrte mich an. Und ich starrte zurück. Manche Besucher fanden das Poster sehr strange, aber ich mochte diesen Blick, was immer er mir auch sagen wollte.

Zu Beginn einer Party konnte man die Tracks nicht spielen, aber so ab 3.00 oder 4.00 Uhr, wenn jeder seinen Level erreicht hatte, trieben Tracks wie *Pet Teaser* oder *Spanish Bull* die Leute kreuz und quer über die Tanzfläche. *Spanish Bull* eignet sich auch heute noch sehr gut zum Fahrradfahren, wenn man es eilig hat.

Der Endlosloop am Ende der Platte *Call A Loony* war zudem ideal für so manche Afterhour, wenn man mal nicht so schnell wieder zurück zum Pult konnte.

Insgesamt, denke ich, eine Platte, die kaum einer meiner Kollegen damals kannte, mich aber doch lange begleitet hat.

IN EINEM RELATIVEN HYPE-VAKUUM KONNTE DAF SO RICHTIG SCHOCKEN

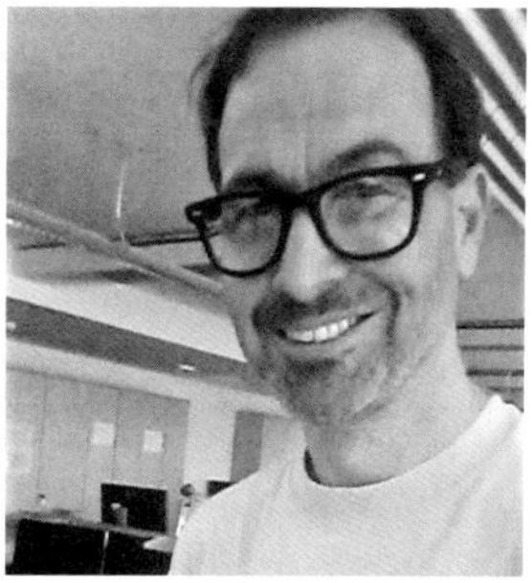

FOTO: PRIVAT

Gastbeitrag von Patrick Goldstein (Berliner Morgenpost)

Als das bei uns 1981 zu Hause lief, von einem Schulfreund geliehen, Plattenspieler: »Schneewittchensarg« von Braun, Kinderzimmer, ich gerade Teenager geworden und nun *Alles Ist Gut* aufgelegt: Das gab einen Riesenrabatz.

»Tanz den Mussolini«? »... und jetzt den Adolf Hitler«? Das kam in einer gutbürgerlichen Angestellten-Familie im damals noch gutbürgerlichen Angestellten-Tempelhof überhaupt nicht infrage. Schon gar nicht für meinen Vater und bei unserem Background. Es wurde angeordnet, dass die Platte am nächsten Tag zurückgeht, die Wohnung gewissermaßen zu verlassen habe.

Es war ja nicht so, dass man 1981 kurz mal im Internet surfen konnte, um Interviews zu suchen, in denen DAF diesen NS-Look und diesen derben, ja, eigentlich dreisten Umgang mit der Nazi-Thematik irgendwie erklärten. In allem, was ich als Jugendlicher in dem, was man damals in West-Berlin bekommen konnte – *NME*, *Sounds*, *Melody Maker*, *Spex* und so – nachlesen konnte, blieben die für mich in diesen Fragen immer sehr vage. Und in der lieben Bundesrepublik kannte man die großen popkulturellen Skandale und bewussten Provokationen – wie jetzt offenbar bei DAF – nur aus der Ferne.

Das war nicht rund um die Uhr Rammstein, Dschungelcamp, Kim Kardashian. Da erreichte einen höchstens mal etwas über die Pistols live und fluchend bei Bill Grundy, irgendein furchtbar jugendgefährdender Schweinskram mit Nina Hagen im österreichischen Fernsehen, die SS-Runen von Kiss und Bowies vermeintlicher Hitler-Gruß von 1976. In so einem relativen Hype-Vakuum der BRD konnten DAF eben so richtig schocken.

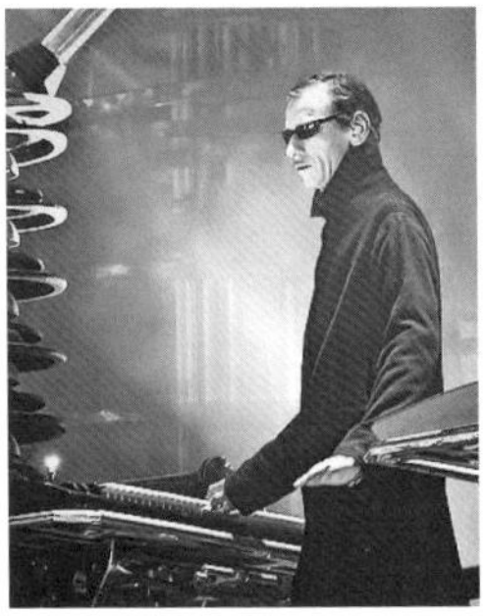

DIE FASZINATION DES ANDERSSEINS

Gastbeitrag von Flake (Rammstein)

Wer vermag schon die Stunden zu zählen, die ich vor unserem Radio hockte. Dieses gelbe Küchenradio stand bei uns im Wohnzimmer auf einer Fußbank, und wenn ich mich schon gebückt hatte, um es anzuschalten, konnte ich auch gleich auf dem Fußboden bleiben. So konnte mir auch am wenigsten von den Sendungen entgehen. Nichts machte mir solche Freude wie das Radiohören. Wenn ein Lied anfing, war das für mich eine große Verheißung. Würde ich es schon kennen? War es auf Deutsch, sodass ich den Text verstehen könnte? Spielte ein Klavier oder eine Mundharmonika mit? Einige Bands erkannte ich schon, und von manchen wusste ich sogar den Namen. Also von Johnny Cash oder ABBA. Da ich nie wusste, ob ich diese Lieder je wieder hören würde, sog ich sie geradezu in mich hinein. Dann konnte ich sie später vor mich hinträllern. Einen Kassettenrekorder zum Aufnehmen würde ich erst einige Jahre später geschenkt bekommen. Also rutschte ich so nah ans Radio heran, wie es nur ging. Ich hatte den ganzen Tag zum Radiohören Zeit, wenn ich aus der Schule kam. Sogar während des Abendbrotes lief bei uns die Musik. Da hörte dann die ganze Familie zu. Aber am allerschönsten war es, wenn ich nicht zur Schule gehen musste, weil ich krank war oder so. Sobald ich die Wohnung für mich alleine hatte, kuschelte ich mich wieder ins Bett und hörte mir intensiv die Radiosendungen an. Ich versank förmlich in der Welt der Töne. Und ich hatte das Gefühl, selbst der Entdecker der neuen Musik zu sein. Ich dachte ja, dass die Musik wirklich frisch aus dem Radio kommt, und hatte keine Ahnung davon, dass diese Lieder schon in einem Studio auf eine Platte aufgenommen worden sind und somit sicherlich schon jemand anders die Musik entdeckt haben muss. Zumindest derjenige, der sie im Radio spielt. Ich dachte, dass ich mit meiner Begeisterung dieses Lied zu einem Hit beförderte. Für mich selbst stimmte das ja auch, und komischerweise kamen die Lieder, die mir so gut gefielen, dann auch immer wieder, sodass sie immer mehr Leute kannten. Und so verbrachte ich Stunde um Stunde vor diesem Radio und wurde dabei immer tiefer in eine abenteuerliche Welt gesogen, in der ich keine Zahnspange und keine Brille trug, in der es keine Schule mit brutalen Jungs gab, in der ich nicht stotterte und das ganze Leben voller ungeahnter Möglichkeiten war. Und da kam auf einmal dieses neue, auf eine verrückte Art technische Lied. Es war so hämmernd, als wäre es auf Maschinen gespielt worden. Es gab keine Gitarren mehr, kein Schlagzeug und nichts Gemütliches mehr. Ich kannte schon Kraftwerk, aber deren Musik war viel ordentlicher und friedlicher. Hier aber schwang etwas Böses und dadurch auch sehr Verführerisches mit. Ich spürte die Faszination des Andersseins. Ich wollte nicht mehr nett sein. Lieber so energiegeladen und rücksichtslos wie diese Band. Lieber auch einmal etwas Verbotenes tun. Dieses Gefühl habe ich nie ganz verloren. Seit diesem Tag, wo ich zum ersten Mal ein Lied von DAF hörte.

DAS HAT IHNEN BISLANG KEINER NACHGEMACHT

Gastbeitrag von Rocko Schamoni

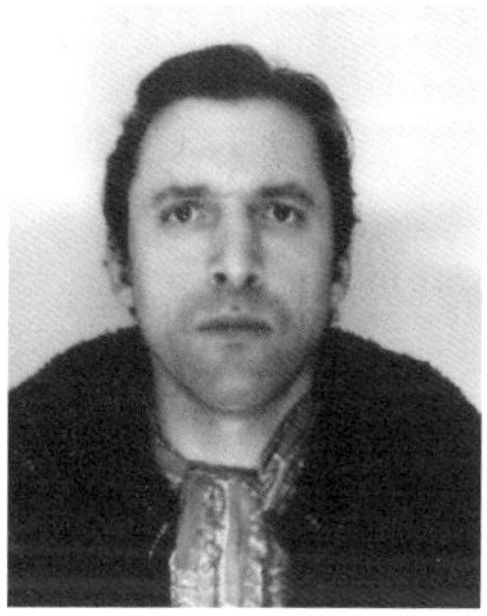

FOTO: ROCKO SCHAMONI

Vor einiger Zeit musste ich für einen Filmscore den ganzen Soundtrack der damaligen Zeit noch mal durchhören. Für mich blieben dabei zwei Gewinner übrig, die mühelos die Zeiten überstanden haben: DAF und die Stranglers. In beiden Fällen sind Sound und Komposition, aber auch die Texte so eigen und speziell, dass die Zeit ihren Zahn nicht richtig ansetzen konnte. Über die Jahre haben sich darum auch sehr viele Bands von DAF inspirieren lassen: Saalschutz, Jeans Team oder die Zitronen – um nur drei zu nennen. Das Original blieb allerdings unerreicht. Das liegt an der absoluten Reduziertheit von DAF gepaart mit einer phantastischen Produktion, die gleichzeitig intelligent als auch »wertig« daherkommt und ihren irisierenden Texten. Das hat ihnen in dieser Konsequenz bislang keiner nachmachen können. Insofern bleiben DAF ein komplett spezieller und für sich allein stehender Kosmos. Bei all den harten, treibenden Sounds und Songs fand ich persönlich *Der Räuber Und Der Prinz* schon immer sehr gut. Das hat sich bei mir damals tief eingebrannt: Diese smarte, reduzierte Musik, der für mich damals merkwürdige Text, das Schwüle, Schwebende daran – einfach sehr stark.«

FÜNFZEHN NEUE DAF

FÜNFZEHN NEUE DAF LIEDER
Superstar Rec., Februar 2003

1 **Der Sheriff** 3:46
2 **Ich Bin Tot** 5:04
3 **Du Bewegst Dich** 4:22
4 **Kinderzimmer** 3:38
5 **Rock Hoch** 4:27
6 **Mira Como Se Menea** 3:59
7 **Satellit** 4:49
8 **Moschino, Heckler & Koch** 2:58
9 **Seltsame Freunde** 4:11
10 **Algorithmus** 4:03
11 **Der Präsident** 4:07
12 **Liebeszimmer** 6:00
13 **Komm In Meine Welt** 5:10
14 **Die Lüge** 4:06
15 **Ich Bin Morgen Wieder Da** 9:03

Produktion: DAF, DJ Jauche
Fotos: Robin
Musik: Robert Görl
Text: Gabi Delgado

DAS WIEDERSEHEN

Gabi Delgado: »Und dann hat mal wieder der Robert angerufen.« Robert Görl: »Ich hatte immer das Gefühl, ich müsse dem Gabi was anbieten. Das ist so ein roter Faden, der zieht sich durch die ganze DAF-Geschichte. Auch wenn wir uns zerstritten haben, später, der Erste, der dann wieder angerufen hat, war ich. Und ich habe dann immer versucht, ihm was anzubieten. Auch 2002 habe ich ihn gefragt, ob wir nicht mal wieder was zusammen machen wollen. Warum? Ich denke, es liegt an meiner Liebe zum DAF-Projekt. Da stecken einfach zu viele gute wie schlechte Dinge drin. Und DAF sind nun mal Gabi und ich. Und weil ich ein Mensch bin, der trotz einiger Dinge, die nicht gut liefen, vergessen kann.«

16 Jahre waren vergangen seit der *1st Step To Heaven*. 16 Jahre, in denen Robert und Gabi nicht nur getrennte, sondern Wege, die unterschiedlicher nicht hätten sein können, gegangen waren. Der eine auf den menschenleeren Pfaden der spirituellen Erleuchtung wandelnd, der andere auf der aufkommenden Welle des Techno in Menschenmassen gefluteten Clubs surfend. Doch das Jahr 2002 sollte die zeitliche Gabelung sein, an der sich die Wege der beiden erneut kreuzten. Anstoß dafür war die Anfrage, gemeinsam als DAF auf der Loveparade zu spielen. Doch bei diesem einen Gig sollte es nicht bleiben. Und so entstand aus diesem neuerlichen Zusammentreffen etwas, womit niemand, inklusive Robert und Gabi, gerechnet hätte: Ein neues DAF-Album. Aber der Reihe nach.

Gabi Delgado: »Wie gesagt, dann rief Robert an und meinte, Thomas Friepörtner hätte gefragt, ob wir nicht auf der Loveparade spielen wollen. Mit Doktor Motte und Marusha. Doktor Motte – ausgerechnet! Also nichts gegen Doktor Motte und Marusha, aber ich war zunächst skeptisch. Andererseits: 30.000 für eine halbe Stunde. Da habe ich gedacht: Okay, wir machen das und sorgen für einen Filmriss! Ich hatte mal Dubplates von den DAF-Hits gemacht, eigene modernere Versionen, die ich für meine DJ-Arbeit und die Auftritte mit DAF/DOS benutzte. Diese Dubplates hat Robert dann aufgelegt. Und ich habe dazu gesungen. Halbe Stunde. Fertig. Das war total spontan. In der Not und in der Eile hatten wir eben auch nichts anderes. Das Ganze war dann ein Riesenerfolg.«

LIEDER

Ebendieser Thomas Friepörtner, der den Auftritt auf der Loveparade vermittelt hatte, meinte, es sei an der Zeit für ein neues DAF-Album. Er habe Kontakt zu einem jungen Plattenlabel aus dem Rhein-Main-Gebiet, Superstar Recordings. Ein Label, das auf elektronische Musik spezialisiert war, die hätten sicher Interesse. Und eine Platte zu produzieren, ein Studio zu finden, das war 2002 nicht mehr ansatzweise so kompliziert und teuer wie noch 1986 oder gar 1980. Die Produktionsmittel lagen nicht mehr in den Händen einiger weniger – würde Gabi sagen.

Gabi Delgado: »Nach diesem Loveparade-Auftritt kam dieser Thomas Friepörtner und meinte: ›Ja Mensch, ihr müsst doch mal wieder was machen! Das kann man sicher super verdealen. Ich kenne diese Leute von Superstar. Die sind jetzt bei Universal.‹ Das klang gut! Dann sind wir da also hingefahren. Superstar. Allein der Name hat mir schon gefallen. Die haben auch gesagt: Was kostet die Welt? Hatten von Tim Renner viel Geld gekriegt. Die kamen ja auch mehr aus der Techno- und House-Ecke, hatten einige erfolgreiche Dance-Hits, richtige Chart-Acts; überwiegend aus England lizenzierte Sachen. Und die haben dann also DAF gesignt. Alles lucky ducky. Mussten wir nur noch ein Studio finden. Habe ich gesagt: ›Super, dann nehmen wir das auf bei einem Freund von mir.‹ Robert wohnte damals noch in München. Ich

Diese und die folgenden Seiten: CD-Booklet zu ›FÜNFZEHN NEUE DAF LIEDER‹

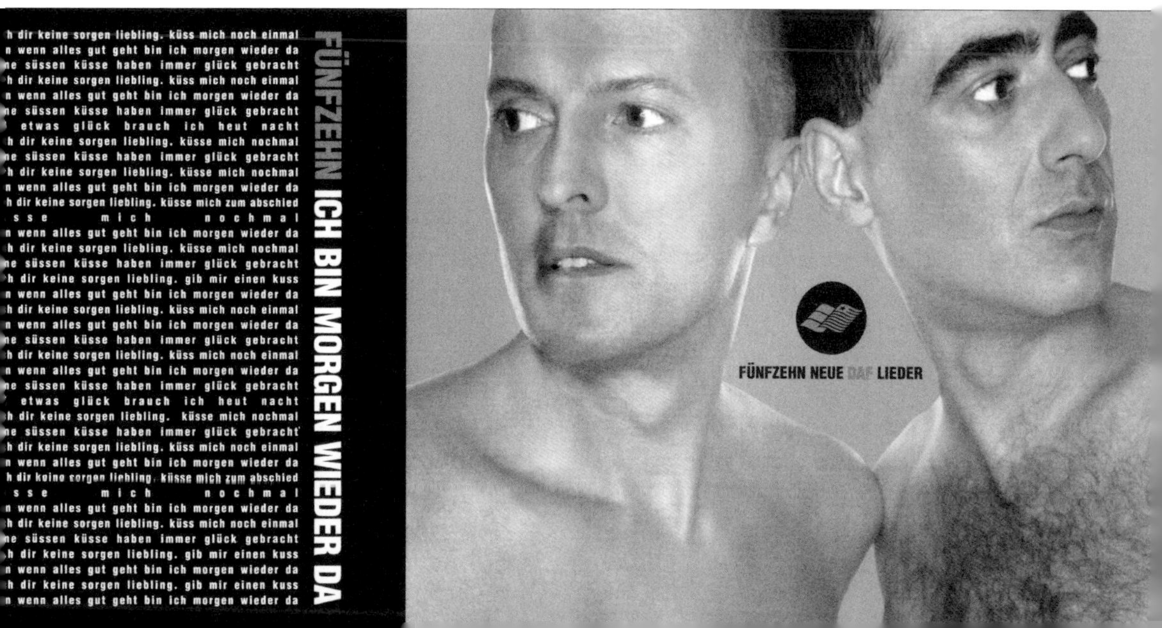

»Bei den Überlegungen zu dem neuen Album standen einige Parameter schnell fest. Gesungen werden sollte auf jeden Fall wieder auf Deutsch. Auch ansonsten sollte es eher an die drei Plank-Alben als an die 1ST STEP TO HEAVEN anknüpfen. Auch was die Synthies anging, wollte Robert nicht auf Digital umsteigen, sondern DAF seine Dreckigkeit und Rotzigkeit durch den Sound der alten Analogsynthesizer lassen.«
GABI DELGADO

wohnte in Berlin direkt neben dem betreffenden Studio. So ist Robert überhaupt nach Berlin gekommen. Wir hatten uns ja ewig nicht gesehen. Er hatte diesen Unfall und dieses ›Buddha-Erlebnis‹. Robert hatte sich dadurch schon verändert. Jetzt nicht nur, weil er auf der Tour und auch auf dem Album kein Schlagzeug spielen konnte. Auf jeden Fall sind wir dann für die Aufnahmen in das Studio von Jack Flash, also Oliver Marquardt, gegangen. Ein sehr talentierter Berliner Produzent. Unter seinem Pseudonym Jack Flash hatte er gerade einen richtigen Chart-Erfolg mit einem Techno-House-Remix von *Love Is In The Air*. Jack Flash kam aus der Berliner Techno-House-Welt, ist ein wirklich toller DJ, vor allem als DJ Jauche bekannt, daher kannte ich den. Matze, also Matthias Schaaf, war noch als zusätzlicher Engineer dabei und hat bei den anschließenden Konzerten den Live-Sound gefahren.«

Bei den Überlegungen zu dem neuen Album standen einige Parameter schnell fest. Gesungen werden sollte auf jeden Fall wieder auf Deutsch. Auch ansonsten sollte es eher an die drei Plank-Alben als an die *1st Step To Heaven* anknüpfen. Auch was die Synthies anging, wollte Robert nicht auf Digital umsteigen, sondern DAF seine Dreckigkeit und Rotzigkeit durch den Sound der alten Analogsynthesizer lassen. Und produzieren wollten sie das Album auch wieder selbst. Der große Unterschied zu anderen DAF-Werken war, dass Robert kein Schlagzeug spielen konnte. Das Schlagzeug wurde durch Drum-Boxes und Sample-Drums ersetzt. Sie wussten, was sie wollten, wussten, wie sie es umsetzen konnten, und vor allem wussten sie, dass sie niemanden haben wollten, der ihnen in ihr Werk reinredete.

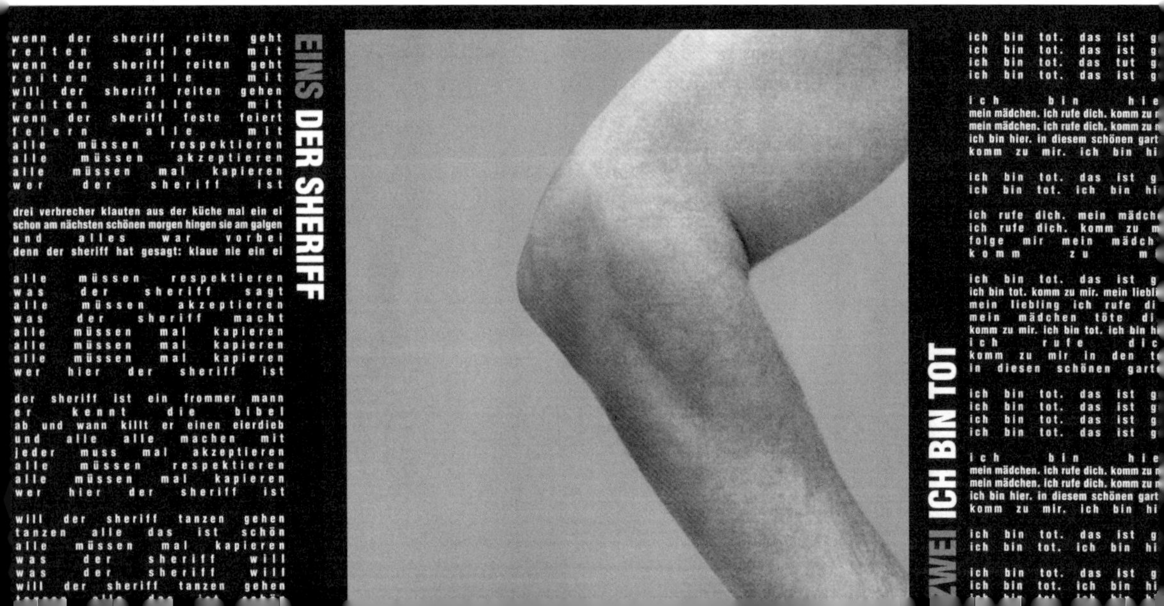

Robert Görl: »*Fünfzehn Neue DAF Lieder* – das war schon auch eine coole Story. Das haben wir in so einem ganz kleinen Freak-Studio in einem Hinterhof in Berlin aufgenommen. Mit dem Korg MS-20 habe ich die Stücke eingespielt – very oldschool! Aber vom Aufnahmeprozess war es eigentlich wie früher bei Conny auch schon: Erst habe ich die Sequenzen eingespielt, dann die Beats, allerdings rein elektronische Drums, und als Letztes war dann Gabi dran mit seinem Gesang. Nach ungefähr zwei Wochen kamen mal ein paar Typen von Universal Music Group Berlin in diesem kleinen freakigen Studio vorbei. Die sind allerdings nicht weiter rein ins Studio, die hingen einfach nur im Eingangsbereich rum. Standen da eine Weile und haben gelauscht. Ich glaube, es war denen zu dunkel im Studio, oder zu verraucht. Die ganzen Sachen sind so zwischen Sommer und Herbst 2002 entstanden. Ich habe wie immer die Sequenzen entwickelt, und Gabi hat die Texte dazu gemacht. Obwohl: Sonst war das ja immer strikt getrennt gewesen. Ich habe die ganzen Kompositionen gemacht. Also die ganze Musik kam wieder von mir und die Texte von Gabi. Das war immer unsere Arbeitsteilung gewesen. Aber bei dem Album gab es eine Ausnahme, eine Besonderheit: Für einen Song hat Gabi die Elektronik geliefert. Das ist der dritte auf dem Album: das Tanzlied *Du Bewegst Dich*. Das ging aber auch nur unter einer Bedingung: Beim nächsten DAF-Album mache ich dann einen Titel alleine. Das ist uns wirklich wichtig. So sind wir.«

»FÜNFZEHN NEUE DAF LIEDER – das war schon auch eine coole Story. Mit dem Korg MS-20 habe ich die Stücke eingespielt – very oldschool! Aber vom Aufnahmeprozess war es eigentlich wie früher bei Conny auch schon: Erst habe ich die Sequenzen eingespielt, dann die Beats, allerdings rein elektronische Drums, und als Letztes war dann Gabi dran mit seinem Gesang.« ROBERT GÖRL

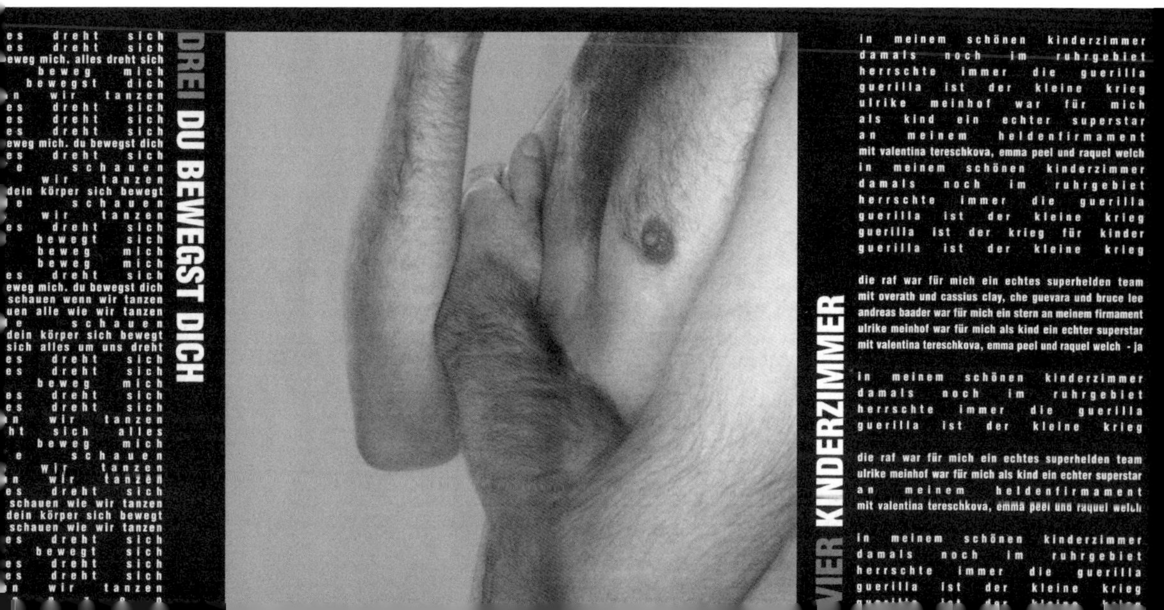

DAF WAR MIR URSPRÜNGLICH GAR KEIN BEGRIFF

Gastbeitrag von Oliver Marquardt aka DJ Jauche

Ich bin über verschiedene Radiosendungen, die es auch schon vor dem Mauerfall gab, für Musik sozialisiert worden. Die aufkommende Dance- und HipHouse-Culture hatte es mir angetan. Dann Acid und Acid House, das waren die Sachen, die uns auch schon in Ost-Berlin total weggeflasht hatten. Dabei war die englische Dance- und Raveszene fast wichtiger als die amerikanischen Sachen. Bumm, dann fiel die Mauer. Für uns Leute aus dem Osten, und nur aus der Sicht kann ich das erzählen, war dieses ganze Technoding dann der Soundtrack zu unserem neuen Leben. Für die Elektronikmusik hier in Berlin war das eine unheimlich wichtige Zeit. Zuvor musste ich meine Westverwandtschaft schon ordentlich terrorisieren, um zum Beispiel die Grandmaster Flash-Platte zu bekommen; oder auch Leute, die auf EBM standen, hatten es nicht leicht und nur selten das Glück, irgendwas auf Umwegen zu erhalten. Man konnte ja zu DDR-Zeiten nicht einfach in einen Laden gehen und eine Platte kaufen. Dadurch gab es im Osten eine echt funktionierende Tape-Szene, die von The Cure bis Nitzer Ebb alles hatte und hörte. Gothic war die Gegenbewegung zu der verordneten Kultur, genau wie Punk und bei mir eben die Danceabteilung. Gabi war viel hier in Berlin in dem Clubleben unterwegs zu der Anfangszeit, hat dann seine Projekte gemacht mit Saba Komossa und Wotan. Gabi ist ein extrem intelligenter Mensch, der gleichzeitig sehr empathisch ist. Drogenbewandert, aber klar im Kopf. Mit Gabi war ich sehr gut befreundet. Ich zählte zu den wenigen Leuten, von denen er sich verabschiedete, als er Berlin verließ. Hochintelligent, aber ein Supernerd, sobald eine Spielekonsole in Reichweite ist. Manche Nächte haben wir im Studio nur Konsole gezockt. Kennengelernt hatte ich ihn durch Zufall, da wir unser Studio damals in der Torstraße hatten und er zwei Häuser nebenan wohnte. Bei uns auf dem Hinterhof gab es ein Label, wo sich Gabi immer seine Musik abholte. Irgendwann wollten Robert und Gabi sich für eine einzige Live-Show, die sie zugesagt hatten, bei uns im

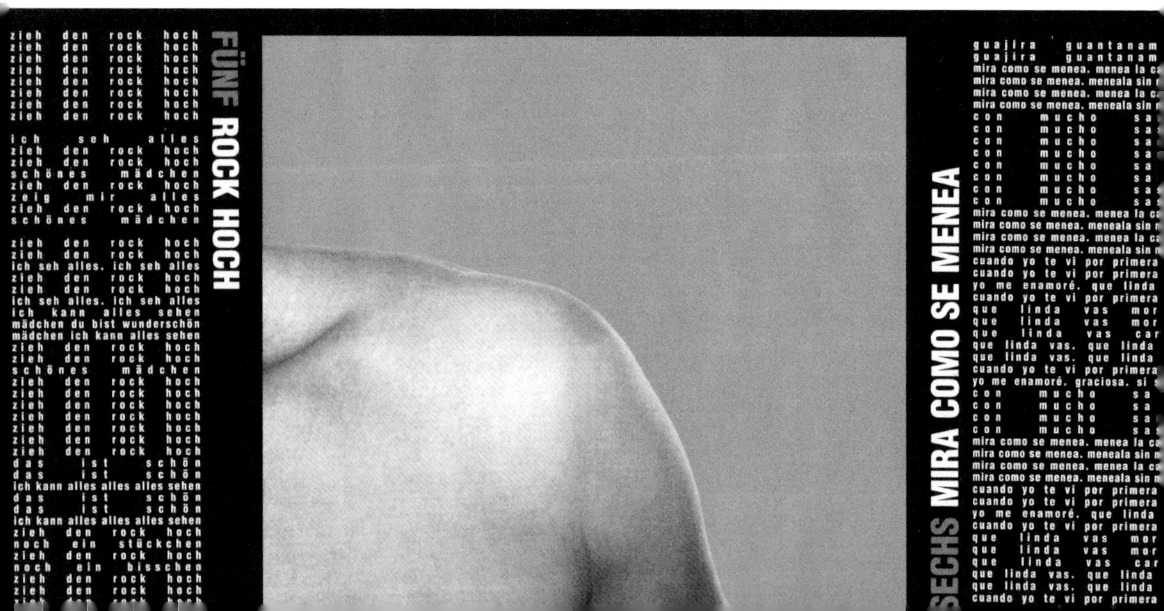

Studio fit machen. Sie wollten die alten Bänder aufbereiten, und da wir die Einzigen waren, die eine Gesangskabine hatten, konnten wir auch gleich ein paar Sachen aufnehmen. Das Konzert fand am 12. Juli 2002 in Berlin statt in so einer Kulturhalle, ich glaube Casino, und es waren auch Dr. Motte und Marusha dabei. »Praxxiznacht Berlin« nannte sich das Ganze. Für den Auftritt kamen die beiden mit ihren alten DAT-Kassetten zu uns, und wir haben das neu in den Rechner geworfen bzw. versucht, einfach aus dem vorhandenen Material gut klingende Backing-Tapes zu erstellen. Später kamen die beiden mit der Idee, ein ganzes Album bei uns zu produzieren, auf mich zu, und genau das haben wir dann auch gemacht. Wir haben *Fünfzehn Neue DAF Lieder* aufgenommen und abgemischt in unserem Jetstream Studio in Berlin im September und Oktober desselben Jahres. Durch die Vorbereitungen für den Auftritt hatten wir uns ja schon angenähert, und alles hatte gut geklappt, so haben wir dann weitergemacht, obwohl mir DAF ursprünglich gar nicht so ein Begriff waren; da war mein damaliger Kollege viel mehr aufgeregt. Die Scheibe kam dann im Februar bei Superstar Recordings raus und bestand ausschließlich aus neuem Material. Im Laufe der Arbeit im Studio wurde mir langsam klar, dass Robert gar nicht ausschließlich der introvertierte Typ war, für den man ihn hielt, sondern recht präsent war und musikalisch alle Ideen auf seinem MS-20 mitbrachte, während Gabi abseits seiner Stage Persona vielmehr auch seine Ruhe sucht und ganz introvertiert sein kann. Das war anders als zuerst angenommen. Zu dem Album sollte es eine Tour geben, und es wurde ein Schlagzeuger verpflichtet, da Robert nicht hinter dem Schlagzeug saß, sondern ein eigenes Musikpult hatte, von dem er die Musik aus steuern konnte. Erst später hat er dann wieder selbst gespielt. Die Kritiken zu dem Album waren recht gut, gleichzeitig war es nicht der ganz große Aufschrei, dass DAF wieder da waren. Trotzdem hätten wir genau in der Phase versuchen sollen, weiteres Material zu erstellen. Rückblickend gefällt mir die Platte echt gut, und wenn du mich nach meinem Lieblingssong fragst, würde ich heutzutage mit *Kinderzimmer* antworten und *Der Sheriff*, den fand ich auch sofort richtig gut, und er wird auch immer wieder aktuell.

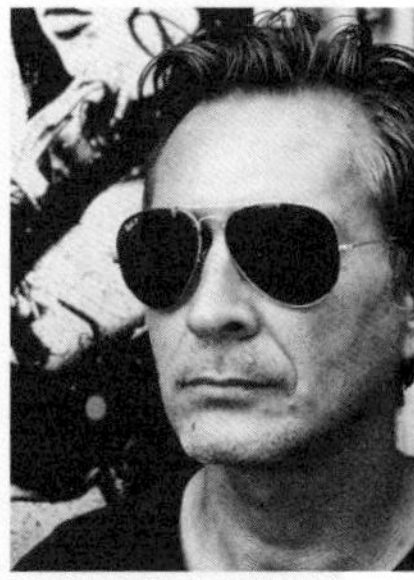

FOTO: ARCHIV DJ JAUCHE

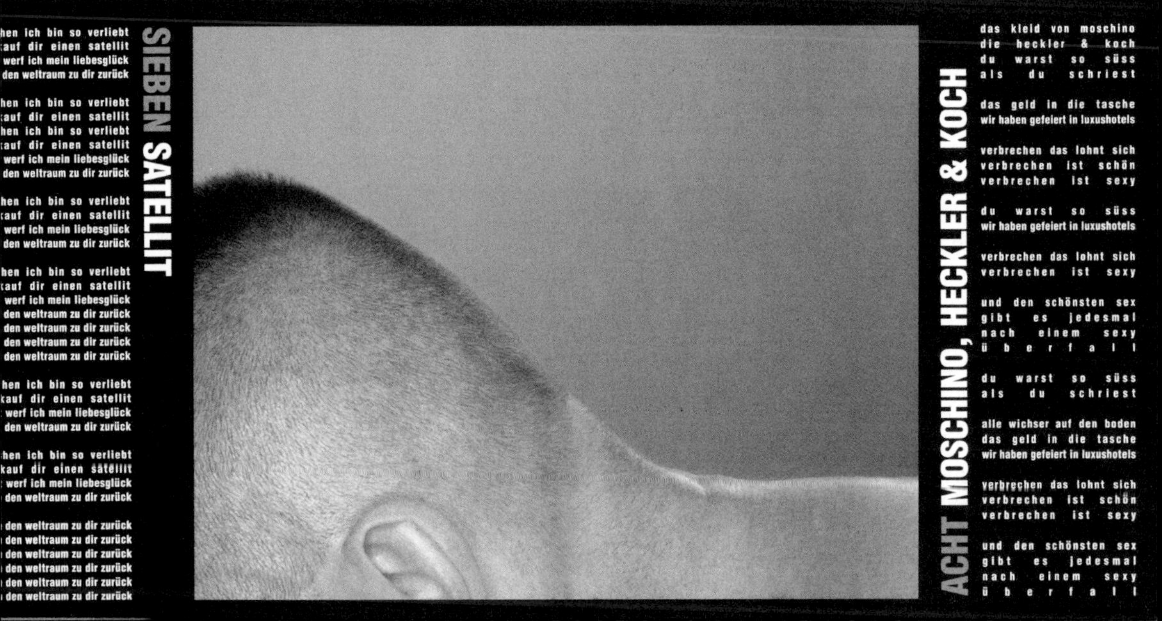

FÜNFZEHN NEUE DAF LIEDER

Am 24. Februar 2003 war es dann endlich so weit. Das neue DAF-Album erschien. Die meisten Fans konnten es kaum glauben, dass die Helden ihrer Jugend und frühen Adoleszenz wieder da waren. Wer damals Anfang 20 gewesen war, war jetzt fast 40, und ein neues DAF-Album, das klang wie die Verheißung auf eine Zeitreise. Als würde man nach Jahren auf dem Dachboden seiner Eltern den lange verloren geglaubten Soundtrack seiner Jugend in Form von alten Kassetten wiederfinden. Aber die Welt hatte sich weitergedreht, war eine andere geworden. Kalter Krieg, innerdeutsche Mauer und SBZ waren Geschichte. Dafür gab es nun den 11. September, George W. Bush und die von ihm sogenannte Achse des Bösen, die die deutsch-amerikanische Freundschaft im doppelten Sinne einen sollte. Warum also hätte DAF eine Aufführung ihrer selbst inszenieren, sich selbst musealisieren sollen? Das ist eben immer die Krux solcher Reunions: Da gibt es diese »Spiel deinen Hit!«-Fraktion unter den Fans, die möchte, dass alles ganz genauso wie früher klingt, dass noch einmal, zumindest für die Dauer von 15 Liedern, 1981 ist. Und dann gibt es diejenigen, die sich wundern, dass die Kapelle zwar nicht ganz wie früher klingt, aber zumindest ein bisschen, und die sofort Altbackenheit wittern, nur weil DAF jetzt keine HipHop-Formation oder Ähnliches geworden ist. Und auch wahr ist: Je größer die Erwartungshaltung, desto schwindelerregender die Fallhöhe. Aber drin war schlicht und ergreifend, was drauf stand: 15 neue DAF-Lieder. Punkt.

Vor allem an der Text-Front hatten sich ein paar kleine, aber wesentliche Elemente geändert. Die Texte waren jetzt deutlich unironischer, weniger dadaistisch, weniger kryptisch, weniger schockierend, weniger streitbar.

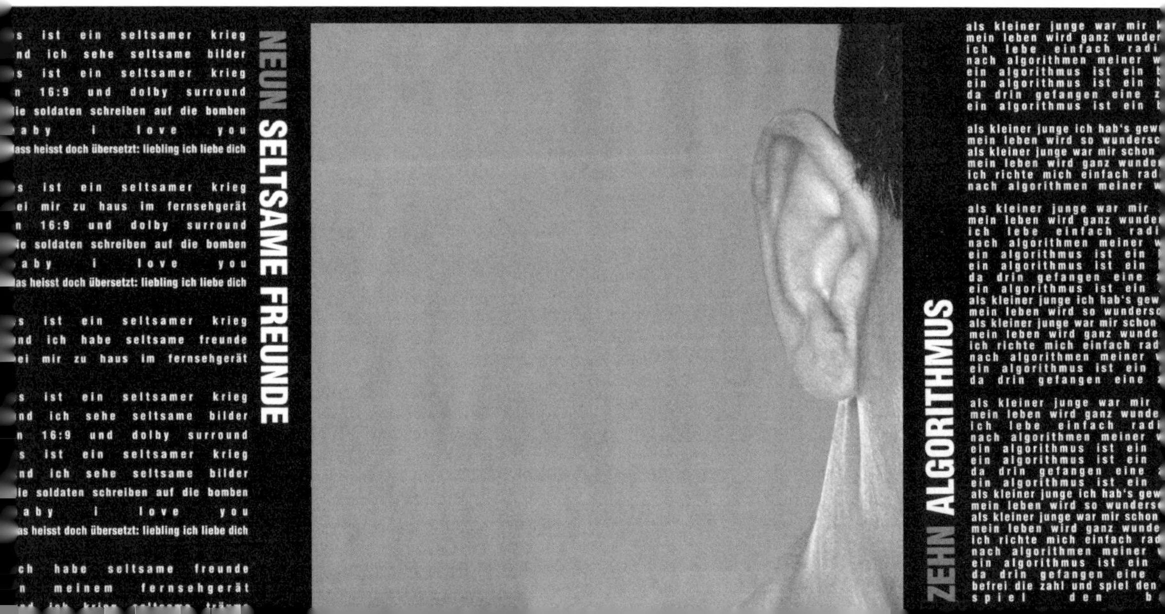

Sie bezogen teilweise sehr klar Stellung und ließen eine unmissverständliche Haltung durchscheinen. Statt durch politische Symbole oder Statements zu irritieren und zu provozieren, waren sie nun in weiten Kreisen von Künstlern, Intellektuellen oder Linken mehrheitsfähig durch ihren explizit kritischen Impetus.

Das zeigt sich schon bei der Single-Auskopplung *Der Sheriff.* Hier heißt es: *»Der Sheriff ist ein frommer Mann / Er kennt die Bibel, ab und wann / killt er einen Eierdieb / Und alle, alle machen mit / Jeder muss mal akzeptieren / alle müssen respektieren / alle müssen mal kapieren / wer der Sheriff ist / Will der Sheriff tanzen gehen / tanzen alle, das ist schön.«*

Unschwer zu erraten, welcher texanische Cowboy hier gemeint sein könnte – auch wenn der Text natürlich zeitlos auf eine Menge von Sheriffs, die diese Welt kommen und gehen sah, zutreffend ist. Ähnlich unzweideutig ist der Text des so bezeichneten Kriegsliedes *Seltsame Freunde*: *»Es ist ein seltsamer Krieg / Bei mir zu Haus / im Fernsehgerät / in 16:9 / Und Dolby Surround.«*

Schon bei diesen zwei Textbeispielen fällt auf, dass den Texten vor allem eins abhandengekommen war: der Imperativ als dominanter Sprechakt. Sie waren deskriptiver geworden, eine Aneinanderreihung von Beobachtungen. Sie waren auch länger geworden. Geblieben war, dass sie in ihrem Aufbau ebenso loophaft waren wie die Sequenzen von Robert. War es früher eher Rufgesang, der sich von der Musik emanzipierte, war es jetzt in der Tat Sprechgesang, der über sehr weite Strecken einem strengen metrischen Schema folgte (im nachfolgenden Beispiel durchgängig ein vierhebiger Jambus) und somit selbst zur Sequenz wurde. Dazu kommt das klare Reimschema in vielen der Lieder, das ebenfalls neu ist:

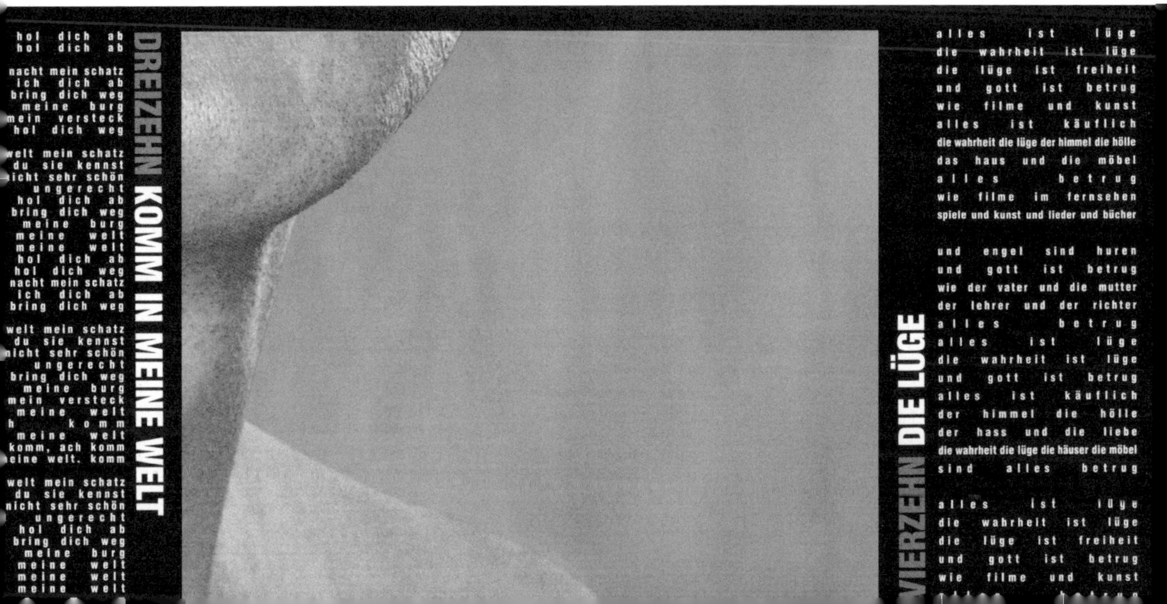

»Diese 20 schrecklichen Shows, das war quasi die Tour zu den 15 neuen Liedern. Die Konzerte waren schon okay. Ich tanze und singe so gern, das ist mir dann auch irgendwie egal, wer da hinter mir steht. Und die Konzerte kamen gut an. Aber intern war die Stimmung einfach nicht gut. Diese schlechte Atmo, weil das Geld nicht eingespielt wurde.« GABI DELGADO

»Als kleiner Junge / war mir klar /
mein Leben wird / ganz wunderbar /
Ich lebe einfach / radikal /
nach Algorithmen / meiner Wahl /
Ein Algorithmus / ist ein Ball /
Ein Algorithmus / ist ein Ball /
Dadrin gefangen: / eine Zahl /
Ein Algorithmus / ist ein Ball.«

Aber bevor hier der Eindruck entsteht, es handele sich bei der *Fünfzehn Neue DAF Lieder* um ein antiimperialistisches Konzeptalbum, sei noch auf das Romantische Lied, das Liebeslied und das Sexlied verwiesen. Das Sexlied beschränkt sich textlich im Wesentlichen auf: *»Zieh den Rock hoch / Zieh den Rock hoch / Zieh den Rock hoch / Zieh den Rock hoch / Ich seh alles / Zieh den Rock hoch / Schönes Mädchen / Zeig mir alles / Zieh den Rock hoch«*, und kommt somit komplett ohne Reime und politische Botschaft, dafür aber gut mit Imperativen und sehr wenig Text aus. Aber selbst bei dem Liebeslied *Komm In Meine Welt* klingt Kritik am Status quo durch – gefolgt von dem Lösungsansatz des romantischen Eskapismus: *»Die Welt mein Schatz / Wie du sie kennst / Ist nicht sehr schön / Und ungerecht / Ich hol dich ab / Und bring dich weg / Auf meine Burg / In meine Welt.«*

Vorsichtshalber, so hat man den Eindruck, endet das Album mit einem Abschiedslied. Denn so ganz genau kann man bei DAF nie wissen, ob das Erscheinen eines Albums nicht auch zeitgleich die nächste Auflösung bedeutet. Allerdings ist es ein Abschiedslied, das ein Wiederkommen nicht ausschließt: *»Mach dir keine Sorgen Liebling / Küsse mich noch mal / Denn wenn alles gutgeht / Bin ich morgen wieder da.«*

Und es ging alles gut. Zumindest kurzfristig. Zumindest bis zum nächsten Morgen – im übertragenden Sinne. DAF war auch nach dem Erscheinen des Albums noch da. Und weil eins zum anderen führt, wurde eine Tour anberaumt. Die war zwar nicht explizit als Tour zum Album gedacht, allerdings lag es, schon was die mediale Aufmerksamkeit anging, nah, das eine mit dem anderen zu verbinden. Auch auf der Bühne gab es eine Neuerung. Hier präsentierten sich DAF nun zu dritt. Das aber weniger aus konzeptuellen, sondern mehr aus ganz praktischen Gründen, weil es Robert durch seinen Unfall nach wie vor schwerfiel, komplette Shows durchzutrommeln. Er kümmerte sich stattdessen um die Backing-Tapes, die mittlerweile aus einer Backing-CD bestanden. Die Arbeit am Schlagzeug übernahm derweil Andrew McGuinness. Und Gabi sang – wie gehabt.

Gabi Delgado: »Dann kam ein Typ, Alain Cap vom 24-hour Management, und der meinte: ›Ja super! Super, super, super! Ich tüte das für euch ein. Ich kümmere mich um einen Booking-Vertrag.‹ So sind wir dann bei Dirk Becker gelandet. Der hatte gerade Millionen gescheffelt mit

Grönemeyer. Grönemeyer in Deutschland, das ist wie die Rolling Stones in Japan. Und dann im Rausch oder Wahn hat der uns wirklich eine halbe Million für ein paar DAF-Auftritte im Voraus auf den Tisch gelegt. Aber leider war die Stimmung dann nicht mehr so gut zwischen Robert und mir. Und die Konzerte waren für den Preis auch gar nicht zu vermitteln. Das war eine totale Katastrophe, diese Dirk-Becker-Phase. Weil wir da viel zu teuer eingekauft worden sind. Das ist nicht gut. Es ist viel gesünder zu sagen: Ein Deal muss für alle Beteiligten aufgehen. Das war hier nicht der Fall; Alain hatte Dirk Becker sprichwörtlich über den Tisch gezogen. Ein einziges Konzert, nämlich das in Tokio, dieses Wire-Festival, ist auf null ausgegangen. Bei allen anderen hat der 30-, 40-, 50.000 verloren. Da kam natürlich schlechte Stimmung auf. Wurde aber trotzdem durchgezogen. Der hatte schon einige Shows klargemacht. 20 ganz genau. Und diese Dirk-Becker-Shows, die gingen so: Robert wollte oder konnte ja gar kein Schlagzeug mehr spielen. Der hat eine CD aufgelegt, die durchgelaufen ist. Schlagzeug hat dann Andrew McGuinness gespielt. Der hat dann halt Roberts Part übernommen. Robert stand also einfach nur auf der Bühne rum. Hat auch nicht getanzt oder so. Und Andrew, der Schlagzeuger, der auch ganz gut war, hatte aber halt auch nicht die Power, die Robert auf die Bühne bringt. Also gut, er spielt wirklich gut, aber eben nicht so wie dieses typische DAF-Schlagzeug. Guter Schlagzeuger, total netter Kerl, Family-Man, haben auch sehr viel gelacht mit dem, aber halt so ein Studio-Musiker. Boris Schimanski hat uns damals begleitet als Tourbegleiter. Auch ein total netter Typ. Und dann war E.T. immer dabei als Personal Assistant. Ist auch ein sehr guter Kumpel von mir. Ich hatte also durchaus auch Spaß bei der Sache, aber eigentlich nur, weil mein ›main man‹ E.T. (eigentlich Rainer Klemm) dabei war. Einer meiner besten Kumpels.

Diese 20 schrecklichen Shows, das war quasi die Tour zu den 15 neuen Liedern. Hatte aber eigentlich nichts damit zu tun. Das Album kam vorher schon raus. Wir haben da dann vor allem die alten Hits gespielt. Aber auch ein paar neue Stücke. So eine Mischung. Die Konzerte waren schon okay. Ich tanze und singe so gern, das ist mir dann auch irgendwie egal, wer da hinter mir steht. Und die Konzerte kamen gut an. Aber intern war die Stimmung einfach nicht gut. Das war alles auch immer so kurz vorm Streit. Alles war total kompliziert. Diese schlechte Atmo, weil das Geld nicht eingespielt wurde. Der Boris Schimanski dann immer so: ›Ja, hallo Dirk! Also, 50.000 haben wir wenigstens nicht verloren!‹ Das war einfach unerträglich. Und zum Schluss waren wir richtig, richtig zerstritten. Der Robert und ich. Wie so oft. Es ist auch gut, wenn das im Buch steht. Robert und ich haben uns unheimlich oft zerstritten. Und das ist im Prinzip auch sehr lustig. Weil wir immer wieder auch zusammengekommen sind. Pack schlägt sich, Pack verträgt sich. Aber da, da sind wir wirklich grußlos auseinandergegangen. Schrecklich. Wirklich ganz schrecklich war das.«

»Und zum Schluss waren wir richtig, richtig zerstritten. Der Robert und ich. Wie so oft. Es ist auch gut, wenn das im Buch steht. Robert und ich haben uns unheimlich oft zerstritten. Und das ist im Prinzip auch sehr lustig. Weil wir immer wieder auch zusammengekommen sind. Pack schlägt sich, Pack verträgt sich.«
GABI DELGADO

EINE GENAUE REPLIKATION IST NAHEZU UNMÖGLICH

Gastbeitrag von Andrew McGuinness

Ich arbeitete damals als Session-Drummer in Berlin. Alain Cap war der Managing-Agent für DAF zu diesem Zeitpunkt. Zuvor hatten Alain und ich mit einer Sängerin aus Berlin zusammengearbeitet. Wenn ich mich richtig erinnere, war es Alain, der mich in die Band reinholte. Nachdem ich bei DAF vorgesprochen hatte und provisorisch akzeptiert worden war, ging es nur noch darum, mir die Tracks draufzuschaffen und mich ein paar Mal mit Robert in einem Proberaum zu treffen. Robert ging mit mir die Tracks durch, die wir spielen würden, und erklärte mir, wie er sie spielte. Danach war klar, dass ich professionell genug war, um zu verstehen, was die Jungs von mir erwarteten. Zumindest meiner Erinnerung nach ist das Ganze damals so abgelaufen. Es ist keinem von uns schwergefallen, uns aufeinander einzulassen. Alles schien vollkommen natürlich und homogen zu sein.

Wir haben manchmal über die Aufführungen auf dem Rückweg im Auto gesprochen oder auf Fahrten zwischen den Shows. Gabi hatte Vorschläge und musikalische Ideen, die er umgesetzt haben wollte, und Robert hatte seine. Beide legten ihre Ideen auf den Tisch, und wir sprachen darüber. Manchmal waren es völlig gegensätzliche Ideen, und die Gespräche waren nicht immer produktiv oder konstruktiv. Aber genau das war Teil der Magie und des Geheimnisses von DAF. Zwei komplett verschiedene Personen mit zwei komplett verschiedenen Ideen, die zu einer wurden. Das hat natürlich nicht immer funktioniert. Aber oft.

Für Robert und mich war es immer sehr wichtig, dass die Drum-Parts so nah wie möglich an dem originalen DAF-Sound und -Stil dran waren. Ich habe mein Drumset für DAF extra umgestellt, nur die entsprechenden Teile mitgenommen und die, die bei DAF sowieso nicht vorkamen, gar nicht erst aufgebaut. Ich erinnere, dass bei den Vorab-Proben nur Robert und ich da waren und dass wir sehr konzentriert gearbeitet haben. Allerdings gab es insgesamt nur zwei Proben. Es war eine fantastische Gelegenheit und auch ein herausforderndes musikalisches Trainingsgelände für mich. In den Live-Situationen gab es Momente, die eine etwas andere Dynamik entwickelten als das, was wir geprobt hatten. Das lag meist an Gabis explosiven Bühnenperformances.

Ich hatte die komplette Musik auf meinen Kopfhörern, Gabi sprang wie eine Gazelle hin und her, schmiss mit vollen Plastik-Wasserflaschen um sich, sein Handtuch wirbelte er meist wild über dem Kopf, er schwitzte bei den Gigs mehr, als ich jemals davor oder danach jemanden auf der Bühne habe schwitzen sehen, und ich versuchte, seine Bewegungen zu orchestrieren. Mit einem Becken-Akzent hier und Drumfills da und so weiter. Aber dabei musste ich immer versuchen, nicht zu weit weg zu kommen von der Essenz von DAF. Ich wollte ja auch nichts durcheinanderbringen. Gabis raue Vocal-Power, sein energetisches Frontman-Appeal, kombiniert mit Roberts unglaublich kontrollierten Synthesizer-Performances, Licht und Schatten, die beiden – und ich mit den dicksten Live-Drums, die ich nur konnte. Es war schon geil.

Es gab offensichtlich Unterschiede zwischen meiner Spiel-Art und Roberts, vor allem, weil wir zwei sehr unterschiedliche Menschen sind. Zudem ist eine genaue Replikation nahezu unmöglich. Besonders in diesem Fall, weil es das erste Mal war, dass ich direkt mit diesem Musikstil konfrontiert wurde. Ich habe mein Bestes gegeben, viel Hilfe, aber auch sehr harte und ehrliche Kritik von den Jungs bekommen. Es war schließlich ihre Band, ihre Show und ihr Ruf. Ich erinnere mich, dass ich bei den ersten Shows immer zu Robert rüberschaute, ob er mir den Daumen hoch oder den Daumen runter zeigte. Aber er blieb ziemlich enigmatisch, also war ich nie ganz sicher, ob ich es richtig gemacht hatte oder nicht. Da sie mich aber weiterhin mit zu den Gigs nahmen, habe ich gedacht, dass alles in bester Ordnung war, und einfach weiter mein Ding gemacht. Ich saß auf der Bühne nicht im Mittelpunkt. Ich erinnere mich, parallel zu Robert, hinter Gabi, rechts auf der Bühne gewesen zu sein. Robert und Gabi konnten so als visueller Schwerpunkt für das Publikum fungieren. Ich trug immer eine schwarze Baseballmütze, eine dunkle Brille und schwarze Kleidung, versuchte einfach »da«, aber nicht »DAF« zu sein.

Nur einmal war das Publikum verwirrt. Das war in Saitama, in Japan. Wenn mich meine Erinnerung nicht täuscht, war das ein Stadion voller japanischer Technoheads, die bis zu 24 Jahre auf dieses DAF-Konzert gewartet hatten, nachdem ihr erster Auftritt in Japan abgesagt worden war. Vor jeder Show musste ich meine Spielposition vorbereiten, das dauerte meistens in etwa 30 Sekunden, bis ich fertig war und die Jungs die Bühne betreten haben. Da musste ich meinen Kopfhörer aufsetzen und es mir hinter dem Set bequem machen. So lief das jeden Abend, bevor die Jungs herauskamen. Etwa eine Minute vor der Japan-Show gingen die Lichter auf der Bühne langsam aus, und eine einzige schattige Figur ging über die Bühne, als plötzlich etwa 25.000 japanische Fans in einer absoluten Raserei explodierten, weil alle dachten, dass DAF auf der Bühne war. In Wirklichkeit war es nur ich, der seine Kopfhörer aufsetzen wollte. So eine Geräuschkulisse habe ich noch nie zuvor gehört, und auch nie wieder seitdem. Auf der Tour sind viele interessante Geschichten passiert. Geschichten, die man in jedem Buch über jede Rockband, die jemals auf Tour gegangen ist, findet. Wenn eine Gruppe von vier Leuten auf langen und intensiven Reisen im selben Auto zusammen ist, passieren Dinge von Zeit zu Zeit. Es ist die Natur des Biestes. Vielleicht sollte dir jemand von den Skinheads erzählen, die Push-ups auf die Bühne auf der Locomotive Paris warfen. Und davon, was dann passiert ist.

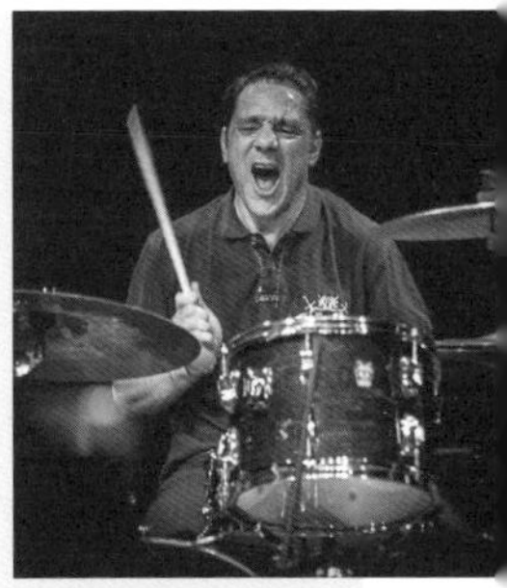

FOTO: LAURENCE HARVEY

Ich erinnere mich, dass wir einmal auf einem Gothic-Festival in Belgien gespielt haben. Gent oder irgendwo ähnlich Schreckliches. Es war eine Radsportarena, die zu einer Bühne für diese Veranstaltung umgebaut worden war. Vom Catering-Bereich aus führten Stufen dorthin. In den Catering-Bereich zu kommen war amüsant und zugleich leicht traurig, weil jemand seine Fledermaus dort liegen lassen hatte, und das kleine Ding lag mitten im Weg auf einer der Stufen und flatterte mit seinen Flügeln. Um es rum haufenweise Menschenverkehr, große schwarze Stiefel mit Metallbolzen und klobigen Sohlen, die in der Nähe seines Kopfes niederschlugen. Wir haben nie herausgefunden, ob diese arme Fledermaus und der Fledermaus(nicht)hüter jemals wieder vereint waren. Oder ob das arme Viech den Abend überlebt hat oder nicht. Ich versuche nie, einen Gig oder eine Tour zu machen, nur um des Gigs oder der Tour willen. Es muss immer eine persönliche Verbindung irgendeiner Art geben, sei es die Idee hinter der Musik oder sonst was, aber es muss etwas geben, was sich irgendwie gut anfühlt. Ich habe das in meiner Karriere nur einmal ignoriert, und das würde ich nie wieder machen.

DAF hat mich in gewisser Weise aus dieser hässlichen Situation gerettet. Ich hatte vorher für einen Künstler gearbeitet, der die komplette Antithese von allem, wofür DAF steht, war. Ich bin seelenleer davongekrochen. Die Arbeit mit DAF hat mir gezeigt, wie ich meiner Kunstform treu bleibe. Im Nachhinein war das ganze Arbeiten mit DAF eine ungeheure Ehre. Am Anfang hatte ich keine Ahnung, wer DAF war. In gewisser Weise war es also ein »Job«, auf den ersten Blick zumindest. Dennoch: Mein Instinkt hat wieder mal recht gehabt. Es wurde schnell aus anderen Gründen zu einer Ehre. Zum einen habe ich eine neue musikalische Ausbildung bekommen. Das ist immer der beste Grund, mit verschiedenen Musikern zu arbeiten. Was Neues erlernen. Zum anderen habe ich viel über die Idee von Punk erfahren. Aber nicht nur über Punk. In der Zeit mit DAF habe ich viel über verschiedene Philosophien gelernt, von denen ich vorher absolut keine Ahnung hatte.

Gabi und Robert sind beides sehr einzigartige Typen, und jeder brachte seine sehr individuellen und einzigartigen Ideen mit ein. Ich habe viel von beiden gelernt – durch reines Zuhören. Manchmal, wenn Gabi auf einen seiner berühmten Monologe ging, war alles, was ich tun konnte, zuzuhören. Ich habe auch einige schöne, coole Plätze der Erde besucht und einige sehr interessante Leute auf dem Weg getroffen. Das ist an und für sich eine Ehre. Nicht jeder kann sagen, dass er mit so etwas seinen Lebensunterhalt verdient. Die besten Leute waren für mich aber die Leute, die der Band zu dieser Zeit am nächsten waren. E.T., der Band-Tourmanager, Matthias, der Soundman, Olli, der Monitor-Mann, und der sehr gutmütige Satoshi Morita, Fotograf, Fan und enger Freund der Band. Wir trafen uns ein paar Jahre später noch einmal. Danach haben wir aber leider den Kontakt verloren.

Ein Stück, das ich am liebsten gespielt habe, gibt es eigentlich nicht. Aber ich erinnere mich an ein bestimmtes Lied, bei dem ich dachte, es hätte eine unfassbar schnelle Floor Tom-Figur, die den ganzen Track über durchläuft. Ich dachte jeden Abend, dass mein Arm abfallen oder auf der Bühne in Stücke zerspringen würde. Es tat so verdammt weh, und ich haute dermaßen rein in die Kessel. Treffend betitelt: »*Als Wär's Das Letzte Mal*«. So fühlte sich der Song auch an. Ich merkte erst viel später, dass ich es in doppelter Geschwindigkeit gespielt hatte! Vielleicht fanden die Jungs es lustig, mir das nicht zu verraten, nur um meinen Schmerz und mein Leid zu beobachten, Nacht für Nacht. Wir werden es wahrscheinlich nie wissen.

DER MUSIKJOURNALIST UND DER PRINZ

Gastbeitrag von Linus Volkmann

Das für mich prägendste DAF-Stück war auf jeden Fall *Der Räuber Und Der Prinz*. Ich war ein verwirrtes, aber entzündetes Kind in der südhessischen Provinz. Der Erfolg von *Mussolini* machte es möglich, dass auch über jene großen Kanäle, die damals bis in die Dörfer drangen, mehr als nur dieser riesige Chart-Hit gespiegelt wurde. Ich verstand vieles in der Popkultur nicht, bestaunte aber stets das Mehrdeutige. *Der Räuber Und Der*

Prinz faszinierte mich – dieses offenkundig schwule Märchen mit dem kinderliedhaften Klingklang-Motiv und der dennoch düsteren Atmosphäre. Es hatte etwas von *Peter Und Der Wolf* – nur in schwitzigem Camp. Meine Zeit damals war geknechtet von der verklemmten Heterosexualität, an der ich teilhaben wollte und immer wieder scheiterte. Dieses Stück indes war für mich wie ein Teaser, dass alles auch noch ganz anders sein könnte. Danke DAF.

DAF hatten im Gegensatz zu all den bemühten Stullis damals und bis heute einen Plan. Sie zogen eine Ästhetik auf, die es im Pop in der Form noch nie gegeben hatte und die in den Nischen aber immer nie so poppig klang. Kenne kaum ein schlüssigeres Konzept im Game, kenne kaum aufwühlendere Musik als die von DAF.

In den 80ern war ich wie gesagt zu klein, um auch nur annähernd persönlich in Kontakt mit der Band zu kommen, das alles erfüllte sich erst jenseits der Jahrtausendwende. Ich bekleidete mittlerweile einen Redakteursposten beim *Intro*-Magazin. Plötzlich stand im Raum, es gäbe ein neues DAF-Album, ein richtiges. Mit Görl/Delgado, die erste Single würde heißen *Der Sheriff* und knüpfe wieder genau an der Phase um *Alles Ist Gut* an. Gut, so was wird immer gesagt, wenn sich eine Band wieder zusammenfindet, also dass sie wieder so klänge wie zur Zeit ihrer größten Erfolge, aber ich bin bestimmt nicht der Einzige, der jedes Mal aufs Neue darauf reinfällt. Aber von vorn: Die Band würde uns in ein Studio einladen irgendwo in Köln, dort dürfe man das alles hören und die Band treffen.

Was für eine Verheißung. Endlich hatten sich die ganzen dunklen Jahre in den Pop-Minen gelohnt, endlich würde ich mit Gabi Delgado Musik hören. Wie schon erträumt in den 80ern. Der Musikjournalist und der Prinz!

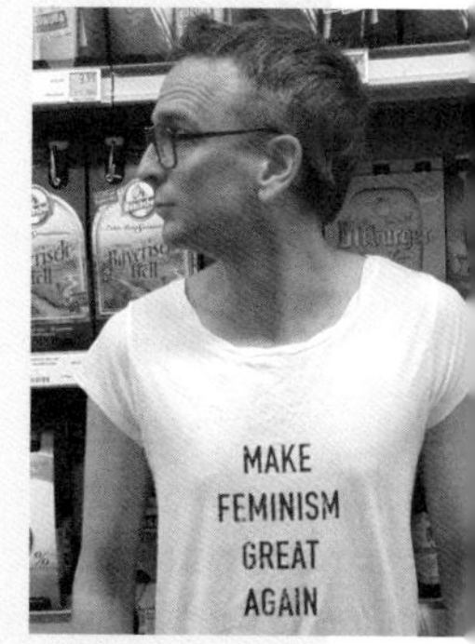

FOTO: KATHARINA SCHMIDT

Kein Wunder auch, dass die Offerte noch weitere Kreise zog. Jeder aus der Redaktion wollte mit. Von der Putzkraft bis zum Herausgeber. In langen Diskussionen beschränkten wir unsere Delegation auf sechs Leute. So viele Redakteure gab es gar nicht im Magazin, aber das würden die feinen Herren Künstler ja auch nicht wissen. Die hatten bestimmt ihren eigenen Film und würden schon aufmachen.

Vor Ort allerdings kippte die Verheißung. Denn nichts ist schlimmer, als die Musik mit dem Erzeuger zu hören, wie konnte ich das nur vergessen? Man fühlt sich verpflichtet, positiv auf die dargebotenen Songs zu reagieren, möchte natürlich aber auch professionell wirken, und was, wenn einem das gar nicht gefiele? Verkrampfter kann man ein neues Album kaum hören als unter diesen Voraussetzungen. Auch Görl und Delgado ging es nicht besser. Sie wiederum präsentierten ja ihr neues Material und saßen verletzlich, peinlich berührt und unschlüssig in großen Produzentensesseln. Ich habe kaum etwas wirklich von der Musik mitbekommen, weil ich mich während jedes Stück darauf vorbereitete, was ich dazu nun danach sagen würde. Denn Gabi Delgado potenzierte die omnipräsente Verlegenheit noch, indem er nach jedem Song »Pause« drückte und sich Feedback herbeistammeln ließ. Ich hatte den Eindruck, er war total voll oder Ähnliches. Wir beneideten ihn sehr darum!

Das Album hörte ich also erst später »wirklich« – und es ist natürlich sein eigener Früh-Nuller-Entwurf gewesen und kein Sequel vom Big Shot der 80er. Warum sollte es das auch? Ich jedenfalls habe noch immer die von Gabi Delgado handsignierte Maxi-CD zu *Der Sheriff.* Gebe ich auch nie mehr her.

DU BIST DAF

DU BIST DAF
Self-released, September 2010

1 Du Bist DAF
4:00

Produktion: DAF
Musik: Robert Görl
Text: Gabi Delgado

Dass aber selbst die DAF-Auflösung nach der Dirk-Becker-Tour nicht für immer gewesen ist, dürfte hinlänglich bekannt sein. Denn eines schönen Tages, man ahnt es schon, klingelte das Telefon im Hause Delgado. Und dran war? Richtig, Robert Görl.

Gabi Delgado: »Nach dieser Trennung in Dortmund dachte ich wirklich: Den Robert, den seh ich nie wieder. Aber später, da wohnte ich schon in Spanien, rief er irgendwann an: ›Hey, ich hab deine Nummer irgendwie rausgekriegt. Ich kenne da so einen Typen. Das ist der Guido. Der würde gerne, dass wir auf dem M'era Luna spielen.‹ Und ich dann so: ›Ja, wie jetzt M'era Luna? Als DAF oder was? Ja super, mach ich! Und was machen wir? Öhm, die alten Hits machen wir.‹ Fertig. Und dann haben wir auf dem M'era Luna gespielt. Aus dem Stegreif. Bin ich von Spanien aus da hingeflogen. Hallo Guido! Den kannte ich ja auch nicht. Hallo Robert. Super. Dann gehen wir mal auf die Bühne, was? So eben. Kam auch super an. Hat mir einen Riesenspaß gemacht. Robert war irgendwie auch wieder besser drauf. Hat auch wieder Schlagzeug gespielt. Und nach dem Gig kam dann Olaf Sprick, unser jetziger Booker und inzwischen ein wirklicher Freund, und meinte: ›Ich würde gerne das Booking für DAF übernehmen.‹ Damit hatten wir einen Booker. Guido hatte mich ja eigentlich angesprochen: ›Hättet ihr Lust, ein paar mehr Konzerte zu spielen?‹ Na gut, aber nur zehn Konzerte! Diese zehn Konzerte sind dann, glaube ich, fünfmal verlängert worden. Da haben wir dann bestimmt 50 DAF-Konzerte gespielt. Das war auch wirklich sehr erfolgreich. Tokio, London, Polen, Holland, Italien, Deutschland natürlich – überall. Skandinavien. Europa. Japan. Sehr erfolgreich. Gut bezahlt. Mit viel, viel Spaß.«

Seitdem stehen Robert und Gabi in unregelmäßigen Abständen also wieder auf Bühnen. Und weder den beiden noch dem Publikum wird es langweilig. Neben den alten Fans von damals kommen auch regelmäßig neue Fans dazu, die DAF für sich entdecken – und das, obwohl bei den Shows natürlich überwiegend Stücke gespielt werden, die mittlerweile fast 40 Jahre alt sind. Das Alter merkt man ihnen aber nicht an. Den Stücken nicht, und Robert und Gabi auch nicht. Gabi verbreitet nach wie vor einen Aktionismus auf der Bühne, von dem manch junger Musiker viel lernen könnte. Und auch Robert legt am Schlagzeug eine Energie an den Tag, die seinesgleichen sucht. Seine Sequenzen erledigen den Rest: Wer bei einem DAF-Konzert nicht in euphorischen Bewegungsdrang verfällt, ist vermutlich taub.

Gabi Delgado: »Es gibt Sachen, die brennen ewig. Und es gibt Sachen, die brennen nur eine Zeit lang. Das gilt auch für Musik. Deswegen funktioniert auch DAF noch immer. Obwohl das so eine alte Sache ist. Der Engländer sagt dazu: Silent Hits. Das sind Songs, die verkaufen sich eine halbe Million Mal, sind aber nie in den Charts. Denn die verkaufen sich nicht in einer Woche, die verkaufen sich über Jahre hinweg. Das sind so ewige Sachen. *Night Nurse*/Gregory Isaacs. Oder *Der Mussolini*/DAF. Oder *Nuclear Bomb*/Sun Ra.«

Und diese Silent Hits, die funktionieren eben auch, ohne dass drum herum eine gigantische Maschine laufen muss, die jedes Konzert zu einem Megaevent, zu einer Inszenierung macht mit spektakulären Lichteffekten und sonstigem Brimborium. Sicher ließen sich die DAF-Konzerte durchprofessionalisieren und -stylen, sicher könnten die beiden noch viel öfter spielen und ihre Show dabei ganz anders in Szene setzen. Aber das wollen sie gar nicht. In diesem Punkt sind sie sich treu geblieben, sind sie Punk geblieben, sind sie Minimalisten geblieben, sind sie DAF geblieben. Alleine die Musik ist es, die überzeugt. Großes Drumherum benötigen sie nicht. Hinzu kommt, dass sie auf die Bühne gehen, weil sie es können – nicht, weil sie es müssen. Und das merkt man ihnen an.

Gabi Delgado: »Da ist gar nichts Gestelltes dabei. Das haben wir auch so weit vereinfacht, dass wir auf alles verzichtet haben, was in irgendeiner Form die Gefahr heraufbeschworen hätte, dass das eine Inszenierung von uns selbst ist. Also wenn jemand fragt: Wollt ihr Licht? Dann sagen wir: Nein, wir wollen kein Licht, wir

»Es gibt Sachen, die brennen ewig. Und es gibt Sachen, die brennen nur eine Zeit lang. Das gilt auch für Musik. Deswegen funktioniert auch DAF noch immer. Obwohl das so eine alte Sache ist. Der Engländer sagt dazu: Silent Hits. Das sind Songs, die verkaufen sich eine halbe Million Mal, sind aber nie in den Charts. Denn die verkaufen sich nicht in einer Woche, die verkaufen sich über Jahre hinweg.«
GABI DELGADO

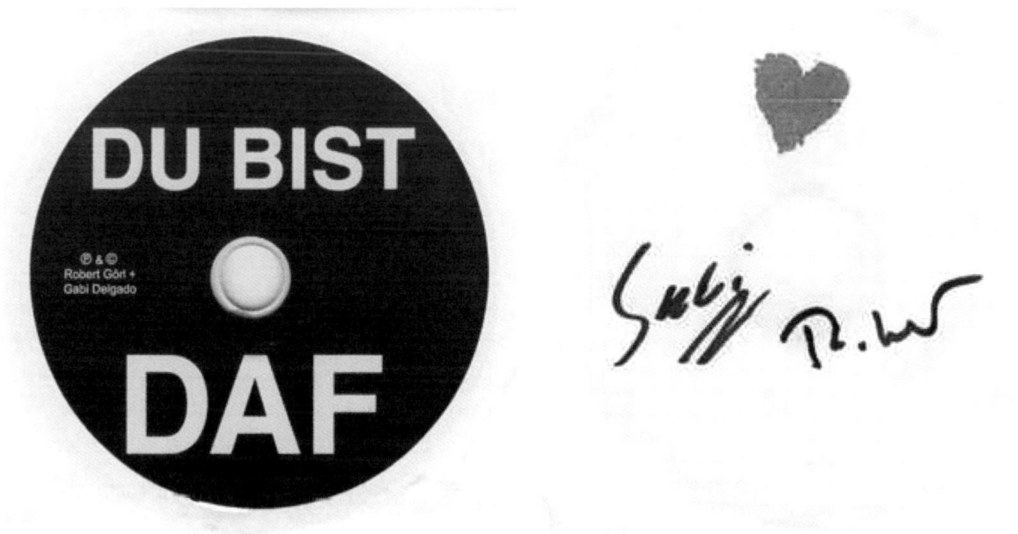

»Das ist für mich ein Riesenspaß, auf der Bühne zu stehen. Das muss ich zugeben. Aber wir machen das auch sicher nicht mehr lange, DAF. Ein paar Konzerte noch und that's it. Dann müssen andere das machen. Es macht mir vor allem auch deswegen Spaß, weil wir selten spielen und keine Routine aufkommt.«
GABI DELGADO

nehmen genau das, was da ist. Wir wollen nichts. Wir wollen nur ein Schlagzeug. Und die PA, die da halt rumsteht. Das ist uns alles völlig scheißegal. Wir kommen ganz nackt ohne nichts. Es geht uns auch nicht darum: *Oh, jetzt haben wir aber ein besseres Licht als früher!* I grab the mic and do what I like. So wie das früher auch immer war. Nichts Inszeniertes, nichts Geplantes. Nichts, was diese Explosion irgendwie stören würde. Einfach so ein Feuer starten und gucken, wie es abbrennt. Mehr ist das nicht.«

Die Sinnhaftigkeit, die sich für die Fans aus DAF-Konzerten ergibt, ist die eine Sache, die jeder Fan auch für sich selbst beantworten muss. Die andere ist aber die Selbstlegitimation einer Band, durch deren Geschichte es sich wie ein roter Faden zieht, alles zu meiden, was auch nur im Entferntesten nach Tradition, Nostalgie, Mumifizierung oder Musealisierung riecht. Warum also, und diese Frage muss erlaubt sein, ist es für DAF sinnhaft, nach wie vor mit diesen alten Stücken auf der Bühne zu stehen?

Gabi Delgado: »Ich mach das, weil ich seltener in die Disco gehe als früher. Das ist für mich einfach eine tolle Party; das ist für mich ein Riesenspaß, auf der Bühne zu stehen. Das muss ich zugeben. Aber wir machen das auch sicher nicht mehr lange, DAF. Ein paar Konzerte noch und that's it. Dann müssen andere das machen. Ich werde nach wie vor auftreten. Aber nicht mit dem alten Zeug. Es macht mir vor allem auch deswegen Spaß, weil wir selten spielen und keine Routine aufkommt. Es ist ja auch so, dass ich die Texte tausche, das ist nicht immer das Gleiche. Dann sage ich zu Robert: ›Mach doch ein Stück rein, das ich nicht kenne.‹ Dann fragt er immer: ›Willste das vorher hören?‹ Und ich antworte immer: ›Nö, nö. Wann kommt das denn ungefähr?‹ Vergesse ich dann aber auch direkt wieder. Und plötzlich kommt das dann. Und ich denke: NEIN! Was sag ich denn jetzt? Und da kommen manchmal ganz tolle Sachen bei raus. Manchmal auch nicht. Kann ja nicht immer *Auf Der Reeperbahn Nachts Um Halb Eins* singen. Oder *Ich Bin Die Fesche Lola*. So ist das ja entstanden. Weil ich nicht wusste, was ich sonst singen sollte. Aber so bleibt das für mich auch spannend und ist nicht immer dasselbe.«

Robert Görl: »Ich bin mir sicher, dass wir jetzt gerade unsere letzte Runde drehen. Wir haben ja mittlerweile 40 Jahre DAF auf dem Buckel. Wann genau Schluss ist, kann ich nicht sagen. Kürzlich noch konnte ich mich mit Gabi darauf einigen, eine neue DAF-Single zu machen. Für die Aufnahmen haben wir uns in den Berliner Hansa-Studios getroffen, zusammen mit dem Producer Alex Silva. Ich finde, es ist wirklich eine tolle Single geworden. Ganz klassisch DAF. Ich brachte einige neue Analog-Sequenzen mit ins Studio, und Gabi kam mit seinen Texten aus Córdoba eingeflogen. Veröffentlicht wurde diese Single im Herbst 2017 auf Grönland Records. Aber nicht nur diese Single, eine ganze DAF-Box ist gerade Grönland mit den bekannten DAF-Scheiben erschienen. Plus einiger sensationeller Remixe. Die Box heißt *DAS IST DAF*, also genau wie das Buch hier.«

Gabi Delgado: »Am Anfang, als wir wieder aufgetreten sind, waren das fast nur Leute von früher, die da kamen. Inzwischen sind es aber auch unglaublich viele junge, Neo-Punks, viele, viele unter 20, die da wirklich in der Überzahl sind. Und für die ist das wirklich was Neues – und so ist DAF für mich dann auch immer wieder etwas Neues. Denn ein DAF-Konzert ist eine gemeinsame Sache, auf und vor der Bühne im Saal, alle sind Akteure. Sonst würde ich das auch nicht mehr machen, wenn das nur noch so ein Suzi-Quattro-Konzert wäre. Alle über 60. Ach, war das schön, als wir damals alle noch so jung waren. Aber solang zu unseren Konzerten immer noch Kids kommen, die sagen: ›So was hab ich ja noch nie gehört, das ist ja genial!‹, so lange ist das gut. Das ist das Tolle an DAF. Das ist echt. Das ist total echt. Und es ist echt DAF. Und es ist auch kein Abbild oder keine Aufführung oder keine Interpretation. Das ist so richtig DAF, das ist zeitlos.

Wie hat Karl Valentin gesagt? ›Nötig is' nicht.‹ Man kann das machen. Aber nötig is' nicht. Aber schön isses trotzdem.«

Es gab frühe DAF-Konzerte, bei denen regelmäßig die Bühne gestürmt wurde oder nach denen Diskussionen losbrachen, mal mit Worten, mal mit Fäusten. Aber es war genau diese Form der Interaktion mit dem Publikum, die sich im Idealfall wie in der Philipshalle zu einer völligen Auflösung der Grenze zwischen Zuschauerraum und Bühne, zwischen Musikern und Publikum steigerte, die DAF suchte. Die Brandung, an der sich ihre wie eine tosende Welle von der Bühne ergießende Energie brach, um zurück auf die Bühne zu rollen, das waren die Augenblicke, die sie suchten. DAF, das entstand in den besten Momenten in der Schnittmenge aus der Musik und deren Rezipienten. Das war es, was DAF live so unglaublich packend machte – und immer noch macht. Dass DAF eben nicht nur aus Robert und Gabi besteht, sondern aus der energetischen Kommunikation zwischen den beiden und dem Publikum. Und weil sie genau das wissen, widmeten sie ihren Fans einen Song, der 2010 in einer limitierten Auflage von 2010 Stück erschien: *Du Bist DAF.* Darin heißt es, eben diese Verwischung der Grenzen thematisierend: »*Du bist DAF / DAF ist Punk / Wir sind Punks / Wir sind DAF / Du bist DAF.*«

»Ich bin mir sicher, dass wir jetzt gerade unsere letzte Runde drehen. Wir haben ja mittlerweile 40 Jahre DAF auf dem Buckel. Wann genau Schluss ist, kann ich nicht sagen. Kürzlich noch konnte ich mich mit Gabi darauf einigen, eine neue DAF-Single zu machen. Ich finde, es ist wirklich eine tolle Single geworden. Ganz klassisch DAF. Ich brachte einige neue Analog-Sequenzen mit ins Studio, und Gabi kam mit seinen Texten aus Córdoba eingeflogen.«
ROBERT GÖRL

»Das mit der DU BIST DAF-Single war so: Den Song habe ich in München komponiert und bin dann mit den Basis-Aufnahmen zu Gabi nach Córdoba geflogen. In Gabis Homestudio ist dann noch Gabis Part entstanden, also Text und Gesang – und so haben wir den Track bei ihm produziert. Wir dachten, das sei eine prima Merchandise-Aktion, das Stück ganz exklusiv in einer limitierten Auflage auf Konzerten an Fans zu verkaufen. Das kam auch sehr gut an.«
ROBERT GÖRL

Robert Görl: »Das mit der *Du Bist DAF*-Single war so: Den Song habe ich in München komponiert und bin dann mit den Basis-Aufnahmen zu Gabi nach Córdoba geflogen. In Gabis Homestudio ist dann noch Gabis Part entstanden, also Text und Gesang – und so haben wir den Track bei ihm produziert. Wir dachten, das sei eine prima Merchandise-Aktion, das Stück ganz exklusiv in einer limitierten Auflage auf Konzerten an Fans zu verkaufen. Das kam auch sehr gut an.«

Viele der Fans, ganz gleich ob die der ersten Stunde oder neu dazugestoßene, kennen sich mittlerweile untereinander, bilden Fahrgemeinschaften zu Konzerten, reisen zu jedem Gig an und haben teilweise sogar über Jahre hinweg Freundschaften zu Robert und Gabi aufgebaut. Auch Chris Kavanaugh, der sich seit einer Ewigkeit um das Merchandising kümmert und bei fast jedem Auftritt, ob auf Festivals oder reinen DAF-Konzerten, seinen Stand mit den Shirts und Buttons, den CDs und Platten aufbaut, ist fester Bestandteil dieser DAF-Familie. Sie alle sind DAF. DU – bist DAF.

Gabi Delgado: »Die Fans, die zu allen Konzerten anreisen, kennen wir auch alle gut. Freunde, das sind Freunde. Wirklich. Es gibt Leute, die habe ich privat besucht. Von Fans sind die richtig zu Freunden geworden. Ich habe schon immer eher Kontakt zu Menschen gesucht, die nicht aus der Musikwelt kommen. Ganz andere Leute. Das fängt oft so fanmäßig an, und dann lerne ich die kennen und finde, dass das gute Leute sind. Das sind für mich die echten Helden. Ich denke zum Beispiel, eine Krankenschwester, die Krebskranke betreut, die macht mehr für die Welt als ich, der ich ab und zu mal so eine Discoscheibe mache. Eine alleinstehende Mutter, die ihre Kids großzieht. Der Papi, der die ganze Woche schuftet, um die Family durchzubringen. Das sind die Helden des Alltags. Das sind ganz tolle, wertvolle Menschen. Viele von unseren Fans kommen aus solchen Bereichen, kümmern sich um andere Wesen, mit Liebe und Herz und unglaublich viel Energie. Da hat sich so ein richtiges Trüppchen gebildet. Ich freue mich immer sehr, wenn ich die sehe, und die sind eben auch DAF, vielleicht sind unsere Follower sogar mehr DAF als Robert und ich zusammen.«

DA GIBT'S DANN NUR NOCH UNS UND DAF UND SONST NICHTS AUF DER WELT

Gastbeitrag von Diana Schädel

Ich freue mich meist schon Wochen vorher auf ein DAF-Konzert. Das ist anders als bei anderen Konzerten. Natürlich geht's auch um die Musik, aber eben nicht nur. Das ist mehr wie ein Familientreffen – im positiven Sinne. Wir sind mittlerweile fast so etwas wie eine kleine DAF-Familie: Petra, Steffi, Jens und wer da noch alles so dazugehört. Wenn's irgendwie möglich ist, fahre ich zu jedem Konzert – und die anderen auch. Manchmal bilden wir auch Fahrgemeinschaften. Wir sind richtig gute Freunde geworden. Also nicht nur wir vor der Bühne – sondern auch die beiden auf der Bühne. Seit einiger Zeit ist auch meine Tochter immer dabei und steht bei den Konzerten genau wie ich an vorderster Front. Sie ist jetzt 16 und geht bei der Musik total ab. Ich finde, das sagt einiges über die Musik von DAF. Das ist keine Musik von früher, keine Oldies, obwohl die Songs ja teilweise jetzt auch schon 40 Jahre alt sind. Das ist zeitlos. Das ist auch 2017 noch cool. Nicht nur für uns, die wir DAF noch von früher kennen und unsere ersten DAF-Songs auf Kassette gehört haben, so wie ich. Sondern auch für unsere Kinder, für die elektronische Musik ja nichts Besonderes ist. Damit sind die ja groß geworden.

Angefangen hat das für mich vor vier oder fünf Jahren. Ich hatte Gabi einfach angeschrieben per Facebook und er hat direkt geantwortet. Total nett, total unkompliziert, total sympathisch. Gesehen haben wir uns dann das erste Mal bei einem Solo-Gig von ihm in Dresden. Wir haben uns gleich gut verstanden. Mein erstes DAF-Konzert müsste dann in Wiesbaden gewesen sein. Da bin ich mir aber nicht mehr ganz sicher. Da habe ich vorher Gabi angeschrieben und gefragt, ob wir uns backstage treffen können. Das ging für ihn klar, und da habe ich dann auch Robert kennengelernt. Und nach und nach auch die ganzen anderen von der DAF-Familie. Das war so eine super Stimmung! Lauter tolle Menschen – die alle irgendwie durch Gabi und Robert verbunden sind.

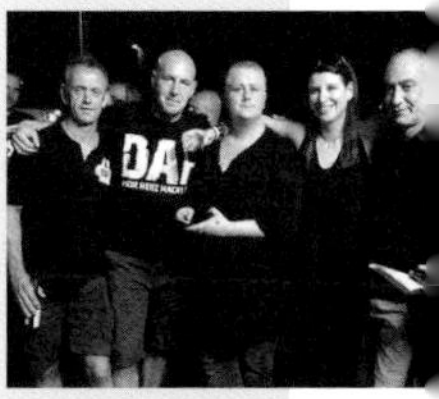

FOTO: DIANA SCHÄDEL

Bei Konzerten läuft das meist so, dass wir uns nachmittags alle irgendwann treffen und plaudern. Manchmal auch gar nicht so viel. Unter Freunden muss man nicht immer reden, um sich zu verstehen. Dann verschwinden die beiden zum Soundcheck, und wir anderen reden über Privates oder vergangene DAF-Konzerte, planen, zu welchen nächsten DAF-Shows wir fahren, so was eben. Wenn's dann losgeht, stehen wir meist ganz vorne in der Mitte. Ich freue mich immer total, wenn ich merke, dass sich das Publikum freut, Robert und Gabi zu sehen, wenn sie richtig mitgehen und wie wild pogen, sich die Seele aus dem Leib schreien und am Ende fix und fertig sind. Da sind dann alle wie in Trance. Da gibt's dann nur noch uns und DAF und sonst nichts auf der Welt.

Nach dem Konzert sucht man sich dann wieder zusammen, klatschnass geschwitzt, aber total glücklich. Backstage reden wir dann meist über das Konzert, trinken Bier zusammen, lassen den Abend ausklingen und freuen uns beim Auseinandergehen dann jedes Mal schon auf das nächste Konzert. Auch wenn ich jetzt schon auf so vielen DAF-Konzerten war: Es ist nie, als wär's das letzte Mal. Es ist immer, als wär's das erste Mal. Es verliert einfach nicht an Zauber. Es ist jedes Mal wieder magisch.

ES ERSTAUNT MICH IMMER WIEDER, WIE EUPHORISCH ALLE SIND

Gastbeitrag von Kathleen Eggert

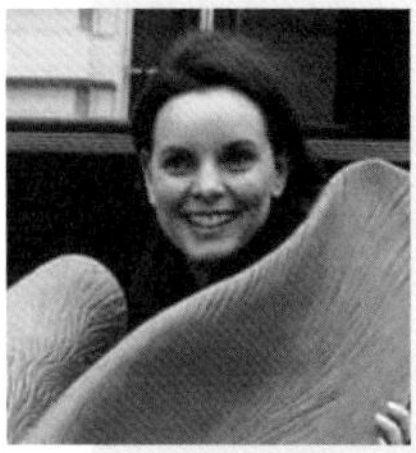

FOTO: KATHLEEN EGGERT

Geboren in der ehemaligen DDR, Ende der 70er, bin ich in meiner Kindheit nie bewusst mit DAF in Berührung gekommen. Ich kann gar nicht sagen, ob DAF populär war, obwohl Robert in unseren vielen Gesprächen andeutete, dass auch in der DDR eine gewisse Fan-Base bestand. Wie bin ich denn nun zu DAF gekommen? So genau weiß ich es nicht. Durch den beruflichen Umzug nach Berlin und auch durch neu geknüpfte Kontakte und Freundschaften der alten Linientreu-Crew kam man nicht an DAF vorbei.

Am Anfang, wenn *Der Mussolini* gespielt wurde, wundert man sich als »Neuling« schon sehr über den Text, denn er ist doch sehr anders als das sonst herkömmlich Gehörte. Nichtsdestotrotz zieht einen der Beat, der Vibe der Musik mit und man kann sich diesem nicht entziehen. Auch nach über 35 Jahren hat gerade dieser Song nie an Popularität eingebüßt, auf Konzerten ist hier mit am meisten Stimmung. Ich erinnere mich an Konzerte im ehemaligen K17, wo man aufpassen musste, dass man nicht unter irgendwelche Stiefel kommt, weil das Publikum so in Ekstase ist. Es erstaunt mich immer wieder, egal in welchem Land ein Konzert gespielt wird, egal wie alt die Besucher sind – denn jede Altersgruppe, von 20 bis 45+ ist immer vertreten –, wie euphorisch alle sind.

Sicherlich sind die Skandinavier am Anfang etwas reservierter (es musste in Göteborg ein Konzert unterbrochen werden, da die Absperrung nicht richtig befestigt war), aber wenn Robert die ersten Takte auf seinem Drum spielt, Gabi die Bühne betritt, ist von der Reserviertheit nichts mehr zu merken.

Am meisten erstaunt haben mich die Franzosen in Lille beim Festival BLN+ im L'Aéronef. Leider sagt man ja, Franzosen wären arrogant und noch anderen Quatsch. Von Vorurteilen halte ich sowieso nichts, und ich wusste auch im Vorfeld schon, dass vieles auch nicht mehr der Wahrheit entspricht. Für Lille fragte Chris vom Merchandising nach, da er verhindert war, ob ich einspringen würde und den Stand betreuen könnte. Gesagt, getan. Die Tore öffneten sich, die ersten Gäste erstürmten den Stand. Schnell entwickelten sich Gespräche, und man kam aus dem Lachen nicht mehr raus, vor dem Konzert, während des Konzerts und auch nach dem Konzert. Für mich war es bis jetzt, Berlin ausgenommen, eines der tollsten Erlebnisse.

Ich hatte das Vergnügen, nach dem Gig in Lille mit ihm einen Abstecher nach Paris zu machen. Zeit wurde es auch. Ich liebe Paris, und Robert erzählte mir so nebenbei, er lebte in den 80ern für eine kurze Zeit hier. Da fragte ich mich, wo er eigentlich noch nicht gelebt hat.

BEST OF KONZERTE

»Ich würde das Konzert in der Philipshalle nicht über das erste Konzert im Ratinger Hof stellen. Philipshalle war so ein geschenktes Konzert. Es gibt ja so Konzerte, da gehst du auf die Bühne und weißt, der Erfolg ist garantiert. Wir waren damals so berühmt. Wir haben so viel verkauft. Wir waren sowieso die Helden. Wir mussten nur rausgehen und sagen: HALLO, und alle haben gerufen: JAAAAAAAAAAAAA!« GABI DELGADO

Gabi Delgado: »Ich bin antiklimaktisch, situationalistisch, meta-anarchistisch und immer sympathisch. Nein, im Ernst: Ich bin antiklimaktisch. Und es gibt auch in der DAF-Geschichte keine Klimax, auch bei den Konzerten nicht. Es gibt ein ewiges Auf und Ab. Ich würde das Konzert in der Philipshalle nicht über das erste Konzert im Ratinger Hof stellen. Aber wenn man mich jetzt fragen würde: Was fandest du das geilste Konzert mit DAF? Dann würde ich wahrscheinlich sagen: Das im Electric Ballroom. Und als Zweites würde ich sagen: Ich mit gebrochenem Arm in Japan. Mein schönster Sportunfall. Mit Gips auf der Bühne. Das war alles viel besser als die Philipshalle. Selbst das erste Konzert im Ratinger Hof noch mit dieser komischen Besetzung mit Kurt Dahlke. Philipshalle war so ein geschenktes Konzert. Es gibt ja so Konzerte, da gehst du auf die Bühne und weißt, der Erfolg ist garantiert. Wir waren damals so berühmt. Wir haben so viel verkauft. Wir waren sowieso die Helden. Wir mussten nur rausgehen und sagen: *Hallo,* und alle haben gerufen: *Jaaaaaaaaaaaaa!*«

Robert Görl: »Legendäre DAF-Gigs? Da gibt's schon einige. Zum Beispiel dieser Mauer-Gig. Da hat DAF an der Berliner Mauer gespielt. Also nicht nur DAF, da spielten mehrere Bands, und auch DJs haben aufgelegt. Das war ein Festival, vermutlich Mitte der 80er. Also vielleicht '83. Denn danach haben wir ja eine Pause gemacht. Da haben die an der Mauer so große Zirkuszelte aufgebaut. Und dann ordentlich losgerockt, so richtig abgeföhnt. Und die auf der anderen Seite, also im Osten, haben sich total aufgeregt. Während des Festivals schon sickerten da so Nachrichten durch: Jetzt gibt's Reaktionen von drüben. Klar, das war ja auch die Absicht, darum haben die ja auch so da rübergeföhnt. Die Bühne stand zwar frei, aber trotzdem direkt an der Mauer. Da ging es dann richtig zur Sache. Ein Zelt ist dann sogar abgefackelt worden. Das war alles total absurd. Man hat sich auch gefragt: Was soll das denn sein? Ein Mauer-Gig? Und als dann auch noch das Zelt abbrannte, wurde alles immer schräger. Von drüben kamen mehr und mehr Reaktionen. Ich meine, klar, da war ja dann auch ein riesiges Feuer direkt an der Mauer. Das war alles so ein bisschen, als hätte jemand ein Sabotage-Festival gemacht. Das war ziemlich legendär.«

Gabi Delgado: »Das war damals in Rochdale, da kam schon die Idee auf: Hey – diese ganzen anderen Leute … Wir machen eine neue Gruppe. Lösen wir auf, die Deutsch Amerikanische Freundschaft und machen eine Gruppe, die heißt einfach nur Deutschland. Nur wir beide. Und der erste Auftritt, den wir zu zweit gespielt haben, nur Robert und ich, der war dann, nachdem wir mit DAF gespielt hatten in Berlin.

»Ich kann mich noch erinnern, ich habe mit dem Chris Haas einmal, das war so eine totale Punk-Aktion, weil wir da auch kein Geld hatten, auf der Straße Musik gemacht. Es gab zwar schon DAF, aber das lief noch nicht so. Da haben wir zwei uns hingesetzt und haben, man kann sagen, wie Wahnsinnige rumgespielt. Wir dachten, wir machen jetzt mal auf Straßenmusikanten. Da sind auch wirklich Leute stehen geblieben. Aber Geld hat uns keiner gegeben.«
ROBERT GÖRL

Da haben wir in einem Club – frag mich nicht, wie der hieß – ein Geheimkonzert gemacht unter dem Namen *Der Räuber und der Prinz*. Da gab's den Text noch gar nicht. Robert hatte eine Kassette mit drei Stücken, die wir nicht für DAF benutzt hatten, dabei. Ich habe da irgendwas dazu gesungen. Gudrun Gut und diese Mädels, die haben das gesehen, die waren da an diesem Abend.«

Robert Görl: »Ich kann mich noch erinnern, ich habe mit dem Chris Haas einmal, das war so eine totale Punk-Aktion, weil wir da auch kein Geld hatten, auf der Straße Musik gemacht. Es gab zwar schon DAF, aber das lief noch nicht so. Das war noch in dieser Downer-Zeit. Und da meinte er: ›Meinste nicht, dass wir 'n bisschen Geld verdienen könnten, wenn wir einfach auf der Straße hier einen abfetzen?‹ Da hat der Chris dann Saxofon gespielt, und ich mit einer kleinen Trommel. Vor der Waterloo-Station war das – oder war das Hammersmith? –, also vor irgend so einer großen Station waren wir. Da haben wir zwei uns hingesetzt und haben, man kann sagen, wie Wahnsinnige rumgespielt. Wir dachten, wir machen jetzt mal auf Straßenmusikanten. Spielen unser Zeug, ganz abstrakt, ganz free. Da sind auch wirklich Leute stehen geblieben. Aber Geld hat uns keiner gegeben. Geguckt haben aber schon einige. Am interessantesten haben das so Black Guys gefunden. Die fanden das richtig cool. Da kann ich mich noch dran erinnern. Die sind richtig lange stehen geblieben. Aber irgendwann kamen Bobbys an und haben uns vertrieben, haben gesagt: ›Verschwindet hier!‹ Wir hatten Glück, dass die uns nicht mitgenommen haben. Also mit der Aktion haben wir keinen Penny verdient. Aber für uns war das echt ein guter Gag, ein guter Spaß. Und wir haben gedacht: Vielleicht legen da ein paar Leute ein paar Pfund hin. Aber nicht einen Penny!

Und dann gab's noch dieses U-Bahn-Konzert, auch in London. Davon gibt es, glaube ich, sogar Fotos. Das war aber ein organisiertes DAF-Konzert mit allen, nicht so eine spontane Aktion, wie der Chris und ich gemacht haben. Sogar Daniel Miller war da involviert gewesen, soweit ich mich erinnern kann. Und die Wire-Leute waren auch dabei. Das war ein kleiner Hype.«

Gabi Delgado: »Middlesbrough weiß ich noch. Weil ich aber eben auch überhaupt nicht an der Vergangenheit interessiert bin, merke ich mir so was nicht. Mit Birthday Party haben wir in London gespielt. Oder mit Wire im Electric Ballroom. Das müssen so spezielle Ereignisse sein, damit man sich das merkt. Da muss mehr passieren als ein Konzert, das irgendwie voll ist. Ich erinnere mich zum Beispiel noch an die Frage mit den Mods. Dann erinnere ich mich an das Konzert mit Wire im Electric Ballroom, die ja wirklich total angesagt waren. Da sind wir als Vorgruppe von denen aufgetreten. Und danach war alles vorbei für Wire an dem Abend. Die Leute waren so beeindruckt von DAF. Bei Wire – da war's still. Die waren alle noch total geflasht von uns. Das hatte ich noch nie erlebt, dass da so eine Paralyse einsetzt bei den Leuten. Wire kam auf die Bühne. Und die Leute standen nur so da rum. Keiner hat geklatscht. Nichts. Ein paar sind weggegangen. Wirklich wahr. Deswegen erinnere ich mich auch an dieses Konzert.«

Robert Görl: »Dann gab's da noch diesen Universitätsgig in Berlin. Der war wirklich total extrem. Die Aufnahmen davon sind leider verschwunden aus dem Netz. Auch so ein total seltsamer Auftritt, total schräg. Das muss im November '80 oder so gewesen sein. Noch mit Wolla. Ganz großer Aufbau. Und hinter uns war ein Podest, da haben Leute drauf gestanden. Die standen also quasi über uns. Aber ganz nah. Und haben die ganze Zeit so gelangweilt geguckt. Weißte, wir geben da Vollgas, und die stehen da so rum. Und dann kam da auch noch so ein Mädchen auf die Bühne und machte den Gabi ganz komisch an. Die wollte auch nur tanzen und hat sich dann dabei selbst exhibitioniert, bis Gabi sie dann runtergeschmissen hat. Also sehr entschieden. Ziemlich hart. Wie gesagt: schräges Festival. ›Unterhaltung und Belehrung‹ hieß das, glaube ich. Und dazu dann dieses Konzept mit den ganzen Leuten hinter und über uns, die uns einfach so lässig zuschauen. Mit verschränkten Armen. Mal runtergucken: *Aha, was machen die denn da unten? – Das ist ein DAF-Gig. – Ach so!*«

Gabi Delgado: »Dann hatten wir noch das Konzert in Middlesbrough, das war nicht mit The Fall. Da sind wir in eine totale Skinhead-Bude geraten. Wahnsinn! Eine gefährliche … das war – boah! Die erste Nummer an dem Abend war ausgerechnet eine Haas-Nummer, völlig abstrakt, ›negativ strahlen‹, wie es damals hieß. Eigentlich eine Strategie aus der Minus Delta t-Schule. Weißes Rauschen, Noises. Weißt du, wwwwschwwwwsch. Und die haben auch negativ gestrahlt. Da dachte ich: Gleich werden wir von der Bühne geprügelt. Und dann ging's los mit *Verschwende Deine Jugend* und so. Da kam so eine Power rüber von uns. In der Not auch. Der Local Leader, also der örtliche Gauleiter, der hat bei uns auf der Bühne gestanden, der hat den Leuten schließlich erlaubt, uns gut zu finden. War dann ein Bomben-Konzert. Mit *Mussolini*, *Adolf Hitler*, kann man sich ja vorstellen, da waren die dann voll zufrieden. Auch wenn die nichts verstanden haben. Das kann man nicht vergessen, dieses Konzert. Da standen die schon mit ihren Baseball-Bats, das hatten die schon vorbereitet. Standen da: *Fucking Germans!* Und dann diese Schränke

»Dann erinnere ich mich an das Konzert mit Wire im Electric Ballroom, die ja wirklich total angesagt waren. Da sind wir als Vorgruppe von denen aufgetreten. Und danach war alles vorbei für Wire an dem Abend. Die Leute waren so beeindruckt von DAF. Bei Wire – da war's still. Die waren alle noch total geflasht von uns. Das hatte ich noch nie erlebt, dass da so eine Paralyse einsetzt bei den Leuten. Wire kam auf die Bühne. Und die Leute standen nur so da rum. Keiner hat geklatscht. Nichts. Wirklich wahr. Deswegen erinnere ich mich auch an dieses Konzert.« GABI DELGADO

auf der Bühne, mit dem Führer, dem Gauleiter da. Jetzt beaten wir hier die Kacke aus den scheiß Germans. Was haben wir da alle reingehauen! Der Leader hat denen richtig Zeichen gemacht. So: *Respekt!* Der Haas und ich haben danach sogar noch eine Podiumsdiskussion mit den Skinheads geführt. Alle anderen sind ins Hotel abgehauen. Nur der Haas und ich sind geblieben. ›Jaaaa, ihr seid doch aus Deutschland. Ihr kennt euch doch da gut aus. Ich wollte fragen: Ich hab so ein Nierenleiden.‹ Sag ich: ›Ja, okay, Nierenleiden? Tut mir leid, KZ, unwertes Leben.‹ Der wollte wissen, ob er in Nazideutschland eine Chance gehabt hätte bei der Wehrmacht oder der SS. Da hab ich gesagt: ›Nein! Auf keinen Fall! Du wärst vernichtet worden. Unwertes Leben.‹ Stundenlang mit denen diskutiert. So auf der Basis. ›Du? Wie du aussiehst, mit dem Hakenkreuz auf der Stirn tätowiert. Du kommst in den Knast. Für die Deutschen bist du ein Freak! Kannst doch nicht so rumlaufen!‹ – ›Oh, ach so, stimmt …‹ Genau so. Ich bin da kampferprobt. Also auf verbaler Ebene. Wirklich mit den ganz bösen Jungs da diskutiert. Das Gleiche, was ich dann später auch in Berlin hatte. ›So wie du aussiehst, … du denkst, du bist ein Nazi? Du bist ein Freak, bist du. Lebensunwert, Junge! Du würdest vergast werden! Du weißt doch, was man mit Leuten wie dir gemacht hat. Du arbeitest nicht, nimmst Drogen, hast Tätowierungen. Du

Robert, Gabi und Wolfgang musizieren in der Londoner U-Bahn
FOTO: ARCHIV SCHNEKENBURGER

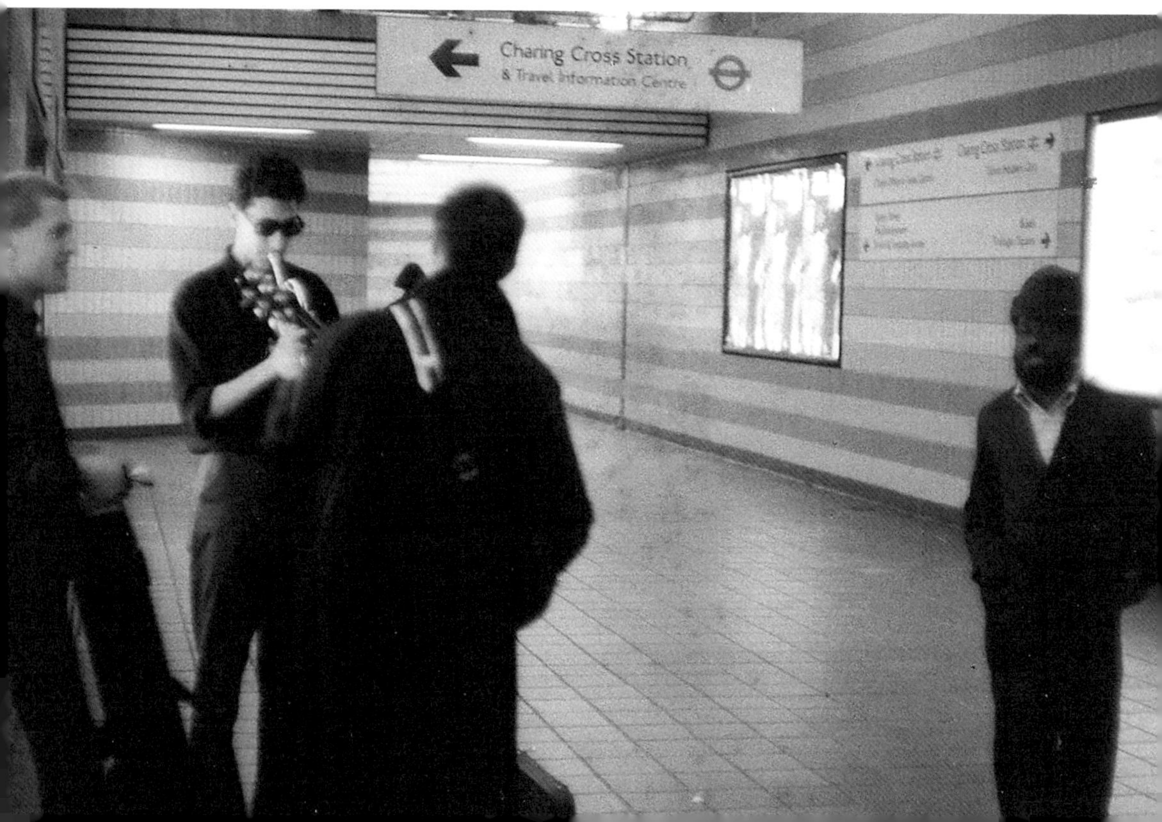

bist ein Zigeuner oder was.‹ Und dann wirklich richtig Podiumsdiskussion gehabt. Mit 30, 40 Skinheads. Ich konnte da auch schon ganz gut Englisch. Ich habe eine Begabung für Sprachen. Habe ja schon als Kleiner Deutsch gelernt. Keine Ahnung, das fällt mir sehr leicht.«

Robert Görl: »Aber DAF hat noch ein großes Ding gehabt. Und zwar in Tokio. Wie bei diesem Song *Big In Japan*. DAF ist big in Japan. Aber ohne Zweifel. DAF ist richtig big in Japan. Da waren so Leute, die haben eine Techno-Veranstaltung gemacht. Das war 2003. Im Yokohama-Fußballstadion. Das war vollkommen ausverkauft. Die Veranstalter meinten damals zu uns: ›Trotzdem hier einige sehr bekannte DJs auflegen, habt ihr dieses Mal das Stadion komplett ausverkauft. Die kamen alle wegen euch.‹«

»Aber DAF hat noch ein großes Ding gehabt. Und zwar in Tokio. Wie bei diesem Song BIG IN JAPAN. DAF ist big in Japan. Aber ohne Zweifel. DAF ist richtig big in Japan. Da waren so Leute, die haben eine Techno-Veranstaltung gemacht. Das war 2003, im Yokohama-Fußballstadion. Das war vollkommen ausverkauft. Die Veranstalter meinten damals zu uns: ›Die kamen alle wegen euch.‹« ROBERT GÖRL

Gabi Delgado: »Wir waren dann ja auch zweimal da, also in Japan. Einmal mit Dirk Becker und einmal mit Olaf Sprick. Das ist noch gar nicht so lange her. Japan ist wirklich das Fremdeste, was ich bislang gesehen habe. Also vom Sozialverhalten. Man lernt das natürlich schnell, aber erst mal ist es doch sehr anders. In Japan ist es so: Du kommst da als West-Band, da ist dir der Erfolg garantiert. Aber um zehn machen die dicht. Da gehst du nach dem Gig durch die Halle, und es sieht so aus, als sei da nichts gewesen. Kein Pappbecher liegt da rum und nichts. Und dann sitzt du im Flugzeug und fliegst zurück von deiner Show. Die sind ja auch superschnell, da gibt's dann am nächsten Tag direkt einen Artikel drüber auf diesem Hochglanzpapier. Aber du verstehst halt nichts. Du kannst das ja nicht lesen. Also nur die Sachen in unserer Schrift. Klar, also DAF aha, aha, irgendwas mit 1984, okay, DJ Hell, ja, meinetwegen, oh, aber wieso denn jetzt James Taylor Quartet? Wie ist das denn jetzt da reingerutscht in diesen Artikel über DAF? Das ist so lustig. Das findet man ja dann auch nie raus. James Taylor Quartet? Bitte, was ist denn jetzt los?

Auch so eine Geschichte, die ich nie vergessen werde: Conny Plank-Studio. ›Hier, da sind so verrückte Japaner am Telefon, die rufen dauernd an. Die wollen, dass DAF da spielt. Sprich mal mit denen, weil wir checken das überhaupt nicht.‹ Ich so: ›Okay, gib mal her.‹ Und am anderen Ende dann: ›Aaaaahhahaha Tokio wawawawa – aber DAF tanzen Kreit?‹ Musste ich noch mal nachfragen: ›Entschuldigung: Wie bitte?‹ Und der dann wieder: ›Aber DAF tanzen Kreit?‹ Wusste immer noch nicht, was der wollte: ›Wie jetzt, DAF tanzen Kreit? Was heißt denn das?‹ Habe ich nie rausgefunden. In meinem ganzen Leben nicht. Hat der 1000 Mal gesagt mit seinem lustigen japanischen Akzent: ›Aber DAF tanzen Kreit?‹

»Japan ist wirklich das Fremdeste, was ich bislang gesehen habe. Also vom Sozialverhalten. Man lernt das natürlich schnell, aber erst mal ist es doch sehr anders. In Japan ist es so: Du kommst da als West-Band, da ist dir der Erfolg garantiert. Aber um zehn machen die dicht. Da gehst du nach dem Gig durch die Halle, und es sieht so aus, als sei da nichts gewesen. Kein Pappbecher liegt da rum und nichts. Und dann sitzt du im Flugzeug und fliegst zurück von deiner Show.« GABI DELGADO

Ich muss sagen, dass ich diese ganze Verehrung für Japan – und Tokio insbesondere – nicht teile. Natürlich hat die japanische Kultur, wie alle anderen Kulturen auch, einiges zu bieten, insbesondere im kulinarischen Bereich. Aber Tokio zum Beispiel ist eine der hässlichsten Städte der Welt. Lasst euch nicht von den vielen bunten Lichtern und Videowänden blenden; das sind nur Werbetafeln. Eine extrem hierarchische Gesellschaft, wo alles, was nicht männlich oder japanisch ist und nicht anstandslos funktioniert, extrem diskriminiert wird. Obwohl natürlich einigen wenigen Freaks die Möglichkeit gegeben wird, ein Otaku zu sein; quasi eine auch gesellschaftlich anerkannte Rolle als Verwalter der eigenen autistischen Tendenzen, aber wie gesagt: Nur wenigen wird diese Möglichkeit gegeben und auch nur, wenn sie in keiner Weise systemgefährdend sind. Insgesamt ist die japanische Gesellschaft unglaublich obrigkeitshörig, und das bis zur Selbstaufgabe. Geradezu ein Modell, in welche Richtung sich eine Gesellschaft nicht entwickeln sollte.«

Robert Görl: »Konzerte sind für mich schon immer der Höhepunkt von allem. Es gibt nichts Besseres, nichts Schöneres als live auf der Bühne. Songs zu schreiben, im Studio Aufnahmen zu machen, ist dagegen ziemlich trocken. Je näher das Publikum an dir dran ist, umso besser. Es ist fast wie so ein Sex-Ding. Genau dafür macht man Musik.«

Das Originalposter zum Festival ›Belehrung und Unterhaltung‹
FOTO: ARCHIV OTTOSSON

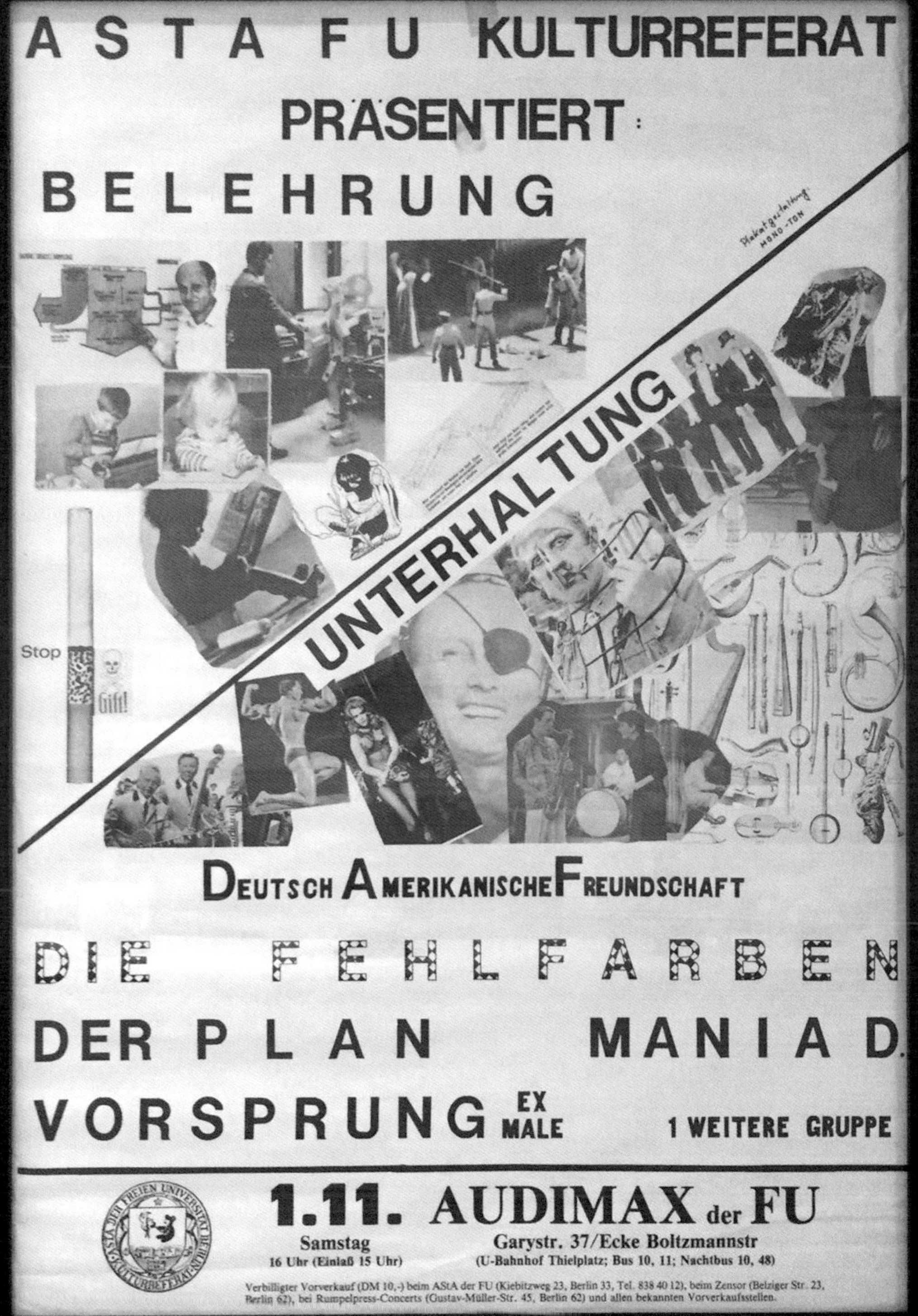
ASTA FU KULTURREFERAT
PRÄSENTIERT:
BELEHRUNG
Plakatgestaltung: MONO-TON
UNTERHALTUNG
Stop
Gift!
DEUTSCH AMERIKANISCHE FREUNDSCHAFT
DIE FEHLFARBEN
DER PLAN
MANIA D.
VORSPRUNG
EX MALE
1 WEITERE GRUPPE
1.11. AUDIMAX der FU
Samstag
16 Uhr (Einlaß 15 Uhr)
Garystr. 37/Ecke Boltzmannstr
(U-Bahnhof Thielplatz; Bus 10, 11; Nachtbus 10, 48)
Verbilligter Vorverkauf (DM 10,-) beim AStA der FU (Kiebitzweg 23, Berlin 33, Tel. 838 40 12), beim Zensor (Belziger Str. 23, Berlin 62), bei Rumpelpress-Concerts (Gustav-Müller-Str. 45, Berlin 62) und allen bekannten Vorverkaufsstellen.

WIE ALLES ANFING

ROBERT

MÜNCHEN

<< REWIND << Wenn bei DAF gerne von einer Düsseldorfer Band die Rede ist, ist hier der richtige Ort, mit diesem Mythos aufzuräumen. Bis sich Robert Görl und Gabi Delgado im Ratinger Hof in Düsseldorf begegneten, war es nämlich ein weiter Weg, der im Falle von Robert von München über Augsburg und Graz bis nach London führte. Aber der Reihe nach.

Geboren wurde Robert Görl zwar nicht an einem kalten und grauen Chicago-Morgen, sondern an einem lauen Junitag in München. In einem Getto allerdings schon, beziehungsweise in einer Barackensiedlung, in der er der nächste, der neunte hungrige Mund war, den es zu füttern galt. Das war am 15. Juni 1955. Einen Vater gab es nicht, zumindest keinen, der sich bei der Familie in München-Frauenholz blicken ließ. Regelmäßig blicken ließ sich allerdings das Jugendamt. Eine alleinerziehende Mutter mit neun Kindern von verschiedenen Vätern – das war 1955 nicht gerade das, was man unter einer intakten Familie verstand. Auch wenn die drei ältesten Geschwister in einer Pflegefamilie lebten. Aber Robert erinnert sich an diesen ersten Teil seiner Kindheit als eine gute Zeit, eine geborgene Zeit mit großem Zusammenhalt, in der es, obwohl es an fast allem fehlte, an nichts mangelte.

Als Robert sechs war, starb seine Mutter, und für die sechs Barackenkinder wurde ein Albtraum wahr: Man fuhr mit einem VW-Bus vor, verlud sie und karrte sie vom Norden Münchens in das im Süden gelegene »Münchner Kindl-Heim«. Robert Görl: »Dann kam wirklich der Horror. Wir wurden alle erst mal nackt ausgezogen und unter die Dusche gestellt. Wie in einer Anstalt. Das war furchtbar. Nach dem Motto: Die entlausen wir jetzt erst mal, die spritzen wir erst mal ab, die Barackenkinder müssen erst mal gesäubert werden. Danach wurden wir frisch eingekleidet und zur Heimleitung geschickt.«

Mehr als ein Jahr lang sagte Robert kein einziges Wort mehr. Erst mit sieben fing er wieder an zu sprechen.

Als er zwölf war, brachte ihn eine der Erzieherinnen in den Musikraum des Heims mit der Frage, ob er denn nicht Lust habe, ein Instrument zu lernen. Er hatte die freie Wahl, und es gab beinahe alles: Da stand ein Klavier im Raum; Gitarren und Bässe, Geigen und allerlei Holz- und Blechblasinstrumente waren in den Schränken verstaut. Robert schaute sich alle Instrumente genau an, aber nur eins zog ihn in seinen Bann. Robert Görl: »Da hab ich dann so einen Koffer aufgemacht, und was war da drin? Eine Trompete war da drin. Eine wunderschöne, goldene Trompete. Die hat mich total angemacht. Die musste ich gleich in die Hand nehmen. Also hab ich gesagt: ›Ja, ich möchte gerne diese Trompete spielen.‹ Das fand die Erzieherin super und hat dann auch gleich was für mich abgemacht mit einem Musiklehrer. Und so hatte ich dann einmal in der Woche Trompetenunterricht. Und soll ich euch was sagen? Ich wurde ein ziemlich guter Trompeter.«

»Da hab ich dann so einen Koffer aufgemacht, und was war da drin? Eine Trompete war da drin. Eine wunderschöne, goldene Trompete. Die hat mich total angemacht. Die musste ich gleich in die Hand nehmen. Also hab ich gesagt: ›Ja, ich möchte gerne diese Trompete spielen.‹ Und so hatte ich dann einmal in der Woche Trompetenunterricht. Und soll ich euch was sagen? Ich wurde ein ziemlich guter Trompeter.«

ROBERT GÖRL

Zwei Jahre später nahm er an dem Wettbewerb »Jugend musiziert« der Stadt München teil. Mit seinem *Il Silenzio* gewann er den ersten Preis und eine Kienzle-Armbanduhr. Und als sei damit alles erreicht, was man im Leben eines Trompeters erreichen kann, verebbte danach schlagartig das Interesse an dem schönen, goldenen Instrument. Die Trompete ging, der Fußball kam, und auch beim Fußball stellte sich Robert schnell als sehr begabt heraus. Er kickte bei den 1860ern. Das allerdings nur ein Jahr. Weil der Himmel aufriss und ein erhobener Zeigefinger ihn gemahnte, zurück zur Musik zu gehen – oder so ähnlich. Robert Görl: »Aber ich kam dann wieder zur Musik zurück. Ich war da nicht so lange bei den 60ern. Das hat mir am Anfang richtig, richtig viel Spaß gemacht. Aber irgendwann ist was total Seltsames passiert. Bei einem Spiel habe ich den Ball so hoch in die Luft geschossen, dass alle gesagt haben: ›Was ist denn das für ein Wahnsinniger?‹ Und der Ball war nicht mehr aufzufinden. Der Ball war einfach weg. Der Trainer hat mich total blöd angemacht. Nirgends war dieser Ball zu finden. Dabei war das alles ganz übersichtlich. Das war auf dem offiziellen 1860er-Rasen. Da kann man ja alles überblicken und überschauen. Da ging's zur Tribüne hoch … aber sonst … der war nicht mehr zu sehen. Als hätte das Schicksal mir den Ball weggenommen und gesagt: *Robert, lass das bleiben! Du wirst kein Fußballer. Das machst du nicht!* Also habe ich von heute auf morgen auch mit dem Fußballspielen wieder aufgehört.«

»Das waren so alte Wascheimer, so Waschpötte, so Omo-Eimer. Die sind aus starker, dicker Pappe. Wenn die leer sind, dann kannst du sie umdrehen, und wenn du dann draufschlägst, klingt das gar nicht so schlecht. Und es ist auch nicht so laut, dass es zu sehr nervt. Denn das ist ja schon auch eine Nerv-Angelegenheit für die Mitbewohner im Heim. Da habe ich also zu trommeln angefangen.« ROBERT GÖRL

ERSTKONTAKT

Da Robert jetzt nicht mehr den ganzen Tag auf dem Fußballplatz zubrachte, brauchte er etwas anderes, um die langen Nachmittagsstunden im Heim zu füllen. Da entdeckte er zufällig seine Begeisterung für Waschmitteleimer. Oder vielmehr: für die fesselnde Symbiose aus Rhythmus und Klang, für den Groove, den man ihnen entlocken kann. Nur so für sich. Robert Görl: »Das waren so alte Wascheimer, so Waschpötte, so Omo-Eimer. Die sind aus starker, dicker Pappe. Wenn die leer sind, dann kannst du sie umdrehen, und wenn du dann draufschlägst, klingt das gar nicht so schlecht. Und es ist auch nicht so laut, dass es zu sehr nervt. Denn das ist ja schon auch eine Nerv-Angelegenheit für die Mitbewohner im Heim. Da habe ich also zu trommeln angefangen.« Und als dann die Idee aufkam, eine Band zu gründen, war Robert sofort dabei. Vier Jungs, eine Mission: die perfekte Coverversion von *White Room* zu spielen.

Unweit des Heims gab es eine alte Bunkeranlage aus dem Zweiten Weltkrieg, die zu Proberäumen umfunktioniert worden war. Dort konnte man Krach machen, ohne dass es jemanden störte. Und sogar ein Schlagzeug stand dort. Vier Bands pro Raum pro Tag – hier entstanden Rock-'n'-Roll-Träume von Münchner Jugendlichen im Schichtbetrieb. Robert Görl: »Wir haben da dann rumgehangen und haben die ganze Zeit ein Lied geprobt. Total bescheuert! So eine Teenager-Band, die den ganzen Tag *White Room* von *Cream* geprobt hat. Da habe ich dann auch zum ersten Mal gesungen. Und eben Schlagzeug gespielt. Da hatte ich aber keinen Unterricht. Ich habe mich einfach drangesetzt. Da stand ein richtiges Schlagzeug. Wir waren ziemlich oft dort.«

An manchen Tagen sitzt das Schicksal am Spielfeldrand und klaut dir deinen Ball. Und an anderen schleicht es in Gestalt eines hochgewachsenen Blonden durch heruntergekommene Bunkeranlagen und hört dir dabei zu, wie du stundenlang wie ein Besessener *White Room* spielst. Als die vier Jungs eines schönen Tages ihre Probe für beendet erklärt hatten, erhob sich der dubiose Fremde und drückte Robert einen Zettel in die Hand, auf dem eine Telefonnummer und der Name *Freddie Brocksieper* zu lesen war. Da hatte Robert allerdings noch keinen blassen Schimmer, wer dieser Freddie Brocksieper war. Er fand erst nach einer Weile heraus, dass es sich bei dem 1912 in Istanbul geborenen Fritz Brocksieper um eine Jazz-Legende mit jüdischen Wurzeln handelte, die den Nationalsozialismus nur deshalb überlebt hatte, weil sie unter anderem für die Propaganda-Bigband Charlie and His Orchestra, auch bekannt als Mr. Goebbels Jazz Band, trommelte. Der unbekannte Blonde, ein Scout Brocksiepers, der sich in den Proberäumen Münchens herumdrückte, attestierte Robert an jenem Nachmittag großes Talent und ermutigte ihn, sich als Schüler bei dem damals fast 60-jährigen Trommelguru zu melden. Randnotiz: 1980, also zwei Jahre bevor DAF den Deutschen Schallplattenpreis verliehen bekamen, ging dieselbe Auszeichnung an Brocksieper.

Robert Görl: »Und ich hatte jetzt plötzlich die Telefonnummer von dem in der Hand. Also hab ich da angerufen, und er sagte, er würde mir Schlagzeugunterricht geben. Da kann ich mich noch richtig gut dran erinnern. Er wohnte in der Gieselerstraße 14 in Schwabing. Als ich in seiner Wohnung ankam, sagte er, ich solle ihm was vorspielen. Das war die Bedingung. ›Was kannst du mir denn vorspielen?‹, hat er gefragt. Im Eck hinten, da stand sein Schlagzeug. Aber mitten im Raum stand nur eine kleine Trommel. Aha, dachte ich mir, das Schlagzeug ist noch gar nicht fertig zum Spielen. Das stand so zusammengeschoben in der Ecke. Und in der Raummitte standen wie gesagt eine kleine Trommel und zwei Stühle drum herum. Da hat er sich dann hingesetzt und hat gesagt: ›So, na dann spiel mir doch mal was auf der kleinen Trommel vor!‹ Und ich dachte nur: Oh nein! Was ist denn das jetzt? Jetzt muss ich dem was auf der kleinen Trommel vorspielen! Das ist ja schräg! Ich dachte, ich kann da jetzt einen runterklopfen auf dem Drumkit, voll das Schlagzeugsolo machen. Deshalb fand ich das im ersten Moment auch sehr steif und hab dann auch gefragt: ›Ja, also was genau soll ich dir da denn jetzt vorspielen? Ich spiel ja eigentlich Schlagzeug.‹ Da meinte er: ›Jaja, das ist schon klar. Ich spiel auch Schlagzeug. Aber ich möchte jetzt gerade, dass du mir nur was auf der kleinen Trommel vorspielst. Mach doch zum Beispiel mal einen Wirbel.‹ Also habe ich angefangen, so einen Wirbel zu machen, und da ist mir bewusst geworden: Oh, die Situation ist jetzt sehr ernst. So ganz steif diese kleine Trommel zwischen den Beinen, und da sitzt so ein Lehrer, also der Brocksie, vor mir. Und dann sollte ich langsam langsamer werden. Bis das nur noch so ein tak, tak, tak, tak war. Da hat er nämlich gecheckt, ob ich das gleichmäßig machen kann, oder ob ich blöd aus dem Takt komme, also ob ich Timing habe. Dann wollte er noch zwei Minuten lang Sechzehntel hören. Und irgendwann sagte er dann: ›Gut, ich nehm dich! Ich geb dir Unterricht! Abgemacht? 10 DM die Stunde und ich nehm dich.‹ Da müsste ich so ungefähr 16 gewesen sein. Und so kam es, dass ich einmal die Woche für 10 DM bei Freddie Brocksieper Schlagzeugunterricht gehabt habe.«

»Und dann sollte ich langsam langsamer werden. Bis das nur noch so ein tak, tak, tak, tak war. Dann wollte er noch zwei Minuten lang Sechzehntel hören. Und irgendwann sagte er dann: ›Gut, ich nehm dich! Ich geb dir Unterricht! 10 DM die Stunde und ich nehm dich.‹ Da müsste ich so ungefähr 16 gewesen sein. Und so kam es, dass ich einmal die Woche für 10 DM bei Freddie Brocksieper Schlagzeugunterricht gehabt habe.« ROBERT GÖRL

»Und ratet mal, wer jetzt ins Spiel kommt? Chrislo Haas. Er war auch am Leopold-Mozart-Konservatorium, hat Saxophon studiert. Und ich Schlagwerk. Wir haben auch immer zusammen rumgejammt in den Proberäumen im Konservatorium. Das ist ja eine Riesenschule gewesen mit Dutzenden Räumen. Da konnte man immer in irgendeinen reingehen. Da haben wir uns dann breitgemacht und den ganzen Tag herumgespielt. Das war so richtig crazy, was wir da gespielt haben.«
ROBERT GÖRL

AUGSBURG

Nach der Schule musste Robert nicht lange überlegen, was er machen wollte. Es schienen ohnehin alle Lebenslinien ganz zwangsläufig schnurgerade auf ein Musikstudium zuzulaufen. In München war das aussichtslos, weil der Andrang einfach zu groß war. In Augsburg hingegen bestand er die Aufnahmeprüfung auf Anhieb. Und so ging er 1974 ans Leopold-Mozart-Konservatorium, um dort Schlagwerk zu studieren. Das umfasste von der Pauke und der kleinen Trommel über Becken, Xylophon und Vibraphon auch die Peitsche und die Triangel. Dort war allerdings erst mal Schluss mit Jazz – und mit Cream erst recht. Dort waren Mozart und Beethoven an der Tagesordnung. Oder aber, für die, die es etwas moderner mochten, Béla Bartók und Dmitri Borissowitsch Kabalewski. Dafür entschied sich Robert in seinem Pflichtfach Klavier. Daneben belegte er die Fächer Komposition und Musiktheorie. Das Minimalistische, Atonale an Bartók und Kabalewski beeindruckte Robert und prägte ihn maßgeblich, auch wenn er sich beim Spielen auf die einfacheren Werke der beiden beschränkte, da er schließlich erst im Studium angefangen hatte, Klavier zu lernen. Aber auch an den Tasten war er äußerst ehrgeizig, wollte er doch unbedingt komponieren lernen. Und das geht nun mal nicht am Schlagzeug, sondern eben am Klavier. Also übte er in jeder freien Minute. Und übte. Und übte. Allerdings übte er nicht nur alleine am Klavier Bartók, auch in Augsburg fanden sich schnell zwei Gleichgesinnte, die merkten, dass es für sie zu entdeckende Musik jenseits des musikalischen Kanons dieses Konservatoriums gab. Robert Görl: »Und ratet mal, wer jetzt ins Spiel kommt? Chrislo Haas. Chrislo war auch am Leopold-Mozart-Konservatorium. Und Wieland Kain. Der spielt dann zwar später nicht mehr die große Rolle. Aber diese zwei, das waren zwei richtige, gute Kumpels von mir. Das waren meine engsten Studienfreunde. Der Chris Haas hat Saxophon studiert. Der Wieland Kain hat Querflöte studiert. Und ich Schlagwerk. Und wir haben auch immer zusammen rumgejammt in den Proberäumen im Konservatorium. Das ist ja eine Riesenschule gewesen mit Dutzenden Räumen. Da konnte man immer in irgendeinen reingehen. Da haben wir uns dann breitgemacht und den ganzen Tag herumgespielt. Wir drei immer nur. Auf dem Mozart-Konservatorium, da studiert man ja eigentlich Mozart. Oder Beethoven oder Liszt, so was eben eher. Aber wir haben gejammt. Bei mir kam da dieses alte Rockding durch. Meine Bunkerzeit. Und der Wieland war ein wahnsinnig wilder und verrückter Querflöter. Das war noch gar kein Stil, was wir da gemacht haben. Das war kein Rock, Jazz war es aber auch nicht. Es war einfach so ein wilder, freier Jam-Stil. Wir haben uns geöffnet. Musik geht ja wirklich genau so. Also wenn du mit einer Gruppe interkommunizierst, musikalisch kommunizierst. Das war so richtig crazy, was wir da gespielt haben. Ich weiß noch, einen Tag sind wir so abgegangen, da ging dann plötzlich die Tür auf, und da stand ein Mädel und hat total hysterisch geschrien: ›Seid ihr wahnsinnig??? Spinnt ihr? Was ist hier überhaupt los? Ich möchte hier nebenan Gesang proben.‹ Die wollte irgendwelche klassischen Etüden üben, für Sopranstimme. Aber sie konnte nicht proben wegen uns, weil wir da nebenan total verrückte Ekstasen abgefahren haben. Wo auch wir selber gar nicht wussten, was das ist, außer, dass es sich extrem gut anfühlte.«

Klassische Werke in den Unterrichtsstunden, wildes Gejamme in den Freistunden: Zwei Jahre lang ging das gut, zwei Jahre lang ließ sich dieses Spannungsverhältnis aufrechterhalten. Doch dann schwappte eine Nachricht nach Augsburg, die Chrislo, Wieland und Robert mehr als gelegen kam: Im Graz gab es die erste Musikhochschule Europas mit staatlich anerkannter Jazzabteilung. Das ließen sich die drei nicht zweimal sagen, packten ihre Koffer und brachen auf nach Österreich. Graz, das war wie der nächste logische Schritt. Graz, das waren Künstler, das waren Studenten, das waren Festivals. Graz, das war ein Hotspot, an dem in jenen Tagen kreative Energien en masse freigesetzt wurden.

»Ich weiß noch, einen Tag sind wir so abgegangen, da ging dann plötzlich die Tür auf, und da stand ein Mädel und hat total hysterisch geschrien: ›Seid ihr wahnsinnig??? Spinnt ihr? Was ist hier überhaupt los? Ich möchte hier nebenan Gesang proben.‹ Die wollte irgendwelche klassischen Etüden üben, für Sopranstimme. Aber sie konnte nicht proben wegen uns, weil wir da nebenan total verrückte Ekstasen abgefahren haben. Wo auch wir selber gar nicht wussten, was das ist, außer, dass es sich extrem gut anfühlte.«
ROBERT GÖRL

GRAZ

Hier näherten sich die Inhalte von Unterrichts- und Freistunden an: Während beiden standen alle Zeichen auf Jazz. Und die drei saugten in Ersteren begierig auf, was sie in Letzteren ekstatisch auslebten. Robert hatte sich mittlerweile aber auch ein erstes eigenes Schlagzeug gekauft, auf das er lange gespart hatte: ein Gretsch, das ihm perfekt vorkam für die Jam-Eskapaden. Das hatte er in einer Ecke seines winzigen Kellerzimmers neben seinem Bett stehen, und er übte auch hier unaufhörlich – was ihm die ältere Lady, die das Kellerzimmer in ihrer Villa vermietete, zunächst begeistert gestattet und schließlich doch mit blank liegenden Nerven bereut hatte. Robert Görl: »Ich habe dann wahnsinnig viel geübt. Vielleicht bin ich auch deshalb nur so ein guter Musiker und so ein präziser Mensch geworden in der Musik, weil ich jahrelang geübt habe wie ein Wahnsinniger. Ich habe vier Jahre lang im Durchschnitt bestimmt vier bis fünf Stunden getrommelt. Jeden Tag. Geübt. Richtig geübt. An manchen Tagen auch viel länger noch. Wie ein Besessener. Wie ein Maniac. Ich habe teilweise ganz steif Noten gespielt. Aber wenn du gut bist,

»Ich habe dann wahnsinnig viel geübt. Vielleicht bin ich auch deshalb nur so ein guter Musiker und so ein präziser Mensch geworden in der Musik, weil ich jahrelang geübt habe wie ein Wahnsinniger. Ich habe vier Jahre lang im Durchschnitt bestimmt vier bis fünf Stunden getrommelt. Jeden Tag. Geübt. Richtig geübt. An manchen Tagen auch viel länger noch. Wie ein Besessener. Wie ein Maniac.« ROBERT GÖRL

ist selbst das irgendwann nicht mehr steif. In Graz habe ich dann teilweise auch einfach schon ganze Drum-Partituren gehabt.«

Auch in Graz trafen sich Chrislo, Wieland und Robert in den Proberäumen der Musikhochschule zu ihren wilden Jamsessions. Gelegentlich kamen andere Musiker dazu, die sich in das offene Improvisationskonzept einklinkten. Der harte Kern aber bestand nach wie vor aus den dreien. Robert Görl: »Wir wurden immer besser. Dadurch, dass wir auch diesen Jazz-Unterricht hatten, diesen Bigband-Unterricht. Das hat uns beeinflusst. Wir drei, wir sind plötzlich ein richtiges Free-Jazz-Trio geworden. Da haben wir dann auch endlich gewusst, was wir da machen: Das war Free Jazz! Als wir das vorher in Augsburg gemacht haben, war das einfach nur Free. Freie Musik einfach. Aber jetzt wussten wir: Nee, wir sind Free-Jazzer!«

Es dauerte nicht lange, bis die drei irren musikalischen Outlaws zumindest an der Hochschule bekannt waren wie bunte Hunde. Und trotz aller Skepsis wurde ihnen schon bald ein erster Auftritt angeboten. Im Stadtpark in Graz fanden jedes Wochenende Veranstaltungen statt. Meist waren es Jazz-Duos oder -Trios, die hier vor begeistertem Publikum auftraten. Und auf dieser Bühne sollten nun auch Chrislo, Wieland und Robert stehen. Sie sagten zu. So etwas Wildes und Regelloses hatte man im Stadtpark Forum selten gesehen. Aber das 400 bis 500 Mann starke Publikum war keineswegs entsetzt. Im Gegenteil. Sie waren fasziniert, begeistert.

Und der erste Auftritt des infernalischen Trios sollte nicht der letzte auf dieser Bühne sein. Die Geschichte aus Augsburg wiederholte sich: Die Zeiten im Proberaum, auf der Bühne und am heimischen Schlagzeug wurden länger. Die Zeiten in den Hörsälen wurden kürzer, bis die drei schließlich gar nicht mehr im Unterricht erschienen. Doch das war nicht das Einzige, was den Dozenten missfiel. Robert Görl: »Wisst ihr, was da los war? Das war wie beim ersten DAF-Konzert. Zumindest ganz ähnlich. Da war ja auch von heute auf morgen der Ratinger Hof gesteckt voll. Und das ist uns in Graz auch schon passiert. Und hey: Wir haben Free Jazz gemacht. Ohne Konzept. Keine Songs. Komplett wahnsinnig. Und die Leute sind total darauf abgefahren. Wir gehen raus auf die Bühne, schauen uns an und BÄM!, fangen an. Und dann geht's einfach nur noch ab. Eine Stunde nur Power. Der Chris hat ja Saxophon gespielt. Der brüllte da rein und hörte einfach nicht mehr auf zu brüllen. Aber wenn er dann erschöpft war vom AAAAAAA-HHHHHAAAAAA-durchs-Saxophon-Schreien, dann wurde er wieder leiser und machte nur noch üü üü üü und fing so ein Heulen an zum Beispiel. Dann wurde es plötzlich total schnulzig und schmalzig. Aber jeder, wirklich jeder von uns konnte das beeinflussen. Zum Beispiel konnte ich am Schlagzeug abgehen wie eine Rakete und plötzlich alles zurücknehmen. Von einem Wahnsinns-Dauerbeat runter auf nur noch einen Bassdrumkick zum Beispiel. Natürlich steigen dann alle wieder um. Das ist wahre Interaktion. Free Jazz ist nichts anderes als Interaktion. Und Intuition. Du kannst das nie noch mal spielen. Das ist eine komplett freie Performance. Und kam total an. Es war im Stadtpark jedes Mal ausverkauft, wenn wir gespielt haben.

Aber so einfach war's nicht, dass die Lehrer dann gesagt haben: ›Ihr seid genial. Das ist ja toll. Applaus.‹ Erst mal haben die uns vorstellig werden lassen. So nach dem Motto: *Was macht ihr eigentlich hier? Wir müssen feststellen, ihr seid kaum noch im Unterricht. Was soll denn das Ganze? Ihr spielt da im Stadtpark. Ist ja ganz nett, dass ihr so viele Zuschauer habt. Aber: Das geht nicht!* Und bei uns kam natürlich in unserem jugendlichen Wahn und Freisein und Free Jazz, da kam natürlich das Revoluzzer-Ding dann durch: Jaaaaa, ihr alten Säcke! Ihr seid konservativ! Klar, ihr seid Lehrer. Und wenn ich heute drüber nachdenke, kann ich nachvollziehen, dass ein Lehrer natürlich immer konservativer ist. Dass ein Lehrer da seine Schäfchen für sich behalten muss. Diese Schäfchen müssen dann ja auch Prüfungen machen. Und das klappt eben nicht, wenn du nicht mal in den Unterricht kommst. Logisch mussten die so eine Rolle einnehmen. Wir haben dann auch irgendwie das Gefühl gehabt, da kommt jetzt Neid auf. Weil diese Lehrer hatten auch Konzerte. Da waren auch Leute. Aber vielleicht ein Viertel so viele. Das war eine Tatsache. Und dann erfahren die, dass diese Jungs da, diese Free-Jazzer, die spielen wie die Sau, und draußen kommen die Leute nicht mehr in den Club rein. Und dann haben wir dem Ganzen die Krone aufgesetzt und uns diesen Bandnamen gegeben. Daraufhin gab's die Rote Karte. Dann hat's der Schule gereicht. Wisst ihr, wie wir uns genannt haben? Hitlerjugend. Das war pure Provokation. Wir waren draußen.«

»Aber so einfach war's nicht, dass die Lehrer dann gesagt haben: ›Ihr seid genial. Das ist ja toll. Applaus.‹ Erst mal haben die uns vorstellig werden lassen. So nach dem Motto: ›Was macht ihr eigentlich hier? Wir müssen feststellen, ihr seid kaum noch im Unterricht. Was soll denn das Ganze? Ihr spielt da im Stadtpark. Ist ja ganz nett, dass ihr so viele Zuschauer habt. Aber: Das geht nicht!‹« ROBERT GÖRL

Ab dem Punkt war klar, dass es an der Musikhochschule Graz keine Zukunft für die Herren Haas, Kain und Görl geben würde. Keine Zukunft und erst recht keinen Abschluss. Aber zumindest für Robert war klar, dass er ohnehin niemals Orchestermusiker hatte werden wollen, genauso wenig wie Musiklehrer oder Ähnliches, wozu einen ein solcher Abschluss befähigt hätte. Eine Band gründen, das war es, was er wollte. Auf Bühnen stehen. Rumjammen. Energie freisetzen. Sein Handwerkszeug hatte er gelernt, seine Hausaufgaben hatte er gemacht. Hier hielt ihn nichts mehr. Insofern hieß es mal wieder: Zelte abbrechen. Dieses Mal allerdings gab es keine gemeinsame weitere Etappe, die zum einen folgerichtig und zum anderen für alle drei bestimmt gewesen wäre. Hier trennten sich ihre Wege. Zumindest vorerst. Robert Görl: »Für mich war das Studium ein Befreiungsprozess. Du studierst und findest dabei deinen eigenen Weg.«

»Und bei uns kam natürlich in unserem jugendlichen Wahn und Freisein und Free Jazz, da kam natürlich das Revoluzzer-Ding dann durch: Jaaaaa, ihr alten Säcke! Ihr seid konservativ! Klar, ihr seid Lehrer. Und wenn ich heute drüber nachdenke, kann ich nachvollziehen, dass ein Lehrer natürlich immer konservativer ist. Dass ein Lehrer da seine Schäfchen für sich behalten muss. Diese Schäfchen müssen dann ja auch Prüfungen machen.«
ROBERT GÖRL

LONDON

Nach Graz wusste Robert erst mal nicht recht, wo er hin sollte. Aber dass er unbedingt in einer Band spielen wollte, das wusste er ziemlich genau. Und dass es in London mindestens so viele Bands gab wie in Graz Senioren, das wusste er auch. Und so beschloss er kurzerhand, seine wenigen Habseligkeiten einzulagern, sich ein billiges Flugticket zu besorgen und sich nach London aufzumachen. Aber in seiner Fantasie hatte das Eldorado der Rock- und Pop-Musik ein wenig anders ausgesehen als die Hauptstadt des englischen Königreiches, die er schließlich vorfand. Erschwerend kam hinzu, dass er kein Wort Englisch sprach. Aber irgendwie schaffte er es, eine runtergekommene Absteige für die erste Nacht zu finden, die er mit dem bisschen Geld, das von seinem Stipendium übrig geblieben war, bezahlen konnte. Danach sah es allerdings finster aus: Die Tage verbrachte Robert nicht damit, mit coolen Bands in Proberäumen abzuhängen, sondern damit, auf kreative Weise einen Grundstock an Lebensmitteln und einen trockenen Schlafplatz für die Nacht aufzutreiben. Schließlich fand er eine Bleibe in den London Barracks direkt an der Kensington High Street. Heutzutage steht dort eine schicke Shopping Mall. Aber im Sommer 1978 standen dort noch verlassene Militärbaracken, in denen man notdürftig unterkommen konnte. Gehen Sie in die Baracke. Gehen Sie direkt dorthin. Gehen Sie nicht über Los. Ziehen Sie keine 4000 DM ein. Roberts neue Mitbewohner waren Obdachlose, Alkoholiker und andere durch die Zahnräder des Systems Gerutschte. Aber für ein Pfund am Tag bekam man hier etwas zu essen und einen Schlafplatz in einem Doppelstockbett in einem Acht-Mann-Schlafraum.

Als die Beschaffungsfrage des Elementarsten geklärt war, hatte er Zeit, den restlichen Tag über auf Konzerten rumzuhängen, um Ausschau nach einer Band zu halten, die auf ihn gewartet hatte. Aber scheinbar hatte niemand auf ihn gewartet. Also änderte er die Strategie und legte sich ein kleines Englischwörterbuch und regelmäßig den *NME* zu, um die dortigen Kleinanzeigen zu studieren. Hier fand er in der Tat Bands, die auf der Suche nach Schlagzeugern waren. Doch die kurze Euphorie verebbte bereits nach wenigen Telefonaten, in denen er feststellen musste, dass er meist nicht mal verstand, wo er hätte hinkommen sollen – sofern das überhaupt jemand am anderen Ende der Leitung vorgeschlagen hatte. Ein einziges Mal gelang es ihm, das nicht nur zu erfragen, sondern auch noch zu verstehen, zu notieren und dort aufzutauchen. Aber das Vorspiel wurde zum Trauerspiel. Robert Görl: »Ich bin dann da angekommen, und da standen schon mehrere, die vor mir dran waren. Ich sollte mich erst mal hinsetzen, das habe ich noch verstanden. Das war so eine Rockkapelle. Vor mir hatten bestimmt schon zehn andere getrommelt. Und dann war ich dran. Aber ich habe einfach nicht verstanden, was die zu mir gesagt haben. Ich habe nur so was gesagt wie: ›Me Robert. I no speak English.‹ Die haben mich vielleicht angeguckt. Kannst dir vorstellen, die Band sucht einen Drummer, ich suche eine Band – kann mit denen aber nicht wirklich kommunizieren. Ich habe dann gesagt: ›Play drums.‹ Das war ein total schweres Unterfangen, das hätte ich überhaupt nicht geglaubt. Die haben wahrscheinlich gedacht, das ist ein Wahnsinniger, das ist einer, der uns verarscht. Ihr kennt ja die Engländer, die Engländer haben einen guten Humor. Ich habe das Gefühl gehabt, das kam vielleicht humoristisch rüber. Ja, wirklich, so ein Typ, der nichts spricht, der irgendwie überhaupt kein Englisch kann, der höchstens sagt: ›Me Robert, I'm play drums.‹ Irgendwann sagten die: ›Okay, dann play halt mal mit uns.‹ Es ist dann trotzdem darauf hinausgelaufen, dass die gesagt haben, sorry, sorry, but … Aber das habe ich auch verstanden.«

Ein paar wenige Versuche gab er seinem Glück noch, bevor er sich eingestehen musste, dass das so nichts werden würde. Also übergab er seinen *NME* und den Traum, in London eine Band zu finden, dem Müllschlucker und verbrachte den Rest seiner drei London-Monate damit, im Hyde Park rumzuhängen, Leute kennenzulernen, durch London zu laufen und den Sommer zu genießen. Und wieder schien das Schicksal ihn bei der Hand zu nehmen und zu sagen: Robert! Du hängst jetzt nicht den Rest deines Lebens in diesen Baracken rum. Wie stellst du dir das eigentlich vor? Das bringt doch nichts. Dieses Mal hieß das Schicksal Jürgen Westphal, er war ein paar Jahre älter als Robert, Pianist und kam aus Düsseldorf. Der klärte Robert darüber auf, dass er in London lange nach einer Band suchen könne. Der eigentliche musikalische Hotspot sei nämlich derzeit in Düsseldorf. Er gab ihm Telefonnummer und Adresse und lud ihn ein, vorbeizukommen. Dass London eine Sackgasse war – dieses Mal –, war Robert auch klar. Und so packte er erneut seine sieben – oder eher drei – Sachen zusammen und machte sich auf den Weg nach Düsseldorf.

»Logisch mussten die so eine Rolle einnehmen. Wir haben dann auch irgendwie das Gefühl gehabt, da kommt jetzt Neid auf. Weil diese Lehrer hatten auch Konzerte. Da waren auch Leute. Aber vielleicht ein Viertel so viele. Das war eine Tatsache. Und dann erfahren die, dass diese Jungs da, diese Free-Jazzer, die spielen wie die Sau, und draußen kommen die Leute nicht mehr in den Club rein.« ROBERT GÖRL

GABI

CÓRDOBA

Auch Gabi Delgado ist kein gebürtiger Düsseldorfer. Genaugenommen hat er dort nie gelebt. Geboren wurde er am 18. April 1958 als Gabriel Delgado Lopez in der andalusischen Stadt Córdoba in Spanien. Gabi Delgado: »Nicht, dass da nachher steht, ich bin Spanier. Ich bin Andalusier. Das ist ganz wichtig. Spanien gibt's ja nur für die Ausländer. Hier ist man entweder Baske oder Katalane, Andalusier, Gallego, Asturiano oder was auch immer. Und ich bin 100 Prozent andaluz.«

Als Einzelkind wuchs er auf dem Anwesen seiner Großmutter auf. Sie bewohnten eine große Stadtvilla mit Innenhöfen und jeder Menge Zimmern. Es war eine schöne, eine behütete Kindheit in der gut 350.000 Seelen großen Stadt. Die Winter waren mild, die Sommer heiß und trocken, das Essen hervorragend und reichhaltig und die Bewohner von mediterranem Gemüt. Seine Großmutter, Rosario León de Delgado, hat er nicht als alte, gebrechliche Frau in Erinnerung, sondern vielmehr als andalusische Señora, als elegante Dame. Mit

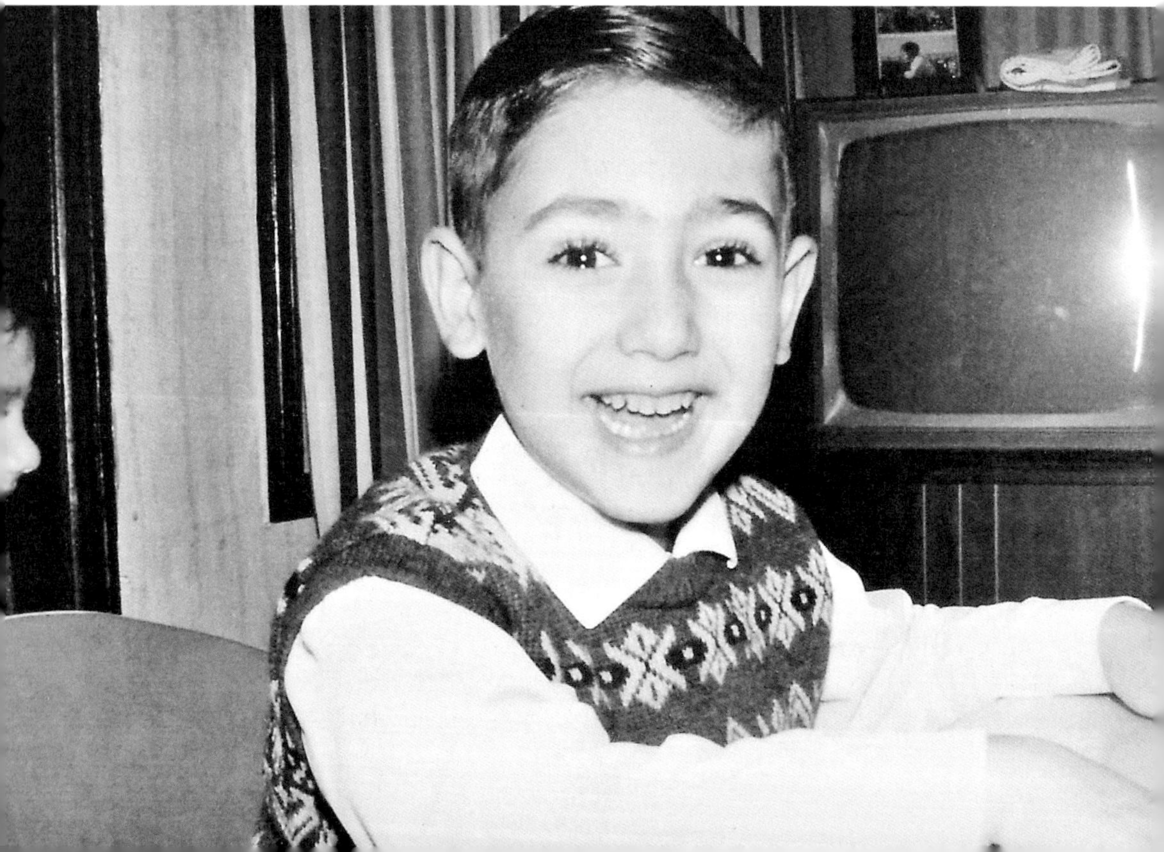

Gabi als kleiner Junge
FOTO: PRIVAT

im Haus lebten außerdem zwei Tanten. Besonders prägend für den jungen Gabi war allerdings sein Onkel Feliciano, der Bruder seines Vaters. Sein Vater hatte 1959 aus politischen Gründen unter Franco emigrieren müssen. Seine Mutter war ihm 1960 nach Deutschland gefolgt. Der Großvater war bereits tot. Er war im Bürgerkrieg erschossen worden. Insofern war Feliciano die einzige männliche Kontaktperson im Hause Delgado León. Gabi Delgado: »Man muss sagen, ich bin ja in einem totalen Frauenhaushalt aufgewachsen. Der einzige Mann in meinem Leben, der so ein bisschen eine Vaterrolle hatte, das war mein Onkel Feliciano, der Philologe war und Jesuit. Ein sehr gebildeter Mensch, der mir auch schon die ersten Kontakte mit der deutschen Kultur nähergebracht hat. Insbesondere Hermann Hesse und an Musik Bach und Händel.«

»Nicht, dass da nachher steht, ich bin Spanier. Ich bin Andalusier. Das ist ganz wichtig. Spanien gibt's ja nur für die Ausländer. Hier ist man entweder Baske oder Katalane, Andalusier, Gallego, Asturiano oder was auch immer. Und ich bin 100 Prozent ANDALUZ.«
GABI DELGADO

RUHRGEBIET

Der Einfluss der Eltern hingegen war denkbar gering, bestand der Kontakt doch über Jahre hinweg ausschließlich aus gelegentlichen Telefonaten. Seinen Vater hatte er noch nie zu Gesicht bekommen. 1966 sollte sich das schlagartig ändern, als die Eltern beschlossen, ihre Kinder nachzuholen. Gabi war damals acht Jahre alt. Und größer hätte der Kontrast dieser zwei Welten nicht sein können: Das Mittelmeerklima, das große Haus, die andalusische Lebensart wurden von heute auf morgen ersetzt durch das alles durchdringende Graubraun des Ruhrgebiets, eine winzige Wohnung und eine das soziale Umfeld beherrschende Arbeitermentalität. Deutschland war ganz und gar nicht so, wie er es sich aus der Musik von Bach und den Büchern von Hesse zusammengereimt hatte. Gabi Delgado: »Ich bin dann von einer großbürgerlichen, eleganten Welt in das fast asoziale Milieu der ersten Gastarbeiter gewechselt. Also quasi von einem Haus mit zwei Innenhöfen und 17 Zimmern in eine Einzimmerwohnung mit Außentoilette und einem Vorhang, der notdürftig Eltern- und Kinderzimmer getrennt hat. Da habe ich dann also zum ersten Mal meinen Vater, meine Schwester und meinen gerade geborenen Bruder Eduardo kennengelernt und im Prinzip so eine Art Kulturschock gehabt – könnte man im Nachhinein, glaube ich, doch schon so sagen.«

Gabi musste sich nicht nur an die neue Lebenssituation gewöhnen, sondern auch eine ihm – abgesehen von der kulturellen Erziehung seines Onkels – fremde Sprache lernen, um sich mit ihr besagte Lebenssituation zu erschließen. Doch Sprachen zu lernen, das fiel Gabi leicht. Deutsch wurde ihm zur neuen geistigen Heimat, das Ruhrgebiet und das Bergische Land nicht. Die Familie zog oft um:

»Im Prinzip haben wir das ganze Bergische Land und Ruhrgebiet abgeklappert, weil mein Vater vom einfachen Hilfsarbeiter an der Kabelmaschine sehr schnell aufgestiegen ist. Und mit jedem sozialen Aufstieg gab es dann eine bessere Wohnung, ein Auto, einen besseren Fernseher und so weiter. Aber eigentlich bin ich da heimatlos geblieben, muss man sagen.«
GABI DELGADO

ständig neue Wohnungen, ständig neue Nachbarn und Spielkameraden, ständig neue Städte und Dörfer, ständige Entwurzelung. Gabi Delgado: »Im Prinzip haben wir das ganze Bergische Land und Ruhrgebiet abgeklappert, weil mein Vater, der ja auch ein gebildeter Mann war, im Prinzip vom einfachen Hilfsarbeiter an der Kabelmaschine dann sehr schnell aufgestiegen ist. Und mit jedem sozialen Aufstieg gab es dann eine bessere Wohnung, ein Auto, einen besseren Fernseher und so weiter. Aber eigentlich bin ich da heimatlos geblieben, muss man sagen.«

Irgendwann reichte es durch den Ehrgeiz des Vaters sogar zum eigenen Haus. Für einen kurzen Moment sah es so aus, als würde endlich Ruhe einkehren, als sei die Familie nach all den Jahren der Wanderschaft endlich irgendwo angekommen. Für einen sehr kurzen Moment. Der Vater hatte Geld unterschlagen, viel Geld, hatte bei Nacht und Nebel seine Koffer gepackt und war mit einer jungen Apothekerin durchgebrannt. Gabi sollte nie wieder etwas von ihm hören. Der Vater war nicht nur weg, sondern wurde auch noch gesucht. Die Hypothek hatte sich erledigt, und das Haus musste verkauft werden. Für die Mutter, die von alldem nichts geahnt hatte, brach eine Welt zusammen: Mann weg, Haus weg, Geld weg. Sie sollte sich zeit ihres Lebens von diesem Schlag nicht mehr erholen. Gabi Delgado: »Da musste ich ganz früh Verantwortung übernehmen. Für meine Mutter, meine Schwester Olga, meinen Bruder Eduardo und meine kleine Schwester Beatriz. Deswegen bin ich auch so ein treuer Mensch geworden. Weil das die größte Auszeichnung für mich ist, dass man zu dem steht, was man macht, und auch Verantwortung übernimmt. Das ist das abschreckende Beispiel meines Vaters. Ich habe gesehen, wie Untreue alles kaputt macht. Alles. Der ist abgehauen mit seiner Geliebten, wurde von Interpol gesucht, weil er Geld vom Institut für Sozialstudien unterschlagen hatte. Aber den haben sie nicht gefunden. Darum weiß ich auch gar nicht, was aus dem geworden ist. Der ist nie wieder aufgetaucht. Da war ich 14. Wir mussten so tun, als ob alles okay sei. Wir durften ja nicht sagen, wie verzweifelt, kaputt und chaotisch die Zustände zu Hause waren. Wir wollten ja nicht, dass das Jugendamt kommt und mir meine Geschwister wegnimmt. Wir mussten da quasi eine intakte Familie vortäuschen. Eine gute Freundin der Familie, Monika Wilkens, hat da sehr geholfen, und mit ihrer Hilfe haben wir diese schlimme Zeit halbwegs überstanden. Danach gab es die Familie Delgado Lopez eigentlich nicht mehr.«

DÜSSELDORF

Gabi zog dann mit 15 Jahren von zu Hause aus. Das war alles zu viel gewesen. Das Zuhause, das er in Deutschland nie wirklich gefunden hatte, suchte er jetzt nicht mehr bei seiner Familie. Er suchte es in den Straßen, in den Clubs und Diskotheken der umliegenden Städte und Dörfer. Und tatsächlich fand er einen Ort, der sich richtig anfühlte, an dem er sich wohlfühlte und der für ihn für sehr lange Zeit ideologisch wie geografisch zu einem Zuhause werden sollte: die Disco. Gabi Delgado: »Und zwar die Disco-Disco. Also wirklich die Seventies-Disco, wo Donna Summer und KC and The Sunshine Band liefen. Das hat mir wirklich sehr, sehr gut gefallen. Ich habe mich in den Discos frei und befreit gefühlt. Das waren im Prinzip auch meine ersten musikalischen Erlebnisse. Auch mit AFN, dem amerikanischen Airforce-Sender, hatte ich einen ›place to be‹. Die haben Funk gespielt; Disco und P-Funk. Das hat mir gefallen.«

»Disco-Disco. Also wirklich die Seventies-Disco, wo DONNA SUMMER und KC AND THE SUNSHINE BAND liefen. Das hat mir wirklich sehr, sehr gut gefallen. Ich habe mich in den Discos frei und befreit gefühlt. Das waren im Prinzip auch meine ersten musikalischen Erlebnisse. Auch mit AFN, dem amerikanischen Airforce-Sender, hatte ich einen ›place to be‹. Die haben Funk gespielt; Disco und P-Funk. Das hat mir gefallen.« GABI DELGADO

Es kristallisierte sich eine Clique heraus, die gemeinsam um die Häuser zog. Man fuhr nach Köln oder Düsseldorf zum Tanzen. Oder nach Dortmund ins Jara-Jugendzentrum, das eigentlich gar nicht so hieß, aber von allen so genannt wurde. Oder aber nach Amsterdam zum Kiffen. Allzu viel war Mitte der 70er in diesem Landstrich nicht los, sodass im Koordinatensystem der Ruhrpott-Tristesse nur einige wenige Punkte als Anlaufstellen infrage kamen. Einer dieser Anlaufpunkte war ein spanisches Restaurant in Wuppertal, wo man sich traf. Gabi Delgado: »Das war auch schon – also nicht so stark, wie später der Ratinger Hof, aber das war auch ein Ort, wo etwas passierte, dieser Spanier. Da konnte man spanisch essen, da lernte ich die Leute vom Tanzensemble Pina Bausch kennen; wirklich interessante Leute. Wim Wenders war mal da, ganz früh, das war in den Seventies. Wir waren immer so eine Clique. Ganz lustig, zum Beispiel Armin Rohde war dabei, damals ein sehr guter Freund von mir, der dann ja Schauspieler wurde, Matthias Kossler und Stefan Rebensburg, das sind jetzt beides Ärzte. Das war auch schon so ein Energie-Punkt, dieses Restaurant.«

»Dann sind wir eben da reingegangen in diesen Ratinger Hof, und da standen sie. Zum ersten Mal überhaupt habe ich da Punks gesehen. Da standen der Janie und der Monroe, also der Peter Hein und der Franz Bielmeier. Da dachte ich: Das ist super. Das ist gut. Das ist es! Ich hatte da direkt so ein Gefühl und bin dann am nächsten Tag gleich wieder hin.«
GABI DELGADO

DER HOF

Von den umliegenden Städten war Düsseldorf die nächste und somit aus ganz praktischen Gründen die häufigste Alternative zum Wuppertaler Spanier. Dort zogen sie meist durch die Altstadt auf der Suche nach einem abendfüllenden Zeitvertreib. Tanzten hier, tranken dort, flipperten woanders. Und entdeckten schließlich diesen kleinen, neonausgeleuchteten Laden an der Ratinger Straße gegenüber dem Amtsgericht, an dem drei große Schilder prangten: Auf dem ganz links stand geschrieben »Düssel-Alt obergärig«, auf dem rechts »Export Edelkristall« und in der Mitte in großen, weißen Frakturlettern »Ratinger Hof«. Schon in den Nachmittagsstunden lungerten hier Saft oder Kaffee trinkende und quatschende Menschen auf den Fenstersimsen rum, hingen in dem karg eingerichteten Innenraum ab, bastelten an Fanzines, gründeten Bands, lösten Bands auf, gründeten neue Bands, probten im Keller, flipperten oder arbeiteten anderweitig an der Weltherrschaft.

Gabi Delgado: »Dann sind wir eben da reingegangen in diesen Ratinger Hof, und da standen sie. Zum ersten Mal überhaupt habe ich da Punks gesehen. Da standen der Janie und der Monroe, also der Peter Hein und der Franz Bielmeier. Da dachte ich: Das ist super. Das ist gut. Das ist es! Ich hatte da direkt so ein Gefühl und bin dann am nächsten Tag gleich wieder hin. Mit dem Zug, alleine. Weil: Das hat mich wirklich interessiert. Und als ich im Zug saß, habe ich schon gedacht: *Das ist es!* Ich wusste schon immer, ich mache mal irgendwas mit Kunst oder Film oder Buch oder Musik oder Tanz – was auch immer. Aber ich werde auf jeden Fall nicht in der Fabrik arbeiten. Da kam das genau richtig. Ich dachte: Punk? Super! Das ist ganz neu, das gibt es noch nicht. Das wird ganz, ganz groß. Und wenn ich jetzt einsteige, als einer der Ersten, dann werde ich reich und berühmt. Ich habe das wirklich gewusst, damals in diesem Zug nach Düsseldorf. Und dann war ich da. Hab die angesprochen, Janie und Monroe: ›Aha, du bist Punk, super, ich bin auch Punk. Okay, alles super.‹ Habe mir direkt das ganze Material draufgeschafft. Da gab's ja wenig: Sex Pistols, das bisschen The Damned, die Attitüde war auch irgendwie klar. Damals gab's auch kein Internet. Das musste man quasi selbst erfinden. Und treffen. Und dadurch war das auch gut, dadurch war das auch anders als das Original. Janie hat aber immer sehr darauf geachtet, das englische Vorbild zu kopieren. Das hat mir auch schon sehr früh nicht gefallen. Monroe übrigens auch nicht. Da haben Monroe und ich gedacht: Ist ja gut. Das kommt aus

England. Aber wir sind keine Engländer. Und wir müssen jetzt nicht irgendwie eine Brit-Flagge tragen und einen auf englische Punks machen, wo wir doch gar keine sind.«

Gabi Delgado: »Ich habe dann kurz vor dem Abitur die Schule abgebrochen, um ›hauptberuflich‹ Punk zu sein. Es war aber vor allem ein Statement der Rebellion. Eure Welt interessiert mich nicht. Ich baue mir eine neue, eigene Welt. Kurz begann ich eine Siebdrucker-Lehre. Das ging aber nur ein paar Monate, und ich bin ganz selten da erschienen. Das hat mir noch weniger gefallen als das Gymnasium.« Letztlich war er so oft im Hof, dass sich die Lehre ganz von alleine erledigte und er beinahe so selbstverständlich zum Inventar gehörte wie der lautlos vor sich hin flimmernde Fernseher an der Decke oder die großen Spiegel an den ansonsten kahlen Wänden.

Die ersten beiden Punks, die er in seinem Leben gesehen hatte, wurden zu seinen ständigen Wegbegleitern und Freunden. Vor allem in Monroe, der zwei Jahre jünger war als Gabi, fand

Diese und folgende Seite: Der Ratinger Hof Ende der 70er von außen und innen
FOTOS: CARMEN KNOEBEL

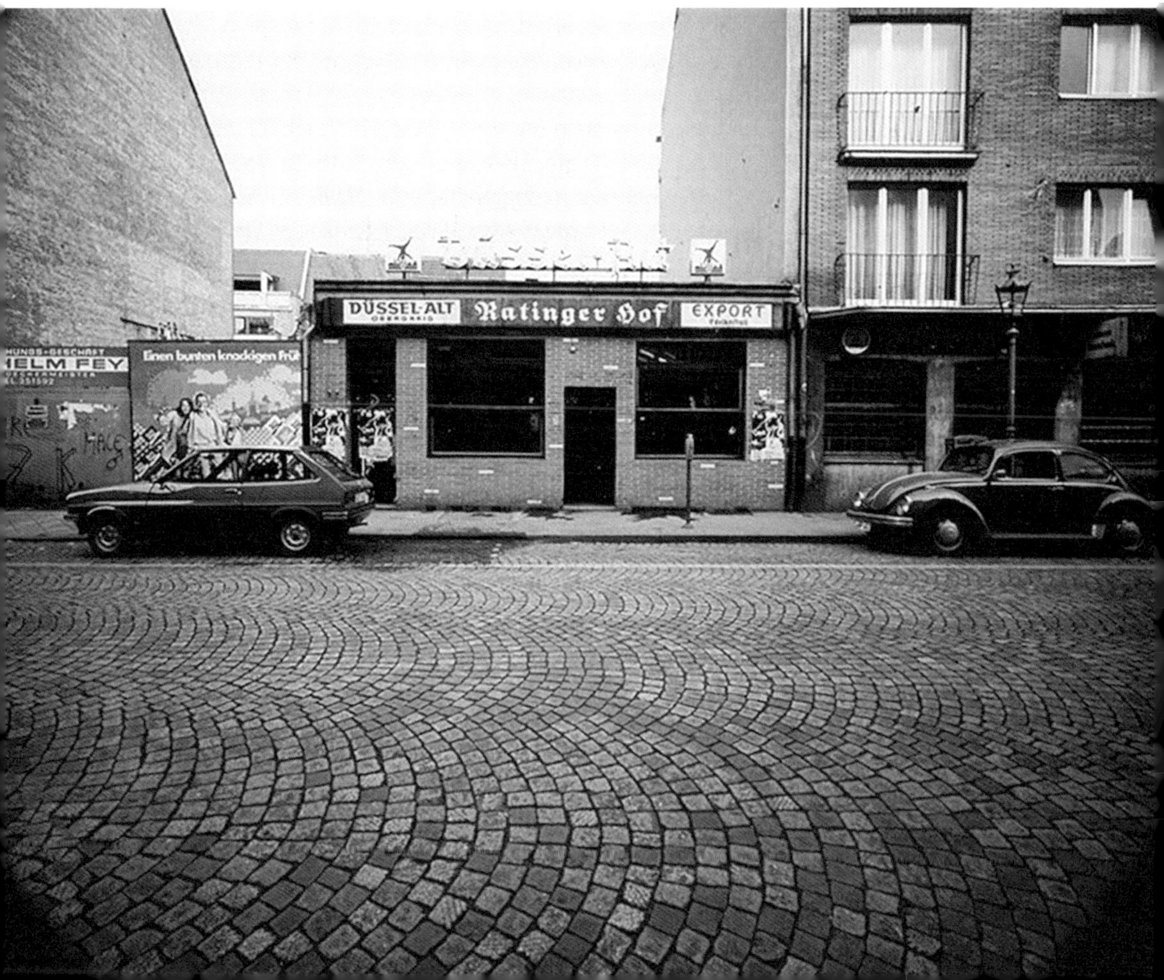

»Ich habe dann kurz vor dem Abitur die Schule abgebrochen, um ›hauptberuflich‹ Punk zu sein. Es war aber vor allem ein Statement der Rebellion. Eure Welt interessiert mich nicht. Ich baue mir eine neue, eigene Welt. Kurz begann ich eine Siebdrucker-Lehre. Das ging aber nur ein paar Monate, und ich bin ganz selten da erschienen. Das hat mir noch weniger gefallen als das Gymnasium.«
GABI DELGADO

er einen »Brother in Art-Crime«. Gemeinsam verbrachten sie viel Zeit mit Büchern, beschäftigten sich mit Dada und Merz, mit Kubismus und kommunistischer Agitprop-Kunst. Sie schrieben Texte und Manifeste und arbeiteten gemeinsam an dem 1977 von Monroe und Ramon Luis gegründeten Punk-Fanzine *The Ostrich*. Das wurde schnell zu einer Art Selbstreflexionsorgan, in der alle wichtigen Themen dieser neuen, aus England importierten Jugendbewegung besprochen wurden. Das waren in erster Linie Mode und Musik. Wobei »besprochen« in diesem Fall eine Spur zu nüchtern klingt. Provokativ, laut, wild und dem Gesetz der neuen Ästhetik der Hässlichkeit folgend, wurde sich hier inhaltlich wie gestalterisch ausgedrückt und auseinandergesetzt. Das hatte es in der Form vorher in Deutschland nicht gegeben, und so wurden aus den anfänglichen 50 Exemplaren bald 300, die an Interessenten in ganz Westdeutschland verschickt wurden. Nicht zuletzt dadurch entstand das Bild einer einigermaßen homogenen Düsseldorfer Szene, die sich hier repräsentierte. Auch in anderen Städten hatten junge Menschen begeistert die neue Bewegung für sich zu okkupieren versucht. Aber auch in anderen Städten waren es oft hilflos anmutende Versuche, den Begriff »Punk« mit Leben zu füllen. Und so wurde der *Ostrich* dankbar angenommen als Orientierungshilfe und Leitfaden in Dingen Punk. Auf elf Ausgaben schaffte es das Fanzine, und im Laufe dieser manifestierte sich in den Jugendclubs und den Punk-Köpfen der Republik das Image, Düsseldorf sei der Nabel der neuen Welt und Monroe, Gabi, Janie und Co. deren Style-Diktatoren und Leader. Bald kamen zu den Partys, Konzerten und Performances im Ratinger Hof Jugendliche aus ganz Westdeutschland, die in diesem dubiosen Dachverband der Unangepassten eine Art Heilsversprechen sahen. Self-fulfilling prophecy. Denn so wurde Düsseldorf – oder vielmehr: die Ratinger Straße – nach und nach tatsächlich zum Führerhauptquartier des deutschen Punk.

DIE MUSIK

Aber nicht nur den Punks wurde der Hof zum Wohnzimmer, zum Zuhause. Ebenfalls in der Altstadt gelegen war und ist die Kunstakademie Düsseldorf, die in diesen Tagen vor allem durch Joseph Beuys in aller Munde war. Beuys nahm der Kunst das Akademisch-Elitäre, Punk nahm der Musik das Akademisch-Elitäre, und der Koordinatenpunkt, an dem sich diese beiden Geraden irgendwo in der Unendlichkeit trafen, war der Ratinger Hof. Beuys'

Ausspruch, dass jeder Mensch ein Künstler sei, und die Do-it-yourself-Philosophie der Punks nahmen ihren Ursprung in derselben Kunstauffassung. Gabi Delgado: »Bei Mittagspause waren schon die ersten Beuys-Schüler. Markus Oehlen, seines Zeichens Maler, kam auch über die Kunstakademie in die Punkszene und wurde Schlagzeuger bei Mittagspause. Da haben die uns Punks entdeckt, die Beuys-Schüler.« So waren die Kunststudenten die mutmaßlich ersten Zuschauer im Ratinger Hof, die schon aus künstlerischem Interesse die soziale Plastik »Punk« in ihrer performativen Ekstase beschauten, bis sich die Fronten schließlich lockerten und das große Durchmischen seinen Lauf nahm. Was entstand, war eine äußerst fruchtbare und einzigartige Symbiose aus Kunst und Krawall, aus Performance und Punk. Insofern war es folgerichtig, dass Performance-Bands wie beispielsweise Der Plan ausgerechnet in diesem Milieu entstanden.

Gabi Delgado: »Das Beste am Punk ist, dass man sagt: Du musst nicht Musik studiert haben, lerne drei Akkorde und leg

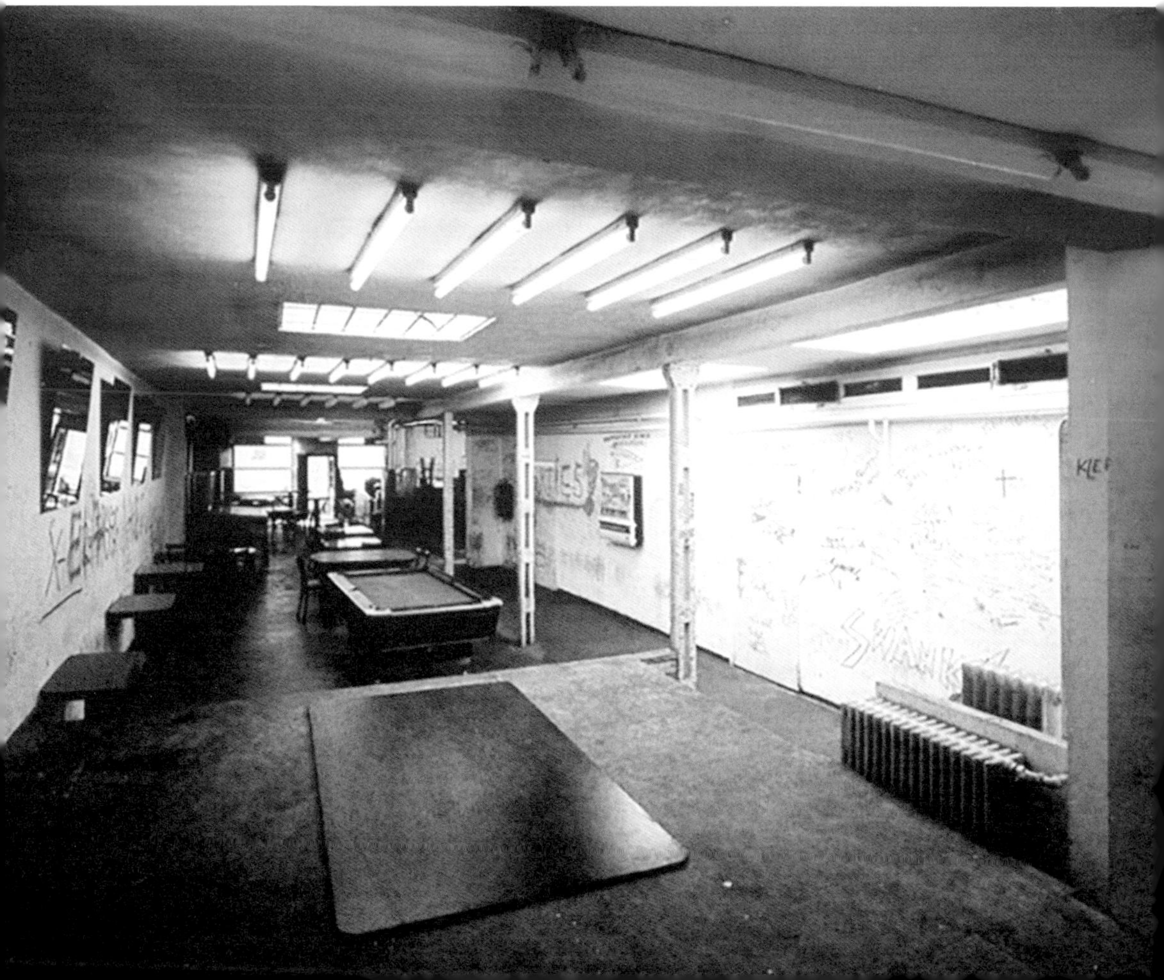

»Warum Gabi? Gabi ist in Spanien sowohl für Männer als auch für Frauen die Abkürzung für Gabriel. Allerdings war es dann so, dass meine erste Band vor Mittagspause ja Charley's Girls hieß, und da hatten alle Mädchennamen. Charley's Girls eben. Deswegen auch Janie, deswegen auch Monroe, und deswegen dachte ich, kann ich ja auf meinen alten Kindernamen zurückgreifen: Gabi.«
GABI DELGADO

los. Du hast eine Band, und kein Label will dich? Egal, press selber deine Platte. Es gibt keine Zeitung, die dir gefällt? Mach selber ein Fanzine. Was wir auch gemacht haben. Mit dem *Ostrich*. Die Klamotten, die du tragen willst, gibt es nicht? Mach sie dir selber! Kauf dir ein paar Arbeitsklamotten, färb die schwarz ein, fertig. Und das hat mir gut gefallen: Die Ideologie von Punk. Dieses Do-it-yourself-Prinzip. Das hieß auch: Pay it yourself. Da gab's ja auch noch kein Crowdfunding. Das musste man alles von seinem Taschengeld zahlen oder Verwandte anleiern oder so. Und dann konnte man eine Platte machen. Das hat mir gefallen. Und zweitens hat mir die Energie gefallen. Aber das muss ich sagen: Diese Energie von Punk, die findet man, ich möchte fast sagen, am Anfang jeder Jugendbewegung. Ich bin sicher, dass Rock 'n' Roll – ich habe das nicht mitgekriegt, da war ich zu klein für – genau die gleiche Energie hatte am Anfang. Ich bin mir sicher, dass Swing das hatte. Ich bin mir sicher, dass Charleston das hatte. Also, die Energie von Punk: Ja. Aber die Energie von jeder frischen Jugendbewegung. Wenn wilde, junge Menschen zusammenkommen und etwas Neues haben, dann entsteht sehr viel Energie. Das ist jetzt aber nicht typisch für Punk. Das gilt für viele Jugendkulturen. Interessant am Punk war wirklich: Weg vom Akademischen, weg vom *Man muss Musik gelernt haben, um Musik zu machen; man muss Kunst studiert haben, um Kunst zu machen* – nee, du kannst einfach machen. Du musst keinen Wirtschaftslehre-Abschluss haben.«

Getreu diesem Motto formierte sich im Hof die Band Charley's Girls, benannt nach einem Song von Lou Reed, in dem es heißt: *»And me, you know that I thought that I looked out / Now look at the trouble that I'm in / you know, you'd better – / Watch out for Charley's girl«*. Der weibliche Troublemaker aus dem Reed-Song also als namensgebendes Vorbild für die sechsköpfige Kapelle. So setzte sich auch der Name »Gabi« für Gabriel durch.

Gabi Delgado: »Warum Gabi? Gabi ist in Spanien sowohl für Männer als auch für Frauen die Abkürzung für Gabriel. Allerdings war es dann so, dass meine erste Band vor Mittagspause ja Charley's Girls hieß, und da hatten alle Mädchennamen. Charley's Girls eben. Deswegen auch Janie, deswegen auch Monroe, und deswegen dachte ich, kann ich ja auf meinen alten Kindernamen zurückgreifen: Gabi Delgado.«

Aus Charley's Girls wurde Mittagspause, was schon vom Namenskonzept her besser in die Bandlandschaft des Hofes passte. Nicht nur, dass der Vorgängername englisch war, er war auch noch eine Reminiszenz an einen Song einer zentralen Figur der amerikanischen Popkultur. Und dieser wurde mit dem Namen Mittagspause eine deutliche Abfuhr erteilt. Schließlich wollte man sich frei machen von der Hochkultur der Väter, von der Befindlichkeitskultur der Hippies und nicht zuletzt von der Leitkultur der Besatzer (/Befreier?). Jede Jugendbewegung erfindet sich identifikationsstiftende Codes, die sich unter anderem in einer spezifischen Sprache oder Mode widerspiegeln. Und seinen eigenen Standpunkt zu definieren heißt auch immer, sich von allem anderen abzugrenzen. Im Hof sang man deutsch. Das schien außer Frage zu stehen. Aber da es ja noch keine nennenswerten Vorbilder gab, galt es zunächst, Grenzen auszuloten, den eigenen Standpunkt immer und immer wieder zu diskutieren, zu verteidigen, durchzusetzen. Denn jeder hatte so ein bisschen eine eigene Vorstellung davon, was genau das sein sollte, dieser Punk.

Gabi Delgado: »Mittagspause ist auch ein toller Name. Alle wollten so The Damned, die Verdammten, heißen, oder Galgen, Garry Galgen, so sollte das sein. Rotze nenn ich mich jetzt, weißt du. Wir nicht. Wir nannten uns lieber Mittagspause oder Brotzeit, Brotzeit ist auch eine Zeit, Abendbrot, da haben wir lange überlegt. Das hatte so einen anderen Humor und Kontext. Aber wie gesagt: Es hätte noch viel, viel radikaler sein können. Und viel, viel lustiger und viel, viel wilder. Und viel, viel eigenartiger. Hat aber nicht geklappt. Das ist ein bisschen an Janie gescheitert, der eine konservative Einstellung zu dem Ganzen hatte und am liebsten im Grunde englische Punk-Texte parodiert hat.

Ich habe da schon versucht, neue Sachen zu integrieren, ich hab bei Mittagspause zum Beispiel Diktiergerät gespielt, was auch ungewöhnlich war für eine Punk-Band. Dass man als Instrument so ein Diktiergerät hatte. Ich wollte das schon weitertragen, diese neue Philosophie zu denken, dass jeder Kunst machen darf. Also nicht nur Musik, sondern Kunst ganz allgemein. Jeder darf Kunst machen, ohne ein Diplom dafür zu haben. Jeder kann machen, was er will. Wenn er es denn auf die Reihe kriegt. Bloß nicht fragen, einfach machen. Im Grunde was heute auch die Advanced-Revolutions-Bewegung ist, die sagen: Nicht protestieren – machen! Das haben wir eigentlich damals schon entdeckt, und das fanden wir gut. Das hatten wir als Postulat im Hintergrund und haben es dann erweitert, dieses Konzept. Und dann etwas machen, das eben diese neuen Regeln hat, aber ansonsten in gar keiner Tradition steht, das war mir wichtig.«

Aber auch außerhalb des Ratinger Hofs und einiger weniger einschlägiger Szenekneipen hatte man mittlerweile von diesem sogenannten Punk gehört. Am 23. Januar 1978 hatte der *Spie-*

»Mittagspause ist auch ein toller Name. Alle wollten so The Damned, die Verdammten, heißen, oder Galgen, Garry Galgen, so sollte das sein. Rotze nenn ich mich jetzt, weißt du. Wir nicht. Wir nannten uns lieber Mittagspause oder Brotzeit, Brotzeit ist auch eine Zeit, Abendbrot, da haben wir lange überlegt. Das hatte so einen anderen Humor und Kontext.« GABI DELGADO

gel getitelt: »Punk – Kultur aus den Slums: brutal und hässlich.« In dem mehrere Seiten langen Leitartikel war ein Bild einer gewaltsüchtigen, sich selbst und alle anderen verachtenden, hedonistischen Jugend gezeichnet worden, die in ihrer Verzweiflung ihrer machtlos entsetzten Umgebung einen Cocktail aus Gewalt, Krach und größtmöglicher Hässlichkeit induzierten. Aber eben auch, dass die Bewegung längst durch den Judaskuss an den Kapitalismus verraten worden sei.

»Häßlich geschminkte Jugendliche tragen in Müll-Klamotten, mit Nazi-Insignien und Hundeketten Protest gegen Arbeitslosigkeit und Langeweile in der Industriegesellschaft zur Schau. Ihr primitiver ›Punk-Rock‹ wird von Plattenfirmen erfolgreich vermarktet. Jet-Setter von New York bis München empfinden die Lumpen-Mode als letzten Schick. Doch echte Punker sehen den Rummel schon kritisch: ›Da läuft irgendwas schief‹«, lauteten die ersten Zeilen des Artikels. Während man also in Düsseldorf die ersten Gehversuche unternahm, hatte der Ausverkauf der Bewegung in deren Heimat bereits begonnen. Dennoch änderte sich mit diesem Artikel für den deutschen Punk einiges, um nicht zu sagen: alles. Hatten Passanten diese Subjekte bislang skeptisch gemustert, wechselten sie nun verängstigt die Straßenseite. Das erhöhte natürlich den Spaßfaktor und verlieh selbst dem schmalsten Handtuch auf einmal so etwas wie Macht. An dieser Stelle seien zwei der grandios guten Antworten auf den *Spiegel*-Artikel zitiert, die den Zeitgeist der restlichen Bevölkerung exemplarisch widerspiegeln:

»Das scheint mir für unsere Bewußtseins-Entwicklung schädlicher als Pornographie im Kindergarten. *z. Z. Hamburg, H. Gutsmuths*«

»Ich frage mich, was hat diese jungen Menschen dazu gebracht, so zu fühlen, und wie könnte man ihnen helfen. Darauf hat auch der SPIEGEL mit seiner klugen Schreibe keine Antwort – ich auch nicht! *Bremen, R. Keller*«

Nachrichtenmagazin ›DER SPIEGEL‹ vom April 1978 mit der Punk-Titelstory

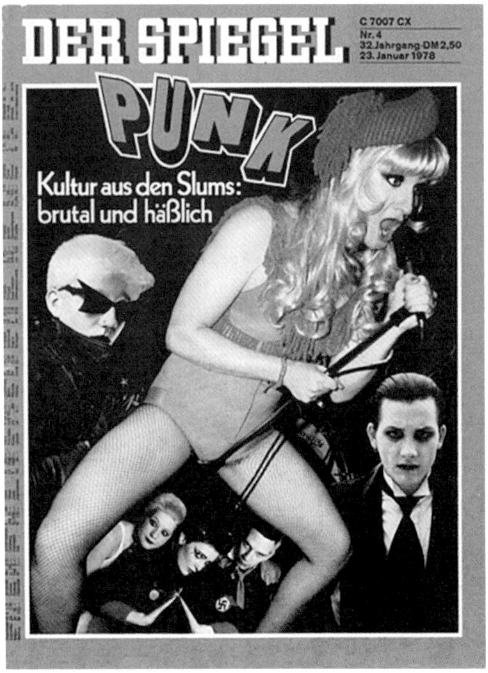

»ÖSTERREICHER«

Während einige, von der *Spiegel*-Story befeuert, jetzt erst richtig anfingen, sich in Schale zu schmeißen, war auch Gabi schon wieder auf dem Absprung. Die Energie des Punk, das fand er richtig, das fand er gut. Das Provokative, Wilde, Regellose, damit konnte er was anfangen. Die Musik, diese talentfrei nachgeahmte Rockmusik hingegen, war für ihn eine Sackgasse, in der er ganz sicher nicht sitzen bleiben wollte. Er wollte die Idee einer Musik, die keinerlei Wurzeln hat, konsequent weitertreiben. Und konsequent hieß für ihn auch: Nicht ausschließlich nach Feierabend oder an den Wochenenden. Gabi Delgado: »Ich denk immer, es gibt verschiedene Bewegungen. Die einen wollen dein Leben verändern. Wie die Hippies. Oder die Punks. Und die anderen wollen nur dein Wochenende verändern. Wie die Disco- oder die Techno-Bewegung. Die wollen nicht das ganze Leben, die wollen nur das Weekend verändern. Und da dachte ich: Das kann nicht sein, Janie, dass du nur ein Weekend-Punk bist. Du gehst unter der Woche deiner Arbeit nach. Und das ist irgendwie nicht richtig. Ich muss mich mit Leuten zusammentun, die radikaler sind.«

Und die kamen wie aufs Stichwort. Plötzlich kreuzten in der Altstadt ein paar Jungs auf, die der ganzen Radikalität eine ganz neue Ernsthaftigkeit verliehen. Die waren nicht nur im Hof ein bisschen kontrolliert böse und draußen dann die netten Söhne, Arbeitnehmer, Nachbarn und Bürger. Die waren kompromisslos. Und das imponierte Gabi sofort. Gabi Delgado: »So, und irgendwann mal kamen dann die sogenannten Österreicher. Das waren überwiegend Leute von Minus Delta t, eine sehr radikale Performance-Gruppe. Das waren eben Leute aus Österreich und Bayern, die fast alle aus Graz kamen, die auch Performances gemacht und uns eine ganz andere Radikalität vorgeführt haben. Die haben im Ratinger Hof gespielt und mit Blut gespritzt. Das war nicht nur, dass die radikal im Salon waren, sondern auch außerhalb. Die sind über die Kö gelaufen und haben *SIEG HEIL!* geschrien, oder was auch immer. Alle haben strammgestanden dann. Zumindest die alten Deutschen, wenn die die alten Befehle wieder gehört haben. Die hatten halt eine ganz andere Radikalität, das fand ich gut. Und der Schlagzeuger, der war nicht fest bei Minus Delta t, aber den hatten sie halt als Schlagzeuger gebucht für den Abend, der war der erste richtige Musiker, den ich im Hof gesehen habe. Das war Robert Görl.«

»Und irgendwann mal kamen dann die sogenannten Österreicher. Das waren überwiegend Leute von Minus Delta t, eine sehr radikale Performance-Gruppe. Die hatten halt eine ganz andere Radikalität, das fand ich gut. Und der Schlagzeuger, der war nicht fest bei Minus Delta t, aber den hatten sie halt als Schlagzeuger gebucht für den Abend, der war der erste richtige Musiker, den ich im Hof gesehen habe. Das war Robert Görl.«
GABI DELGADO

»Ich habe dann wirklich einen Job gefunden als Küchenjunge, als Tellerwäscher. Gegenüber der Barracks war damals ein französisches Restaurant, und da habe ich kurzfristig richtig rangeklotzt. Das war ein richtiger Scheißjob, da musste ich Teller waschen, den ganzen Tag lang. Aber nach einer Weile hatte ich genug Geld für das Ticket nach Düsseldorf. Super. Mit Zug und Schiff.«
ROBERT GÖRL

ANGEKOMMEN IN DÜSSELDORF

Roberts Entschluss stand fest. Er wollte zurück nach Deutschland, nach Düsseldorf und dort sein Glück versuchen. Wenn es wahr war, was dieser Jürgen Westphal gesagt hatte, sollte es dort nicht allzu schwer werden, endlich eine Band zu finden – oder eben eine zu gründen. Doch erst mal musste er Geld auftreiben, um die Überfahrt zu bezahlen. Robert Görl: »Ich habe dann wirklich einen Job gefunden als Küchenjunge, als Tellerwäscher. Gegenüber der Barracks war damals ein französisches Restaurant, und da habe ich kurzfristig richtig rangeklotzt. Das war ein richtiger Scheißjob, da musste ich Teller waschen, den ganzen Tag lang. Aber nach einer Weile hatte ich genug Geld für das Ticket nach Düsseldorf. Super. Mit Zug und Schiff. Und bin dann da hin und zu diesem Jürgen.«

Eine Bleibe hatte er dort erst einmal. Jürgen wohnte recht zentral und hatte außerdem einen großen Proberaum mit Studio, in dem man einigermaßen professionell aufnehmen konnte. In diesen Proberaum zogen sie sich auch direkt zurück, um gemeinsam Musik zu machen. Es war ein großer Proberaum, in dem neben allerlei anderen Instrumenten auch ein Schlagzeug stand. Aber auch wenn Robert ein recht guter Pianist war, war es nicht ganz das, was er sich vorgestellt hatte. Jürgen wollte biederen Classic Rock spielen, Robert wollte so ziemlich alles außer biederen Classic Rock spielen. Und so zog er bereits zwei Wochen später wieder bei Jürgen aus. Er hatte einen Typen namens Martin kennengelernt, der ihm anbot, bei ihm in Oberkassel unterzukommen.

Eines Abends zog Robert auf Erkundungstour durch die Düsseldorfer Altstadt und entdeckte auf seinem Streifzug einen kleinen Laden, der irgendwie interessant aussah. Also ging er hinein und staunte nicht schlecht. Da ging ganz wörtlich der Punk ab. Punk war für ihn nichts Neues, das kannte er bereits aus London. Aber hier in der Düsseldorfer Altstadt hatte er damit nicht gerechnet. In London hatte er das große Punk-Festival Rock Against Racism im Victoria Park erlebt, und auch ansonsten hatte man dort nicht lange suchen müssen, wenn man einem waschechten Punk hatte begegnen wollen. Dort war Punk längst keine Subkultur mehr. Im Gegensatz dazu schien ihm dieser wilde Haufen sich im Neonlicht Gebärdender wie eine kleine, verschworene Gemeinschaft. Was in London wenig Anziehungskraft auf ihn ausgeübt hatte, faszinierte ihn hier. *Jedem Anfang wohnt ein Zauber inne …* Auch die Musik, die hier gespielt wurde, überzeugte ihn sofort: Das war ehrlich, das war energetisch, das war Extremismus für die Ohren.

Da ging ihm auf, was sein nächster musikalischer Schritt sein würde: Nach experimentellem Rock und wildem Free-Jazz schien ihm Punk die konsequente Weiterführung dessen mit anderen Mitteln.

DAS ALTE REIN-RAUS-SPIEL

Von da an hing er ständig im Ratinger Hof ab. Die meisten dort sahen aus wie Kopien der Sex Pistols: schwarze Lederjacken, Sicherheitsnadeln, und alle spielten sie in einer Band. Robert Görl: »Ich war dann nur noch im Ratinger Hof, das hat mich total angemacht. Das war so ein cooler Schuppen, da konnte man einfach ganz locker drin rumhängen. In London habe ich das immer nur so von Weitem beobachtet. Und im Hof dachte ich dann: Aha, das ist also das neue Ding! In die Richtung muss es gehen! Ich wollte ja immer noch eine Band gründen. Was wäre auch die Alternative gewesen? Ich hatte jetzt nicht vor, arbeiten zu gehen. Das wäre ja noch schöner gewesen. Dazu habe ich nicht Musik studiert – selbst wenn ich nicht abgeschlossen habe. Aber ich musste natürlich schon auch meine Rechnungen bezahlen, und auch ein paar Mal jobben in Düsseldorf – zum Überleben. Einmal habe ich sogar für ein paar Tage so große verschimmelte Würste mit einer Lauge abgeschrubbt. Als sie dann einigermaßen ansehnlich waren, habe ich sie in einen anderen Korb gelegt. Den ganzen Tag lang. Was für ein schräger Job!«

»All diese Leute, die waren dauernd im Ratinger Hof. Jeden Tag ab Mittag waren alle da. Die standen an der Wand im Ratinger Hof, rechts wenn man reinkam, hingen am Flipperautomaten rum. Jeder hat ein Bierchen oder eine Limo in der Hand gehabt. Manche waren mit Freundin da, andere ohne. Da haben wir uns immer getroffen und abgehangen. Aber wir haben uns auch alle gegenseitig beobachtet und haben ausgecheckt: Wer macht eigentlich was, und wo geht's lang? Wer macht was mit wem? Wer traut sich auch an den anderen mal ran?« ROBERT GÖRL

Der Hof schien ihm der geeignete Ort, um andere Musiker – oder vielmehr: Musikwillige – kennenzulernen. Denn: Menschen, die niemals gelernt hatten, ein Instrument zu spielen, gab es zuhauf im Hof. Menschen, die in keiner Band spielten, hingegen nicht. Und die Fluktuation der Besetzungen war hoch. So hoch, dass die Beteiligten dieser Tage teilweise selbst nur schwer rekonstruieren können, wer, wann, warum, wo, wie lange mit wem spielte, wer festes Bandmitglied war, wer nur übergangsweise aushalf, wer Gründungsmitglied war und wer einfach nur zufälligerweise grade dabei war, als sich eine neue Kapelle formierte.

Um das vorweg zu nehmen: So erklärt sich auch, wie es zu den zwei unterschiedlichen DAF-Gründungsmythen kommt. Die einen meinen, Robert und Gabi hätten auf der Suche nach Mitgliedern für ihre Band Musiker von YOU übernommen. Wieder andere erzählen, Robert und Gabi seinen der bereits bestehenden Gruppe beigetreten, die nach einer Weile in Deutsch Amerikanische Freundschaft umbenannt wurde.

»Die meisten waren so Sex Pistols-mäßig unterwegs, aber wie gesagt, ich war nicht der Typ mit der schwarzen Lederjacke und den Sicherheitsnadeln. Bei mir schlägt immer wieder das eigene Feeling durch. Ich wollte nicht Sex Pistols kopieren. Das war im Grunde auch nur Klampfenmusik, 3-Akkorde-Klampfenmusik. Das hat mir nicht gefallen. Mir hat dieses Flair, diese Energie gefallen.«
ROBERT GÖRL

Jedenfalls musste sich Robert aber erst mal langsam rantasten, um die Lage auszuloten und Kontakte zu knüpfen. Robert Görl: »All diese Leute, die waren dauernd im Ratinger Hof. Jeden Tag ab Mittag waren alle da. Die standen an der Wand im Ratinger Hof, rechts wenn man reinkam, hingen am Flipperautomaten rum. Jeder hat ein Bierchen oder eine Limo in der Hand gehabt. Manche waren mit Freundin da, andere ohne. Da haben wir uns immer getroffen und abgehangen. Aber wir haben uns auch alle gegenseitig beobachtet und haben ausgecheckt: Wer macht eigentlich was, und wo geht's lang? Wer macht was mit wem? Wer traut sich auch an den anderen mal ran? Genau dieses Ding ist abgelaufen. Manchmal ganz subtil. Man ging einfach mal einen Flipper weiter nach links, da stand dann halt gerade der Bielmeier, zu dem sagte man dann: ›Hey, mach mal 'n Game, wirf mal 'ne Mark rein‹, und dann spielte man mit dem Bielmeier. So haben wir uns alle kennengelernt. Einen nach dem anderen. Und so habe ich auch die Ata Tak-Leute kennengelernt.«

Ata Tak, das waren Kurt Dahlke aka Pyrolator, Frank Fenstermacher und Moritz Reichelt, die dann ab 1980 unter diesem Namen das ein Jahr zuvor von Kurt Dahlke gegründete Musiklabel Warning Records weiterführten. Und in deren Umfeld bewegten sich Musiker wie Wolfgang Spelmans und Michael Kemner – Menschen, die genau wie Robert Görl etwas von dem Instrument verstanden, das sie in Händen hielten. Sie hatten eine Band namens YOU, spielten jazzige Experimentalmusik und hoben sich auch ansonsten von den anderen Protagonisten des Hofs ab, gehörten sie doch eher der Hippie-Fraktion an: LSD statt Dosenbier, Matten statt Lederjacken, genial statt Dilettanten. Ein Konglomerat aus Musikern und bildenden Künstlern, das sich in der Performance-Galerie Art Attack traf, die ebenfalls von Frank Fenstermacher und Moritz Reichelt in Wuppertal gegründet und mittlerweile nach Düsseldorf umgesiedelt worden war. Es dauerte nicht lange, bis Robert Görl von Oberkassel wieder zurück in die Innenstadt zog. Dieses Mal in besagte Galerie auf dem Fürstenwall 64. Während andere diese Gruppe YOU, die eben nicht mit wehenden Fahnen auf den neuen Zug aufgesprungen war, skeptisch beäugten, ließ sich Robert von deren hippieskem Auftreten nicht abschrecken. Schließlich suchte er nach wie vor Musiker für seine Band – und keine Stilikonen in Dingen Punkrock.

Robert Görl: »Die meisten waren so Sex Pistols-mäßig unterwegs, aber wie gesagt, ich war nicht der Typ mit der schwarzen Lederjacke und den Sicherheitsnadeln. Bei mir schlägt immer wieder das eigene Feeling durch. Außerdem hatte ich irgendwie das Gefühl, dass das Ganze vielleicht ein bisschen mehr Anspruch haben sollte. Ich wollte nicht Sex Pistols kopieren. Das war im Grunde auch nur Klampfenmusik, 3-Akkorde-Klampfenmusik. Das hat mir nicht gefallen. Mir hat dieses Flair, diese Energie gefallen. Ich wollte jeden Tag im Ratinger Hof sein. Aber musikalisch hatte ich so eine Entwicklung hinter mir und dachte: Da muss irgendwie ein Pfund rein. Alle waren da am Rummachen über Wochen. Aber ich hatte das Gefühl, es wird nur der es schaffen, der auch wirklich zugreift irgendwann. Du musst in den Proberaum gehen, du musst Stücke üben, du musst was tun. Weil: Nur flippern und mit der Freundin abhängen und Cocktails trinken und so, dadurch ist man noch lange keine Band, die dann irgendwie eine Single macht. Das wussten aber nicht alle damals. Dabei war das schon wie so ein Wettlauf: Wer macht die erste Single? Wer kommt als Erster an? Wer stellt da was auf? Welche Band setzt sich durch?«

Dabei war in diesen Tagen, Ende ’78, Anfang ’79, die musikalische Selbstfindung noch eine chaotisch anmutende Selbstsuche: Man probierte aus, wer zu welcher Formation am besten passte,

Treffpunkt Ratinger Hof 1979: Robbi, Gabi und Micha Kemner
FOTO: ARCHIV SCHNEKENBURGER

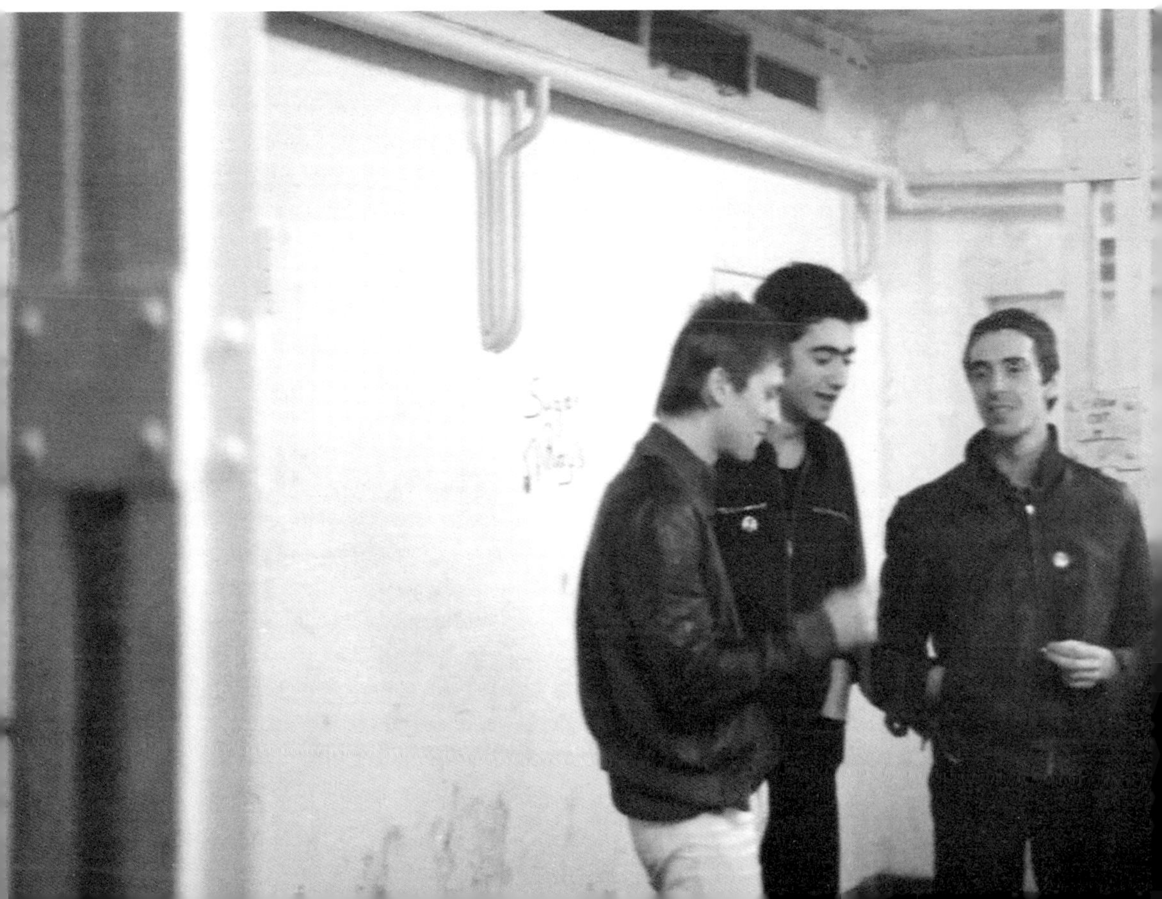

»Ich weiß jetzt nicht, ob ich Gabi gleich am ersten Tag oder eine Woche später kennengelernt habe, aber ziemlich bald jedenfalls. Und da habe ich ihm erzählt, dass ich Musik studiert habe, dass ich gerade aus London komme und eine Band machen will. Und Gabi hat mir erzählt, dass er Texte schreibt und Sänger werden will. Ich dachte nur: perfekt! Ich mache Musik und da habe ich jetzt meinen Sänger. Und dieser Typ hat mir auch total gut gefallen, das kam noch dazu. Er war mir auf Anhieb total sympathisch.«
ROBERT GÖRL

war zeitgleich in mehreren Bands, wechselte von heute auf morgen die Kapelle oder half bei einem Auftritt aus.

Gabi Delgado: »Und dann gab's ja auch jeden Tag neue Gruppen. Mit Robert, Monroe und Haas hatten wir auch mal eine Gruppe, die Gary Glitter nachgespielt hat. Kam über den Proberaum nicht hinaus. Da haben wir versucht, Stücke von Gary Glitter nachzuspielen. Als Diktator-Musik aber; *I'm The Leader Of The Gang* beispielsweise. Komisch-absurde Ideen. Jeden Tag gab es da eine andere Gruppe; zum Beispiel die erste Super-Gruppe der Punkbewegung, das Deutschland-Terzett, mit Jürgen Engler (Krupps, damals noch Male), Janie Jones (Peter Hein) und mir. Wir hatten sogar einen Auftritt im Ratinger Hof. Dann gab es noch mal den Versuch, eine Super-Gruppe zu gründen. Da haben wir uns alle getroffen. S.Y.P.H., die ganzen Ata Taks und die ganzen DAFs und wer noch alles. Das hat auch nicht geklappt. War aber trotzdem nett. Das war alles so frei. Genau das fand ich so super am Ratinger Hof: Alles war möglich.«

DIE BEGEGNUNG

Durch den engen Kontakt zu den Art Attack-Leuten kannte Robert jetzt zumindest ein paar gute, ein paar richtige Musiker. Allerdings fehlte ihm immer noch etwas zu seinem ganz persönlichen Plan. Aber auch das regelte sich binnen kurzer Zeit in dieser Phase, in der sich die Ereignisse in einer undurchdringlichen Gleichzeitigkeit überschlugen. Schließlich gab es da noch jemanden, der regelmäßig am Tresen des Ratinger Hofs saß und ebenfalls eine Band gründen wollte, der ebenfalls die Energie, nicht aber die Musik des Punk und ebenfalls die Professionalität, nicht aber die Energie des Experimental-Jazz gut fand. Als die beiden sich kennenlernten und sich gegenseitig von ihren Visionen erzählten, waren sie erstaunt darüber, wie deckungsgleich diese waren.

Robert Görl: »Ich weiß jetzt nicht, ob ich Gabi gleich am ersten Tag oder eine Woche später kennengelernt habe, aber ziemlich bald jedenfalls. Wir saßen da an der Bar im Ratinger Hof auf einen Drink, vermutlich Wodka-Orange oder Whiskey-Cola, vielleicht auch ein Bier oder so. Und da habe ich ihm erzählt, dass ich Musik studiert habe, dass ich gerade aus London komme und eine Band machen will. Und Gabi hat mir erzählt, dass er Texte schreibt und Sänger werden will. Ich dachte nur: perfekt! Ich mache Musik und da habe ich jetzt meinen Sänger. Und dieser Typ hat mir auch total gut gefallen, das kam noch dazu. Er war mir auf

Anhieb total sympathisch. Wir haben uns gegenseitig begeistert, haben uns gegenseitig gefallen und haben sofort gemerkt, das ist's, wir sind's! Das war uns beiden in dem Moment klar. Wir haben uns getroffen und waren uns sofort einig. Wir hatten noch gar keinen Ton gespielt, nichts, gar nichts. Aber wir wussten: Wir sind *die* Band!«

Gabi Delgado: »Irgendjemand, ich glaube es war Monroe, hat mir erzählt, dass Robert wohl an der Musikhochschule Graz studiert und dort das Studium abgebrochen habe, um Punk-Musiker zu werden, und dass Robert ein wirklich guter Schlagzeuger sei. Ich muss sagen, ich sah ab da Robert und überhaupt die sogenannten ›Österreicher‹ mit anderen Augen. Zum ersten Mal waren also echte Musiker im Ratinger Hof. Leute, die wirklich was konnten. Und dann habe ich mir gedacht: Im Prinzip super! Mit dem Typen … der spielt Schlagzeug, ich singe – das ist doch viel besser als alles andere zusammen. Ich bin dann den ganzen Abend um Robert herumgeschlichen und habe ihn irgendwann mal angequatscht. Mir war egal, dass Robert kein echter Punk war, dass er die Codes der Bewegung nicht kannte oder befolgte. Ganz im Gegenteil: Ich wusste, dass ich, um neue Ideen umzu-

Treffpunkt Ratinger Hof 1979: Tina mit Gabi Lahrem und Dildo.
FOTO: ARCHIV SCHNEKENBURGER

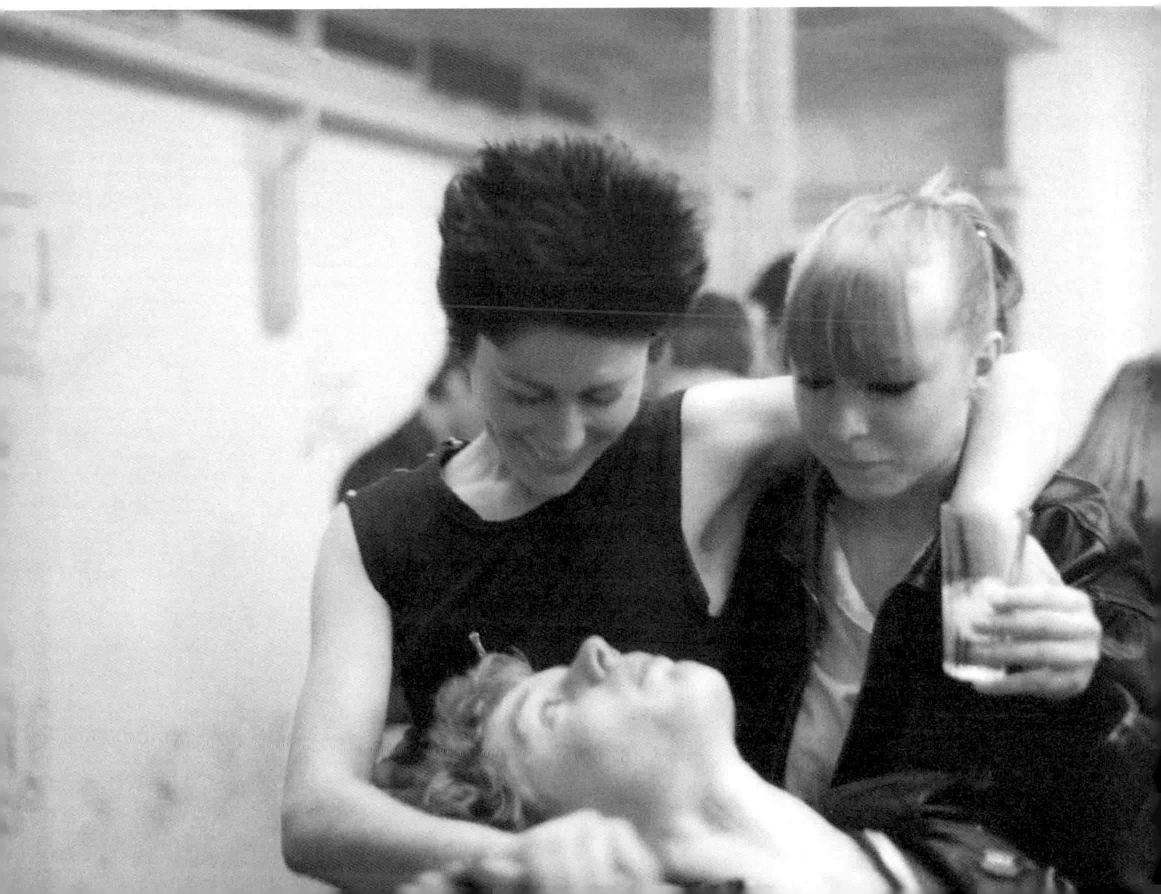

»Irgendjemand hat mir erzählt, dass Robert wohl an der Musikhochschule Graz studiert und dort das Studium abgebrochen habe, um Punk-Musiker zu werden, und dass Robert ein wirklich guter Schlagzeuger sei. Ich muss sagen, ich sah ab da Robert mit anderen Augen. Zum ersten Mal waren also echte Musiker im Ratinger Hof. Leute, die wirklich was konnten. Und dann habe ich mir gedacht: Im Prinzip super! Mit dem Typen … der spielt Schlagzeug, ich singe – das ist doch viel besser als alles andere zusammen. Ich bin dann den ganzen Abend um Robert herumgeschlichen und habe ihn irgendwann mal angequatscht.«
GABI DELGADO

setzen, auch neue Leute brauchte; dass aus der Punkszene selbst nichts Neues kommen würde und ich Seiteneinsteiger brauchte. Und dann sind wir am nächsten Tag runtergegangen in den Keller des Ratinger Hofs. ›Carmen, Schlüssel, gib mal den Schlüssel, wir wollen da eine Band machen.‹ – ›Hier haste den Schlüssel. Dann macht mal eine Band.‹ Da stand so ein Pappschlagzeug, da hat der drauf rumgehauen. Ich hatte noch mein Stylophon, so ein Kinderspielzeug. Habe ein bisschen rumgeschrien, Stylophon gespielt, er hat da getrommelt. Danach haben wir direkt gesagt: ›Suuuuper! Das war super! Jetzt sind wir eine Band!‹ Mir war's eben wichtig, keine Band zu machen mit Monroe und Janie – sondern andere Leute zu suchen.«

Robert Görl: »Nur war's noch eine Theorie. Wir haben zwar ein paar leckere Cocktails getrunken, es hat ganz gut geschmeckt und auch unsere Fantasie angeregt, wir wussten, dass wir die Band sind und dass wir das Ding schlechthin werden. Wirklich, kein Scheiß, wir hatten das Gefühl, das ist alles schon hier eingetütet. Wir zwei so halt. Aber am nächsten Tag, wenn kein Wodka-Orange mehr auf dem Tisch steht und du aufwachst und denkst: Fuck, wo wohne ich eigentlich zur Zeit?, dann holt dich die Realität ja auch immer wieder ein. Und die Realität hat mir gesagt, der Gabi und ich, wir machen eine Band. Aber dann brauchen wir noch mehr, die da irgendwie mitmachen. Da habe ich vielleicht noch ein bisschen konservativ gedacht. Also was heißt konservativ, ich habe nach Stützrädern gesucht. Ich wusste: Wir können nicht immer Cocktails hinten an der Bar trinken und von einer idealen Band träumen. Man muss es ja auch machen. Aber ich wusste, ich kann's machen. Musikalisch war ich mir sicher. Ich musste mich an keinem mehr orientieren. Aber ich dachte eben, wir bräuchten eine Band. Einen Bass und eine Gitarre, vielleicht sogar ein Keyboard, so ganz traditionell, ging da dieses Rockding mit mir durch.«

Gabi Delgado: »Robert hatte halt Kontakt zu den Leuten von Art Attack, später dann Ata Tak, Der Plan – der kannte andere Leute. Da gab es eine Wuppertaler Band, die hieß YOU. Da waren der Spelmans und der Michael Kemner drin. Also haben wir gesagt: ›Hauen wir die an.‹ Robert meinte: ›Ja, die können auch richtig Bass spielen und alles, super, top. Die holen wir uns.‹ Also haben wir die angesprochen und gesagt: ›Wir machen da so eine Gruppe. Macht ihr mit?‹ Mit denen haben wir uns dann zurückgezogen nach Gevelsberg-Silschede. An den Rändern des Ruhrgebiets. Grün In hieß das, eine Art Hippie-Kommune, wo wir pennen konnten und proben. Ich weiß gar nicht, wie das genau kam. Ich glaube, der Kemner hatte da mal gekellnert und den Laden dann übernommen. Die hatten eines der ersten Bio-Restaurants. Wir durften dann da auf jeden Fall in den Proberaum, mit allem, mit Verstärkern und Gesangsanlage. Dann kam der Kurt Dahlke dazu, der hatte auf jeden Fall geiles Equipment.«

Randnotiz: Aber noch war das mit den Bands zwar keine polyamore, aber doch eine polygame Angelegenheit. Offiziell war Gabi nach wie vor bei Mittagspause, schrieb Texte mit Monroe und mimte den Antänzer, wie er sich selbst nannte. Robert spielte immer noch gelegentlich mit Der Plan. Vormals nannte sich die Formation Weltaufstandsplan – bis Robert das Wort »Plan« an eine Wand des Ratinger Hofs kritzelte … Und dann waren da ja auch noch die Österreicher. In dieser turbulenten Phase hatte es jene Performance-Band namens Minus Delta t nach Düsseldorf verschlagen, die sich mit ihrer Radikalität auch außerhalb der Bühne schnell Respekt verschaffte. Das Hallo war groß, als Robert feststellte, dass einer dieser Österreicher sein guter, alter Studienfreund Chrislo Haas war. Minus Delta t hatte sich auch erst vor wenigen Monaten gegründet, Wind davon bekommen, dass Düsseldorf gerade »the place to be« war, und war komplett

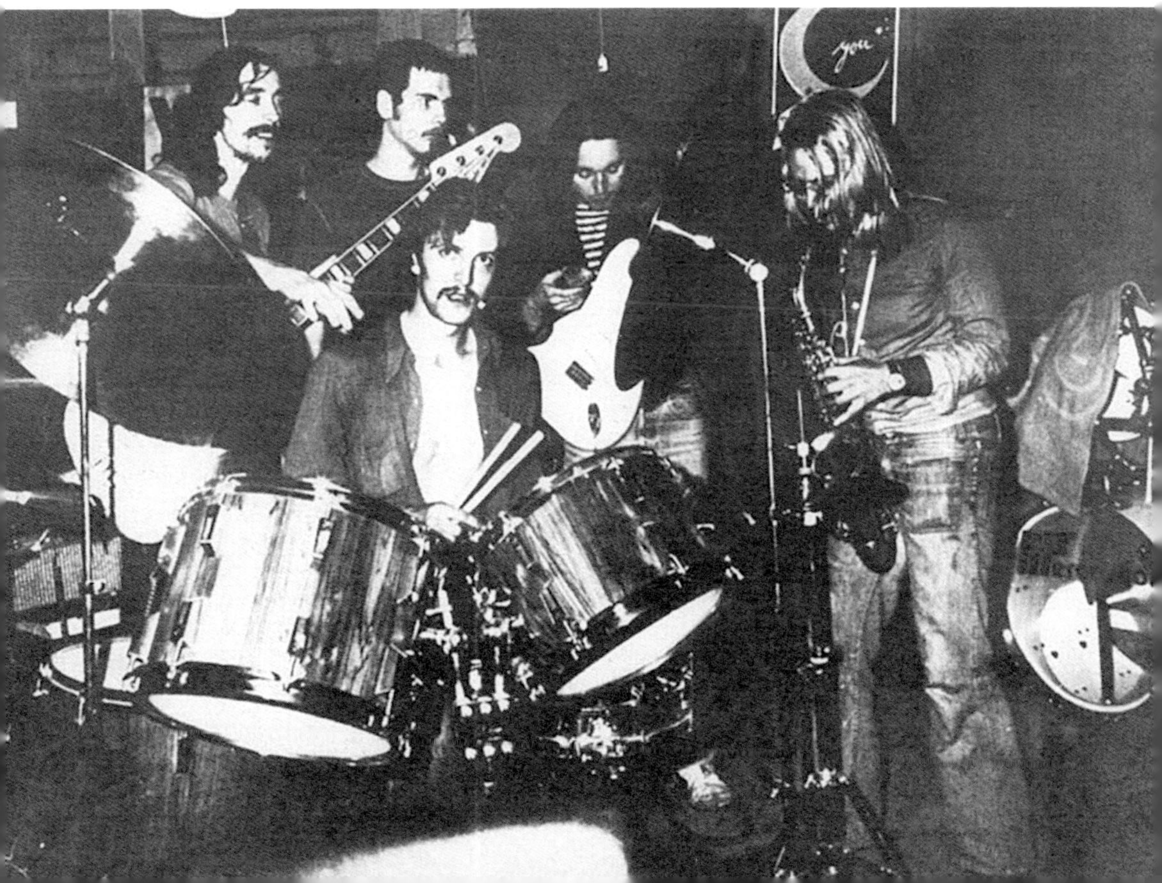

Robert mit der Wuppertaler Jazzrockband YOU, 1979. Von links nach rechts: Michael Kemner, Kurt Dahlke, Robert Görl, Wolfgang Spelmans und ein namentlich den Beteiligten nicht mehr bekannter Saxophonist
FOTO: PRIVAT

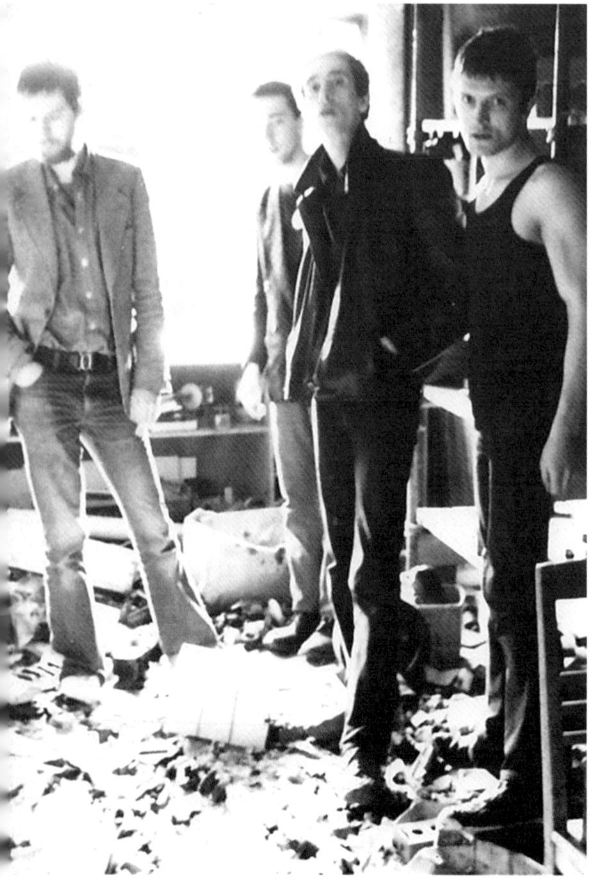

übergesiedelt. Komplett, das bedeutet mit Chrislo Haas, Mike Hentz und Karel Dudesek. Einen ersten Gig hatten sie bislang noch nicht gespielt. Der sollte im Hof steigen. Sie fragten Robert, ob er an diesem Abend als Drummer aushelfen würde – und der ließ sich nicht zweimal bitten. Der Abend sollte für alle Anwesenden auf die ein oder andere Weise unvergesslich werden. Überschrieben war er mit »Putzaktion«. Und tatsächlich begannen die Herren erst einmal damit, den kompletten Ratinger Hof mit eimerweise Wasser zu fluten. Rundum an den Wänden hatten sie in etwa 15 Zentimetern Höhe Neonröhren angebracht. Abgesehen davon war es dunkel. Robert saß derweil in sicherer Beobachterposition mit seinem Schlagzeug auf dem Tresen – und verhinderte so ganz nebenbei jeglichen Barumsatz an diesem Abend. Als der Hof schließlich gewissenhaft unter Wasser gesetzt worden war, wurde säckeweise Gips ausgeleert. Und als Höhepunkt dieses Crescendo Furioso flogen allerlei Tierkadaver durch die Luft: tote Fische, Schweinefüße, Innereien – was ein gut sortierter Abfallcontainer einer Schlachterei eben so hergibt. Dazu das Getrommel von Robert, das klang, als seien die apokalyptischen Reiter hinter ihm her. Da machten dann auch die Fliegen nichts mehr, die Minus Delta t für diesen Abend gezüchtet und abschließend freigelassen hatte. Und weil der Teufel bekanntlich immer auf den größten Haufen scheißt, schaute später am Abend auch noch die äußerst gewaltbereite Rockergang Lacarda im Hof vorbei, um eine amtliche Massenschlägerei anzuzetteln, an deren Ende sich ein Großteil des Hofpublikums in der Notaufnahme wiederfand. Ramponiert, stinkend und mit erheblichen Verlusten – aber froh, die Rocker am Ende doch noch in die Flucht geschlagen und den Abend mehr oder weniger überlebt zu haben.

Das erste DAF-Foto, aus dem Privatbesitz von Kurt Dahlke, von links nach rechts: Kurt Dahlke, Wolfgang Spelmans, Michael Kemner, Robert Görl
FOTO: MARTIN MESKENDAHL

DAS GRÜN IN

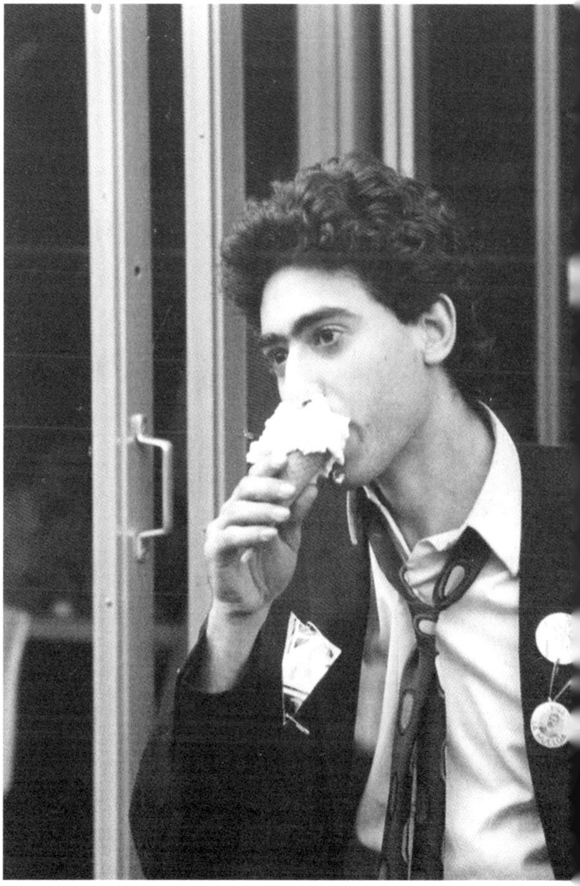

Mittagspause
FOTO: TINA SCHNEKENBURGER

Aber zurück zu Robert und Gabi. Die Besetzung war für den Moment komplett: Robert Görl, Gabi Delgado, Wolfgang Spelmans, Michael Kemner und Kurt Dahlke, diese fünf also sollten es sein. Diese fünf wollten zusammen den Sound der Zukunft kreieren. Und auch wenn Robert und Gabi nicht genau wussten, wie der am Ende klingen sollte, wussten sie ziemlich genau, wie er unter keinen Umständen klingen durfte: nämlich wie der Sound der Vergangenheit. Klingt logisch, ist aber gar nicht so einfach.

Gabi Delgado: »Da haben wir dann rumgeprobt, Experimente gemacht und versucht, eine Musik zu machen, die es nicht gibt. Die es wirklich nicht gibt. Und alles, was uns an irgendwas erinnert hat, egal an was, auch, wenn es gut war, das haben wir wirklich weggeworfen. Hat einer gesagt: ›Das geht nicht. Das erinnert mich an irgendwas. Ich weiß gar nicht an was. Aber es erinnert mich‹, musste das weg. Das konnte man auch nutzen, wenn einem was nicht gefallen hat, da konnte man einfach behaupten, das erinnere einen an irgendwas. Das habe ich schon immer gern gemacht, schon ganz, ganz früh, schon als Kind. Ich habe mir Platten gekauft und gesagt: Das Stück ist gut! Das Stück ist nicht gut! Ich nahm dann eine Schere und habe den betreffenden Track weggekratzt: Krrrrrrrr, weg! Damit man das niemals wieder hören kann. Das habe ich sogar schon lange vor Punk so gemacht. Denn als Erstes musst du lernen, was dir nicht gefällt, bevor du etwas Eigenes entwickelst.

Das wollte ich auch noch sagen, dass es ein ganz großer Fehler ist, wenn du sagst: ›Das Wohnzimmer gefällt mir nicht, dann sagen die Eltern: Ja, wenn dir das Wohnzimmer nicht gefällt, dann schlag doch was vor.‹ Ganz liberal, ganz nett. Und schon haben die dich. Das ist nur ein konservativer Trick. Weil, du kannst sagen: ›Nee, das gefällt mir nicht. Und darum schmeiß ich alles weg. Und wenn alles weg ist, dann weiß ich genau, was ich da reinstellen will.‹ Also man muss nicht immer mit einem Gegenentwurf, mit einem konstruktiven Vorschlag kommen. Zuerst braucht man den

»Schon in den Anfangstagen, also bei unseren ersten Proben im GRÜN IN, hatten wir einen gewissen Plan. Am wichtigsten war uns, dass wir ganz was Neues machen wollten. Unser oberster Grundsatz: Wir wollten Musik machen, wie sie noch keiner zuvor gemacht hat.« ROBERT GÖRL

destruktiven Schlag. Und nicht den konstruktiven Vorschlag. Erst zerstören – dann aufbauen. Also für alle, die ihr das Buch lest: Bitte steigt nie drauf ein, wenn euch einer sagt: ›Schlag dann mal vor, was du gerne willst.‹ Sag dem einfach, was du nicht willst. Das ist viel leichter. Und am Anfang einer Bewegung, vor allem, wenn das stark werden soll, brauchst du Scheuklappen, du musst genau wissen, was dir nicht gefällt, und das muss eliminiert werden. Deshalb musst du auch deinen Eltern sagen: ›Nee, ich will einfach, dass alle Möbel durchs Fenster rausgeschmissen werden, dass der Raum völlig leer ist. Und das gefällt mir schon mal besser als das, wie es jetzt ist. Und dann kann ich in Ruhe überlegen, was da reinkommt.‹ Und genau so haben wir das auch bei DAF gemacht von Anfang an.«

Robert Görl: »Schon in den Anfangstagen, also bei unseren ersten Proben im Grün In, hatten wir einen gewissen Plan. Am wichtigsten war uns, so vom Konzept her, dass wir ganz was Neues machen wollten. Unser oberster Grundsatz: Wir wollten Musik machen, wie sie noch keiner zuvor gemacht hat.«

Die Musiker waren gefunden, die Marschrichtung zumindest grob klar, fehlte nur noch ein Bandname. Der sollte deutsch sein, das war klar. Prägnant, provokativ, punkmäßig. Später in Interviews gefragt, was das denn bedeuten solle, Deutsch Amerikanische Freundschaft, und wo der Name herkäme, gab Gabi immer gerne die Inspirationsquelle »Schilder in der sowjetischen Besatzungszone« an. Wie andere Menschen Streichholzschachteln oder Modelleisenbahnen oder Dinge, die sie am Wegesrand finden, sammeln, sammelte Gabi schon immer gerne Wörter, die interessant klangen, um sie irgendwo einzubauen.

Gabi Delgado: »Aber dieser Name, Deutsch Amerikanische Freundschaft, der stammt lustigerweise aus Mittagspause-Zeiten. Und zwar fuhren wir mit Mittagspause zu einem Konzert nach Berlin. Mit dem Oehlen, dem Janie, dem Monroe. Und George ist gefahren. Und dann stand da: *Lang lebe die deutsch-sowjetische Freundschaft*.

Ich hatte damals noch nicht meine doppelte Staatsbürgerschaft, hatte nur den spanischen Pass, aber Spanien hatte irgendwie kein Abkommen mit der DDR. Das war total der Trouble in der Transit-Zone. Ich musste dann aussteigen, brauchte einen Sonderpass und hatte so eine sowjetische Panzeruniform an – mit einem Mao-Badge. Da ging's dann erst richtig los. Weil die gesagt haben: ›Das ist eine Waffe!‹ Habe ich gefragt: ›Was ist eine Waffe?‹ – ›Na, die Panzeruniform! Das fällt nach DDR-Recht unter Waffen. Die dürfen Sie hier nicht …‹ Habe ich gefragt: ›Ja, muss ich mich jetzt ausziehen oder was?‹ – ›Ja, Sie müssen sich umziehen. So was geht nicht.‹ Ich durfte das zwar behalten, dieses Panzer-Outfit. Das war so ein Overall. Musste mir dann aber Klamotten von den anderen zusammenleihen und habe dann diesen Wisch da bekommen. Da musste ich sehr lange warten. Und da stand überall: *Lang lebe die deutsch-sowjetische Freundschaft.* Da habe ich schon gedacht: Die leben hier im Ostblock. Da steht wenigstens deutsch-sowjetische Freundschaft. Wir leben im Westblock. Da steht nirgends deutsch-amerikanische Freundschaft. Aber dafür muss man die ganze Zeit *Bonanza* gucken. Und ich dachte mir so: toller Name! Deutsch Sowjetische Freundschaft. Oder eben Deutsch Amerikanische Freundschaft. Da dachte ich schon damals, als ich auf diesen Sonderpass gewartet hab: Da muss ich mal was draus machen.«

Aber es war nicht so, dass Gabi diesen Namen diktatorisch festlegte. Vielmehr setzten die Mitglieder eine geheime Wahl an. Allerdings besteht bis heute keine Einigkeit darüber, ob es dabei mit rechten Dingen zuging, oder ob das Ergebnis manipuliert wurde. Das wird wohl für immer ein Geheimnis bleiben.

Auf dem Weg nach Berlin
FOTO: GEORGE NICOLAIDIS

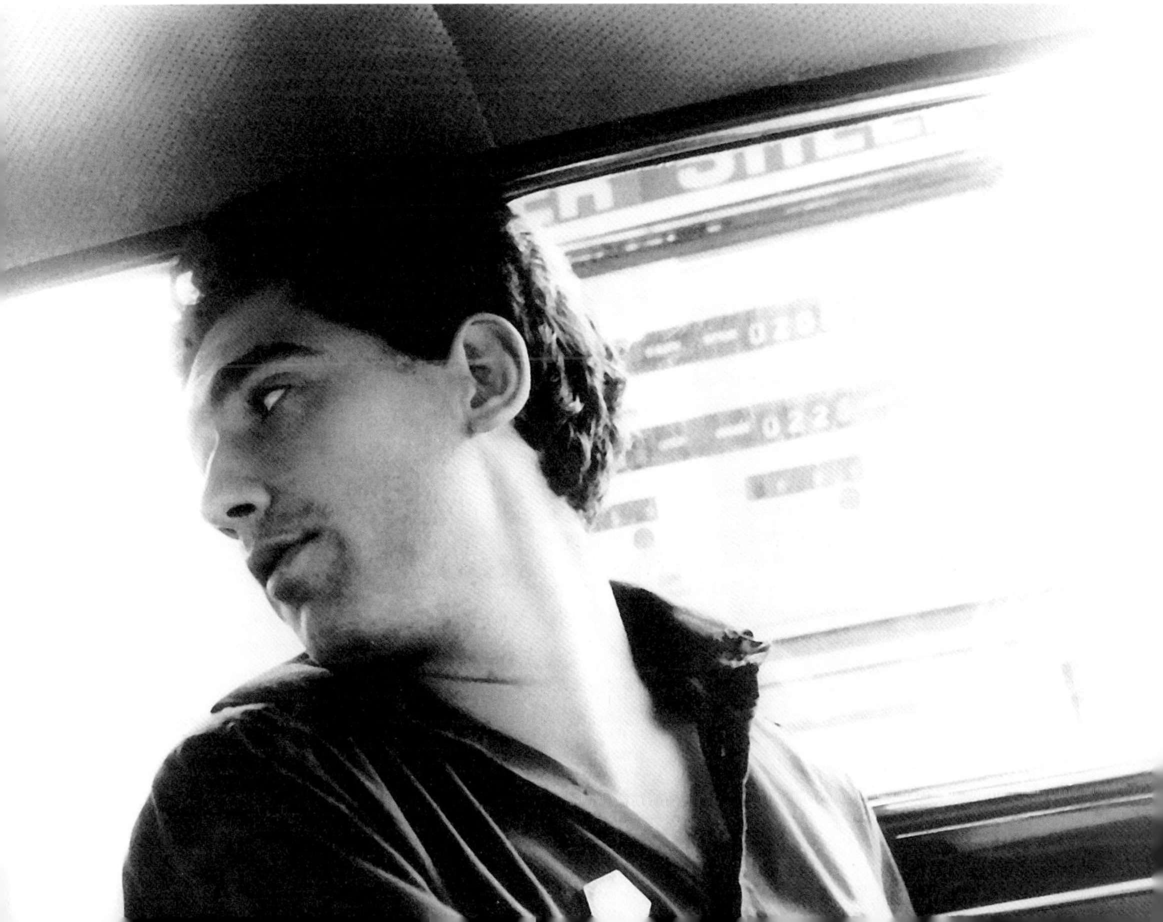

»Da haben wir dann rumgeprobt, Experimente gemacht und versucht, eine Musik zu machen, die es nicht gibt. Die es wirklich nicht gibt. Und alles, was uns an irgendwas erinnert hat, egal an was, auch, wenn es gut war, das haben wir wirklich weggeworfen. Hat einer gesagt: ›Das geht nicht. Das erinnert mich an irgendwas. Ich weiß gar nicht an was. Aber es erinnert mich‹, musste das weg.« GABI DELGADO

Gabi Delgado: »Da haben wir eine geheime Wahl gemacht. Wir fünf, und jeder schreibt einen Namen auf einen Zettel. Ich war mir ziemlich sicher, dass sich mein Vorschlag durchsetzen würde. Das war toll da mit der Wahl, super war das. Das weiß ich heute noch.«

Robert Görl: »Wir machten eine richtig demokratische Geheimwahl. Jeder konnte drei Namen auf zusammengefalteten Zettelchen in eine Schüssel geben. Dann haben wir eher so lottomäßig gezogen. Am Schluss blieb der Name Deutsch Amerikanische Freundschaft übrig. Wir haben danach noch all die anderen Zettel geöffnet, so aus Neugierde. Da waren noch mehrere sehr interessante Namen im geheimen Spiel. Dass am Ende Deutsch Amerikanische Freundschaft die Wahl gewann, fand ich gut. Ich wusste, dieser Name wird allen komisch auffallen. Und so war es dann auch anfangs. Da gab es einige, die meinten: Was soll denn das für ein Name sein? Das ist doch kein Bandname! Das machte echt Spaß. Ich empfand das schon kurze Zeit später wie die reinste Ironie.«

In den kommenden Wochen lebte die komplette DAF-Besetzung in besagtem Grün In. Randnotiz: Damals war das Grün In vor allem in der bemerkenswert großen Musikerszene dieser Region durchaus bekannt. Da es heute vielleicht nicht mehr jedem ein Begriff und von der Pop-Landkarte des kollektiven Bewusstseins weitgehend verschwunden ist, seien an dieser Stelle ein paar Worte dazu gesagt. Michael Kemner und dessen Freundin betrieben das Ausflugslokal im gut 50 Kilometer nordöstlich von Düsseldorf gelegenen Gevelsberg-Silschede. Es war ein Anlauf- und Treffpunkt für Künstler, Musiker und Alternative. In dem kleinen Bauernhaus war eine Gaststätte untergebracht, eine der ersten, die auf Bio setzten. Ein Großteil der kredenzten Lebensmittel wurde im eigenen Garten angebaut. Und so ist der Name auf zwei Weisen zu verstehen: Zum einen war es im Grünen gelegen, zum anderen verstand es sich als Teil der grünen, also ökologisch-bewussten Szene. Es gab Gästezimmer für Besucher und einen großen Proberaum. Die meisten Gäste blieben aber nicht für eine Nacht, sondern quartierten sich längerfristig sein. Man könnte also durchaus von einer Art Landkommune reden, wie sie in diesen Tagen keine Seltenheit war.

Diese stark Hippie-durchsetzte Szene war eine völlig andere als die aufkeimende Punk-Szene im Ratinger Hof. Aber der Ort schien perfekt, um sich zurückzuziehen, tagelang nichts anderes als Musik zu machen, sich auszuprobieren und sich im reizarmen Silschede auf das Wesentliche zu konzentrieren.

Erste kleine Auftritte gab es in dieser Zeit auch, so etwa 1978 bei einem Schulfest im Gymnasium Strümp, schon unter dem Namen DAF und vermutlich der allererste Auftritt überhaupt.

DER ERSTE GROSSE GIG

Aber man selbst ist bekanntlich immer sein eigener blinder Fleck. Macht ein umfallender Baum auch dann ein Geräusch, wenn es niemand hört? Spielt eine Band auch dann gute Stücke, wenn niemand davon weiß? Nach einer Weile wurde es Zeit, das in Gevelsberg Geprobte einem Publikum zu präsentieren. Und was hätte da nähergelegen, als es dem schonungslosen Hof-Publikum vorzusetzen? Am 7. Februar 1979 also fand sich die Kapelle auf der kleinen Bühne im Ratinger Hof ein. Die Leute standen bis auf die Ratinger Straße. Man war gespannt, was in den vergangenen drei Monaten hinter verschlossenen Türen entstanden war, ob sich die Hof-Abstinenz musikalisch produktiv niedergeschlagen hatte. Nicht ganz ohne spöttische Skepsis warteten die selbst ernannten Dilettanten auf das Produkt ihrer professionellen Kollegen. Dass es anders klingen würde als Mittagspause oder S.Y.P.H. oder andere Hof-Bands, war klar gewesen. Aber dass es dermaßen anders war, überraschte dann doch einige. Keine Schrammelgitarre, kein Ungtz-ungtz-Schlagzeug und vor allem ein Synthesizer. Punk war das keiner, eher Exzess-Jazz, aber die Energie stimmte. Robert prügelte einen unbarmherzigen Beat durch den Hof, Spelmans druckvolle Gitarre stand dem in nichts nach, Gabis Texte waren straight, Kemners Bass präzise, und auch wenn Dahlkes Synthesizerspiel noch völlig anders als das von Chrislo Haas später klang, zeichnete sich hier schon zaghaft die Richtung der *Die Kleinen Und Die Bösen* ab. Auch wenn die größte Bemühung der Band ja darin bestand, eben gerade nicht wie irgendjemand anders zu klingen, lag ein Vergleich mit The Normal oder Pere Ubu wohl näher als mit den Sex Pistols. *Ich Und Die Wirklichkeit* war einer der Songs, die hier zum ersten Mal gespielt wurden. Das kam gut an, unüberhörbar war allerdings nach wie vor der Jazzbackground. Die Meinungen waren geteilt. Und dennoch war der Auftritt überzeugend genug, dass die Deutsch Amerikanische Freundschaft direkt für einen weiteren Gig verpflichtet wurde. Der sollte schon gute zwei Wochen später steigen, und zwar in Hamburg in der Markthalle.

»Schon als Kind habe ich mir Platten gekauft und gesagt: ›Das Stück ist gut! Das Stück ist nicht gut!‹ Ich nahm dann eine Schere und habe den betreffenden Track weggekratzt: Krrrrrrr, weg! Damit man das niemals wieder hören kann. Das habe ich sogar schon lange vor Punk so gemacht. Denn als Erstes musst du lernen, was dir nicht gefällt, bevor du etwas Eigenes entwickelst.« GABI DELGADO

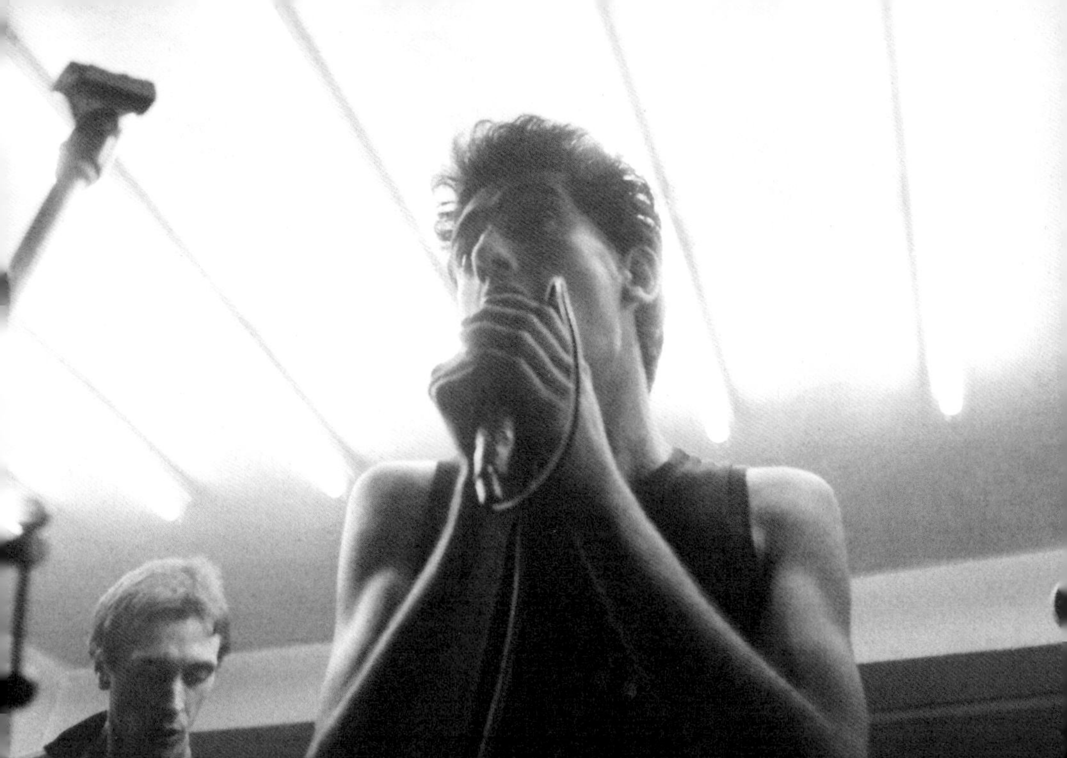

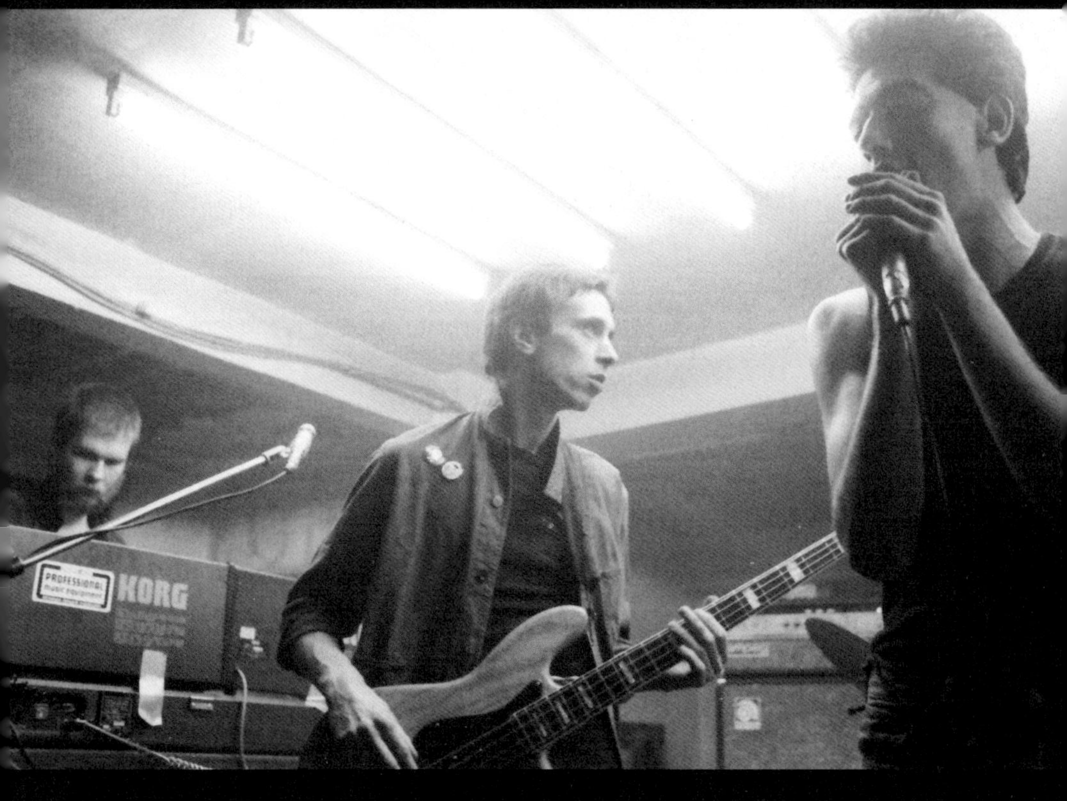

Der erste große DAF-Auftritt am 7. Februar 1979 im Ratinger Hof in der Urbesetzung – oben Michael Kemper und Gabi Delgado, unten Kurt Dahlke, Michael Kemper und Gabi Delgado

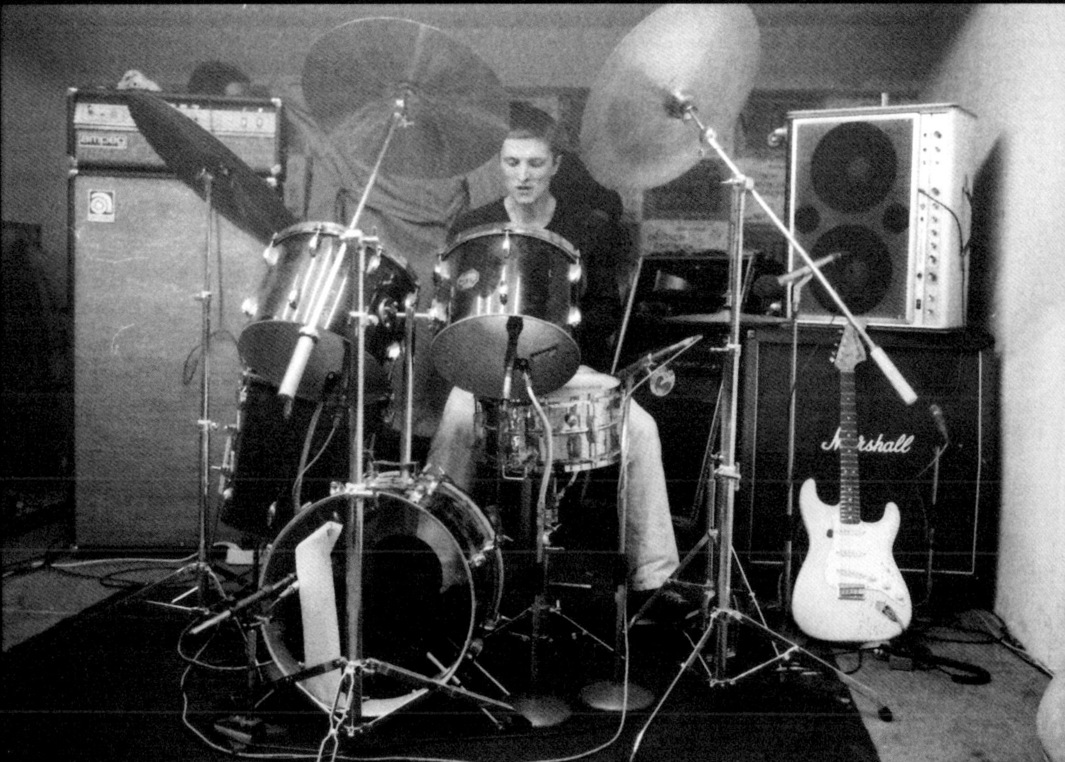

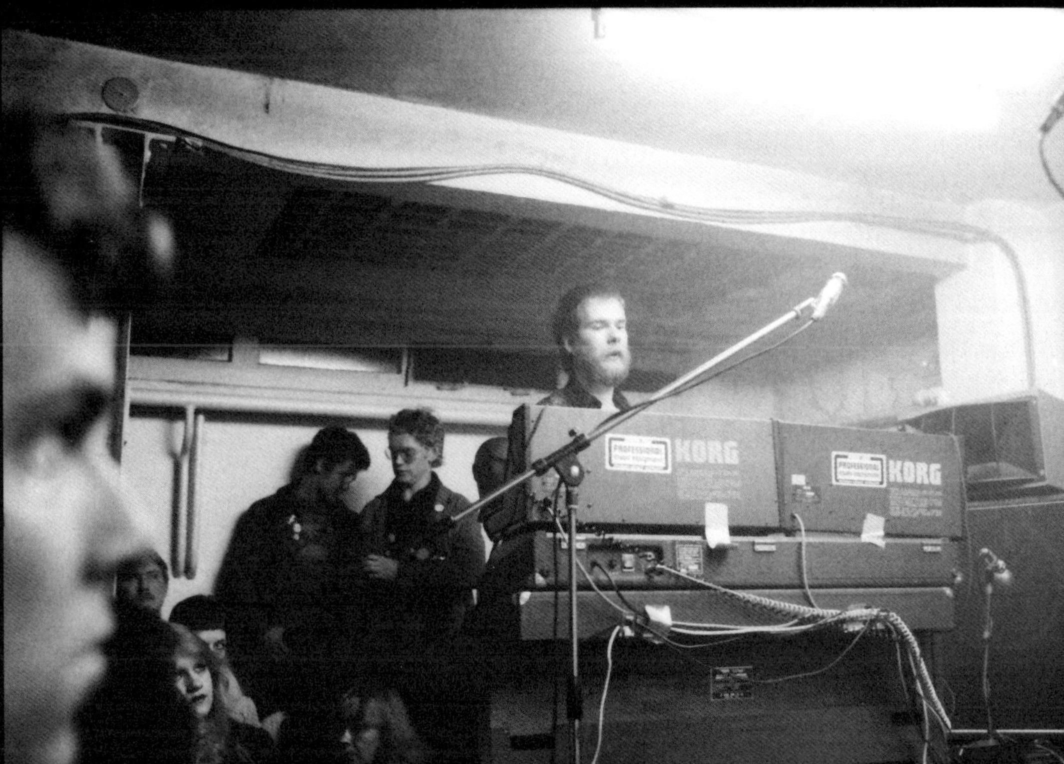

Oben Robert Görl, unten Kurt Dahlke

FOTOS: CHE SEIBERT

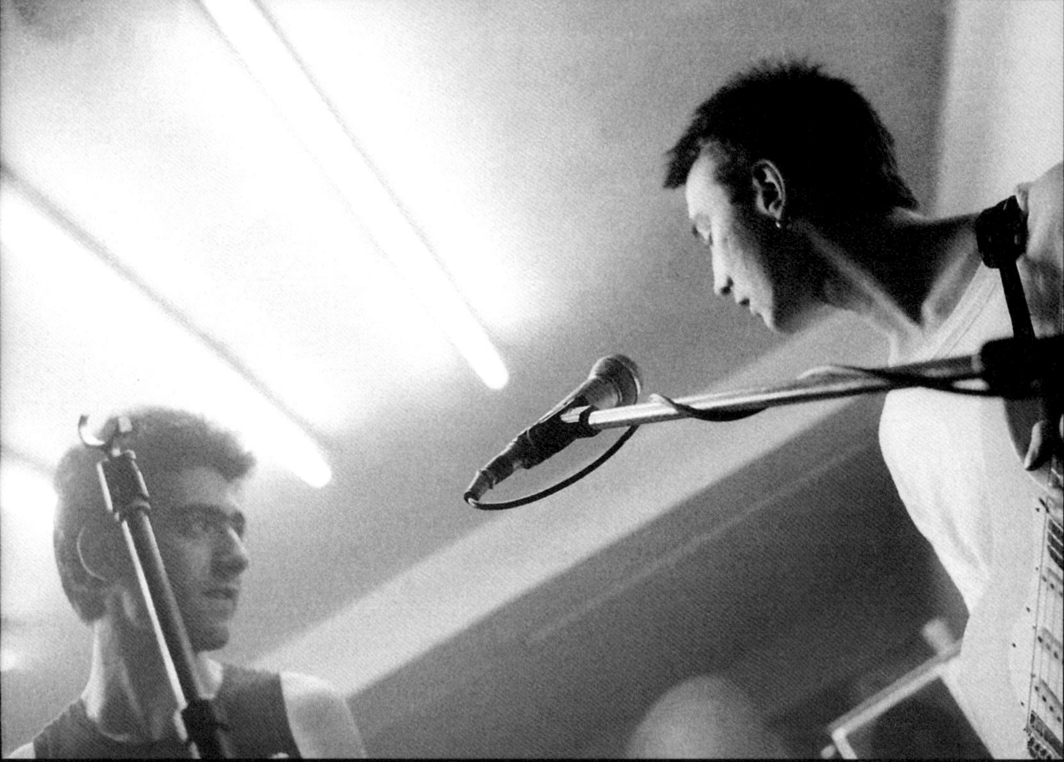

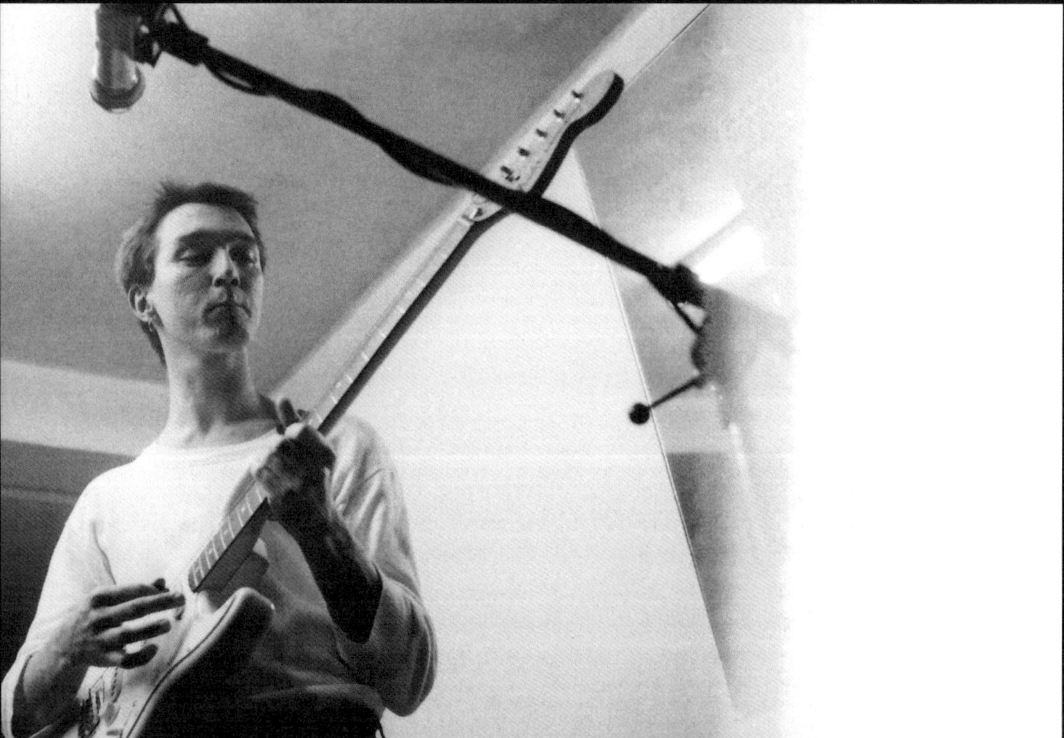

Der erste große DAF-Auftritt am 7. Februar 1979 im Ratinger Hof in der Urbesetzung –
oben Gabi Delgado und Wolfgang Spelmans, unten Wolfgang Spelmans

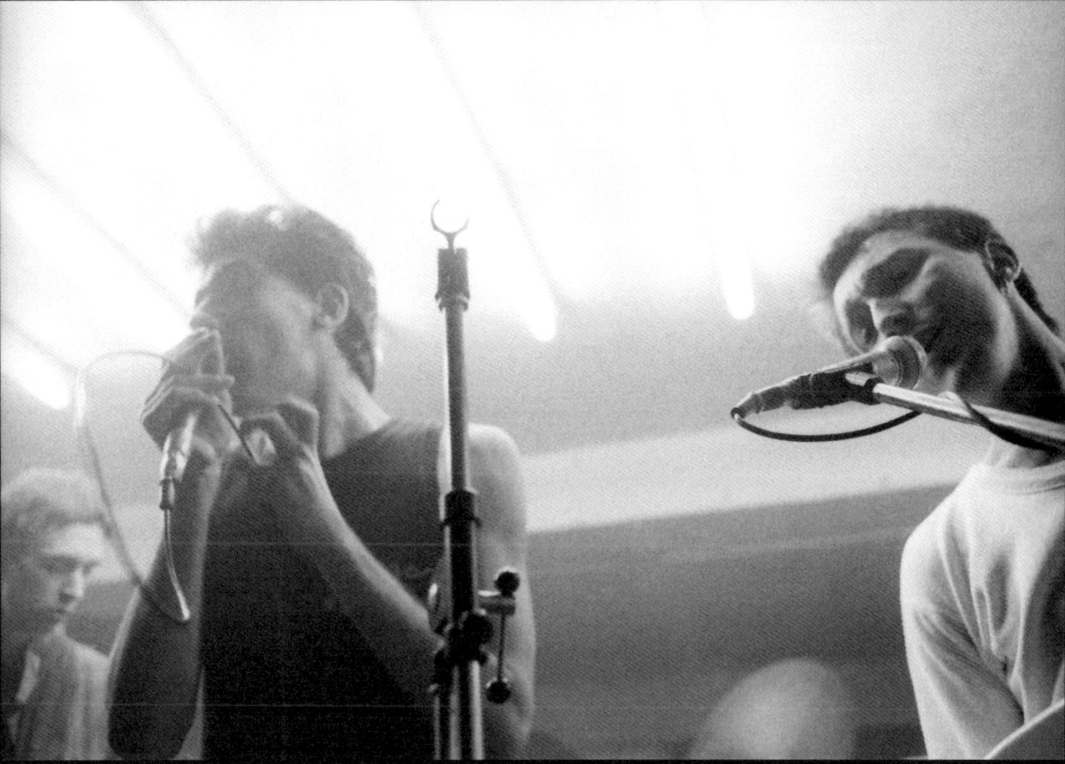

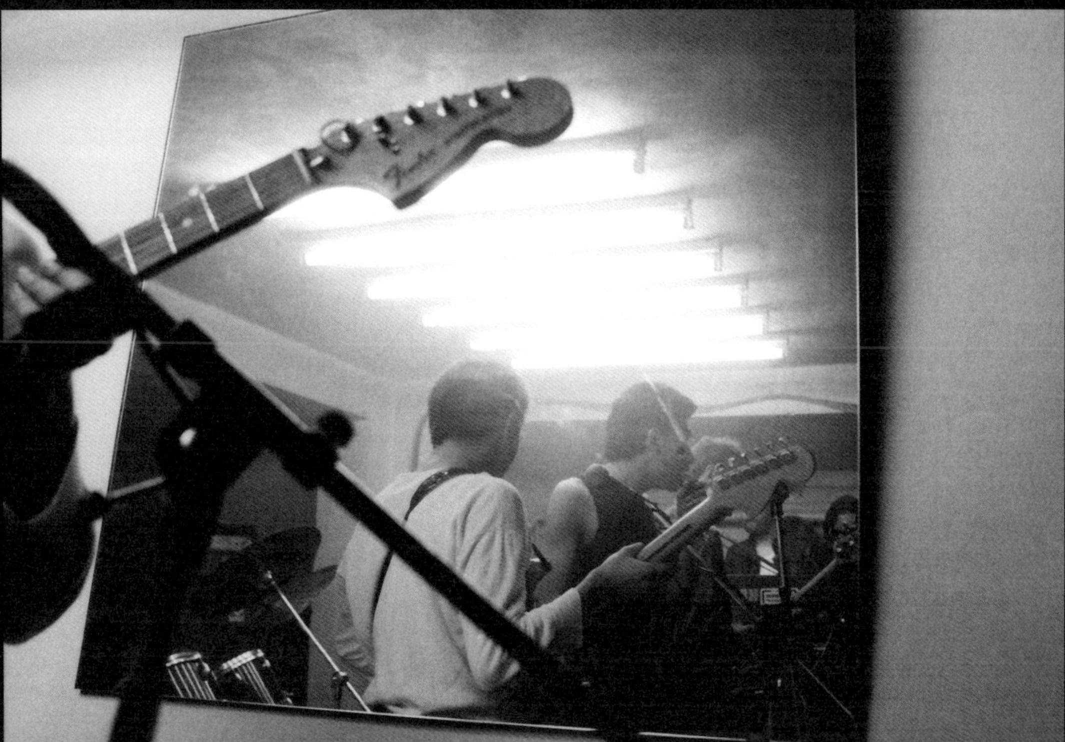

Oben Michael Kemner, Gabi Delgado und Wolfgang Spelmans, unten ein Spiegelbild
FOTOS: CHE SEIBERT

DIE KLEINEN PUNKS STANDEN NUR MIT WEIT OFFENEN MÜNDERN HERUM

Gastbeitrag von Bob Giddens

Wie lang ist das wohl her? 1979. Punk war hier quasi explodiert, und da war ich, der Sohn eines kanadischen Journalisten, nun der Liebe wegen nach Deutschland gezogen.

Ich schrieb mehr oder weniger regelmäßig für ein alternatives englisches Magazin, *ZigZag*, unter der festen Überschrift »Germany Calling«. Mein erstes Nina-Hagen-Interview kam eine Woche vor dem des *Melody Maker* raus. Ich schrieb damals auch über eine deutsche Fernsehshow, die für damalige Verhältnisse sehr progressiv war.

Ich war zu einer Show in der Markthalle in Hamburg eingeladen worden, in der Male, KFC und DAF auftraten. Meiner Erinnerung nach traten sie in einer Viererbesetzung auf, rein instrumental, diese schwere deutsche Instrumentalmusik, die man in Deutschland erwartete. Ich kannte Can und hatte Nektar und Tangerine Dream gesehen, aber DAF war anders, ihre Haltung zeigte damals schon, dass sie sich von dem, was damals normal war, distanzierten.

Ich war schon beeindruckt, aber es warf mich nicht um, trotzdem habe ich Alfred um ein Interview für *ZigZag* gebeten, eigentlich wollte ich lieber die Band interviewen, was wir schließlich bei ihrer Plattenfirma, Ata Tak, in Düsseldorf arrangierten. Zu meiner Überraschung kamen sie zu fünft zu dem Termin, die Demos, die sie mir vorspielten, waren auch echt gut. Genauso wie ich mir eine innovative deutsche Band vorgestellt hatte. Ihre Musik hatte nichts Englisches oder Amerikanisches an sich, sie sangen auf Deutsch, benutzten deutsche Rhythmen und deutsche Ideen. Das war umwerfend!

Ich wollte sofort mit dieser Band arbeiten, und so bot ich an, die ersten Aufnahmen dieser 5-Mann-Formation zu finanzieren. Sie wollten diese Aufnahmen in Rochdale, England, machen. Cargo Studios war ein kleines unter Punk- und New Wave-Bands beliebtes Tonstudio, das John Brierley gehörte. Eigentlich war John Kameramann beim Fernsehen, aber irgendwie war er zu Studioaufnahmen gekommen. Das Studio in Kenyon Lane war von Industriebrachland umgeben; wie das Ende eines Industrietraumes standen dort Hunderte von verlassenen Baumwollspinnereien und abbruchreifen Häusern. Das Ganze sah aus wie die Kulisse eines Kriegsfilms. Hier haben Joy Division *Atmosphere*

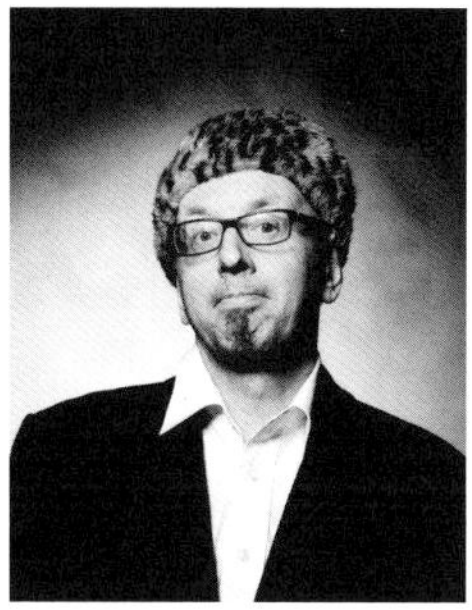

Robert Giddens
FOTO: MANFRED POLLERT

aufgenommen, The Fall *Rowche Rumble*, und jetzt wollten DAF dort die Cargo Tapes aufnehmen.

Wir fuhren in meinem roten VW Golf nach England und Chrislo Haas in seinem VW-Bus. Wir übernachteten bei einem Freund von mir in der Nähe von Rochdale und pendelten 20 Meilen morgens und abends zum Studio. DAF waren ein gemischter Haufen, es war von Anfang an klar, dass Robert aus dieser Gruppe herausstand, als der, der wirklich wusste, wo es langgehen sollte. Er war ein klasse Schlagzeuger, und John Brierley war wirklich von ihm beeindruckt. Wir brauchten ungefähr zehn Tage, um die Cargo Tapes aufzunehmen, und John hatte ein gutes Verhältnis zu John Peel, der blind alles spielte, was in den Cargo Studios produziert wurde. So spielte er auch *Ich Und Die Wirklichkeit* in seiner BBC Radio One Show. In den Cargo Studios lernten wir auch The Fall kennen, die dort einmal zu Besuch waren, sie hatten dort eine ganze Reihe von Platten aufgenommen. An einem Nachmittag fragte Kay, der Manager von The Fall, mich, ob DAF nicht als Support auf ihrer nächsten Tour auftreten wollten. Wir einigten uns auf ein paar Gigs in der Nähe von London.

Ich lernte dort auch Bob Last von Fast Product Records kennen, er brachte damals die erste Aufnahme von DAF in England auf der EP *Earcom 3* heraus, das war auch *Ich Und Ich* …

An was ich mich genau erinnere, ist, dass England nicht wusste, was sie mit DAF anfangen sollten. So etwas hatte man dort noch nicht gesehen. Fünf deutschsprachige Musiker, die mit einer absoluten Sicherheit auftraten. Sie sangen auf Deutsch, sie sprachen nur deutsch. Man darf nicht vergessen, das war 1979. Bei ihrer ersten Show in Swindon gab es überhaupt keinen Applaus zwischen den Nummern, die kleinen Punks standen nur mit weit offenen Mündern herum und wussten nicht, was da in aller Welt geschehen war.

In London traf ich dann Mike Williams, der eine kleine Plattenfirma mit dem Namen Zircon Records hatte. Er organisierte eine Wohnung in Earls Court, dort experimentierten sie auch mit Synthesizer-Sequenzen und bereiteten sich auf ihren wichtigen Gig in der London School of Economics vor, wo sie mit Scritti Politti auftraten. Bei diesem Gig lernte ich auch Geoff Travis von Rough Trade und Daniel Miller von Mute kennen. Sie hatten DAF dort auch zum ersten Mal live gesehen, und so kam es dann auch dazu, dass *Kebabträume* bei Mute veröffentlicht worden ist.

INTO THE FUTURE

Alfred Hilsberg, Gründer des Plattenlabels Zickzack und für die *Sounds* schreibender Musikjournalist, stellte im Januar und Februar 1979 gemeinsam mit Peter Moser eine Ausstellung namens »Das Bild macht die Musik (25 Jahre Rock 'n' Roll)« auf die Beine. Als Ausstellungsort war ganz bewusst kein Museum, keine Galerie und auch sonst kein für Kunst reservierter Raum ausgesucht worden. Das Ganze fand in der Hamburger Markthalle statt. Dazu gab es ein umfangreiches Musikprogramm, das sich auf mehrere Abende verteilte. Hier wurden zeitgenössische Musiker präsentiert wie zum Beispiel Achim Reichel, Kevin Coyne, Zoot Money, Adverts, Herman Brood oder Siouxsie and the Banshees.

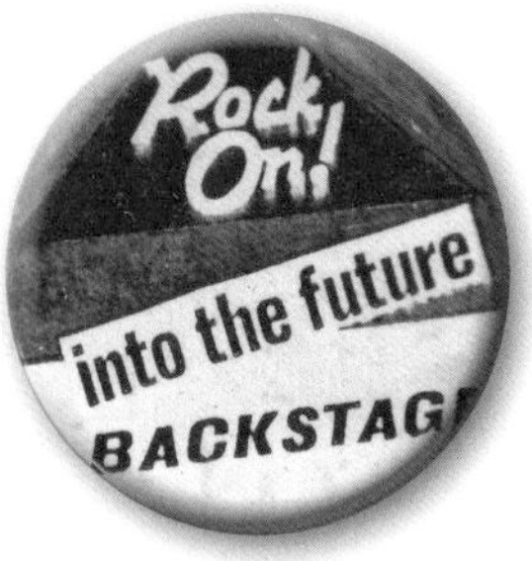

Die musikalische Abschlussveranstaltung war ein Musikfestival mit dem Namen »Into The Future«, bei dem die jungen Wilden, die Punks, ins Visier genommen wurden – die No Future-Bewegung also als perspektivischer Fluchtpunkt des Rock 'n' Roll. Hilsberg war mit der jungen Düsseldorfer Punkszene bestens vertraut und hatte ihr mit seinem Artikel »Rodenkirchen is burning«, der '78 in der *Sounds* erschienen war, einen gehörigen Schub verpasst. Insofern lag es nah, auch Protagonisten von dort nach Hamburg zu holen.

Programmatisch war eine möglichst große Bandbreite angestrebt, die von artifiziellen Darbietungen von Kiev Stingl oder aber Norbert Hinterberger bis zu rauem, direktem Punkrock reichte, Letzteres tatsächlich als Verlängerung von Rock 'n' Roll, nur primitiver. Aus Düsseldorf waren zu diesem Anlass DAF, Male, S.Y.P.H. und der Weltaufstandsplan angereist. Das Publikum schien allerdings wenig an Bandbreite interessiert zu sein und buhte gnadenlos von der Bühne, was mehr als drei Akkorde spielte.

Als DAF die Bühne betrat, drehte Gabi den Spieß um. Was privilegierte das Publikum, die Bands zu beschimpfen? Wer sagte, dass nicht auch einfach mal die Band das Publikum beschimpfen durfte? Gabi eröffnete das Set mit wüsten Beleidigungskaskaden, die im Zuschauerraum für verdutztes Schweigen sorgten. Damit waren die Fronten geklärt. Im Punk und in der Liebe ist eben alles erlaubt.

Oben: Backstage-Button zum Festival in der Markthalle

Rechts: ›Into The Future‹-Livealbum und Innenhülle

Abgesehen von Hamburger Proll-Punks und Düsseldorfer Hof-Punks, die sofort treffliche Gegner ineinander sahen und nicht lange brauchten, bis sie die erste Schlägerei anzettelten, war aber auch die schreibende Presse zugegen. Jemand vom englischen Magazin *ZigZag* war angereist, um über den Abend zu berichten. Sein klarer Favorit war DAF. So etwas hatte er noch nicht gehört. Das stach für ihn aus der Menge der Bands, so unterschiedlich sie auch waren, raus. Er war dermaßen begeistert, dass er nach dem Gig die Musiker kontaktierte und bat, sie in Düsseldorf besuchen zu dürfen. Dort sollte er sich Demobänder anhören und würde ihnen anschließend unterbreiten, Aufnahmen in den Rochdaler Cargo Studios zu organisieren und vor allem aber zu finanzieren. Sein Name war Bob Giddens. Und er sollte die Deutsch Amerikanische Freundschaft tatsächlich into the future katapultieren.

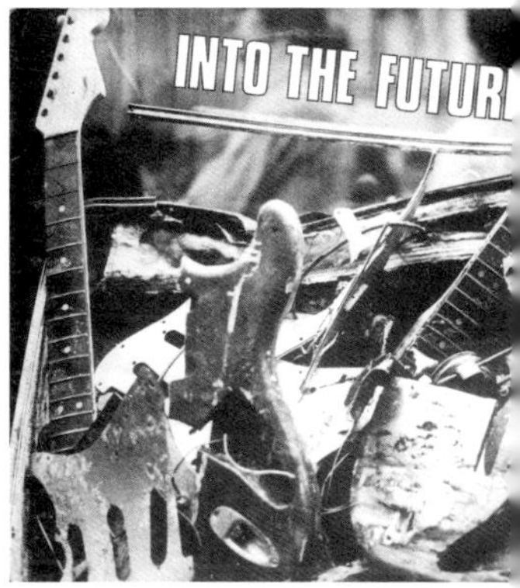

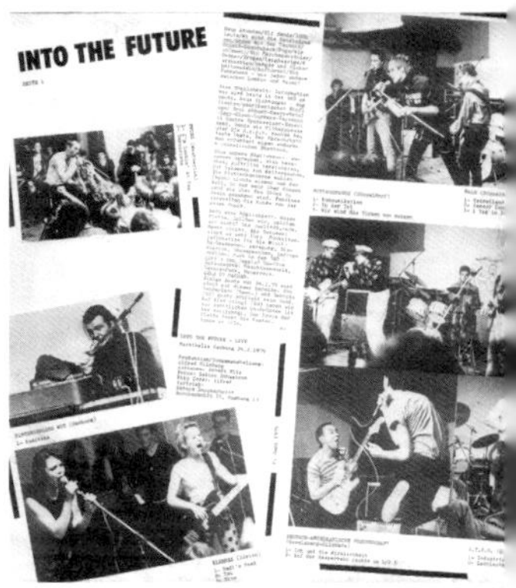

GABI GEHT – UND KOMMT WIEDER

Während Bob Giddens uneingeschränkt begeistert war, gab es vor allem einen, dem das Ganze nach wie vor zu krautig war, dem es eindeutig an Radikalität fehlte. Mehr als drei Monate hatte er sich die Entwicklung angeschaut und schließlich beschlossen, dass es sich nicht in die Richtung bewegte, in die er sich bewegen wollte. Gabi Delgado: »Ich sah das, was mit DAF passierte, als Irrweg. Der Einfluss Kurt Dahlkes, der Spirit von Art Attack, war zu präsent. Art Attack kam mehr aus der, ich sag jetzt mal, kalifornischen Tradition. Residents halt. Der Plan waren die deutschen Residents. Das hatte mit dem, was ich wollte, wenig zu tun. Aber wir waren irgendwie geistesverwandt. Revolution in der Galerie, Art Attack, da gab's schon eine Übereinstimmung. Aber eine Revolution in der Galerie war mir zu wenig; ich wollte die real existierende Musikwelt verändern. Was im Grün In entstand, war für mein Empfinden so eine endlose Jamsession, die mal Momente hatte, mal nicht. In den besten Momenten klang das vielleicht wie Chrome, in den schlechtesten Momenten war das so eine Art Jazz-Rock. Es gibt für alles Fans. Aber mir hat das nicht gefallen. Darum habe ich gesagt: ›Nee Leute, tschüss!‹«

Die anderen vier arbeiteten von Februar bis April an einem Album, das im Juni 1979 unter dem Namen *Ein Produkt Der Deutsch-Amerikanischen Freundschaft* als erste Veröffentlichung auf dem von Kurt Dahlke gegründeten Label Warning Records erscheinen sollte. Das Cover-Artwork übernahm, getreu dem Motto »Do it yourself«, Art Attack. Allein die Aufnahmen waren ursprünglich im externen Studio 56 in Mühlheim gemacht, dann aber doch als unbrauchbar eingestuft worden, sodass neue Aufnahmen bei Art Attack entstanden. Kurt Dahlke hatte extra dafür eine Bandmaschine mit zwei Mikrofonen gekauft und das Schlafzimmer von Wolfgang Spelmans zum Aufnahmestudio umfunktioniert. So kam auch der Vermerk auf dem Backcover zustande: »Aufgenommen von Februar bis April 1979 allein.« Zwischenzeitlich hatte man verschiedene Sänger antanzen lassen. Aber da niemand so recht passen wollte, wurde die erste offizielle DAF-Platte, die später als die »Nullplatte« bezeichnet wurde, ein reines Instrumental-Album.

EIN PRODUKT DER DEUTSCH-AMERIKANISCHEN FREUNDSCHAFT

EIN PRODUKT DER DEUTSCH-AMERIKANISCHEN FREUNDSCHAFT
Warning, Juni 1979

1	Bild 1	0:44
2	Bild 2	1:03
3	Bild 3	0:19
4	Bild 4	2:33
5	Bild 5	1:07
6	Bild 6	0:45
7	Bild 7	0:43
8	Bild 8	1:48
9	Bild 9	0:55
10	Bild 10	3:15
11	Bild 11	0:59
12	Bild 12	1:19
13	Bild 13	0:36
14	Bild 14	1:41
15	Bild 15	0:25
16	Bild 16	1:47
17	Bild 17	1:24
18	Bild 18	2:08
19	Bild 19	1:32
20	Bild 20	1:13
21	Bild 21	0:31
22	Bild 22	3:07

Produktion: DAF, Kurt Dahlke
Fotos: Frank Fenstermacher
Musik: Dahlke, Kemner, Görl, Spelmans

Gabi Delgado: »Da entstand dann das *Ein Produkt Der Deutsch-Amerikanischen Freundschaft.* Ohne Gabi Delgado. Obwohl da sicher das Beste vom Besten, was zu der Zeit entstanden ist, drauf ist, ist das trotzdem keine gute Platte. Also, finde ich jetzt. Geschmäcker sind ja auch verschieden. Diese Jamsessions, die sind auch nie live gespielt worden. Die gibt es nur auf dieser Platte.«

Gabi sollte kurze Zeit später wieder einsteigen, allerdings nur unter der Voraussetzung, dass sich gewisse Parameter ändern würden, musikalischer wie personeller Art. Gabi Delgado: »Und irgendwann kamen die dann. ›Gaaaaabiiii … ohne Sänger und so …‹ Habe ich gesagt: ›Ja, Freunde, aber das muss alles anders werden.‹ Und wie das halt so ist: Da musste dann eben ein Sündenbock her. Das war dann halt der Dahlke. So toll der dann später auch war als Pyrolator. Aber mit seinem orgelmäßigen Synthie-Spiel – das hat mir nicht gefallen. Zu verschnörkelt, zu verspielt war das – und ich wollte lieber was Straightes. Also habe ich gesagt: ›Nehmen wir den Haas rein, Roberts Kumpel, dann bekommt das alles einen ganz anderen Drive!‹ Mehr ›Österreicher‹, weniger Düsseldorfer, mehr Radikalität, weniger Jazz. So haben wir's dann auch gemacht. Da ging es gleich in eine ganz andere Richtung. Der Haas spielte ja auch Saxophon. Aber ich meinte direkt: ›Aber nicht bei uns!‹ Und die anderen dann gleich so: ›Na, vielleicht ein bisschen Saxophon?‹ Und ich dann wieder: ›Nee, nee, kein Saxophon!‹ Und die anderen irgendwann: ›Okay, okay, kein Saxophon.‹ Und ich so: ›Aber Synthesizer!‹ Und dann Haas: ›Ja okay! Dann mach ich so Kassetten mit Noises und spiele Synthesizer.‹ War das auch geklärt. Da war das dann gleich ganz anders, und vor allem dieser Orgelsound war weg. Der Spelmans ist dann mehr auf Noise gegangen mit seiner Gitarre. Und dann sind wir ein paarmal aufgetreten.«

Chrislo Haas unterschied sich nicht nur in der Art seines Synthesizer-Spiels extrem von Kurt Dahlke. Er war in jeder Hinsicht das komplette Gegenteil seines Vorgängers. Vor allem aber brachte er ein Level an Radikalität und Entschlossenheit mit, das ganz nach Gabis Geschmack war. Eine Radikalität, die sich nicht auf die Musik beschränkte, sondern Haas' ganzes Wesen durchsetzte und dadurch absolut authentisch rüberkam.

Gabi Delgado: »Das werde ich nie vergessen: Der kam da mit seinem VW-Bus. In dem hat er drin gewohnt, gefickt, gekocht, alles. Und dann standen da diese Korgs drin. Und ich meinte: ›Woooooow!‹ Und er meinte: ›Ja, das ist geil!‹ Das war im Prinzip der Erste, der gesagt hat: ›Hier – Sequenzer-Music!‹ Der hat das anders genutzt als DAF später. Mehr Noise. Das war ein Kumpel von Robert. Auch so ein Bayer. Da waren es dann schon zwei Bayern. Dachte ich so: Das kann ja gemütlich werden! In Österreich und dem wilden Bayern, da gibt's ja diese echten Anarcho-

Typen, diese Bauern, die sich von keinem was sagen lassen. Wie hier in der Sierra von Córdoba. Wenn hier ein Bulle kommt, sagen die: ›Waaas?!? Was willst du denn auf meinem Grundstück? Hau ab!‹ Das ist dieses Ur-Anarchische. ›*Das ist mein Land. Das ist mein Gewehr. Und jetzt hau ab.*‹ So war der Haas auch. Ein total radikaler Typ. Sicher auch durch seine psychologische Struktur immer am Rande der Gefährdung, aber sehr viele interessante Ideen. Die meisten Leute aus dieser Minus Delta t-Ecke waren AAO-geschult. Die AAO, das war damals schon eine wichtige Institution. Den Jüngeren sagt das vielleicht nichts mehr. Das war diese Kommune um Otto Mühl. Die waren echt extrem, haben versucht, einen Gegenentwurf zu existierenden Gesellschaftsmodellen zu leben. Und dabei eben auch mit ganz vielen Konventionen gebrochen. So ein bisschen Abu-Ghuraib für jedermann. War wirklich so. Entwürdigungstechniken. Auch als manipulatives Element, aber auch und vor allem als Befreiungsmöglichkeit in der Entäußerung. War schon interessant. Aber sehr faschistoid. Ich hatte schon vorher AAO-Kontakt – damals liefen einige AAO-Leute rum. Konnte man erkennen: Die hatten meistens kahl geschorene Köpfe und Latzhosen an. Auch die Mädchen. Die waren sehr frei. Und der Haas, der hatte dieses ganze radikale Selbstbestimmungsding, so wie kein anderer Mensch, den ich jemals kennengelernt habe. Der hat sich einfach von keinem irgendwas sagen lassen. Und zwar wirklich nicht. Notfalls kam es dann halt zum richtigen Streit. Der hatte immer einen Stein dabei, in der Tasche. Falls er mal jemandem auf den Kopf hauen musste. Der hatte so lustige Ideen, meinte: ›Joa, heute gehen wir nachts auf LSD in den dunklen Wald.‹ Hat dann versprochen, das sei ein Zwischending aus Spiritualität und militärischer Erfahrung, also zwischen Castaneda und Krieg. Wir haben also einen Trip genommen, sind in den Wald gefah-

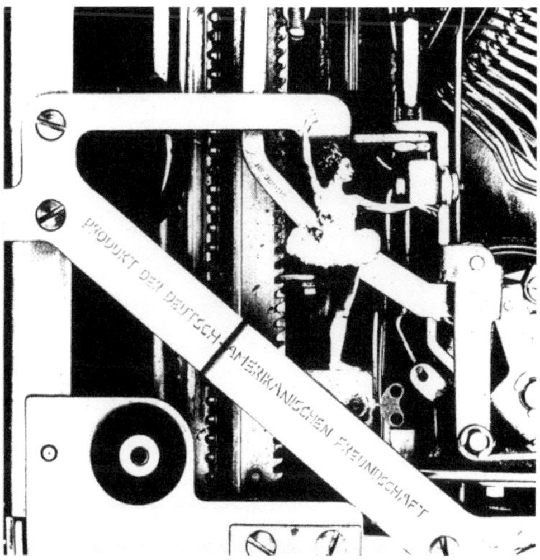

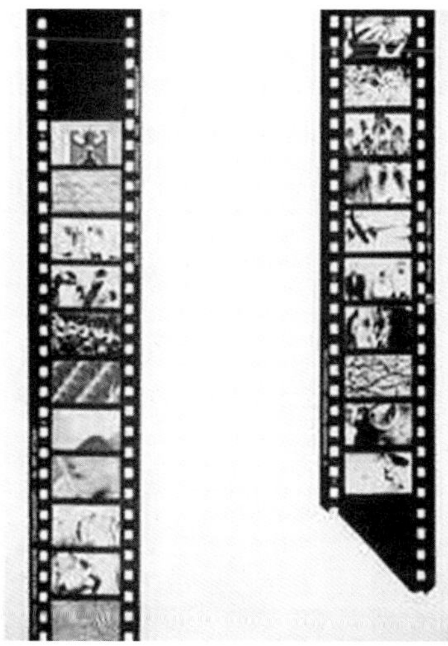

Hülle der ersten DAF-Platte ›EIN PRODUKT DER DEUTSCH-AMERIKANISCHEN FREUNDSCHAFT‹, auf der Rückseite des Covers sind 22 kleine Fotos in einem Filmstreifen zu sehen, die die Stücke illustrieren, also eine Art »Bildbeschreibung«, daher die Betitelung der Stücke als »Bild 1« bis »Bild 22«

»Nach einigen interessanten Jamsessions im Grün In ohne Gabi hat Kurt Dahlke unsere Sessions aufgenommen. Fanden wir alle cool. Tja, und aus diesen Aufnahmen wurde dann die erste DAF-Scheibe EIN PRODUKT DER DEUTSCH-AMERIKANISCHEN FREUNDSCHAFT. Mir wurde jedoch schnell bewusst, dass diese Scheibe nirgendwo hin führen würde. Vor allem nicht dahin, wo ich eigentlich hin wollte.« ROBERT GÖRL

ren und nachts mit verbundenen Augen ausgesetzt worden. Auf LSD. Solche Sachen hat der gerne gemacht. So paramilitärische Waldspiele mit Drogen. Wirklich extrem.«

Robert Görl: »Minus Delta t war ja keine Band, keine Musikgruppe. Eher eine Aktionsgruppe. Kunst, Performance, Leute mit harten Bandagen angehen, schocken – echt krass. Wir hatten gerade unsere Korg-Synthies bekommen, und Chris Haas sollte dann bei Minus Delta t Synthesizer spielen. Bis dato hatte er ja immer Saxophon gespielt. Minus Delta t hat mich dann mal eingeladen. Sie wollten sehen, wie ich den Korg spiele. Fand ich irgendwie witzig. Mir war klar, dass es irgendeine Aktion war. Mich erinnerte Minus Delta t ein bisschen an die Otto-Mühl-Kommune. Ich kam auf alle Fälle mit meinem Korg vorbei und schraubte ihnen was vor. Chris Haas war auch da. Ich meinte dann so ungefähr: ›Das ist es!‹ Alle, die da waren, schauten komisch im Raum rum. Bis Mike Hentz meinte: ›Kannst du noch was spielen?‹ – ›Das reicht‹, meinte ich, woraufhin Mike Hentz irritiert fragte: ›Und was soll das sein?‹ – ›Eine Sequenz‹, antwortete ich.«

GABI FLIRTET MIT MITTAGSPAUSE

Robert Görl: »Gabi war nicht so oft bei den Proben im Grün In. Natürlich habe ich bemerkt, dass es dort für Gabi etwas zu hippiemäßig war. Von der ganzen Stimmung her schon. Ich probte und experimentierte dann mit Michael, Wolfgang und Kurt alleine weiter. Manchmal kam auch Chrislo vorbei und spielte Saxophon. Ich bekam Wind davon, dass Gabi mit der Formation Mittagspause am Machen war. Mittagspause kannte ich gar nicht, nur vom Hörensagen. Und diesem Hörensagen nach gab Gabi dort sein Bestes als Tänzer.

Nach einigen interessanten Jamsessions im Grün In ohne Gabi hat Kurt Dahlke unsere Sessions einfach aufgenommen. Fanden wir alle cool. Tja, und aus diesen Aufnahmen wurde dann die erste DAF-Scheibe *Ein Produkt Der Deutsch-Amerikanischen Freundschaft.* Mir wurde jedoch schnell bewusst, dass diese Scheibe nirgendwo hin führen würde. Vor allem nicht dahin, wo ich eigentlich hin wollte. Ich traf erneut Gabi im Ratinger Hof und schlug ihm einiges vor. Wir hatten in der Zwischenzeit die Korg-Synthies aus Japan. Das war eine Sensation. Ich schlug Gabi vor, meinen Kumpel Chris Haas in die Band reinzunehmen und alles in eine straightere Richtung zu bringen. Der verspielte, melodiöse Kurt sollte raus, das hatte Gabi vorher sowieso schon gewollt. Er stand überhaupt nicht auf Kurt. Außerdem erzählte ich Gabi, ich würde mich für einige Wochen mit Chris Haas zurückziehen und ein Synthie-Konzept aufstellen. Gabi war sofort einverstanden.«

JETZT IST DAS, WAS DIE MACHEN, ALSO KUNST

Gastbeitrag von Martina Weith

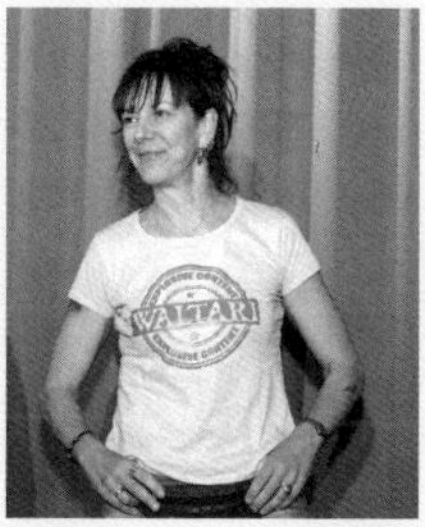

Östro 430 waren den DAF-Jungs viel zu laut & direkt. Bis auf dieselbe Stammkneipe & einige gemeinsame Festival-Auftritte hatten sie nicht viel gemein. Wenn ich meine Zellen nach »DAF« scanne, kommen daher folgende Erinnerungen hoch:

SZENE 1
1978 – RATINGER HOF

Aus der Vorstadt frisch auf die Ratinger Straße geploppt, war für mich im Hof natürlich erst mal ALLES geil. Ganz besonders aber interessierten uns Mädels diese extrem coolen Jungs, die immer, wirklich IMMER am Flipper rumhingen. Sie redeten nur untereinander, sie hatten ihren eigenen Klamotten-Stil, und sie kümmerten sich ausschließlich um sich selbst. Das gemeine Fußvolk um sie herum würdigten sie keines Blickes – außer vielleicht den Kellner, der tablettweise Altbier unters Volk brachte. Und dann trugen diese Bengel auch noch Mädchennamen: Monroe*, Janie**, Gabi. Das hat mich in meinen ersten Szenetagen wirklich SEHR irritiert. Als Charley's Girls (!) enterten sie erst etwas später die Bühnen.

SZENE 2
1981 – PHILIPSHALLE

Festivals mit ausnahmslos neuen deutschsprachigen Bands gab's schon 'ne ganze Weile, unter anderem die »Geräusche für die 80er«-Reihe in der Markthalle. Doch das Ding in der Philipshalle war schon ein anderes Kaliber. Alles, was nur ansatzweise auf die damals noch nicht so betitelte NDW stand, war dort. Schon im Foyer herrschte das schiere Chaos: Die Ordner hatten vor den Unmengen illegaler Bierdosen kapituliert, es sah aus wie auf'm Schlachtfeld. In der Halle war's nicht viel besser: Wirtschaftswunder waren den meisten zu langweilig, Palais Schaumburg zu arty, Fehlfarben gingen aufgrund ihres fehlenden Original-Frontmannes mit Grundeis unter. Die Stimmung im Saal wurde immer aggressiver. Als schließlich DAF die Bühne erklommen & *Der Mussolini* ertönte, gab's kein Halten mehr. Das aufgeheizte Volk stürmte auf die Bühne: Party, Gruppenpogo, die Band nicht mehr zu sehen, wer gerade ins Mikro brüllte, war irgendwie auch egal – Energie pur! Was für ein Abend!

SZENE 3
1982 – MEINE WOHNUNG

Es ist Freitagabend. Ich stehe im Bad vorm Spiegel & mache mich ausgehfertig – Make-up, Kajal, Haarspray … Der Fernseher läuft, ZDF, Unterhaltung von nebenan. Irgendein Moderator labert vor sich hin, ich achte nicht weiter drauf. Plötzlich stocke ich mit dem Mascara in der Hand. Ein Glockenspiel bimmelt das Intro von *Der Räuber Und Der Prinz.* Fassungslos gehe ich ins Nebenzimmer und wirklich: DAF im TV! Wow, denke ich, jetzt ist das, was die machen, also Kunst.

** aka Franz Bielmeier, ** aka Peter Hein*

»Ganze Nächte haben wir daran rumgeschraubt. Das hat ein paar Wochen gedauert, dann lief es. Wenn du etwas unbedingt willst, dann geht das auch. Wir haben auf diese Kisten schon gewartet. Haben schon Pläne gemacht. Es ist ja nicht so, dass du drauf wartest, und dann wirst du überrascht. Ich wusste natürlich schon, was ein Sequenzer ist, und mir war natürlich schon bewusst, man musste diese zwei Geräte nur zusammenstecken.« ROBERT GÖRL

Rechts: Die Labels der ›EIN PRODUKT DER DEUTSCH-AMERIKANISCHEN FREUNDSCHAFT‹-LP Man beachte den Unterschied zwischen der Hülle und den Labels der LP. Auf der Hülle heißt es nur ›PRODUKT DER DEUTSCH-AMERIKANISCHEN FREUNDSCHAFT‹, auf den Labels hingegen ›EIN PRODUKT DER DEUTSCH-AMERIKANISCHEN FREUNDSCHAFT‹. Kurt Dahlke berichtet, dass damals nicht alle Letraset-Buchstaben auf die Vorlage der Hülle gepasst hätten, so dass der komplette Titel nur auf dem Label steht.

DIE ERSTEN SYNTHESIZER

Als Chrislo, Kurt und Robert anfingen, mit dem Korg MS-20 und dem dazugehörigen SQ-10 zu experimentieren, war Ersterer just in diesem Jahr auf den Markt gekommen. »Mit dem ersten Shipping aus Japan«, erzählt Robert gerne, seien die drei Korg-Pärchen, die sie bei Spiecker und Pulch in Ratingen bestellt hatten, angekommen.

In Gevelsberg, vor allem aber kurz darauf in England, machten sich Chrislo und Robert daran, diese neuen, fantastischen Maschinen auf Herz und Nieren zu prüfen. Wie schon in Augsburg und Graz zogen sie sich tagelang zurück, um zu drehen, zu stecken, zu schrauben, zu experimentieren und zu jammen.

Robert Görl: »Ganze Nächte haben wir daran rumgeschraubt. Das hat ein paar Wochen gedauert, dann lief es. Wenn du etwas unbedingt willst, dann geht das auch. Wir haben auf diese Kisten schon gewartet. Haben schon Pläne gemacht. Es ist ja nicht so, dass du drauf wartest, und dann wirst du überrascht. Ich wusste natürlich schon, was ein Sequenzer ist, und mir war natürlich schon bewusst, man musste diese zwei Geräte nur zusammenstecken. Im Incoming, da musst du die ja verbinden, musst du dann die Einstellungen machen. Da hast du dann schon mal das Grundsystem. Und wenn du das weißt, dann ist danach im Grunde ›learning by doing‹ angesagt. Es waren natürlich auch Beschreibungen dabei. Wobei: Ich bin jetzt nicht so der große Beschreibungstyp. Aber trotzdem habe ich da mal reingeguckt. Zum Beispiel ganz am Anfang, da sind ja diese Owners Manuals, mit diesen Zeichen, wo du dann selber deine Einstellungen patchen kannst. Die kannst du da reinzeichnen. Also wenn du jetzt einen richtig guten Klang kreiert hast, dann kannst du die Einstellungen abzeichnen, dann siehst du später genau, wie das aussah, in diesem Patch-Vordruck. Das habe ich auch alles gemacht in der Zeit. So lange hat das nicht gedauert, bis wir gut waren.

Da waren wir fit. Da waren wir zu arg Musiker, Chrislo wie ich. Wir haben ja schon jahrelang Musik zusammen gemacht, freie Musik, hatten wahnsinnig viel Ahnung von Musik, hatten viele Konzerte zusammen gespielt. Wir wussten einfach, wie man auf Klänge reagiert. Das ist halt der große Unterschied zu den Leuten, die diese Geräte ausgepackt und dann davorgestanden haben und nicht wussten, wie das jetzt geht und wie man damit Musik machen soll. Wir haben einfach den schnellsten Weg gesucht, da was rauszubekommen, die schnellsten Steckverbindungen. Und das lernst du im Jazz. Das ist auch ein ganz wichtiger Punkt im Grunde genommen. Unsere Jazz-Erfahrungen waren uns eine große Hilfe, als wir dann losgedreht haben mit den Knobs an den Sequenzern, um Einstellungen zu finden, damit es irgendwie nach was klingt, damit es zu grooven anfängt, damit es zu swingen anfängt oder was auch immer, das erspürst du sofort. Das erspürst du, weil du ein Gefühl dafür hast. Wir haben ja jahrelang erspürt, was ein Gefühl ist für Musik. Das lernst du im Free Jazz: aufeinander reagieren. Wenn der ein eeeee macht, macht der andere äääääää. Wenn ich dann an einem Knob drehe und es kommt ein eeee raus, dann kann ich mir vorstellen, dass, wenn ich den ein bisschen zurückdrehe, nur ein ee, also nur halb so viel kommt. Und so gesehen war das alles easy. Das ist schneller gegangen, als manch einer sich das vorstellen kann. Also, ich musste da jetzt nicht monatelang üben. Chrislo und ich, wir haben uns in dieser Anfangszeit dann auch ständig ausgetauscht. Mit ihm hatte ich ständige Musik-Brainstormings. Wo die Reise mit den Sequenzen hingehen sollte. Zudem haben wir unsere frühen Synthesizer-Sachen auch oft auf Kassetten aufgenommen. Eine ganze Zeit lang noch. Manchmal war die Kassettenaufnahme dann sogar das endgültige Synth-Master, wie zum Beispiel der Track *Die Kleinen Und Die Bösen*, den ich einspielte und auf Kassette aufnahm. Manche vermuteten, nur Chrislo hätte zu der Zeit, als er bei DAF war, die Synthesizer eingebracht. Nein, es war schon so, dass der Haas und ich gemeinsam an den Electronics schraubten.«

Gabi Delgado: »Robert und Chrislo haben tagelang an den Maschinen gesessen und rumgeschraubt, learning by doing. Mir war es im Prinzip egal, was da genau herauskam. Alles klang neu und aufregend für mich. Ich denke, dass die große kunsthistorische Leistung von DAF ja auch nicht im kompositorischen Bereich liegt; sondern darin zu sagen: Diese Sounds, die jetzt da rauskommen, so schräg und disharmonisch die auch sind, das ist Musik! So wie Marcel Duchamp sagte: Das ist kein Pissoir, das ist Kunst.«

»Robert und Chrislo haben tagelang an den Maschinen gesessen und rumgeschraubt, learning by doing. Mir war es im Prinzip egal, was da genau herauskam. Alles klang neu und aufregend für mich. Ich denke, dass die große kunsthistorische Leistung von DAF ja auch nicht im kompositorischen Bereich liegt; sondern darin zu sagen: Diese Sounds, die jetzt da rauskommen, so schräg und disharmonisch die auch sind, das ist Musik!«
GABI DELGADO

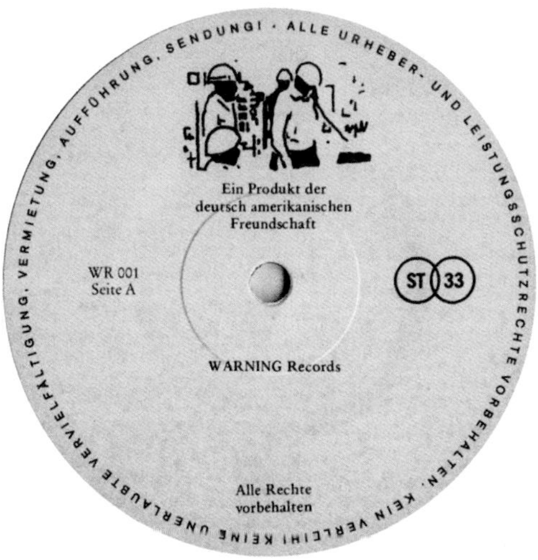

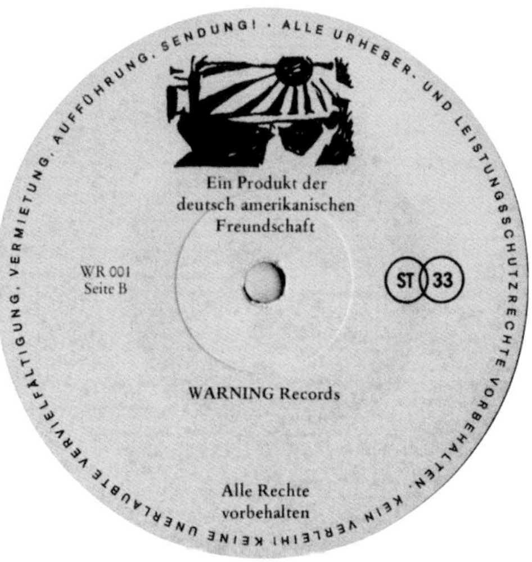

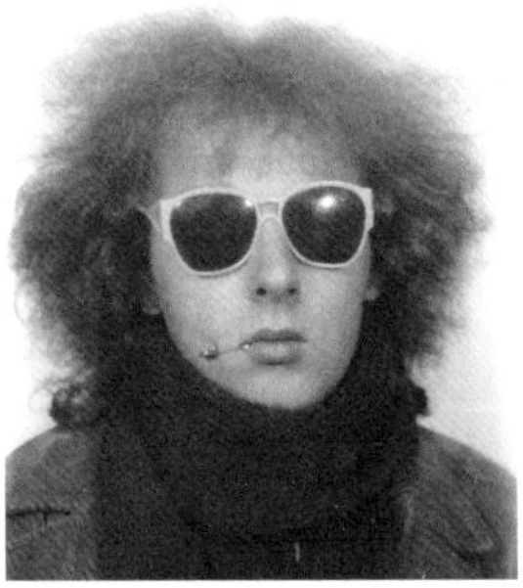

Passfotoautomat, 80er Jahre

DER VERBOTENE REIZ DER OPERETTE

Gastbeitrag von Hollow Skai

Im März 1978 traten Charley's Girls, aus denen schon bald Mittagspause hervorgehen sollten und denen auch Gabi Delgado angehörte, bei einem Maskenball im Nachtclub New Orleans auf der Düsseldorfer Kö auf. Die Schickimicki-Gäste hatten sich als Nazis oder Punks verkleidet und fanden es zunächst lustig, dass Charley's Girls und ihr Anhang, darunter auch Mike Hentz von Minus Delta t in einer echten Nazi-Uniform, ihnen die Gläser austranken. Schließlich waren sie aber doch erleichtert, als die Band ihren viertelstündigen »Blitzkrieg« beendete, 7000 Mark Gage kassierte und das Weite suchte – nicht ohne vorher noch den Getränkekeller geknackt zu haben.

Das Kokettieren mit Nazi-Insignien war damals die größte denkbare Provokation in einem Deutschland, das nicht mehr an Krieg und Faschismus erinnert werden wollte. David Bowie hatte bereits im Februar 1976 im amerikanischen *Rolling Stone* geprahlt, dass er »einen verdammt guten Hitler« abgegeben hätte, und das Wort von Hitler als dem ersten Rockstar der Geschichte in die Welt gesetzt. Siouxsie Sioux war schon kurz darauf mit einer Hakenkreuzbinde aufgetreten. Sid Vicious von den Sex Pistols hatte sich in einem von Malcolm McLaren entworfenen Hakenkreuz-T-Shirt fotografieren lassen. Knut Schaller von der Berliner Punk-Band PVC war in einem mit Hakenkreuzen bemalten T-Shirt gesichtet worden und die Stuka Pilots, eine Kreuzberger Kid-Band, in Original-NS-Uniformen aufgetreten. Die Hannoveraner The Cretins sangen »In Dachau is' 'ne Disco«. Auf jedem Cover der Düsseldorfer Neue-Welle-Band Der Plan wurde ein Hakenkreuz versteckt. Und Franz Bielmeier, der Gitarrist von Charley's Girls, hatte bereits im Mai 1977 eine zerfetzte Hose getragen, auf deren linkem Bein ein Herz mit Pfeil gemalt war, in dem »Mein Führer« geschrieben stand.

Dieser undifferenzierte Umgang mit dem Faschismus war damals das wirkungsvollste Mittel, um sich von den Grün-Alternativen abzugrenzen. Die Ironie wurde aber selbst von den Punks der zweiten Generation schon nicht mehr verstanden. Als DAF *Der Mussolini* veröffentlichten, boykottierte der Bayerische Rundfunk die Platte, »weil darin Adolf Hitler und Jesus Christus in einem Atemzug genannt wurden«, wie Gabi Delgado, ein Sohn spanischer Antifaschisten, anmerkte. Feuilletonisten wie der *Zeit*-Autor Franz Schöler kritisierten den »Homophilen-Touch in der Herrenmensch-Attitüde« von DAF und brandmarkten die ungewohnten Klänge als »KdF-Synthesizer-Pop« oder »braunstichigen Minimal-Pop«. Und der Konzertpromoter Fritz Rau meinte: »Sie sehen aus wie Hitlerjungen, das sind Hitlerjungen, nur wissen sie nicht, wer Hitler war.«

DAF, die den Führer in einen lächerlichen Disco-Zusammenhang gebracht hatten, um seine geheimnisumwitterte Aura zu zerstören, setzten sich dagegen jedoch zur Wehr: »Was haben wir damit zu tun, dass Juden vergast worden sind, was haben wir mit Hitler zu tun; das ist, wie wenn jemand vom alten Rom erzählt, wo ja auch viele schlimme Sachen passiert sind mit den Löwen in der Arena und der Christenverfolgung ... Christus und Hitler sind harmlos. Wenn man mit ihnen spielt. Nicht in ihrer historischen Bedeutung. Als Spielzeug sind sie harmlos. Wir nehmen uns einfach die Freiheit, mit Dingen zu spielen, von denen andere sagen, dass man da mit dem Feuer spielt.«

Ihr Produzent Conny Plank, über jeden Verdacht erhaben, den aufkeimenden Neo-Faschismus zu verharmlosen, kam ihnen zu Hilfe: »Man darf nicht vergessen, dass der Faschismus eine unzweifelbare Qualität hatte; und zwar war das seine Operettenqualität. Robert und Gabi gehören zu einer Generation, denen die Reizsignale dieser Operette vorgeführt wurden. Immer war diese Darstellung verbunden mit der Darstellung des politisch-moralisch Bösen, immer belehrend, immer mit erhobenem Zeigefinger. Das Gute oder Böse aber betraf sie nicht mehr; was sie interessierte, war der verbotene Reiz der Operette.«

Das Bild von den rockenden Leder-Nazis und dem »germanischen Gegenstück zu Grace Jones« haftete ihnen aber trotzdem noch lange an. Delgado 1989 in der Zeitschrift *ME/Sounds*: »Die 68er in den Medien konnten den ›Mussolini‹ nicht einfach als Comic sehen, sondern brauchten einen riesigen ideologischen Überbau – dabei war es gerade die Austauschbarkeit von Ideologien, die hier entlarvt wurde.«

Dieser Beitrag basiert auf Hollow Skais Erinnerungen an »Fluch und Segen der Neuen Deutschen Welle – Alles nur geträumt« (Hannibal, 2009)

AB NACH ENGLAND

Es war immer noch 1979, ein Jahr mit großer Ereignisdichte. DAF klapperten mit ihren Aufnahmen verschiedene Labels ab, rannten dabei aber gegen verschlossene Türen. Wie gut, dass es da noch Bob Giddens gab, der nach wie vor anbot, mit der Truppe nach England zu fahren, um dort Aufnahmen im Cargo Studio in Rochdale zu machen. Im September war es dann endlich so weit: DAF, Bob Giddens und Tina Schnekenburger, die damalige Freundin von Gabi, beluden den alten VW-Bus von Chrislo Haas und den Golf von Giddens und fuhren nach England. Eine Fahrt ins Ungewisse. Was dabei herauskommen würde, konnte keiner so genau sagen. Aber dass es besser war, als in Düsseldorf auf der Stelle zu treten, darüber war man sich einig. Giddens brachte DAF erst mal bei seiner Mutter, dann übergangsweise bei seiner Tante und schließlich bei einem Freund in Manchester unter.

Gabi Delgado: »Da kam dann schon Bob Giddens und sagte: ›Hey, hier, in Deutschland könnt ihr nichts machen. Hier könnt ihr praktisch nur im Ratinger Hof spielen, in der Markthalle und im SO 36. Plattenfirma will euch auch keine. Kommt nach England. Da macht ihr Karriere. Da ist alles super.‹ – ›Okay, aber wir haben gar kein Geld.‹ – ›Na ja, ich habe ein bisschen Geld.‹ Sind wir also

Aufnahmen in den Cargo Studio
FOTOS: ARCHIV SCHNEKENBURGER

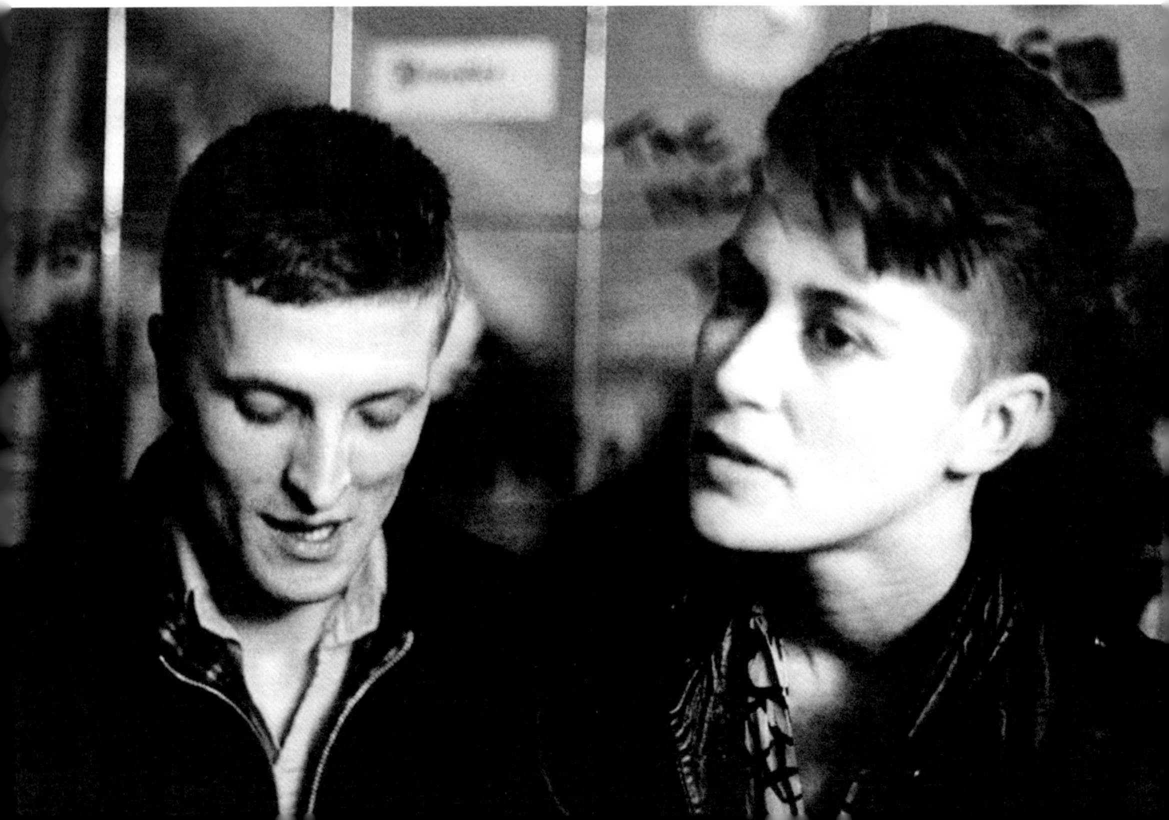

nach England und nach Manchester, zu John Brierley von den Cargo Studios, der Joy Division aufgenommen hatte. Da dachten wir, das ist eine gute Adresse, um was aufzunehmen. Das war in Rochdale, so ein bisschen außerhalb von Manchester. Ein heruntergekommenes Industrie-Kaff. Da haben wir dann ein Demo gemacht. Zehn Stücke haben wir aufgenommen.«

Aber noch erwies sich England nicht als das Gelobte Land. Die Wohnsituation war prekär, das Legendenhafte der Cargo Studios schwand mit jedem weiteren Aufnahmetag, und die Stimmung der Mannschaft, die Tag und Nacht aufeinander hockte, sank rapide.

Gabi Delgado: »Ich fand die ganze Aktion irgendwie nicht gut. Mir hat das leidgetan für den Bob Giddens. Dass er sein ganzes Geld in so ein aussichtsloses, ungeplantes Projekt gesteckt hat. Ich war damals schon wirklich sehr, sehr, sehr darum bemüht, mit Robert zu fraternisieren und eine Front innerhalb der DAF-Front zu bauen. So einen internen Kader. Wir waren immer die Chefs, Robert und ich. Immer. War ja unsere Gruppe. Wir haben uns ja die Leute gesucht. DAF, das waren erst mal nur Robert und ich. Und wir wollten immer die Kontrolle behalten. Aber wir hatten keine klar definierten Strukturen. Deshalb war ich ja auch kurz ausgestiegen. Weil mir das nicht gefallen hat. Aber als der Bob Giddens gesagt hat: ›Ich zahl euch das Studio‹, da wollten natür-

»Da kam dann schon Bob Giddens und sagte: ›Hey, hier, in Deutschland könnt ihr nichts machen. Hier könnt ihr praktisch nur im Ratinger Hof spielen, in der Markthalle und im SO 36. Plattenfirma will euch auch keine. Kommt nach England. Da macht ihr Karriere. Da ist alles super.‹«
GABI DELGADO

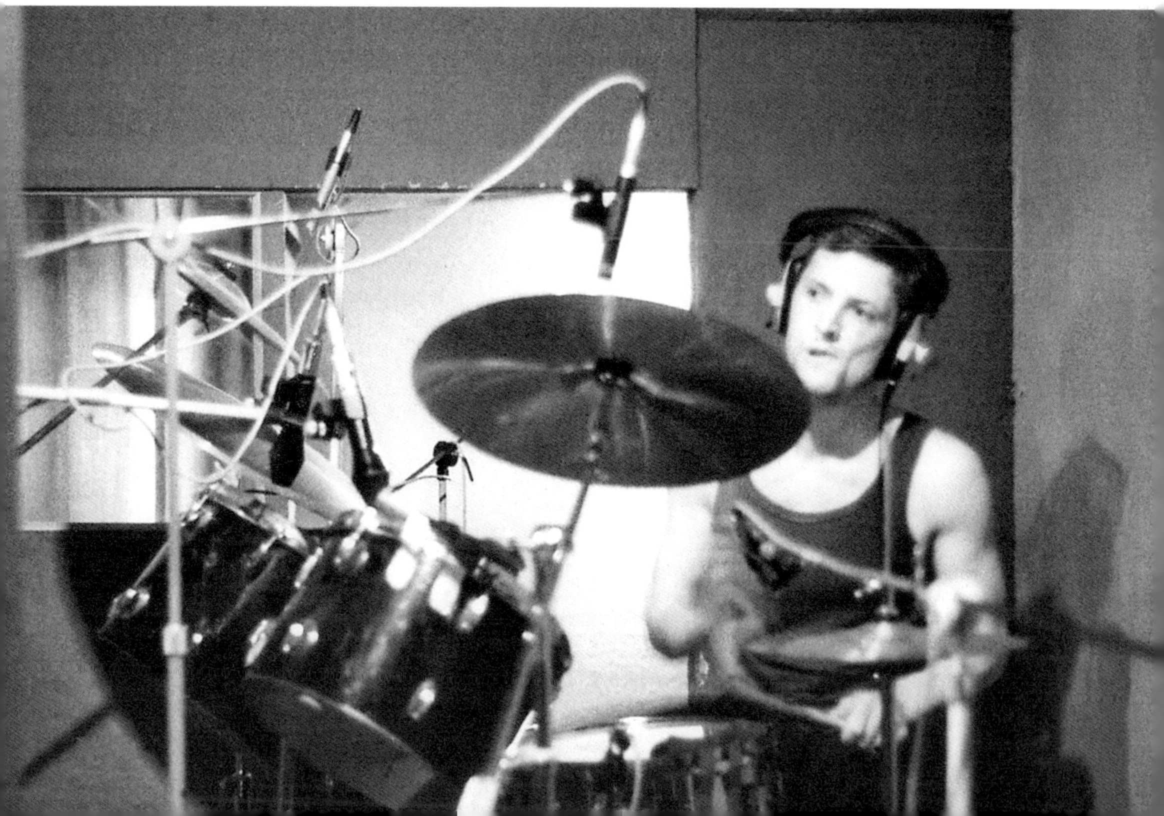

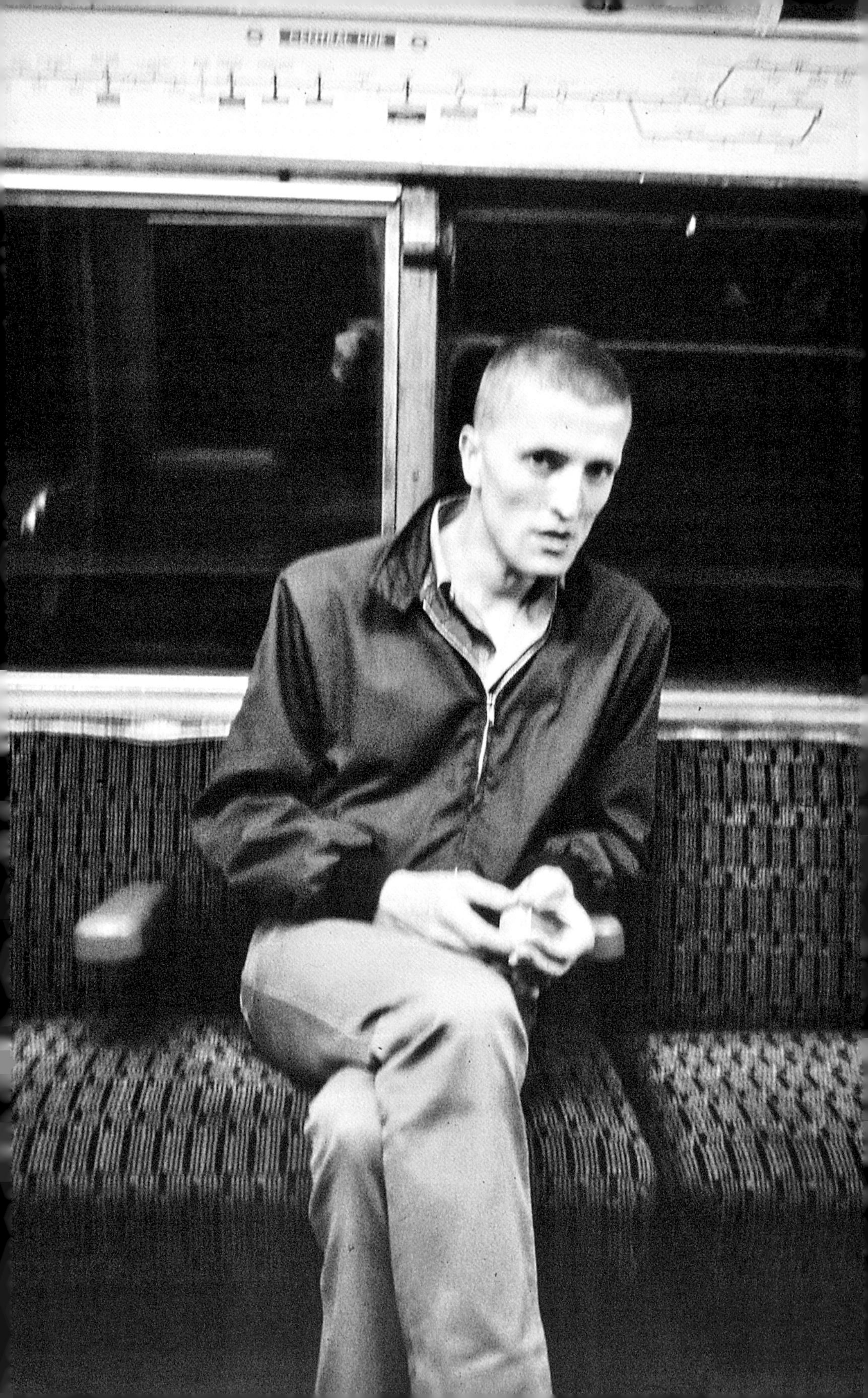

lich alle dabei sein. Es war dann aber eben doch mehr schlecht als recht. Auch der John Brierley war ein ganz normaler Ton-Mensch. Der hat Joy Division gemacht, weil er in der Nähe wohnte und weil er halt ein Studio hatte. Die sind ja auch nur am Anfang da gewesen. Brierley war kein Producer. Der war Engineer. Später, der Conny war eine ganz andere Liga, der hatte selber Produktionsideen. Aber Brierley nicht. Nichts gegen John Brierley. Das ist ein total netter Engländer. Guter Engineer auch. Aber eben kein Producer. Der hat nichts daraus gemacht. Der nimmt auf und guckt, dass das einigermaßen passt, dass da nichts in den roten Bereich kommt. Der Giddens kannte einen Typen, Mike Williams, der war Musikmanager in London, ein ziemlich windiger Typ. Der hat auch mehr erzählt als gemacht. Hatte zumindest so den Anschein. Na ja, dann ging dem Giddens jedenfalls das Geld aus und er hat uns an Mike Williams weitergereicht. Der hat auch dieses Flat dann bezahlt.«

Robert Görl: »John, den Ton-Engineer von den Cargo Studios, fand ich echt gut. Bob Giddens war auch da. Seine Rolle in den Cargo Studios war mir ein kleines Rätsel. Er hatte uns ja nach England gebracht. Nach Zwischenstationen bei Bobs Mutter und mehreren Tanten hat er uns dann irgendwann in London abgesetzt – und weg war er. Das fand ich uncool. Okay, vielleicht ist ihm das Geld ausgegangen. Und jetzt war Bob Giddens plötzlich wieder da. Zusammen mit Daniel Miller und uns im Cargo Studio in Rochdale. Ich glaube, er regelte seine Position bezüglich einer

Links: Robert in der Londoner Tube
Unten: Zusammen mit Mute-Chef Daniel Miller
FOTOS: ARCHIV SPELMANS

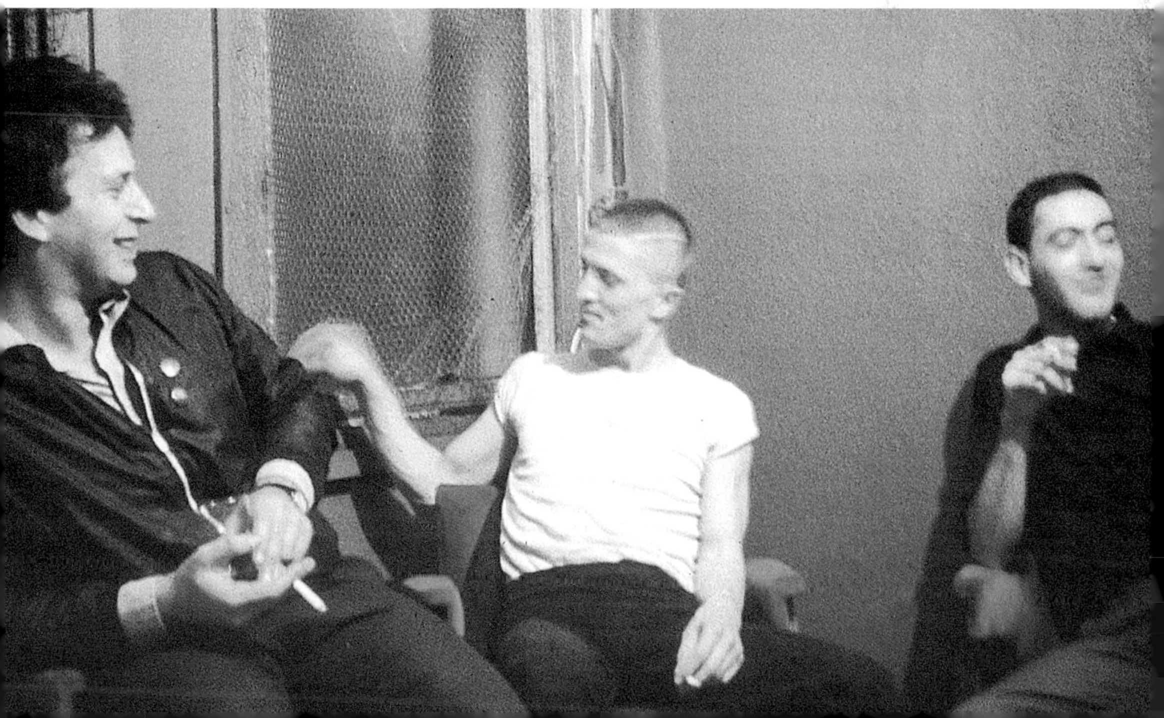

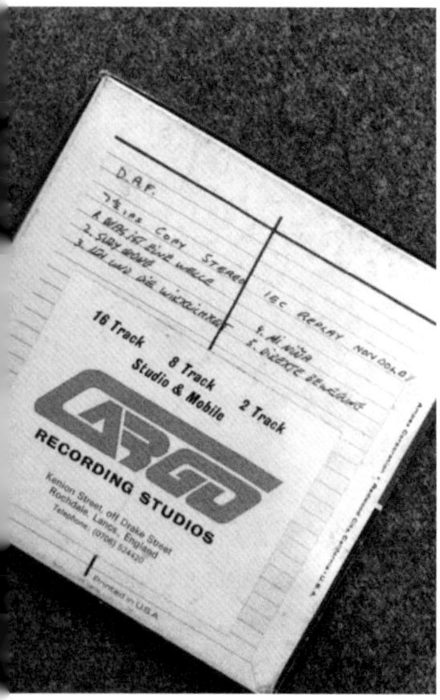

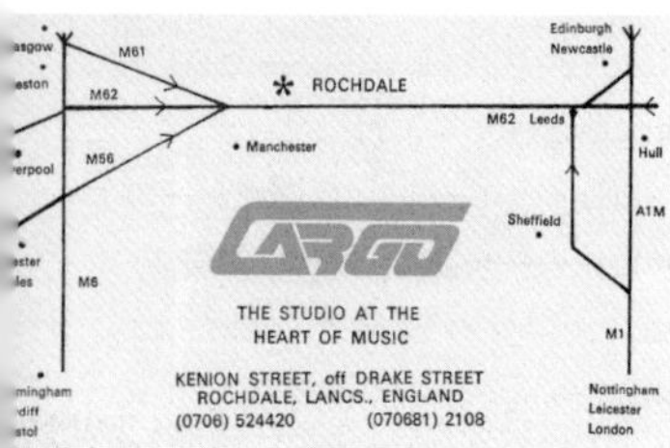

Die Original Cargo-Tapes
FOTOS: ARCHIV GIDDENS

ersten DAF-Single. Ich habe noch heute seinen Brief, den er von Quakenbrück aus nach Düsseldorf schickte. Adressiert an DAF, Fürstenwall 64, Düsseldorf Bilk, c/o Ata Tak. Ich wohnte zu dieser Zeit bei Ata Tak und hatte damals mit diesem Brief geradezu sensationelle News für Gabi und die anderen Bandmitglieder. Ein Angebot von Bob Giddens, DAF nach England zu bringen.«

Ein Gutes brachten die ersten Aufnahmen in Rochdale dann aber doch mit sich. Ebenfalls aus Manchester waren The Fall, die DAF im Cargo-Studio kennenlernten. Deren Manager war begeistert, als er die Aufnahmen hörte, und fragte umgehend, ob DAF nicht im Vorprogramm von The Fall spielen wolle. Das war genau die Art von Gelegenheiten, die man sich von England erhofft hatte. Es stand außer Frage, dieses Angebot an- und diese Chance wahrzunehmen. The Fall waren schon eine richtige Hausnummer in England, und so erreichte auch DAF ein nicht gerade kleines Publikum.

Robert Görl: »The Fall, die kannten uns aus dem Studio, und dann haben die uns angeboten, dass wir mit ihnen spielen können. Das war natürlich gut. Ich meine, klar, das war eine englische Band, die haben die Möglichkeit gehabt, in London Gigs zu spielen, und wir konnten einfach mit reinrutschen. Man wartet als Band ja auch auf genau so etwas. Gut, dann gehen wir gleich mal mit The Fall auf Tournee. Vorher haben wir noch in jeder Hinsicht in der Luft gehangen. Und dann haben wir mit denen eine ganze Tournee gespielt. Da waren ganz schöne Käffer dabei. War aber schön. Also, mir hat das gefallen. Habe ich England mal von einer anderen Seite kennengelernt. Von einer sehr ländlichen. Die haben ja schöne Städte. Wenn du dann so von Stadt zu Stadt fährst – total toll!«

Einer dieser Gigs war in der London School of Economics. Und hier war es, dass Daniel Miller DAF zum ersten Mal live sah. Die Band war ihm ein Begriff gewesen, hatte er doch die Platte, also *Ein Produkt Der Deutsch-Amerikanischen Freundschaft*, zugeschickt bekommen und auch gehört. In England hatte Bob Giddens ihn dann kontaktiert und vorgeschlagen, sich mal zu treffen, um diese deutschen Jungs kennenzulernen und sich deren Aufnahmen anzuhören. Zu diesem Zeitpunkt lebten die fünf plus Tina bereits in London, von wo aus sie zu den The Fall-Gigs fuhren. Übergangsweise hausten sie alle zusammen in einer kleiner Basement-Wohnung auf engstem Raum zusammen. Auf der Portobello Road hatten sie nach einigen Tagen des Rumstreunens in einer Seitenstraße Rough Trade entdeckt, wo es kostenlos Kaffee und Kekse gab. Denn Geld hatte zu diesem Zeitpunkt niemand.

Hier trafen sie sich auch mit Daniel Miller, um ihm ihre Aufnahmen vorzuspielen.

Gabi Delgado: »Wir sind dann mit dem letzten Geld noch irgendwie in London gelandet und haben da so Krethi & Plethi-mäßig, wie der Schweizer sagt, allen möglichen Leuten unser Demo vorgespielt. Aber keiner wollte es haben. Bis ein Typ von Rough Trade, der Scotty, sich dafür interessiert hat. Der fand das wirklich gut. Obwohl da ja nur ein einziges gutes Stück drauf war: *Kebabträume*. Den Text hatte ich ja schon für Mittagspause gemacht, genau so, nur eben mit Monroes Gitarre drunter und dass das halt *Militürk* hieß. So wie dann später auch bei Fehlfarben. Aber das ist ja musikalisch komplett anders. Auf jeden Fall war *Kebabträume* das einzig Brauchbare von diesen Aufnahmen. Alles andere war im Prinzip ziemlicher Schrott. Aber genau dieses Stück hat dann der Daniel Miller kennengelernt über die Rough Trade-Leute und hat gesagt: ›Prima! Wir machen das. Ich bring das als Single raus.‹ Die Rückseite war dann *Gewalt*.«

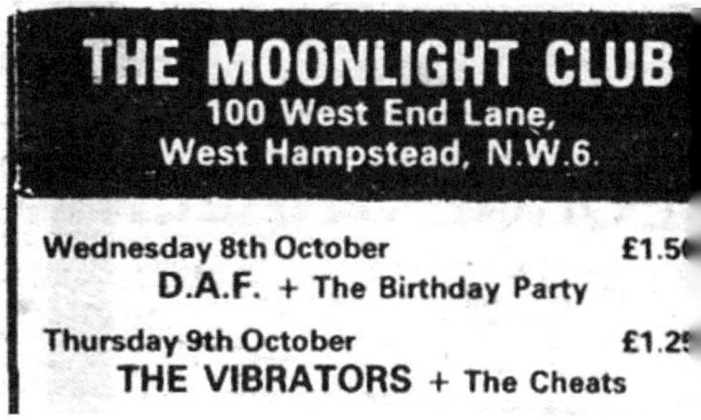

THE MOONLIGHT CLUB
100 West End Lane,
West Hampstead, N.W.6.

Wednesday 8th October £1.5
D.A.F. + The Birthday Party

Thursday 9th October £1.2
THE VIBRATORS + The Cheats

Robert im Ata Tak-Büro auf dem Fürstenwall in Düsseldorf, er spielt Labyrinth
FOTO: ARCHIV SPELMANS

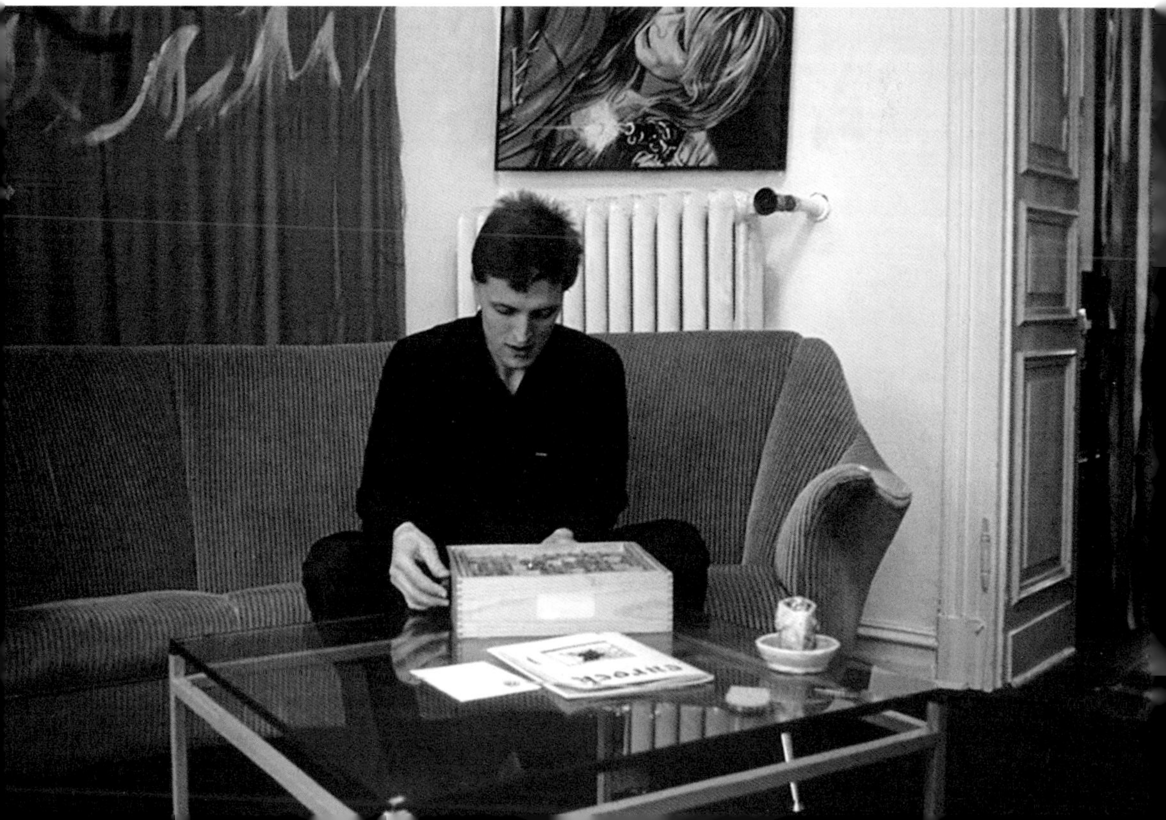

JEDER MUSSTE FÜR SICH SEHEN, WIE ER KLARKAM

Gastbeitrag von Tina Schnekenburger

England war ein wildes Abenteuer. Das muss man erst mal bringen, auf das Versprechen eines quasi Wildfremden (Bob Giddens) hin, er würde einen in London groß rausbringen, ohne Geld in ein anderes Land zu reisen und auf das Beste zu hoffen. Wir wurden zu sechst in anderthalb Zimmern in einem Basementflat untergebracht, bis Bob Giddens uns aufgab und uns uns selbst überließ, weil aus all den großen Versprechungen nichts geworden war. Der Vermieter setzte uns von jetzt auf gleich auf die Straße. Ab da waren wir über ganz London verstreut, jeder musste für sich sehen, wie er klarkam und vor allem: wie und wo er für die Nacht unterkam. Gabi und ich haben hauptsächlich gesquattet.

Unser aller Treffpunkt war das (damals noch sehr kleine) Büro von Rough Trade, in dem ich Stunde um Stunde herumhing in der Hoffnung, das Demo-Tape von DAF an den Mann bringen zu können. Aber das Einzige, was ich erreichte, war, dass ich wirklich gut wurde am Space Invaders-Spielautomaten, der dort herumstand.

Irgendwann nahm sich Daniel Miller von Mute der Band an, und ab da fingen die Dinge an zu laufen. Er brachte DAF (jedenfalls nach meiner Erinnerung war er es) als Support für die England-Tour von The Fall unter, was eine absolut großartige Erfahrung war, hauptsächlich deshalb, weil The Fall sich mehr als kameradschaftlich verhalten und die ganze Tour zu einer durch und durch positiven Erfahrung gemacht haben.

Die Band zersplitterte, bis nur noch Gabi und Robbi übrig waren, ein Teil kehrte nach Deutschland zurück, und ich hatte über neu gewonnene Freunde in London das Glück, in ein sogenanntes Council-Haus einziehen zu können, eines von diesen schmalen Londoner Häusern mit nur einem Zimmer pro Stockwerk. Ich bezog das mittlere Stockwerk – für 5 Pfund im Monat! Mehr hätte ich mir auch nicht leisten können, da ich zu der Zeit von der Social Security lebte. Das waren 42 Pfund für 14 Tage, wovon das meiste schon am ersten Tag, nachdem ich den Scheck eingelöst hatte, ausgegeben wurde: für den neuen *NME*, ein paar Platten von dem Reggae-Laden um die Ecke auf der Fonthill Road, ein englisches Frühstück in der Fettbude, ebenfalls auf der Fonthill Road, und abends ausgehen mit meiner besten Freundin. Dann lebte ich den Rest der 14 Tage bis zum nächsten Scheck von Kartoffeln und Büchsentomaten.

Tina und Gabi in London
FOTO: ARCHIV SPELMANS

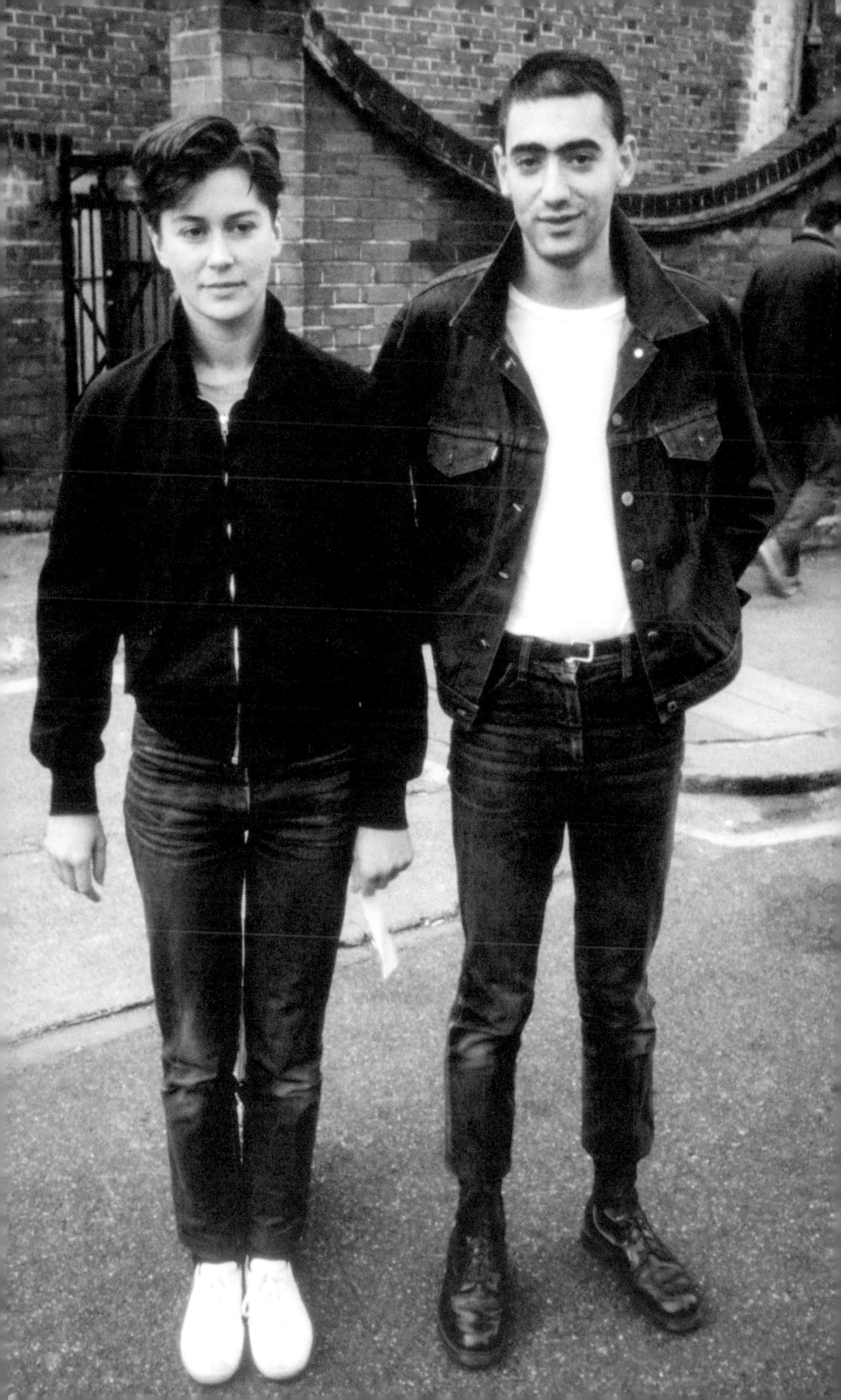

KEBABTRÄUME

KEBABTRÄUME
Mute, März 1980

A	**Kebabträume**	**3:31**
B	**Gewalt**	**3:24**

Produktion: Bob Giddens, DAF
Musik: Haas, Lopez, Kemner, Görl, Spelmans
Text: Gabi Delgado

DA WAREN ES NUR NOCH VIER

Obwohl sich langsam abzeichnete, dass die Reise nach England nicht umsonst gewesen war, stieg der soziale Stress innerhalb der Band erheblich. Der Preis, den die Auftritte und die Mute-Single kosteten, war hoch. Die Gruppe begann sich zu spalten in diejenigen, die um jeden Preis erfolgreich werden wollten, die dafür hungern und squatten würden, und in diejenigen, denen das zu viel des verbissenen Ehrgeizes war. Gabi hatte immerhin seine Freundin dabei, einen Sozialkontakt außerhalb der Band sozusagen. Michael Kemner war schließlich der Erste, der alles hinwarf und sich auf den Weg zurück nach Deutschland machte.

Gabi Delgado: »Dann stieg der Kemner aus. Ohne uns irgendwas zu sagen, verschwand der einfach. Das war nicht lustig. War plötzlich einfach weg. *Wo ist denn jetzt der Kemner? Vielleicht ist der zu Hause? Oder er hat jemanden kennengelernt? Hm, der ist ja immer noch nicht da. Scheint wohl was Besseres zu sein, was er da kennengelernt hat.* Dann haben wir uns langsam Sorgen gemacht. Sind zur Polizei gegangen. Also Robert und ich. Mit diesem Radikal-Look. Und wir konnten auch nicht so gut Englisch. ›Ja, wir haben unseren Freund … läläla … wir fürchten, dass dem was passiert ist.‹ Da dachten diese Bullen: Die haben den wahrscheinlich halb totgeprügelt, den Typen. Jetzt wollen die wissen, ob der noch lebt oder ob der im Krankenhaus

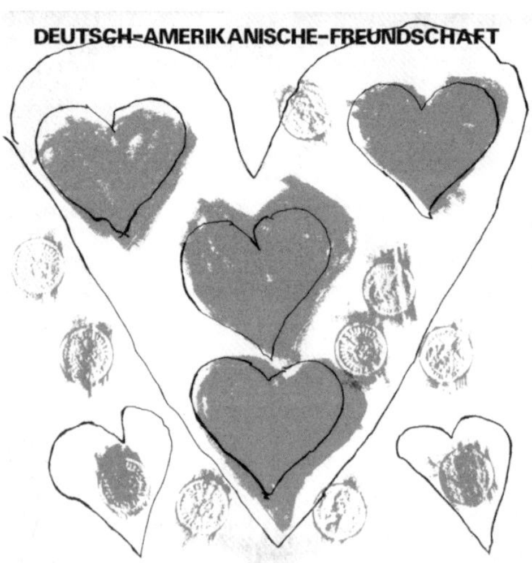

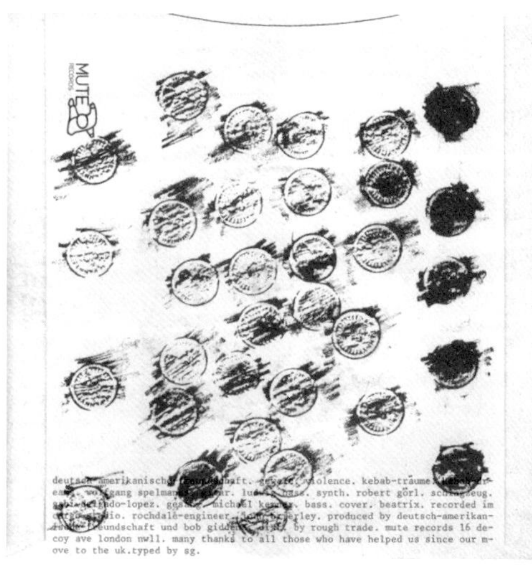

ist … die sollten wir erst mal dabehalten. Haben gedacht, wir hätten dem was getan. Haben das irgendwie falsch mitgekriegt. Und wir wollten uns jetzt mal schüchtern informieren, ob wir jetzt nur Körperverletzer oder schon verrückte Totschläger sind. Die haben uns erst mal in so einen komischen Raum reingeführt, wo wir schon dachten: hmmmmmm.

Und dann haben wir über ein paar Ecken erfahren: Nee, der ist längst in Wuppertal. Oder Düsseldorf. Und hat sich einen sehr guten Anzug gekauft. Das war die erste Info, die ich hatte. ›Der Kemner? Dem geht's gut. Den habe ich gestern erst getroffen. Hatte sich gerade 'nen Anzug gekauft.‹ Na super. Da hätte er uns aber auch mal Bescheid sagen können. Wir dachten nur: So ein Arsch. Aber toll, dass er weg ist. Einer weniger. Wirklich, ohne Scherz. Da haben Robert und ich schon gedacht: Der Spelmans muss weg, der Haas muss weg. Haben wir wirklich gedacht. Und auch so besprochen. Dieses DAF-interne Räuber-und-Prinz-Politbüro hat da schon ganz klar gesagt, wer weg muss – und wer bleibt. Nur hatten wir eben auch keine Macht. Es war ja quasi per Vertrag paritätisch. Wir konnten jetzt nicht sagen: Ich entlasse dich! Wollten wir auch nicht. Das waren ja auch alles keine Arschlöcher. Wolfgang Spelmans, der da in London alles gibt für die Band, der sich da auch durchschlägt wie wir, der hatte sich das verdient, dabei zu sein. Und der Haas, trotz seiner unerträglichen Depressionen – die waren ja trotzdem irgendwie dabei. Mangels Geld haben wir ja eine Zeit lang da zusammen gewohnt. Das ist wirklich wie Trainingslager gewesen.

Erst viel später haben wir übrigens erfahren, dass Kemner wegen einer akuten Kiefervereiterung zurück musste, er war in UK nicht krankenversichert.«

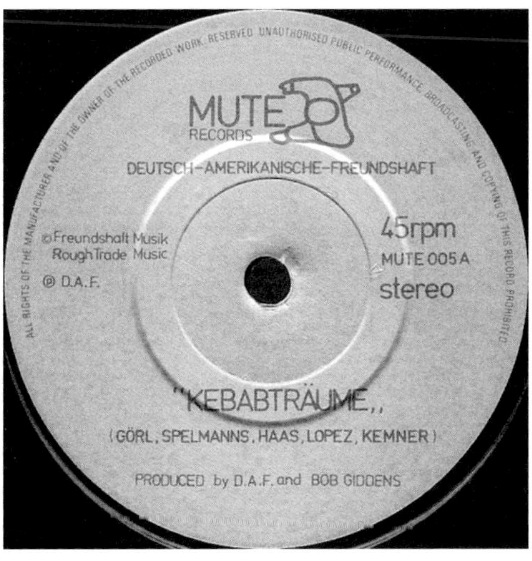

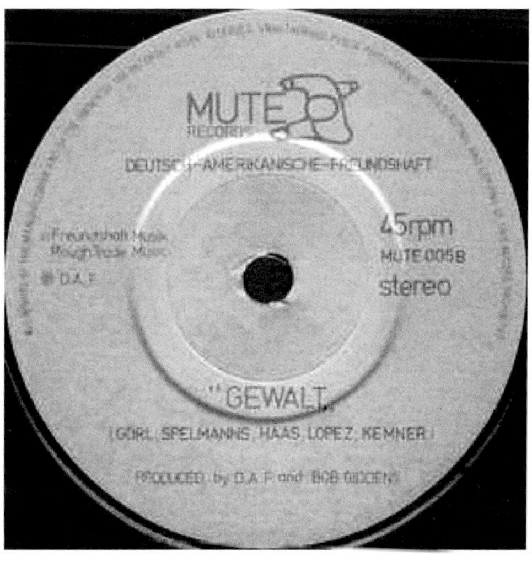

ZWISCHEN POPSTAR-ABZIEHBILD UND EBM-EXISTENTIALISMUS

Gastbeitrag von Chris Bohn

Ich habe zwischen 1979 und '82 regelmäßig über Deutsch Amerikanische Freundschaft, also DAF, im *NME* geschrieben, einmal oder zweimal zuvor auch im *Melody Maker*. Meine Erinnerung an unser erstes Zusammentreffen ist jedoch schwach. Ich kann mich erinnern, dass wir ein Interview machten,

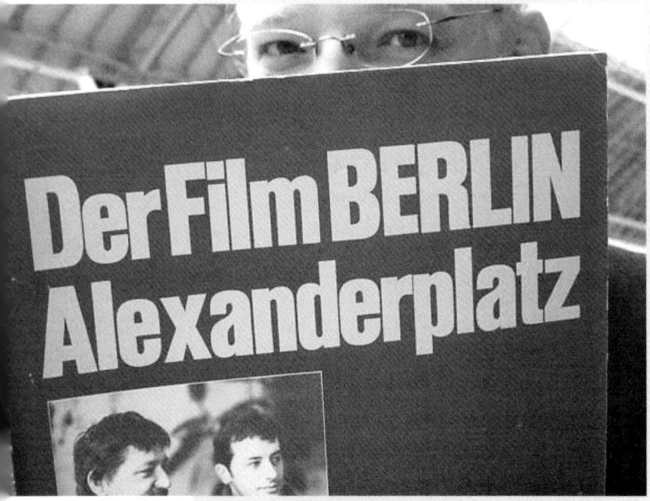

FOTO: KEIKO YOSHIDA

als sie in Holland Park wohnten. Das war ein kurzer Bericht für den *Melody Maker*, glaube ich, da waren sie aber noch zu viert.

Es ging um den Release von der *Kebabträume*-Single, gefolgt von dem Longplayer *Die Kleinen Und Die Bösen*, welches bis heute meine liebsten Veröffentlichungen sind, da sie noch mit Chrislo Haas und Gitarrist Wolfgang Spelmans eingespielt wurden. Das war die Zeit, als sie noch alle gemeinsam von einer Tüte Chips lebten und oft als Double Feature mit The Birthday Party im Moonlight Club in West Hampstead spielten. Ich war aber auch bei der berühmten Show im Electric Ballroom in Camden Town, wo sie Wire an die Wand spielten. Das war fantastisch. Chrislo gab den militanten unberechenbaren Typ und Wolfgang spielte seine geile, kreischende Gitarre. Chrislo habe ich später aus den Augen verloren, nachdem er zurück ist nach Westdeutschland, aber Wolfgang habe ich hin und wieder mal gesehen. Durch ihn habe ich auch Jim Thirlwell, besser bekannt als You've Got Foetus On Your Breath, kennengelernt. Eigentlich, wenn man es genau überlegt, hatte ich mehr Kontakt zu Chrislo und Wolfgang als zu Gabi und Robert. Ich hatte auch als einer der Ersten diese Vorahnung, was Wolfgang anbelangen würde, da er von den anderen beiden aus der Gruppe rausgedrängt wurde. Als eine der letzten Shows mit ihm habe ich das Festival im Audimax in Berlin in Erinnerung. DAF waren Headliner auf diesem einmaligen Festival mit Fehlfarben, Der Plan, Mania D. und Vorsprung. Das war genau die Zeit, zu der sie den Vorzeichenwechsel vornahmen, den Wechsel von der führenden Band aus dem Punkuntergrund zur führenden Popband des Landes. In der Tat war Spelmans ziemlich entsetzt darüber, so gefühlskalt über Bord geworfen zu werden, während Robert und Gabi im weiteren Verlauf ihre wohl-geölte Zweimannmaschine bei einer der führenden Plattenfirmen unterbrachten, um zukünftig als Popstars ihr Leben zu fristen. Das wiederum ist ihnen so gut gelungen und vor allem in so kurzer Zeit gelungen, dass alles rückblickend nur als ein Kollateralschaden angesehen werden konnte.

Ich selbst hatte mit Gabi und Robert nur beruflich zu tun, wenn es halt um Interviews und Kritiken ging, aber mir gefiel ihre Art, wie sie Sachen angingen. Sie konnten sich perfekt zwischen dem zynischen Popstar-Abziehbild einerseits und einem großartigen Vorbild zum aufkommenden EBM-Existenzialismus platzieren. Hierbei waren sie weitaus überzeugender als alle UK-Bands zusammen, die versuchten, Pop als Business-Routine zu verkörpern, wie Heaven 17, ABC, Human League und andere.

Ich sah sie oftmals live in London und am meisten wohl in der Trio-Phase, aber ich habe auch ihre großen Shows zu der *Mussolini*-Maxi und den beiden *AIG*- und *Gold Und Liebe*-Alben gesehen. Alles das war wirklich beeindruckend; auch wenn das unglaublich kreischende, gut geölte Bandgefüge fehlte. Nur ein einziges Mal wurde der stromlinienförmige Roboter-Techno der Duo-Phase noch unterbrochen: Kurzzeitig hatte sich Tina Schnekenburger auf die Bühne geschlichen, die emsig die Kassetten wechselte in dem bandeigenen Kassettenrekorder.

Von den drei Industrie-Alben, also von *Alles Ist Gut* und *Gold Und Liebe* – die einfach beide perfekt funktionierten und von manchen gar nicht als zwei verschiedene Alben angesehen wurden, da sie so gleich sind und so kurz hintereinander erschienen – bis zu *Für Immer* war mir Letzteres das liebste. Es war das dritte und das letzte innerhalb von 18 Monaten. Es bot noch mal mehr der gleichen Rezeptur an; aber es erscheint leichter und verspielter. Wenn ich einen Lieblingssong neben der Mute-Single benennen dürfte – und *Kebabträume* ist nach wie vor ein Supersong von DAF –, es wäre *Prinzessin* von dem Album *Für Immer*. Allein wegen seiner schlendernden, trägen und sich langsam voranschraubenden Sequenz, sowie Gabis schwülen, düsteren und sinnlichen Worten, die einen märchenhaften und beunruhigenden Traumprinz erscheinen lassen.

Ich sah DAF noch einmal im März 2009 bei der ersten England-Show seit vielen Jahren in der O_2 Academy Islington. Ich muss sagen, dass mir das sehr gut gefallen hat, obwohl ich mit gemischten Gefühlen dort hingegangen bin. Solche Reunion-Shows werden ja manchmal ein wenig verhöhnt, aber in dem Fall war ich positiv überrascht. Ich kann mit ihrem Erbe ganz gut leben und zähle sie zu meinen liebsten deutschen Bands, gemeinsam mit Abwärts, Neubauten, Krupps und Rammstein. Ich habe auch immer Parallelen zu Laibach gesehen, habe aber gehört, dass eine geplante Coverversion von einem DAF-Song am Veto von Robert und Gabi damals scheiterte. Das fand ich schade. Mir gefiel vor allem die deutlichere Positionierung von Laibach besser als die unausgesprochene politische Positionierung von DAF. Damals haben sich Laibach als wirkliche Referenz und Verbeugung vor DAF für einen eigenen Song entschieden, den sie *Tanz Mit Laibach* nannten: Hier heißt es in Anlehnung an den *Mussolini* und an den *Großen Diktator*: »Wir tanzen Ado Hinkel, Benzino Napoloni.«

»Wir waren plötzlich auf einem Level, dass wir im Marquee Club spielen durften. Das Marquee war wirklich die Nummer eins der Popindustrie und -welt. Man sagt ja immer: Wer im Marquee Club spielt … Was willst du denn mehr, als im Marquee Club zu spielen? Das war wirklich eine Sensation, wir als deutsche Band, wirklich noch sehr Newcomer, punkig, mit diesen Songs, mit diesen total neuartigen Songs, dass wir da einen Gig bekommen haben.«
ROBERT GÖRL

LICHT AUS, SPOT AUCH: DER MARQUEE CLUB

Auch wenn es sich so angefühlt haben mochte, als dauerte dieser Zustand in England ewig, kamen die Dinge doch recht schnell in Bewegung. Die Auftritte, mittlerweile nicht mehr nur als Vorband von The Fall, waren äußerst erfolgreich und immer gut besucht. Nicht dass jemand auch nur ein Wort verstanden hätte, aber die gesamte Erscheinung, das Auftreten, die Power, das Militante, das harte Nazi-Deutsch zu diesen wilden, technischen Klängen, das mochten die Briten. Noch vor Erscheinen der Single im März 1980 gab es zwei Konzerte, die das nächste Kapitel für DAF einleiten sollten. Das eine war der Auftritt im Londoner Marquee Club im November 1979. Das andere war der Gig im Electric Ballroom am 29. Februar 1980 – als Vorband von Wire.

Randnotiz: Den Marquee Club gab es bereits seit 1958. Schon in seinen Anfängen zog er massig Publikum, damals noch mit Jazz-Konzerten. In den 60ern wurde es deutlich blueslastiger. Und in den 80ern fand auch in diesen heiligen Hallen die akustische Landnahme durch die elektronische Musik statt. Eins blieb aber über die Jahre: Im Marquee Club spielten nicht irgendwelche Bands. Sie waren mit einem feinen Gespür für Neues und Gutes ausgesucht worden. Der Marquee Club war im Laufe der Jahre zu einer Art Qualitätssiegel geworden: Wer hier spielen durfte, der konnte sich durchaus etwas darauf einbilden. Entsprechend viele Scouts und A&Rs diverser Plattenfirmen drückten sich hier im Publikum rum, um den ein oder anderen talentierten Newcomer abzugreifen. Über Jahre hinweg spielten dort jeden Abend zwei Bands jeweils eine Stunde lang. Als DAF spielte, teilten sie

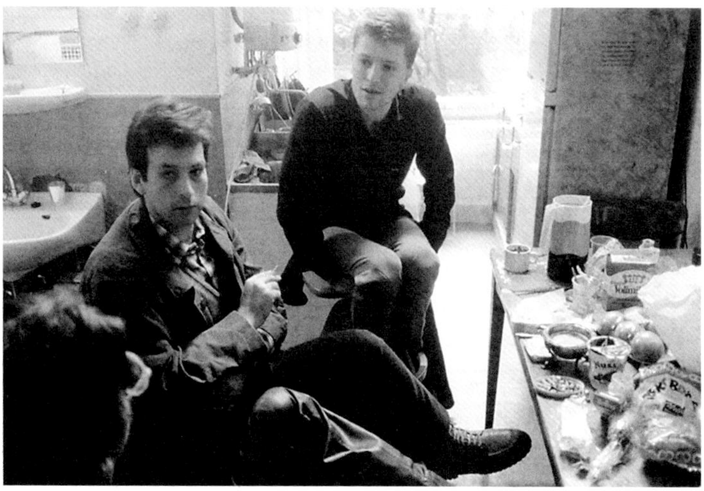

Daniel Miller zu Besuch bei Ata Tak, etwa 1979
FOTO: ARCHIV GÖRL

sich den Abend mit The Fall. Der Eintritt für diesen denkwürdigen Abend kostete 1,75 Pfund.

Robert Görl: »Wir waren plötzlich auf einem Level, dass wir im Marquee Club spielen durften. Das Marquee war wirklich die Nummer eins der Popindustrie und -welt. Man sagt ja immer: Wer im Marquee Club spielt ... Was willst du denn mehr, als im Marquee Club zu spielen? Das war wirklich eine Sensation, wir als deutsche Band, wirklich noch sehr Newcomer, punkig, mit diesen Songs, mit diesen total neuartigen Songs, dass wir da einen Gig bekommen haben. Kennt ihr die Geschichte, was dann passiert ist? Wir gehen auf die Bühne. Wollen loslegen. Haben die Maschinen eingeschaltet. Und dann macht's UUUUUhhhhuuuuu. Und der Marquee Club war dunkel. Komplett. Lights out. Nichts ging mehr. Der ganze Saal grölte. Das war vielleicht was! Wir haben damals noch gedacht: Jetzt spielen wir hier schon, jetzt hat DAF diesen großen Moment. Und genau wenn wir auf die Bühne gehen, ist der Drop Down. Da war alles weg. Und auch ziemlich lange. Fast eine halbe Stunde. Die Leute haben da schon mit Feuerzeugen rumgemacht und Kerzen angezündet. Die Notlichter waren an. Aber irgendwann hat alles wieder funktioniert, und wir konnten endlich anfangen. Und es war wirklich eine Sensation! An dem Abend war auch Robert Crash da. Der war ein Freund von Conny Plank und hat mir direkt nach dem Gig die Telefonnummer von Conny gegeben. Den habe ich dann ein paar Tage später angerufen, und er hat uns eingeladen, mal vorbeizukommen.«

»Dann hatten wir auch die ersten Achtungserfolge in England. Das hat die echt beeindruckt. Dieser ganze Ausbruch an Energie, diese Bühnen-Bewegungen – während die Engländer immer so blöd an ihrem Mikro hingen, überhaupt keine Bewegung. Das war für die irgendwie total aufregend. Das hat die tief beeindruckt. Und dann haben sie plötzlich alle Schlange gestanden. Von der ID, FACE-Magazin, NME, MELODY MAKER, alle wollten Fotos, alle wollten Interviews.«
GABI DELGADO

DER DURCHBRUCH

Aber zunächst stand noch der Auftritt mit Wire im nicht weniger legendären Electric Ballroom auf dem Zettel. Der ist insofern gut dokumentiert, als dass eine Aufnahme dieses Abends die B-Seite der LP *Die Kleinen Und Die Bösen* werden sollte. Zwölf Stücke spielte die Band an diesem Abend, darunter auch *Gewalt*, das am nächsten Tag, am 1. März 1980 als B-Seite der Single *Kebabträume* bei Mute erscheinen sollte.

Gabi Delgado: »Und dann hatten wir auch die ersten Achtungserfolge in England. Wir sind da sehr aufgefallen mit unserer deutschen Art und haben auch kleine Touren gemacht. Wir hatten das legendäre Electric Ballroom-Konzert gespielt, was wirklich ganz London erschüttert hat. Wirklich. Das muss man sagen. Denn wir waren Vorband von Wire. Wir haben gespielt – und danach war es still. Das war wie kein Konzert mehr. Das ist allen aufgefallen.

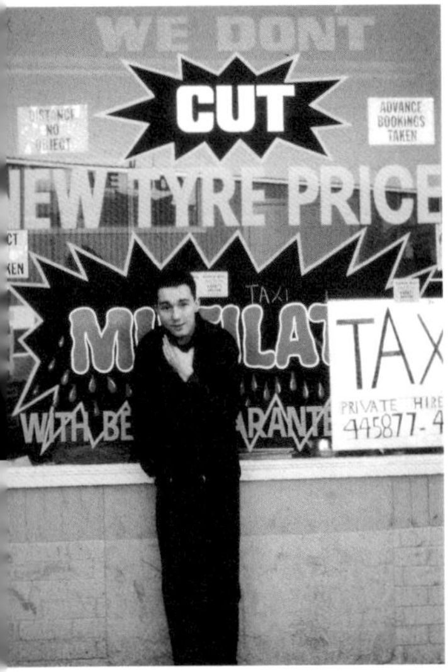

Wolla Spelmans in UK
FOTO: ARCHIV SPELMANS

Das hat eine halbe Stunde gedauert, bis da überhaupt die Leute wieder reingingen. *Was war denn das???* Das hat die echt beeindruckt, die Engländer. Dieser ganze Ausbruch an Energie, diese Bühnen-Bewegungen – während die Engländer immer so blöd an ihrem Mikro hingen, überhaupt keine Bewegung. Da schrieb die Musikpresse: *Die sind wie eine robotic version of The Specials.* Das war für die irgendwie total aufregend. Das kannte man nur von Ska-Bands, da wird sich bewegt und getanzt. Wie ich mich da bewegt habe, das machte wirklich was her live. Eine gute Ausstrahlung auf der Bühne. Mir reicht ein CD-Player da hinten, damit ich richtig was losmache. Das ist so eine Gabe, die Leute anzusprechen. Und dann natürlich auch die Musik. Und die Texte. Dass das alles nur auf Deutsch war. Dass die da kein Wort verstanden haben. Das hat die tief beeindruckt. Und dann haben sie plötzlich alle Schlange gestanden. Von der *ID*, *Face*-Magazin, *NME*, *Melody Maker*, alle wollten Fotos, alle wollten Interviews. Das ist dann auch nach Deutschland geschwappt. Zu *Sounds* und so. *Boah, wir müssen nach London fahren und ein Interview mit denen machen. Die werden da richtig bekannt.* Plötzlich war ein Riesenhype da nach diesem Konzert. Zu dem Zeitpunkt waren wir ja auch schon mit Conny in Kontakt. Und nach diesem erfolgreichen Konzert gab's diese Idee: Für die eine Seite nehmen wir diesen Mitschnitt vom Electric Ballroom, die andere Seite spielen wir live bei Conny im Studio ein. So ist dann *Die Kleinen Und Die Bösen* entstanden.«

Vor gerade mal einem halben Jahr hatten sie im Rheinland Chrislos VW-Bus gepackt und waren mit all ihren Visionen und Träumen aufgebrochen Richtung Cargo Studios. Nun hatte sich der Wind gedreht, und es war Zeit, die Segel zu setzen und genau dieselben Visionen nach Deutschland zu reimportieren. Wieder packten sie ihren Bus, wieder brachen sie auf, wieder waren Aufnahmen in einem kultigen Tonstudio das Ziel der Reise. Nur ging es dieses Mal zurück ins Rheinland, genauer gesagt nach Wolperath in Connys Studio. Zumindest für ein paar Tage. Die Aufnahmen, die dort entstehen sollten, würden ebenfalls bei Mute erscheinen. Und so finanzierte Daniel Miller eine Woche in Connys Studio. Mute war damals noch ein winziges Label, die finanziellen Mittel von Miller begrenzt. Connys Studio hingegen war mittlerweile weit über die Grenzen Deutschlands hinweg bekannt. Und so sah Miller eine reelle Chance, nicht nur die Produktionskosten wieder einzuspielen. Allerdings sah er das Projekt bereits am Ende des ersten Tages scheitern, als Robert, Gabi, Wolfgang und Chrislo einen zwar anregenden Tag mit Conny Plank verbracht, allerdings keinen einzigen Ton eingespielt hatten. Was an den folgenden Tagen in Connys Studio entstand, entschädigte aber für den Angstschweiß des ersten Abends. Binnen kürzester Zeit spielten sie die sieben Stücke ein, die zur A-Seite der *Die Kleinen Und Die Bösen* wurden.

Gabi Delgado: »Daniel Miller, das war damals ja noch nicht DER Daniel Miller mit Depeche Mode. Das war Daniel Miller, der wohnte bei seiner Mutter, der Frau Müller, deutschstämmige Juden aus Golders Green. Ich habe auch zwei Wochen bei denen gewohnt da in dem Judenviertel. Als Skinhead damals noch. Als Daniel mit seinem kleinen Autochen unsere Singles in Londoner Plattenläden verteilt hat.«

Eine in London gehypte Band, die mit The Fall auf Tour gewesen war, im Vorprogramm von Wire gespielt, einen denkwürdigen Gig im Marquee Club abgeliefert, den Electric Ballroom gerockt und nun eine halbe Scheibe bei Conny Plank himself produziert hatte – es bedarf vermutlich keiner Erwähnung, aber der Vollständigkeit halber sei gesagt: *Die Kleinen Und Die Bösen* schlug ein wie eine Bombe. Sie erschien am 13. Juni 1980 – also nicht mal ein Jahr, nachdem die Band nach London gegangen war, nicht mal zwei Jahre, nachdem Robert und Gabi sich im Ratinger Hof kennengelernt hatten. Andere Bands hätten all das nicht fassen können, hätten sich damit vielleicht zufrieden gegeben und sich auf diesem Level gemütlich eingerichtet. Zu oft ist das Leben wie eine Runde Black Jack. Und immer ist die Frage: Steigst du vorsichtshalber bei 16 aus und verlässt den Tisch – oder lässt du dir vom Croupier eine weitere Karte aufdecken?

Robert und Gabi hatten nie vorgehabt, bekannt zu werden. Der Plan war gewesen, sehr bekannt und noch dazu reich zu werden. Und ihnen war klar, dass sie dafür das Tempo nicht halten, sondern deutlich erhöhen mussten. Während also die englische wie deutsche Musikpresse und die gar nicht mal so kleine Fangemeinde das offiziell erste Album feierten, dachten Robert und Gabi schon darüber nach, wie der nächste Schritt aussehen müsse.

Gabi Delgado: »Aber da haben Robert und ich schon gesagt: ›Das geht so irgendwie nicht weiter. Das muss alles noch minimalistischer werden, noch reiner, noch präziser, noch spezieller. Die Gitarre muss weg, das geht nicht. Der Haas muss weg, das geht nicht. Wir können auch Tapes spielen. Die Sequenzen sind eh auf Tape und die paar Noises, die er da macht, die können wir auch noch auf Tape machen. Wenn wir Noises überhaupt wollen. Das war ja die Frage: Wollen wir das überhaupt noch, so Noises?‹

»Wir gehen auf die Bühne. Wollen loslegen. Haben die Maschinen eingeschaltet. Und dann macht's UUUUU-HHHHUUUUU. Und der Marquee Club war dunkel. Komplett. Lights out. Nichts ging mehr. Wir haben damals noch gedacht: Jetzt spielen wir hier schon, jetzt hat DAF diesen großen Moment. Und genau wenn wir auf die Bühne gehen, ist der Drop Down. Da war alles weg. Und auch ziemlich lange, fast eine halbe Stunde. Aber irgendwann hat alles wieder funktioniert, und wir konnten endlich anfangen. Und es war wirklich eine Sensation!«
ROBERT GÖRL

»Ich habe nichts gegen Klassenfahrten. So eine Fun-Truppe: Komm, wir touren jetzt durch Deutschland und saufen – überhaupt nichts gegen einzuwenden. Aber wenn du die Welt verändern willst, die Musikwelt, die Kunstwelt, dann musst du ein bisschen ernster an die Sache rangehen. Ich brauche keinen Freund auf der Bühne. Ich brauche einen Profi auf der Bühne. Und das hat der Robert auch verstanden.«
GABI DELGADO

Das war aber nicht nur musikalisch wichtig. Wir waren einfach unzufrieden mit den anderen. Robert war der Einzige, der, ja, der richtig auf mich gehört hat – nein, Spaß beiseite. Robert war auch sehr businessorientiert. Der hat das verstanden, wenn ich so Sachen gesagt habe. Die anderen immer so: Ööööhhhh, erst mal Kebab essen und 'n Bier trinken. Das ist ja auch das, was mir so gefällt am Robert. Den Robert kann ich manchmal überhaupt nicht ausstehen. Und das ist gut. Ich gucke ja gerne Fußball. Und früher sagte man immer: Elf Freunde müsst ihr sein. Das ist so ein dümmlicher Romantizismus. Das ist gar nicht gut! Nehmen wir Real Madrid – da versteht sich keiner. Das sind elf Leute, absolute Profis, die ein System haben, und jeder macht sein Ding – und zusammen ist es eine Maschine. Da gibt's kein Eiergeschaukel, gegenseitiges, man geht danach nicht noch blöd zusammen auf ein Bierchen. Das macht die Gruppe nur schwach. *Und? Auf Tour? Wie war's denn? – Joa, die Konzerte gingen so. Aber wir hatten viel Spaß. Wir waren alle total besoffen.* Ja, was soll denn das? Um was geht es denn da? Ich habe nichts gegen Klassenfahrten. So eine Fun-Truppe: Komm, wir touren jetzt durch Deutschland und saufen – überhaupt nichts gegen einzuwenden. Aber wenn du die Welt verändern willst, die Musikwelt, die Kunstwelt, dann musst du ein bisschen ernster an die Sache rangehen. Ich nehme keine Drogen, wenn ich auf die Bühne gehe. Nie. Nichts. Nicht mal ein Bierchen. Weil ich mein Ding machen muss. Und danach geh ich ins Hotel. Und am nächsten Tag ist wieder Konzert. Ich nehme das ernst. Und mir geht's nicht um, höhöhöhö hallo, was sind wir gute Kumpels. Und du und ich zusammen auf der Bühne. Nee, das ist alles völlig egal. Ich brauche keinen Freund auf der Bühne. Ich brauche einen Profi auf der Bühne. Und das hat der Robert auch verstanden.«

Rechts: ›SOUNDS‹-Artikel von Alfred Hilsberg über DAF in England, 1979

Deutsch-Amerikanische Freundschaft
Wirklichkeit durch die Küchentür

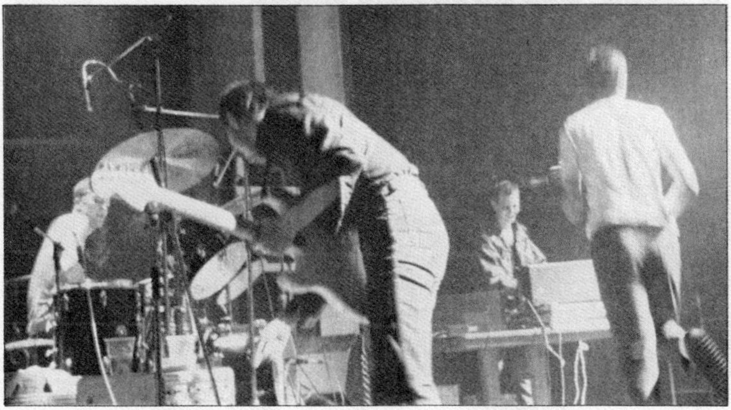

Immer mehr fragen nach der Wirklichkeit – D.A.F. in Münster

Die Spatzen pfeifen's von den Dächern. Verliebte summen's beim Frühstück, die Big Band der Bundeswehr dürfte sich weigern, es zu spielen, aber die Punk- und New Wave-Belegschaft in Hamburgs Marktstube singt vereint im Chor: „Ich und die Wirklichkeit!" Der Song der Deutsch-Amerikanischen Freundschaft scheint das Lebensgefühl dieser Tage ebenso zu treffen, wie der Name der Band eine aktuelle politische Brisanz hat.

Von Alfred Hilsberg

Die D.A.F. auf Mini-Tour in einem – nach Ansicht manch krisen-lüsternen Amerikaners – nicht sehr bündnistreuen Land. Aber politische Vermittler-Intentionen sollten der D.A.F. trotz ihrer hoch-politischen Texte nicht zugeschrieben werden. Was sich schon gerüchteweise von England bis zu uns verbreitet hatte, war eher die Realisierung eines musikalischen Avantgarde-Konzepts.

Die Düsseldorf/Wuppertaler Gruppe hat in ihrem Wahl-/Exil-Domizil England viel gelernt. Von der Härte des Business sprechen die Vier oft. Vom täglichen Kampf ums Überleben. Für die D.A.F. war vor langer Zeit die Entscheidung gefallen, von der Musik existieren zu wollen. Was heißt: Schulden machen, keine Wohnung zu finden, Gigs zu suchen, üben und nochmals üben, einen Cheeseburger aufzutreiben, trotzdem ins Plattenstudio zu gehen, zum Geheimtip der verwöhnten Londoner Szene zu werden, auf einen Hit zu hoffen und keinen zu haben. Und trotzdem immer „gut drauf" zu sein. Sie waren es wirklich.

Lange nach Mitternacht. An irgendeinem Wochentag. Münster. Studenten-, Beamten-, Katholikenstadt. Das Jovel Cinema, dort sollte der Gig stattfinden, war nicht einfach zu finden. Na, so hundert, hundertfünfzig Leute hatte ich erwartet. 250 waren da. Die in den Kino-Sesseln hockten, konnten vor Staunen nicht mehr den Mund zumachen über das, was sich auf und vor der Bühne abspielte. Über ein Jahr hatte ich die D.A.F. nicht mehr live gesehen. Jetzt wirkte ihr Sound, ihre Präsentation von Musik auf mich ein wie der Abschied von abgestumpften Rock-Strukturen einerseits, und im gleichen Moment wie die Geburt einer noch nicht zu fassenden, nicht zu benennenden, nicht zu bändigenden Kraft. Optisch halten am ehesten Gabi, der Sänger, und Chrislo am Synthesizer die Band zusammen. Gabi mit seiner lässigen Beherrschung der riesigen Bühne, auf der jede Bewegung möglich wäre. Seine Stimme setzt er mit der Inbrunst eines spanischen Folksängers genauso ein wie mit der Monotonie eines Muezzins. Und wenn er dann von einem Sprung in die Luft auf die Bretter zurückkehrt, findet er sofort Zeit, sich knieend um die Zuneigung einer wirklich jungen Besucherin zu kümmern. Aber was da am Bühnenrand passiert, wen hält das noch gefangen, wenn Chrislo am Synthi auf und ab, kreuz und quer, links und rechts herumspringt und so tut, als ob er gerade eine Schlange zu beschwören hätte. Wollers Riffs auf der Gitarre – einen Baß gibt es bei D.A.F. nicht – reißen Löcher in die Melodien, treiben sie mit dem harten Beat von Robbi am Schlagzeug in eine Spannung hinein, die mich jede Minute das Ende kommen sah.

Diese fast unerträgliche Aufregung macht wohl auch die Faszination aus, die der Klangteppich von D.A.F. erzeugt. Was ich nicht für möglich gehalten hätte, passierte in Münster: die wenigen einheimischen und die etlichen zugereisten Punks tobten vor der Bühne. Und als die D.A.F. bei langsam ausgehenden Lichtern in der Finsternis hinter der Bühne verschwand, wollten alle die „Wirklichkeit" zurück haben. Sie kam, fast wie durch die Küchentür.

Ähnliche Erfahrungen mit den Reaktionen des Publikums machten D.A.F. auch in Berlin und Heidelberg; für sie eine kaum erwartete Bestätigung, auf dem richtigen Weg zu sein, in der lebendigen Rezeption eine Synthese zu erreichen zwischen eindimensionalem Pogo und vielschichtiger, vorwärtsweisender Musik. Die Münsteraner Studenten in den Kinosesseln brauchten lange, um sich von dieser über sie hereinstürzenden Welle zu erholen.

Zurück in London, machten sie Ende April einen Aufwärm-Gig im Rock-Garden und spielten zwei Tage später vor großer Kulisse im Londoner Lyceum. „Wir hatten nur Ärger mit der Bühnentechnik", schimpfte Chrislo noch eine Woche später. „Nie wieder als zweite von vier Gruppen, das bringt nischt!" Aus dem gleichen Grund sagten sie eine ihnen von Tom Robinson zugesagte Tour mit dessen neuer Band quer durch England ab: „Wir spielen wohl einige Male mit The Fall und dann einige Headliner-Auftritte."

Die Presse in England ist des Lobes voll für die Deutschen. Was die D.A.F. nicht nur freut sondern mehr und mehr verwundert: „Wir möchten wirklich mal jemanden treffen, der eine klare Kritik an uns hat!" Die ist für mich schwer zu formulieren nach diesem einzigen Live-Erlebnis. Die formalistische Genügsamkeit des Free Jazz? – Nein, sie hat mit Inhalt und Form von D.A.F. nichts zu tun. Wohin die Deutsch-Amerikanische Freundschaft sich entwikkeln wird, kann vielleicht ihre nächste Platte beantworten helfen, eine auf dem Mute-Label von Mr. Normal erscheinende LP, die vor zwei Monaten in den Studios von Conni Plank produziert wurde. Vielleicht sprechen wir dann von einer Gruppe, die noch mehr als das ‚cross-over' zwischen alter Welle (Punk) und neuer Musik (Avantgarde) bedeutet.

Foto: Sabine Schwabroh

DIE KLEINEN UND DIE

DIE KLEINEN UND DIE BÖSEN
Mute, Juni 1980

A1	Osten Währt Am Längsten	5:45
A2	Essen Dann Schlafen	1:06
A3	Co Co Pino	3:25
A4	Kinderfunk	3:02
A5	Nacht Arbeit	1:53
A6	Ich Gebe Dir Ein Stück Von Mir	1:41
A7	De Panne	2:34
B1	Gewalt	1:24
B2	Gib's Mir	1:01
B3	Auf Wiedersehen	2:03
B4	Das Ist Liebe	1:18
B5	Was Ist Eine Welle	1:15
B6	Anzufassen Und Anzufassen	1:44
B7	Volkstanz	0:48
B8	Die Lustigen Stiefel	1:49
B9	Die Kleinen Und Die Bösen	1:05
B10	Die Fesche Lola	1:41
B11	El Basilon	2:52
B12	Y La Gracia	2:03

Produktion: DAF, Conny Plank
Fotos: Frank Fenstermacher
Musik: Deutsch Amerikanische Freundschaft
Text: Deutsch Amerikanische Freundschaft

DA WAREN'S NUR NOCH DREI

Das Konzept hieß also: an Höhe gewinnen durch Ballastabwurf. Und das erledigte sich beinahe von alleine, da die Ziele der Bandmitglieder zunehmend auseinandergingen. Chrislos unsteter Geist manifestierte sich zunehmend nicht mehr in militantem Aktionismus, sondern in einer destruktiven Lethargie, die mit dem unerbittlichen Ehrgeiz von Robert und Gabi kaum mehr kompatibel war. Im Sumpf seiner Depressionen kamen größere Ziele, als den Tag irgendwie rumzubringen, nicht mehr vor. Das erschwerte nicht nur die Arbeit an neuen Stücken, es war auch für die Energie bei Live-Gigs absolut tödlich – sofern er überhaupt noch erschien.

Gabi Delgado: »Der Haas hat mir vom Spirit gefallen. ABER der hatte zu viele Probleme. Eigene, persönliche Probleme. Aber nicht auf andalusische Art, nicht bloß zu spät kommen, sondern wirklich Selbstverzweiflung, Selbstzerstörung und absolute Unzuverlässigkeit bis zum Gehtnichtmehr. Der kam dann einfach nicht. Und zwar wirklich nicht. Oder er kam und war dann total aggro. Und hat dann Leute geschlagen, die total nett eigentlich waren. Also das ging nicht.«

Robert Görl: »Ich dachte echt so: Boah, das wird jetzt ein Ding für mich! Weil der Haas ja auch ein richtig guter alter Freund von mir war. Und der Gabi hat mich vor die Wahl gestellt: Wenn du das nicht machst, dann mach das ich. Der Plan war dann, ihm nach dem nächsten Gig zu sagen, so richtig hart: ›Chris, das war dein letzter Gig.‹ Das hat mir schon weh getan nach diesem Gig.

Ich habe ihm immer die Stange gehalten. Solange es eben ging. Aber der hat einfach keine Lust mehr gehabt. Der Chris ist plötzlich der absolute Anti-Typ geworden. Irgendwie so destruktiv. Der hat in den letzten Wochen, in denen er dabei war – und da haben wir immer noch vielleicht zwei, drei Gigs gehabt – gesagt, er möchte keine Gigs mehr machen, ihm geht das alles auf den Nerv. Und wir haben dann gegengehalten und gesagt: ›Wir müssen mal Tacheles sprechen. Du stinkst hier ab. Alles riecht hier nach deinen Käse-Socken. Das ganze Basement hier stinkt eigentlich nur noch nach dir. Weil du den ganzen Tag nur noch im Bett liegst.‹ Das war eine Tatsache. Das ist dem Gabi und mir richtig aufgestoßen. Das hat sich dann so hochgeschaukelt. Er hat gesagt: ›Was wollt ihr eigentlich von mir? Ich habe keinen Bock mehr auf Gigs!‹ Da haben wir gesagt: ›Jetzt pass mal auf: Aber WIR

BÖSEN

wollen Gigs spielen. Denn wir wollen nach oben.‹ Wir wollten nicht im Basement abhängen und da absacken. Aber der Chrislo ist so richtig in eine Apathie gesackt. Der hat wahnsinnig viel geschlafen. Auch immer mit seinem Rucksack. Okay, es war eh elendig, dieses Basement-Flat. Und dann lag der da immer in seinem Eck in seinem Schlafsack drin. Da haste nur noch ein paar Socken um ihn rumliegen sehen. Wir mussten den richtig überreden, wenn ein Gig war. Und irgendwann kam dann eben sein letzter Gig. Für ihn war's, glaub ich, gar nicht so schlimm. Für mich war's in dem Sinn schon schlimm, weil ich es ihm sagen musste. Ich habe ihn ja auch reingebracht zu DAF. Also musste ICH ihm auch sagen: ›Du musst jetzt rausgehen.‹

Das hat sich dann rumgesprochen, DAF würde Leute rausschmeißen, was auch teilweise stimmte, teilweise haben wir die ja auch rausgeschmissen. Und manche Fans haben dann gesagt: Das haben die mit dem Dahlke schon so gemacht. Aber wir hatten eben einfach andere Ziele.«

Und so fuhren DAF, nachdem *Die Kleinen Und Die Bösen* auch in Deutschland für Aufsehen sorgte, nur noch zu dritt zum »Belehrung und Unterhaltung«-Festival nach Berlin. Das war am 1. November 1980 und der Auftakt für zwölf Konzerte in Deutschland. Das letzte davon findet am Vorweihnachtsabend statt. Es ist der 23. Dezember 1980. Im Ratinger Hof in Düsseldorf stehen rund 400 Menschen dicht gedrängt von der kleinen Bühne …

Das Cover der ›DIE KLEINEN UND DIE BÖSEN‹-CD

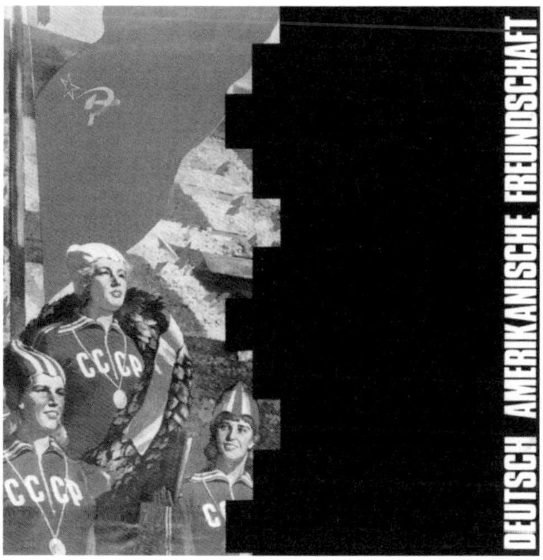

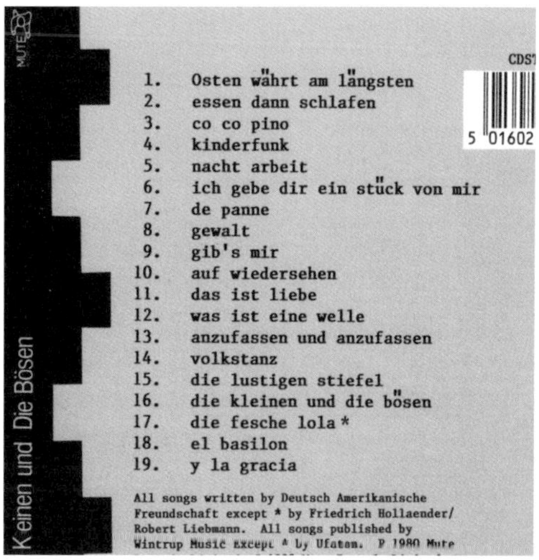

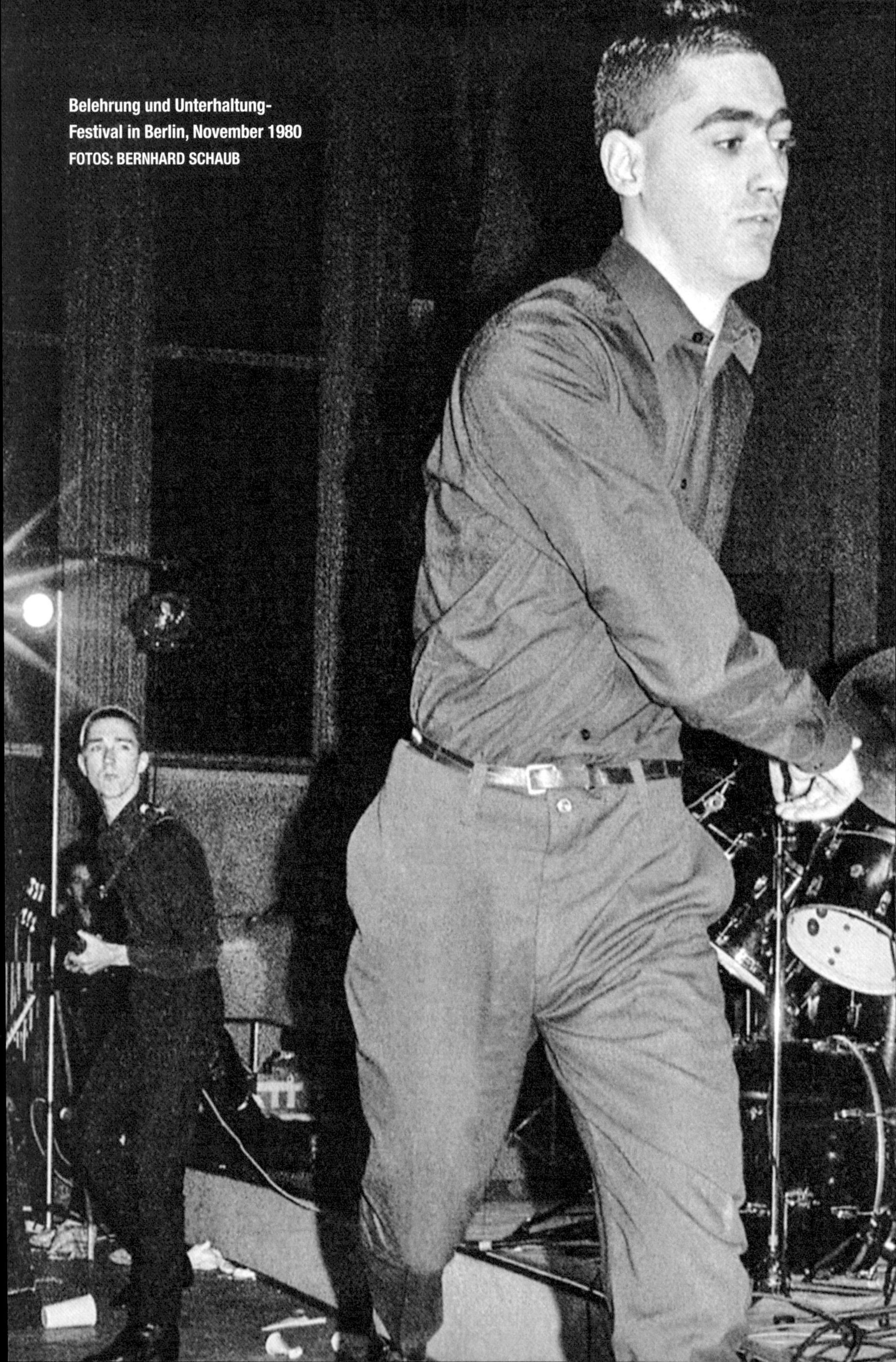

Belehrung und Unterhaltung-Festival in Berlin, November 1980
FOTOS: BERNHARD SCHAUB

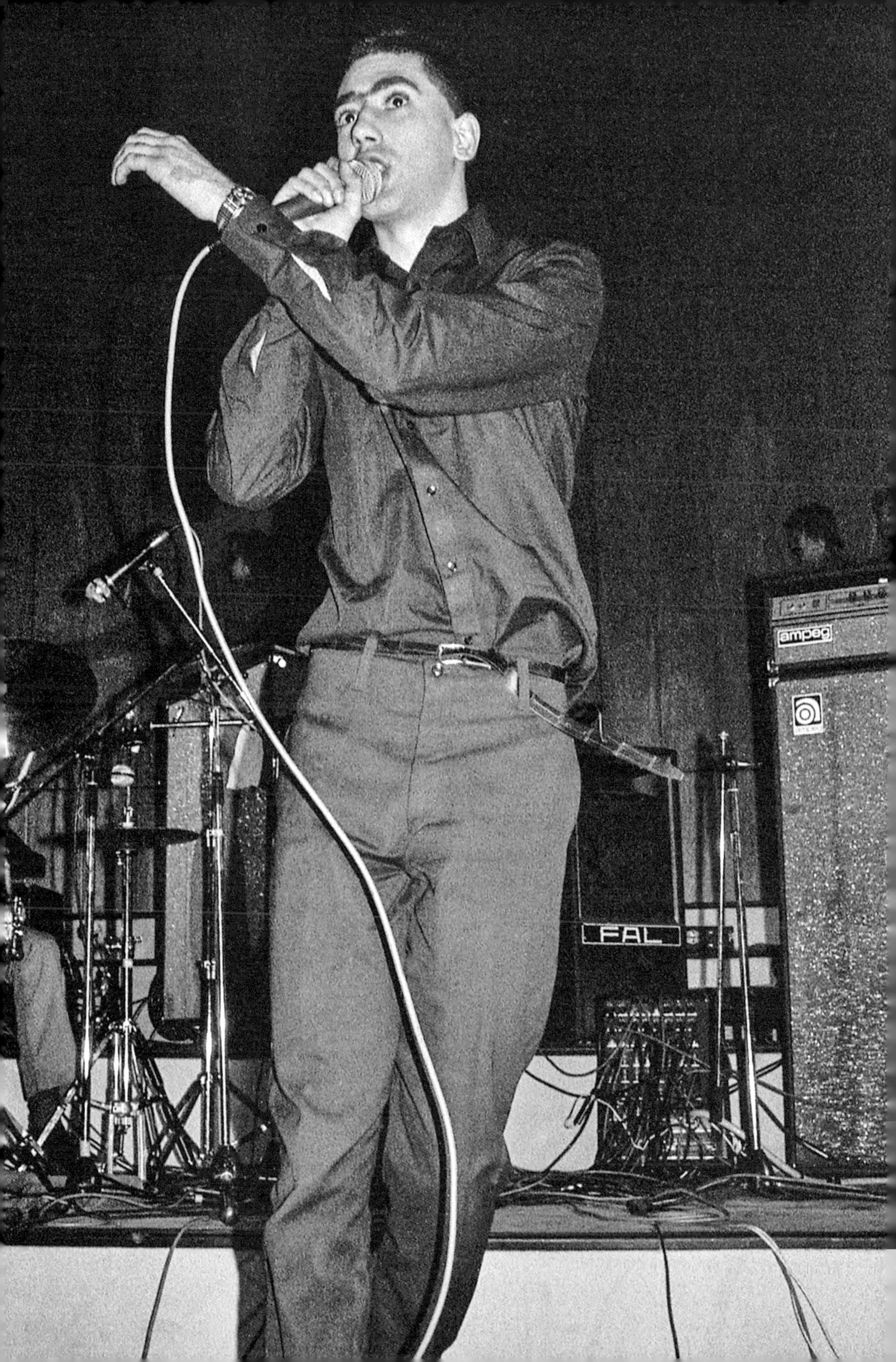
ampeg
FAL

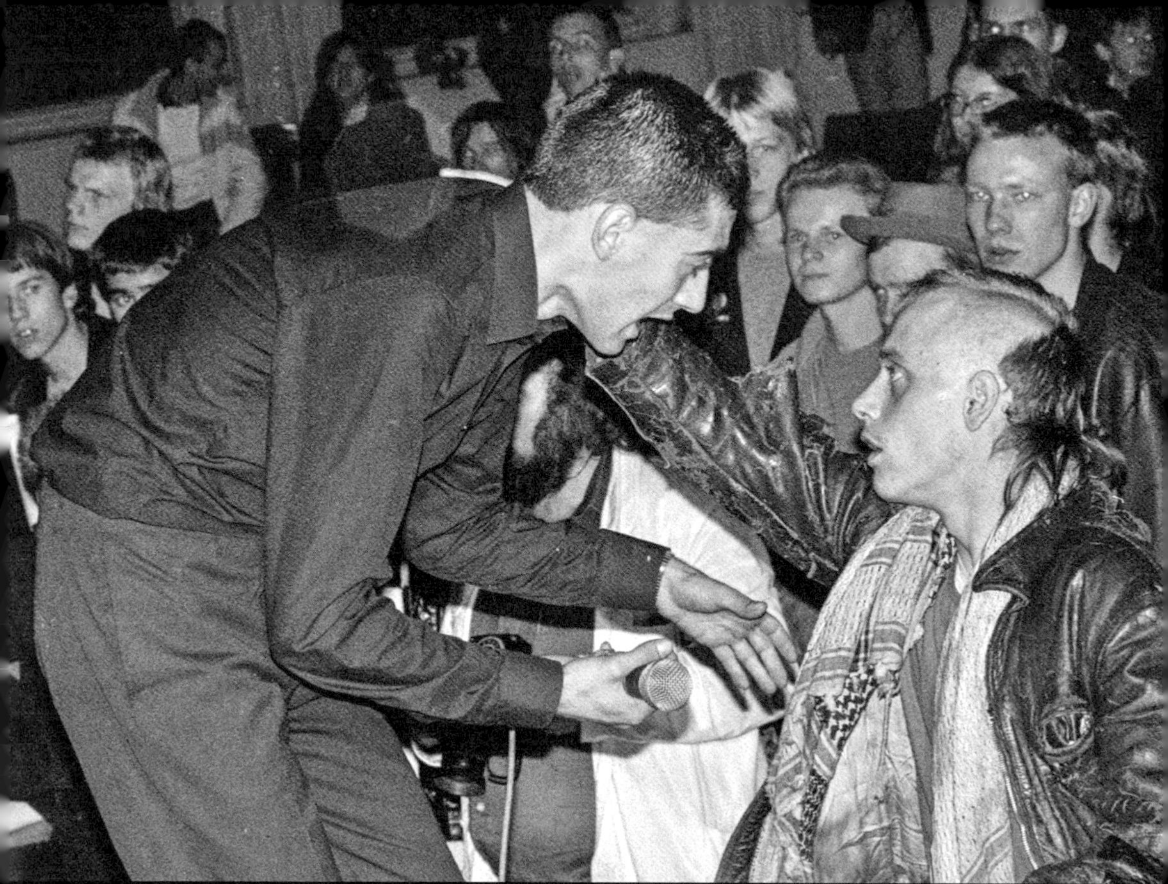

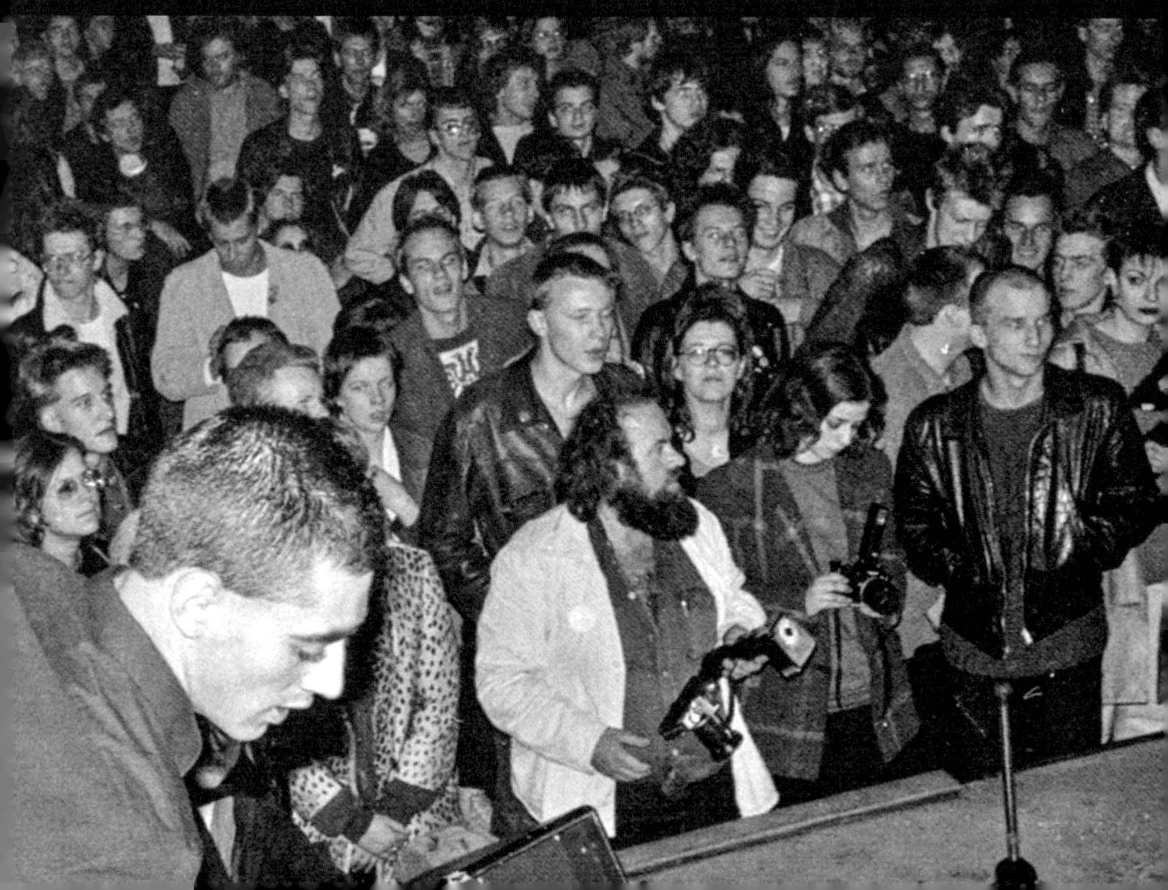

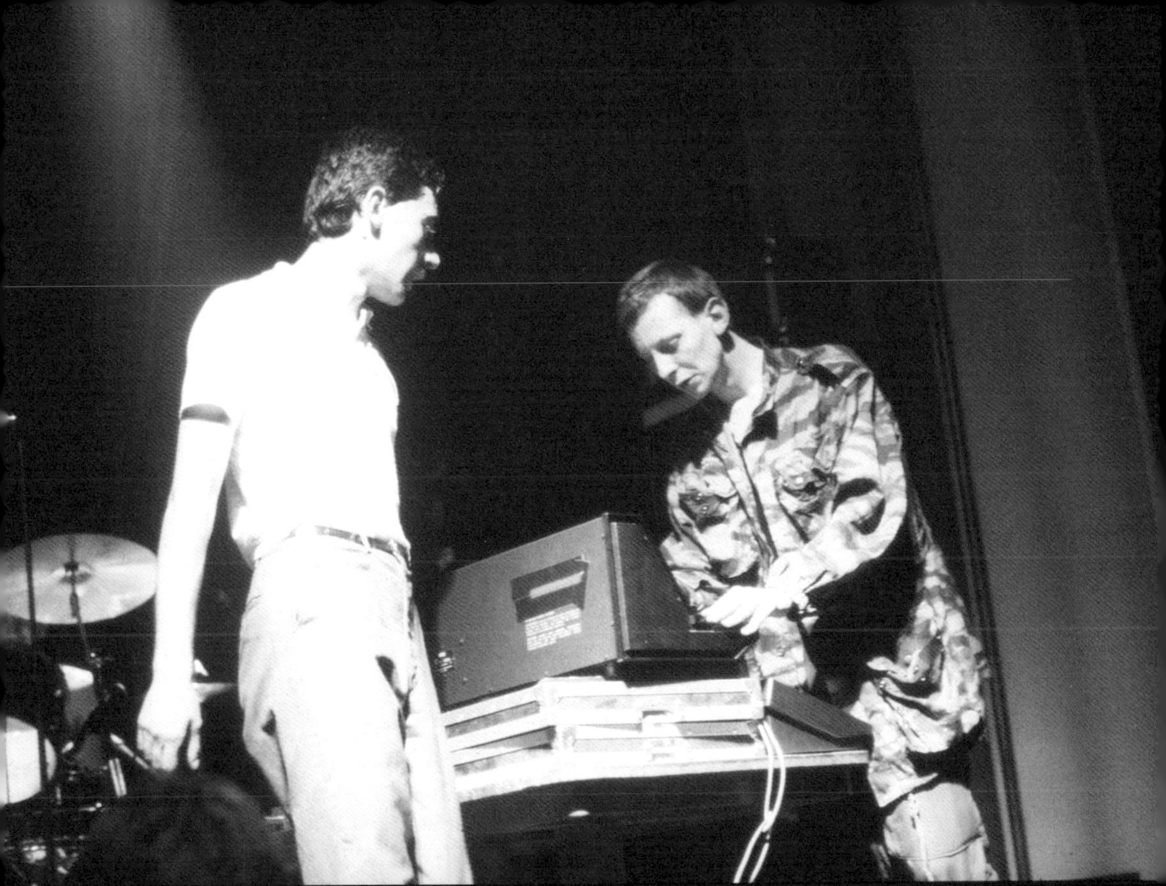

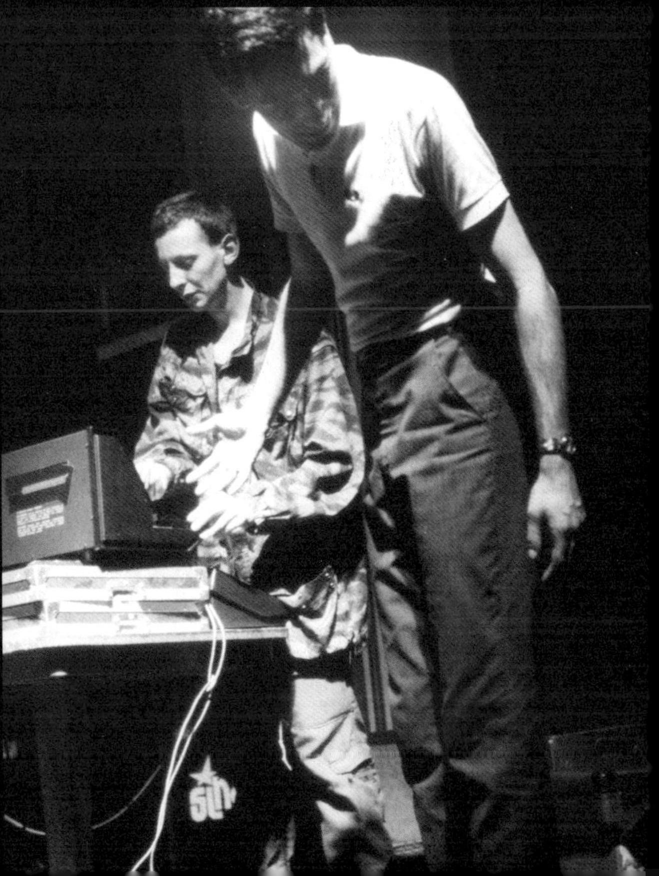

Linke Seite oben: Interaktion mit dem Publikum, Berlin, November 1980. Unten: Der Fotograf Richard Gleim im Publikum
FOTOS: BERNHARD SCHAUB

Rechte Seite: Gabi Delgado und Chrislo Haas in Münster, 1980
FOTOS: SABINE SCHWABROH

FROM DAF TILL DAWN

2018 ist es 40 Jahre her, dass sich Robert und Gabi im Ratinger Hof begegnet sind und dort die Vision einer Musik hatten, die es so noch nicht gab. Ob sie damals ahnten, dass die Welle, die sie lostreten sollten, tatsächlich eine werden würde, die an den die Grenzen des musikalisch vermeintlich Möglichen markierenden Wellenbrechern nicht stoppen würde, spielt im Grunde keine Rolle. Retrospektive Mutmaßungen über dereinst futuristische Prophezeiungen sind bekanntermaßen eher mühsam denn erkenntnisbringend. Schauen wir abschließend gemäß des alten DAF-Slogans lieber nach vorne statt zurück. Am 29. September 2017 erschien auf dem Label Grönland Records eine DAF-Vinyl-Box, ebenfalls unter dem Namen *DAS IST DAF*. In extrem abgespeckter Form ist sie auch als CD-Box erhältlich. In der Vinyl-Variante enthalten sind die vier zwischen 1980 und 1982 erschienenen Platten, das »Hauptwerk«, wie Robert Görl es nennt: *Die Kleinen Und Die Bösen*, *Alles Ist Gut*, *Gold Und Liebe* sowie *Für Immer*. Dazu gibt es ein 36-seitiges Booklet, das unter anderem bislang unveröffentlichte Fotos von Anton Corbijn und Sheila Rock zeigt, ein DIN A2 großes Poster, eine schwarze Slipmat mit weißem DAF-Schriftzug, eine von Robert und Gabi handsignierte Autogrammkarte und einen Downloadcode. All das sind natürlich nette Gimmicks, aber was die Box wirklich interessant macht, sind zwei weitere Scheiben: Eine 12″ namens *Reworx* und eine 7″ mit zwei brandneuen DAF-Stücken.

Auf *Reworx* arbeiten sich verschiedene Künstler in Form von Remixen an alten DAF-Klassikern ab. So nehmen sich Giorgio Moroder und Denis Naidanow zum Beispiel den *Mussolini* vor. Klaus Walter schreibt dazu in der *taz*: »Während dieser Schulterschluss mal wieder belegt, was nur Rockspießer bestreiten, dass nämlich (Post-)Punk und Disco Schwestern in Geist, Körper und Style sind […]« WestBam ist mit einem *Sato-Sato*-Remix vertreten. Boys Noize entschied sich für *Als Wär's Das Letzte Mal*. Von den vier Gastmusikern wählt ausschließlich Lor ein Stück, das nicht von der *Alles Ist Gut* stammt: *Goldenes Spielzeug* von der *Gold Und Liebe*. Auch Robert und Gabi selbst sind auf dieser Platte vertreten. Robert entschied sich – gemeinsam mit DJ Hell – für *Liebe Auf Den Ersten Blick*, und den Abschluss macht Gabi Delgados Hysteric Disco Remix des *Mussolini*.

DAF HEUTE

Monkeypress schreibt dazu: »Giorgio Moroder verpasst dem *Mussolini* seinen ganz persönlichen urtypischen Analog-Wave-Klang, WestBam passt seinen Mix von *Sato-Sato* an seine eher dezenten ›Berlin Techno 2.0‹-Produktionen der letzten Jahre an und auch Boys Noize' Bearbeitung von *Als Wär's Das Letzte Mal* fällt im Vergleich zu dessen sonstigen Tanzbodenschrubbern à la Jeffer eher dezent aus. Gelungen sind die Remixe aber allemal, lediglich der deutlich zu lange Minimal-Techno-Versuch von Lor zu *Goldenes Spielzeug* fällt im Gesamtvergleich ab.«

Und Andreas Köglowitz findet: »Die Remixe finde ich wirklich hörbar. Moroder zum Beispiel hat bei seiner *Mussolini*-Version einen geilen neuen Bass eingebaut. Westbam levelt *Sato-Sato* für eine Tanzfläche, und Boys Noize bringt in den alten Song *Als Wär's Das Letzte Mal* eine neue Spannung rein. Aber was sie alle machen: Sie machen es schneller. Und das ist gut so.«

DAF LIVE
FOTO: GOSIA BUDIG

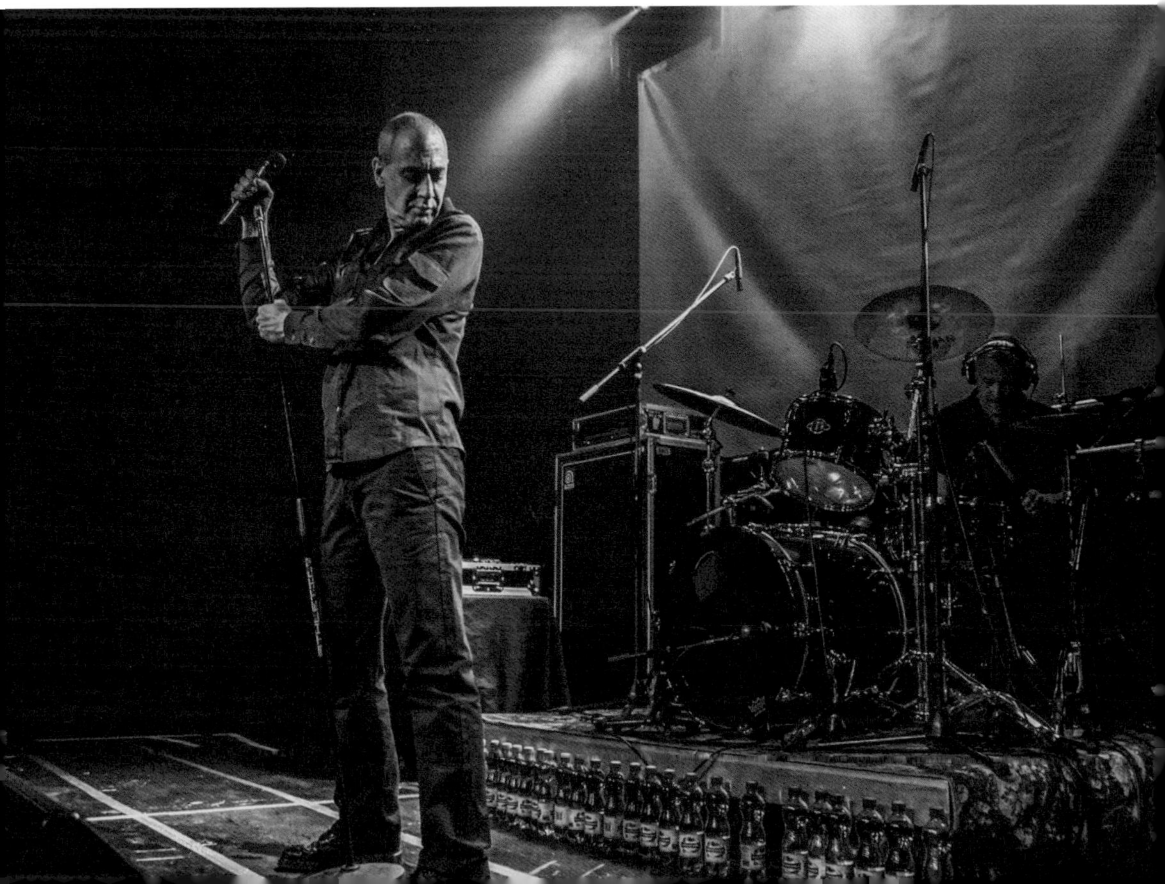

Noch gespannter als auf die Remixe aber war die Fangemeinde auf etwas, woran sie schon nicht mehr recht glauben mochte: eine neue DAF-Single. Seit Jahren kursierte das Gerücht, ein neues Album sei in der Mache, befeuert von gelegentlichen Andeutungen der beiden in Interviews. Mehr als diese Gerüchte kam den Fans allerdings nie zu Ohren. Als DAF dann via Facebook bekannt gab, man würde gerade gemeinsam im Studio stehen, um zwei neue Songs aufzunehmen, war der Aufschrei frenetisch. *Sprache Der Liebe* und *Ich Bin Nicht Da* heißen die beiden neuen Tracks, die in den Ohren vieler nicht nur genau wie früher klingen, sondern auch genau so entstanden sind. Zunächst begab sich Robert an seinem Korg MS-20 auf die Suche nach passenden Sequenzen. Als die gefunden waren, spielte er das Schlagzeug ein. Und als auch das für gut befunden worden war, improvisierte Gabi seine Lyrics darüber. Vielleicht ist es genau das, warum die neue Single auf viele als aus der Zeit gefallen wirkt. Wobei die meisten Fans genau dieses Zeitlose an DAF zu schätzen wissen. Da gibt es keine Überraschungen, keine Experimente, kein sich selbst neu Erfinden oder sich dem sogenannten Zeitgeist anbiedern. Das ist eben DAF. Und darauf ist Verlass. Und mit dem Produzenten Alex Silva haben die beiden jemanden gefunden, der genau diesen verlässlichen DAF-Sound einzufangen verstand. Drei Tage lang dauerte es, bis die Tracks in den Berliner Hansa Studios im Kasten waren. Nur die Drums spielte Robert an einem zusätzlichen Tag in einem anderen Studio ein, das akustisch speziell auf Schlagzeugaufnahmen ausgerichtet ist. So entstand ein Sound, der bereits nach wenigen Takten eindeutig als DAF zu identifizieren ist. Auch textlich ist Verlass auf DAF, und wüsste man nicht, von wem die Zeilen stammen, man bräuchte nicht lange, um es zu erraten. Die *Sprache Der Liebe* ist unverkennbar die Sprache von Gabi Delgado. Eindringlich, unmissverständlich, treibend, fordernd penetriert er mit seinem formelhaften Sprechgesang die Aufmerksamkeit des Zuhörers und verbalisiert, was die intensive Komposition von Robert bereits vorweggenommen hat: DAF ist immer noch Sex. DAF ist immer noch verschwitzt. DAF ist immer noch DAF.

In der Sprache von Gabi klingt das so: »*DAF. Sex. DAF. Sex / Sex ist elektrisch / Du bist fantastisch / Ich bin besessen / Von deiner Liebe / Sex ist elektrisch / Du bist fantastisch / Ich bin besessen / Und einmalig / Du bist bestialisch / Sex ist elektrisch / DAF. Sex. DAF. Sex / Sex ist elektrisch […] / Sex ist die Sprache / Die Sprache der Liebe.*«

Zu *Sprache Der Liebe* ließ Grönland Records auch ein Video produzieren. Skript, Regie und Produktion übernahm die Berliner

DAS IST LIVE

Gastbeitrag von Olaf Sprick

Seit 2008 ist meine Agentur WOD für das Live-Booking & Tourmanagement von DAF zuständig. Damals im Frühjahr 2008 erhielt ich einen Anruf von Guido Müller, ob ich Interesse hätte, DAF zu buchen. Ich musste kurz innehalten: DAF – eine der Bands, die mich in meiner Jugend beeindruckt hatten? Ich war damals schon elf Jahre im Geschäft und hatte seinerzeit schon gut zweitausend Konzerte vermittelt; Know-how, Kompetenz und Kontakte waren bereits vorhanden. Aber der Anruf hat mich dann doch überrascht. Und geehrt.

Rückblende November 1981: Ich sitze in meinem Zimmer und höre die *Gold Und Liebe*-LP, welche ich mir gekauft hatte, nachdem mir *Alles Ist Gut* als Vorgänger-Album sehr gut gefallen hatte. Dann läuft *Sex Unter Wasser* und ich denke mir: Wow, der Track ist vom Text her fast noch provokanter als *Der Mussolini*, der nur wenige Monate zuvor für Aufsehen gesorgt hatte. DAF waren neu, anders und vor allem einzigartig.

Gegenwart November 2017: Mittlerweile habe ich DAF als Agenturpartner seit 2008 über 90 Mal buchen, begleiten und live erleben dürfen. Die DAF-Shows waren und sind immer noch Energie pur: Robert Görl und Gabi Delgado stehen live für Leidenschaft, Können und Professionalität.

Um dafür ein Beispiel zu geben: DAF war beim Amphi-Festival 2015 in Köln als Co-Headliner auf der Outdoorstage an der Lanxess-Arena gebucht. Aufgrund eines aufkommenden Sturms wurde die Outdoorstage aber gesperrt, viele Bands konnten nicht spielen. Das Programm wurde mehrmals hektisch geändert; es war unklar, ob DAF überhaupt auftreten würde. Dann die endgültige Entscheidung der Sicherheitsbehörden: Die Außenbühne würde an diesem Tag nicht mehr bespielt werden dürfen. Was tun? Die Rückflüge am Folgetag waren gebucht. Kurzerhand wurde DAF auf einen früheren Slot für die Indoorstage umgebucht. Ich hatte eine Stunde Zeit, DAF – im Hotel wartend – davon in Kenntnis zu setzen, vom Hotel abzuholen (was sich als weitere zeitliche Herausforderung herausstellte, da Gabi am Vortag geschäftlich in Düsseldorf zu tun hatte) und auf die Bühne zu bringen. Nachdem ich erst Robert und später Gabi zur Lanxess-Arena gefahren hatte, haben die beiden sich dort zum 15-minütigen Linecheck auf der Bühne getroffen. Es folgte ein unvergessliches DAF-Konzert vor großer Kulisse. Bei der Vorgeschichte für mich ein Parade-Beispiel dafür, dass die beiden selbst unter irrsinnigem Zeitdruck eine hoch professionelle und zugleich emotionale Show abzuliefern im Stande sind.

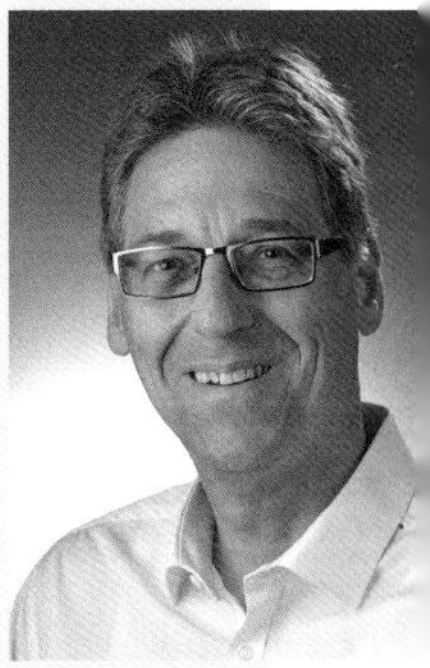

FOTO: OLAF SPRICK

DAF sind für ihren Mut belohnt worden, Anfang der 1980er-Jahre musikalisch neue Wege gegangen zu sein: Bereits zu Lebzeiten haben sie sich dadurch ihr kulturhistorisches Vermächtnis geschaffen.

Ich bin stolz, diese Künstler seit fast zehn Jahren begleiten zu können, und freue mich auf weitere DAF-Shows für alle DAF-Fans und die, die nach knapp vierzig Jahren DAF-Geschichte noch hinzu kommen …

Firma NSFW. Und auch darin mangelt es natürlich nicht an nackter, verschwitzter Haut, an Metall und Leder und durchdeklinierten Macht- und Fetischfantasien.

Und wie finden Fans und Kollegen die neue Single?

Bob Giddens: »Was ich an DAF liebe, ist: Das Konzept ändert sich nicht. Die Musik ist zeitlos. Es sind immer noch die MS-20-Sequenzen und die beiden Musiker. Ein neue Scheibe ist wie eine alte Scheibe. Das meine ich nicht negativ, sondern positiv.«

Gary Schmalzl: »Selbst der größte Trumpel der Welt kann der Deutsch Amerikanischen Freundschaft nichts anhaben. Gut wie eh und je.«

Frank Spilker: »Der Song hat alle Qualitäten des zur Ikone gewordenen Männerschweiß-Disco-Stomps, den sie erfunden haben und der nicht nur meine Jugend so verschwenderisch bereichert hat. Auf der Textebene auszusprechen, was die Musik sowieso schon sagt, finde ich nicht so toll. Aber was soll's: Vielleicht ist es ein Resümee.«

Enno Stahl: »DAF machen da weiter, wo sie vor mehr als drei Jahrzehnten aufgehört haben – übersexualisierter Pop als Pop-Satire, schwüle Hommage an das körperlich Mögliche, Maschinenästhetik, Maschinensex …«

DAF LIVE
FOTO: GOSIA BUDIG

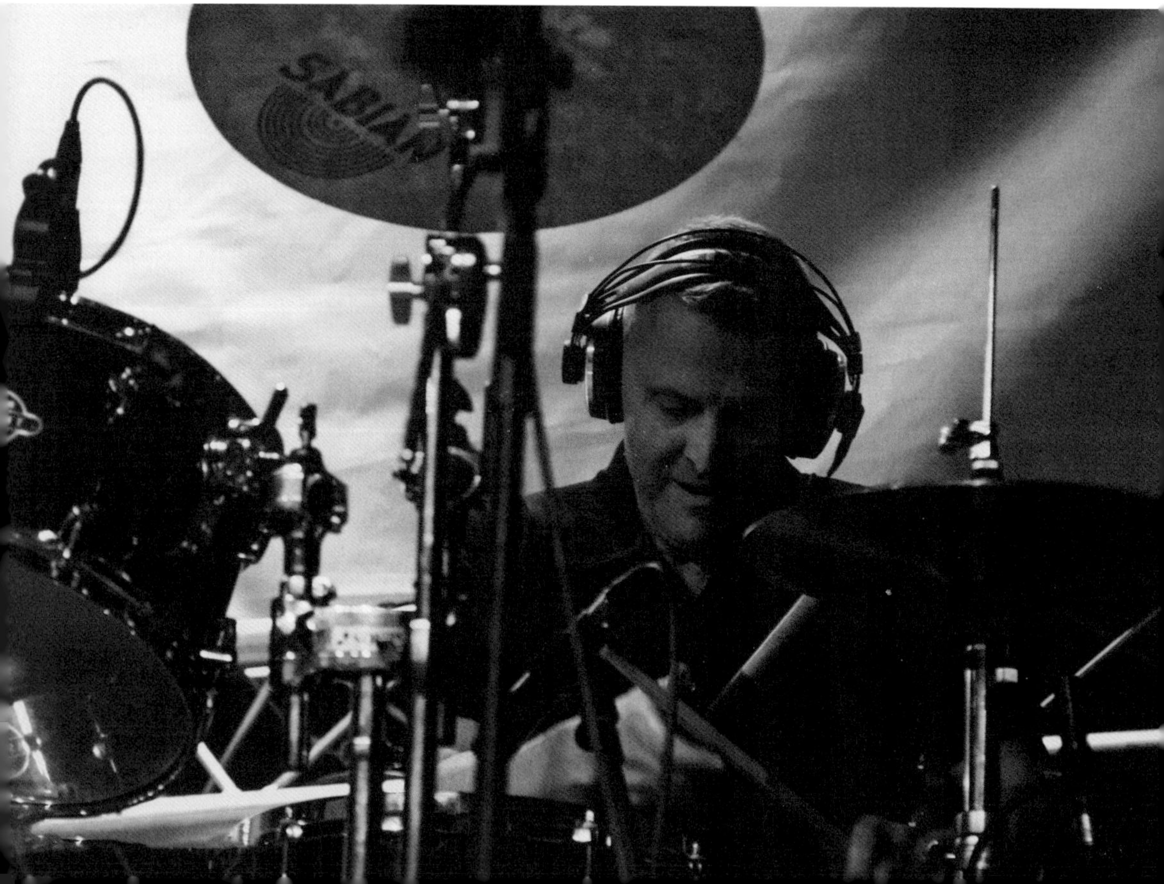

GIGOGRAFIE: DAF-KONZERTE SEIT 2008

09./10.08.2008 D-Hildesheim, M'era Luna 2008
07.01.2009 D-Berlin, K17
08.01.2009 D-Hannover, Capitol
09.01.2009 D-Krefeld, Kulturfabrik
10.01.2009 D-Augsburg, Musikkantine
11.01.2009 CH-Zürich, Abart
24.01.2009 NL-Amsterdam, Paradiso
27.02.2009 D-Hamburg, Übel & Gefährlich
28.02.2009 D-Leipzig, Lagerhof
14.03.2009 I-Malcontenta-Venezia, Fucina Controvento
28.03.2009 UK-London, O2 Islington Academy
04.07.2009 S-Arvika, Arvika Festivalen 2009
25.07.2009 B-Waregem, Gothic Festival 2009
19.09.2009 A-Wien, Szene Wien
03.10.2009 N-Oslo, ElectroStat Festival @ John Dee
21.11.2009 I-Rome, Blackout Club
17.03.2010 D-Mainz, KUZ
18.03.2010 D-Duisburg, Pulp
19.03.2010 D-Bremen, Tivoli
20.03.2010 D-Dresden, Strasse E
28.05.2010 B-Neerpelt, Neerpelt Open Air 2010
05.06.2010 S-Stockholm, The Strand/Debaser (Doppel-Gig)
26.06.2010 D-Berlin, e-tropolis Festival 2010 @ Columbiahalle
15.08.2010 NL-Utrecht, Summer Darkness 2010 @ Tivoli
11.09.2010 HR-Zagreb, Klub Mochvara
30.10.2010 CH-Aarau, KIFF
11.12.2010 D-Berlin, Festsaal Kreuzberg (@ Heimatabend von Motor FM)
18.12.2010 B-Antwerpen, Trix XL @ BIM Fest 2010
10.03.2011 D-Berlin, K17
11.03.2011 D-Hannover, Musikzentrum
12.03.2011 D-Ludwigsburg, Paradox (Garage)
20.03.2011 UK-London, O2 Islington Academy
15.-17.07.2011 D-Gräfenhainichen, Melt! Festival 2011
06.08.2011 D-Hannover, Fährmannsfest (Headliner)
26. - 28.08.2011 I-Rimini, 3. Moonlight-Festival (Headliner)
04.09.2011 D-Leipzig-Deutzen, NCN Festival 2011
24.09.2011 DK-Kopenhagen, Koncerthuset
22.10.2011 D-Stuttgart, Die Röhre (Motor/Flux FM Heimatabend)
28.10.2011 NL-Eindhoven, Effenaar
03.02.2012 D-Osnabrück, Rosenhof
05.02.2012 A-Wien, Szene Wien
17.02.2012 S-Malmö, Kulturbolaget
18.02.2012 S-Stockholm, The Strand
09.03.2012 D-Frankfurt, Batschkapp
10.03.2012 D-Augsburg, Musikkantine
24.03.2012 D-Dessau, Beatclub
05.04.2012 CH-Genf, Electron 2012 @ KAB/PTR (L'Usine)
07.04.2012 B-Gent, Rewind Festival @ Vooruit
12.07.2012 SRB-Novi Sad, Exit Festival 2012
21.07.2012 D-Köln, Amphi Festival 2012
15.09.2012 B-Harelbeke, Ratrock Festival 2012
06.10.2012 PL-Breslau, Avant Art Festival 2012
30.11.2012 D-Düsseldorf, Zakk
01.12.2012 D-Mannheim, Alte Seilerei
09.03.2013 CH-Pratteln, Z7
23.03.2013 D-Berlin, e-tropolis Festival @ Columbiahalle
07.05.2013 D-Köln, 8 Brücken-Festival @ Alter Wartesaal
17.05.2013 F-Lille, Les Spectacles sans gravité @ l'Aéronef
30.08.2013 S-Göteburg, Electronic Summer Festival @ Brewhouse
25.10.2013 D-Bochum, Matrix
26.10.2013 D-Hamburg, Markthalle
15.11.2013 D-Berlin, K17
16.11.2013 D-Dresden, Strasse E
23.01.2014 F-Paris, Gaité Lyrique
28.03.2014 D-Wiesbaden, Schlachthof
29.03.2014 D-München, Feierwerk
23.05.2014 S-Stockholm, Göta Källare
20.06.2014 JPN-Tokyo, Shinjuku Blaze
09.- 10.08.2014 D-Hildesheim, M'era Luna 2014
27.09.2014 S-Jönköping, Club Sputnik
07.11.2014 D-Stuttgart, LKA Longhorn
08.11.2014 D-Düsseldorf, Zakk
28.11.2014 CH-Zürich, Club Plaza
31.01.2015 NL-Amsterdam, Grauzone Festival @ Melkweg
23.05.2015 D-Leipzig, WGT 2015 @ Agra Halle
11.07.2015 D-Berlin, Astra Kulturhaus
25.07.2015 D-Köln, Amphi Festival
10.10.2015 S-Malmö, Inkonst
16.10.2015 D-Krefeld, Kulturfabrik
07.11.2015 FIN-Helsinki, Ääniwalli
28.11.2015 B-St. Niklaas, De Casino Concertzaal
03.09.2016 D-Leipzig-Deutzen, NCN Festival 2016
15.10.2016 S-Stockholm, Bodyfest 2016 @ Naalen
04.11.2016 PL-Breslau, Wrocław Industrial Festival 2016
20.11.2016 B-Hasselt, Sinner's Day @ Ethias Arena
26.05.2017 D-Dortmund, FZW
06.08.2017 NL-Amsterdam, Dekmantel Festival 2017
12. - 13.08.2017 D-Hildesheim, M'era Luna 2017
30.09.2017 D-Berlin, Astra Kulturhaus
22.10.2017 D-Freiburg, Café Atlantik
11.11.2017 D-Hamburg, Markthalle
25.11.2017 S-Malmö, Inkonst

WEITERE TERMINE IN VORBEREITUNG.

»Ob die Box und das Buch nach fast 40 Jahren Bandgeschichte nun der letzte Pinselstrich im großen DAF-Gemälde sind? Wer weiß das schon. Vielleicht folgt der Single im kommenden Jahr doch noch ein Album. Oder eine Auflösung. Oder beides. Oder nichts davon. Fest steht nur: DAF muss längst niemandem mehr etwas beweisen. Und sollte es wirklich eine Platte geben, dann ganz sicher nicht, weil irgendjemand das erwartet oder weil es aus marktstrategischen Gesichtspunkten sinnvoll wäre. Auch nach 40 Jahren tun sie ausschließlich das, was sie wollen.« MIRIAM SPIES

Toby Fuhrmann: »Mehr Inhalt als 1000 Seiten Text – ich tanze für die Liebe!«

Mari Paas: »Was soll ich da sagen, außer dass die Herren ihre Provokation, ihren Biss nicht verloren haben und es eine Wohltat ist, neben dem langweiligen Dumdudeldudei von heute mal wieder was überspitzt Spritziges zu hören. Super!«

Hermann Werner: »Textlich minimalistisch, so wie man DAF kennt, mit einer Prise Provokation.«

Chris Kavanaugh: »Warum sollte ein neuer DAF-Song modern oder irgendwie anders klingen? Er klingt und riecht nach 1982, und das ist gut so.«

Xaõ Seffcheque: »Ich kannte Robbie Görl und Chrislo Haas (der für mich ja immer so etwas wie der eigentliche Urheber des DAF-Sounds war) noch aus meiner Jugend in Graz, wo sie beide Musik studierten und als unheilbare Freejazzer galten. Umso mehr habe ich sie dann für ihre gelungene Fusion aus punkigen Rhythmen und mechanisiertem elektronischem Minimalismus geachtet. Sie waren die einzigen, von denen wir uns, zumindest für eine Saison, Befehle erteilen ließen und den Mussolini, den Adolf Hitler und den Jesus Christus tanzten. Danach war für mich allerdings bald Schicht, denn wie jeder wirklich neuen künstlerischen Errungenschaft (Kraftwerk lassen grüßen!) war auch jener inhärent, dass sie gerade von ihren größten Bewunderern und schlauesten Epigonen ein- und überholt werden würde. Fast körperlich spürbar wird das, wenn ich ihre aktuelle Single neben Giorgio Moroders/Denis Naidanows Mussolini-Remix (beide aus 2017) stelle: Die unbekümmerte Chuzpe, die tonal-eiernde Dreistigkeit dieses simplen Ostinatos, die wohlige politische Provokation funktioniert hier sogar im Video-Kontext zweier kindlicher japanischer Hüpfdohlen, während bei der aktuellen Single martialische Drohgebärden und pimpige Kampfhunde über den Screen ziehen, um dann doch nicht jene unterhaltsam-böse Unverfrorenheit zu erreichen, die das Original noch nach mehr als 35 Jahren ausstrahlt.«

Boris Schimanski: »Der Song ist absolut authentisch. Das ist eine Riesen-Portion DAF. Typisch Robert Musik, typisch Gabi Text! Wenn ich sehe, wie viele Bands sich auf DAF beziehen, macht das eine Menge Sinn. Ich finde es großartig!«

Auch das Feuilleton und die Musikpresse sind gespalten, zumindest was die Einordnung der neuen Single angeht. Aber auch das ist in der Historie von DAF ja nichts Neues. Und mit einem feuilletonistischen Naserümpfen können Robert und Gabi allemal besser leben als mit dem Gedanken, dermaßen gefällig geworden zu sein, dass sich niemand mehr an ihnen reibt. Auf den Live-Konzerten jedenfalls fügen sich die beiden neuen Stücke reibungslos in das Set alter Klassiker. Dem Publikum gefällt's. Das zeigt auch der rasante Abverkauf der Erstpressung: Schon im Vorfeld ließ sich an den erwartungsvollen und euphorischen Kommentaren in den sozialen Netzwerken ablesen, dass die Box auf großes Interesse stoßen würde. Wie groß das Interesse ist, überrascht dann aber selbst Robert und Gabi. Bereits eine Woche nach dem Erscheinen findet man auf der Website von Grönland Records den Hinweis: »Die Vinyl Box und die Remixe sind restlos ausverkauft. Die CD Box wird momentan nachproduziert. Hier können Sie eine Pre-Order auf die Nachpressung machen.«

Ob die Box und das Buch nach fast 40 Jahren Bandgeschichte nun der letzte Pinselstrich im großen DAF-Gemälde sind? Wer weiß das schon. Vielleicht folgt der Single im kommenden Jahr doch noch ein Album. Oder eine Auflösung. Oder beides. Oder nichts davon. Fest steht nur: DAF muss längst niemandem mehr etwas beweisen. Und sollte es wirklich eine Platte geben, dann ganz sicher nicht, weil irgendjemand das erwartet oder weil es aus marktstrategischen Gesichtspunkten sinnvoll wäre. Auch nach 40 Jahren tun sie ausschließlich das, was sie wollen.

DAF LIVE
FOTO: GOSIA BUDIG

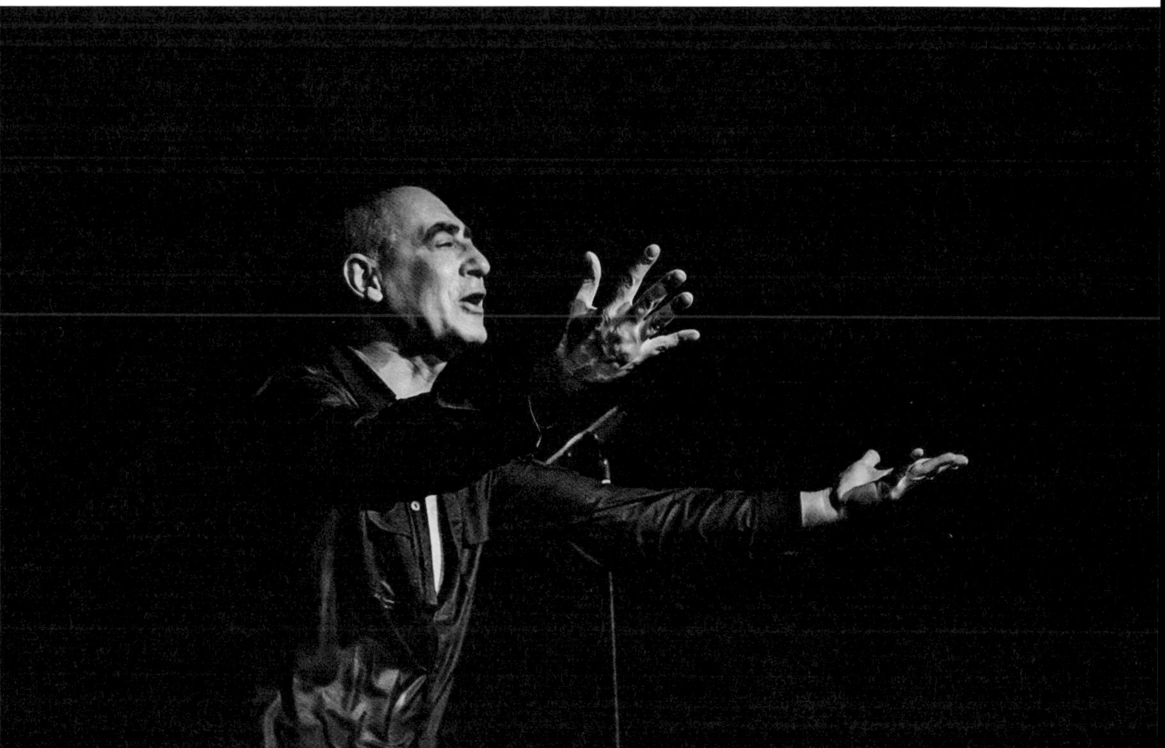

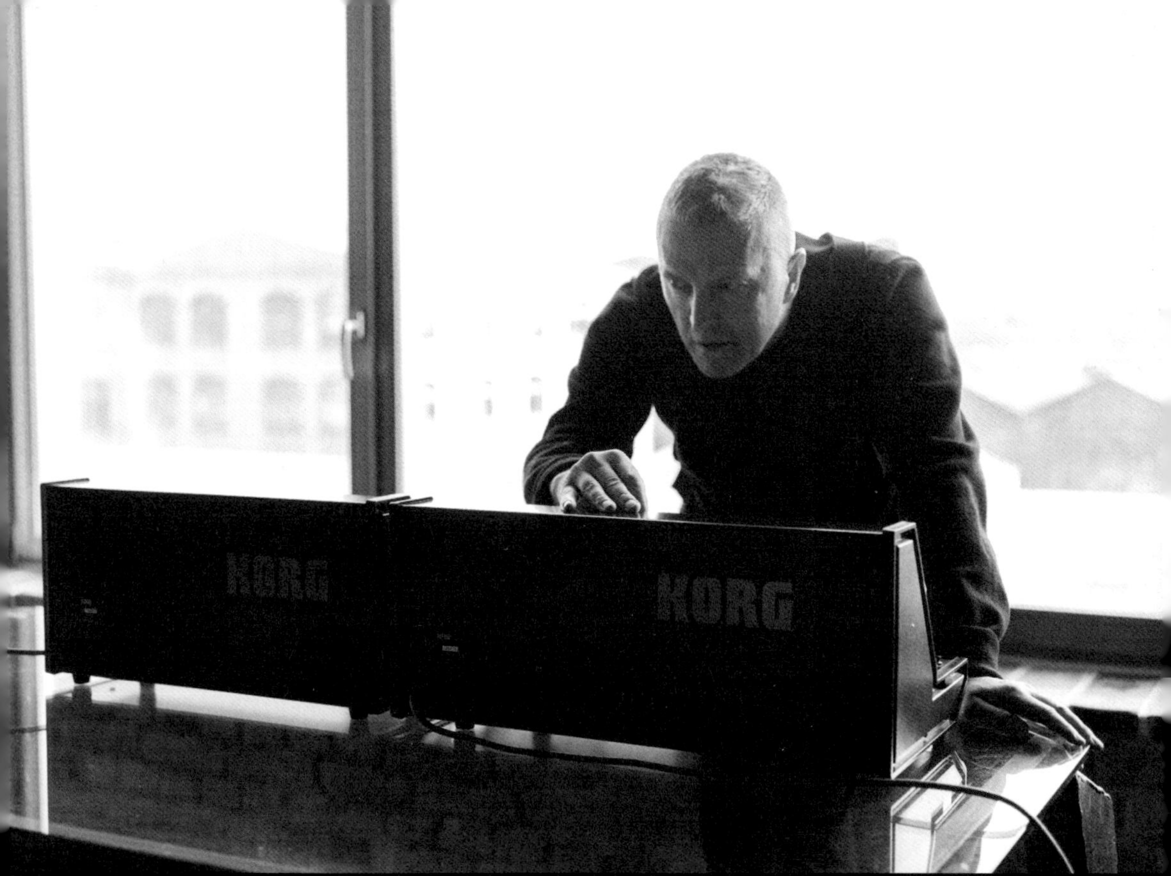
KORG
KORG

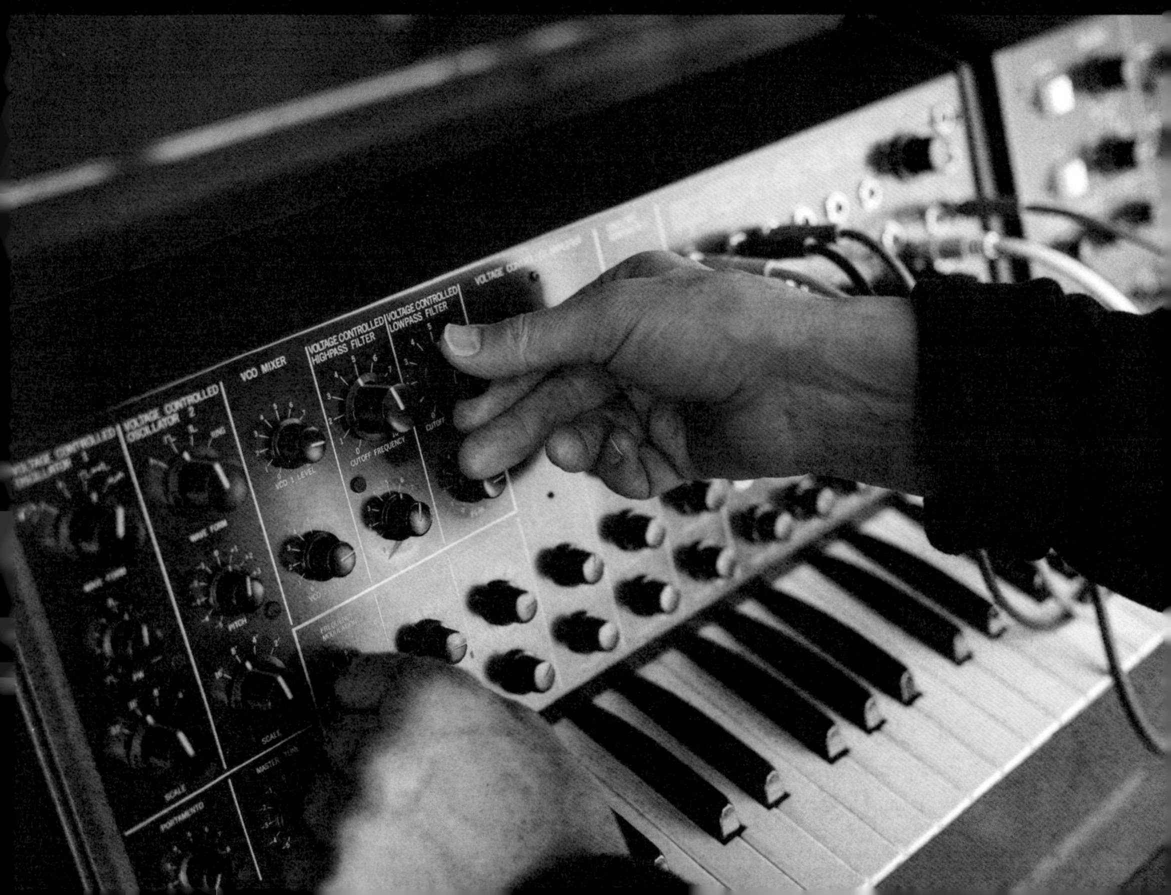
VOLTAGE CONTROLLED LOWPASS FILTER
VOLTAGE CONTROLLED HIGHPASS FILTER
CUTOFF FREQUENCY
VCO MIXER
VCO 1 LEVEL
VOLTAGE CONTROLLED OSCILLATOR 2
WAVE FORM
PITCH
SCALE
PORTAMENTO

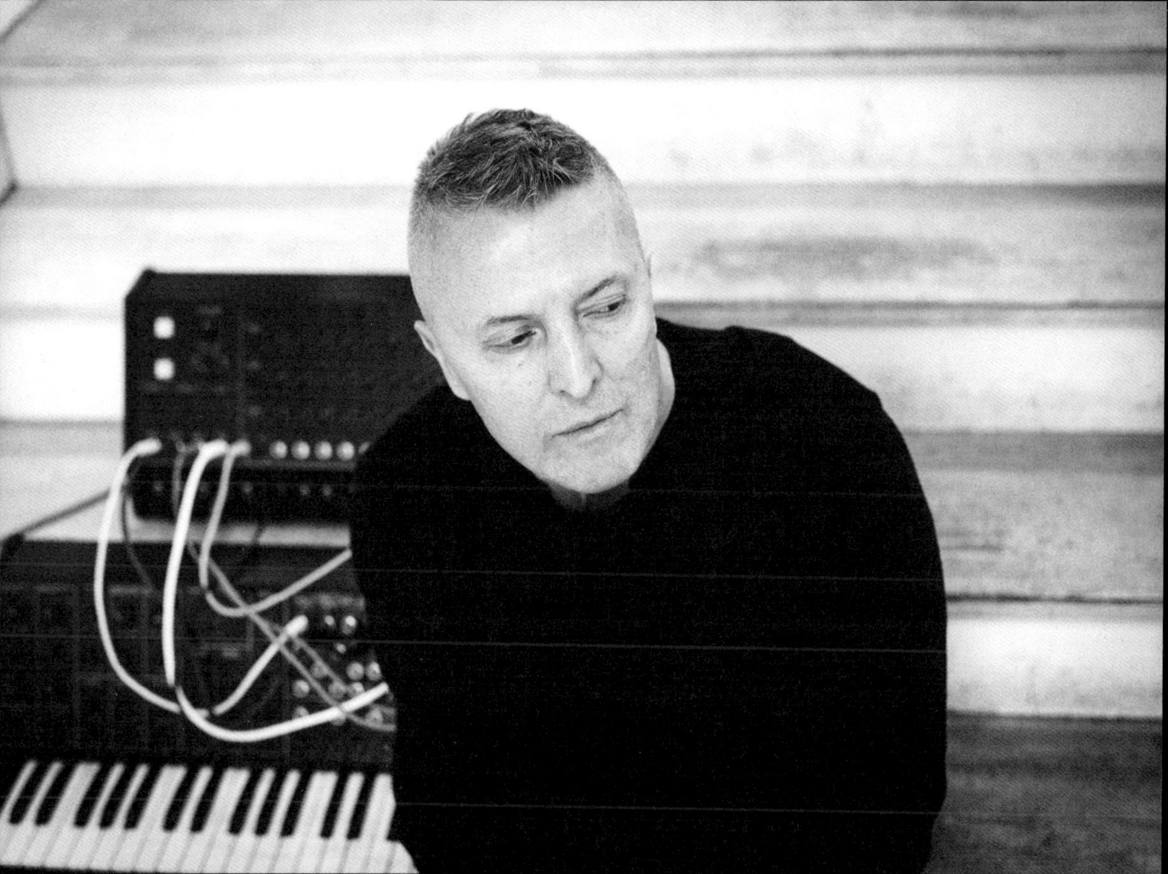

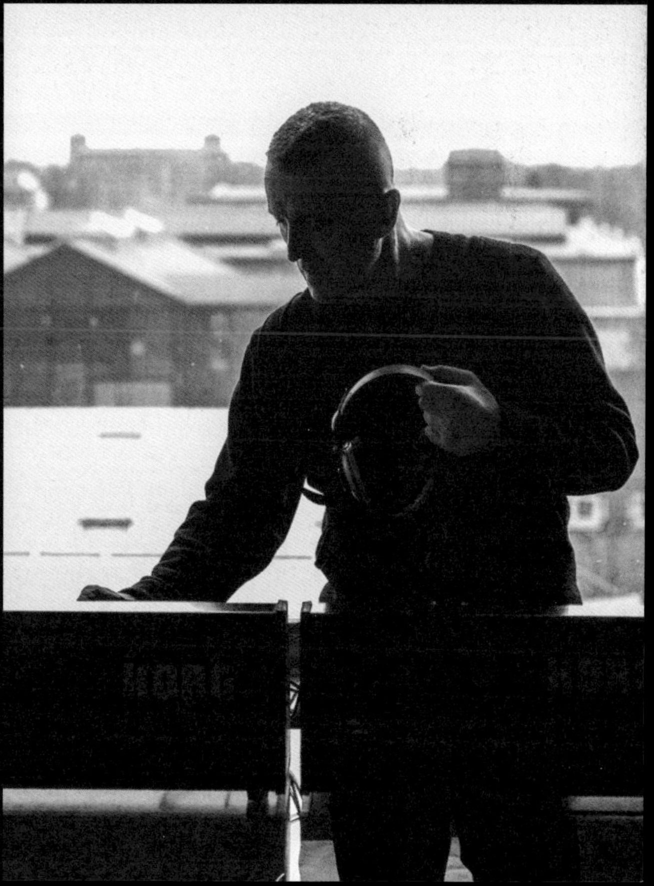

Robert Görl: »Ich empfinde es immer ein wenig einseitig, wenn man mich ›Robert, der Schlagzeuger von DAF‹ nennt. Auch die Medien schreiben das teilweise. Ich bin kein Schlagzeuger! In den 70er-Jahren war Schlagzeug mal mein Lieblingsinstrument. Seit Anfang der 80er ist meine Hauptbeschäftigung das Songschreiben und Synthesizer spielen, und für den größten Teil der DAF-Werke habe ausschließlich ich die Musik komponiert. Dieses Schlagzeuger-Image rührt wohl daher, dass ich mich auf der DAF-Bühne als Schlagzeuger zeige und ich meine Electronics immer per Playback ablaufen lasse.«

FOTOS: CLAUDIA WEINGART, 2016

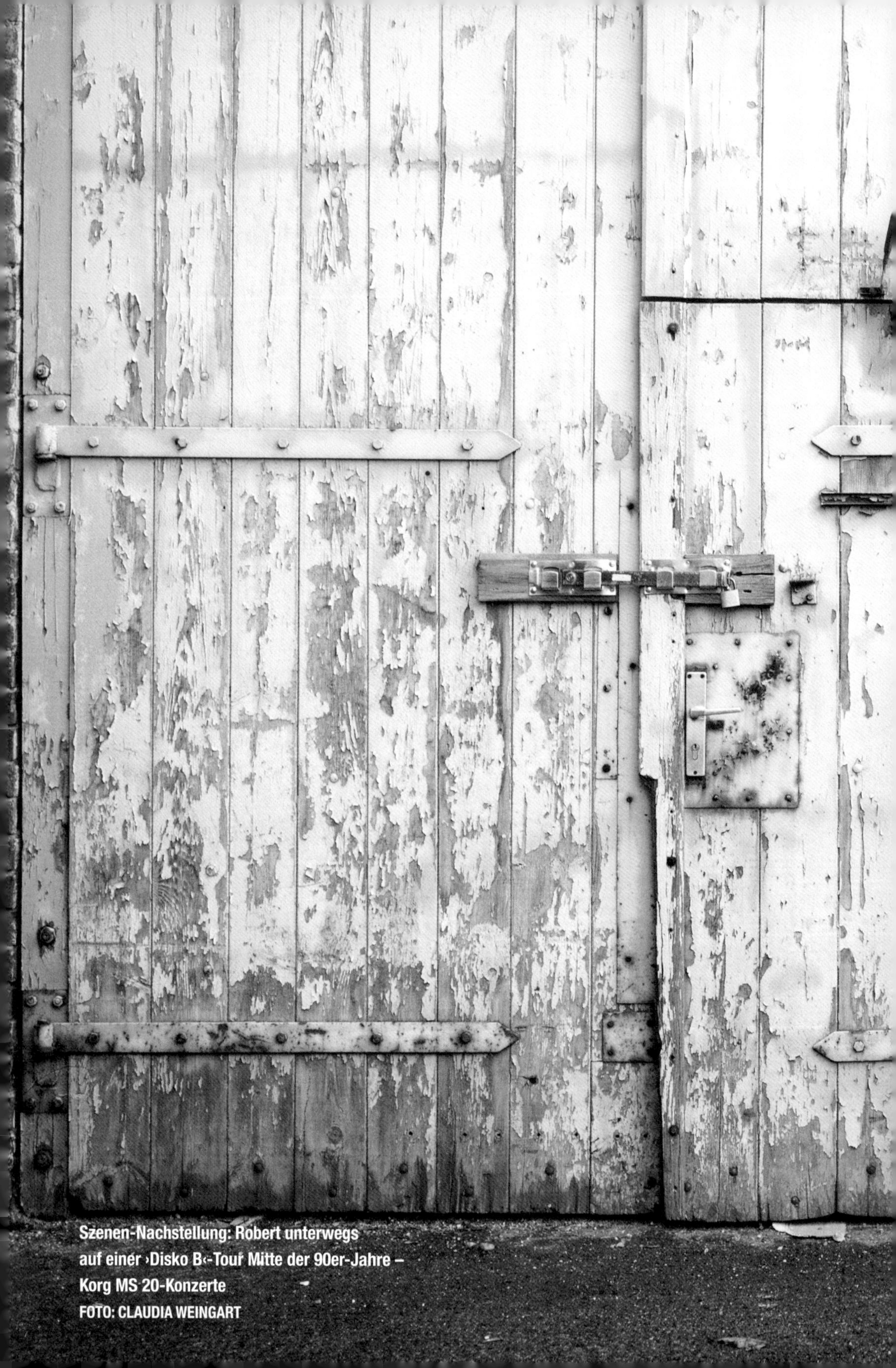

Szenen-Nachstellung: Robert unterwegs auf einer ›Disko B‹-Tour Mitte der 90er-Jahre – Korg MS 20-Konzerte
FOTO: CLAUDIA WEINGART

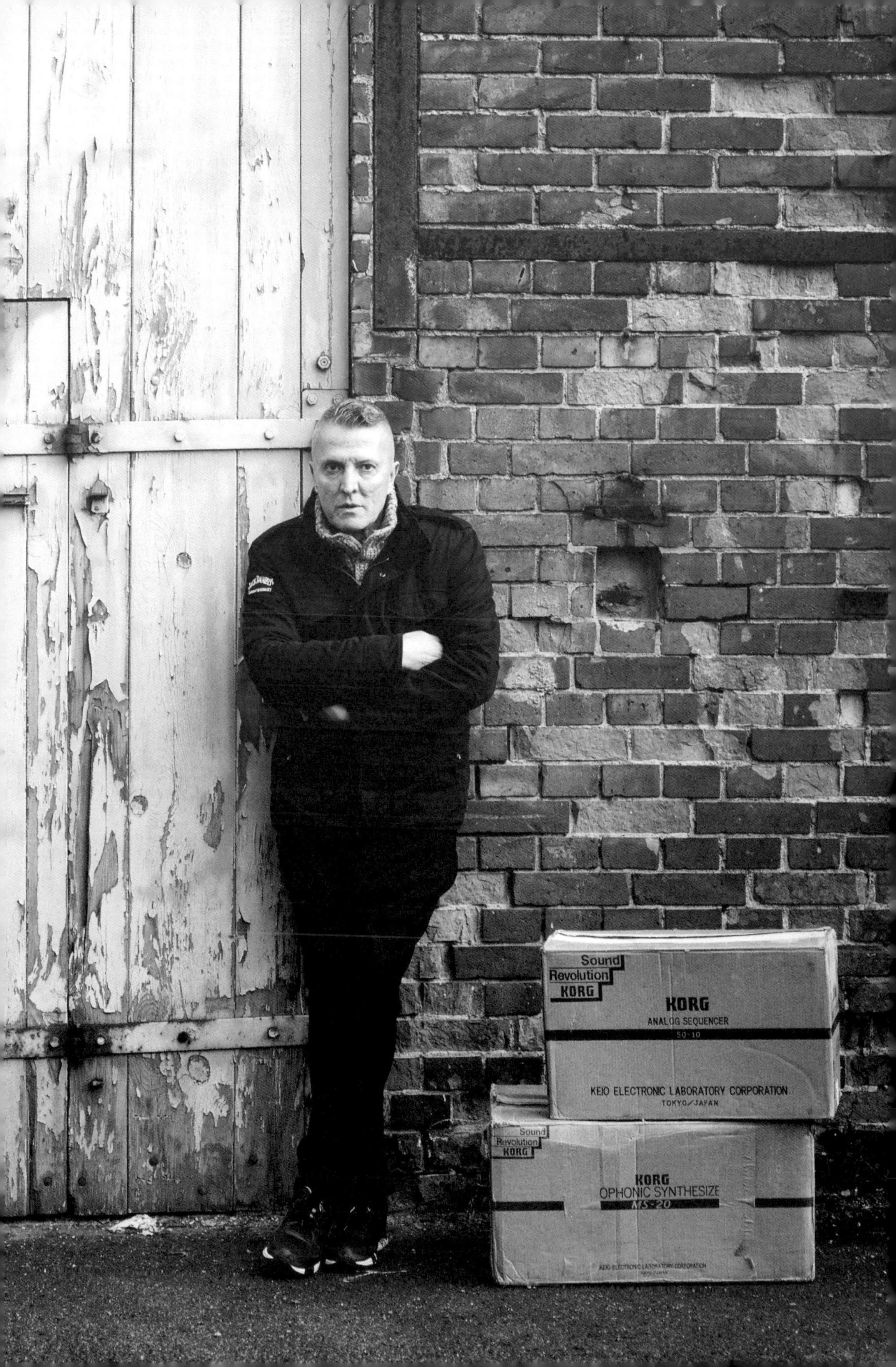
Sound
Revolution
KORG
KORG
ANALOG SEQUENCER
SQ-10
KEIO ELECTRONIC LABORATORY CORPORATION
TOKYO/JAPAN
Sound
Revolution
KORG
KORG
OPHONIC SYNTHESIZE
MS-20

OUTTAKES

GABI DELGADO

»Ich bin auch nicht dafür, dass man Bilder restauriert. *Die Nachtwache* kann ruhig langsam verrotten. Da sieht man dann, wie die Zeit Kunst damit macht, wie sich das ändert. Das ist mein Kunstverständnis. Am liebsten würde ich alles, was älter als 30 Jahre alt ist, ausradieren, damit es das gar nicht mehr gibt. Wenn ich Diktator wäre, würde ich sofort alles, was älter ist als 30 Jahre, von Beatles bis DAF, verbieten. Wenn die Leute das haben wollen, dann müssen sie es neu machen.«

ROBERT GÖRL

»Den Freddie Brocksieper habe ich dann noch mal getroffen, bevor es mit DAF losging. Meinen alten Schlagzeuglehrer. Der war ja schon richtig alt. Da habe ich ihn noch mal besucht. Einfach so, weil ich ihn sehen wollte. Wir haben uns unterhalten, und ich habe ihm erzählt, dass das mit dem Musikstudium lief, von Augsburg und von meinem Jazzstudium in Österreich – das habe ich dem alten Jazzer alles erzählt. Das hat ihn gefreut. Und da hat er gefragt, was ich jetzt mache. Da habe ich gesagt: Jetzt möchte ich meine ganz eigene Musik machen. Ich möchte meine eigenen Songs schreiben. Und jetzt bin ich in der elektronischen Musik. Synthesizer-Musik. Synthetische Klänge. Also Klänge mit Synthesizern, getriggert vom Sequenzer. Da hat er gesagt: ›Das ist nichts.‹ Das hat er nicht verstanden, der Freddie. Ich habe es ihm nicht krummgenommen. Das war sein Leben: Jazz. Das war wahrscheinlich seine ganz große Liebe. Es gibt ja viele, auch aus der klassischen Musik, Ältere, die würden auch heute noch sagen: ›Elektronische Musik? Nein, nein, nein!‹ Das ist zu weit weg für die. Die akzeptieren alle moderneren Einflüsse noch. Auch Jazz wurde dann ja anerkannt in der klassischen Musik. Auch die atonale Musik, Berg und Schönberg und so. Das akzeptieren sie alle. Aber wenn es dann so weit geht mit Synthesizern, dass da Maschinen das Hauptding sind, dass du nur so Regler mit deinen Fingerspitzen drehst, da steigen einige dann aus. Der Freddie ist auch ausgestiegen.«

GABI DELGADO

»Ich hab immer einen Plan gehabt in meinem Leben. Quasi einen Business-Plan. Aber sonst gibt's nur die große Freiheit. Es gibt irgendwie so eine Maschine, die das alles generiert. Und die auch bewusst so designt wurde, dass sie bestimmte Sachen generiert. Nämlich ein schönes Leben für mich und meine Familie. Um das mal zu sagen: Das ist mir das Wichtigste. Und ansonsten inkubiere ich Projekte. Das ist wie in meinem Garten: Was nicht von alleine kommt oder wächst, da musst du auch keinen Dünger für kaufen. Ich erzwinge nichts. Ich versuche, dass alles absichtslos geschieht. Im Garten arbeiten, Video-Games spielen, ins Studio gehen – alles gleichberechtigt, alles absichtslos. Und das sammle ich alles in imaginären Schubladen und hol das manchmal wieder raus, wenn ich denke: Das passt jetzt aber gerade wirklich gut.«

ROBERT GÖRL

»Da gibt es eine ganz gute Anekdote. Der Richard Branson ist ja mittlerweile ein Global Player geworden. Der macht doch jetzt Space Ships und so, hat Virgin Airlines. Als der uns gesignt hat, da war der noch relativ klein. Also im Vergleich zu heute. Einmal habe ich den getroffen, da kam ich auch gerade rein in diese Hinterhoffirma von Virgin, in der Portobello Road, und sehe den Richard Branson ankommen, sich abschleppen mit drei so Kisten. Da habe ich ihm natürlich die Tür aufgehalten. Und er so: ›Danke schön, danke schön!‹ und hat seine Kisten an mir vorbei da rein geschleppt. Das fand ich so gut. Weil: Heute schleppt der keine Kisten mehr.«

GABI DELGADO

»Konzerte machen mir einfach unglaublich viel Spaß. Weniger wegen dem Applaus, mehr wegen der Bewegung, das ganze Drumherum, das Nichtschlafen, Knie angestoßen – das merkst du gar nicht. Später denkst du: Auauau! Da steh ich irgendwie drauf. Dieses Raver-Feeling. No sleep. Völlig drüber. Im Flughafen. Die Bullen gucken schon. Drogentest. Das ist so ein Film, der da abläuft. Steh ich total drauf.«

ROBERT GÖRL

»In Graz habe ich ein total verrücktes Kellerzimmer gehabt. Bei so Pensionären, bei einer ganz reichen Familie. Das war eine riesige luxuriöse Villa. Aber ich hatte nur so ein kleines Zimmerchen im Keller. Die Frau, diese alte Dame, die war total begeistert, dass ich Schlagzeug spiele. Ich habe ihr gesagt: ›Ich bin Musiker.‹ Und sie dann so: ›Hach, wie toll! Sie sind auf der Musikhochschule?‹ Ja, ich fragte sie dann: ›Geht das denn mit dem Schlagzeug?‹ – ›Jaja, das geht schon, Sie sind ja eh im Keller unten.‹ Die hat das aber etwas unterschätzt. Das war eines Nachts … ich war stundenlang am Trommeln. Da war es auf jeden Fall mindestens schon Mitternacht. Und ich habe getrommelt und getrommelt. Mit geschlossenen Augen. Ich habe da irgend so einen Schlag geübt und war dann wie in Trance. Hatte da wahrscheinlich schon seit zwei Stunden durchgespielt. Ich war wie weg. Und dann hat plötzlich jemand ganz laut was zu mir gesagt. Habe ich die Augen aufgemacht. Und dann steht die da direkt vor mir. ›Das ist doch zu laut! Wir können nicht schlafen da oben.‹ Und ich dachte nur: Was ist denn das? Da musst du dann ja erst mal runterkommen. Ich habe mich so erschrocken! Steht plötzlich so eine Frau vor dir! Ich kannte die natürlich. Aber diese Trance, in die ich mich reingespielt hatte … das war schon sehr komisch. Ich habe dann auch aufgehört. Danach musste ich immer Handtücher auf die Trommeln legen. Aber sie war trotzdem noch nett.«

GABI DELGADO

»Ich mach ja auch unglaublich viele Sachen umsonst. Hast du genug verdient, kann es auch umsonst sein. Es muss nicht alles was kosten. Und es darf auch nicht immer ums Geld gehen. Deswegen ist Geld so wichtig: Damit es eben nicht immer ums Geld geht. Deshalb: Ich kann nicht sagen, dass ich geldgeil wäre. Ich kann nur sagen, dass in der Welt, wie sie nun mal leider aufgebaut ist, Geld quasi dein Passport ist, die Welt besser zu machen. Also nicht nur zur Verwirklichung deiner persönlichen Freiheit. Ich denke schon, dass man in einer Verantwortung steht. Und wenn man die erfüllen will, wird man entweder Terrorist oder gründet eine Firma. Das meine ich ernst. Entweder man greift zur Gewalt – oder man greift zum Geld. Es gibt keine andere Möglichkeit, die Welt zu verändern. Sex vielleicht noch. Ja, Gewalt, Geld oder Sex. Man kann eine Bank gründen, die gut ist. Gibt's auch schüchterne

DAF LIVE
FOTO: ULF JACOB

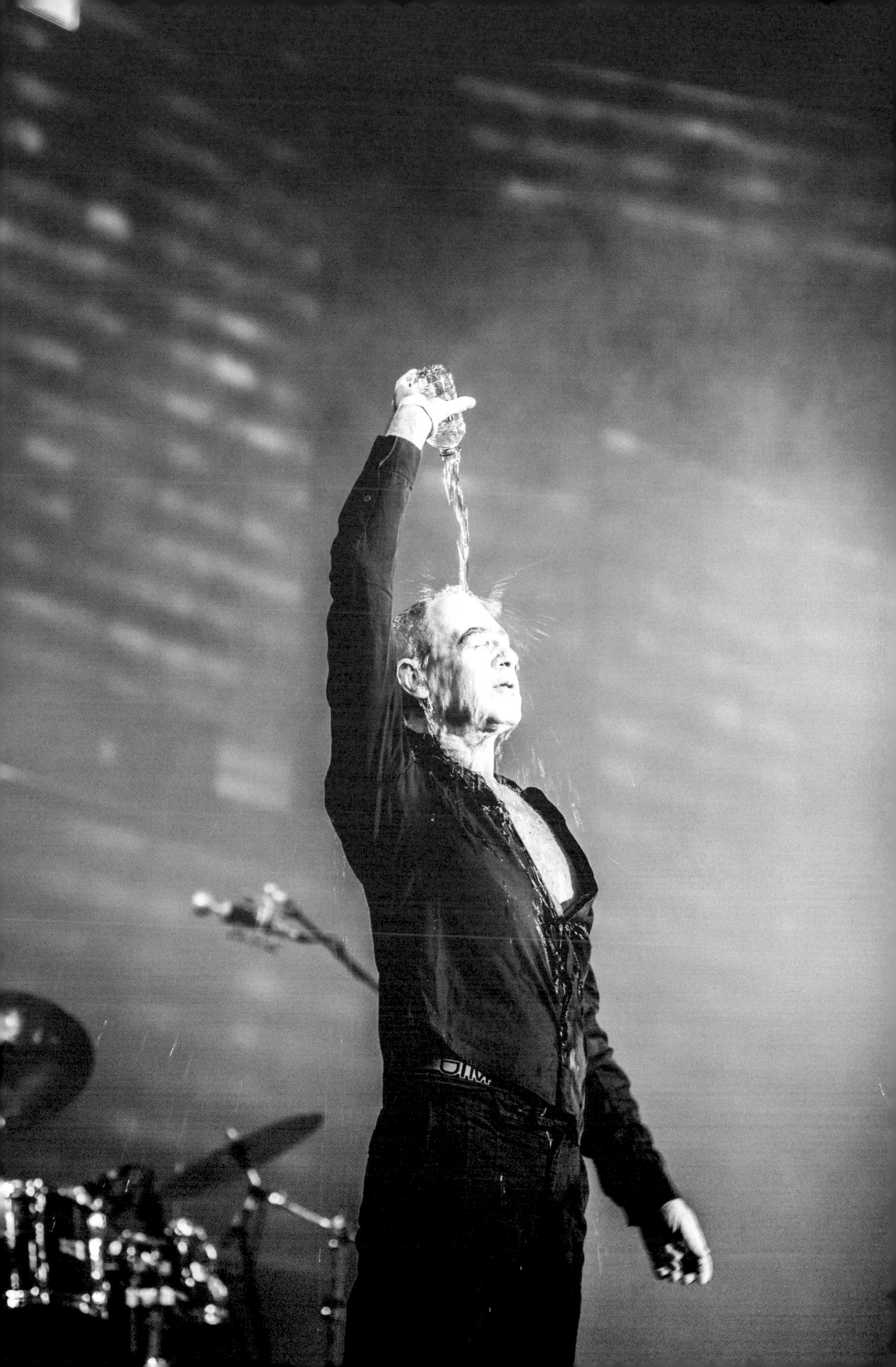

Versuche, so was auf die Beine zu stellen. Ich denke schon, man muss den Feind immer mit den eigenen Waffen schlagen.«

ROBERT GÖRL

»Als ich acht war, kam Königin Sirikit aus Thailand nach München. Die hat mir die Hand geschüttelt, oder ich ihr, oder wir uns. Oh, das war toll, und sie hat mich direkt an meine Mutter erinnert. Ich wollte unbedingt mit ihr mitgehen. Kleine Bubenträume. Dann wurde mir aber gesagt, dass ich nicht mitgehen dürfe. Ich wäre aber mit der weggelaufen. Die fand ich total toll, ich habe die angehimmelt, das war für mich die erste Frau, die mich richtig aus einer ganz anderen Welt angelächelt hat, so ganz warm, das war totaler Wahnsinn. Ich habe von der geträumt, davon, mit der abzuhauen, bin aber natürlich total schnell auf den Boden der Tatsachen heruntergeholt worden. Die Tatsache, dass ich ja ein Heimkind bin. Aber trotzdem war es mal wieder so ein Schicksalsding. Mit 25 bin ich zum ersten Mal nach Thailand gefahren. Das war noch vor meinem Autounfall. Später, also nach 1989, bin ich ja dann ganz oft da gewesen. Auf jeden Fall: Als ich das erste Mal in Thailand war, war Königin Sirikit gar kein Thema mehr für mich, ich habe überhaupt nicht mehr an die gedacht. Ich war dann ein paarmal in diesem Schlossbereich. Da ist ein buddhistischer Tempel, den ich mir angeschaut habe. Und da ist mir Sirikit dann wieder eingefallen. Das war ein völlig anderer Trip, auf dem ich mit 25 war. Aber trotzdem gab es da diese Verbindung, diesen Handschlag. In Thailand verbeugt sich ja das ganze Land vor König und Königin. Da gibt es nur noch Buddha, der höher ist. Aber mir hat sie die Hand geschüttelt. Ich hatte also irgendwie schon immer eine gute und direkte Beziehung zu dem Land.«

GABI DELGADO

»Wie man heute auch sagt: Nicht protestieren. Machen! Du bist gegen Waldrodung? Ja, dann mach dir doch kein Schild, auf dem steht: *Der Wald muss leben läläla*. Davon lebt der Wald auch nicht länger. Nein, kauf dir ein Stück Regenwald! Fertig. Tu was! Mit Geld kannst du Sachen machen. Du willst etwas schützen? Dann kauf es! Du musst das Mittel, das der Kapitalismus dir gibt – und das ist Geld –, das musst du nutzen für gute Sachen. Deswegen, die moderne Linke sagt ja: Nicht protestieren! Kaufen!

DAF LIVE
FOTO: ULF JACOB

Kaufen, kaufen, kaufen! Du willst den See schützen? Dann kauf ihn doch! Crowdfunding – ist nicht schwer. Und plötzlich hast du den Staatsapparat auf deiner Seite, und er arbeitet für deine Sache. Die müssen dich beschützen. Privatbesitz. Darum geht's. Und deswegen finde ich, Geld kann man sehr, sehr gut nutzen. Das Schöne am Erfolg ist das Geld. Um das mal ganz klar zu sagen. Du generierst damit einen Glücksmehrwert. Nicht nur für dich, auch für viele andere.«

ROBERT GÖRL

»Ich war ja nicht nur in Thailand, sondern auch in Indien und auch Nepal – aber die meiste Zeit eben doch in Thailand. Das ist meine zweite Heimat geworden, kann man echt sagen. Fast drei Jahre habe ich da gelebt. Da war auch die Musik komplett weg aus meinem Leben. Viele dachten damals, dass ich gar nicht mehr zurückkomme. Ich war da so mönchsmäßig unterwegs, habe einen Orden gesucht. In Thailand gibt es ja den Theravada-Buddhismus, das ist dort eine Strömung, eine Schule, die Schule der

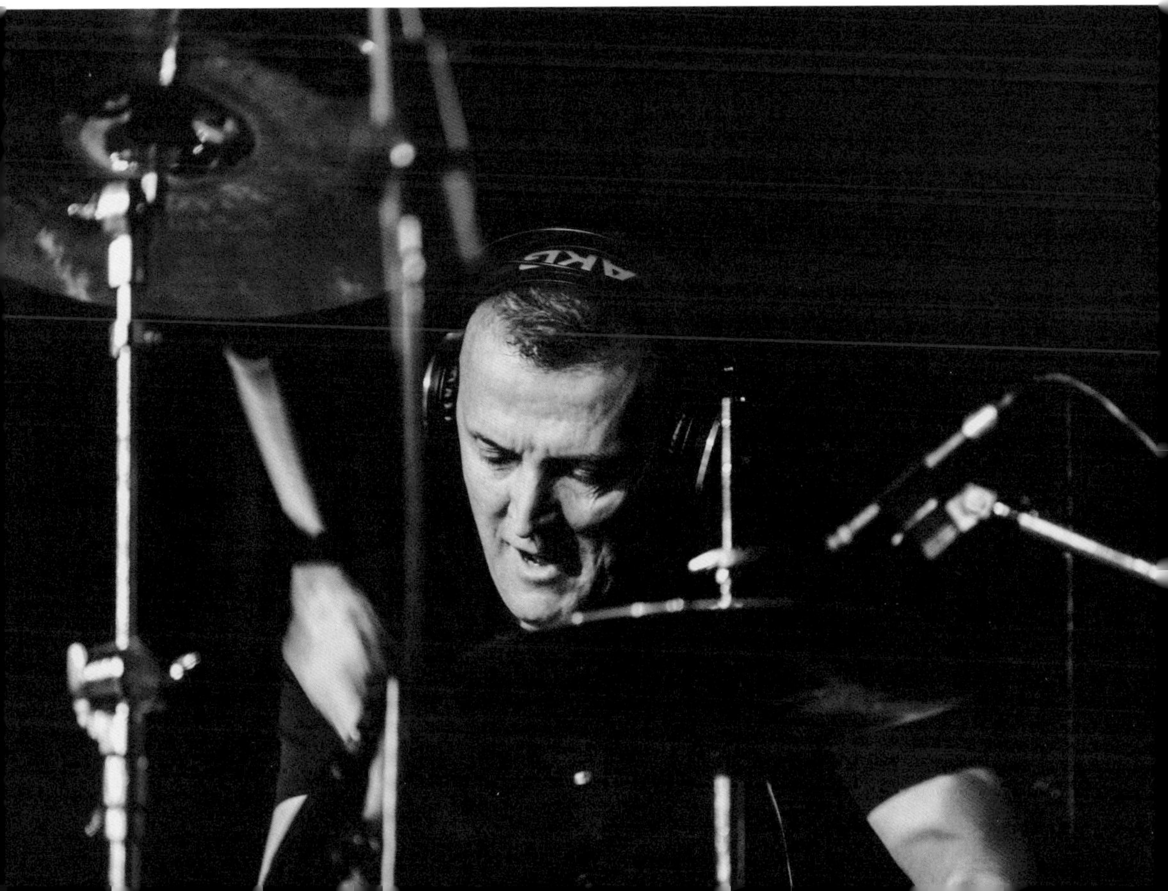

Älteren. Das sind diese Orangenen. Aber es gibt natürlich auch andere Schulen bis hin zum Lamaismus. Das ist dann schon ziemlich weit in die andere Richtung, eine ganz andere buddhistische Ecke. Ich habe dann mehr den Theravada-Buddhismus betrachtet. Dass man den Weg des Buddha unterschiedlich gehen kann, versteht sich von selbst. Im Zen-Buddhismus gibt es auch sehr gute Hinweise, wie es dir gelingen könnte.«

GABI DELGADO

»In dieser Phase, in der Robert tagelang an den Synthies gedreht hat, da hat das angefangen, dass ich mich so richtig fürs Business interessiert habe. Fürs Musik-Business. Was ist die GVL, wer will welche Abzüge warum, Indie, Highprice, den ganzen Scheiß hab ich mir draufgeschafft. Und dann wollt ich auch produzieren lernen. Hab ich gesagt: ›Conny, das nervt mich total, dass ich dir immer sagen muss: Hm, okay, die Bassdrum, die soll aber mehr klingen wie ein großer Bär. Ich will das wie du können und sagen: Hier, Kompression, eins zu zwei. Anheben, Frequenzen.‹ Conny ist mein Meister. Das kann man echt so sagen. Abgesehen von meiner Ehefrau hab ich von Conny am meisten gelernt. Vor allem, was die Musik betrifft. Und er hat dann wirklich gesagt: ›Klar, prima, Gabi, dann machst du hier so eine Art Lehre. Der Robert dreht ja hier eh die ganze Zeit rum, dann erklär ich dir mal die Geräte.‹ Das war eine Lehre ohne Schein. Da hat er mir alles beigebracht. Über Mikrofonie. Wie baut man Mikrofone auf? Wie schneidet man die Tapes? Wie stellt man eine vernünftige Kompression ein? Was ist der Equalizing-Bereich für bestimmte Instrumente? Als die *Alles Ist Gut* dann fertig war, bin ich noch geblieben. Da kamen dann Ultravox, und ich hab ein bisschen Tape-Operator gemacht. Einfach so als Typ, der auch gerade da ist. Als Lehrling quasi. Bei Kowalski war ich auch dabei als Tape-Operator. Na ja, eigentlich mehr als Extra-Kiffer denn als Tape-Operator. Conny hat mir richtig Hausaufgaben aufgegeben. So: Hier, diese Aufnahme hier, auf einem Kanal sind die Streicher nicht korrekt. Fürs WDR-Sinfonieorchester. Jetzt musst du hier Phasen auslöschen und Streicher wegmachen vom linken Kanal und die vom rechten Kanal da rüber bouncen, damit du wieder ein Stereo-Bild hast. Hier, schneid mir aus den Takes das zusammen, dass es flüssig klingt als Sprachtext. Dann bekam ich da einen Take mit 50 Sätzen und musste acht neue draus machen oder so. Durch Schnitte. Durch Edit. Oder: Hier, dieses Ding ist falsch

DAF LIVE
FOTO: GOSIA BUDIG

komprimiert. Solche Sachen eben. So richtige Hausaufgaben. Conny hatte ja auch einen echten Lehrling, der saß dann auch immer in diesem Mobile-Studio.«

ROBERT GÖRL

»Mein Bruder, der konservative Bruder, hat mir nach Graz ein Depot zur Verfügung gestellt. Der hat mich auch vorher oft finanziell unterstützt. Mein erstes eigenes Piano, das hatte ich zum Beispiel von ihm. Das hatte ich schon in Augsburg. Aber als ich ihm dann erzählt habe, dass ich mein Studium abgebrochen habe und nach England gehe, war es vorbei mit der Unterstützung. Der dachte noch, sein kleiner Bruder wird Orchestermusiker. War ein paar Jahre hinterher und sah mich wahrscheinlich in irgendeiner Philharmonie. Und dann habe ich dem gesagt, dass das nichts wird mit der Philharmonie, sondern dass ich jetzt nach England gehe und mir eine Band suche. Ich weiß noch genau, da hat er dann gesagt: ›Mach du das mal, ja, mach du das mal. Hast du Geld? Von mir bekommst du nämlich kein Geld mehr.‹ So ganz beiläufig hat er das gesagt.«

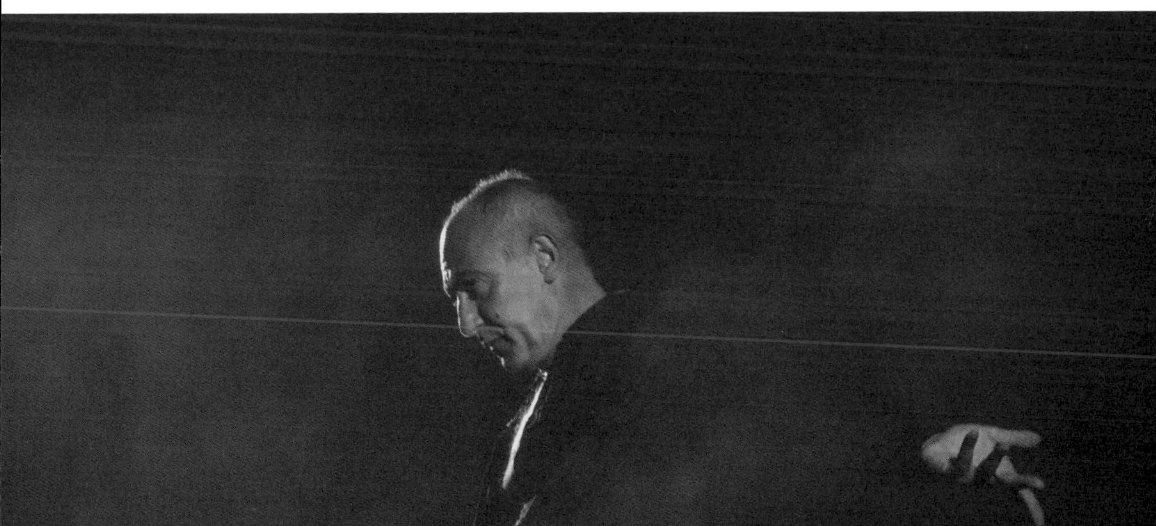

GABI DELGADO

»Also die Eighties waren eigentlich eine sehr schlecht gestylte Zeit. Nicht umsonst sagt der Engländer *The Ugly Ages* zu den Eighties, also wirklich die hässlichen Zeiten. Was da an Mode ... diese Dreiecks-Sachen, diese Schulterpolster, das Neonlicht, das fand ich alles wirklich schrecklich! Die Eighties waren Nierentisch hoch 3, waren die Fifties auf Koks. Aber die Eighties haben auch die Welt verändert. Zum Negativen hin. Alle wirklich wichtigen Entwicklungen, die es heute gibt, sind in den Eighties entstanden. Außer Mobiltelefonie. Wir leben heute in der Zukunft der Eighties. Da wurde alles geändert, alles. Ab da hat Geld wirklich die Welt regiert. Das war vorher nicht unbedingt so. Selbst konservative Leute wie Adenauer oder de Gaulle haben anders darüber gedacht. In den Eighties wurde die soziale Marktwirtschaft abgeschafft. Und das war zwar irgendwie der Kapitalismus im Schafspelz, aber trotzdem softer. Bis *Willi wählen* gab es einen echten Wunsch auch bei den konservativen Kräften, das Leben erträglich zu machen. Dass eben nicht ein Obdachloser auf der Straße schlafen muss oder an Krebs krepiert, weil er nicht behandelt wird. Da gab es sogar bei konservativen Leuten den Wunsch: Nein, dieser Penner, der muss ins Krankenhaus, das müssen wir bezahlen. Und das wurde radikal abgeschafft in den Eighties. Und dann sind sämtliche Wirtschaftsregeln so liberalisiert worden, dass man alles machen durfte, und das hat dazu geführt, dass eben Menschen auf der Straße sterben, auch in reichen Ländern. Und das hat die Welt wirklich verändert. Nicht die New Wave, völlig unwichtig.

Wann ist das endlich vorbei mit dieser Eighties-Nostalgie? Das ist deswegen immer noch nicht vorbei, weil die Eighties eben so wichtig sind. Anders als die Fifties, die heute keine Rolle mehr spielen, weil das Einzige, was da erfunden oder popularisiert wurde, Radio und Auto waren. Und das ist heute beides nicht mehr so wichtig. Anders als die Fifties sind die Eighties halt die Welt, so wie wir sie kennen. Talkshows, Gameshows, Computer, CDs, IKEA, H&M, Satellitenfernsehen, ... Ich könnte durch alle Bereiche von Politik und Kultur und Produktionsmittel steppen. Was kommt musikalisch aus den Eighties? Die Benutzung von Synthesizern, die Benutzung von Samplern, HipHop, House, New Wave, alles in den Eighties entstanden. Das könnte man auch in dem Buch schreiben, dass die Eighties die Welt total zum Negativen verändert haben. Und ohne die Eighties wäre es anders weitergegangen, wie in den Sixties oder Seventies. Dann würden wir

DAF LIVE
FOTO: GOSIA BUDIG

jetzt in einer besseren Welt leben. Na, ich hoffe, dass das endlich auch mal aufhört mit den blöden Eighties! Ich würde das alles mal langsam verbieten. Wir haben jetzt 2017!«

ROBERT GÖRL

»Und ich wusste ja auch, dass ich das, was ich mache, kann. Das hat alles Pfund gehabt. In der Musik, wenn ich meine Sachen trainiert habe, ganz egal ob Schlagzeug oder Synthesizer, dann habe ich das ja Tag und Nacht wie ein Wahnsinniger trainiert. In dem, was ich gemacht habe, habe ich mich richtig fit gemacht, da kann mir keiner was vormachen. Das ist auch wieder wie im Heim: Wenn du fit bist, lässt du dir von keinem was gefallen. Aber dann musst du dich gegebenenfalls stellen, dann musst du gegebenenfalls kämpfen. Bist du nicht fit, dann sagst du eher: Jaaaa, was kann ich denn für dich machen? Damit dir keiner die Nase einschlägt. Aber andersrum weiß ich auch ganz genau, was ich nicht kann, und würde dann auch nicht irgendwelche Behauptungen aufstellen.«

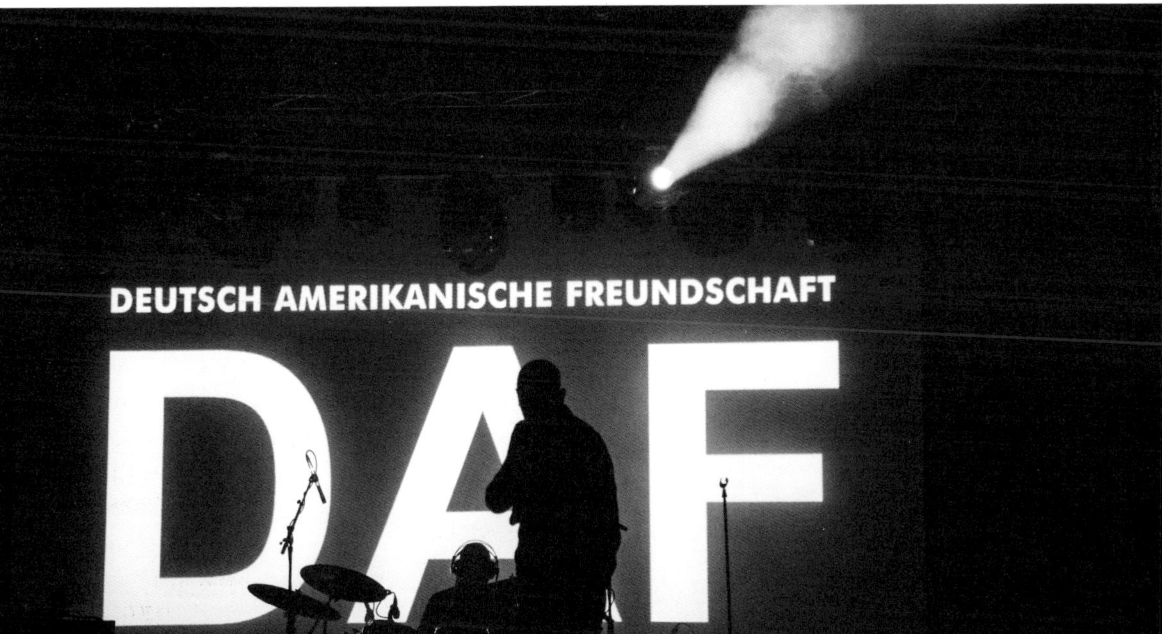

DISKOGRAFIE

EDITORISCHER HINWEIS

Diese Diskografie gibt nur auszugsweise die Veröffentlichungen von Robert Görl und Gabi Delgado wieder. Hier handelt es sich um die Veröffentlichungen von DAF und um die Solo-Alben der Künstler. Nicht berücksichtigt wurden Projekte unter anderen Bandnamen. Gabi veröffentlichte unter vielen anderen Pseudonymen und Projektnamen. Auch wurden Remix-Arbeiten und Beiträge zu Compilations, sowie gemeinsamen Projekte mit anderen Musikern nicht berücksichtigt. Für detaillierte Informationen besucht die Website www.robert-goerl.de und www.gabidelgado.com, auf der zahlreiche andere Veröffentlichungen zum Download für Euch bereit stehen.

DEUTSCH AMERIKANISCHE FREUNDSCHAFT

Alben

1979 Ein Produkt Der Deutsch-Amerikanischen Freundschaft
Warning Records

1980 Die Kleinen Und Die Bösen
Mute Records

1981 Alles Ist Gut
Virgin Records

1981 Gold Und Liebe
Virgin Records

1982 Für Immer
Virgin Records

1986 1st Step To Heaven
Dean Records

2003 Fünfzehn Neue DAF Lieder
Superstar Recordings

2017 DAS IST DAF (Boxset mit den zwischen 1980 und 1982 erschienen vier Alben, einer Remix-LP und zwei neuen Songs)
Grönland Records

Singles

1980 Kebabträume/Gewalt
Mute Records

1981 Der Räuber Und Der Prinz/Tanz Mit Mir
Mute Records

1981 Als Wär's Das Letzte Mal/Der Mussolini
Virgin Records

1981 Der Räuber Und Der Prinz/Rote Lippen
Virgin Records

1981 Liebe Auf Den Ersten Blick/Sex Unter Wasser
Virgin Records

1982 Kebab-Träume/Ein Bisschen Krieg
Virgin Records

1982 Verlieb Dich In Mich/Geheimnis
Virgin Records

1985 Brothers/Brothers
Dean Records

1986 Voulez Vous Coucher Avec Moi Ce Soir/Sin
Dean Records

1986 Pure Joy/Party
Dean Records

1987 The Gun/Programm It
Dean Records

2003 Der Sheriff
Superstar Recordings

2010 Du Bist DAF
self released

2017 Sprache Der Liebe/Ich Bin Nicht Da (Teil der ›DAS IST DAF‹-Vinyl-Box)
Grönland Records

Maxi-Singles

1981 Der Mussolini/Der Räuber Und Der Prinz
Virgin Records

1981 Goldenes Spielzeug/El Que
Virgin Records

1982 Verlieb Dich In Mich/Ein Bisschen Krieg
Virgin Records

1985 Brothers/Brothers
Dean Records

1985 Absolute Body Control/1st Step To Heaven
Dean Records

1986 Voulez Vous Coucher Avec Moi Ce Soir/Sin
Dean Records

SOLO ROBERT

Alben

1984 Robert Görl – Night Full Of Tension
Mute Records

1994 Robert Görl – (Psycho) Therapie
Disko B

1996 Robert Görl – Watch The Great Copycat
Disko B

1998 Robert Görl – Sexdrops
Disko B

2000 Robert Görl – Final Metal Pralinées
Disko B

2007 Robert Görl – Dark Tool Symphony
Gift

Singles

1983 Robert Görl – Mit Dir/Berührt Verführt
Mute Records

1983 Robert Görl – Darling Don't Leave Me/
A Ist Wieder Da
Mute Records

1991 Robert Görl – Electric Marilyn
Hangman Records

1993 Robert Görl – Psycho
Disko B

1994 Robert Görl – Therapie
Disko B

1996 Robert Görl – Yip Yep
Disko B

1997 Robert Görl & Pete Namlook – Elektro
Fax

2006 Robert Görl – Seltsame Liebe
Gold & Liebe Tonträger

SOLO GABI

Alben

1983 Gabi Delgado – Mistress
Virgin Records

1990 Delkom – Futur Ultra
Club Control

1996 DAF/DOS – Allein, Zu Zweit, Mit Telefon
Sony/Columbia

1999 DAF/DOS – Der Daf/Dos Staat
Vision

1999 DAF/DOS – Der Daf/Dos Live Staat
Vision

2013 Gabi Delgado – 1
ZYX

2014 Gabi Delgado – X
User Club

2014 Gabi Delgado – Club Worx
User Club

2015 Gabi Delgado – 2
Oblivion/*SPV*

Singles

1983 Gabi Delgado – History Of A Kiss/Sex Goddess
Virgin Records

1983 Gabi Delgado – Amor/Sex And Soul
Virgin Records

1988 F/X – Freak
Madcat Records

1989 Futur(e) Perfect – Sato Agrepo
Teutonic Beats/Mercury Records

1990 Delkom – Superjack
Club Control

1991 2 German Latinos – Viva La Droga Electronica
MFS

1991 Anti-Time – All From Anti-Time
MFS

1996 DAF/DOS – Ich Glaub Ich Fick Dich Später
Sony/Columbia

1996 DAF/DOS – Zurück Nach Marzahn
Sony/Columbia

1997 DAF/DOS – Wie Im Maerchen
Sony/Columbia

1997 DAF/DOS – Nordisc
Stroke

1998 Red Lotus School – Nasty Food
Timing

1999 DAF/DOS – International Song
Vision

2014 Gabi Delgado – Nebelmaschine/Lippenstift
ZYX

2015 Gabi Delgado – NDKM/Hausarrest
Oblivion/*SPV*

BIOGRAFIEN DER AUTOREN

MIRIAM SPIES, geboren 1982 in Mainz, studierte Germanistik, Kulturanthropologie und Buchwissenschaft in Mainz und Berlin. 2007 gründete sie in Anlehnung an Hunter S. Thompson den Independentverlag gONZo. Außerdem ist sie als Autorin, Herausgeberin, freie Lektorin für diverse Verlage und Autoren sowie als Veranstalterin tätig.

RUDI ESCH, geboren 1966 in Düsseldorf, studierte Philosophie und Germanistik. Seit 1988 ist er Bassist der Industrialband Die Krupps, außerdem Mitglied der Punkband Male und des Studioprojekts MakroSoft. Er lebt mit seiner Familie auf Graceland im Süden von Düsseldorf und arbeitet als Autor und Music Consultant in Düsseldorf und London. Er veröffentlichte zuletzt die umfassende Oral History *ELECTRI_CITY*, die die Ursprünge der elektronischen Musik beleuchtet, und begründete hierzu die jährlich stattfindende ELECTRI_CITY Conference.

BIOGRAFIEN DER GASTBEITRÄGER

CHRIS BOHN hat unter seinem Pseudonym Biba Kopf besonders den deutschen Bands in den 70ern und 80ern eine gute Hilfestellung gegeben, um in den *NME* und andere britische Musikmagazine zu kommen. Vom Start weg war Chris mit den Artikeln um DAF betraut. Er ist ein Kenner der deutschen Szene und heutzutage der Chefredakteur von *The Wire*.

KATHLEEN EGGERT, geboren an einem kalten Wintertag. Sie ist aufgewachsen in einem Land, das es nicht mehr gibt. DAF addicted.

RICHARD GLEIM gilt als der bedeutende Szenefotograf der Düsseldorfer Punkszene. Sein Künstlername ar/gee gleim, den er sich Ende der 70er-Jahre zulegte, entspricht der englischen Aussprache seiner Initialen R. G.. Er arbeitete als gelernter Gärtner, bevor er 1978 begann, sich als freischaffender Fotograf zu betätigen. Die 1980 entstandene Zeitschrift *Spex* zeigte eine Vielzahl seiner Fotos. Gleims Fotodokumentation *Guter Abzug* wurde 1982 bei der documenta in Kassel vorgestellt. Seine Fotografien gelten als Zeitdokumente und waren Bestandteil der Ausstellung *Zurück zum Beton* im Juli 2002 in der Kunsthalle Düsseldorf. Zudem ist Richard Gleim an der Wanderausstellung des Goethe-Instituts *Geniale Dilletanten* mit 25 Exponaten beteiligt.

BOB GIDDENS war Ende der 70er-Jahre als Journalist für die englische Musikzeitschrift *ZigZag* unterwegs. Er entdeckte DAF in der Hamburger Markthalle bei einem von Alfred Hilsberg organisierten Festival. Nach einem ersten Treffen in Düsseldorf wurde Bob Giddens Manager der damals noch fünfköpfigen Band. In den Cargo Studios in der Nähe von Manchester nahm er mit DAF mehrere Tracks auf. Der DAF-Song *Kebabträume* erschien daraufhin als Single beim New-Wave-Kultlabel Mute von Daniel Miller, und viele Journalisten bewerteten diese Veröffentlichung damals als Sensation. Bob hat diese Aufnahmen finanziert und sich somit einen festen Platz im DAF-Kosmos erworben. Selbst wurde er dann als Sänger der Band Cliff Barnes and the Fear of Winning über die Quakenbrücker Ortsgrenzen hinweg bekannt.

JERK GÖTTERWIND, geboren 1967, Teil des Minimal-/EBM-Projekts Relative Kälte, Ex-Sänger diverser Punkbands. Zur Zeit ist er Sänger der Metal-Punk-Band Dying, schreibt, malt und macht Krach beim Noiseprojekt Stahlkrebs. Co-Übersetzer von Jack Blacks Kurzgeschichten *Der große Ausbruch aus Folsom Prison* und *Im Knast und auf der Flucht* (zusammen mit Axel Monte), Mitherausgeber des Literaturzines in Buchform *MAULhURE* (zusammen mit Hermann Borgerding und Urs Böke) sowie Herausgeber verschiedener Zines wie *Der letzte Versuch* und *Hinter der Wand*.

ULRICH GUTMAIR, geboren 1968 in Dillingen, ist Autor und Journalist. Seit zwanzig Jahren schreibt er Artikel als Pop-Archäologe für diverse Tageszeitungen und Magazine. Seit zehn Jahren arbeitet er als Kulturredakteur bei der *taz*. 2015 erschien sein Buch

Die ersten Tage von Berlin – Der Sound der Wende (Tropen, Klett-Cotta).

JÄKI HILDISCH ist besser bekannt unter seinem Pseudonym Jäki Eldorado. Ein Name, der mit der ehrfürchtigen Bezeichnung *Erster Punk Deutschlands* einhergeht. Diesen Titel verdiente er sich 1977, als ein Foto von ihm und Iggy Pop durch die Presse ging. Er war fortan der meistbeschäftigte Tourbegleiter hiesiger Punkbands und führte auch die frühen Tourneen von Depeche Mode durch. Hildisch arbeitete als Tourmanager für Einstürzende Neubauten, DAF, Die Krupps, Die Toten Hosen und Kraftwerk. Von 1997 bis 2002 war er Manager von 5 Sterne Deluxe und Ferris MC. Er arbeitete mit Tokio Hotel und in England mit The Specials und Morrissey. Seit 2005 ist er international mit Robbie Williams unterwegs und lebt in Berlin und London.

ALFRED HILSBERG unternahm erste journalistische Versuche in seiner »Heimatstadt« Wolfsburg und ging Ende 1968 nach Hamburg. Dort Leiter der Filmmacher Cooperative, ein Zusammenschluss auch international angesehener, vor allem experimenteller Underground-Filmmacher. Split und Gründung von Sozialistische Film Coop und Zentral Film Verleih. Parallel Videokünstler, Student und Gastdozent an der Hochschule für Bildende Künste. Bruch mit dem bisherigen Kontext, Engagement als Schreiber über internationale, aber auch einheimische, sich aus dem Punk entwickelnde Undergroundbands. Konzertveranstalter mit Festivalreihen in der Markthalle Hamburg. Mit Labels wie ZickZack und What's So Funny About beherzter Förderer von Bands wie Einstürzende Neubauten, FSK, Palais Schaumburg und Wirtschaftswunder bis hin zu Jens Friebe, Blumfeld und Candelilla. Mit *Das ZickZack-Prinzip* von Christof Meueler wurde Hilsberg kürzlich eine Ehre zuteil, die den Ruf des »Punk-Papst« endlich und berechtigt zementiert.

WALTER HOLZBAUR managte in den frühen 70er-Jahren die Band Kraan, die damals auf dem unweit von Detmold gelegenen Gut Wintrup lebte und probte. Im April 1974 gründete er das Unternehmen Wintrup Musikverlag, heute einer der wenigen noch verbliebenen und international angesehenen Independent-Musikverlage.

ANJA HUWE ist das ikonische Gesicht der Hamburger Post-Punk-Band Xmal Deutschland, die sie mit einigen anderen weiblichen Mitstreiterinnen im Jahr 1980 gegründet hat. Während sich in Deutschland der Erfolg vorerst in Grenzen hielt, wurden sie in Großbritannien nach einer Tour mit den Cocteau Twins vom Indie-Label 4AD unter Vertrag genommen. In den frühen 80er-Jahren tauchten sie mehrfach als Vorgruppe für DAF auf und festigten schnell ihren Ruf. 1983 wurden das Debüt-Album *Fetisch* sowie die Singles *Qual* und *Incubus Succubus II* veröffentlicht. Obwohl nur deutsche Texte verwendet wurden, erreichten alle drei Veröffentlichungen Platzierungen in den britischen Independent-Charts. Neben DAF waren sie eine der Bands aus der deutschen Punk-Szene, die internationale Anerkennung bekam. Anfang der Neunziger endete Anja Huwes Engagement für Xmal Deutschland, sie lebt heute als Malerin in Hamburg und New York.

OLIVER MARQUARDT, geboren in Ostberlin, wurde bekannt unter dem Pseudonym DJ Jauche. Er tritt aber auch unter Projektnamen wie Jack Flash und Robin Masters Orchestra auf. Sein älterer Bruder ist der Fotograf und Berghain-Türsteher Sven Marquardt. Beeinflusst durch den Film *Beat Street* fasste er den Entschluss, DJ zu werden. Marquardt organisierte ab 1990 Techno-Partys in Berlin und wurde Resident-DJ im Berliner Club Walfisch. Er gründete das Independent-Label Jetstream und produzierte das DAF-Album *Fünfzehn neue DAF Lieder*.

ANDREW MCGUINNESS lebte und arbeitete von 1991 bis 2012 als Session-Musiker in Berlin. 2003 und 2004 tourte er als Live-Schlagzeuger von DAF durch Deutschland, Belgien, Frankreich, Norwegen und Japan. Nach DAF widmete er sich der Gründung des Baltic Soul Orchestras, mit dem er in Berlin, Hamburg, Antalya und dem Vereinigten Königreich arbeitete. Zurzeit ist er als Studio-Drummer und musikalischer Leiter sehr aktiv. Außerdem ist er Inhaber der Drum'n'Basement Rehearsal Rooms und restauriert Vintage-Drums in seinem Schlagzeugladen im Süden Englands.

ANDREAS KÖGLOWITZ, geboren 1972, war von 1995 bis 2002 als DJ BenZol unterwegs. Als Resident in Augsburg und München musste man zwangsläufig den Leuten von Disko B über den Weg laufen. Als Live-Act trat er unter dem Namen Der Unsichtbare auf, als der er von 1998 bis 2002 in Süddeutschland und den Beneluxländern in den Clubcharts zu finden war. Auch als Betreiber des legendären Electroclubs Blauer Salon in Augsburg 1998 bis 2000 und als Veranstalter diverser Veranstaltungsreihen (Die Frequenzweiche, Schubdüse, Boombox) machte er sich regional einen Namen.

JOOST RENDERS ist ursprünglich aus Eindhoven und wurde später zwangsumgesiedelt nach Mettmann/NRW. Dort hat er aus schierer Not den Punkrock und 1978 den Ratinger Hof entdeckt. Er war Macher des Fanzines *Schmier* sowie Sänger bei Luzibär und Chim Chim Cheree. 1988 hat er aus Altersgründen das Muszieren aufgegeben und ist Schauspieler geworden. In den 90ern und den Nullerjahren hat er vom Stadttheater bis zum gut belüfteten Klo alles bespielt, parallel Film/Fernsehen. 2002 in Eigenregie zwei No-Budget-Spielfilme gedreht, *VIP Lounge* und *Herzlutschen.* Seit 2012 auch als Autor tätig. Lebt mit Tochter in Berlin und ist immer noch PSV Eindhoven-Fan.

SHEILA ROCK ist eine amerikanische Fotografin, die die wichtigen Stars der englischen Punkszene ablichtete. Von ihr stammen die Portraits für den DAF-Bestseller *Alles Ist Gut.* Sheila führt ein Leben zwischen Hawaii, North Carolina und London. Sie hat sich auf Schwarz-Weiß-Fotografie spezialisiert und hatte hierzu Ausstellungen in London und Berlin.

ROCKO SCHAMONI, geboren 1966, ist Autor, Musiker, Schauspieler, Studio Braun-Mitglied und vieles mehr. Als Musiker trat er im Laufe der Jahre in verschiedenen Kapellen wie Die Götter, Connection Point oder Motion in Erscheinung, aber auch als Solokünstler und Komponist von Musik für Theateraufführungen machte er sich einen Namen. Seit 1990 bekleidet er kleine und größere Rollen in diversen Filmen, darunter *Rollo Aller!, Fleisch ist mein Gemüse* oder *Fraktus.* 2012 drehte er gemeinsam mit Helge Schneider *00 Schneider – Im Wendekreis der Eidechse.* Er ist Mitgründer und langjähriger Betreiber des legendären Golden Pudel Clubs in Hamburg. 2016 erschien sein fünfter Roman.

TINA SCHNEKENBURGER, nach dem Gymnasium an der Freien Kunsthochschule Stuttgart beworben und dort auch aufgenommen, Studium aber wegen massiver Drogenprobleme nicht angetreten. Ab 1977 regelmäßige Ratinger Hof-Gängerin. Mitglied der Band Die Rächer (mit Eduardo und Olga Delgado), Herausgeberin des Fanzines *Stomp* (mit Eduardo Delgado). 1979 mit DAF nach London gegangen, 1980 bis 1982 DAF, 1982 bis 1985 Mitglied von Die Krupps, danach Gründung des Labels Atom H mit Jürgen Engler und Gabi Körner (veröffentlicht unter anderem Protector, Rumble Militia). 1989 Umzug nach Berlin. Lebt derzeit als Malerin in Hamburg.

SABINE SCHWABROH absolvierte ein Grafik-Studium an der HFBK in Hamburg. Sabine machte das Zeitschriftenlayout beim *Musikexpress* und arbeitete als Grafikerin in diversen Agenturen. Sie verantwortete die Gestaltung von Plakaten der inzwischen legendären Markthallen-Festivals 1978-1980 sowie der LP-Hüllen diverser ZickZack-Veröffentlichungen wie *Geräusche für die 80er* oder *Lieber zuviel als zuwenig,* später auch die dazugehörigen CD-Booklets. Foto-Veröffentlichungen in Musikzeitschriften, Fanzines, Stadtmagazinen, Tagespresse und Büchern folgten. Foto-Beiträge z.B. in *Rock Session* (Rowohlt), in Jürgen Teipels Dokuroman *Verschwende Deine Jugend,* der Ausstellung *Helden des Fortschritts,* in der Kunsthalle Düsseldorf bei *Zurück zum Beton,* in der Ausstellung *Geniale Dilletanten* in Hamburg. Schwabroh ist seit 2009 selbstständige Grafikerin und Fotografin.

HOLLOW SKAI gründete 1980 das Neue-Welle-Label No Fun Records, veranstaltete ein Konzert mit DAF in Hannover und veröffentlichte unter anderem Bücher über Punk, die Neue Deutsche Welle und die Toten Hosen. Zuletzt erschien von ihm *Samuel Hieronymus Hellborn – Memoiren eines Rockstar-Mörders* (Fuego).

OLAF SPRICK, geboren 1965, war als gelernter Druckermeister und Betriebswirt (DH) viele Jahre in der Druckindustrie unter anderem in mittlerer Führungsposition und im Handel aktiv. 1997 folgte die Gründung der Agentur WOD (Wings Of Destiny), die der Kaufmann seit 2001 erfolgreich führt. In der Freizeit gilt seine Leidenschaft dem Fußball (passiv als Fan von Arminia Bielefeld) und dem Ausdauersport (aktiv als Ultramarathonläufer).

KARSTEN STRACK, geboren 1968 in Minden, studierte Germanistik und Medienwissenschaften an der Universität Paderborn. Heute arbeitet er als Geschäftsführer der Lektora GmbH (Verlag, Text-, Event- und Schulungsagentur). Nebenbei ist er als Dozent für die Bereiche Literatur- und Verlagspraxis an der Universität Paderborn sowie als Publizist tätig.

LINUS VOLKMANN, geboren 1973 in Frankfurt am Main, ist Autor und Musikjournalist. Für das Studium der Germanistik zog er nach Köln, wo er bis heute lebt. Mehr als zehn Jahre war er stellvertretender Chefredakteur des Popkulturmagazins *Intro*. Außerdem schreibt er u.a. für *Musikexpress*, *Neon*, *Spiegel-Online*, das *VICE*-Magazin. Gemeinsam mit Thomas Venker gründete er 2015 das Online-Magazin *Kaput – Magazin für Insolvenz und Pop*. Überdies unterhält er für Cosmo eine wöchentliche Videokolumne und schreibt Beiträge für das *Neo Magazin Royale*.

MARTINA WEITH ist Gründungsmitglied der im Dezember 1979 aus der Taufe gehobenen Band Östro 430 und blieb dort Sängerin bis zu deren Auflösung im Mai 1984. Anfang der 1990er-Jahre sang sie auf Platten diverser anderer Bands mit, unter anderem Family 5, Prollhead und die Ärzte.

DANKSAGUNGEN

ROBERT: Ich möchte mich an dieser Stelle ganz herzlich bei unseren DAF-Freunden bedanken. Für diese tollen Jahre. Ganz besonders hat es mich gefreut, dass wir für einige von Euch sogar der Grund waren, selbst Musik zu machen.

GABI: Natürlich könnte ich 1000 Menschen und andere Wesen aufzählen, bei denen ich mich zu bedanken habe – und doch würde ich einige vergessen. Deshalb: Mein Dank gilt allen Freunden und Feinden, die mich begleitet haben. Nur einen Menschen möchte ich namentlich erwähnen: Muchas gracias por todo, Jane.

RUDI: Ich war verantwortlich für die Bilder und einen Teil der Gastbeiträge dieses Buches und mein Dank gilt: Alfred Hilsberg, Anja Huwe, Bob Giddens, Chris Bohn, Chris Garland, Gisbert Wegener, Hein Schlüter, Jäki Eldorado, Joost Renders, Mark Reeder, Oliver Marquardt, Daniel Miller, Patrick Goldstein, Sabine Schwabroh, Sheila Rock, John Robb, Erik Stein, Markus Luigs, Jens Banaszak, Ulf Jacob, Jens Krause, Stefan Job, Ecki Stieg, Pete Mitchell, Stephan Plank, Dirk Matten, Richard Gleim, Ilse Ruppert, Che Seibert, Peter Gruchot, Bernhard Schaub, Wolfgang Burat, George Nicolaidis, Gunnar Tjaden, Tina Schnekenburger, Wolfgang Spelmans, Stefan Schwaab, Wolfgang Wiggers, Peter Cox, Wolf Lauenroth, Yuriko Matsumoto, Petter Ottosson, Keiko Yoshida, Kurt Dahlke, Frank Fenstermacher, Harry Rag, Moritz Reichelt, Mareike Hettler, Jäki Hildisch und immer Angela Zeithammer.

MIRIAM: Bedanken möchte ich mich bei allen, die mich auf die ein oder andere Weise bei der Arbeit an diesem Buch unterstützt haben: Sabrina Albers, Ralf Dörper, Kathleen Eggert, Ed Ernst, Toby Fuhrmann, Robert Giddens, Nicola Goedecker, Jerk Götterwind, Ulrich Gutmair, Mareike Hettler, Walter Holzbaur, Andrew McGuinness, Chris Kavanaugh, Andreas Köglowitz, Kai Kraus, Mari Paas, Matthias Penzel, Stephan Plank, Rocko Schamoni, Boris Schimansky, Gary Schmalzl, Tina Schnekenburger, Xaõ Seffcheque, Hollow Skai, Frank Spilker, Olaf Sprick, Enno Stahl, Karsten Strack, Sarah, Vera und Mirko Stumpf, Linus Volkmann, Martina Weith, Hermann Werner, Thorsten Wortmann.

VERLAG: Danke, danke, danke an Robert und Gabi, dass wir dieses Buch machen durften. Danke an Rudi und vor allem an die Textgöttin Miriam, ohne die es dieses Buch nicht gäbe. Ein ganz besonderer Dank geht an alle Fotografen, die das Buch unterstützt haben, ein DAF-Buch ohne diese großartigen Fotos wäre undenkbar! Danke an Kurt Dahlke, Michael Kemner und Che Seibert für die Unterstützung auf den letzten Metern!

DAS IST DAF

Miriam Spies – Rudi Esch – Robert Görl – Gabi Delgado
DAS IST DAF
DEUTSCH AMERIKANISCHE FREUNDSCHAFT
DIE AUTORISIERTE BIOGRAFIE

ISBN 978-3-86265-663-9

VERLAG
Schwarzkopf & Schwarzkopf Verlag GmbH
Kastanienallee 32, 10435 Berlin
Telefon: 030 – 44 33 63 00
Fax: 030 – 44 33 63 044

INTERNET | E-MAIL
www.schwarzkopf-schwarzkopf.de
www.facebook.com/schwarzkopfverlag
info@schwarzkopf-schwarzkopf.de